ख़तरे में भारत

सुरक्षा की नीतिगत भूलें व भ्रांतियां

ख़तरे में भारत

सुरक्षा की नीतिगत भूलें व भ्रांतियां

जसवंत सिंह

राजपाल

अनुवादक

ऋषि माथुर

1912-2012
100 वर्षों की
श्रेष्ठ प्रकाशन परम्परा
राजपाल

₹ 595

ISBN : 978-93-5064-196-5

प्रथम संस्करण : 2013

KHATRE MEIN BHARAT :

SURAKSHA KI NEETIGAT BHULEN VA BHRANTIYAN

Hindi Edition of : *India at Risk* : *Mistakes, Misconceptions and Misadventures of Security Policy* by Jaswant Singh

मुद्रक : जी. एच. प्रिन्ट्स (प्रा.) लि., दिल्ली

राजपाल एण्ड सन्ज़

1590, मदरसा रोड, कश्मीरी गेट-दिल्ली-110006

फोन: 011-23869812, 23865483, फैक्स: 011-23867791

website : www.rajpalpublishing.com

e-mail : sales@rajpalpublishing.com

Review by Dr. Stephen P. Cohen

(*Senior Fellow, The Brookings Institution, Washington*)

"Jaswant Singh stands apart in both India and the rest of Asia in his embodiment of authentic, level-headed conservatism. He is Churchillian in his quest for regional order, and understands the central role of diplomacy in creating such an order, but with an appreciation of the importance of a military capability to back up such a diplomacy. This book also demonstrates his keen awareness of the dangers of ideology run amok, whether in India or abroad. Minister Singh notes that India's strategic world has been shaped by the fall of four empires, the rise of China, and the spread of nuclear weapons, and offers a strategist's interpretation of India's five wars and many crises. This book is unique in its admixture of personal recollections, basic documents, and keen analysis of the motives and actions of India, its neighbors, and other states, notably America. I recommend this strongly for those who wish to understand a major and vital strand of thinking that will influence Indian policies for years to come."

Tele : 23014864

Marshal of the Air Force Arjan Singh D.F.C.

7-A, Kautilya Marg
New Delhi-110021

COMMENTS ON BOOK TITLED "INDIA AT RISK: MISTAKE, MISCONCEPTIONS AND MISADVENTURES OF SECURITY POLICY"

1. The book provides an insight into major events that Independent India has witnessed. Shri Jaswant Singh, by virture of being associated with military and politices, has been able to carry out an indepth analysis of events that have impacted India's progess post 1947. The book indeed provides an interesting reading.

2. I am sure that this book would find general acceptability across the cross section of our people.

Arjan Singh

02 Sep 13 Marshal of the Air Force Arjan Singh DFC

क्रम

प्रस्तावना

इस पुस्तक में स्वतंत्र भारत की सुरक्षा की प्रमुख चुनौतियों का पुनर्मूल्यांकन करने का प्रयास किया गया है—राष्ट्रीय व अन्तरराष्ट्रीय, दोनों का। क्या हमने उन चुनौतियों का सामना ऐसे निर्णायक ढंग से किया कि वह ख़तरे दूर हो जाएं और हमारी सुरक्षा को आगे कोई ख़तरा पैदा होने की गुंजाइश ही न रहे, या फिर हम उन चुनौतियों से ठीक से निपट नहीं पाए? इसी से यह शीर्षक भी, आया : *ख़तरे में भारत : सुरक्षा की नीतिगत भूलें व भ्रांतियां।*

इस शीर्षक के पीछे कोई पक्षपातपूर्ण सोच नहीं है। जीवन भर यह समझने के जुनून का नतीजा है कि सरकारें जो भी कुछ करती हैं, वह आख़िर क्यों करती हैं? देश की सुरक्षा, जो सीधे उसके नागरिकों की सुरक्षा और उनकी ज़िंदगी से जुड़ी है, उसके बारे में आधारभूत निर्णय कैसे लिये जाते हैं? यह जानने की ललक ने मुझे जीवन भर के लिए 'राष्ट्रीय-सुरक्षा' का शोधार्थी बना दिया है। इसीलिए मैं अक्सर सोचा करता हूं कि क्या कोई अटल विधान है जिसके अनुसार जीवन में सब कुछ घटता है, या फिर इंसान के अपने फ़ैसलों से ही दुनिया चलती है, या चलती-चलती रुक जाती है?

इंसान का विवेक गड़बड़ा सकता है। यह बात अपने आप में स्वप्रमाणित है, तो फिर परिणामस्वरूप उसका फल भी सामने आता है। किसी भी हाल में, देशों के लिए ऐसे मौलिक महत्त्व के विवरण कैसे लिखे जाते हैं, या अक्सर, लिखे ही नहीं जाते, जैसा कि हमारे साथ होता आया है। ऐसा क्यों है कि तमाम बातों के विवरण को लोगों के साथ साझा नहीं किया जाता, जबकि इस सब का जो नतीजा होता है वह निर्दोष नागरिकों को भी समान रूप से भुगतना पड़ता है। व्याख्या करते समय हमेशा यही कहा जाता है कि कई घटनाओं का लेखा-जोखा खोलकर सामने रखना 'राष्ट्रहित' में नहीं होता, और ऐसी बातों को ताले में बंद करके सुरक्षित रखना चाहिए। लेकिन राष्ट्रहित में है क्या? सच्चे, खरे और वस्तुनिष्ठ वर्णन या फिर सार-संक्षेप में कही गई बनावटी और मनगढ़ंत बातें?

इस पुस्तक के माध्यम से यह समझने का प्रयास किया गया है कि हमारे देश का हित किन बातों में है? अब तक जो कुछ हमें थमाया जाता रहा है उसे जांच-परख कर कुछ बंद दरवाज़ों के ताले खोल सकें तो खोलें तो सही।

इसी के साथ, इससे जुड़ा सवाल सिर उठाता है—इतिहास का स्वरूप गढ़ने वाले कारक कौन हैं? ज़ाहिर है, लोगों का सामाजिक और राजनीतिक चरित्र, मूलतः उनकी सरकारें, जो किसी भी देशकाल में घटनाओं को, और उनके माध्यम से फिर इतिहास को प्रभावित करती हैं। लेकिन क्या अपने आप में, अलग-अलग होने वाली ये सारी क्रियाएं, वास्तव में कभी भी पूरी तरह से एक दूसरे से जुदा हो सकती हैं? और ऐसे में, परिणामों के लिए, चाहे वह हित में हों या नहीं, फिर किसे ज़िम्मेदार ठहराया जाना चाहिए? ज़ाहिर है, उन तत्वों या लोगों को जो मौके पर मुख्य भूमिका में हों।

और नीतियों पर भूगोल का क्या प्रभाव होता है? क्या भौगोलिक परिस्थितियां किसी भू-भाग और उसमें बसने वालों के चरित्र को उकेरने वाला प्रमुख कारक नहीं होता, और इस तरह ऐतिहासिक विकास क्रम को प्रभावित नहीं करता? एक नया रूप देने के लिए स्वतंत्र भारत के भूगोल के साथ 1947 में जानबूझ कर की गई काट-छांट, बकौल गाँधीजी के शब्दों में, वैसी ही थी जैसे किसी जीव की चीरफाड़ हो। इससे हमारी राष्ट्रीय सुरक्षा को गहरा झटका लगा है, यह तो स्वतः स्पष्ट है। इसी तरह की घटना थी पाकिस्तान का अपने पूर्वी हिस्से से अलगाव, जिससे बांग्लादेश का जन्म हुआ। अब हम चीनी जनवादी गणराज्य द्वारा तिब्बत को अपनी सीमाओं में समेट लेने की घटना का ज़िक्र भी भूले-भटके ही करते हैं, जबकि लेफ्टिनेंट जनरल सर फ्रांसिस टकर ने इस भूमि को भारत की सुरक्षा के लिए आवश्यक भू-भाग-'वाईटल एरिया', जो अपने आप में एक फौजी शब्द है, बताया था।[1]

इसके बाद एक ऐसा सवाल जो बार-बार सामने आता है, वह हमें यहां ठहरकर सोचने को मजबूर करता है—'क्या ऐतिहासिक विवरण पूरी तरह सच्चे होते हैं?' या फिर उनका रंग-रूप बयां करने वाले के रुझान पर निर्भर करते हैं? इसलिए भविष्य की योजनाओं को बनाने में भी ऐसा ही होता है, जिसका नतीजा यह होता है कि ग़लतियों का सिलसिला भी आगे बढ़ता ही जाता है।

लेकिन, क्या करना चाहिए, और क्या नहीं, अधिकारपूर्वक यह थोपने की कोशिश के बजाय इस पुस्तक का उद्देश्य सच्चाई की गहराई तक पड़ताल करना है। यह मेरे लंबे समय से उन प्रमुख तत्वों की खोज में लगे रहने का परिणाम है जो सुरक्षा नीतियों को निर्धारित या प्रभावित न भी करें, लेकिन उनका मार्गदर्शन ज़रूर करें। 'सुरक्षा' पर ही विचार केन्द्रित क्यों? क्योंकि शासन का पूरा ढांचा इसी के इर्द-गिर्द खड़ा होता है। जैसा कि इब्न बल्ख़ी[2] ने अपनी किताब में बड़े साफ़ शब्दों में कहा है, ''लश्कर के बिना कोई सल्तनत नहीं होती, दौलत के बिना कोई लश्कर नहीं होता, अच्छी माली हालत के बिना दौलत नहीं होती, और इंसाफ़ के

बिना अच्छी माली हालत नहीं होती।'' इस तरह, कम शब्दों में, पूरी गहराई के साथ सुरक्षा की जड़ तक जाते हुए इंसाफ यानी न्याय के महत्त्व पर ज़ोर देने की कोशिश की गई है। ज़ाहिर है, झूठ और इंसाफ़ हमसफ़र नहीं हो सकते, तो फिर 'सुरक्षा' कहां से पाएँगे?

इस बात पर एक और सवाल उभरता है—'क्या सभी ऐतिहासिक विवरण न्यायसंगत होते हैं?' मुझे ऐसा नहीं लगता, सभी सही हो ही नहीं सकते। इतिहास के एक प्राचीन विद्वान इब्न ख़लदून[3] की किताब *'मुक़द्दिमाह'* में कई सदियों पहले कही गई बात मेरी सोच को सही ठहराने में मदद करती है कि 'असत्य प्राकृतिक रूप से ऐतिहासिक तथ्यों को प्रभावित करता है।' कई कारणों से इससे बचा नहीं जा सकता। उनमें से एक यह है कि किसी विचार के पक्ष या विरोध में हमारा झुकाव। जब कोई किसी तथ्य को निष्पक्ष भाव से स्वीकार करता है, तभी वह, जितना हो सके, उतनी बारीकी से उसके तमाम पहलुओं को परखता है जिससे उस बात में छिपे सच या झूठ की तह तक पहुंच जाता है। इससे उलट, अगर किसी का मन पहले से ही किसी विचार से प्रभावित है यानी उसके पक्ष में भाव रखता है, तो वह उस बात को बिना कुछ सोचे फ़ौरन मान लेता है। इससे साफ है, कि किसी बात के पक्ष या विरोध में मन बना लेने से उसे जांचने-परखने का विचार गुम हो जाता है, फिर उसकी गहराई से पड़ताल करके उसकी सच्चाई का पता लगाने का सवाल ही पैदा नहीं होता। इसी का परिणाम होता है कि झूठ को स्वीकार कर लिया जाता है, फलस्वरूप झूठ का सिलसिला आगे चलता ही रहता है।

इस पुस्तक के माध्यम से 'विषय की गहराई तक जा कर बारीकी से पड़ताल' करने की कोशिश की गई है।

इब्न ख़लदून ने और भी कई तत्वों का ज़िक्र किया है जैसे, ''ऐतिहासिक जानकारी से झूठ को पूरी तरह हटाना नामुमकिन होना,'' जैसे, ''जानकारी को आगे बढ़ाने वालों पर भरोसा करने की मजबूरी,'' या ''किसी घटना के पीछे छिपे मक़सद से बेख़बर होना।'' साथ ही, अपने ज्ञान की गहराई का परिचय देते हुए उन्होंने कहा है—एक वजह यह भी होती है कि हालात किस तरह सच्चाई की पुष्टि करते हैं। शक और बातों को तोड़-मरोड़ कर पेश करने से भी हालात की तस्वीर बदल जाती है। जानकारी देने वाला भले ही हालात को 'जैसा देखे, वैसा बयां करे', लेकिन क्योंकि उसके सामने सूरत-ए-हाल तोड़-मरोड़ कर पेश किया गया होता है, उसके चलते सच्ची तस्वीर ख़ुद उसके पास भी नहीं होती।''

''एक और वजह यह है कि लोग आमतौर पर बड़े और ऊंचे ओहदे वाले लोगों से सम्पर्क करते समय उनकी बड़ाई करते हैं और उनके गुणों का बखान करते हैं। और अपनी तारीफ़ सुनना इंसान की कमज़ोरी होती है, और लोग सांसारिक चीज़ों, शोहरत और दौलत पर ही ज़्यादा ध्यान देते हैं।'' इस गुण में तो आजकल हम पूर्ण रूप से महारत रखते हैं।

भारत ने आज़ादी के बाद से सुरक्षा की दृष्टि से जिन चुनौतियों का सामना

किया है, क्या उनके जो विवरण उपलब्ध हैं, उनमें ये ख़ामियां नहीं हैं? हां, कई में हैं। यह पुस्तक कम से कम उन विवरणों में से कुछ से पैदा हुए असंतुलन को कुछ हद तक दूर करने की कोशिश है।

एक और कारण है झूठ से न बच पाने का–और जो पहले बताए गए दूसरे कारणों से ज़्यादा असरदार है, और वह है किसी बात से जुड़े "तरह-तरह के हालात के बारे में जानकारी ही न होना। हर घटना, चाहे वह किसी दूसरी घटना की वजह से हो या किसी काम का नतीजा हो, उसमें एक यह ख़ूबी तो ज़रूर होगी कि उसकी अपनी खासियत और ख़ूबियों के सार के अलावा जिन हालात में वह घटना घटी है, उसके साथ बने संयोग भी उसकी जानकारी का हिस्सा बन सकते हैं। अगर हमें "घटनाओं की प्रकृति और उनके घटने के लिए ज़रूरी हालात और दूसरी आवश्यकताओं" का पता लग जाए, तो हमें अपनी गहरी पड़ताल के तहत "ऐतिहासिक बातों में सच और झूठ को अलग-अलग पहचानने में" मदद मिल सकेगी। किसी चुनौती के केंद्र बिंदु पर ध्यान लगाने का यह एक अन्य तरीका है। पुस्तक में जितना हो सका, यह कोशिश की गई है।

मैं पूर्ण निष्पक्षता के सवाल पर बढ़-चढ़ कर कोई दावे नहीं कर सकता हूं, न कर रहा हूं, लेकिन यह पुस्तक लिखते हुए मैं एक खोज पर ज़रूर निकल पड़ा हूँ। मेरी इस खोज में, जिन निष्कर्षों पर मैं पहुंचा उनमें कुछ ऐसी ख़ामियां हो सकती हैं जिनकी अभी हमने चर्चा की है। लेकिन ऐसी ख़ामियों से परे रहने की कोशिश ज़रूर की गई है। हो सकता है इसमें कुछ सफलता तो मिली ही होगी। लेकिन यह मुझे नहीं तय करना, यह तो पाठकों के हाथ में है।

मुझे यह बताना ज़रूरी है कि इस पुस्तक में सिर्फ़ सुरक्षा संबंधी मसलों का ही विश्लेषण और उन्हीं पर टिप्पणी क्यों की गई है? क्योंकि सुरक्षा सबंधी मसले हमारी राष्ट्रीय सुख-समृद्धि की धुरी हैं। मैंने पुस्तक में कई प्रतिष्ठित और अनुभवी भारतीयों के विचारों का भी उल्लेख किया है, उन विचारों की मदद भी ली है, अपने विचारों और अपने निष्कर्षों को ज़्यादा मज़बूती के साथ पाठकों के सामने पेश करने के लिए।

यह दुःखद बात है, और उपदेश जैसी लगती है, लेकिन यह अपने आप में विचारने की बात है कि आज़ादी के 66 से ज़्यादा साल बीतने के बाद भी अंदरूनी और बाहरी संघर्ष, या हिंसक, व गंभीर घटनाओं की संख्या घटी नहीं, पहले जैसी ही है। यह साफ़ तौर पर खुद अपने ऊपर टिप्पणी है, जो हम सब की, हमारी तमाम सरकारों की, हमारी शासन व्यवस्था की और अपनी इस भूमि की सुरक्षा बनाए रखने के सामर्थ्य का भेद खोल देती है–उस भूमि की एकता और अखंडता जिसे हमने अपने संविधान में "इंडिया जो कि भारत है" कहकर संबोधित किया है। क्या हमने अपना कर्तव्य पूरा निभाया है? इस सवाल का जवाब तो पाना ही होगा। यह पुस्तक उस दिशा में, उस लक्ष्य की प्राप्ति में एक छोटा क़दम है।

पुस्तक में टिप्पणी के लिए घटनाओं को मैंने अपनी इच्छा से चुना है। इस

चयन के लिए, उन पर टिप्पणी के लिए, व जो कुछ और मैंने लिखा है उसके लिए अन्य कोई नहीं, अकेला मैं ज़िम्मेदार हूं।

मैं नटराजन स्वामीनाथन का आभारी हूं, जिनके अथक परिश्रम, कभी न ठंडा पड़ने वाले जोश, और विनम्रता के साथ लगातार प्रोत्साहित करते रहने से इस पुस्तक पर मैं काम कर सका, अन्यथा, हो सकता है मैं इसे लिखने का बीड़ा ही न उठाता। मेरी लिखावट को समझने की उनकी ख़ूबी काबिल-ए-तारीफ़ है। उन्होंने मेरी पिछली पुस्तकों की तरह ही, इसे तैयार करने में भी अपनी बेजोड़ कर्मठता का परिचय दिया है। शोधार्थी सोम्या डे और महीप सिंह ने इस किताब के लिए सन्दर्भ कार्य, टिप्पणियों, मानचित्रों एवम् तस्वीरों में सहयोग दिया, जिसके बिना यह किताब अभी आपके हाथ में नहीं होती।

मैं 'राजपाल एण्ड सन्ज़' की मीरा जौहरी का आभारी हूं जिन्होंने इस पुस्तक से उम्मीदें रखते हुए मुझे इसे लिखने के लिए प्रेरित किया; और ऋषि माथुर का, इसके हिंदी अनुवाद के लिए। सबसे ज़्यादा मैं अपने अज़ीज़ दोस्त सूरज भाटिया का आभारी हूं जिन्होंने अनूदित पांडुलिपि को पढ़कर कई अमूल्य सुझाव दिये और तथ्यों को बारीकी से जांचने और उनकी पुष्टि करने में सहयोग दिया, जिसके बिना इस पुस्तक का प्रकाशित होना नामुमकिन था।

'के' के लिए, मैं हमेशा आभारी हूं, मेरे बेतरतीब काम करने के ढंग और आदतों, और सार्वजनिक जीवन जीने के साथ लेखन का इरादा रखने वाले की दुष्कर मांगों को बरदाश्त करने के लिए।

संदर्भ

1. यह महत्त्वपूर्ण इलाका तिब्बत का पठार था, जो पूर्वी भारत पर हमला करने की किसी भी कोशिश के लिए एक अच्छी छावनी का काम कर सकता था, और इसीलिए इस पर चीनी सेना का कब्ज़ा न होने देना भारत के हित में था। (यहां यह स्पष्ट करना आवश्यक है कि यह टिप्पणी मेरी डॉरीन वायनराइट की पुस्तक *कीपिंग द पीस इन इंडिया, 1946-47* से ली गई है)
2. इब्न बल्खी सलजुक शाही के दौर में ईरान के फ़ार्स इलाके के इतिहास और भूगोल पर फ़ारसी में पुस्तक *फ़ार्स नामा* लिखने वाले विद्वान थे, जिनके पूर्वज मूलतः वर्तमान अफ़ग़ानिस्तान के बल्ख इलाके से थे।
3. इब्न ख़लदून टुनिज़िया में जन्मे अरब जगत के महानतम इतिहास के विद्वान, समाजशास्त्री, अर्थशास्त्री और दार्शनिक, जिन्होंने सबसे पहले दर्शन पर धर्म से अलग हटकर काम किया।

एक संक्षिप्त परिचय

स्वतंत्रता प्राप्ति के छियासठ साल बाद भी, आज तक हम अपनी राष्ट्रीय सुरक्षा को लेकर आख़िर क्यों अनिश्चितता की स्थिति में हैं, और, चाहे वह आंतरिक हो या बाहरी, राष्ट्रीय सुरक्षा से जुड़ी चुनौतियों से साबका पड़ने पर हम क्यों लड़खड़ा जाते हैं?

यह एक व्यापक चुनौती है, जिसके समग्र और दूरगामी सरोकार हैं, लेकिन इस विषय पर हमारी समझ और प्रतिक्रिया अनाड़ियों जैसी है, जिसमें गंभीरता नहीं आई है। खेद की बात यह है कि इस मुद्दे के नाम पर जिन बातों ने प्रिंट और विज़ुअल मीडिया में जगह घेरी हुई है, वह नितांत सतही तौर पर सनसनी पैदा करने वाली हल्की बातें हैं, जो वास्तव में सुरक्षा को लेकर गंभीर बहस के रास्ते में रुकावट बनती हैं।

कई ऐसे तत्त्व हैं जिनके कारण ऐसी स्थिति बनी है। पहला कारण है सुदृढ़ और सुरक्षित शासन व्यवस्था की कमी। शासकों और शासितों के बीच रिश्तों को कमज़ोर करनेवाले कारक मौजूद हैं। लगभग 127 ज़िलों में माओवाद का प्रभाव इसका एक अंश भर है। जिस राजनीति की हम बात करते हैं, जिसका पालन करते हैं, उसमें ज़मीन-आसमान का अंतर है। जो बुरे हालात हमने पैदा कर दिए हैं और चुनौती देती समय की मांग के बीच ज़रा भी तालमेल नहीं है, जिसके कारण राजनीति की राह और उस पर चलनेवालों और उनके अनुयायियों पर भरोसा करना तो दूर, उन्हें जनता द्वारा इज़्ज़त की निगाहों से भी नहीं देखा जाता। इसके बाद, हमारी अन्तरराष्ट्रीय सीमाओं पर शांति का प्रश्न आता है—क्यों हम स्वतंत्रता प्राप्ति के छियासठ वर्ष बाद भी दुनिया के सबसे लंबे थल सीमा विवाद में उलझे पड़े हैं? घरेलू और अन्तरराष्ट्रीय मोर्चों पर यह दिक्कत क्यों आई?

क्या इसके पीछे लोकतंत्र को लेकर दोषपूर्ण अवधारणाएं हैं, या फिर खुलेआम जारी भ्रष्टाचार, हमारे अंदर से मूलभूत उत्तरदायित्व की अनुभूति का कम होना,

और इसके परिणामस्वरूप होने वाला पद का दुरुपयोग? या फिर लोकजीवन में नैतिक सत्यनिष्ठा, खरापन, ईमानदारी और जवाबदेही का ह्रास, जिसकी हम सभी नागरिकों से अपेक्षा की जाती है? राजधर्म की हमारी समझ में भारी कमी और उसके प्रति पूर्ण रूप से प्रतिबद्ध न होना हमें भारी पड़ा है तो आख़िर क्यों? चुनाव में जीत ही एकमात्र वास्तविक कसौटी क्यों है? क्या उत्तेजक शब्दों का इस्तेमाल, बयानबाज़ी और फ़ालतू का दिखावा यानी दिखावटी तौर-तरीके ही राष्ट्रवाद और भारत के प्रति अपनी प्रतिबद्धता व्यक्त करने का एकमात्र तरीका है? बिलकुल नहीं।

इसके अलावा, पश्चिमी अवधारणाओं को ठीक से जांचे-परखे बिना अंगीकार कर लेने से ही हम 'राष्ट्र' और 'नेशन स्टेट' के बीच उलझ गए हैं। मूलतः 'राष्ट्रीय' हमारी वह स्थिति है जो छल-कपट और कट्टर राष्ट्रवाद से परे हमारे 'राष्ट्र' में कितनी ही सहस्राब्दियों पर विजयी रहने की जीवनी शक्ति फूंक रही है : बक़ौल मोहम्मद इक़बाल : ''क्या राज़ है कि हस्ती मिटती नहीं हमारी, बरसों रहा है दुश्मन दौर-ए-जहां हमारा...'' क्या हमने अपने अंदर इस महत्त्वपूर्ण भाव को दरक जाने दिया है? क्या हमने अपनी दृष्टि को महज़ चुनावों के नतीजों तक समेटकर इस महत्त्वपूर्ण भाव को एक क्षणिक महत्त्व वाली घटना बना दिया जो हकीकत में हमारे सरोकारों के केंद्र से दूर की परिधि पर रह गई है?

लेकिन राष्ट्रीय भावना या देश की आत्मा के एहसास के बावजूद हमारे अंदर अपने इस 'राष्ट्र' के विस्तार और सीमाओं का बोध क्यों नहीं है? क्या इसी वजह से हमने राष्ट्रीय सुरक्षा के प्रति अपनी सोच को मात्र एक रक्षात्मक सैन्य कार्य तक सीमित कर दिया है? लेकिन राष्ट्रीय अस्मिता को ख़तरे की बात को भौतिक सीमा रेखा तक सीमित कर देना एक गंभीर चूक है। यह राष्ट्रीय सुरक्षा जैसे बहुआयामी मुद्दे और अहम ज़िम्मेदारी के ज़रूरत से ज़्यादा सरलीकरण का नतीजा है। यह उस धारणा से अलग नहीं है कि क्योंकि लोकतंत्र 'अच्छा' है, इसलिए जो कोई भी इसे अपनाता है वह 'सुशासन' के दायरे में आ जाता है। क्योंकि लोकतंत्र 'अच्छा' है, इसलिए सिर्फ़ इसे अपनाना भर भी 'सुशासन' का पर्याय है। जबकि ऐसा ज़रूरी नहीं है, और हमारे शासन की वर्तमान दशा इस बात का प्रमाण है।

असम और पूर्वोत्तर क्षेत्र, पंजाब, जम्मू और कश्मीर, और श्रीलंका में होने वाली गड़बड़ी, या फिर माओवादियों की पकड़ का मज़बूत होना, और इन सब के कारण सिर न उठा पाने वाली मुश्किलें राष्ट्रीय सुरक्षा के लिए चुनौतियों की शक्ल में सामने आने वाले त्रुटिपूर्ण लोकतांत्रिक कार्यप्रणाली के ही उदाहरण हैं। लेकिन हमें अपने मुद्दे पर वापस लाने वाला सवाल यह है कि 'लोकतंत्र को कारगर शासन प्रणाली बनाने वाले कारक कौन-से होते हैं? वास्तव में, यही वह सवाल है जिससे कोई भी देश राष्ट्रीय सुरक्षा के लिए आवश्यक तत्वों की प्राप्ति में सक्षम होता है।

अपनी राष्ट्रीय सुरक्षा की हमारी यह खोज यात्रा महज एक गूढ़ विषय पर खोजपरक प्रयोग नहीं है, और न ही यह भारत की एक राष्ट्र के रूप में पहचान की जटिलताओं पर शोध निबंधन ही है। हमारा उद्देश्य जहां इतना ज़्यादा बिखरा

हुआ नहीं है, वहीं संकल्पना की दृष्टि से यह बहुत व्यापक है। यह उन चुनौतियों के सामरिक पहलुओं का जायज़ा लेने की कोशिश है जिनका भारत ने पिछले छियासठ वर्षों के दौरान सामना किया है। उनसे क्या पता चलता है? ज़ाहिर है, वह सारी चुनौतियां बाहरी चुनौतियां नहीं थीं, और न हैं, उनमें से कम से कम कुछ तो हमारी अपनी शासन व्यवस्था की घोर आंतरिक अंदरूनी विफलताएं ही रही हैं, जो ऐसी चुनौतियां बनकर सामने आईं जिनके लिए आख़िरकार सैन्य समाधान तलाशे गए और वह अंततः ग़लत साबित हुए।

जो भी हो, चुनौतियों के हल ढूंढने में हुई तमाम ग़लतियों के मूल में जो अवधारणात्मक ख़ामी है, उसी की वजह से वर्तमान में हमारी राष्ट्रीय सुरक्षा की अवधारणा में दरारें पड़ी हैं। लेकिन, क्योंकि यह पुस्तक न तो किसी सैन्य अभियान विशेष का विवरण है और न ही किसी भी परिप्रेक्ष्य में सैन्य इतिहास का लेखा-जोखा है, इसलिए राष्ट्र की सुरक्षा की अवधारणा को पहले संक्षिप्त रूप में स्पष्ट करने की, और फिर जो सुरक्षा संबंधी चुनौतियां उभरती हैं, उनकी विवेचना करने की आवश्यकता है। इसके बाद, छियासठ वर्ष की परिपक्व अवस्था में पहुंचे भारत के सामने आने वाली चुनौतियों, टकरावों और मुद्दों की कालक्रम में, इसी कसौटी पर कसते हुए विवेचना करने की आवश्यकता है।

यह चुनौतियां अब हमारी इतिहास गाथा का अंश हैं, लेकिन उनके परिणामों ने आज तक हमें बंधनों में जकड़ रखा है, जिसके चलते हमारे देश की अर्थव्यवस्था और विदेश नीति बुरी तरह प्रभावित बनी हुई है। इनमें से पहली, राष्ट्रीय अर्थव्यवस्था, गुज़रे ज़माने की ग़लतियों से बंधी हुई है, जिसे हम अपनी अनसुलझी सरहदों के महसूल के तौर पर बार-बार चुकाते रहते हैं, साथ ही दोहरे मोर्चे की चुनौती और उससे जुड़े हुए तमाम आर्थिक बोझ—लोगों, हथियारों और दूसरे साजो-सामान पर आने वाले खर्च के साथ हिमालय की दुर्गम ऊंचाइयों से लेकर राजस्थान की मरुभूमि तक आधारभूत बुनियादी ढांचा तैयार करने, और ज़ाहिर है, हिंद महासागर और आकाश तक की सुरक्षा पर आने वाले ख़र्च भी इसमें शामिल हैं।

जहां तक विदेश नीति का सवाल है, इसके पीछे स्पष्ट रूप से, चरमराकर ढहने वाले चार साम्राज्यों—चीन के चिंग, पश्चिम एशिया के उस्मानिया, बरतानिया और सोवियत विस्तार के अधिकेंद्र पर भारत की भौगोलिक स्थिति होना इसकी वजह है। इसकी आवश्यक पड़ताल हम आगे के अध्यायों में करेंगे। लेकिन इसका सीधा असर यह पड़ा कि हमारी विदेश नीति चार रेखाओं के बीच फंसकर रह गई है—ड्यूरैंड लाइन (Durand Line), मैकमहोन लाइन (McMahon Line), एल. ओ. सी. (LoC) यानी लाइन ऑफ़ कंट्रोल, और एल. ए. सी. (LAC) यानी लाइन ऑफ़ ऐक्चुअल कंट्रोल। स्वायत्तता की प्राप्ति के लिए, जिसकी कि हमें अपनी नीति पर अमल करने के लिए हर हाल में ज़रूरत है, लेकिन इसके लिए पहले हमें इस सामरिक जकड़न से छुटकारा पाने का तरीका तलाशना होगा।

क्योंकि जब तक हम इसी तरह बंधन में रहेंगे, तब तक भारत वैचारिक

स्तर पर गतिशून्यता की स्थिति में रहेगा, ज़मीनी तौर पर कोई क़दम उठाने लायक नहीं होगा और स्थाई राष्ट्रीय सुरक्षा की हमारी चाहत पूरी नहीं होगी।

यह पुस्तक इस चुनौती भरे क्षेत्र को, यथासंभव समझते-बूझते हुए पार करने का प्रयास है।

कोई भी लेखक इस विषय पर सारी सामग्री समेट कर प्रस्तुत करने का दावा नहीं कर सकता, और न ही इस पुस्तक के ज़रिये ऐसा कोई दावा किया जा रहा है। यह पुस्तक जहां हमारी बीते दौर की भूलों का खुलासा करती है, वहीं इसमें उठाए गए सवालों में मेरी ओर से भी कई कमी रह गई होंगी। क्योंकि किसी मुद्दे का हल तलाशने में कामयाबी के लिए सबसे पहली ज़रूरत यह होती है उससे जुड़े सही सवाल खड़े किए जाएं। मैंने ऐसा करने की भरसक कोशिश की है।

1

राष्ट्रीय सुरक्षा : हमारी समस्याओं की जड़ें

क्योंकि भारत का परिरक्षण हमारे सारे प्रयोजनों के केंद्र में है, इसलिए जिस तर्कसंगत निष्कर्ष पर हम पहुंचते हैं, वह है—1947 में देश का बंटवारा हमारी सुरक्षा के लिए पहला आघात मुस्लिम लीग की मांगों को मानते हुए और ब्रिटिश राजशाही के चंगुल से छूटने के लिए हमने न सिर्फ़ सुरक्षा के मुद्दे को दरकिनार कर दिया, बल्कि हमने उत्तर और पूर्व में हिमालय से घिरे और दक्षिण में हिंद महासागर के सुरक्षा दायरे में स्थित भारत की प्रायद्वीपीय भूमि के एकीकृत या संगठित स्वरूप की अत्यावश्यक सुरक्षा को ध्वस्त कर दिया। हम अपने देश की प्राकृतिक सीमा रेखाओं के अलंघनीय स्वरूप की पवित्रता को बनाए रखने में नाकाम रहे। जिसके परिणामस्वरूप हमने अपने सामने राष्ट्रीय सुरक्षा की चुनौतियां खुद ही पैदा कर लीं। यह बात अपने आप में यह साबित करती है कि इस एक कृत्य के कारण, बल्कि नासमझी में किए गए इस काम से, जो कि कहीं से तर्कसंगत नहीं है, देश के टुकड़े हो जाने दिए, जिससे हमने अपने लिये ऐसी मूलभूत समस्याएं पैदा कर लीं जो आज तक हमारे सामने बड़ी चुनौतियां बनकर खड़ी हैं। ज़ाहिर है इनसे उत्पन्न सुरक्षा के लक्ष्य और उनके बोझ की अपरिहार्य प्रतिबद्धता आधारभूत रूप से प्रभावित हुई है। यह दृष्टिकोण हमारे इतिहास को लेकर बनाई गई सोच, बल्कि इस संबंध में पक्की राय बन गया है जिसे अब अकाट्य समझा जाता है। इसके बावजूद, जब सुरक्षा पर बंटवारे के प्रभावों का आकलन करते समय बंटवारे के फलस्वरूप अस्तित्व में आने वाले देशों—भारत, पाकिस्तान और बांग्लादेश, बल्कि वास्तव में संपूर्ण दक्षिण एशिया पर बंटवारे के प्रभाव की पड़ताल करनी चाहिए।

बंटवारा हुए एक लंबा अरसा बीत जाने के बाद, बंटवारे के फलस्वरूप जन्म लेने वाले दो नये देश, पाकिस्तान और बांग्लादेश को लेकर यह कोई प्रतिवाद नहीं है। बल्कि यह इस विचार को प्रतिस्थापित करने का प्रयास है कि बंटवारे के बाद भी, अस्तित्व में आने वाले देशों की सुरक्षा के मुद्दे हल नहीं हुए, बल्कि इससे

कुछ नयी चुनौतियां और पैदा हो गईं। इस मूलभूत पहलू को स्वीकार करने के बाद ही, आज हम जिन चुनौतियों का सामना कर रहे हैं, उनके हल तलाशने की कोशिश कर सकते हैं।

यह एक स्वयंसिद्ध तथ्य है कि एक राष्ट्र के रूप में भारत का संरक्षण सभ्यता की उस संकल्पना के परिरक्षण में निहित है जिसके अनुसार किसी देश के प्राकृतिक भूगोल का लोकाचार उसके प्राचीन इतिहास, साथ में विकसित हुए दर्शन और नैतिक मूल्यों की अपनी व्यवस्था आपस में संलग्न होते हैं। यह बात और है कि मूल्य व्यवस्था में कुछ हद तक विकृतियां आ गई हैं, पर ठीक इसी वजह से यह अत्यंत आवश्यक है। हमारे सामने जो असंख्य जटिल चुनौतियां हैं, जब तक हम उन्हें आत्मसात नहीं कर लेते, तब तक हम राष्ट्रीय सुरक्षा के लिए उचित प्रयास करने की दिशा में एक कदम भी आगे नहीं बढ़ सकते, क्योंकि 'भारतीय राष्ट्र' बेहद जटिल होने के साथ ऐसा 'नेशन स्टेट' है जिसे अंतरराष्ट्रीय राजनीति के वेस्टफ़ेलियन मॉडल (Westphalian model) की संकरी परिकल्पना में ठीक तरह से बैठाना बेहद कठिन काम है। ज़ाहिर है, इसीलिए हमारी सुरक्षा संबंधी चिंताएं भी दूसरों से बहुत अलग रही हैं। क्योंकि भारत एक असाधारण राष्ट्र है, इसलिए यह मौलिक सच्चाई है, और यह पागलपन की हद तक देशभक्ति में डूबे किसी व्यक्ति की बढ़ा-चढ़ा कर कही गई बात नहीं है।

वंशानुगत विरासत

तो हमारी यात्रा कहां से शुरू होती है? नहीं, पौराणिक काल से नहीं, हमारी यात्रा शुरू होती है बीसवीं सदी के 1947 से। आख़िर क्यों? क्योंकि भारत का बंटवारा ही देश की सुरक्षा के लिए सबसे पहली चुनौती थी।

लेकिन ज़मीन के टुकड़े होने से पहले, सुरक्षा के एक बेहद ज़रूरी साधन के टुकड़े हो गए। यह था ब्रिटिश इंडियन आर्मी, नेवी और एयर फ़ोर्स के टुकड़े होना। और इनके टुकड़े होने के लिए इससे बुरा समय और कोई नहीं हो सकता था। बंटवारे से पहले के भारत की व्यवस्था इन्हीं के सहारे चलती थी। अंग्रेज़ हुकूमत के झंडे तले विदेशों में दूसरे विश्व युद्ध के मोर्चों पर लड़कर वापस लौटी ही थी ब्रिटिश इंडियन आर्मी कि उसके करीब 4 लाख फौजियों को दो साल से भी कम समय में सेवामुक्त कर दिया गया।

इसके बाद यह तय हुआ कि 15 अगस्त 1947 तक भारत और पाकिस्तान की सरकारें उनके नियंत्रण में आई अपनी-अपनी सेनाओं को तैयार कर लेंगे। इसलिए, बंटवारे के लिए ख़ासतौर पर बनाई गई पार्टीशन काउंसिल ने इस संदर्भ में दिशानिर्देश जारी किए जबकि उन्हें अमल में लाने के लिए कुल पैंतालीस दिन का समय था। ये ज़िम्मेदारी सौंपी गई फ़ील्ड मार्शल सर क्लौड ऑचिनलेक की अध्यक्षता वाली 'आर्म्ड फ़ोर्सेज़ रीकांस्टिट्यूशन कमेटी' को। फ़ील्ड मार्शल सर क्लौड ऑचिनलेक

उन दिनों भारतीय सेना के कमांडर इन चीफ़ थे। आने वाले वक़्त में भारतीय सेना की सर्वोच्च कमान संभालने वाले दो सेना प्रमुख जनरल करिअप्पा और जनरल थिमैया भी इस कमेटी के सदस्य थे। सेना के बंटवारे की वास्तविक प्रक्रिया जुलाई के तीसरे सप्ताह में जाकर शुरू हुई जब भारत सरकार के सभी अन्य विभाग पहले ही भारत और पाकिस्तान में बांटे जा चुके थे।

हालांकि तय यह किया गया था कि सशस्त्र सेनाओं का पुनर्गठन क्षेत्रीय आधार पर किया जाएगा, न कि सांप्रदायिक आधार पर, लेकिन वास्तव में ऐसा हुआ नहीं। सैन्य कर्मियों के सामने पूरी तरह सेना से सेवामुक्ति, या फिर बंटवारे से अलग हो रहे दोनों देशों में से किसी एक की सेना में शामिल होने के विकल्प रखे गए। इसके साथ ही सेना के साज-सामान और चल-भंडार के बंटवारे के लिए यह तय किया गया कि बंटवारे के परिणामस्वरूप अस्तित्व में आने वालों दोनों मुल्कों के सुरक्षा बलों के अनुपात में बांटा जाएगा, जबकि तकनीकी प्रशिक्षण संस्थानों को जो जहां है जैसा है, यानी उनकी भौगोलिक स्थिति के आधार पर हस्तांतरित किया जाएगा। 15 अगस्त 1947 तक उनका भारत और पाकिस्तान, दोनों देशों की दो अलग सशस्त्र सेनाओं के तौर पर पुनर्गठन हो जाना था। 7 अगस्त, 1947 को ब्रिटिश सैन्य इकाइयां भारत से रवाना होने लगी थीं। आख़िरी फ़ौजी इकाई ने फरवरी 1948 में भारत भूमि से अपने देश के लिए कूच किया।

संयुक्त सेना का दो हिस्सों में बंटवारा बहुत बड़े नुकसान की बात थी, क्योंकि अविभाजित भारत की सशस्त्र सेनाएं दुनिया की बेहतरीन फ़ौजों में से थीं। इस महान संगठन में दरार आ गई थी। 1748 में स्ट्रिंगर लॉरेंस द्वारा प्रथम 'मद्रास फ़्यूज़िलियर्स' की स्थापना के बाद दो सौ साल बीत चुके थे। एक महान सेना, जिसे एक उत्कृष्ट युद्धक बल का रूप लेने में दो सौ साल लगे थे, मात्र इक्कीस दिनों में उसके टुकड़े कर दिए गए। बंटवारे के बाद अस्तित्व में आए दोनों देशों–भारत और पाकिस्तान के लिए यह अपूरणीय क्षति थी।

दो साम्राज्यों का सूर्यास्त और भारत

भारत के लिए दो सूर्यास्त–सन् 1947 में ब्रिटिश साम्राज्य के अंत और 1989-91 के दौरान सोवियत महाशक्ति के अवसान के बीच का चार दशक का दौर पूरी सदी के अनुभव समेटे थे। 1947 में ब्रिटिश साम्राज्य के अंत से ठीक पहले किसी भी इंसानी टकराव के अब तक के सबसे निर्णयात्मक दौर का अंत हुआ जब हिरोशिमा और नागासाकी पर ऐटम बम गिराए गए। यह उसकी शुरुआत थी जिसे जब पीछे मुड़कर देखता हूं तो उसे, जाने-माने ब्रिटिश इतिहासकार एरिक हॉब्ज़बॉम की बात को अपने शब्दों में 'मानवीय विवेकहीनता का युग' (Age of Human Unreason) कहता हूं। यह युग मोटे तौर पर 1945 से 1991 के बीच का दौर था। यह दौर था परमाणविक शक्ति हासिल करने की होड़ का। यह दौर था ऐसे सिद्धांत प्रतिपादित

करने का जिनके मूल में पूरी गंभीरता से 'पारस्परिक सुनिश्चित विध्वंस' (Mutually assured destruction, MAD) की नीति थी। ऐसे माहौल में भ्रांतिमूलक भोलेपन से भरे भारत ने अव्यावहारिक आदर्शवाद के भावावेश में स्वतंत्रता की दहलीज़ पर क़दम रखा। शासनकला की ऐसी भावुकता में पगी नीति के सभी उदाहरणों में से एक है–'हिंदी चीनी भाई-भाई जैसा नारा। दूसरा है गाँधी जी का रोके न रुकने वाला शांतिवाद।

सुरक्षा और शासन कला

यह बात सहज ही स्वीकार्य नहीं होती कि स्वतंत्रता प्राप्ति के बाद से ही भारत में गंभीर आंतरिक हिंसा का माहौल बनने लगा। नागालैंड, फिर मीज़ोरम, हैदराबाद, जूनागढ़, जहां-जहां आज़ादी के बाद दंगे भड़के, वह सारे के सारे बेवक़्त घटी ऐसी घटनाएं थीं जिनसे पहले से ही व्याप्त इस सोच को बल मिलता था कि कहीं कोई भरोसेमंद प्रशासन नहीं है और न ही कोई आधिकारिक शासन व्यवस्था है। ज़ाहिर है इसके पीछे प्रमुख कारण भारत के नये-नवेले प्रशासकों की अनुभवहीनता यानी प्रशासन की समझ में कमी। रही-सही प्रशासन व्यवस्था को और कमज़ोर करने का काम किया गाँधी के बाद के नकली शांतिवाद ने। उलटे इसे भी गर्व के साथ उदीयमान भारत की पहचान के तौर पर कुछ ज़्यादा ही बढ़-चढ़ कर महान और मंत्रमुग्ध कर देने वाले नेता द्वारा प्रतिपादित विचारों के प्रति निष्ठा की प्रामाणिकता साबित करने वाली चिप्पी की तरह पेश किया गया। जैसा कि होना लाज़मी था, इसने भारत की सुरक्षा के पारंपरिक स्वरूप को तोड़-मरोड़ कर रख दिया। पहली बात तो यह है कि भारत में हमेशा से ही उदारवादी और क्षमाशील हिंदू परिवेश रहा है, भले ही अंदरूनी तौर पर हमेशा इसका पालन नहीं किया गया। यही वजह है कि भारत समय-समय पर अमानवीय संवेदनाओं से दूर हिंसा की चपेट में आता रहा है। इस आधारभूत धरातल पर क्रमशः जैन, बौद्ध, वैष्णव, भक्ति और फिर गाँधी की अहिंसा की विचारधारा पर्त दर पर्त चढ़ती गईं। यही वजह है कि विचारों और प्रवृत्तियों का एक बेहद अद्‌भुत सम्मिश्रण हमारी विरासत है, जिसका असर हमारे नीतिगत रवैयों पर भी पड़ता है।

वैचारिक स्वतंत्रता को दरकिनार कर गाँधी के प्रति पूर्ण निष्ठा रखते हुए, शासन में निहित शक्ति की अवधारणा का बधियाकरण हो गया, जिससे कि शासन की शक्ति का सही समय पर उपयुक्त और यथायोग्य परिनियोजन प्रभावित हुआ। सुरक्षा की अहमियत गिरकर वरीयता क्रम में काफ़ी नीचे आ गई। परिणामस्वरूप, स्वतंत्र भारत की ओजपूर्ण और निर्भीक राष्ट्रीय नीतियों के प्राथमिक अव्यय के तौर पर सामरिक संस्कृति के केंद्रीय महत्त्व को एकदम नकार दिया गया। इसके साथ ही इतिहास की समझ, उसके अभिलेखन, उसके अहमियत और कीमत का अंदाज़ा लगाने और उसके बाद निर्णय लेने की प्रक्रिया में उसे शामिल करने को

कोई मान्यता नहीं दी गई। इतिहास की समझ न होने का नतीजा यह रहा कि सामरिक सोच के विकास में ही व्यापक कमी रह गई। इसीलिए, यह देखने को मिलता है कि प्राचीन भारतीय अभिलेखों में अन्य सभी विषयों पर सामग्री की कोई कमी नहीं है, बल्कि कला, नृत्य और नाट्य शास्त्र से लेकर स्त्री-पुरुष समागम और दर्शन शास्त्र तक पर बहुतायत से सामग्री उपलब्ध है, लेकिन एक अकेले कौटिल्य को छोड़कर और किसी ने सामरिक महत्त्व के मुद्दों पर भारतीय विचार, कौशल और विज्ञान की व्याख्या नहीं की है।

इसके साथ ही भूगोल और भौगोलिक सीमाओं का बोध भी एक कारण रहा। भारत की राष्ट्र परिकल्पना मुख्य रूप से सभ्यता और संस्कृति से जोड़कर देखी जाती थी और आज भी देखी जाती है, और भारतीयों ने भौगोलिक सीमाओं के उल्लंघन को लेकर कभी ख़तरा नहीं महसूस किया, क्योंकि भारतीयता की भावना की तरह ही उन्हें भी अजेय माना गया। इस तरह, भौगोलिक सीमाओं के संज्ञान और उनकी रक्षा के प्रति सामरिक समझ, दोनों का दुर्गम अभाव रहा।

एक और चोट पहुंचाने वाली बात जिसे आमतौर पर नज़रअंदाज़ किया जाता रहा है, वह यह है कि अंग्रेज़ों ने अपने शासन के दौरान जिस पर पूरा ज़ोर दिया, उस प्रमुख संसाधन 'अतिरिक्त सैन्य शक्ति' के विकास के मामले में स्वतंत्र भारत नाकाम और नासमझ रहा। इसी 'अतिरिक्ति' के दम पर सारी अंदरूनी ज़रूरत को पूरा करने के साथ-साथ ब्रिटिश शासक भारतीय सेना को अफ़ग़ानिस्तान, बर्मा, खाड़ी के देशों और दोनों विश्व युद्ध के तमाम विदेशी मोर्चों पर लड़ने के लिए भेज सके। लेकिन हां, उस दौर में राजाओं और नवाबों की रियासतों में आने वाले भारत के लगभग चालीस फ़ीसदी हिस्से की सुरक्षा व्यवस्था अंग्रेज़ों की ज़िम्मेदारी के दायरे से बाहर थी। अफ़सोस की बात यह है कि आज़ादी के बाद कई बार ऐसे मौके आए जब भारत की सीमा के अंदर भी सेना के इस्तेमाल की ज़रूरत पड़ी। यह भी एक गंभीर टिप्पणी है क्योंकि देश के अंदरूनी हालात को काबू में करने के लिए या फिर इस काम में बार-बार नागरिक प्रशासन की मदद के लिए सेना के इस्तेमाल से कई नतीजे निकलते हैं। इनमें से सेना के अपने मौलिक काम से हटने से सेना के प्रभाव में गंभीर गड़बड़ी पैदा होती हैं। उसकी आत्मप्रतिष्ठा में गिरावट आती है; उसके उद्देश्य में भटकाव आता है जो सेना को भीतर तक कमज़ोर कर देने वाले झटकों की तरह हैं।

ऐसे मुद्दे शायद तब दोयम दर्जे के लगते थे जब नेहरू वह सब हासिल करने निकले थे जिसे वह बड़बोलेपन से 'न्यायसंगत तरीकों से न्यायसंगत समाज की स्थापना' कहते थे। लेकिन इस मुहिम में कई मनोवैज्ञानिक रुकावटें आईं, जिनकी शुरुआत 1948 से ही हो गई। उसके बाद चीन के साथ 1962 में सीमा विवाद को लेकर लंबी झड़प। नेहरू यथार्थ से दूर अपनी ही दुनिया में जीते रहे, और एशियाई एकता के सपने देखते रहे। उनकी एकीकृत 'एशियाई सभ्यता' की सोच के मुताबिक भारत और चीन के बीच टकराव वैचारिक स्तर पर भी संभावना से

परे था। दुःख की बात ये है कि वह हमारी उलझी हुई सीमा रेखा की ज़मीनी सच्चाई में चीन की घुसपैठ के बढ़ते सबूतों के बावजूद अपने विश्वास की ज़िद पर अड़े रहे। 1950 में जब चीन ने तिब्बत [1] पर हमला किया, तो नेहरू को बीजिंग में भारतीय राजदूत के. एम. पनिक्कर को पत्र लिखकर यह बताने के सिवा और कुछ करने की ज़रूरत नहीं महसूस हुई कि, 'मैं भारत और चीन की दोस्ती को बहुत अहमियत देता हूं।' अब यह हास्यास्पद लगता है।

1962 में मैं सैनिक वर्दी में था, और इस वजह से उस गहरे कष्ट और अपमान को साझा नहीं कर पाया था जिसका एहसास हम सभी फ़ौजियों, ख़ासकर भारत के उत्तर पूर्वी हिस्सों में तैनात रहे फ़ौजियों को था। से-ला और बोमदिला के हाथ से निकल जाने के बाद ऑल इंडिया रेडियो पर अपने संदेश में प्रधानमंत्री ने जो कुछ कहा वह एकदम समझ से परे था। अपने रेडियो संबोधन में उन्होंने कहा, 'असम के लोगों के लिए मेरा दिल तड़प उठता है।' मुंहफट फ़ौजियों ने यह सुनकर जो जुमले कसे वह बेहद भद्दे थे। बाद में सारे देश में यह प्रचारित किया गया कि गुस्से से बेहाल नेहरू अपने मंत्रिमंडल के सहयोगियों पर फट पड़े। कमज़ोरी का एहसास कराने वाले गुस्से से यह कहते रहे थे, 'मैं उनसे छड़ी से भी लड़ता।' दरअसल इस वाक़ये से साफ है कि नेहरू की विदेश नीति की धज्जियां उड़ चुकी थीं। अक्साई चिन की वीरान ऊंचाइयों पर शहीद होने वाले उन तमाम फ़ौजियों के साथ 'गुटनिरपेक्षता' की भी अरथी निकल गई। यहीं पर दरअसल उस दखलंदाज़ी की भी नींव पड़ गई थी जिसे हमने 1966 में ताशकंद में स्वीकार किया, या फिर 1971 में सोवियत संघ के साथ शांति और मैत्री के समझौते पर हस्ताक्षर किए गए। इसके बाद से विदेशी दखलंदाज़ी के युग की शुरुआत हो गई। इसके बाद 1972 का शिमला समझौता तो होना लाज़मी था। इस तरह, देखा जाए तो 1962 में ही वास्तव में गुटनिरपेक्षता का सारा जोश ठंडा पड़ चुका था। यह एक बहुत ही ज़ोरदार झटका था। इसी झटके के दौरान 1964 में नेहरू के प्रधानमंत्री काल का अंत हुआ और उनकी मौत के साथ ही एक युग का अंत हो गया। मैं शायद कुछ ज़्यादा ही तेज़ी से घटनाओं को पीछे छोड़ता जा रहा हूं, लेकिन यह बात भी है कि कुछ दौर सचमुच कुछ ज़्यादा ही तेज़ी से आगे निकल जाया करते हैं।

1947 से 1964 तक नेहरू का दौर था। वह प्रभावशाली थे, लेकिन एक सम्राट या तानाशाह की तरह नहीं, बल्कि एक खोजी, एक संवेदनशील इंसान के तौर पर जिसके पास नये-नये आज़ाद हुए भारत की तरह ही जीवन की अनिश्चितता से जुड़े तमाम सवाल थे। लेकिन नेहरू के पास यह ज्ञान नहीं था कि उन्हें हल कैसे किया जाए, और न ही उनमें एक कड़े फ़ैसले ले सकने वाले शासक की सहज प्रवृत्ति ही थी। इसके बावजूद, कोई भी भारतीय नेहरू की मदद नहीं कर पाया, क्योंकि उनके और दूसरों के बीच दूरियां कुछ ज़्यादा ही बढ़ चुकी थीं। फिर भी वह बिना ढीले पड़े, पूरी आर-पार दिखने वाली ईमानदारी और चमचमाती देशभक्ति के साथ अपनी धुन के पक्के वह भारत को वह सब मुहैया कराने के लिए जितना

कुछ कर सकते थे, वह करने के लिए अपनी धुन में लगे रहे। उनके बाद, लाल बहादुर शास्त्री के छोटे-से दौर को छोड़, भारत एक बहुत ही अलग दौर में प्रवेश कर गया। लेकिन फ़िलहाल हम वापस चलते हैं 1947 की ओर।

बंटवारे और आज़ादी के बाद, रक्षा मंत्रालय के तौर पर हमें जो विरासत में मिला वह महज़ रोज़मर्रा के कामकाज निपटाने के लिए नौकरशाही का एक ढांचा भर था। आख़िरी ब्रिटिश वायसरॉय के स्टाफ़ ऑफ़िसर के तौर पर लॉर्ड इज़्मे से हमारी रक्षा व्यवस्था की रूपरेखा तैयार करने को कहा गया। उन्होंने जो रूपरेखा बनाई थी, मोटे तौर पर वही बिना किसी ख़ास बदलाव के आज तक चली आ रही है। अगर सुधार के नाम पर कुछ बदलाव हुए हैं, तो वह भी महज़ प्रक्रियाओं को और जटिल बनाने का काम कर रहे हैं। जहां स्वतंत्रता के साथ भारत को विरासत में बेहद प्रभावशाली सशस्त्र सेनाओं का एक उपहार जैसा मिला था, दुखद यह है कि न तो सुरक्षा के मुद्दों पर सोचने वाले मिले और न ही कोई ऐसा तंत्र जो स्वतंत्र रूप से देश के सामने मुंह बाये खड़े दीर्घकालिक और अल्पकालिक ख़तरों या उनकी आशंकाओं का जायज़ा लेकर उनसे निपटने के लिए ज़रूरी जनशक्ति और साज-सामान जुटाने के संबंध में रणनीति तैयार करे।

इस तथ्य को लेकर किसी विवाद की गुंजाइश नहीं है कि रक्षा व्यवस्था और राजनयिक संबंध राष्ट्रीय सुरक्षा के चक्र को गति देने वाली दो गरारियों की तरह हैं जो एक-दूसरे से अलग होकर नहीं चल सकते। यही वजह है कि अकसर कहा जाता है कि 'रक्षा पर होने वाले ख़र्च से हमारी विदेश नीति की कीमत अदा होती है।' लेकिन हमारे साथ यह हुआ कि इन पहलुओं पर ब्रिटिश हुकूमत की पकड़ बनी रही। नीति निर्धारण में भारतीय दखल या तो महज़ सतही तौर पर रहा या फिर इसके बहुत कम मौके मिले। इसका नतीजा यह रहा कि रक्षा और विदेश नीति को गढ़ने के अनुभव का इतिहास भी नहीं तैयार हुआ। इसका स्थायी असर पड़ा। ख़ासकर राजनीतिज्ञों की जमात पर जहां नीति निर्धारण के नाम पर अनाड़ियों की तरह सिर्फ़ बड़बोलेपन और शोर-शराबे से काम चला लेना आम है।

लेकिन सन् 1947 के बाद भी जहां तक उनके अपने हितों का सवाल था, औपनिवेशिक ब्रिटिश सरकार आने वाले वक़्त के लिए रक्षा और विदेश नीतियां बनाने में पूरी होशियारी बरतती रही। फ़ील्ड मार्शल आचिनलेक के आकलन पर एक नज़र डालने से यह बात सही साबित होती है। मैं उनके 'प्रशस्ति पत्र' को परिशिष्ट में प्रस्तुत कर रहा हूं, और यहां मेरा मक़सद उनकी तारीफ करने से ज़्यादा हमारी अपनी कमी उजागर करना है।

बाहरी ताकतों से रक्षा से संबंधित इस प्रपत्र और उसी कालखंड में 'इंडियाज़ मंगोल फ्रंटियर' यानी 'भारत का मंगोल सीमांत क्षेत्र' पर लिखे गए दूसरे प्रपत्र में जनरल फ्रांसिस टकर ने भारत की सुरक्षा व्यवस्था में उत्तरीय और उत्तर-पूर्वी सीमांत क्षेत्रों के महत्त्व पर ज़ोर दिया है। उस समय ब्रिटिश शासक रूस को भारतीय उपमहाद्वीप के लिए ख़तरा मानते थे, लेकिन जनरल टकर सुनिश्चित थे कि रूस नहीं, चीन

भारतीय उपमहाद्वीप के लिए ख़तरा बनकर उभरेगा। यह 'मंगोल सीमांत क्षेत्र,' ख़ासकर इसके हिमालय वाले हिस्से को सदियों से अभेद्य माना जाता था, लेकिन जनरल टकर ने इस बात पर ज़ोर दिया कि वायुसेनाओं की युद्धक शक्ति बढ़ने से जहां हिमालय की अभेद्य समझी जाने वाली दीवार कमज़ोर पड़ी है वहीं सीमारेखा के तौर पर उसकी अहमियत और भी ज़्यादा बढ़ी है। परमाणु हथियारों के विकास के बाद तो यह अहमियत और भी ज़्यादा बढ़ गई है। (यह तथ्य *कीपिंग द पीस इन इंडिया, 1946-47: द रोल ऑफ लेफ़्टिनेंट जनरल सर फ़्रांसिस टकर इन ईस्टर्न कमांड* नाम के निबंध में दर्ज हैं।)

इसमें इस बात पर ज़ोर दिया गया है कि सैनिक शब्दावली में जिसे 'वाइटल एरिया' यानी सामरिक महत्त्व का क्षेत्र कहा जाता है, तिब्बत का पठार ऐसा ही एक इलाका है, जिसे भारत के पूर्वी इलाकों पर कब्ज़ा करने के लिए एक फ़ौजी बेस के तौर पर इस्तेमाल किया जा सकता है, और इसलिए, तिब्बत के पठार पर चीन का फ़ौजी कब्ज़ा होने से रोकना भारत के प्राथमिक हितों में है। चीन हमेशा से ही तिब्बत पर अपना अधिकार जताता रहा था, और ल्हासा पर उसका प्रभाव तेज़ी से बढ़ता जा रहा था। साथ ही, चीन समर्थक तिब्बतियों की असम, सिक्किम और भूटान में घुसपैठ हो रही थी। ''इसमें कोई शक नहीं है कि जैसे-जैसे भारत में ब्रिटिश प्रभाव और शक्ति में कमी आएगी, वैसे-वैसे तिब्बत का चीन की तरफ़ झुकाव बढ़ेगा।'' ऐसे में, तिब्बत पर चीन का कब्ज़ा होते देखने के बजाय भारत को खुद तिब्बत के पठार को अपने कब्ज़े में लेने के लिए तैयार रहना चाहिए, क्योंकि आधुनिक साज-सामान की मदद से तिब्बत के रास्ते भारत पर हमले की संभावना स्वाभाविक है। सिक्किम से होकर ल्हासा तक जाने वाले प्राचीन मार्ग और 'दीवानगिरी' मार्ग, अब दोनों को ही आसानी से आवागमन के आधुनिक साधनों के लायक बनाया जा सकता है। यही वजह है कि भारत के लिए यह बेहद ज़रूरी है कि वह इस सीमांत क्षेत्र के, नेपाल से लेकर नागा पहाड़ियों के लोगों से, ख़ासकर नेपाल के लोगों से, दोस्ताना रिश्ते और आपस में सक्रिय सहयोग का माहौल बनाकर रखे। यहां यह बताना ज़रूरी है कि इस टिप्पणी में मेरी डॉरीन वायनराइट द्वारा *कीपिंग द पीस इन इंडिया, 1946-47 : द रोल ऑफ़ लेफ़्टिनेंट जनरल सर फ़्रांसिस टकर इन ईस्टर्न कमांड* में व्यक्त विचार सामने रखे गए हैं।

1947 के बाद के टकराव

मोटे तौर पर, विभाजन के बाद पांच ऐसे संघर्ष हुए हैं जो हमारी सुरक्षा चुनौतियों के उदाहरण बनकर सामने आए हैं। इनमें से पहले, 1948 में जम्मू-कश्मीर में जिसमें हमें परखा गया। उसके बाद हमने 'छावनी वाली फ़ौज' के सुनहरे युग में प्रवेश किया। उस दौर में फ़ौजी होना विशुद्ध रूप आत्म-प्रेरित सैन्य विलासिता थी, जिसमें, ज़ाहिर है, रक्षा का मुद्दा हशिये पर जा पहुंचा था। तिब्बत, बारा होटी [2]

और हॉट स्प्रिंग [3] के वाकयों के बाद भी हमारे सरोकार ऑपरेशन अमर [4] जैसे नितांत अप्रासंगिक क्रियाकलापों के इर्द-गिर्द घूमते रहे, लेकिन 1962 ने सब कुछ बदल कर रख दिया। उसपर प्रतिक्रिया के तौर हमने एक ऐसे, छोटे-से दौर में प्रवेश किया जिसमें हम ख़ुद को अमेरिका की तरफ़ ठेलते चले गए। इस तरह 'ताशकंद' [5] के बाद, रक्षा योजनाओं का शिल्प 'स्वचालित' हो गया जिसके तहत सुरक्षा बलों का स्तर उठाने और उनके 'आधुनिकीकरण' का काम रक्षा की ऐसी 'दिनचर्या' का हिस्सा बन गया जिसमें देखा जाए तो दूसरे पश्चिमी देशों के बेकार हो चुके सैनिक साज-सामान की जगह सोवियत संघ से आने वाली चीज़ें लेती चली गईं। 1970 के शिमला समझौते [6] के बाद आया चौथा चरण जिसमें हमने यह सोचकर बहुत बड़ी ग़लती की कि अब आगे के लिए हमें ज़्यादा कुछ फ़िक्र करने की ज़रूरत नहीं है। ऐसे में, एक बार फिर हम हक्के-बक्के से अपने 'स्वचालित' ढंग से काम करते चले गए, और संभलने से पहले, अचानक ही विनाशकारी अस्सी के दशक की उथल-पुथल में फंस गए, और फिर हमने इस वर्तमान पांचवें चरण में क़दम रखा।

इस संक्षिप्त विवरण पर ग़ौर करने के बाद भी मुझे कहीं कोई नीतिगत निरंतरता नज़र नहीं आती और न ही इसमें कोई एकीकृत सामरिक विचारधारा उभरकर आती है। यह सारे क्रियाकलाप दो छलांगों में सुरक्षा संबंधी तमाम चुनौतियों से पार पाने की कोशिश जैसे लगते हैं।

स्वतंत्र भारत को जिन युद्ध या युद्ध जैसे हालात से गुज़रना पड़ा, उनपर सिर्फ़ नज़र भर डालने से ही उनके पीछे की अपनी दास्तान पता चलती है जो हमें कोई न कोई सबक सिखाती है, अगर हम सीखना चाहें तो। 1948 में भारतीय सेना की कुछ बटैलियन डकोटा विमानों में भरकर श्रीनगर भेजी गईं, जहां उनका काम था बिना किसी ख़ास तैयारी के इलाके में घुस आए हमलावरों को घाटी पर कब्ज़ा करने से रोकना। यह बात मानने वाली है कि जल्दबाज़ी में की गई यह कार्यवाही बंटवारे के सदमें से उबरने का मौका मिलने और सब कुछ सामान्य होने से पहले हुई थी। तब भारतीय सेना द्वितीय विश्व युद्ध के मोर्चों से बस लौटी ही थी लेकिन दो हिस्सों में बंट जाने के बाद भी भारतीय सेना जंग में मुकाबले के लिए तैयार थी। लेकिन हमने 1948 की इन बातों से क्या सबक सीखा? मुझे तो कोई ऐसा सबूत नहीं मिलता जिससे पता चले कि हमने इससे कुछ सीखा। अगले शानदार चौदह साल तक हम शांति के समय में देश में सेना की भूमिका के गवाह रहे। हम समझने लगे कि हमारी सेना के लिए भी फ़ौजी ढंग से सेवा कार्य करने वाले ईसाई मिशनरियों की संस्था सैलवेशन आर्मी की तर्ज़ पर काम करना ठीक होगा। तभी तो, सेना को आने वाले दशकों के लिए तैयार करने के बजाय हमने उन्हें मकान बनाने और नाले में अटका कचरा साफ़ करने के काम में लगाया।

जल्दी ही इसका नतीजा यह निकला कि जब 1962 की चुनौती से हमारा सामना हुआ तो हमें बेइज़्ज़ती उठानी पड़ी। पत्रकारों के एक सवाल के जवाब में

नेहरू ने जिस तरह, 'उन्हें बाहर निकाल फेंको'[7] कहा उसे कम से कम सेना के लिए एक गंभीर आदेश के तौर पर तो नहीं देखा जा सकता। नतीजतन, हमारे फ़ौजियों को, जो कि शारीरिक, मानसिक या मनोवैज्ञानिक रूप से जंग के लिए तैयार नहीं थे और न ही उनके कपड़े और साज-सामान ढंग का था, उन्हें हिमालय की ऊंचाइयों पर ज़ोरावर सिंह[8] के दौर के बाद की पहली अहम लड़ाई में झोंक दिया गया। लेकिन इसके बारे में हम बाद में चर्चा करेंगे।

इसके बाद आया 1965 जिसमें हमने क्या खोया और क्या पाया, क्या इसका समझदारी के साथ जायज़ा लिया गया? हम क्या करने निकले थे, हमने अपनी कोशिशों से क्या हासिल किया, और क्या हमें किस्मत से मिल गया? फिर, हवाई और समुद्री क्षेत्र को पूरी तरह से अपने काबू में करने के साथ, विरोधी के राजनयिक स्तर पर अलग-थलग पड़ने के साथ हमने बांग्लादेश की आज़ादी के तौर पर 1971 में बड़ी कामयाबी हासिल की। हमें यहां यह नहीं भूलना चाहिए कि वहां भारतीय सेना एक ऐसे विरोधी से लड़ रही थी जिसने ज़बरदस्ती कब्ज़ा कर रखा था और वहां के सारे के सारे स्थानीय लोगों ने उसके ख़िलाफ़ बग़ावत कर दी थी।

लेकिन इसके बाद जल्दी ही भारी अंदरूनी उथल-पुथल का दौर आ गया। सत्तर के दशक को किसी मायने में देश पर गर्व करने लायक सालों में नहीं गिना जा सकता, क्योंकि यह साल थे देश में विद्रोह के, बग़ावत के। इसी के जवाब के तौर पर 1975 में सामने आई कपटपूर्ण 'इमरजेंसी' यानी आपातकाल, जिसके बाद राजनीतिक ढांचे में दरारें पड़ने लगीं। चुनावों के नतीजों में ऐसे उतार-चढ़ाव आने लगे जिसका नतीजा हमें अस्सी के दशक में असम, पंजाब, जम्मू और कश्मीर में गड़बड़ी के रूप में देखने को मिला। बिना देखे-समझे आई. पी. के. एफ़. यानी 'इंडियन पीस कीपिंग फ़ोर्स' आ खड़ी हुई। और यह सब ऐसे हुआ जैसे सब कुछ पहले से तय किया हुआ हो। और इसके बाद आया राजनीतिक हत्याओं का दौर, जिसमें राजनीति के कारण दो प्रधानमंत्रियों को जान गंवानी पड़ी।

लेकिन उस दौर में सारी दुनिया ने तेज़ रफ़्तार पकड़ी हुई थी। लंबे समय तक शीत युद्ध का ज़रिया बने रहने के बाद अफ़गानिस्तान ने बीसवीं सदी की इस महाशक्ति के विखंडन का उत्प्रेरक बनकर सोवियत संघ से बहुत बड़ी कीमत वसूल कर ली। बर्लिन की दीवार का गिराया जाना भी सोवियत संघ की शक्ल में बची संसार की आख़िरी प्रभुत्ववादी शक्ति के अंत को ही निरूपित करता है।

'इतिहास के अंत' को लेकर असामयिक ख़ुशी मनाने पर राष्ट्रपति पुटिन की टिप्पणी को अगर दूसरे शब्दों में कहा जाए तो, इस महाशक्ति का धराशायी होना वास्तव में एक 'जिओ-पॉलिटिकल डिज़ास्टर' यानी भौगोलिक-राजनीतिक विनाश था। नई सहस्राब्दी अपने साथ अल-क़ायदा और अंतरराष्ट्रीय आतंकवाद की चुनौती साथ लेकर आई, और इसके साथ सामने आए इसे राष्ट्र की नीति निर्धारण के ज़रिया बनाने की अराजकता के परिणाम। शीत युद्ध के दौर में विकसित हुए 'वेपन्स ऑफ़ मास डिस्ट्रक्शन' (Weapons of mass destruction, WMD) यानी

सामूहिक विनाश के हथियार और 'पारस्परिक सुनिश्चित विध्वंस' यानी एक-दूसरे के निश्चित विनाश के अस्त्र। इनके जवाब के रूप में उभरे आतंकवाद के नये हथियार 'आत्मघाती हमले' के आगे बाकी सारे हथियार छोटे और थोथे पड़ गए। इसने नये सवाल खड़े कर दिए जिनके जवाब तलाशने मुश्किल थे, जैसे जो खुद ही मौत का स्वागत करने को तैयार हो, उसे कैसे डराकर रोका जा सकता है? बीसवीं सदी की दस्तक के साथ ही बीते हुए कल के तमाम सिद्धांत और परिकल्पनाएं ढहने लगीं। हबर्ट वेदरीन [9] ने संयुक्त राष्ट्र अमेरिका को दुनिया का 'हाइपर पावर' यानी अतिशक्तिशाली राष्ट्र बताया, जो कि 'इम्पीरियल ह्यूब्रिस' यानी एक किस्म के वर्चस्ववादी अहंकार से ग्रस्त है, जिसके चलते उसने खाड़ी में दो-दो लड़ाइयां लड़ीं और फिर लगभग अनजाने में ही खुद को अफ़ग़ानिस्तान में ठीक वैसे ही हालात में डाल दिया जिसमें पहले सोवियत संघ फंसा था।

भारी उथल-पुथल के उन दिनों में, भारत ने कारगिल की बर्फ़ानी और पथरीली ऊंचाइयों में अपने पड़ोसी के साथ जंग लड़ी, जो कि बाद में पाकिस्तान की बहुत बड़ी नादानी साबित हुई। इस दौरान खुद को राष्ट्रीय नीति के प्रतिनिधि के तौर पर पेश करने वाले तमाम तत्वों के वार भी भारत ने बार-बार झेले। पाकिस्तान के लिए आतंकवाद देश पर शासन चलाने की नीति का साधन बन गया है। और जगह-जगह घाव करके भारत को बर्बाद करने की पाकिस्तान की नीति की चर्चा भी अब पुरानी पड़ चुकी है।

इस बीच हमने कहां ग़लत क़दम रखकर चूक कर दी? यह एक ऐसा महत्त्वपूर्ण प्रश्न है जिसपर विचार करने की ज़रूरत है। लेकिन बार-बार हमारे सामने सिर उठाने वाला मूल सवाल बाकी रह जाता है—हमारी चुनौतियों का स्रोत क्या है? किन कारकों से हमारी प्रतिक्रियाएं प्रभावित होती हैं? इन बातों पर विचार करने की ज़रूरत है, क्योंकि 'भूगोल से बदला लेने वाली रेखाएं' जहां-जहां हमारे इतिहास की रेखाओं को काटती हैं, वह उन पहलुओं को छूती हैं जिन्हें हम नज़रअंदाज़ करते हैं, क्योंकि ऐसा करने से छल-कपट से गढ़ा गया यथार्थ कड़े सवालों से घिर जाता है। हमारे पिछले छियासठ वर्षों के इतिहास ने सन् '47 के बाद के हमारे भूगोल पर गहरा असर डाला है, जिसने नतीजतन हमारे देश के इतिहास के भविष्य को यह रूप दिया है।

साम्राज्यों का पतन और परिणाम

भारतीय उपमहाद्वीप, जिसे अब 'दक्षिण एशिया' कहा जाता है, अपने अखंडित स्वरूप में, मुख्य रूप से चार ध्वस्त साम्राज्यों से ख़ासतौर पर प्रभावित रहा है, और इनमें से हरेक का असर वक्त के साथ उसकी तरक्की और बदलाव में लंबे समय तक नज़र आता रहा है।

बीसवीं सदी के शुरुआती दौर में, 1912 में चीन के चिंग राजवंश (Qing dynasty) का अवसान हो गया जिसके साथ महान चिंग साम्राज्य का भी अंत हो गया। इस राजशाही के ख़त्म होने से जो फ़र्क पड़ा उसका असर पूरी एक सदी गुज़रने के बाद आज भी उत्तर-पूर्वी राज्यों के रवैये और उनकी नीतियों में देखने को मिलता है। इसी तरह, बीसवीं सदी के पहले चौथाई हिस्से में सल्तनत-ए-उसमानिया खुद की कमज़ोरियों, बुराइयों और हुकूमत की ख़ामियों के बोझ न उठा पाने की वजह से ढह गई। इसका असर यह हुआ कि सल्तनत-ए-उसमानिया के असर वाले हर इलाके में सरहदें तय करने के लिए जैसे चीर-फाड़ मच गई। मक्का के ख़लीफ़ा के प्रभावक्षेत्र से लेकर 10 अगस्त, 1920 को हुई सेवरा की संधि के बाद अलग मुल्क बनने वाली सल्तनत-ए-उस्मानिया की पूर्व 'विलायत' तक सारे इलाके में फांट पड़ने जैसा असर था। लगभग सभी या तो ब्रिटिश हुकूमत के नियंत्रण में थे या फ्रेंच के। इस्लाम के ख़लीफ़ा के अधिकार तुर्की के सुल्तान के पास थे। इसके बाद 15 नवंबर, 1926 को आया *बैल्फ़ॉर डिक्लेयरेशन* जिसके बाद रेत में खींची गई रेखाएं देशों की सीमाएं बन गईं, और एशिया में, हम अपने भूगोल और इतिहास के इर्द-गिर्द ज़मीन के बंटवारे (फ़िलिस्तीन-इज़्राइल) के गवाह बने।

बीसवीं सदी के बीच में, 1947 में, जंग से थके और खोखले हो चुके ग्रेट ब्रिटेन ने अपने 'ताज के नगीने' को अपने राजशाही शिकंजे से आज़ाद कर दिया। इससे, और इसके नतीजों से हम सब वाकिफ़ हैं, लेकिन हमने इससे अब तक सीखने-समझने लायक बातों का कोई निचोड़ निकाला हो, इसपर मुझे शक होता है। समझदारी की जो बात पहले कही जा चुकी है वह यह है–'भारत के पाकिस्तान में बंटने की कीमत (बाद में बांग्लादेश में हुए नुकसान को नज़रअंदाज़ करते हुए) इन दोनों नये देशों ने, कम से कम बीस लाख लोगों की जान गंवाकर चुकाई, और जो दसियों लाख लोग बेघर हो गए, जिनमें से कितने ही आज तक बंटवारे से मिली पीड़ा भोग रहे हैं। लेकिन एक भी अंग्रेज़ आदमी या औरत घायल तक नहीं हुआ, सारे के सारे बिलकुल तसल्ली से इस देश से निकल गए। और तो और, माउंटबैटन तो पहले गवर्नर जनरल भी बन गए।

बीसवीं सदी के आख़िर के दौर में, चौथा साम्राज्य, महान सोवियत महाशक्ति धराशायी हो गई, और 1989 में पत्थर दर पत्थर, बर्लिन की दीवार को नेस्तनाबूद कर दिया गया। इससे जो असर हुआ, वह चौथाई सदी गुज़र जाने के बाद भी अब तक हमें उलझाए रखे है।

हमें 6 और 9 अगस्त 1945 को हिरोशिमा और नागासाकी पर एटम बम गिरने के साथ हुए दूसरे विश्वयुद्ध के अंत पर भी ध्यान देने की ज़रूरत है, और चर्चिल के उस मशहूर बयान पर भी जो उन्होंने मिज़ूरी के फ़ुलटन स्थित वेस्टमिंस्टर कॉलेज में 5 मार्च, 1946 को दिया था–'बॉल्टिक में श्टेटीन से लेकर एड्रिऐटिक में त्रिएस्ते तक, पूरे महाद्वीप में एक लोहे का पर्दा पड़ गया है।' चर्चिल आपसी संवाद और सूचनाओं के आदान-प्रदान में रुकावट बनी अभेद्य दीवार की बात कर रहे थे, और इधर पंडित जवाहरलाल नेहरू ने एशियन रिलेशंस कॉन्फ्रेंस का आयोजन

किया था जिसमें 'एशियाई भाईचारे' और 'बिना बंटवारे के भारत की आज़ादी' जैसे सपनों की बातें बयां कर रहे थे। और यह सब तब, जब वाइसरॉय मनोनीत हो चुके माउंटबैटन भारत पहुंचने ही वाले थे, और नेहरू पहले ही देश के बंटवारे की नीति को स्वीकार करने की बात उन तक पहुंचा चुके थे। यह ऐसी विडम्बना थी जो सीधे हमारे गले को धर दबोचती है।

जिन हालात को चर्चिल ने 'आयरन कर्टेन' (Iron Curtain) का नाम देकर विरोधी सोच वालों के बीच उठी अभेद्य दीवार का नाम दिया, उसके अस्तित्व में आने के साथ, भारत का बंटवारा हो रहा था, और शुरुआत हो रही थी एक शीत युद्ध की। अजीब बात है कि विध्वंसकारी परमाणु युग हमारी सोच का अहम हिस्सा ही नहीं बना। और इन सब बातों का कुल मिलाकर असर क्या है, इसका कोई हिसाब भारत के नेताओं ने नहीं रखा, क्या यह लाज़िमी नहीं था! पाकिस्तान के आने वाले दौर के नेताओं ने भी इसपर कोई तवज्जों नहीं दी।

वास्तव में किसी जीते-जागते की चीरफाड़ जैसे इस बंटवारे के दो और बेहद नुकसान पहुंचाने वाले नतीजे निकले—पहला यह कि लोगों का एक इलाके से दूसरे इलाके में इतने बड़े पैमाने पर जो महाप्रवास हुआ, उसके साथ जो दंगे-फ़साद और ख़ून-ख़राबा हुआ। और इसकी वजह से जो और भी ज़्यादा लंबे समय तक अपना असर छोड़ने वाली दूसरी बात हुई, वह है दोनों देश आपस में ऐसा बैर रखने लगे, जैसे जन्मों पहले से चली आ रही दुश्मनी निभा रहे हों। क्या इनमें से किसी भी बात पर पहले कभी विचार किया गया या इनका हिसाब रखा गया? मुझे इसका कोई सबूत नहीं मिलता। हालांकि भारत में ब्रिटिश शासनकाल में भारत के प्रांतों के गवर्नरों ने ज़रूर अपनी-अपनी रिपोर्ट में इसपर टिप्पणी की हैं। उनमें से कुछ इस अध्याय से संलग्न परिशिष्ट में उदाहरण के तौर पर पेश हैं।

दो और दस्तावेज़ हैं जो अपनी सरोकारों के लिहाज़ से अहमियत रखते हैं। पहला है, फ़ील्ड मार्शल लॉर्ड वेवेल की अपने सम्राट को भेजी गई रिपोर्ट जिसे मैं यहां ज़्यों का त्यों उद्धृत करता हूं, और दूसरे, बंटवारे के संभावित परिणामों को लेकर सैन्य परिप्रेक्ष्य में जनरल ऑकिनलेक की विवेचना, जिसका हवाला पहले ही दिया जा चुका है।

> टू हिज़ मैजेस्टी द किंग, द वाइसरॉय'ज़ हाउस, नई दिल्ली,
> 24 फरवरी, 1947 : द फ़ाइनल रिपोर्ट
>
> भारत में हमारी ताकत हमेशा संख्या के बजाय हमारी प्रतिष्ठा पर आधारित रही है। और हमारी इसी प्रतिष्ठा में गिरावट की वजह से ही भारत पर हमारी पकड़ कमज़ोर पड़ते-पड़ते आज ऐसे स्तर पर पहुंच गई है जो लाचारी के आसपास है। हमारी प्रतिष्ठा को चोट पहुंचनी शुरू हुई प्रथम विश्व युद्ध और उसके बाद के वर्षों से। इस युद्ध में सिंगापुर और बर्मा को खोकर हमारी प्रतिष्ठा ने जो नुकसान उठाया है, इन जगहों पर फिर से कब्ज़ा कर लेने से भी वास्तव

में हमें अपनी खोई प्रतिष्ठा वापस पाने में कोई ख़ास लाभ नहीं मिला।

राजनीतिक दृष्टि से, हमारी शक्ति में गिरावट आनी शुरू हुई 1942 में क्रिप्स के मिशन से, और हम अपनी पुरानी स्थिति पर फिर कभी वापस नहीं पहुंच पाए। हमने जिस तरह 1942 की बग़ावत को दबाने में इनका इस्तेमाल करने का फ़ैसला किया, उससे यही नज़र आता है कि तब तक हमारी प्रतिष्ठा और शक्ति इतनी भी नहीं गिरी थी, लेकिन ख़तरे में ज़रूर थीं, क्योंकि उस दौरान घटी घटनाएं दर्शाती हैं कि आंदोलनकारी भीड़ को उकसाना देश के बड़े हिस्सों में सरकार की व्यवस्था को तहस-नहस करने के बराबर है। मुझे तो यही बात ग़ौर करने लायक लगती है कि वर्तमान समय में, जब हमारी ताकत इतनी कम हो चुकी है, तब भी अपनी प्रतिष्ठा के दम पर हम हालात को जैसा रुख़ देना चाहते हैं काफ़ी हद तक दे पा रहे हैं।

बंटवारे की चुनौती

1947 में भारत का बंटवारा अपने साथ सुरक्षा संबंधी नयी चुनौतियां लेकर आया। बंटवारे की एक ही कोख से लगभग एक साथ ही जन्मे दो देश पैदाइश के वक़्त से ही एक-दूसरे के धुर विरोधी बन गए। जन्म-जन्मांतर से चली आ रही दुश्मनी लगने वाले इस बैर के पीछे विरासत में मिला हिंदू-मुस्लिम का फ़र्क मानने वाला रवैया, या फिर एक ज़मीन के विघटन से भारत और पाकिस्तान बनते वक्त, उससे पहले, और उसके बाद जो हालात बेक़ाबू होना, वजह चाहे जो हो लेकिन कल तक जो एक ही थे, रातों-रात न सिर्फ़ एक-दूसरे के लिए 'ग़ैर' बन गए, बल्कि एक-दूसरे के तंग दिल दुश्मन नज़र आने लगे। दरअसल इस तरह 'बंटवारे' की योजना जिसके बारे में जिन्ना का 14 नवंबर, 1946 को दिल्ली में बड़े ही प्रभावशाली अंदाज़ में पत्रकारों के सामने यह ऐलान करना कि भारत और पाकिस्तान अमरीका के 'मॉनरो डॉक्ट्राइन' से भी ठोस नीति को लागू करेंगे, बाद में चिकनी-चुपड़ी बातें ही साबित हुईं। दूसरी तरफ़, वास्तव में विभाजन ने जिस तरह भारत के लिए, ठीक उसी तरह पाकिस्तान के लिए भी एक बड़ी सुरक्षा चुनौती खड़ी कर दी। क्या नेहरू को पहले इस बात का अंदाज़ा था?

वह देर से विभाजन के समर्थक बने थे और इसके बावजूद इस मुद्दे पर लगातार खुद को सवालों से घेरे रहते थे। ऐसा नहीं है कि 15 अगस्त, 1947 को देश के आज़ाद होने के बाद उनके दिमाग में बंटवारे को लेकर ख़याल आने बंद हो गए। आख़िरकार, आज़ादी के कुछ ही समय बाद गाँधी की हत्या हुई। इसके अलावा, बंटवारे के साथ पैदा होने वाली मुसीबतों, विभाजन के उपोत्पाद के रूप में जितनी जानें गईं और जितने लोगों को जड़ से उखड़कर नई जगह के लिए कूच करना पड़ा वैसा सचमुच पहले कभी नहीं हुआ था। मरने और बेघर होने वालों वालों की गिनती बताने भर से वह मानवीय पीड़ा नहीं बयां की जा सकती जो

उन हालात से गुज़रने वालों को झेलनी पड़ीं। आधुनिक भारत और पाकिस्तान के राजनीतिक इतिहास पर दुनिया के शीर्षस्थ विशेषज्ञों में शुमार कैलिफ़ॉर्निया विश्वविद्यालय के इमेरिटस प्रोफ़ेसर स्टैनले वोलपर्ट, ने अपनी पुस्तक *'द शेमफ़ुल फ़्लाइट'* में लिखा है कि, 'आज़ादी के उन ख़ौफ़नाक दिनों के दौरान मुल्क मौत और तबाही के जिन कयामत जैसे हालात से गुज़रा, उसका ज़िक्र करते हुए नेहरू ने माउंटबैटन को, उनकी इंग्लैंड रवानगी से पहले वाली शाम कहा था—मेरे या किसी के लिए भी यह तय कर पाना बहुत मुश्किल है कि हमने पिछले लगभग एक साल के दौरान क्या किया। जो कुछ हुआ हम उसके बहुत नज़दीक हैं, और इन तमाम वाकयों से जुड़े हुए हैं। शायद हमने बहुत सारी ग़लतियां की हैं। आपने और हमने। हो सकता है एक या दो पीढ़ी बाद के इतिहासकार ठीक से यह तय कर पाएं कि हमने क्या सही किया है और क्या ग़लत...मेरा मानना है कि हमने सही करने की कोशिश की है, इसलिए हमारे बहुत सारे गुनाह और बहुत सारी ग़लतियों को माफ़ कर दिया जाएगा।'

नेहरू ने जो किया सो ठीक किया, या माउंटबैटन का किया हुआ सब कुछ ठीक था? खुद जब ऐसे सवालों के जवाब तलाशने निकलते हैं तो शक हमें घेर लेता है, और जवाब कहीं से भी ऐसे नहीं हैं जिनसे हम माफ़ी के हक़दार बनते हों, जैसा कि तब नेहरू और कुछ लोग सोचते थे, या कुछ लोग शायद अब भी सोचते होंगे। बहरहाल, यह कहना ज़रूरी है, और कहते हुए बहुत दुःख भी होता है, कि शुरुआत में मिलने वाले कुछ संकेतों के बावजूद, 1939 में जंग शुरू होने और 1947 में बंटवारे के बीच के दौर में भारतीय राष्ट्रीय कांग्रेस ने सामान्य तौर पर, सच से मुंह मोड़ना, दूरदृष्टि से काम न लेना, निरुद्‌देश्य होकर दृढ़ इच्छाशक्ति की कमी के बावजूद किसी तरह आगे घिसटते जाना आदि बेहद दुःखद है।

भोपाल की तरफ़ से देश के बंटवारे को लेकर सवाल उठाए जाने के बस चंद हफ़्तों बाद, उसके जवाब में भोपाल के नवाब साहब से पत्र व्यवहार के दौरान 9 जुलाई 1948 को नेहरू ने लिखा—यह हमारा दुर्भाग्य रहा। भारत और पाकिस्तान का दुर्भाग्य, कि बुरी चालें बाज़ी मार ले गईं। बालिग होने के बाद की अपनी ज़िंदगी का ज़्यादातर हिस्सा मैंने कुछ उसूलों पर चलकर उन्हें अपनी ज़िंदगी में उतारने की कोशिश में लगाया है...जो मैं इतनी शिद्‌दत से चाहता था, तीस साल से ज़्यादा की लगातार कोशिश के बाद उसमें नाकाम होने के ग़म की क्या आप कल्पना कर सकते हैं? ...मुझे मालूम है कि बहुत सारे मामलों में दोष हमें ही दिया जाएगा ...बंटवारे के हालात बने तो हमने यह सोच कर कुबूल कर लिया कि कितना भी तकलीफ़देह हो, इससे हमें कुछ शांति तो मिलेगी...लेकिन शायद हमने ग़लत क़दम उठा लिया। अब इसका फ़ैसला करना मुश्किल है। और तब भी उस बंटवारे के नतीजे इतने खौफ़नाक निकले कि अब हम सोचते हैं तो लगता है कि और कुछ भी होता तो इससे तो बेहतर होता। भारत और पाकिस्तान में जो बनावटी हालात बना दिए गए हैं, इतिहास की मेरी सारी समझ उनके ख़िलाफ़ ज़ोर लगाती

है...हालात वैसे ही बने हुए हैं, और टकराव जारी है। शायद यह टकराव भारत और पाकिस्तान के असरदार लोगों की नासमझी और छोटेपन की वजह से है। मुझे इस बात पर ज़रा भी शक नहीं है कि आख़िरकार भारत और पाकिस्तान एक-दूसरे के क़रीब आएंगे। किसी तरह की संघीय कड़ी हो सकती है... अमन का और कोई रास्ता नहीं है। विकल्प है युद्ध।'

बेहद खुलेपन के साथ लिखे गए, दिल को छू लेने वाले इस पत्र में काफ़ी हद तक अपनी ग़लती मानने वाले भाव हैं। ऐसी साफ़गोई और ईमानदारी के साथ बाद में अपने किए की समीक्षा करना और उसके बारे में राय बनाना एक इंसान के तौर पर नेहरू की बहुत बड़ी ताक़त थी, और साथ ही देश के पहले प्रधानमंत्री के तौर पर उनकी नाकामी की बहुत बड़ी वजह। लेकिन इस पत्र में विभाजन के कारण रक्षा के मामले में सामने आने वाली चुनौतियों और शांति के लक्ष्य तक पहुंचने की मुमकिन राह, दोनों की तरफ़ इशारा है।

'हमने सोचा था कि हमें कुछ शांति मिलेगी,' नेहरू ने बड़े ही मर्मस्पर्शी ढंग से भोपाल के नवाब साहब के साथ यह बात साझा की थी। उन्होंने इस बात पर बहुत बारीकी से शक किया था कि हिंदू और मुस्लिम, यानी मज़हब के आधार पर यह सोचकर किया गया भारत का बंटवारा, कि इससे दोनों संप्रदायों के बीच आपसी मतभेद ख़त्म हो जाएंगे और एक ऐसा दौर शुरू होगा जिसमें हमेशा शांति बनी रहेगी, बिलकुल भी संतुलित नहीं था, भले ही उस वक़्त इसे सही नहीं ठहराया जा सकता था। ज़ाहिर है, उस कोशिश से हम शांति हासिल नहीं कर पाए, बल्कि 'शांति' ने हमें त्याग दिया। लेकिन अब सवाल यह उठता है कि बंटवारा होने से शांति हमसे क्यों छिन गई? कभी न भंग होने वाली शांति के बजाय हमें तनाव और टकराव क्यों मिला?

शायद इसलिए क्योंकि जिन्ना की सोच में मौलिक संरचनात्मक खोट है। अपनी जड़ों को नकारना, भारतीय होने को नकारना, भारत की मिट्टी में पनपने के सच को नकारना। भारतीय अनुभव की आंच में तपकर तैयार होने को नकारना। इसमें कोई शक नहीं कि भारत के मुसलमान एक अलग धर्म के प्रति आस्था रखते थे, लेकिन यही पूरा सच नहीं है। सच यह भी है कि नस्ल से वह कोई गैर या विदेशी नहीं थे। यहां तक कि जिन्ना के अनुयायी भी, कैसे भी सोचा जाए, स्वेच्छा से भारतीय ही थे, क्योंकि इतने बरसों उन्होंने भारत के हिस्सों पर ही तो राज किया था। वह तो साल दर साल, उनके राजपाट का नाश होता गया और आख़िरकार अंग्रेज़ों ने आख़िरी मुग़ल बादशाह के हाथों से ज़ोर-ज़बरदस्ती के साथ, हिंसात्मक तरीके से बिना किसी हक़ के, उनके अधिकार और प्रभुसत्ता हड़प ली जिसने उनके मन में अनिश्चय और असुरक्षा के बीज बो दिए। जिसके बाद बहुत कुछ घटता रहा और तब अंत में बंटवारे की जिद्द पर अड़े जिन्ना आए, जिसका नतीजा सामने आया, आख़िरकार 1947 में बंटवारे की शक्ल में।

इतने लंबे समय तक कांग्रेस, मुस्लिम लीग और अंग्रेज़ों के बीच चल रही

खींचतान का नतीजा यह हुआ कि आखिर भारत टुकड़ों में बंट गया। बंटवारे का भौतिक स्वरूप जो सामने आया वह घटिया और फूहड़ और ज़ुल्म से इस बुरी तरह सना था कि उसकी कहीं से वकालत नहीं की जा सकती। ऐसी बेशर्मी से गिन-गिन कर 'तुम यह लो, मैं यह लेता हूं' की तर्ज़ पर की गई बंदरबांट। और इस तरह इस प्राचीन और महान भारतभूमि की शानदार एकता और अखंडता में टूट-फूट हुई, ऐसी दूरियां पैदा हुईं जिनके बाद किसी हाल में अमन-चैन का सवाल ही नहीं पैदा होता। इस बंटवारे ने पहले तो हिंदू-मुस्लिम को अलग-अलग किया और फिर उनके बीच आपसी बैर को मुहरबंद कर दिया। इससे शिकायतों ने ऐसी मज़बूती पकड़ी और कभी न ख़त्म होने वाले विद्वेष का रूप ले लिया। जो घर की बात थी, वह अंतरराष्ट्रीय हो गई। भारत और पाकिस्तान में बंटकर हमने अपने घर के अंदरूनी झगड़ों को सारी दुनिया के सामने खोल कर रख दिया। पाकिस्तान के लिए यह राजकाज चलाने का मुद्दा बन गया—भारत के साथ जान-बूझ कर लगातार दुश्मनी निभाना उसकी प्रमुख राजकीय नीति बन गई। इसके सिवा और हो भी क्या सकता था?

जनरल ज़िया-उल-हक़ सच्चाई के काफ़ी नज़दीक थे जब उन्होंने यह पूछे जाने पर कि 'पाकिस्तान भारत के साथ जान-बूझ कर दुश्मनी निभाने की नीति क्यों अपनाए हुए है?' उन्होंने जवाब दिया कि अगर तुर्की और मिस्र अपनी मुस्लिम पहचान को पूरे जी-जान से न जताएं तो भी वह वही रहेंगे जो वह हैं—तुर्की और मिस्र। लेकिन पाकिस्तान अगर इस्लामिक पहचान को अपनाने के साथ उसे ज़ाहिर न करता रहे तो वह हिंदुस्तान हो जाएगा। हिंदुस्तान के साथ दोस्ताना मेलजोल का मतलब होगा हिंदुस्तान का सब कुछ अपने आगोश में समेट लेने वाले अपनेपन के दलदल में फंस जाना।' कुछ लोग इस बयान पर शुबहा करते हैं, लेकिन, जो भी हो, यह बात गहरी है जिसपर पहले ध्यान नहीं दिया गया। भारत के अपनेपन में समाकर गुम हो जाने की फ़िक्र 1947 के बाद से पाकिस्तान के सभी नेताओं के ज़ेहन में रही है। आज़ादी के साथ में परोसी गई 1947 की यह अनचाही देन—एक अलग तरह की विरासत का हिस्सा और हमारी रक्षा व्यवस्था के लिए करीब-करीब स्थायी चुनौती।

संदर्भ

1. हिमालय के उत्तरपूर्व में स्थित तिब्बत एक पठारी इलाका है। तिब्बत एक बौद्ध देश है, जो कि पीपुल्स रिपब्लिक ऑफ़ चायना में है। 1949 के चीनी हमले से पहले उसकी अपनी सरकार, मुद्रा, डाक व्यवस्था, भाषा और न्यायिक तंत्र था।
2. बारा होटी उत्तराखंड में अंतरराष्ट्रीय सीमा क्षेत्र का एक गांव है जिसपर 1955 में चीनी चरवाहों ने कब्ज़ा कर लिया था।
3. हॉट स्प्रिंग्ज़ लद्दाख में 15,300 फ़ीट की ऊंचाई पर चीनी सीमा से लगी वह जगह

है जहां 21 अक्तूबर 1959 को दस भारतीय सुरक्षाकर्मी हथियारों से लैस चीनी सैनिकों के साथ मुठभेड़ में मारे गए थे।

4. ऑपरेशन अमर सैनिकों के रहने के क्वार्टर तैयार करने के लिए शुरू की गई आवास योजना थी।
5. ताशकंद समझौता भारत और पाकिस्तान के बीच हुई एक संधि थी, जिसपर भारत के प्रधानमंत्री लालबहादुर शास्त्री और पाकिस्तान के राष्ट्रपति अयूब ख़ान के हस्ताक्षर के बाद 1965 के अगस्त-सितंबर माह के दौरान दोनों देशों के बीच सत्रह दिनों तक चले युद्ध का अंत हुआ। इस समझौते के तहत दोनों देश अपने सुरक्षा बलों को फिर से 5 अगस्त 1965 से पहले वाले स्थान पर लौटाने, राजनयिक संबंध फिर से स्थापित करने और आर्थिक मामलों, शरणार्थियों और दूसरे मुद्‌दों पर विचार-विमर्श करने को राज़ी हो गए, लेकिन इस समझौते में फिर युद्ध न करने की शर्त या जम्मू-कश्मीर में छापामार शैली के हमलों को बंद करने का कहीं ज़िक्र नहीं था।
6. शिमला समझौता भारत और पाकिस्तान के बीच 2 जुलाई 1972 को हुआ वह समझौता है जिसके तहत जम्मू-कश्मीर में लाइन ऑफ़ कंट्रोल को दोनों देशों की वास्तविक सीमा रेखा के तौर पर स्वीकार किया गया।
7. 12 अक्तूबर, 1962 को प्रेस को दिया गया नेहरू का बयान।
8. ज़ोरावर सिंह वह सेना प्रमुख थे जिन्होंने सिख शासनकाल के दौरान लद्‌दाख और बल्टिस्तान पर कब्ज़ा किया था और तिब्बत के दूरदराज़ के अंदरूनी हिस्सों तक खालसा ध्वज फहराया था।
9. समाजवादी विचारधारा के फ्रांसीसी राजनेता हबर्ट वेदरीन मई 1997 से मई 2002 के बीच फ्रांस के विदेश मंत्री और इससे पूर्व फ्रांसीसी राष्ट्रपति के राजनयिक सलाहकार रहे।

2

पहली चुनौती 1947-49 : अजान टकराव

मोटे तौर पर, 1947 में भारत के कुछ ज़्यादा ही जल्दबाज़ी में किए गए, अनचाहे और रक्तरंजित बंटवारे की उस पहली सामरिक चूक के बाद दूसरी ग़लती तो जैसे हर हाल में होनी ही थी। बंटवारे के बाद बने दोनों ही देश, भारत और पाकिस्तान ने अपने-अपने कामकाज की ज़िम्मेदारियां संभाली भी नहीं थीं, कि इस दूसरी ग़लती ने मौका बनकर दरवाज़े पर दस्तक दे डाली। पाकिस्तान के लिए बेशक वह एक मौका था, जिसका उसने फ़ायदा भी उठाया, जम्मू-कश्मीर राज्य में हमलावर भेजकर। राज्य के इतिहास और भूगोल को मिलाकर कई सारे कारक हैं जिनके मेल से यह मौका मिला।

इतिहास और भूगोल का मिलाप

जम्मू-कश्मीर राज्य के इतिहास का संबंध इन सभी बातों से है—बंटवारे के बाद के पश्चिमी पंजाब से उसकी नज़दीकी; पूर्व में लद्दाख से लेकर चित्राल, हुंजा, ग़िज़र, स्कर्दू और शानदूर जैसी मध्य एशिया में पामीर के किले सरीखे अभेद्य पठारी इलाके में दूर-दराज़ की जगहों तक फैला इसका इलाका हैदराबाद के निज़ाम की रियासत से कहीं ज़्यादा दूर-दूर तक जिसका विस्तार है। भौगोलिक विस्तार के अलावा तीन और कारक हैं जिन्होंने 'लापरवाही की वजह से शुरू हुए टकराव' को प्रभावित किया है।

पहला है इस राज्य की मिलीजुली जनसंख्या में हिंदू, कश्मीरी पंडित, बौद्ध, शिया, सुन्नी, गुज्जर, बकरवाल और कितने ही दूसरे समुदायों के बीच लगातार बदलते समीकरण। इनकी जीवंतता में जादू है, साथ ही अपनी तरह की अनोखी चुनौतियां भी हैं, और हलचल भरे बदलाव के उस दौर में, ज़ाहिर है, यह और भी बड़ी थीं।

और दूसरी बात, एक बेहद नाज़ुक सच है। क्योंकि जम्मू और कश्मीर ब्रिटिश सरकार के अधिकार क्षेत्र में नहीं आता था, इसलिए वह इंडिपेंडेंस ऑफ़ इंडिया ऐक्ट के दायरे में भी नहीं आता था, जिसकी वजह से इसे औपचारिक तौर पर बंटवारे के बाद अस्तित्व में आने वाले दोनों में से किसी देश को हस्तांतरित नहीं किया जा सकता था। नतीजतन, ब्रिटिश प्रभुसत्ता भी इस पर लागू नहीं होती थी, इसलिए सत्ता हस्तांतरण की बातचीत में कहीं इसके शामिल किए जाने की बात नहीं उठी। अगस्त 1947 के बाद के दौर में इसी वजह से इस इलाके को लेकर अनिश्चय की स्थिति पैदा होने लगी, और इसी दौरान इसके दायरे में आने वाले इलाकों पर हमले का अंदेशा भी उबाल लेने लगा था।

तीसरा कारक था इस प्रांत की राजसत्ता का राज्य के भविष्य के संबंध में फैसले लेने लायक न रहना, जिसके पीछे कई कारण थे। महाराजा हरि सिंह, जिनके हाथ में उस वक़्त यहां के राजकाज की बागडोर थी, वह कुछ तय करने की हालत में नहीं थे, क्योंकि वह अपनी प्रतिष्ठा और अधिकार, दोनों ही खो चुके थे। अपनी सरहदों के अंदर भी उन्हें शेख़ मोहम्मद अब्दुल्ला से चुनौती मिल रही थी। इसके अलावा, दिल्ली से प्रधानमंत्री पंडित जवाहरलाल नेहरू और गवर्नर जनरल लॉर्ड माउंटबैटन भी उन पर धौंस जमाकर अपनी चलाने की कोशिश में लगे थे, और माउंटबैटन ने तो टकराव के हालात पैदा होने के बाद भी बड़े ही अजीब ढंग से दख़लअंदाज़ी करने वाले घुसपैठिये की भूमिका निभाई।

अंजाम यह निकला, कि जो पहला 'भारत-पाक संघर्ष' था, वह वास्तव में ब्रिटिश दिशा-निर्देश में, उन्हीं के नियंत्रण और दखलअंदाज़ी में आपसी मुठभेड़ों में बदल कर सीमित हो गया, बल्कि दोनों आभासी प्रतिनिधियों, भारत और पाकिस्तान भी इसी में सीमित रहने लगे। लेकिन भारत और पाकिस्तान आभासी कैसे? क्योंकि नई दिल्ली और रावलपिंडी दोनों में ही सेनाओं की बागडोर ब्रिटिश कमांडरों के हाथों में थीं।

आधे-अधूरे नियंत्रण और सैन्य मामलों में पूरी तरह अनुभवहीन होने की वजह से हमारे राजनीतिक नेताओं ने अपनी मर्जी से यह स्वीकार किया। हम कई मामलों में फ़ैसले नहीं ले पाए, और ये सभी फ़ैसले दूसरी कमियों के बीच ब्रिटिश सरकार के प्रतिनिधियों की लगातार दखलअंदाज़ी का नतीजा थे, जो हमेशा अपने राष्ट्रीय हितों को सबसे ऊपर रखते थे। जिनके लिए न भारत के और न ही पाकिस्तान के हितों के कहीं कोई मायने थे। उन्होंने इस सब से छुटकारा पाना चाहा तो दोबारा भारतीय उपमहाद्वीप के चाव-चक्कर में फंस गए। इसके कई उदाहरण हैं जिनमें से सिर्फ़ कुछेक को रेखांकित किया जाएगा।

इस सब का सामना करते हुए गतिरोध झेलने के सिवा और क्या हो सकता था। इसलिए, इसका न टाला जा सकने वाला नतीजा यह निकला कि अनिश्चय की स्थिति में पड़े मुद्दे, अनसुलझे सीमा विवाद और गहराती आपसी दुश्मनी और शक के साथ भारत-पाक के ज़ख़्मों में पस पड़ने लगा। अभी तक यही हाल है।

क्या ब्रिटिश शासक यही चाहते थे कि इस मुद्दे को ऐसे ही, पस पड़े, सड़ते हुए घाव की तरह ही छोड़ दिया जाए? हां, उन्होंने हमारी इस पहली चुनौती को लेकर यही चाहा कि यह ऐसे ही जारी रहे। क्या हमने यह चाहा कि हम अपनी 'एकतरफ़ा' कोशिश से इस मुद्दे को हल करें? नहीं, हमने ऐसा नहीं किया। माउंटबैटन के उकसाने पर पंडित नेहरू कई बार लड़खड़ाए लेकिन उन्होंने सेना को नाज़ुक मामलों में पहलक़दमी नहीं करने दी, जबकि अगर उन्हें ज़मीनी हालात के मुताबिक अपने फैसलों पर अमल की छूट मिलती तो इस समस्या का हल काफ़ी आसान हो जाता।

पहले ही इस बात के संकेत मिल रहे थे कि जिस तरह बंटवारा हो रहा है उसका नतीजा होगा भारत-पाक वैमनस्य। यह मुमकिन था, लेकिन इस बात की भविष्यवाणी नहीं की जा सकती थी कि एक-दूसरे से अलग अपनी आज़ाद पहचान बनने के चंद महीनों में ही भारत और पाकिस्तान लड़ाई के मैदान में आमने-सामने होंगे। यही वजह है कि यह टकराव पहली चुनौती के रूप में उभर कर आया। और यह चुनौती थी भारत के सामने, जम्मू और कश्मीर के राजसी प्रांत में।

जब हम पीछे मुड़कर देखते हैं तो पाते हैं कि यह चुनौती इस बात का अत्यंत उत्तम चित्रण करती है कि इस धरती के भूगोल ने इसके ऐतिहासिक विकास क्रम के साथ समय-समय पर एक-दूसरे को प्रभावित करते हुए महान सिख नेता और योद्धा महाराजा रणजीत सिंह के अधिकार क्षेत्र से लेकर उन्नीसवीं सदी के बीच में उनकी मौत के बाद अंगेज़ों के हवाले होने तक का सफ़र तय किया है।

सिखों के गढ़

अट्ठारहवीं और उन्नीसवीं शताब्दियों के तीन महान योद्धाओं के इतिहास पर गौर करते हैं। निश्चित रूप से इनमें दक्षिण से शिवाजी, उत्तर-पश्चिम के रणजीत सिंह और मारवाड़ के दुर्गा दास राठौर का नाम ज़रूर होगा। लेकिन यहां हम सिर्फ़ महान सिख महाराजा रणजीत सिंह की चर्चा करेंगे। 'राजकाज चलाने के गैर-पारंपरिक तौर-तरीकों—बहादुरी और दिलेरी,' के दम पर महाराजा रणजीत सिंह ने अपना साम्राज्य पश्चिम में सतलुज से लेकर क़ाबुल तक और पूरब में लद्दाख से स्कर्दू, और लघु तिब्बत में आने वाले ताकलाकोट तक फैलाया।[1]

27 जून 1839 को रणजीत सिंह की मृत्यु हो गई और वह अपनी कई पत्नियों से सात बेटे पीछे छोड़ गए, लेकिन उनका वारिस बनने के लायक कोई नहीं था। इसके बाद गद्दी के लिए जो झगड़े शुरू हुए, वह आख़िरकार तब ख़त्म हुए जब उनके सबसे छोटे बेटे दिलीप सिंह अंग्रेज़ों की मदद से राजा बना दिए गए, और रानी जिन्दान को उनकी तरफ़ से राजकाज संभालने की ज़िम्मेदारी सौंप दी गई। अंग्रेज़ इसके बाद जल्दी ही दिलीप सिंह को मशहूर और जाने-माने बेशकीमती हीरे के साथ इंग्लैंड ले गए। और इसी के साथ सिखों का राजसी विस्तार टुकड़े-टुकड़े

होकर बिखरने लगा। ब्रिटिश साम्राज्य के षड्यंत्र कामयाब होते रहे। बर्बादी की ओर धकेलने वाला इसी का एक और नतीजा सामने आया—जम्मू और कश्मीर को डोगरा सरदार राजा गुलाब सिंह के हाथों बेचा जाना, जो कि पहले महाराजा रणजीत सिंह की फ़ौज के सेनापतियों में से एक थे।

16 मार्च 1846 को अंग्रेज़ों ने 75 लाख रुपये की रक़म लेकर कश्मीर गुलाब सिंह को बेच दिया। साल ख़त्म होने से पहले, 9 नवंबर 1846 को गुलाब सिंह ने श्रीनगर में कदम रखे। इसके साथ ही उन्होंने एक और क़दम उठाया—"गुलाब सिंह ने दीवान ज्वाला सहाय को ब्रिटिश कैम्प में इस बात की पैरवी के लिए भेजा कि जम्मू का इलाका उनके आश्रित को गुज़ारे के लिए दे दिया जाए।"[2] दीवान हेनरी लॉरेंस और फ्रेडरिक क्यूरी से मिले जिन्होंने सारी बातों पर लॉर्ड हार्डिंग से चर्चा करने के बाद, उनके सामने यह शर्त रख दी कि अगर गुलाब सिंह बतौर ज़मानत ब्रिटिश खज़ाने में एक करोड़ रुपये जमा करवा दें तो उन्हें कश्मीर और हज़ारा[3] समेत ब्यास के उद्गम से लेकर सिंध तक का सारा इलाका मिल सकता है। गुलाब सिंह इतनी बड़ी रक़म देने की स्थिति में नहीं थे, इसलिए उन्होंने पेशकश की कि इसमें से ब्यास के दाहिने किनारे से आगे का इलाका उन्हें न दिया जाए, और इसी हिसाब से रक़म कम कर दी जाए।[4] ब्रिटिश इसके लिए आसानी से मान गए।

इसे एक मामूली सी बात मानते हुए जिस तरह जम्मू और कश्मीर का इलाका हस्तांतरित कर दिया गया, हमारे लिए आज उसकी चर्चा करने की क्या ज़रूरत है? क्योंकि इसी वजह से भविष्य की तमाम घटनाएं प्रभावित हुईं। पहले तो, इलाके के नागरिकों और शासकों के बीच दूरियां बहुत बढ़ गईं। दूसरे, जम्मू और कश्मीर के तीन अलग इलाकों—झेलम की घाटी यानी कश्मीर घाटी, हुंजा और चित्राल के साथ लद्दाख का पठार, और, बेशक, तीसरा और मुख्य रूप से हिंदू आबादी वाला पीर पंजाल के उस पार वाला इलाका जम्मू प्रांत; इन तीनों इलाकों की आबादी में सामाजिक बिखराव के बीज पड़ गए।

भौगोलिक स्थिति के लिहाज से पंजाब के मैदानी इलाकों से लेकर उत्तर में हिमालय के दूरदराज़ वाले स्कर्दू, गिलगिट और हुंजा जैसे इलाकों तक, पूरब में ज़्यादातर बुद्ध को मानने वालों से आबाद लद्दाख में अक्साई चिन के बर्फ़ीले वीरानों तक फैला इलाका जम्मू और कश्मीर राज्य का है।

1947 में बंटवारे और आज़ादी के साथ एक और बात उभरकर सामने आई, जिसपर ध्यान देने की ज़रूरत है। जम्मू और कश्मीर के शासकों को अपना राजकाज चलाते बमुश्किल एक सदी हुई थी, इसलिए बेशक वह शासन की बागडोर पर अपनी पकड़ बनाकर रखते थे, लेकिन यह पकड़ ढीली-ढाली ही थी। राज करने के लिए जिस तरीके से उसे हासिल किया गया था—धन के लेन-देन से हुए एक सौदे की तरह—उससे अधिकार के साथ राज करने के साथ प्रजा से मज़बूत रिश्ते रखने की बात बेमानी हो गई थी, इसलिए राजकाज में प्रजा के जुड़ाव की जो अहमियत

होती है, वह कहीं थी ही नहीं। 1947 में सम्प्रदाय के आधार पर भारत का बंटवारा होने से हिंदू और मुस्लिम और बंट गए, जिससे कि, अफ़सोस की बात है, साम्प्रदायिक भावनाओं से यह प्रदेश भी संक्रमित हो गया।

बदहवासी के इस आलम में, जब दो राष्ट्रों—भारत और पाकिस्तान के जन्म के साथ ब्रिटिश वापसी को तैयार हो रहे थे, बंटी हुई वफादारी, ढुलमुल शासन व्यवस्था, व्यापार के लिए बंटे हुए पंजाब के पाकिस्तान वाले हिस्से पर निर्भरता थी। ऐसे में ज़ाहिर है, गड़बड़ी के बीजों में अंकुर फूटने ही थे, लेकिन फिर एक और तत्व ने हालात को और भी हैरतअंगेज़ बना दिया। शासन की बागडोर थामे महाराजा हरि सिंह, और दरबार के ज़्यादातर लोगों के हिंदू होने के कारण, आम जनता, ख़ासकर मुस्लिम बहुल झेलम की घाटी के बाशिंदे करिश्माई शख्सीयत वाले शेख मोहम्मद अब्दुल्ला के नेतृत्व में उनके प्रति वफ़ादारी के साथ, शासक के विरोध में खड़े हो गए।

इतना ही नहीं, तब पंडित जवाहरलाल नेहरू, जो कि मूल रूप से कश्मीरी पंडित थे, उनके शेख़ मोहम्मद अब्दुल्ला से तो बड़े अच्छे ताल्लुक़ात थे ही, ऊपर से सामंतवादी महाराजा को लेकर हमेशा उनकी त्योरियां चढ़ी रहती थीं। ऐसा माहौल था जैसे आग पकड़ने वाली बहुत सारी चीज़ें एक जगह जमा हों, बस एक चिंगारी के इंतज़ार में।

यह चिंगारी 'थप्पड़' की शक्ल में आई जब उत्तर पश्चिमी सीमांत प्रांत यानी नॉर्थ वेस्ट फ्रंटियर प्रॉविंस के कबायलियों को भड़काकर कश्मीर की घाटी पर हमला करने के लिए भेजा गया, और उनके पीछे-पीछे थी पाकिस्तान की फ़ौज। बंटवारे के चंद महीनों के अंदर ही, जबकि दोनों तरफ़ की सेनाओं की कमान ब्रिटिश अधिकारियों के हाथ में ही थी, दोनों देश जो कुछ महीने पहले तक एक ही थे, अब विरोधियों के रूप में आमने-सामने थे।

यह 1947-48 की फ़ौजी कार्रवाई की समीक्षा नहीं है, बल्कि यह इस बात का जायज़ा लेने की कोशिश है कि आज़ादी के बाद भारत को रास्ता दिखा रहे राजनेताओं ने इस पहली चुनौती का सामना कैसे किया।

पहले ग़ौर करें शेख़ मोहम्मद अब्दुल्ला की बात पर कि उनके काम में कठिनाइयों की शुरुआत कैसे हुई, उनकी किताब—*फ़्लेम्स ऑफ द चिनार* के इस अंश में—"सरकार को सेना की तरफ़ से बड़े ख़तरे का सामना करना पड़ रहा था। महाराजा के तेरह हज़ार आदमी मुज़फ़्फ़राबाद के पास सरहद पर तैनात किए गए थे। यह पुंछ और मीरपुर के हिंदू डोगरा और मुस्लिम फ़ौजियों का मिलाजुला दस्ता था। मुज़फ़्फ़राबाद में डोगरा फ़ौज की ज़्यादती की लगातार मिल रही ख़बरों से मुस्लिम भड़के हुए थे। इसलिए उन्होंने बग़ावत का रास्ता अपनाया और कबायली हमलावरों से मिल गए। दो हज़ार महसूदों, मोहमंदों, वज़ीरियों और अफ़रीदियों ने एक दिन बड़े सवेरे 'इस्लाम ज़िंदाबाद' के नारे लगाते हुए मुज़फ़्फ़राबाद पर धावा बोल दिया। वह उम्मीद कर रहे थे कि वहां के बाशिंदों को उनके साथ हमदर्दी होगी। सेना

इस हमले को चंद घंटों से ज़्यादा नहीं झेल पाई। स्थानीय डिप्टी कमिश्नर की हत्या कर दी गई, और कबायली उस इलाके को जीतते हुए आगे बढ़ गए। यह 22 अक्तूबर, 1947 की घटना है। चिनार पर 23 अक्तूबर को कब्ज़ा हुआ, और उड़ी पर 24 अक्तूबर को। अगर वह इसी तरह लगे रहते तो कुछ ही घंटों में श्रीनगर पहुंच जाते, लेकिन कबायली लूटपाट के लालच में अंधे हो गए थे।" [5]

"26 अक्तूबर, 1947 को मुज़फ़्फ़राबाद के बिजलीघर को तोड़ दिया गया। उसके बाद हमलावर 11 हज़ार की आबादी वाले इलाके के सबसे बड़े व्यापारिक केंद्र बारामुला की तरफ़ बढ़ गए, जहां से श्रीनगर सिर्फ़ घंटे भर की दूरी पर रह जाता है। अगले तीन दिनों तक वह बड़े पैमाने पर लूटपाट, मारधाड़ और बलात्कार में लगे रहे। किसी को नहीं बख़्शा गया। यहां तक कि सेंट जोज़फ़ मिशन हॉस्पिटल के सदस्यों को भी बेरहमी से कत्ल कर दिया गया। यह कबायली हमला कोई अपने आप घटी घटना नहीं थी। हाल ही में अस्तित्व में आए नये देश पाकिस्तान के लोगों का ध्यान एक तरफ़ से हटाकर दूसरी तरफ़ बंटाने की तरकीब थी। कबायली इलाकों से ब्रिटिश फ़ौज के हटने से इन कबायलियों को रोज़ी-रोज़गार के लाले पड़ रहे थे। ऐसे में, पाकिस्तान के शासकों को इस बात का डर था कि क़ायदे-क़ानून की जद से परे ये लोग कहीं पेशावर और पाकिस्तान के दूसरे बड़े शहरों पर हमले करने को न चल पड़ें। इसलिए उन्हें कश्मीर की ओर रुख़ करने के लिए कहा गया...। [6]

शेख़ अब्दुल्ला ने भारत के तस्वीर में आने को कुछ इस तरह बयां किया है–"नये हालात ने हमें कुछ सियासी कदम उठाने को मजबूर कर दिया। हम पाकिस्तान से सचेत हो चुके थे और अपने कौमी वजूद को बचाने के लिए हर तरफ़ देख रहे थे। भारत की कई सच्चे दोस्तों ने मदद की। ऐसे एक शख़्स थे सैफ़उद्दीन किचलू। उन्होंने कांग्रेस के नेताओं को यह बात मानने के लिए राज़ी करने की कोशिश की कि कश्मीर की मदद करने की सख़्त ज़रूरत है। लेकिन महाराजा ने अब तक औपचारिक रूप से भारत में शामिल होने के दस्तावेज़ों पर दस्तख़त नहीं किए थे, और ऐसे में, भारतीय सेना की ओर से कोई भी क़दम उठाया जाना ग़ैर-क़ानूनी माना जाता। माउंटबैटन ने महसूस किया कि पाकिस्तान की फ़ौज को भी कार्रवाई के लिए तैयार किया जा सकता है, और क्योंकि भारत और पाकिस्तान दोनों की ही फ़ौजों की बागडोर अभी तक ब्रिटिश कमांडरों के हाथ में थी, इसलिए अफ़सर आपस में लड़ने से मना कर देंगे। और अगर उन्हें लड़ने के आदेश दिए गए, तो उन्हें कमान छोड़ने को मजबूर कर दिया जाएगा। इसलिए, यह बेहद ज़रूरी था कि भारतीय सेना ज़रा सा भी हरकत में आए, उससे पहले महाराजा अपने इलाके को भारत में मिलाने के दस्तावेज़ों पर दस्तख़त कर दें। लेकिन महाराजा कुछ तय ही नहीं कर पा रहे थे। इससे पहले, जून के मध्य में माउंटबैटन श्रीनगर गए थे और उन्होंने महाराजा को समझाया था कि वह दोनों में से किसी एक देश में शामिल हो जाएं। माउंटबैटन ने महाराजा को सरदार पटेल का यह संदेश भी पहुंचा दिया

था कि अगर वह पाकिस्तान के साथ मिल जाते हैं, तो इसे ग़ैर-दोस्ताना काम नहीं माना जाएगा।[7]

महाराजा मदद के लिए बेचैन थे। अब्दुल्ला ने राजमहल के हालात इस तरह कलमबंद किए हैं :

"महाराजा के ख़ेमे में बेचैनी और भ्रम का जो माहौल था, उसे समझने के लिए उनके प्रधानमंत्री के इस बयान पर नज़र डालना काफ़ी है जो मेहर चंद महाजन की पुस्तक *ऐक्सेशन ऑफ कश्मीर टू इंडिया* में इस तरह दर्ज हैं :

"महाराजा के साथ मशविरा कर के यह तय किया गया है कि अगर हवाई जहाज़ का इंतज़ाम कर लिया जाए तो दिल्ली से मदद ली जा सकती है। अगर यह संभव नहीं हुआ, तो हम पाकिस्तान के सामने आत्मसमर्पण कर देंगे।"[8]

भारत सरकार ने विलय के दस्तावेज़ का मसौदा भेजा। फ़ौरन महाराजा से दस्तख़त करवा के उसे उसी दिन मेहर चंद महाजन के हाथों दिल्ली भेजा गया। सरदार पटेल, जिनके पास उस समय राज्यों से संबंधित मंत्रालय यानी मिनिस्ट्री ऑफ़ स्टेट्स का ज़िम्मा था, वह ख़ुद मेहर चंद से मिले और उन्हें अपने साथ जवाहरलाल नेहरू के निवास पर ले गए, जहां मैं भी ठहरा हुआ था। मेहर चंद ने पंडित जी को बताया: 'आज ही सेना को श्रीनगर के लिए कूच कर जाना चाहिए वरना मैं सीधे जिन्ना के पास जाता हूं और उनके साथ समझौता कर लेता हूं।' इस पर जवाहरलाल को गुस्सा आ गया। 'अगर आप पाकिस्तान के साथ समझौते के हक में हैं, तो अभी यहां से चले जाइए।' वह कमरे से बाहर निकल गए। मैंने उन्हें यह भरोसा देकर मनाने की कोशिश की कि नेशनल कॉनफ्रेंस इस फैसले का समर्थन करती है। जवाहरलाल उस कमरे में वापस आए जहां महाजन बैठे हुए थे और उन्हें बताया कि शेख़ अब्दुल्ला विलय के पक्ष में हैं। आख़िरकार, विलय के काग़जात पर दस्तख़त हुए, जिसके तहत महाराजा विदेश नीति, संचार और रक्षा मामले भारत को सौंपने को तैयार हो गए।[9]

मालूम पड़ता है कि शासन की शक्तियों में भी साम्प्रदायिकता की वजह से फूट पड़ी, जिसका नतीजा यह निकला कि जब हमलावर आए, तो कई मुस्लिम अफ़सर और सिपाही उनके साथ मिल गए। यहां *महाराजा हरि सिंह : द ट्रब्ल्ड ईयर्स* के इस अंश का उद्धरण उचित होगा।[10] 4 जे. ए. के. की सैनिक पलटन के मुस्लिम अफ़सर और सिपाहियों का वास्तव में पाकिस्तानियों से आपस में मेलजोल था। दोमेल और मुज़फ़्फ़राबाद में तैनात फ़ौज और मोर्चेबंदी के बारे में विस्तृत जानकारी उन्हें मिल चुकी थी, और जब मौका आया तब उन्होंने अपनी चाल बदल दी। इस तरह, अक्तूबर 21-22 की रात को जब पाकिस्तानी कबायली सरहद पार करके कश्मीर में घुसे, तब लोहार गली में सी कंपनी के गाइड उन्हें रास्ता दिखाते हुए मुज़फ़्फ़राबाद और दोमेल ले गए, जहां फ़ौज चौकस नहीं थी और सब सो रहे थे, इस भरोसे के चलते, कि अग्रिम चौकियों पर तैनात मुस्लिम फ़ौजियों की वजह से वह सुरक्षित हैं। पांच हज़ार से ज़्यादा लोग थे वहां, रायफ़ल, लाइट मशीन

गन, मोर्टार और ग्रेनेड से अच्छी तरह लैस। उनके पास आत्मरक्षा का कोई मौका नहीं था, और पहले बटैलियन के तैयार किए हुए मोर्चों पर कब्ज़ा करने के बाद वह मुज़फ़्फ़राबाद और दोमेल के नागरिकों पर टूट पड़े—हत्या, बलात्कार, लूट और आगजनी की।"[11]

"...(22 अक्तूबर की) शाम ढलते-ढलते यह साफ़ हो चुका था कि शहर की रक्षा करने की कोशिश करना भी बेकार होगा, और शहर पूरी तरह से तितर-बितर हो चुका था। शहर, उसके बाज़ार, और घरों की कतारों से आग की लपटें उठ रही थीं, और मनहूस सा गहरा काला धुंआ ऊपर उठ रहा था।"[12]

"...नई दिल्ली को 24 अक्तूबर को मुज़फ़्फ़राबाद के पतन की ख़बर मिल गई। सैनिक सहायता के लिए महाराजा हरि सिंह के अनुरोध पर नई दिल्ली ने सिर्फ़ इतना किया कि भारतीय सेना के कमांडरों को निर्देश दे दिए कि हवाई जहाज़ से और सड़क के रास्ते फ़ौज को कश्मीर भेजने के लिए सारी स्थिति का जायज़ा लें और इसके लिए योजना तैयार करें।" इसके अलावा, थल सेना और वायु सेना के प्रमुखों को वी. पी. मेनन के साथ कश्मीर सरकार और सैन्य मुख्यालय में बातचीत के लिए भेजा।"[13]

"महाराजा के अनुरोध पर विचार करने के लिए डिफ़ेंस कमेटी की मीटिंग हुई 25 अक्टूबर की सुबह, जिसकी अध्यक्षता की गवर्नर जनरल लॉर्ड माउंटबैटन ने। इस मीटिंग में भी यही तय हुआ कि भारतीय सेना को सावधान कर दिया जाए, और तब तक कोई और कार्रवाई न की जाए जब तक कि लोगों के अहम और तकनीकी संतुष्टि के लिए ज़रूरी काम पूरे न हों। उस रात, श्रीनगर के हालात का जायज़ा लेने के बाद वी. पी. मेनन ने महराजा को सलाह दी कि वह फ़ौरन ग्रीष्म राजधानी के लिए निकल जाएं ताकि जब इस मुद्दे पर विचार-विमर्श हो तो वह जम्मू में मौजूद हों। सवेरा होते ही वह खुद भी श्रीनगर से निकल पड़े। रक्षा समिति की बैठक 26 अक्तूबर को एक बार फिर हुई, जिसमें लॉर्ड माउंटबैटन ने यह बात फिर दोहराई कि भारत कानूनन तभी फ़ौज भेज सकता है जब विलय के दस्तावेज़ पर हस्ताक्षर हो चुके हों।"[14]

वही मैदान, अलग संग्राम

इस बीच, वैसी ही ख़तरनाक और उसी तरह भविष्य में दूर तक असर करने वाली एक और जंग श्रीनगर में शेख़ अब्दुल्ला ने छेड़ रखी थी। "...महाराजा हरि सिंह ने भारत में विलय के दस्तावेज़ पर हस्ताक्षर कर दिए थे लेकिन लॉर्ड माउंटबैटन ने भारत सरकार को इस शर्त के साथ उसे स्वीकार करने दिया कि इस मुद्दे पर जनता की रज़ामंदी के बाद ही वह मान्य होगा।"[15]

"...कौन लोग होंगे जो इसे देखेंगे और वह कैसे तय करेंगे, यह भविष्य पर छोड़ दिया गया, लेकिन सबको समझ में आ रहा था कि जवाहरलाल नेहरू

के लिए इसका मतलब है शेख़ अब्दुल्ला और उनकी नेशनल कॉन्फ्रेंस। उन दिनों शेख़ अब्दुल्ला घाटी में लोकप्रियता की लहर के ऊपरी सिरे पर थे, और वह जो भी कुछ करते थे, नेहरू उसमें उनकी सराहना करते थे, और उनका साथ देते थे।'' [16]

''...13 नवंबर 1947 को नेहरू ने महाराजा हरि सिंह को शासन के कामकाज में शेख़ अब्दुल्ला को शामिल करने में भलाई के बारे में लिखा। उनका कहना था कि वह पक्के तौर पर मान चुके हैं कि शेख़ अब्दुल्ला ही वह शख़्स हैं जो कश्मीर में कुछ कर सकते हैं।'' [17]

''महाराजा ने सरदार पटेल को लिखा, जिस चाल से जंग चल रही है उसपर अपनी नाराज़गी जताते हुए और यह कि ऐसे में बेहतर होता वह सुरक्षा बलों की कमान अपने हाथ में रखते विलय के बाद या उसके बिना। महाराजा के लीक से हटकर बातों से उनके तेवर पता चल रहे थे जिसका महाराजा पर असर हो रहा था महाराजा को विलय के लिए जिस घोषणापत्र पर हस्ताक्षर करने थे, उसका प्रारूप भेजा। यह प्रारूप भारत सरकार की ओर से तैयार किया गया था और उसे शेख़ अब्दुल्ला ने भी देखा था जिन्होंने महाराजा और सरदार पटेल के बीच हुए पत्र व्यवहार की भी सारी जानकारी उन्हें थी।'' [18]

''मार्च 1948 की पहली तारीख को एन. गोपालाचारी ने महाराजा को सूचित किया कि उन्हें जो घोषणापत्र जारी करना है उसके प्रारूप पर आख़िरी बातचीत करने के लिए मेहर चंद महाजन और वी. पी. मेनन जम्मू पहुंच रहे हैं और यह भी कि शेख़ अब्दुल्ला को प्रधानमंत्री नियुक्त किया गया है और उनकी सलाह से दूसरे मंत्री नियुक्त किए जाएंगे। उन्हें यह भी बताया गया कि क्योंकि घोषणा पत्र के प्रारूप को सरदार पटेल और पंडित जवाहरलाल नेहरू ने भी अच्छी तरह पढ़ा है, इसलिए उन्हें भी इसे जैसे का तैसा स्वीकार करना चाहिए।'' [19]

इस बीच, ''गिलगिट एजेंसी इलाके का मुख्यालय गिलगिट, जिसे कि अंग्रेज़ों ने 1935 में महाराजा हरि सिंह पर दबाव बनाकर पट्टे पर ले लिया था, वह ब्रिटिश हुकूमत ख़त्म होने के साथ वापस उनके कब्ज़े में आ गया। ब्रिटिश अफ़सरों की कमान में, गिलगिट स्काउट छह सौ अच्छी तरह प्रशिक्षित, हथियारबंद, सभी ज़रूरी साज-सामान से लैस सैनिकों का दल था। बाद में, श्रीनगर सैनिक मुख्यालय में तैनात ब्रिगेडियर घनसारा सिंह को इसका गवर्नर नियुक्त किया गया। लेकिन उन्हें परेशानी तब हुई जब उन्होंने पाया कि यह काम बेहद चुनौती भरा है, क्योंकि न सिर्फ़ चीफ़ ऑफ़ स्टाफ़ मेजनर जनरल एच. एल. स्कॉट उनका साथ नहीं दे रहे थे, बल्कि गिलगिट में तैनात ब्रिटिश अफ़सर उनके खुले विरोधी थे। इसलिए इसमें आश्चर्य नहीं, कि उन सभी ने पाकिस्तान के लिए काम करने का फ़ैसला किया।'' [20]

''जब ब्रिटिश सरकार ने समय से पहले ही गिलगिट की लीज़ को ख़त्म करके उसे वापस जम्मू और कश्मीर के हवाले करने का फ़ैसला किया, तो गिलगिट स्काउट्स के कमांडिंग ऑफ़िसर मेजर डब्ल्यू. ए. ब्राउन, पाकिस्तान के प्रति अपनी वफ़ादारी दिखाने में कुछ ज़्यादा ही उतावले नज़र आए।'' [21]

"31 अक्तूबर की रात को लेफ़्टिनेंट हैदर ख़ान और सौ और स्काउटस् के साथ मिलकर मेजर ब्राउन ने गवर्नर के निवास को घेर लिया। जल्दी ही उनके निवास पर लाइट मशीन गन से गोलीबारी शुरू हो गई, जी कि रात भर चलती रही। मेजर ब्राउन ने दो हिंदू अफ़सरों, एक नायब तहसीलदार और दूसरे एक पुलिस इंस्पेक्टर को अपने प्रतिनिधि के तौर पर इस संदेश के साथ भेजा कि या तो गवर्नर पंद्रह मिनट के अंदर आत्मसमर्पण कर दें वरना इलाके की ग़ैर-मुस्लिम आबादी को कत्ल कर दिया जाएगा।"[22]

"लेकिन गवर्नर के आत्मसमर्पण के बाद मेजर ब्राउन असल में गिलगिट एजेंसी के गवर्नर बन गए, और 3 नवंबर को उन्होंने रस्मी तौर पर पाकिस्तानी झडे को फहराने का कार्यक्रम रखा।"[23]

सैन्य अभियान

"नवंबर के बीच में भारतीय फ़ौज ने उड़ी पर फिर से कब्ज़ा कर करके घाटी को सुरक्षित कर लिया था। लेकिन हमलावरों ने पुंछ और मीरपुर इलाकों की तरफ़ बढ़ना जारी रखा। स्थानीय बाग़ियों, जो अब ख़ुद को आज़ाद कश्मीर की फ़ौज बताते थे, उनकी मदद से भारतीय सेना ने भीमबार, राजौरी और रावलकोट को अपने कब्ज़े में ले लिया था। वहीं अब मीरपुर, कोटली, पुंछ, और नौशेरा की रक्षा के लिए तैनात सरकारी सुरक्षा बलों के लिए गंभीर ख़तरा बन गए थे। इन हमलों के बाद इन जगहों से नागरिकों का भी पलायन होने लगा और हज़ारों लोगों ने पुंछ की सैनिक किलेबंदी में पनाह ली। गिलगिट में, जैसा कि पहले भी उल्लेख किया गया है, ब्रिटिश अधिकारियों की कमान में स्काउट्स ने अपना कब्ज़ा जमाने के लिए बाग़ी तेवर अपनाए थे, और पाकिस्तान का साथ देने का ऐलान किया था।"[24] आगे चलकर, आज़ाद कश्मीर की फ़ौजों के साथ मिलकर बल्टिसन पर भी कब्ज़ा किया।

शुरुआत से ही, पुंछ-मीरपुर सेक्टर में होने वाली कार्रवाइयों पर दिल्ली में बहस होती रही है। 30 अक्तूबर को एन. गोपालास्वामी अय्यंगर ने सवाल उठाया कि क्या "भारतीय सेना के लिए पुंछ और मीरपुर इलाकों की सफ़ाई कर डालना (जैसा कि लिखा है) आख़िरकार ज़रूरी और अच्छा होगा।"[25] कश्मीर के पूर्व मंत्री होने के नाते, उन्हें मालूम था कि बाग़ियों का पाकिस्तान का साथ देना तय है। इसके बाद, बड़ा अजीब लगता है, कि माउंटबैटन ने आख़िरकार यह पेशकश भी की कि अगर ये इलाके "भारत के लिए घाटे का सौदा साबित होने लगे,"[26] तो ऐसे में राज्य को आख़िरकार राज्य को जनमत संग्रह के आधार पर बांटना पड़ सकता है। गवर्नर जनरल के ऐसे विचार भारत की रक्षा समिति को उलझन में डालते रहे।

जम्मू और कश्मीर डिविज़न के तत्कालीन कमांडर मेजर जनरल कलवंत सिंह ने अपने सामरिक उद्देश्यों को रेखांकित करते हुए व्याख्या की कि घाटी में उनकी

सेना उड़ी से दोमेल और कोहला तक का रास्ता समझने के लिए एक सैनिक सर्वेक्षण करेगी। एक टुकड़ी जम्मू से मीरपुर और पुंछ की तरफ़ बढ़ रही है ताकि इन इलाकों में अब तक मोर्चा संभाले फ़ौजियों को राहत मिल सके। उचित समय पर एक और टुकड़ी उड़ी से पुंछ भेजी जाएगी जो जम्मू से आ रही टुकड़ी के साथ तालमेल बैठा ले।

हालांकि रक्षा समिति ने जनरल कलवंत की योजना को मंजूरी दे दी, लेकिन कार्यकारी सेना प्रमुख कमांडर इन चीफ़ लेफ़्टिनेंट जनरल रॉय बुचर, का विचार था कि सेना को उस इलाके में अब और कुछ काम करने नहीं निकल पड़ना चाहिए। ''जाड़े की शुरुआत और साधनों की कमी''[27] के चलते, उन्होंने रक्षामंत्री बलदेव सिंह को लिखा, ''बड़े पैमाने पर कार्रवाई करना मुमकिन नहीं रह जाता।''[28] अपनी अलग-अलग तरह की तमाम ज़िम्मेदारियों, ख़ासतौर से शरणार्थियों से जुड़ा कामकाज संभालने के कारण सेना ''किसी तरह खींचतान कर काम का बोझ झेल रही थी।''[29] इसके अलावा, कश्मीर की वादी से फ़र्क, पहाड़ी इलाका होने की वजह से कबायलियों के लड़ने के ढंग के लिए ज़्यादा उपयुक्त था। ''मैं पुंछ में कोई भी ज़िम्मेदारी ओढ़ने की हामी भरने से बचने की अहमियत को असल से ज़्यादा नहीं बता सकता।''[30]

चंद्रशेखर दासगुप्ता ने अपनी पुस्तक *वॉर एंड डिप्लोमेसी* में दावा किया है कि पुंछ में कार्रवाई को लेकर ब्रिटिश अफ़सरों का रवैया ऐसा ब्रिटिश सरकार की वजह से बना जो मानती थी कि इस इलाके में भारतीय नियंत्रण पाकिस्तान के लिए एक गंभीर ख़तरा बन सकता है। यह एक ऐसा बिंदु है जिसपर क़ायम रहा जा सकता है। हर हाल में, इस इलाके में हुई सैनिक कार्रवाई इस जगह को लेकर जो विचार बनाए गए और भारत की नई सरकार तक पहुंचाया गया कि इस सेक्टर में होने वाले नुकसान की कीमत नहीं अदा की जा सकती। इस बात ने पंडित नेहरू पर गहराई से असर किया।

जब उनसे पूछा गया कि इस इलाके में क्या भारत मोर्चेबंदी करना चाहेगा, तो नेहरू ने जवाब दिया था, ''हर कहीं हमारी पकड़ मज़बूत नहीं हो सकती, लेकिन कश्मीर जैसी जगह पर हमें मज़बूती से पैर जमाने होंगे जहां से हम हमला करने की पहल कर सकें।'' नेहरू का यह रवैया दर्शाता है कि नये-नये आज़ाद हुए भारत की सैनिक मामलों में मासूमियत के साथ नेहरू का 'हर ख़तरे से दूर रहने की ज़रूरत' को रेखांकित करना और साथ में यह कहना कि कश्मीर में किसी उलटफेर का ''सारे भारत पर सबसे ज़्यादा गंभीर मनोवैज्ञानिक असर पड़ेगा।''[31] इस तरह एक इलाका भारत में शामिल तो किया गया लेकिन उसके बाद उससे जुड़ी रणनीति संबंधी महत्त्वपूर्ण प्रभाव के साथ।

लड़ाई में तेज़ी : नवंबर-दिसंबर 1947 में कश्मीर

आने वाले दिनों में कश्मीर में भारत की सैन्य स्थिति लगातार ख़राब होती चली गई। हमलावरों ने पुंछ और जम्मू से जोड़ने वाले रास्तों पर दबाव बढ़ा दिया। उड़ी

में एक बटैलियन के साथ छापामार तरीके से अचानक हमला कर दिया जिसमें साठ लोग मारे गए। नेहरू सोचने लगे कि हमलावरों को पाकिस्तान की मदद के मुद्दे पर भारत को चुपचाप सब कुछ अनदेखा करते हुए पहले की तरह चलते रहने देना चाहिए।[32] सहज तरीका जबकि यह होता कि पाकिस्तान में हमलावरों के ठिकानों पर धावा बोला जाए। उनके सम्पर्क तोड़ दिए जाएं। सैन्य दृष्टिकोण से यह सबसे असरदार क़दम होता। भारत राजनीतिक कारणों से ऐसा करने से कतराता रहा। नेहरू ने सोचा था कि ''हमें इस स्थिति के बारे में फिर विचार करना चाहिए।''[33] मानने वाली बात है कि ऐसा करने में जंग का ख़तरा था। ''हम लड़ाई से बचना चाहते हैं, लेकिन हमारा यह सोचना ख़ुद को धोखा देने जैसा है कि तब तक हम लड़ाई को टाल रहे हैं जब तक दोनों ओर चल रहे अभियान जारी है।''[34]

तब, प्रधानमंत्री पाकिस्तान के साथ लड़ाई को टालने के लिए चिंतित थे। उन्होंने कुछ हद तक अपने नज़रिये के बारे में बताया। जंग नई बनी सरकार को अस्थिर कर सकती है, सशस्त्र सेनाओं के भविष्य को ख़तरे में डाल सकती है, जो कि अपने पुनर्गठन के दौर से गुजर रही है, दोनों देशों के अल्पसंख्यकों पर बयां से परे कहर टूटेगा, और भारत की एक हमलावर की छवि बन जाएगी। नवंबर के शुरू में उन्होंने लिखा था कि ''युद्ध एक ख़तरनाक चीज़ है जिससे हर हाल में बचना चाहिए। पाकिस्तान हार जाएगा, लेकिन इसमें कोई शक नहीं कि भारत बहुत बड़ी चोट झेलेगा। उन्हें विश्वास था इस बात पर कि ''युद्ध से बचने के लिए जो कर सकते हैं वो हमें करना चाहिए, और यही हमारी स्पष्ट नीति है।''[35]

20 दिसंबर को डिफ़ेंस कमेटी की बैठक में नेहरू ने हालात को 'असंतोषजनक' बताया। किसी कूटनीतिक समझौते के तो आसार नज़र नहीं आ रहे थे, लेकिन बहुत कुछ बैठक के अगले दौर पर भी निर्भर था। किसी भी हाल में भारत वर्तमान हालात को और आगे जारी नहीं रहने दे सका। 'बुरे से बुरा'[36] होने का मतलब होता कि सियालकोट, गुजरात और झेलम के इलाकों में घुसना पड़ता ताकि हमलावरों के लिए कोई ठिकाने न बचें। माउंटबैटन ने उसी पल ज़ोरदार ढंग से यह दलील देते हुए, इस विचार को कोपल वाली स्थिति में ही तोड़ दिया, कि भारत को युनाइटेड नेशन्स से बात करनी चाहिए। उनके पास ''पाकिस्तान के ख़िलाफ़ लोहे में ढला एक ऐसा मुद्दा था और ऐसा कुछ नहीं करना था जिससे यह कमज़ोर पड़े!'' कुछ सलाह-मशविरे के बाद यह तय हुआ कि सेना प्रमुख पाकिस्तान से हमलावरों को खदेड़ने की नीति का दस्तावेज़ तैयार करें, यह मानकर कि युनाइटेड नेशन्स ने भारत को ऐसा करने के निर्देश दिया है।[37]

उसी दिन कैबिनेट ने संयुक्त राष्ट्र से संपर्क करने के विकल्प पर विचार किया। अब तक नेहरू को यह बात साफ़ तौर पर पता थी कि संयुक्त राष्ट्र में तभी जा सकते हैं जब लड़ाई बंद हो। यह बदलाव चार संबंधित कारकों से प्रेरित था। पहला यह कि जब तक हालात स्वीकार करने लायक न हो जाएं, तब तक

नेहरू को तनाव बढ़ने की आशंका थी। क्योंकि उन्होंने उस दिन लिखा था, ''हम युद्ध नहीं चाहते, और हम इससे बचना चाहेंगे।'' दूसरे, नेहरू को इस बात की जानकारी थी कि 'ऑपरेशन' का मतलब होगा 'पाकिस्तान पर हमला।'

संयुक्त राष्ट्र की जानकारी में ले आने से यह तय हो जाएगा कि भारत की कार्रवाई ईमानदारी से अंतरराष्ट्रीय प्रक्रिया के अनुरूप है।[38] तीसरे, नेहरू को भारत के मामले को लेकर भरोसा था और यह कि इस संबंध में 'किसी भी निष्पक्ष अंतरराष्ट्रीय निकाय' को विश्वास में लिया जा सकता है। उन्हें उम्मीद थी कि ऐसा करने से पाकिस्तान के नेतृत्व को आड़े हाथों लिया जा सकता है।[39] आख़िरकार नेहरू को एहसास हुआ कि अंतरराष्ट्रीय समुदाय, ख़ासकर बड़ी ताकतें पहले ही इस विवाद में फंसी हैं। इसमें दो राय नहीं कि ब्रिटिश राजशाही की सरकार सारी गतिविधियों पर बारीकी से नज़र रखे हुए थी, और दोनों पक्षों पर शांतिपूर्वक ढंग से समस्या को सुलझाने के लिए ज़ोर दे रही थी। भारत के लिए बहुत होशियारी से आगे बढ़ना ज़रूरी था ताकि कहीं एक ग़लत क़दम उठने से इस मामले में हमें नुकसान न उठाना पड़े।[40] जैसा कि आमतौर पर समझा जाता है, उससे उलट कश्मीर समस्या का अंतरराष्ट्रीयकरण अपने आप में युनाइटेड नेशंस में इसे उठाए जाने की वजह भी था और नतीजा भी। अगली शाम, यानी 21 दिसंबर, 1947 को नेहरू ने लियाक़त अली ख़ान से मुलाक़ात करके वह पत्र उनके हाथों में दिया जिसमें औपचारिक रूप से यह अनुरोध किया गया था कि पाकिस्तान हमलावरों को वापस हटा ले वरना मामले को युनाइटेड नेशंस में उठाया जाएगा।

24 दिसंबर 1947 को हमलावरों ने भारतीय फ़ौज को हटाने के इरादे से हमला किया और झांगर से भारतीय फ़ौज को हटने पर मजबूर कर दिया। हमलावरों के पास अब मीरपुर को झांगर, कोटली और पुंछ को जोड़ने वाली सड़क पर कहीं भी आने-जाने की छूट थी। इससे कई संभावनाएं पैदा होती थीं। वह चाहते तो उड़ी पर कब्ज़ा जमा सकते थे, पुंछ पर कब्ज़ा कर सकते थे, नौशेरा पर घेरा डाल सकते थे, या जम्मू पर हमला बोल सकते थे। लेकिन झांगर के बाद उन्होंने नौशेरा पर हमला किया, लेकिन भारतीय सेना उनके हमले का मुंहतोड़ जवाब देने में कामयाब रही।

झांगर के हाथ से निकलने को एक ऐसी घटना के तौर पर लिया गया जिसपर फ़ौरन ध्यान देना ज़रूरी था। दिल्ली ने कश्मीर में अपना मोर्चा पुख़्ता रखने के लिए सेना की एक और ब्रिगेड को कश्मीर भेजने का फ़ैसला किया, एक-एक बटैलियन उड़ी और पुंछ दोनों के लिए। सेना को बाहर से लोगों को जोड़ने के लिए भी कहा गया। नेहरू ने लिखा, ''हमें जनवरी के मध्य तक पूरी तरह चुस्त-दुरुस्त हो जाना चाहिए।'' उड़ी वह जगह, जिसके बारे में हमारी सेना सबसे ज़्यादा चिंतित थी। अगर वह हाथ से निकल जाती तो फिर हमलावर पूरी कश्मीर घाटी को रौंदते हुए बारामुला और श्रीनगर तक आ पहुंचते। 26 दिसंबर को प्रधानमंत्री और उनके वरिष्ठ सहयोगियों ने तय किया कि अगर उड़ी पर हमारा कब्ज़ा नहीं रहा तो सेना को पाकिस्तान में घुसना पड़ेगा। नेहरू ने सेनाध्यक्ष को ''हर स्थिति से निपटने

के लिए जल्दी से जल्दी तैयार रहने" का निर्देश जारी किया।[41]

खुली जंग का ख़तरा मंडराता देख माउंटबैटन ने नेहरू को पत्र लिखकर उनसे "लड़ाई बंद करने, और जल्दी से जल्दी बंद करने" पर ज़ोर दिया।[42] नेहरू ने उन्हें जवाब दिया कि एकतरफ़ा कोशिशों से शांति का रास्ता नहीं निकलेगा। कश्मीर में पाकिस्तान का बहुत कुछ दांव पर था, और जब तक भारत सैनिक कार्रवाई के दम पर उसे मजबूर न कर देता, पाकिस्तान बाज़ आने वाला नहीं था। इतना ही नहीं, भारत के लिए अपनी एक साख बनाना और उसे क़ायम रखना भी ज़रूरी था। "मुझे यकीन हो चुका है कि इस तरह की चढ़ाई करने पर अगर हमने घुटने टेक दिए तो आगे दूसरी जगहों पर आक्रमण होते रहेंगे।"[43] कार्रवाई के दो समानांतर रास्ते अपनाने की उनकी मंशा थी, "युनाइटेड नेशंस में बात रखना और हर हालात से निपटने के लिए सैनिक कार्रवाई की पूरी तैयारी।"[44] और अगले दो दिनों में कश्मीर में फ़ौजी हालात क़ाबू में आ गए; नौशेरा पर कब्ज़ा हो गया, और उड़ी पर जो खतरा मंडरा रहा था, वह टल गया। इसी के साथ पाकिस्तान पर हमले की जो नौबत आ रही थी वह भी नहीं बची।

दासगुप्ता का दावा है कि माउंटबैटन और जनरल रॉय बुचर ने जानबूझ कर यह ध्यान रखा कि कोई योजना न तैयार की जाए, और इस तरह "नेहरू को भारतीय सेना को पाकिस्तान पर हमला बोलने के आदेश देने से रोक दिया।"[45] इसमें हम आगे यह भी कह सकते हैं कि सैनिक मामलों की जानकारी न होने और फैसले लेने में कोताही की फितरत के चलते नेहरू भी कुछ ठीक से तय नहीं कर पाए थे। माउंटबैटन के साथ 22 जनवरी की मुलाकात में उन्होंने मान लिया था कि "अभी से कोई योजना बनाने की ज़रूरत नहीं, जब तक कि उसकी नये सिरे से ज़रूरत न हो।"[46] यह बात गले नहीं उतरती। नेहरू ने मुश्किल के वक़्त के लिए पहले से तैयार रहने की योजना को छोड़ने के आदेश कैसे दिए? युद्ध भारत के ऊपर थोप दिया गया है, ऐसा चाहा नहीं था। लेकिन जैसे-जैसे ज़मीनी 'हालात में सुधार' होता गया, पहले से तैयारी की ज़रूरत कम होती गई। बेशक, फ़रवरी के बीच तक वह (नेहरू) इसी बात पर डटे रहे कि युद्ध की संभावना "पृष्ठभूमि में कहीं पीछे चली गई"[47] है। दिलचस्प यह है कि नेहरू को लगता था कि एक पक्की योजना इस बात को बढ़ावा देने में ऐंड़ का काम करेगी। यहां फिर, सैनिक चुनौती की मौजूदगी में, इस तरह का रवैया अपनाना अपने आप में अजीब बात थी। इसके अलावा जैसे-जैसे सैन्य समस्या सुधरने लगी, नेहरू के लिए अपने लड़ाकू सहयोगियों को पलटकर उनका मुकाबला करना आसान हो गया। जब बलदेव ने इस फ़ैसले के ख़िलाफ़ आवाज उठाई तो नेहरू बड़ी होशियारी से गोलमोल बातें करके टाल गए, "मेरा अपना विचार...यह था कि ऐसी कोई योजना बनाई जा रही होगी, बल्कि वास्तव में बनाई गई थी। अगर ऐसा है, तो इस योजना पर रोक लगाने का सवाल ही नहीं होता।"[48] प्रधानमंत्री ने फिर एक बार गोलमोल बात की।

इस बीच भारत की सैन्य परिस्थिति में सुधार आया है। झांगर पर मार्च में कब्ज़ा किया गया और राजौरी पर अगले महीने। मई 1948 की शुरुआत होते-होते जम्मू से नौशेरा के बीच सूचनाओं की आवाजाही के ज़रियों पर जो ख़तरा था उसे बेअसर कर दिया गया था। भारतीय फ़ौजें अब बसंत में हमले करने के लिए तैयार थीं। लेकिन, तभी हैदराबाद में सैनिक कार्रवाई की संभावना सबसे आगे आ गई।

बुचर को स्पष्ट था कि सेना सिर्फ़ कुछ ही उद्देश्यों को साध सकती है। ''दोमेल तक बढ़ जाना और उसके बाद पुंछ शहर से गैर-मुस्लिम आबादी को निकालना, क्योंकि जब तक पुंछी, मीरपुरी और मुज़फ़्फ़राबादी विरोध करते हैं, भारत के लिए इन इलाकों को फिर से अपने कब्ज़े मे लेना संभव नहीं होगा।''[49] सेना पूर्वी पंजाब में अपनी रक्षा क्षमता से समझौता किए बिना कश्मीर में और फ़ौजी नहीं भेज सकती थी। रक्षा मंत्री इस बात पर राज़ी हो गए।

अप्रैल 1948 के आख़िरी हफ़्ते में पाकिस्तानी सेना की कश्मीर में औपचारिक रूप से तैनाती शुरू हुई। व्हाइटहॉल को जल्दी ही इस हलचल का पता चल गया, लेकिन उन्होंने कोई भी कार्रवाई न करने का फ़ैसला किया, इसे बेहतर मानते हुए कि युनाइटेड़ नेशन्स कमिशन को अपने आप इस बात का पता चले और वह ख़ुद इस मामले को संभालें। ग्रेसी पूरे ज़ोर-शोर के साथ बार-बार यही मांग करते रहे कि अगी जंग छिड़ती है तो दोनों ओर के ब्रिटिश अफ़सरों को अपनी सेवाएं देनी बंद करने के आदेश नहीं जारी होने चाहिए। क्या भारतीय सेना प्रमुख, जनरल रॉय बुचर को पाकिस्तानी सेना की तैनाती की गुप्त जानकारी थी? कम से कम एक इतिहासकार तो ज़ोर देकर कहते हैं कि वे अंदर की बातें जानते थे। लेकिन बुचर की चिट्ठी-पत्रियों, शोधकर्ताओं का जिन पर अब तक ध्यान नहीं गया, से पता चलता है कि वास्तव में बुचर ने स्थिति को ठीक से समझा ही नहीं था। अगस्त 1948 के आख़िर में बुचर पाकिस्तान के सेना प्रमुख से मिले और उनसे इस बात की शिकायत की कि उन्हें पाकिस्तानी फ़ौजों के प्रवेश को लेकर अंधेरे में रखा गया। ग्रेसी ने बुचर को लिखा, ''मैंने किया (इशारा), जितना मैं कर सका।''[50] बुचर ने जवाब दिया, ''आपने होशियार किया था कि कुछ कार्रवाई ऐसी हो सकती हैं जिनके गंभीर परिणाम हो सकते हैं। फिर भी, एक पल के लिए भी मैं नहीं समझ पाया कि आप भारतीय सेना के विरोध में, जम्मू और कश्मीर में जिनसे साबका पड़ चुका है, उनसे किन्हीं ज़्यादा ताकतवर तत्वों की बात कर रहे थे।''[51]

18 मई 1948 को भारत ने दोतरफ़ा आक्रमण शुरू किया। एक उड़ी-दोमेल रोड के साथ-साथ और दूसरा तिथवाल से होते हुए आगे मुज़फ़्फ़राबाद और दोमेल तक। पाकिस्तानी फ़ौजों की मौजूदगी के चलते जून की शुरुआत तक हमले की धार का असर कम हो गया। सिर्फ़ तीथवाल पर कब्ज़ा एक गिनने लायक कामयाबी थी। उधर और उत्तर में हमलावरों ने कारगिल और द्रास पर कब्ज़ा कर लिया और

श्रीनगर के लिए ख़तरा खड़ा कर दिया। सेना मुख्यालय की सिफ़ारिश थी कि उड़ी-तीथवाल सेक्टर में मिलकर अपनी स्थिति मज़बूत करें ताकि अगर इसमें ज़्यादा जोखिम न हो तो मुज़फ़्फ़राबाद की तरफ़ कूच किया जाए। उधर लद्दाख की स्थिति को ज़ोजी-ला पर कब्ज़ा करके सुधार लिया गया।

पहले भारत-पाक संघर्ष के शुरुआती दौर की इस आधी-अधूरी सी तहकीकात का मकसद पहले तो यह चित्रित करना है कि यह एक 'लापरवाही की वजह से हुआ संघर्ष था, जिसके पीछे कई अलग-अलग घटनाएं हैं, जम्मू और कश्मीर के विलय की, पाकिस्तान का हमला, पहले लुटेरे हमलावरों और फिर नियमित अफ़सरों का। इनके अलावा इस हमले को लेकर कोई पक्का इरादा, मकसद, या इस संघर्ष को सामरिक मोड़ देने की ठोस तैयारी की कमी। उदाहरण के लिए, अगर भारतीय सेना को दोमेल और मुज़फ़्फ़राबाद पर फिर से कब्ज़ा करने के लिए आगे बढ़ने दिया जाता तो उससे पाकिस्तान में पीछे से घुसने का रास्ता खुल जाता, लेकिन ऐसा क्यों नहीं किया गया यह आज तक समझ से पूरी तरह बाहर है। क्या यह भी सैनिक अभियानों में ब्रिटिश अधिकारियों की दखल का नतीजा है, जो कि इस दौर में जो न सिर्फ़ प्रभावित थे, बल्कि माउंटबैटन और दोनों ओर कमान संभाल रहे ब्रिटिश कमांडरों के दिशा-निर्देश पर चलते थे।

यह स्वतंत्र भारत का पहला संघर्ष था, लेकिन सामरिक दृष्टि से इसके पीछे कोई सोच या उद्देश्य नहीं था, और इसमें भारत ने अपना इलाका गंवाया, अपने आप ही ख़ुद पर युनाइटेड नेशन्स की रोक लगवा ली। जिस तरह से इस लड़ाई के हालात को संभालने की कोशिश की गई उसका नतीजा यह रहा कि भारत के भविष्य की संभावनाओं के आगे रोड़े पड़ गए।

31 दिसंबर 1948 को भारत और पाकिस्तान के बीच युद्धविराम हो गया।

इस बीच, 1949 तक चीन गृह युद्ध, अंदरूनी उथल-पुथल से उबर आया था, और माओ त्से तुंग की अगुआई में एक क्रांतिकारी सरकार ने देश की बागडोर थाम रखी थी। और यहीं से स्वतंत भारत को मिलती थी दूसरी चुनौती।

अब सवाल यह उठता है कि न टाली जा सकने वाले इस संघर्ष से क्या हासिल हुआ? कुछ भी नहीं, उल्टे भारत को अपना इलाका गंवाकर इसकी क़ीमत चुकानी पड़ी, अंतरराष्ट्रीय साख को बट्टा लगा, और राजनयिक फंदा पड़ गया जिसके कसने का ख़तरा कभी-कभी ही सही, लेकिन सामने आ जाता है।

क्या हम 'सुरक्षा' के इस मुद्दे को सुलझा सके? नहीं, हम ऐसा नहीं कर सके, बल्कि इससे उलट, जिस तरह इस संघर्ष का हमने सामना किया उससे हमारी दिक्कतें और बढ़ गईं। पहले तो इससे हमारी और ज़मीन हमारे हाथ से निकल गई और फिर हमने जिस तरह इसे निपटाया उसकी वजह से पीपुल्स रिपब्लिक ऑफ़ चायना यानी चीनी जनतांत्रिक गणतंत्र के लिए एक खिड़की खुल गई, जो कि अंतरराष्ट्रीय परिदृश्य पर एक स्वतंत्र राष्ट्र के रूप में उभर रहा था। उसने फिर हालात का पूरी तरह फ़ायदा उठाते हुए पाकिस्तान से तालमेल बैठाते हुए भारत

की सीमा को कई तरफ़ से घेरकर 'दुश्मन का दुश्मन अपना दोस्त' वाले पुराने ढर्रे पर चलते हुए सुरक्षा पर सस्ते में ही पकड़ बढ़ा ली।

भारत को इस टाले जा सकने वाले टकराव से कुछ भी हासिल नहीं हुआ, ऊपर से बंटवारे के बाद वाली चुनौतियां और बढ़ गईं।

युनाइटेड नेशन्स

वाई. डी. गुंदेविया, जिन्होंने इस बुरे वक्त में सीधे नेहरू के साथ काम किया, उनके पास कई महत्त्वपूर्ण और जानकारी से भरी बातें हैं साझा करने के लिए। अपनी दिलचस्प किताब *आउटसाइड द आर्काइव्स* में युनाइटेड नेशन्स का ज़िक्र करते हुए उन्होंने लिखा है :

"कश्मीर में पाकिस्तानी आक्रमण के बारे में आठ महीने तक टालमटोल करने के बाद सिक्योरिटी काउंसिल द्वारा नियुक्त एक आयोग ने आख़िरकार अपने फैसले का मसौदा पेश किया। यह तीन भागों में था :

भाग एक युद्धविराम के बारे में है।

भाग दो में एक समझौते के बारे में बात की गई है जिसके तहत पाकिस्तान को बिना किसी शर्त जम्मू और कश्मीर राज्य से अपनी सेना, कबायली और दूसरे पाकिस्तानी नागरिकों को हटाने के लिए तैयार होना पड़ेगा, जबकि आयोग ने राज्य की सुरक्षा और कानून और व्यवस्था बनाए रखने के लिए ज़रूरी भारतीय सेना तैनात रखने को ज़रूरी माना है।

भाग तीन में यह प्रावधान था कि पहले और दूसरे भाग में युद्ध विराम के समझौते को लागू करने के बाद दोनों पक्ष और आयोग मिलकर ऐसे रास्ते और तरीके तलाशेंगे जिनसे यह पता लगाया जा सके कि लोग क्या चाहते हैं।

आयोग की तरफ़ से अलग से कुछ और आश्वासन मिलने पर भारत ने यह प्रस्ताव स्वीकार कर लिया जिसमें कहा गया था कि जम्मू और कश्मीर की संप्रभुता का मुद्दा उस इलाके में भी नहीं उठाया जाएगा जिस इलाके से पाकिस्तान अपना कब्ज़ा हटाएगा। युद्ध विराम के दौरान पाकिस्तान के कब्ज़े से छूटे इलाके को समाहित करके शासन को नुकसान नहीं होने दिया जाएगा। और फिर अगर आख़िरकार जनमत संग्रह होता है तो इस प्रस्ताव के तहत पाकिस्तान को उसमें हिस्सा लेने का कोई अधिकार नहीं होगा।

युद्ध विराम 31 दिसंबर 1948 को ऐसे वक़्त लागू हुआ जब पाकिस्तानी फ़ौज को करेन और पुंछ से पश्चिम की तरफ़, श्रीनगर के रास्ते में पड़ने वाले झेलम के दूसरे या तीसरे पुल तक धकेल दिया गया था, और भारतीय फ़ौजें ऐसी जगह पहुंच चुकी थीं जहां से पाकिस्तान की सरहद दिखाई देती थी। पर्याप्त अधिकार के साथ यह कहा गया है कि अगर एक सप्ताह या दस दिन का समय और मिल जाता, तो भारतीय सेना कश्मीर से सारे पाकिस्तानी अमले का सफ़ाया कर देती।

युद्ध विराम लागू होने के समय उत्तर में किशनगंगा के किनारे किनारे लड़ाई जारी थी, और हमारे फ़ौजियों को बस थोड़ा सा समय और मिल जाता ताकि वह सामरिक महत्त्व के गिलगिट पर कब्ज़ा कर लेते। लेकिन नहीं। हम आयोग के दिए सैद्धांतिक स्पष्टीकरण और सैद्धांतिक आश्वासनों से संतुष्ट थे, और कल्पना कर रहे थे कि पाकिस्तान भी करार के मुताबिक राज्य के बाकी हिस्सों से अपनी सेना को हटा लेगा। तो इस तरह 31 दिसंबर का युद्ध विराम लागू हुआ। फ़ौजें आज भी वहीं डटी हुई हैं जहां तब थीं। एक सीज़फ़ायर लाइन ख़ीची गई, चट्टानों, पहाड़ों की चोटियों और घाटियों से होते हुए उत्तर में किशनगंगा से कारगिल और उसके भी आगे तक।

सुरक्षा परिषद की बैठकों में हुई अंतहीन बहसों के दौरान बोले गए लाखों-करोड़ों बेकार के शब्दों को कितना भी पढ़ा या कहा-सुना जाए, ऊपर जो बात मैंने कही है वही सार है जो आख़िर में नतीजे के तौर पर सामने आया है।

युद्ध विराम के बाद, सुरक्षा परिषद को जो चीज़ सबसे पहले करनी चाहिए थी, वह है पाकिस्तानी हमलावर और दूसरे सभी पाकिस्तानी कर्मियों का पूरी तरह से वापस लौटने के लिए दबाव बनाना। लेकिन ऐसा किया नहीं गया। इसके बजाय, सुरक्षा परिषद के संकल्प की धज्जियां उड़ाते हुए, पाकिस्तान अपने कब्ज़े वाले गिलगिट और दूसरे उत्तरी इलाकों में अपने पैर जमाता रहा, और भारत, इस मुद्दे पर फ़ौरन ज़मीनी लड़ाई लड़ने के बजाय सुरक्षा परिषद में बस अपना विरोध जताता रहा, और बरसों बाद इस शक्तिविहीन अंतरराष्ट्रीय संस्था के आगे ज़ोर-शोर से विरोध जताते हुए युद्ध विराम से पहले किए गए कब्ज़े छोड़ने की मांग कर रहा है। पहले भाग के मुताबिक युद्ध विराम हुआ, यहां तक तो ठीक है। लेकिन सुरक्षा परिषद के संकल्प, दस्तावेज़ के दूसरे भाग को लेकर कुछ नहीं हुआ। पाकिस्तान अपनी जगह डटा रहा और जैसा कि मैंने कहा है, जम्मू और कश्मीर के एक तिहाई इलाके पर अपना कब्ज़ा जमाए हुए है। और पश्चिमी शक्तियां सीधे तीसरे भाग पर जा टिकीं, और कश्मीर के लोगों की मंशा जानने के लिए क्या तरीके अपनाए जाएं और क्या ज़रिये हों, इन्हें लेकर भारत पर दबाव बनाने लगीं।[52]

सुरक्षा परिषद के सामने कश्मीर को लेकर हमारा मामला हमेशा तकनीकी रूप से सही, तर्क के लिहाज से पूरी तरह दुरुस्त और हर हिसाब से पक्का रहा है। ऐसा हम समझ रहे थे। फिर एक ऐसा चरण आया जब कृष्णा मेनन न्यूयॉर्क में मौके पर पहुंचे और बहस के सिलसिले में एक के बाद एक कितने ही रिकॉर्ड टूटते गए, एक मिनट में कोई व्यक्ति कितने शब्द बोल सकता है यह पता लगाने की मांग की 'वेकेशन ऑफ अग्रेशन' (vacation of agrression) ने। ये अग्रेशन यानी आक्रामकता है क्या इसकी भी व्याख्या की गई। कृष्णा मेनन ने 'वेकेशन ऑफ़ अग्रेशन' की मांग की जिससे अंग्रेज़ी के व्याकरणशास्त्रियों की आंखें हैरत से खुली की खुली रह गईं। लेकिन नये साल के उस दिन के बाद से इस मुद्दे पर हम ज़रा भी आगे नहीं बढ़े हैं।

अगर सुरक्षा परिषद की ओर से जारी प्रस्ताव के भाग दो की सिफ़ारिशों के मुताबिक काम करने के लिए पाकिस्तान पर दबाव बनाया जाता, तो सुरक्षा परिषद या आयोग, प्रस्ताव के तीसरे भाग में कही गई बातों के अनुसार शायद लोगों की इच्छा जानने के रास्ते ढूंढ पाते। भले ही पाकिस्तान पर युद्ध विराम के लिए दबाव रहा होगा, और हो सकता है दिसंबर के अंत तक उन्होंने ख़ुद ही समझ लिया हो कि सैनिक नज़रिये से खेल ख़त्म हो चुका है, क्योंकि भारतीय सैनिक पाकिस्तान की पूर्वी सीमा से ज़्यादा दूर नहीं थे। लेकिन प्रस्ताव के दूसरे भाग को लेकर पाकिस्तान की कुछ भी करने की नीयत नहीं थी।

इंसान की याददाश्त इतनी भी कमज़ोर नहीं होती। 1949 और 1950 में पाकिस्तान ने जिस लूट, बलात्कार और आगजनी को अंजाम दिया था उसे भुलाया नहीं गया है। पाकिस्तान को समझ में आ गया था कि अगर युद्ध विराम के बाद ज़्यादा वक़्त गंवाए बिना लोगों से रायशुमारी की जाती है तो नतीजा सौ फ़ीसदी भारत के पक्ष में होगा।

फिर जम्मू और कश्मीर में राजनीतिक बदलाव का दौर चला। कश्मीर के भारत में विलय के फ़ौरन बाद महाराजा ने कश्मीर के शेर कहे जाने वाले शेख़ अब्दुल्ला को जेल से रिहा कर दिया और वह राज्य के प्रधानमंत्री बन गए। शेख़ अब्दुल्ला जवाहरलाल नेहरू के इतने करीबी दोस्त थे, कि जैसा मैं पहले भी बयां कर चुका हूं, उनकी पार्टी नेशनल कॉन्फ़्रेंस खुलकर भारत का साथ देती थी। जम्मू और कश्मीर में कहीं भी कोई पाकिस्तान के पक्ष में राजनीतिक तौर पर रिरियाता भी नहीं। जिन्ना और उनके पाकिस्तानी सहयोगी इस बात को कुछ ज़्यादा ही अच्छी तरह जानते थे।

पाकिस्तान को यह भी पता था कि अगर उसने प्रस्ताव के दूसरे हिस्से की सिफ़ारिशों को लागू नहीं किया, तो भारत कभी उस दस्तावेज़ के भाग तीन को सामने आने ही नहीं देगा। यह पाकिस्तान को हर तरह से रास आने वाली चीज़ थी। जनमत संग्रह जैसी चीज़ तो उस समय उसके बस में ही नहीं थी। सुरक्षा परिषद ने भारत को जितना भी भरोसा दिलाया था, उसके बावजूद कश्मीर में जो कुछ पाकिस्तान के हाथ लग गया था उसे छोड़ने की नीयत नहीं थी, और उसे वक़्त चाहिए था, ताकि हालात पर अपनी पकड़ और मज़बूत कर सके। फिर सुरक्षा परिषद में पाकिस्तान के भी दोस्त थे। नेहरू 'एशिया के बदमाश लड़के' वाली छवि बना चुके थे। गाँधी और नेहरू ने ही तो भारत में स्वतंत्रता आंदोलन की अगुवाई की। और भारत के साथ, बर्मा और सीलोन का भी उनके हाथ से निकल जाना मामूली बात नहीं थी। यह सब कहां तक चलने वाला है? कहां ख़त्म होने वाला है?

पाकिस्तान न्यूयॉर्क में हुई बाद की सभी बहसों में बड़ी आसानी से जीतता चला गया, और हम तसल्ली से अपने यहां के अंग्रेज़ी अख़बारों में कृष्णा मेनन के भाषणों के लिए उनकी वाहवाही करते रहे। हरेक बहस के बाद पश्चिम के

प्रवक्ता यही ऐलान करते रहे कि भारत कश्मीर में जनमत संग्रह के लिए पहले राज़ी हो गया था, लेकिन अब अपनी बात से मुकर रहा है। नतीजतन, जम्मू और कश्मीर के जिस एक तिहाई हिस्से पर पाकिस्तान का कब्ज़ा था, वह उसी के पास रहने दिया गया। पाकिस्तान के लिए तो यह "न मिलने से तो जो मिल जाए वही अच्छा" वाली बात थी।

यहां इस अवधारणा, 'जनमत संग्रह' के बारे में भी कुछ कहना ज़रूरी है।

कश्मीर के महाराजा जनमत संग्रह नहीं चाहते थे। महाराजा की मर्जी से चलने वाले राज में कश्मीर के भोलेभाले लोगों ने तो जनमत संग्रह का नाम भी नहीं सुना था। शेख़ अब्दुल्ला जो अभी हाल ही में कैद से छूटे थे, और कैद से छूटते ही वज़ीर-ए-आज़म बना दिए गए थे, उन्हें भी जनमत संग्रह की दरकार नहीं थी। नेहरू के दोस्त 'शेर' पूरी तरह भारत के समर्थन में थे, और अपनी पार्टी नेशनल कॉन्फ्रेंस पर उनकी पूरी पकड़ थी, और राज्य में यही एक पार्टी थी जिसकी कोई साख थी।

किसने कहा जनमत संग्रह? हम में से कई हमेशा जवाहरलाल नेहरू को दोष देते हैं कि उन्होंने कश्मीर के महाराजा के भारत में विलय के मामले में जनमत संग्रह की बात स्वीकार की थी। लेकिन नेहरू के जीवनी लेखक ने ज़रूरी दस्तावेज़ों से भरी उनकी जीवनी में इस ग़लतफ़हमी को ऐसे दूर किया है :

"डिफ़ेंस कमेटी की 26 अक्टूबर वाली बैठक में माउंटबैटन और चीफ़ ऑफ़ स्टाफ़ ने फ़ौजियों को कश्मीर न भेजने का सुझाव दिया था, लेकिन जब माउंटबैटन ने देखा कि उनके मंत्री वही करने पर आमादा हैं, तो उन्होंने मान लिया। वह इतने समझदार तो थे कि यह समझ जाते कि इस मुद्दे पर भले ही नेहरू और कैबिनेट ने उनके विचारों को नकार दिया, ख़ासतौर पर गाँधी ने भी उतनी ही शिद्दत से उनका साथ दिया, जिसे नेहरू ने बाद में 'a difficulty of the spirit' 'मिजाज़ की मुश्किल' कहा, नेहरू से यह कहकर उसका निपटारा कर दिया कि कश्मीर में बुराई के आगे झुक जाने से शांति नहीं हो सकती। लेकिन माउंटबैटन नेहरू और पटेल को सैनिक सहायता को तुरंत विलय से जोड़ने और कानून और व्यवस्था लागू होने के बाद जनमत संग्रह कराने की पेशकश के लिए राज़ी करने में कामयाब रहे। कश्मीर के विलय को स्वीकार कर लिया गया, और 27 अक्तूबर की सुबह भारतीय सैनिकों को विमानों से रवाना कर दिया गया, और उन्होंने ऐन वक़्त पर श्रीनगर पहुंचकर पाकिस्तान की उस योजना को पूरा होने से रोक दिया जिसके तहत माना जाता है कि यह तय किया गया था कि श्रीनगर पर कब्ज़ा करने के बाद उसके पाकिस्तान में विलय का ऐलान किया जाएगा ताकि जिन्ना जीत की खुशी के साथ वहां पहुंचे।"[53]

लेकिन ऐसा होना नहीं था। हाल ही में आज़ाद हुए भारत और पाकिस्तान अपनी पहली गैर-ज़रूरी लड़ाई लड़ चुके।

संदर्भ

1. http://www.sikh-heritage.co.uk/postgurus/Sikh%20Wars/sikhwars.html
2. http://www.kashmiralight.com/html/maharajas.html
3. वही
4. वही
5. शेख अब्दुल्ला, *फ्लेम्स ऑफ द चिनार,* वाइकिंग, पेंगुइन, 1993, पृ. 92
6. वही
7. वही
8. वही
9. वही
10. हरबंस सिंह, *महाराजा हरि सिंह, द ट्रब्ल्ड ईयर्स,* बृहस्पति पब्लिकेशंस, 2011
11. वही
12. वही
13. वही
14. वही
15. वही
16. वही
17. वही
18. वही
19. वही
20. वही
21. वही
22. वही
23. वही
24. श्रीनाथ राघवन, *वॉर एंड पीस इन मॉडर्न इंडिया,* पर्मामेंट ब्लैक, 2010
25. वही
26. वही
27. वही
28. वही
29. वही
30. वही
31. वही
32. वही
33. वही
34. वही
35. वही
36. वही

37. वही
38. वही
39. वही
40. वही
41. वही
42. वही
43. वही
44. वही
45. वही
46. वही
47. वही
48. वही
49. वही
50. वही
51. वही
52. वाई. डी. गुंदेविया, *'आउटसाइड द आर्काइव्स'* संगम बुक्स, 1984
53. वही

3

हिमालय में युद्ध

आखिरकार, भारत और चीन के बीच उनकी ज़मीनी सरहद को लेकर समझ का फेर और आपसी मतभेद 'हिमालयन युद्ध' के कारण बने। शुरुआत में, दोनों के बीच एक सीमित भौगोलिक दायरे में छिटपुट झड़पें होती रहीं। धीरे-धीरे, जैसा कि होना स्वाभाविक ही था, अब यह विस्तृत रूप लेकर दो प्रमुख एशियाई शक्तियों के बीच महत्त्वपूर्ण सामरिक-भौगोलिक चुनौती बन चुकी है। भौगोलिक रूप से जुड़े और ऐतिहासिक दृष्टि से दूरी बनाकर रहे भारत और चीन के बीच मन-मुटाव आख़िर क्यों पैदा हुआ और वह भी स्वतंत्र देश बनने के इतने कम समय में?

बीसवीं सदी के मध्य बिंदु के आसपास कहीं यह दोनों ही महान और प्राचीन राष्ट्र अपने बंधनों से मुक्त हुए—भारत ब्रिटिश साम्राज्यवाद से और चीन साम्यवाद के उदय के साथ सदियों के विदेशी हमलों, और कमरतोड़ गृह-युद्ध से। और इसके बावजूद, उम्मीदें जगाने वाले 'एशिया के नये सवेरे' के ठीक बाद और 'साम्राज्यवादी सभ्यता'[1] के युग के अंत के बाद, यह दोनों महान एशियाई देश, आपसी लड़ाई में उलझ गए। आख़िर कहानी इस अंजाम पर कैसे पहुंची? इसके बारे में हम ज़रा विस्तार से बात करेंगे।

एक उलझी हुई सरहद

भारत-चीन सीमा के कुछ हिस्सों का निर्धारण हुआ था, और वह भी उन हिस्सों का जो ब्रिटिश इंडिया में आते थे, जबकि राजा-रजवाड़ों की जद में आनेवाले हिस्से रह गए थे। लेकिन जो हिस्से ब्रिटिश साम्राज्य के झंडे तले थे, जैसे नॉर्थ-ईस्ट फ्रंटियर एजेंसी के बड़े हिस्से 'ग़ैर-प्रशासित' इलाकों के रूप में छूटे हुए थे। मैकमहोन रेखा के दक्षिण-पश्चिम सिरे पर एक भारतीय व्यापारिक चौकी थी—वालॉन्ग (Walong)।

इस जगह से आगे सरहद बनाने वाली यह रेखा पहाड़ियों की एक श्रृंखला के साथ बलखाती हुई उत्तर की तरफ़ बढ़ती तवांग के पवित्र बौद्ध मठ की तरफ जाती थी, जो चीन के तिब्बत में प्रवेश के बाद भारत का अभिन्न अंग बन गया।

जाते-जाते अंग्रेज़ों से 1947 में भारत को मिली एक 'बेहद संवेदनशील सीमा'। विभाजन के बाद की गड़बड़ियों के बावजूद पंडित नेहरू इस मुद्दे को निपटाते हुए इस बात से बेख़बर नहीं रहे होंगे जिसके बारे में भारत से संवाददाता रॉबर्ट ट्रम्बुल की *'द न्यूयॉर्क टाइम्स'* के 7 दिसंबर, 1950 के अंक में प्रकाशित रिपोर्ट में लिखा था–"1914 में एक त्रिपक्षीय समझौते के तहत खींची गई मैकमहोन रेखा को मानने से इनकार करके पीकिंग भारतीय सीमा के उस इलाके को अपना बता रहा है जिस पर भारत अपने क्षेत्र में होने का दावा करता है, लेकिन 'चीनी मानचित्रों में जिसे तिब्बत' के रूप में दिखाया गया है। सीमा विवाद का पारंपरिक नमूना फिर सामने मौजूद है।" भविष्यदर्शी की कलम से निकले थे ये शब्द।

जैसा कि लेखक व इतिहासकार ए. जी. नूरानी का कहना है, "आज़ादी के बाद, सरदार वल्लभ भाई पटेल की अध्यक्षता में एक 'राज्यों का मंत्रालय' स्थापित किया गया। इसने दो श्वेत पत्र प्रकाशित किए..." इन श्वेत पत्रों में से, जुलाई 1948 में प्रकाशित पहले में भारत के दो मानचित्र थे। इसके प्रथम परिशिष्ट में भारत का एक मानचित्र था '15 अगस्त 1947 से पहले' वाला। इसमें मैकमहोन रेखा स्पष्ट दिखाई गई है, लेकिन पश्चिमी क्षेत्र की सीमा रेखा नहीं खिंची थी। "यहां तक कि पीला रंग पूरे जम्मू और कश्मीर राज्य तक में नहीं लगा था। उत्तरी और पूर्वी सीमारेखा और यहां तक कि मध्य क्षेत्र, जिसमें पंजाब और उत्तर प्रदेश को शामिल किया जाता था, उसमें भी 'सीमा अनिर्धारित' का स्पष्ट संकेत था। यही हिमाचल प्रदेश और उत्तर प्रदेश में भी दोहराया गया था। इसके विपरीत मैकमहोन रेखा पर पूरा ज़ोर था, लेकिन उसके पूर्वी सिरे पर तिरप फ्रंटियर ट्रैक्ट यानी तिरप सीमांत क्षेत्र में 'अनिर्धारित' का संकेत फिर दोहराया गया था।"

दूसरा श्वेत पत्र भारत के संविधान को अपनाए जाने के बाद फ़रवरी 1950 में प्रकाशित किया गया। इसमें भारत का एक मानचित्र भी था जिसमें नये संविधान के तहत भारत के राज्यों की स्थिति दर्शाई गई थीं। इसमें भी पश्चिमी और पूर्वी क्षेत्र की सीमा रेखा को 'अनिर्धारित' दिखाया गया है। बावजूद इसके, स्पष्ट रूप से खिंची मैकमहोन रेखा तिरप सीमांत क्षेत्र यानी तिरप फ्रंटियर ट्रैक्ट पर आकर 'अनिर्धारित' में बदल गई। जब 12 फरवरी, 1951 को मेजर खाथिंग ने तवांग से तिब्बती प्रशासन को बाहर करके वहां एक उप-मंडल का मुख्यालय स्थापित किया, जिसका कि तिब्बत ने विरोध किया, जबकि चीन ने चुप्पी साध ली।[2]

लेकिन हमें भारत के इस हिस्से के जटिल इतिहास और भूगोल पर फिर से चर्चा करने की ज़रूरत है। 1904 में यंगहस्बैंड के तिब्बत के सैन्य अभियान के बाद, एम्बन के मोर्चे[3] को मज़बूत करने के लिए उसमें "फ़ौजियों की संख्या बढ़ाकर छह हज़ार से ज़्यादा कर दी गई थी। सोचुआन की फ़ौज का नेतृत्व कर

रहे ज़ाओ इरफ़ेंग[4] भी तिब्बत के मध्य भाग की ओर बढ़े और 1910 में दो हज़ार सैनिकों के साथ ल्हासा जा पहुंचे। चीन ने दलाई लामा को अपदस्थ करके तिब्बत पर सीधे अपना प्रशासन स्थापित करना शुरू कर दिया था। नतीजतन, दलाई लामा तिब्बत छोड़ भारत चले आए और यहां आकर उन्होंने इस मामले में ब्रिटिश सरकार से राजनयिक दखल की दरकार की।'' बीजिंग में तैनात वरिष्ठ राजनयिक ने तिब्बत में चीन की कार्रवाई पर विरोध तो जताया, लेकिन असरदार ढंग से नहीं। इस दौरान चीन में चिंग राजवंश[5] (Qing Dynasty) का पतन हो गया, और एक कमज़ोर से प्रजातंत्र ने उसकी जगह ली। तिब्बती और चीनी सेनाओं की आपसी झड़पें बढ़ गईं। लेकिन दूसरी कई जगह कहीं ज़्यादा ज़रूरत को देखते हुए चीनी सेना और अधिकारियों को 1913 में तिब्बत से वापस बुला लिया गया। फिर 1951 तक उन्होंने तिब्बत का रुख़ नहीं किया। और इस तरह बीसवीं सदी के मध्य में भारत और नये-नये स्थापित हुए चीनी जनवादी गणराज्य और भारत का आमना-सामना हुआ, विरोधी के रूप में, 'हिमालय की ऊंचाइयों' पर।

1949 में चीन जनवादी गणराज्य ने ख़ुद को बीजिंग में स्थापित किया। जल्दी ही माओ ने अपने देश के तमाम इलाकों को समेकित करना शुरू किया। उन्होंने चीनी फ़ौजों को लद्दाख के शिनज्यांग क्षेत्र में उसी पुराने रास्ते पर भेज दिया जिसपर व्यापारियों और यात्रियों के काफ़िले चला करते थे, और कम से कम एक सेना ने भी अट्ठारहवीं शताब्दी की शुरुआत में इस रास्ते से कूच किया था। यह रास्ता मोटे तौर पर हाजी लंगर से शुरू होकर अक्साई दक्षिण पूर्व दिशा में अक्साई-चिन-लद्दाख से होता हुआ सरिंग जिल्नर्ग (Saring Jilgnarg) झील के पास से तिब्बत में प्रवेश करता था।

हाल ही में प्रकाशित जवाहरलाल नेहरू के काग़जात[6] से हमें पता चलता है कि 20 नवंबर 1950 को नेहरू ने संसद में ऐलान किया कि ''मैकमहोन लाइन हमारी सरहद है,'' जबकि ''लद्दाख से लेकर नेपाल के बीच सीमा मुख्यतः लंबे समय से हो रहे प्रयोग और परंपरा पर आधारित है।'' यह कोई ऐसा दावा नहीं था जिस पर कायम न रहा जा सके। अव्वल तो, इसमें 'मैकमहोन लाइन' जैसी प्रामाणिकता नहीं थी, जिसकी रूपरेखा 5 मार्च, 1914 को भारत-तिब्बत के बीच हुए आदान-प्रदान पर आधारित ''एक संलग्न मानचित्र पर खिंची रेखा के अनुरूप है।'' दूसरे, यह तय करना भी कठिन था कि कितने लंबे समय के 'प्रयोग और परंपरा' को अंतरराष्ट्रीय सीमा रेखा के रूप में स्वीकार करके उसे मान्यता दी जाए।

कई साल बाद, पंडित नेहरू ने सुबीमल दत्त[7] को 11 नवंबर, 1958 को लिखी एक टिप्पणी में पुष्टि की : ''चीनी सरकार के साथ लद्दाख में हमारी सरहद को लेकर जो विवाद है उसमें एक एक बिंदु है जिसे हमें ध्यान में रखना चाहिए। मुझे बताया गया है कि हमारे दावे के मुताबिक जो सरहद है वह न सिर्फ़ हमारे नक्शों में रेखांकित है, बल्कि वह मैकमहोन रेखा का भी हिस्सा है। अगर हम एक जगह मैकमहोन रेखा को छूते हैं, तो ऐसी कोई वजह नहीं है कि उसमें

कहीं और कोई बदलाव कहीं किया जाना चाहिए।'' (इस बात पर लगातार ज़ोर दिया गया) नूरानी का कहना है कि ''इन शब्दों से गंभीरता से सोचने की प्रेरणा मिलनी चाहिए।'' यह नेहरू के रवैये में एकतरफ़ा अहंकार को भी उजागर करते हैं। इनसे ''1950 की घोषणा और 1958 के इस कुतर्क का विरोधाभास'' भी झलकता है। यह दावा करना इसलिए भी ग़लत था क्योंकि मैकमहोन लाइन लद्दाख तक जाती ही नहीं है। वह तो सिर्फ़ उत्तर-पूर्वी सरहद तक ही सीमित थी। भारत के प्रधानमंत्री ने ज़ाहिर तौर पर जो बात सोच रखी थी, उसपर विचार करने से तकलीफ़ होती है।

उन्होंने बाद में और भी महत्त्वपूर्ण दावा किया। 12 सितंबर, 1959 को, सीमा विवाद के खुलकर सामने के कुछ समय बाद, नेहरू ने लोकसभा को मैकमहोन रेखा के बारे में बताया कि–''सुबनसिरी क्षेत्र में या उसी के आसपास कहीं (ज़ोर देकर) खिंची रेखा को सही नहीं माना गया और हमने, भारत सरकार ने, बाद में उसमें बदलाव किया।'' यह सच है कि उस रेखा की शब्दों में व्याख्या नहीं की गई, लेकिन उसे एक मानचित्र में ज़रूर दर्शाया गया जो कि समझौते के तहत एक मान्य मानचित्र था। ''अगर एक दल वैधानिक और नैतिक रूप से समझौते के मानचित्र में बदलाव कर सकता है, तो क्या समझौते के शब्दों में भी फेरबदल कर सकता है? यह एक अकल्पनीय संभावना थी। और जैसा कि नूरानी की टिप्पणी है, ''लेकिन अगर नेहरू पूरब में सीमा रेखा में बदलाव कर सकते थे, तो लद्दाख में भी कर सकते थे, ज़ाहिर है उन्होंने ऐसा महसूस किया होगा। उन्होंने पहले ऐसा किया था।''

1 जुलाई 1954 को नेहरू ने एक मेमो लिखकर ''अपने सभी पुराने मानचित्र'' प्रचलन से हटाने'' का आदेश जारी किया। यह किसी प्रजातांत्रिक सोच वाले व्यक्ति से मिला बड़ा ही अजीब दिशा-निर्देश था। 1948 और 1950 में भारत के राज्यों पर जारी श्वेतपत्रों के लिए 'आधिकारिक मानचित्र' में ''पश्चिम में जहां चीन-भारत-अफ़ग़ान सीमा का संगम होता है, वहां से लेकर पूरब में ठीक चीन-भारत और नेपाल के संगम स्थल तक सारी उत्तरी सीमा 'अनिर्धारित' बताकर प्रस्तुत की गई थी। इतिहास की दृष्टि से यह भी भारत की नक़्शानवीसी से जुड़ी विरासत का उतना ही अहम हिस्सा था जितना कि मैकमहोन रेखा, जो कि बिलकुल साफ़-साफ़ खिंची... स्पष्ट रेखा थी।''

1954 के उस मानचित्र में जिसमें प्रधानमंत्री के तौर पर पंडित नेहरू के आदेशों का पालन किया गया था, उसमें अक्साई चिन में स्पष्ट सीमा रेखा दिखाई गई है। यह रेखा कहां से प्रकट हुई? ज़ाहिर है, तभी नूरानी इसका रोना रोते हैं, ''यही वह रेखा है जिसे लेकर अप्रैल 1950 में नई दिल्ली में हुई नेहरू और चाउ (चाउ एनलाई) वार्ता विफल हो गई थीं।'' और इसी रेखा की वजह से अब ''नई दिल्ली आए दिन विदेशी मानचित्रों का प्रसार होने से रोकता है।''

ऐतिहासिक व्याख्या

आइए, भारत-चीन संबंधों की यह दिलचस्प व्याख्या जैसे-जैसे खुलकर सामने आती जा रही है, हम इसकी कुछ अनूठी ख़ूबियों पर ग़ौर करते जाएं। कुल मिलाकर तकरीबन 2.4 अरब की आबादी वाले चीन और भारत में पृथ्वी की कुल इंसानी आबादी (6.4 अरब) का एक-चौथाई से ज़्यादा हिस्सा है। यह कोई ऐसी बात नहीं है कि जिस पर गर्व किया जाए, बल्कि यह एक भारी ज़िम्मेदारी भी है। 1962 में जो कुछ हुआ उसकी वजह और नतीजों से भारत-चीन संबंधों पर अपरिहार्य रूप से ऐसी रंगत चढ़ गई जिसे मिटाना लगभग असंभव है। अफ़सोस की बात है कि चंद दिनों का यह टकराव ही अब दोनों देशों के रिश्तों को परिभाषित करता है, और गहराई तक प्रभावित करता है। पिछली तमाम सदियों में भारत और चीन कभी गुस्से के साथ एक दूसरे के सामने नहीं आए, और लंबे समय तक तो दोनों के बीच कभी नाराज़गी रही नहीं, फिर 1962 में क्या हो गया? यही नहीं, 1962 में जो कुछ हुआ वह आख़िर क्यों हुआ? यह सवाल हमेशा ही बहुत अहम है और हमें 1962 से जुड़ी उन सभी धारणाओं की फिर से पड़ताल करने के लिए प्रेरित करता है जिन्होंने लोगों की नज़रों में यथार्थ का रूप ले लिया है।

गृह युद्ध और 1949 की क्रांति के ठीक बाद चीन ने जिस किसी इलाके में गड़बड़ी थी उसे शांत करते हुए, सीमावर्ती इलाकों की छोटी-मोटी उलझनों को सुलझाते हुए और जटिल सीमा विवादों, मिसाल के तौर पर भारत और सोवियत संघ के साथ सीमा से जुड़े मुद्दों को बाद में निपटाने के लिए छोड़ते हुए अपने तमाम इलाकों के पुनर्गठन पर ध्यान दिया। लेकिन जहां कहीं राष्ट्रीय सुरक्षा के महत्त्वपूर्ण मुद्दे ने सिर उठाया, चीन ने बिना किसी बाहरी ताकत की परवाह किए एकतरफ़ा कार्रवाई की, और इसके लिए न तो कानून के नज़रिये से ग़ौर किया और न ही नतीजों की परवाह की। ज़ाहिर है, इस रवैये के सबसे अहम उदाहरण हैं तिब्बत और अक्साई चिन[8] से गुज़रने वाली सड़क। मोटे तौर पर किए गए इस आकलन में कुछ अपवाद हैं, मिसाल के तौर पर ताईवान का मुद्दा, लेकिन वह हमारे इस वर्तमान अध्ययन के दायरे से बाहर का विषय है।

चीन के साथ यह द्विपक्षीय संबंध व्यक्तिगत रूप से मेरे लिए भावनात्मक महत्त्व रखता है क्योंकि इसकी पृष्ठभूमि के बारे में मेरी समझ पर 1962 में पूर्वोत्तर में तैनात एक फ़ौजी के रूप में मेरे अनुभवों का रंग चढ़ा है। उस समय, और बाद में मैंने यही चाहा, और अब भी चाहता हूं, कि इससे पैदा होने वाली दिक्कतों को फ़ौरी तौर पर निपटाने की कोशिश के बजाय इस समस्या का कोई स्थायी हल ढूंढ़ा जाए। सैनिक अधिकारी का पद छोड़ने के बाद बीच के इन वर्षों में राजनीति के क्षेत्र में सक्रिय होने के बाद जो मैंने बहुत कुछ पढ़ा और दोनों एशियाई महादेशों के आपसी संबंधों के इतिहास के बारे में समझने की काफ़ी कोशिश की, उससे मुझे इस जनवादी गणतंत्र के इतिहास और उसकी सभ्यता की धड़कनों को

सुनने-समझने और उस देश की गति को गहराई से जानने का मौका मिला। मिसाल के तौर पर, इतिहास में एशिया के इस दक्षिण-पूर्वी हिस्से को युगों से हिंद-चीन क्यों कहा जाता रहा?

'हिंद-चीन' ही क्यों, कोई और नाम क्यों नहीं? क्योंकि इन प्राचीन भूभागों में भारतीय संस्कृति की स्पष्ट रूप से छाप है, हर चीज़ पर उसका प्रभाव मौजूद है, इतना स्पष्ट, कि ग़लती की कोई गुंजाइश ही नहीं है, सिर्फ इन प्राचीन भूभागों में जगह-जगह बने भव्य हिंदू स्मारकों और स्थापत्य कला के नमूनों में ही नहीं, बल्कि उनकी परंपराओं, उनके तौर-तरीकों, और यहां तक कि उनके रीति-रिवाज़ों पर भी, सुदूर इंडोनेशिया (जिसके नाम में ही इंडिया और एशिया शामिल है) तक, और उसके आगे स्थित रमणीय बाली द्वीप में भी। यह सिर्फ़ बुद्ध का विचार ही नहीं था जो बोरो-बुदूर तक पहुंचा और उसे अपने प्रभाव में लिया। अंगकोरवॉट के उन लाजवाब मंदिरों के बारे में सोचिये या फिर उस काम्बोज देश (अब कम्बोडिया) की परंपराओं और उसके तमाम रीति-रिवाज़ों के बारे में विचार कीजिए जो कि उनके मूलतः हिंदू होने की याद दिलाते हैं। और कहां है प्राचीन चम्पा देश? मैं अकसर सोचता था। मैं लंबे समय तक उस रेखा को खोजने की कोशिश करता रहा, जो कोई भौतिक या भौगोलिक रेखा नहीं, बल्कि उससे कहीं ज़्यादा अहम है, वह रेखा जो सांस्कृतिक रूप से भारत और चीन को अलग करती है, क्या उसे पहचाना और जाना जा सकता है? क्या कहीं कोई ऐसी रेखा है जहां से भारतीय प्रभाव धूमिल होता जाता है और महान चीनी सभ्यता अपना प्रभाव डालने लगती है? इसे जानने-समझने का मेरे पास ऐतिहासिक या कोई अन्य आधार नहीं है कि शायद वह रेखा जो भारतीय सांस्कृतिक प्रभाव को चीनी प्रभाव से अलग करती है, वह लाओस के जार्स के मैदान से गुज़रती है। 'शायद' इसलिए क्योंकि अब बीते युगों में खोए समय के घने अंधेरों को चीरकर कौन जा सकता है, और यह पता लगा सकता है? या फिर दोनों महान संस्कृतियों के प्रभाव क्षेत्र को अलग करने वाली वह रेखा वियतनाम के केंद्रीय भाग में वहां से गुज़रती है जहां कभी अब विलुप्त हो चुका प्राचीन चम्पा[9] साम्राज्य हुआ करता था?

मेरी समझ से, इन दोनों महान सभ्यताओं—भारत और चीन के बीच आपसी संबंधों में एक किस्म की चक्रीय गतिशीलता रही है। अगर इतिहास पर सरसरी तौर पर भी नज़र डाली जाए तो हमें पता चलता है कि वास्तव में किस तरह बौद्ध विचारधारा के उद्भव के समय से इन दोनों सभ्यताओं के बीच आपसी संपर्क स्पष्ट रूप से नज़र आने लगा।

फिर ग़ौर कीजिए, मिसाल के तौर पर, माओ के शासनकाल के दौरान चीन के नेतृत्व पर गहरी समझ के साथ की गई हेनरी किसिंगर की व्याख्या पर जिसमें उन्होंने शासन की बागडोर संभाले लोगों के दल को सचमुच उल्लेखनीय बताया है, "जो बाकी सब से अलग हुए एक दल के तौर पर विजय की फीकी सी उम्मीद भी न होते हुए भी हिम्मत से काम लेते हुए अपने 'लॉन्ग मार्च' पर कूच कर

गए, और जब जापान ने हमला किया तो उसका सामना किया, गृहयुद्ध से गुज़रे, और फिर 1949 में, असंभव से लगने वाले हालात, हर संभव विपरीत परिस्थितियों का सामना करते हुए, अपनी क्रांति को अंजाम तक पहुंचाने में कामयाब रहे और कुओमिंतांग को उखाड़ फेंका।''

मैंने इसका जितनी गहराई से अध्ययन किया, उतना ही उस दौर में भारत की विविध विसंगतियों की विडंबना ने मुझे झकझोर कर रख दिया। 23 मार्च 1947 को दिल्ली में इंडियन काउंसिल ऑफ़ वर्ल्ड अफ़ेयर्स के तत्वाधान में एशियंस रिलेशन कॉन्फ्रेंस का उद्घाटन हुआ। इसके बाद, मार्च के तीसरे सप्ताह में माउंटबैटन भारत आ चुके थे और बंटवारे की योजना (नेहरू की जानकारी में) तैयार थी।

फिर भी, भारत ने अपने लिए एशिया में एक किस्म की नेतृत्व वाली भूमिका चुनी। लेकिन तब जब चीनी जनतांत्रिक गणराज्य कहीं नहीं था। इसका असर कई जगह देखने को मिला, जो समय-समय पर अपने तर्क के साथ उभरकर सामने आता रहा। इनमें से सबसे खेदजनक, शायद वह, जिसमें नेहरू ने जानबूझ कर कोई भूमिका नहीं निभाई, वह यह सोचना था कि यह भारत की जिम्मेदारी है कि वह चीन को बढ़ावा दे, बेहतर तस्वीर उभारने का काम करे और उसे प्रेरित करे। यह सोच 1955 में बांडुंग में भी देखने को मिली, जो कि पूरी तरह से ग़ैरज़रूरी और प्रतिकूल थी। अव्वल तो इसलिए कि चीन को लेकर नेहरू जो यह भलाई करने का रवैया अपना रहे थे, चीन को वह अच्छा नहीं लग रहा था। और दूसरे, इससे भारत का ओहदा बढ़ने के बजाय, उसकी छवि को ठेस पहुंच रही थी।

1949 से 1955 के बीच के वर्षों में कई ऐसी घटनाएं घटीं जिनसे वास्तव में यह अंदाज़ा लगने लगा था कि यह द्विपक्षीय संबंध आगे चलकर कैसा रूप लेंगे। तब हम वास्तव में माओ त्से तुंग, मार्शल शेन यी, और प्रधानमंत्री चाऊ एनलाई के कठोर यथार्थवाद का अंदाज़ा नहीं लगा पा रहे थे। हमने अपने आज़ादी के बाद के वर्षों में जो रवैया अपना रखा था उसमें आदर्शवाद का जोश भरा था। जबकि चीन ने इससे बिलकुल अलग फ़िज़ूल की बातों में पड़ने के बजाय पूरी तरह से यथार्थवादी होने का रवैया अपनाया हुआ था। जब हम इसे भारत के अपनी सरहदों को लेकर लापरवाह और चीन के पूरी तरह तल्लीनता से अपनी सीमाओं के बारे में फ़िक्रमंद रहने को देखते हैं तो अपने आप में यह राजकाज चलाने की कुशलता के संदर्भ में एक सबक जैसा लगने लगता है। भारत के रवैये में अपनी नीतियों को लेकर लगातार अस्पष्टता के मद्देनज़र चीन ने भारत से दूरी बनाना शुरू कर दिया। लेकिन वह भारत के साथ भिड़ने से पीछे नहीं हटा क्योंकि उसने काफ़ी पहले समझ लिया था कि भारत आगे चलकर किस रूप में विकसित होने वाला है। यह साबित करने वाली जो ऐतिहासिक घटनाएं थीं, मेरा मानना है, उनमें 1950 में चीन के तिब्बत पर कब्ज़ा करने के बाद 1959 में दलाई लामा का भारत में शरण लेना, और हमारा पंचशील के सिद्धांत को अपनाना भी था, जिसे चीन ने ख़ुद स्वीकार किया। वास्तविकता यह है कि पंचशील की सबसे पहली चर्चा

इंडोनेशिया के सुकर्णो ने की थी, जब उन्होंने यह व्याख्या की कि यह संस्कृत के 'पंच शिला' यानी पांच स्तंभ पर आधारित है, जिसमें राष्ट्रीय एकता के रूप में राष्ट्रवाद, हरेक राष्ट्र के अपने आप में प्रभुसत्ता संपन्न होने के तौर पर अंतरराष्ट्रीयता, सभी महत्त्वपूर्ण वर्गों के लोगों के प्रतिनिधित्व के साथ प्रतिनिधित्व पर आधारित प्रजातंत्र, मार्क्सवाद से प्रेरित सामाजिक न्याय और धर्मनिरपेक्षता की ओर झुकाव के साथ ईश्वर में विश्वास शामिल हैं। उन्होंने इन बातों की चर्चा 1 जून, 1945 को अपने एक भाषण में करते हुए इन्हें उसूल के तौर पर अपनाया था।

लगभग इसी कालखंड में, यानी 1950 के दशक के बीच के वर्षों में, चीन अपने दूसरे विशाल पड़ोसी देश, सोवियत संघ से भी दूरियां बनाने लगा। ठीक तभी, दूसरे विश्वव्यापी कारणों के मद्देनज़र भारत ने सोवियत संघ के साथ संबंधों में प्रगाढ़ता बनानी चाही। इससे चीनी संवेदनशीलता में झंझनाहट पैदा हो गई। यही, एक तरह से, चीन के पाकिस्तान को पनपने में मदद करने के पीछे की वजह थी, और एशिया में रणनीति की बिसात पर जवाबी चाल। दूसरे स्तर पर, हम कहीं क्रांतिकारी शासन व्यवस्था के मूल स्वभाव को समझने और उसके अलग-अलग चेहरों को पहचानने में नाकाम रहे। इसके बाद, 1950 के बाद के बरसों में चीन के साथ साझा सीमा पर शुरू हुई मुठभेड़ों का जो सिलसिला आगे बढ़ा तो चीन को समझना वास्तव में और कठिन होता चला गया। भारत-चीन संबंध में इतना ठंडापन आता चला गया कि आख़िरकार सब कुछ जम सा गया। चीन हमारे लिए एक ऐसा समाज बन गया जिसके दरवाज़े हमारे लिए बंद थे। भारत वैसा ही बना रहा जैसा हमेशा से था, जो जानना चाहे जाने-समझे, जांचे-परखे या जासूसी करे।

पीछे नज़र, आगे की डगर

1962 का युद्ध भारत और चीन के बीच विवादित सीमा के मुद्दे को हल करने की कोशिश में थके-हारे किसी अनाड़ी की तरह एक पड़ाव तक पहुंचने जैसा था। हमने मैकमहोन रेखा को सरहद मानने पर ज़ोर दिया और मानचित्र पर इस रेखा को खींचने में मूल रूप से जिन बातों का ध्यान रखा गया उन्हें भी स्वीकार किया, तो ज़ाहिर है, ज़रा-सी भी समझदारी से काम लिया जाता तो नक्शे से इतर, ज़मीन पर भी इस सीमा का जायज़ा लेना और रूप-रेखा तय करना लाज़मी था। भारत का हाल ही में विभाजन हुआ था। और पाकिस्तान के साथ सरहद को लेकर समस्याएं सामने आ चुकी थीं। ऐसे में, उस समय देश की सरकार ने चीन के साथ लगी सीमा पर अपने फ़र्ज को कैसे नज़रअंदाज़ किया, इसकी सफ़ाई में ऐसा कुछ भी नहीं कहा जा सकता जो गले के नीचे उतर सके। और अगर मैकमहोन लाइन को लेकर कोई शक-शुबा था, जो कि, ज़ाहिर है, था, तो इस विवाद को इतना बढ़ने का मौका क्यों दिया गया कि फ़ौजी टकराव की नौबत आ गई?

भारत और चीन के आपसी संबंध जिस दौर से गुज़रे उनमें से एक को 1962 की घटना के लिए ज़िम्मेदार माना जा सकता है। यह भारत का पहला 'भोलेपन का युग' था जो मोटे तौर पर 1947 में एशियन रिलेशंस कॉन्फ्रेंस से लेकर, उसी साल भारत की आज़ादी, 1949 में चीनी क्रांति से लेकर क्रांतिकारी सरकार की पहल पर 1950 में तिब्बत में घुसकर की गई चौंकाने वाली 'तात्कालिक कार्रवाई' तक चला। यह पहला संकेत था, जिसे हमने नजरअंदाज़ कर दिया, वरना क्योंकि यह नेहरू के लिए भारी शर्मिंदगी का सबब था। जबकि कुल मिलाकर दो साल पहले अस्तित्व में आई चीनी जनतांत्रिक गणराज्य की सरकार अपने पारिभाषित लक्ष्य, स्पष्ट उद्देश्य और राष्ट्र की दिशा की एक समझ के साथ एक लंबा अनुभव रखने वाली और अपने तय इरादों को अंजाम देने वाली व्यावहारिक शासन व्यवस्था साबित कर रही थी। हमारी चाल कुछ और ही थी। यह सच है कि चीनी जनतांत्रिक गणराज्य की सरकार के पास उस समय के साम्यवादी आंदोलन की शक्ति थी और कम से कम शुरुआत में सोवियत संघ का उदार सहयोग था, लेकिन इन सब के बावजूद, शुरुआत में चीन ने जैसे निर्णय लिये उन्हें नज़रअंदाज़ नहीं किया जाना चाहिए था।

भारत ने भी 1947 में विकट चुनौतियों का सामना किया। इनमें से कुछ को जिस तरह अंजाम दिया गया, ख़ासतौर से रजवाड़ों को आज़ाद देश में मिलाना, उससे भारत के संघीय स्वरूप के मान में चिरस्थाई बढ़ोतरी हुई। इसके बावजूद, कई जगह ऐसा भी हुआ जहां आदर्शवाद की आड़ में उद्देश्य पर ठीक से ध्यान ही नहीं गया। मैं यहां यह नहीं चाहता कि विभाजन या जम्मू और कश्मीर के संदर्भ में हुई ग़लतियों से मेरा ध्यान भटके, लेकिन यह साफ़ है कि जिस देश ने हाल ही में आज़ादी हासिल की हो और उसे विरासत में व्यवस्थित सीमाएं न मिली हो, उसके लिए अंतरराष्ट्रीय सीमाओं का स्पष्ट निर्धारण करना एक ऐसा ज़रूरी काम था जिसपर पर्याप्त ध्यान नहीं दिया गया। हम दुनिया भर की दूसरी बातों और कल्पनाओं में खोये रहे। हमसे उलट, चीन अपने आप में सिमट गया, और अंतरराष्ट्रीय स्तर पर कोई उम्मीदें बांधने के बजाय सबसे पहले अपनी निश्चित सीमाओं के निर्धारण के काम में लगातार जुटा रहा। अफ़सोस की बात है कि नेहरू की ऊंची-ऊंची अंतरराष्ट्रीय उड़ानों से स्थापित सीमाओं के ऐसे क्षेत्र हासिल नहीं हो सके जहां सुरक्षित पहुंचा जा सके। चीन ने अपनी सरहदों को तय किया और हम इस बारे में बातें करते रहे, और लगातार बातें ही करते रह गए। चीन को जिस इलाके की ज़रूरत थी, ख़ासतौर से अक्साई चिन में, क्योंकि वह उसके राष्ट्रीय हित के लिए अत्यंत आवश्यक था, क्योंकि इस पठारी इलाके के उस पार सामरिक महत्त्व वाले मध्य एशियाई सिंक्यांग प्रांत तक पहुंचने का रास्ता था। भारत ने इसमें अपनी भूमिका कैसे निभाई, बिलकुल अनजान बने रहकर, बल्कि इस घुसपैठ की जानकारी भी कई साल बाद हुई, क्योंकि इस इलाके में हमारी फ़ौजी गश्त भी कभी-कभार ही होती थी। चीन तिब्बत में आ गया, जिसे

वह अपना समुचित अधिकार मानता था, और बाद में उसने बेहिचक वहां कब्ज़ा ही कर लिया। राष्ट्रीय हित के अलावा और किसी कारण से वह अपने उद्देश्य से ज़रा भी टस से मस होने को तैयार नहीं हुआ, क्यांकि यही उसके लिए सबसे ऊंचे दर्जे की नैतिकता थी। जहां ख़ुद वह यह सब होते हुए तमाशबीन की तरह देखते रहे नेहरू ने उस वक़्त बीजिंग में हमारे राजदूत रहे के. एम. पानिक्कर को यह समझा दिया कि 'भारत चीनी जनतांत्रिक गणराज्य के साथ अपने संबंधों को बहुत अहमियत देता है।'[10] बेशक हम संबंधों को अहमियत देते हैं, लेकिन यह भावना किस तरह हमारे राष्ट्रीय उद्देश्यों को हासिल करने में मददगार बनी? इसी बात ने तत्कालीन उप प्रधानमंत्री सरदार वल्लभ भाई पटेल को 7 नवंबर 1950 को विरोध जताते हुए नेहरू को पत्र लिखने के लिए प्रेरित किया। दोनों के विचारों में कितना अंतर है, यह उस पत्र के यहां दिए जा रहे अंश के ज़रिये भी बिलकुल साफ़ हो जाता है :

> मेरे प्यारे जवाहरलाल,
>
> अहमदाबाद से लौटने और उसी दिन मंत्रिमंडल की बैठक के बाद से, जिसमें कि मुझे वास्तव में सिर्फ पंद्रह मिनट पहले मिली सूचना पर शामिल होना पड़ा था, और जिसके लिए मुझे अफ़सोस है कि मैं सारे काग़ज़ात नहीं पढ़ सका था, क्योंकि मैं तिब्बत की समस्या के बारे में सोच-सोच कर परेशान हो रहा था और मैंने सोचा कि जो कुछ मेरे मन पर बीत रही है वह मुझे तुमसे साझा करना चाहिए। मैंने विदेश मंत्रालय और पीकिंग में अपने राजदूत और उनके ज़रिये चीनी सरकार के साथ हुए पत्र-व्यवहार को ग़ौर से पढ़ा। मैंने कोशिश की कि इस पत्र-व्यवहार में अपने राजदूत और चीनी सरकार को अपने अनुकूल मानूं लेकिन यह कहते हुए मुझे खेद है कि इनके अध्ययन के बाद दोनों में से कोई भी ठीक नहीं निकले। चीनी सरकार ने अपनी शांतिपूर्ण मंशा की बात करके हमें भ्रमित करने की कोशिश की है।
>
> हमारे राजदूत ने चीनी नीति और क्रियाकलाप की सफ़ाई देने और उन्हें सही ठहराने के लिए बड़ा कष्ट उठाया है। जैसा कि विदेश मंत्रालय ने अपने एक तार में टिप्पणी की है, उन्होंने दो में से एक बार चीनी सरकार के आगे हमारा प्रतिनिधित्व करते हुए दृढ़ता में कमी दिखाने के साथ ग़ैर-ज़रूरी क्षमा याचना की है। यह कल्पना करना भी असंभव है कि कोई समझदार व्यक्ति तिब्बत में अंग्रेज़ों और अमरीकियों के षड्यंत्र से चीन की तथाकथित ख़तरे की बात पर विश्वास करेगा। इसलिए, अगर चीनी इसपर भरोसा करते तो उन्होंने हमें अंग्रेज़ों-अमरीकियों की कूटनीति या रणनीति के साधन या उनके हाथ की कठपुतली मानकर हमारे ऊपर पूरी तरह से संदेह किया होता। उन तक आपकी सीधी पहुंच के बावजूद अगर चीनियों की वाकई में ऐसी ही भावनाएं हैं तो यह इस बात का संकेत है कि हम भले ही ख़ुद को चीन

का मित्र मानें लेकिन चीनी हमें अपना मित्र नहीं मानते। 'जो उनके साथ नहीं है, वह उनका विरोधी है' वाली साम्यवादी मानसिकता के साथ यह एक महत्त्वपूर्ण संकेत है जिसपर हमें उचित ध्यान देना चाहिए। पिछले कई महीनों के दौरान, रूसी ख़ेमे के बाहर, चीन को संयुक्त राष्ट्रसंघ में प्रवेश का समर्थन करने और फ़ारमोसा के सवाल पर अमरीकियों का भरोसा हासिल करने में व्यवहारिक रूप से हम अकेले ही रहे हैं। चीनियों की भावनाओं को शांत रखने और उनकी शंकाओं को उठने से रोकने के लिए और उनके जायज़ दावों के समर्थन में अमरीका, ब्रिटेन और संयुक्त राष्ट्रसंघ के साथ चर्चा और पत्र-व्यवहार में हम जो कुछ कर सकते थे वह सब हमने किया। इसके बावजूद, चीन को हमारी निःस्वार्थ भावनाओं पर विश्वास नहीं है, वह हमें शक की निगाहों से ही देखे जा रहा है, और उसकी पूरी मनोभावनाएं ही, कम से कम जैसी कि ऊपर से नज़र आती हैं, संशय पर टिकी हैं जिसमें कि थोड़ा सा बैर का पुट है। मुझे नहीं लगता कि हम चीन को अपने नेक इरादों, दोस्ती और सद्भावना का भरोसा दिलाने के लिए जो कुछ कर चुके हैं उससे ज़्यादा और कुछ कर सकते हैं। पीकिंग में हमारे राजदूत भी ऐसे हैं जो उनके सामने हमारा दोस्ताना नज़रिया पेश करने के लिए बेहद अच्छे हैं। ऐसा लगता है कि वह भी चीनियों का मन बदलने की कोशिशों में नाकाम हो चुके हैं। हमारे पास आया उनका पिछला तार सिर्फ़ इसलिए निरी अभद्रता से भरी हरकत नहीं था क्योंकि उसमें न सिर्फ तिब्बत में चीनी सेना के प्रवेश पर हमारे विरोध जताने को सरसरी तौर पर खारिज किया गया है बल्कि उसमें मनगढ़ंत ढंग से यह भी जताया गया है कि हमने यह रवैया विदेशी प्रभाव में अपनाया है। जिस तरह की भाषा इस्तेमाल की गई है उससे यह नहीं लगता कि कोई दोस्त बोल रहा है, बल्कि किसी ऐसे की आवाज़ सुनाई देती है जो दुश्मन हो सकता है।

ऐसी पृष्ठभूमि में, हमें अब यह सोचना है कि तिब्बत को जिस रूप में हम जानते थे उसके न रहने और चीन का विस्तार लगभग हमारे प्रवेश द्वार तक हो जाने के परिणामस्वरूप हमें कैसी नयी स्थितियों का सामना करना पड़ सकता है। अब तक के इतिहास में अपनी उत्तर-पूर्वी सीमा की चिंता हमें शायद ही कभी करनी पड़ी हो।

इस तरह, सदियों बाद पहली बार भारत की रक्षा व्यवस्था को दो मोर्चों पर एक साथ ध्यान देना पड़ रहा है। अब तक हमारे रक्षा उपाय पाकिस्तान पर अपना दबदबा बनाए रखने के हिसाब से होते थे। लेकिन अब हमें अपने हिसाब में उत्तर और उत्तर पूर्व में साम्यवादी चीन को गंभीरता से लेना होगा, ऐसा साम्यवादी चीन जिसकी स्पष्ट महत्त्वाकांक्षाएं और लक्ष्य हैं, और हमारे प्रति जिसका रवैया किसी भी तरह से मित्रवत नहीं नज़र आता।

यह भी स्पष्ट है कि हम जो क़दम उठाएं उसे काफ़ी व्यापक होना चाहिए,

और उसमें सिर्फ़ हमारी रक्षा नीति और तैयारियों की स्थिति ही नहीं, बल्कि आंतरिक सुरक्षा की जो समस्याएं सामने आ सकती हैं उन्हें भी शामिल करना होगा, और इसके लिए हमारे पास एक पल भी खोने के लिए नहीं है।[11]

यह सही समय पर बरती गई और उचित सतर्कता थी, लेकिन वह दौर जल्द ही बीत गया। चालीस के दशक के आख़िरी और पचास के दशक के शुरुआती सालों में चीन संबंधी नीति निर्धारण को लेकर एक वास्तविक जद्दोजहद विदेश मंत्रालय में चली, और पचास के दशक के आखिरी हिस्से में उसकी 'जीत' हुई जिसे आज भी 'नेहरू लाइन' कहा जाता है। चीन संबंधी नीति को लेकर काफ़ी बहस-मुबाहिसे हुए, और सरदार पटेल का पत्र अपने किस्म का आख़िरी नहीं था। बदकिस्मती से नेहरू ने भी इन तमाम बरसों में ठोस दलीलों और अकाट्य तर्क पर आधारित ऐसी बातों को कभी मन से नहीं स्वीकारा जो उनकी अपनी पसंद से अलग थीं। जिन लोगों को चालीस के बाद से चीन के साथ संबंधों का सीधा अनुभव था, उन सभी को, एक-एक करके, धीरे-धीरे जे. एस. (ईस्ट)[12] के डिविज़न, नॉर्थ ईस्ट फ्रंटियर एजेंसी (नेफ़ा) सेक्शन को तो समेट ही लिया गया और यू. एस. नेफ़ा[13] के पद को समाप्त कर दिया गया। जब यह 'मासूमियत का युग' ख़त्म हुआ तब 'हिंदी-चीनी भाई-भाई' के युग का उदय हुआ और बांडुंग, गुटनिरपेक्ष आंदोलन और पंचशील उभरकर सामने आए।

बांडुंग, गुटनिरपेक्ष आंदोलन और पंचशील

अप्रत्याशित परिणामों का सिद्धांत (theory of unintended consequences) बांडुंग से ही काम करने लगा। गुटनिरपेक्ष आंदोलन के यह पहले बीज, भारत-चीन संबंधों में नई शुरुआत के कारक बनने के बजाय, और महत्त्वपूर्ण परिवर्तनों के बीज बने। हालांकि यह निष्कर्ष बीते समय के सूक्ष्म परीक्षण से निकला है, लेकिन इससे बचा नहीं जा सकता। तब तक चाउ एनलाई को शासन कला में चतुर और मृदुभाषी पेशेवर राजनेता के रूप में पहचाना जाने लगा था। यह ज़ाहिर हो गया था कि बांडुंग में नेहरू को हाथों-हाथ लिया जाना उन्हें बिलकुल भी रास नहीं आ रहा था, और वह चाहते थे कि अंतरराष्ट्रीय समुदाय के सामने उनका और चीनी गणराज्य का परिचय कराया जाए। इसके चलते वहां एक किस्म की अघोषित नाराज़गी छा गई थी। मैं अकसर सोचता हूं कि अगर 'हिंदी चीनी भाई-भाई' के उस दौर में चाउ एनलाई ने नेहरू से कहा होता—'मैंने देखा कि हमारे और आपके, दोनों ही के नक्शों में अक्साई चिन पर अपना दावा किया गया है। जैसा कि आपको मालूम ही है कि वहां कोई नहीं रहता है, लेकिन वह इलाका हमारे लिए बड़ी अहमियत रखता है क्योंकि हम वहां से होकर तिब्बत तक जाने वाली सड़क बना सकते हैं। क्या आप ज़मीन का वह हिस्सा हमें देने पर विचार कर सकते हैं, और बदले

में हम मैकमहोन लाइन और सीमा के दूसरे हिस्सों में आपकी मर्जी के मुताबिक फेरबदल करने को तैयार हैं?' मेरा मानना है कि नेहरू इस बात पर राज़ी हो जाते। लेकिन ऐसा करने के बजाय चीनियों ने उनके पीठ पीछे यही काम किया, और जब भारत को इसका पता चला तो नेहरू ने बहुत शर्मिंदगी और बेइज़्ज़ती महसूस की। इसके बाद, बेशक, नाराज़ भारतीय जनता उन्हें कतई आपस में निपटारा नहीं करने देती, अगर वह चाहते तो भी, जो कि साफ़ तौर पर उन्होंने किया भी। बाद में नेहरू ने नुकसान की भरपाई के लिए इस तकलीफ़ का कुछ इलाज करने की कोशिश भी की, लेकिन जो नुकसान होना था, वह तब तक हो चुका था। उसके बाद, हम भारत-चीन संबंधों में, 1959 से 1962 के बीच जो गिरावट आई, वह ज़ाहिर है बहुत ही तीखी ढाल जैसी थी। दुःख की बात है कि इस ढलान पर रिश्तों को अलग तरह की ज़िंदगी और अलग तरह की चाल मिल गई।

1962

भारत-चीन सीमा पर अक्तूबर 1962 का टकराव कई कारकों का परिणाम था, इकट्ठी होकर होती चली आ रही कई ग़लतियों का चरम बिंदु था। जिनमें से कुछ विरासत में मिली थीं और बाकी उनमें जोड़ दी गई थीं। मुख्य रूप से इस बात को लेकर कुछ भी साफ़ नहीं था कि आख़िर मैकमहोन रेखा कहां-कहां से होकर गुज़रती है, साथ ही यह भी कि क्या कभी इसे वास्तव में सभी ने औपचारिक रूप से स्वीकारा भी था, क्योंकि इस तथ्य को चीन ने स्वीकार नहीं किया। इससे भी बुरा यह रहा कि आज़ादी के बाद भारत ने ऐलान करके जिस इलाके के अपने होने का दावा किया वहां अपनी मौजूदगी दर्ज नहीं कराई, पहले से चली आ रही राजसी परंपरा को निभाते हुए यह मान लिया कि 'भाई-भाई' जैसे पड़ोसी की नीयत अच्छी ही होगी। जल्दी ही शर्मनाक रूप से ग़लत गुप्त सूचनाओं, कायरता में डूबी सैन्य और विदेश सेवा की सलाह और इससे बदतर, इनकी ग़ैरमौजूदगी, और इससे और भी बदतर गुनाह के दर्जे की बुजदिली और चापलूसी ने निष्पक्ष और उद्देश्यपरक समझदारी की जगह ले ली। ऐसी संदेहास्पद नींव पर 'अग्रस्थ नीति' यानी 'फ़ॉरवर्ड पॉलिसी' की इमारत खड़ी की गई। किसी ने रुक कर यह नहीं पूछा कि यह 'अग्रस्थ' किस चीज़ के 'आगे' है, या फिर सचमुच कहां से 'आगे' है? यह तमाम दस्तावेज़, अगर इनका सफ़ाया नहीं हो चुका होगा या फिर जानबूझ कर नष्ट नहीं कर दिए गए होंगे, तो अब विदेश मंत्रालय के अभिलेखों के साथ पड़े धूल खा रहे होंगे, या कहीं इतिहास के धुंधली सी रोशनी वाले कोनों और दरारों में पड़े होंगे। मुख्य रूप से दो विवादित क्षेत्र हैं—अक्साई चिन और नेफ़ा, यानी नॉर्थ ईस्ट फ़्रंटियर एजेंसी।

मुझे यह दुःखद और बुरे लक्षण जैसा लगता है कि जहां जिस तरह की गतिविधियों और घटनाओं के सिलसिले का अंजाम 1962 के रूप में सामने आया, उनकी सैन्य समीक्षाएं मौजूद हैं, लेकिन इनके राजनयिक और राजनीतिक पहलुओं

पर ऐसा कोई अध्ययन अब तक उपलब्ध नहीं है। यह एक बहुत बड़ी कमी है, जो पैदा ही इसलिए हुई क्योंकि अपने कूटनीतिक इतिहास के कई बंद दरवाज़े खोलने को लेकर हमारे अंदर भारी हिचकिचाहट और शर्मिंदगी का एहसास भरा हुआ है। सच्चाई से सामने आने से तमाम आदर्श खंडित हो जाते हैं और तमाम मिथक छिन्न-भिन्न हो जाते हैं। इस सिलसिले में भी आख़िरकार ऐसा ही होगा।

लेकिन कुछ तिथियां और घटनाएं हैं जो अलग नज़र आती हैं। सितंबर 1961 में, इंटेलिजेंस ब्यूरो ने व्यापक समीक्षा की थी, जिसमें औपचारिक रूप से सरकार को सुझाव दिया गया था कि यदि अग्रिम ठिकानों[14] पर सीमा चौकियां स्थापित कर दी जाएं, तो उसके बाद भारत को पीपुल्स लिबरेशन आर्मी से किसी चुनौती का सामना नहीं करना पड़ेगा। उस साल 2 नवंबर को नेहरू ने, रक्षामंत्री वी. के. कृष्णा मेनन और सेना के बड़े अधिकारियों के साथ मिलकर इसे औपचारिक रूप से नीतिगत निर्णय के रूप में लिया। यह इंटेलिजेंस ब्यूरो की ऐसी चूक थी जिसके लिए उसे माफ़ नहीं किया जा सकता और नेहरू सरकार की बड़ी और कष्टदायी ग़लती। तब तक भारत जिसे सीमा मानता है, उसके तीन किलोमीटर पहले तक सेना या सुरक्षा बलों के किसी भी अभियान पर रोक लगी हुई थी। इसे हटा लिया गया। एक स्थानीय फ़ौजी कमांडर को आदेश दिए गए कि भारत जिसे मैकमहोन रेखा मानता है वहां तक 'सुनियोजित ढंग से आगे बढ़कर खाली छूटी जगह को' कब्ज़े में लिया जाए। इस मामले में चीनी सरकार का रवैया समझने के लिए मैंने रौड्रिक मैकफ़ारकर की चीन पर तीन खण्डों में लिखी पुस्तक *द ओरिजिंस ऑफ़ कल्चरल रीवोल्यूशन* का अध्ययन किया : ''सेना प्रमुख लुआ रीकिंग ने चेयरमैन माओ की इस स्थिति पर टिप्पणी सामने रखी। भारत और चीन के बीच में वर्तमान ज़मीनी हालातों का जायज़ा लेते हुए, चेयरमैन माओ एक दूरंदेशी नज़रिया रखते थे और उनका यह मानना था कि दोनों देशों को जैसे-तैसे आपस में समझौता करना ही पड़ेगा; सरहद की दोनों ओर हथियारों से लैस सैनिक तैनात रहेंगे, और दोनों एक दूसरे को हमेशा शक की नज़र से देखेंगे। चीनी विवरणों में इस बात पर ज़ोर दिया गया है कि सीमा पर टकराव के कूटनीतिक प्रभावों के मद्‌देनज़र सारे निर्णय सर्वोच्च स्तर पर लिये गए थे, क्योंकि सीमा की सुरक्षा से जुड़े किसी भी मामले को मामूली नहीं समझा जा सकता था, इसलिए हरेक मामले में बीजिंग से पूछना ज़रूरी है।''

और यह है किसिंगर की वह टिप्पणी जो चीन पर उनकी पुस्तक *ऑन चायना* का हिस्सा है, ''चालीस साल पहले से आज तक मैं इसे राष्ट्रपति रिचर्ड निक्सन की ओर से मुझे दिया गया सम्मान मानता हूं कि उन्होंने मुझे एशिया के इतिहास में केंद्रीय भूमिका रखने वाले देश, (जिसके साथ बीस साल से अमरीका का कोई उच्च-स्तरीय संपर्क नहीं था) के साथ फिर से संपर्क कायम करने के लिए बीजिंग भेजा। इस शुरुआत के पीछे अमरीकी मंशा यह थी कि वियतनाम के युद्ध की

त्रासदी और शीत युद्ध के मनहूस परिदृश्य के पार शांति की झलक देखने का मौका जनता के सामने रखा जा सके। पारिभाषिक रूप से सोवियत संघ का मित्र देश होते हुए चीन किसी तरह मॉस्को से मिलने वाली हमले की धमकी का मुकाबला करने की तिकडम लगाने की कोशिश में जुटा था।''

आगे वह माओ के हवाले से बताते हैं, ''अक्तूबर 1962 में, चीन के क्रांतिकारी नेता माओ त्से तुंग ने अपने शीर्षस्थ सैनिक अधिकारियों और राजनीतिक नायकों को मिलने के लिए बीजिंग बुलाया। वहां से दो हज़ार मील पश्चिम में, हिमालय के अपनी ओर रुख़ करने वालों के मन में डर पैदा करने वाले भूभाग में, जहां आबादी ही बहुत कम है, वहां चीनी और भारतीय फ़ौजी विवादित सीमा को लेकर बने गतिरोध में उलझे हुए थे। यह विवाद इतिहास के अलग-अलग संस्करणों की वजह से था : भारत ब्रिटिश शासन के दौरान खींचो गई सीमा रेखा को सही ठहरा रहा था, जबकि चीन उनके साम्राज्यवादी दौर के विस्तार को। भारत ने वहां तक अपनी चौकियों पर सैनिकों को तैनात कर दिया था, जहां तक के इलाके को वह भारतीय सरहद के अंदर मानता था। चीन ने भारतीय चौकियों को घेर लिया था। इस सीमा विवाद का हल निकालने की कोशिश नाकाम रही थी।''

माओ ने यह गतिरोध दूर करने की कोशिश करने का फ़ैसला कर लिया था। उन्होंने उसी पुरानी चीनी परंपरा को अपनाया जिसे कि पहले वह चूर-चूर करने का तय कर चुके थे। माओ ने अपने कमांडरों से कहा कि चीन और भारत 'डेढ़ युद्ध' पहले ही लड़ चुके हैं। बीजिंग के लिए दोनों में ही सीखने लायक काम की बातें हैं। पहला युद्ध हुआ था 1,300 साल से भी ज़्यादा पहले, तुंग राजवंश के शासनकाल (618-907 ईस्वी) में, जब एक बुरी नीयत रखने वाले आक्रामक प्रतिद्वंद्वी से मुक़ाबला करने में एक भारतीय राजशाही की मदद के लिए चीन ने सेना भेजी थी। चीन की इस दखल के बाद, दोनों देशों ने कई सदियों तक धार्मिक और आर्थिक आदान-प्रदान का लाभ उठाया। माओ ने समझाया कि उस प्राचीन अभियान से यह सबक मिलता है कि ऐसा ज़रूरी नहीं है कि चीन और भारत के बीच हमेशा दुश्मनी ही रहे। दोनों शांति के एक और लंबे दौर का फ़ायदा उठा सकते हैं, लेकिन ऐसा करने के लिए चीन को ताक़त का इस्तेमाल करके पहले भारत को ठोकर मारनी पड़ेगी ताकि उसे 'समझौते की मेज़' पर आने के लिए मजबूर किया जा सके। माओ के दिमाग में जो बाकी का आधा युद्ध था, वह उसके सात सौ साल बाद लड़ा गया था जब मंगोल शासक तैमूर लंग ने दिल्ली पर धावा बोला था। (यहां माओ का तर्क यह था कि क्योंकि उस दौर में मंगोलिया और चीन एक ही राजनीतिक सत्ता के हिस्से थे, इसलिए वह युद्ध 'आधा' भारत-चीन युद्ध था।) इस जंग में तैमूर लंग को भारी विजय मिली थी और भारत में उसकी सेना ने एक लाख से ज़्यादा बंदियों की हत्या कर दी थी। माओ चाहते थे कि इस बार चीनी सशस्त्र बल संयम में रहते हुए उसूलों से काम लें।''

इससे कुछ समय पहले माओ को शिकायत थी कि भारतीय तीन साल से, 1959 से 1961 के बीच, सीमा पर चीनियों को पीछे हटने के लिए दबाव बनाते चले आ रहे हैं, और उन्होंने अब चौथे साल भी ऐसी कोशिश की तो चीन पलटवार करेगा। ऐसा लगता है कि ढोला की मुठभेड़[15] के बाद चीनी नेताओं ने यह तय किया कि फ़ौजी हमला अब और नहीं टाला जा सकता। 6 अक्तूबर को सीमा पर तैनात सुरक्षा बलों को यह आदेश जारी कर दिया गया, "अगर भारतीय सेना हमला करती है तो उसे मुंहतोड़ जवाब दो। ...अगर वह हमला करें तो सिर्फ़ हमले को नाकाम ही नहीं करना है, उन्हें पलटकर ऐसा मुंहतोड़ जवाब दिया जाए जिससे उन्हें चोट पहुंचे।"[16] चीनी नेतृत्व के बीच अक्तूबर में हुए आपसी विचार-विमर्श में, जिसका जिम्मा माओ और चाऊ उठाए हुए थे, लेकिन जिसमें लिउ शाओकी और देंज ज़िआओपिंग ने भी हिस्सा लिया था, और सेना प्रमुख जनरल लुओ रुइकिंग के साथ मार्शल लिउ बोचेंग, मार्शल ही लॉन्ग लिउ और मार्शल शू शिआओ शेन भी शामिल हुए थे। इसके बाद हुए घटनाओं पर ग़ौर करते हुए मार्शल लिउ की सिफ़ारिशों को साफ़ तौर पर बड़ी गंभीरता से लिया गया। उन्होंने 'सीमा पर मौजूद सैनिकों से निपटने के लिए उन्हें वहां से हटाने, वापस लौटने को मजबूर करने, उनके हमले को नाकाम करने और उन्हें घेर लेने' के सुझाव को नकार दिया। बल्कि, उन्होंने सिफ़ारिश की कि भारत के सबसे अच्छे फ़ौजी दस्तों को उलझाकर तेज़ी से मात दी जाए। सिर्फ़ इसे ही निर्णायक जीत कहा जा सकता है।'[17]

इससे पहले, जैसे भी हो, सेना को जारी निर्देशों को लेकर चीनी बिलकुल स्पष्ट थे—'उनकी तरफ़ नियंत्रण रेखा से 30 किलोमीटर अंदर तक की पट्टी में कोई भी गतिविधि नहीं होगी।'[18]

"फ़ौजी झड़पों को लेकर चीनी नियम जिन्हें मिलिटरी अफ़ेयर्स कमिशन यानी फ़ौजी मामलों के आयोग ने 1 फ़रवरी 1961 को गढ़ा था, वह काफ़ी सख़्त थे। नियंत्रण रेखा के अंदर तीस किलोमीटर तक के इलाके में चीनी सैनिक इकाइयों को हथियार चलाने, गश्त लगाने, शिकार के लिए जाने और यहां तक कि बाग़ी तिब्बतियों को ठिकाने लगाने पर पाबंदी थी। इसके अलावा, नियंत्रण रेखा के अंदर तीस किलोमीटर दूर तक निशानेबाज़ी, फौजी दांव-पेंच या किसी तरह की तोड़-फ़ोड़ पर भी रोक थी। इसके अलावा, अगर भारतीय सुरक्षा बल नियंत्रण रेखा पार करके उनकी ओर घुस जाते हैं, तो पहले एक चीनी इकाई को उन्हें चेतावनी देनी होगी और उनपर वापस पीछे हटने के लिए दबाव बनाना होगा, और अगर इससे बात न बने तो वह अंतरराष्ट्रीय नीति के अनुसार उनके हथियार ज़ब्त कर सकते हैं, लेकिन उनके सफ़ाई देने के बाद उनके हथियार उन्हें सौंपकर वापस जाने देना होगा।"[19]

अगर पीपुल्स लिबरेशन आर्मी के किसी प्लाटून कमांडर से इस बारे में पूछा जाए, तो वह यही कहेगा, कि 'यह सब कहना बहुत आसान है, करना बड़ा कठिन।'

वैसे, चीन के इस तरह होशियारी बरतने वाले दौर के पीछे कुछ दूसरी वजह

थीं। चीन कई मोर्चों पर मुकाबले कर रहा था, जो एक साथ उसके ख़िलाफ़ खुल गए थे। जैसे, ताइवान की तरफ़ से हमले का सचमुच ख़तरा था। अंदर ही अंदर सेवियत संघ से संबंध बिगड़ने का डर था। इस महत्त्वपूर्ण पहलू पर भारत में भी कोई जांच-पड़ताल हुई थी या नहीं, यह अब तक उपलब्ध दस्तावेज़ों से स्पष्ट नहीं होता। लेकिन बहुत ही शुरुआती दौर से चीन को इस इस बात का अंदाज़ा था कि भारत को संयुक्त राज्य अमेरिका और सोवियत संघ दोनों से ही मदद मिल सकती है। एक तरफ ताईवान और दूसरी तरफ़ हिमालय की ऊंचाई वाली सीमा पर भारत के साथ टकराव—दो मोर्चे एक साथ खुलने का ख़तरा चीन की बेचैनी का दूसरा कारण था। 'सांस्कृतिक क्रांति' के पहले वाले सालों में पड़े भीषण सूखे और बयान न की जा सकने वाली बर्बादी का ही दबाव नहीं था, बल्कि इन आंतरिक गतिविधियों के चलते 'चीन के, वक़्त पर काम आने वाले नैतिक बल' [20] पर भी बुरा असर पड़ा था। लेकिन क्या भारत की तरफ़ से भी, अपने हालात का जायज़ा लेने के लिए, ऐसे कारकों को लेकर गहराई से कोई विश्लेषण किया गया, मुझे इसके ठोस प्रमाण कहीं नहीं मिले।

और इन सब से बढ़कर, उन्हीं दिनों कुछ ऐसा भी अभूतपूर्व घट रहा था जिसपर सारी दुनिया का ध्यान था,[21] कैरेबियन का संकट। क्यूबा के मिसाइल संकट के कारण ही सोवियत संघ ने तुरंत अपना रवैया बदला। 20 अक्तूबर 1962 को चीन के हमले शुरू होने के बाद जल्द ही 'नेहरू के नाम ख्रुश्चेव का पत्र आया जिसमें सोवियत नेता ने पहले की उन ख़बरों का ज़िक्र किया था जिसमें कहा गया था कि भारत की हमला करने की नीयत है। इस पत्र में ख्रुश्चेव ने नेहरू से चाऊ की बातचीत की पेशकश को स्वीकार करने को कहा। इसके बाद, लिउ शाओ से किए गए वादे का सिलसिला आगे बढ़ाते हुए सोवियत अधिकारियों ने मॉस्को में भारतीय दूतावास को सूचित किया कि नई दिल्ली को मिग-21 विमान देने का सोवियत संघ का वादा अब पूरा नहीं किया जा सकेगा। ख्रुश्चेव की ओर से चीन से सबसे ज़्यादा नज़दीकी *प्रावदा* के 25 अक्तूबर के उस संपादकीय में देखने को मिलती है जिसमें कहा गया कि मैकमहोन रेखा भारतीयों और चीनियों पर थोपी गई है और चीन ने कभी उसे मान्यता नहीं दी। साथ ही, इसी संपादकीय में यह भी टिप्पणी की गई कि बीजिंग का पिछले दिन का बयान दोनों देशों के बीच बातचीत का रास्ता खोलने के लिए एक संतोषजनक आधार है।' [22] क्यूबा संकट से वास्तव में सोवियत संघ और चीन के बीच विवाद बढ़ने से थम गया, कम से कम उस समय तो टल ही गया। जैसे चीन दो-दो मोर्चों पर एक साथ जंग नहीं चाहता था, वैसे ही ख्रुश्चेव भी 1962 की सर्दियों से ठीक पहले अमेरिका और चीन से एक साथ टकराव नहीं चाहता था। केनेडी का सामना करने के लिए ख्रुश्चेव को संपूर्ण साम्यवादी एकता की बेहद सख़्त ज़रूरत थी। इस दौर की घटनाओं को कालक्रम में एक तुलनात्मक चार्ट के रूप में पेश किया जा रहा है जिससे पता चलता है कि कैरीबियन और हिमालय में एक साथ क्या-क्या घटित हो रहा था।

हिमालय और कैरेबियन संकट : समय सारणी 1962

अक्तूबर	*हिमालय*	*कैरेबियन*
14	ख्रुश्चेव द्वारा क्यूबा में चीन के सहयोग की घोषणा	अमरीका को क्यूबा में बैलिस्टिक मिसाइलों के भंडारण और प्रक्षेपण की व्यवस्था का पता चला
20	चीन का पहला आक्रमण	
22	ख्रुश्चेव का नेहरू के नाम पत्र	केनेडी द्वारा सोवियत मिसाइलों का खुलासा, उन्हें हटाने और जलपोतों की पड़ताल की मांग
24	चीन की ओर से बातचीत का प्रस्ताव	क्यूबा जाते सोवियत पोतों का ठहरना
25	*प्रावदा* के संपादकीय में चीन की ओर झुकाव	
26		अमरीकी नौसेना ने पहले जलपोत को रोका
27	चीन की पहली आक्रामक कार्रवाई का अंत	
28		ख्रुश्चेव मिसाइलें हटाने को राज़ी हुए
नवंबर		
शुरुआती दिन	मॉस्को ने फिर तटस्थता का रवैया अपनाया	
5-14	बल्गेरियन पार्टी कांग्रेस में चीनियों की आलोचना	
14	भारतीय प्रतिक्रिया : सोवियत राजदूत की नेहरू को शुभकामनाएं (21 तारीख़ से पहले मिग-21 का सौदा तय हुआ)	
16	चीन का दूसरा हमला	
21	चीन की ओर से युद्धविराम	
दिसंबर		
1	चीनी सेना का पीछे हटना शुरू	

आगे इस दूसरी सारणी से पता चलता है किस तरह भारत के प्रति चीन के रवैये में धीरे-धीरे बदलाव आता गया।

चीन का बदलता रवैया	
27 फ़रवरी 1962	वांग जियाजियांग ने चाऊ, देंग, चेन यी को सहअस्तित्व पर ज़ोर देते हुए पत्र लिखा
3 जून 1962	चीन-भारत संबंधों पर *पीपुल्स डेली* में अतीत की मधुर बातें याद दिलाते संपादकीय
16 जून 1962	पेंग तिहुआई का पत्र कम्युनिस्ट पार्टी की सेंट्रल कमेटी को मिला
29 जून 1962	वांग का *'सान ही यीशाओ'* के संदर्भ में अंतिम वक्तव्य
जून का उत्तरार्ध	अमरीका ने चीनी जनवादी गणराज्य को मुख्यभूमि पर हमले में सहयोग करने से इनकार किया
जुलाई 1962 पूर्वार्ध	भारतीयों का आगे बढ़ना, उनसे आमना-सामना, लेकिन कोई टकराव नहीं
7 जुलाई 1962	माओ का फिर सामूहिकीकरण पर ज़ोर
9-14 जुलाई 1962	मॉस्को में शांति सम्मेलन
21 जुलाई 1962	चीनी सैनिकों की भारतीयों पर 1959 के बाद पहली बार गोलीबारी
23 जुलाई 1962	लाओस की तटस्थता के संबंध में चौदह देशों के बीच अंतरराष्ट्रीय समझौता
26 जुलाई 1962	जिनेवा में वी. के. कृष्ण मेनन की चीनी विदेशमंत्री जनरल चेन यी से अनौपचारिक मुलाक़ात
5-26 अगस्त 1962	भारत के साथ चीनी जनवादी गणराज्य के राजनयिक संबंधों में गिरावट
6 अगस्त 1962	माओ द्वारा बेईदाइहे में सम्मेलन का उद्घाटन। पेंग तिहुआई का प्रस्ताव नकारात्मक बताकर खारिज
29 अगस्त 1962	सीमा पर चीनी फ़ौज का जमावड़ा होना शुरू

यहां हमारा मुख्य उद्देश्य इस टकराव के प्रमुख ऐतिहासिक बिंदुओं को सैनिक दृष्टिकोण से समझना नहीं है। लेकिन यह जानकारी रखना ज़रूरी है, ताकि फ़ौजी फ़ैसलों को रेखांकित कर सकें, और यह समझ सकें कि सेना ने इस टकराव और उसके नतीजों का आकलन कैसे किया। एक सेवा-निवृत्त थल सेना प्रमुख की चेतावनी भरी विवेचना पर ग़ौर किया तो मैं दंग रह गया, जिन्होंने जनवरी 1961 में ही भारत सरकार को चेता दिया था—"अगर युद्ध का स्वरूप सीमित युद्ध से आगे बढ़...और पूरा विस्तार लेते हुए इसकी आग ने हमारे इलाकों पर आक्रमण की शक्ल

ली, तो थोड़े समय से ज़्यादा के लिए लड़ाई जारी रखना हमारे सुरक्षा बलों की क्षमता से बाहर होगा।''[23] जुलाई 1962 में, एक सम्मानीय पूर्व थलसेना प्रमुख, जनरल के. एस. थिमैया, जिनकी देखरेख में उपरोक्त समीक्षा का मसौदा तैयार किया गया था, ने लिखा–''एक फ़ौजी होते हुए भी मैं यह नहीं सोच सकता कि खुली जंग में भारत अपने दम पर चीन से मुकाबला नहीं कर सकता। जनबल, उपकरण और विमानों के लिहाज से चीन की मौजूदा ताकत सोवियत संघ के पूरे सहयोग के बावजूद हमारे संसाधनों से ज़्यादा है। हम सुरक्षा के इंतज़ाम की ज़िम्मेदारी राजनेताओं और कूटनीतिज्ञों पर छोड़ देनी चाहिए।''[24] विडम्बना यह है कि उन दिनों सेना मुख्यालय में तैनात सैन्य अभियानों के निदेशक ब्रिगेडियर डी. के. पलित भी इसी नतीजे पर पहुंचे कि चीन से जो ख़तरा है उससे निपटने के लिए सरकार के प्रस्ताव भी इतने साधारण से हैं कि उनसे भी सरकार की लापरवाही सामने आती है–''यह विश्वास नहीं होता कि इतने गंभीर मामले को भी बिना ध्यान दिए निपटाया जा सके।''[25] यह बात है सन् 1962 की। सरल शब्दों में कहा जाए तो, सेना इस नतीजे पर पहुंची थी कि अग्रिम नीति लागू करने में दोष था। ''यही वजह है कि यह इतना ज़रूरी है,'' सेना ने अपने मूल्यांकन में राय दी, ''कि राजनीतिक दिशानिर्देश में हमेशा उपलब्ध सैन्य संसाधनों के बारे में स्पष्ट जानकारी होनी चाहिए ताकि अगर ऐसी स्थिति बने जिसमें यह दोनों आवश्यक रूप से एक दूसरे पर आधारित या परस्पर संबंधित हों।''

सबसे अजीब बात तो यह है कि 1962 के सैन्य अभियानों के बारे में जितनी भी बैठकें हुईं और जो भी फ़ैसले लिये गए उनका न तो लिखित ब्यौरा रखा गया और न ही कोई विवरण जारी किया गया। इससे यह बात सामने आती है, और यह इसका लक्षण भी है कि तब तक नैतिक क्षरण इतना होने लगा था कि तत्कालीन रक्षामंत्री वी. के. कृष्णामेनन ने वास्तव में ये निर्देश जारी किए थे कि ''उनकी बैठकों के मिनिट यानी लिखित विवरण न रखे जाएं।'' ज़ाहिर है इसका परिणाम यह था कि जारी दिशानिर्देशों को लेकर भ्रम बना रहता था और उनकी परस्पर-विरोधी व्याख्याएं सामने आती थीं। जो निर्णय लिये जाते थे, किसने क्या कहा, और यहां तक कि क्या निर्णय लिये गए, इसका लिखित विवरण बमुश्किल ही कभी मिलता था। इस सब में विदेश मंत्रालय की शायद ही कोई भूमिका रहती थी। यह बात बेहद बेचैन करने वाली है क्योंकि इसके साथ यह जानकारी मिलती थी कि सेना ने अपनी भूमिका ठीक से नहीं निभाई। यहां तक कि दूसरे हर मायने में पूरी तरह पेशेवर तौर-तरीके से काम करने वाली सेना में आमतौर पर सभी को पता होने वाले विभागीय कामकाज के तरीके, जिन्हें बदस्तूर अमल में लाया जाता था या सेना मुख्यालय में हर स्तर पर आधारभूत तालमेल को पूरी तरह से छोड़ दिया गया था, जो कि अपने आप में बहुत बुरा था और यह भी समझ से बाहर था कि ऐसा करके सेना के कामकाज के तरीके की रग-रग को ऐसी बेपरवाही से काट डाला गया था। यहां तक कि 1962 में, सारी व्यवस्था

ने जैसे हम सेना के निचले पायदान वालों पर अपनी मनमानी करने और अपराध के स्तर की लापरवाही करने का आरोप जड़ दिया, उन पीड़ादायक वर्षों के बारे में ज़्यादा चर्चा करने से अब कुछ हासिल नहीं होगा। इन सारी ग़लतियों के लिए बहुत भारी महसूल अदा करना पड़ा। भारत ने इसकी भारी क़ीमत चुकाई है। और यह क़ीमत ऐसी है जिसे हम अब भी, कितनी ही पीढ़ियों बाद भी दशक दर दशक अदा करते चले जा रहे हैं।

नैतिक स्तर पर एक और बड़ी नाकामी मिली। सैनिक, राजनयिक और राजनीतिक क्षेत्रों के शीर्षस्थ नेताओं ने भारत को अपराध के स्तर तक नाकाम होने दिया जिसके लिए उन्हें माफ़ नहीं किया जा सकता। उनकी वजह से देश की इज़्ज़त पर कीचड़ उछाली गई, फिर भी उन्हें अपने किए पर कोई पछतावा नहीं है। स्वतंत्र भारत की यह पहली वास्तविक परीक्षा थी। इसमें जो उम्मीदों पर खरा नहीं उतरा उसे इसकी ज़िम्मेदारी अपने ऊपर लेने के लिए आगे आना चाहिए था। कोई भी इसके लिए आगे नहीं आया, और उदारता दिखाते हुए राष्ट्र ने भी उधर से मुंह फेर लिया। मुख्य रूप से शर्मिंदगी की वजह से। जैसा कि हम तब करते हैं जब-जब हमें कोई भद्दी विकृति नज़र आती है। राष्ट्र नेहरू को और चोट नहीं पहुंचाना चाहता था। राष्ट्रीय उदारता के इस व्यवहार का मोल हम अब तक चुका रहे हैं। एकाध को छोड़कर, जिन्होंने ज़्यादा तेज़ी से काम को अंजाम न देकर विरोध जताने की कोशिश की, लेकिन इससे ज़्यादा ज़ोरदार तरीका नहीं अपनाया, उनके अलावा और किसी राजनीतिक नेता, राजनयिक या सैनिक उच्चाधिकारी ने विरोध जताने के लिए अपने ऐसे विचार सामने रखने जैसा कोई क़दम कभी नहीं उठाया जिसे आगे बढ़ाने के बाद पीछे नहीं लौटना मुश्किल था, और जिसके अस्वीकृत होने पर पद छोड़ना पड़ सकता था। न ही किसी ने इस तरह काम किया और न ही अपनी मर्ज़ी से किसी बात की ज़िम्मेदारी ली। कम्युनिस्ट पार्टी, ख़ासतौर से सी. पी. एम., यानी कम्युनिस्ट पार्टी ऑफ़ इंडिया या मार्क्सवादी कम्युनिस्ट पार्टी ने तो चीन के साथ वफ़ादारी दिखाई और दर्ज कराई। यह जिसकी अनुयायी थीं उनके प्रति अपनी वफ़ा साबित करने के लिए उनके साथ खड़ी हुईं लेकिन जहां जन्म मिला उस देश के साथ नहीं खड़ी हुई।

अगर ऐसा होता, तो भारत के लिए इसका भी कुछ और ही नतीजा सामने आता। लेकिन अभी भी इससे जुड़ा अपमान और नैतिक सड़न झेलनी पड़ रही है।

'मानता हूं ऐसे उदाहरण ज़रूर होंगे जहां एक वरिष्ठ फ़ौजी कमांडर जो नेतृत्व करता है, वह अपने उसूलों से समझौता करके उसे दिए गए आदेशों का पालन करने के लिए अपनी ज़िम्मेदारी से समझौता न कर पाए। तब ज़ॉर्नडॉर्फ़ के युद्ध में जैसे सएदलित्ज़ की तरह उसे कहना पड़ेगा—"जंग के बाद राजा अगर चाहेगा तो मेरा सिर कलम करवा सकता है, लेकिन जंग के दौरान वह मेहरबानी करके मुझे अपने सिर का इस्तेमाल ज़रूर करने देगा।" कोई भी राजनीतिक नेता, राजनयिक प्रमुख या सेना अध्यक्ष ऐसे अपमान को सही नहीं ठहराने के लिए, "यह दावा

नहीं करेगा कि उसे बेहतर फ़ैसले को न मानकर, ऐसे आदेश का पालन करने के लिए मजबूर किया गया जिससे हार का सामना करना पड़ा।"[26]

जैसे कोई राजनीतिक नेता और यहां तक कि प्रधानमंत्री भी राष्ट्रीय नुकसान या अपमान की ज़िम्मेदारी दूसरे पर नहीं डाल सकता, बिलकुल वैसे ही कोई जनरल किसी अहम मुठभेड़ में हार किसी और के सर नहीं मढ़ सकता।

हिमालय और महाशक्तियाँ

युगों में होने वाली इस अत्यंत महत्त्वपूर्ण घटना, 1962 की लड़ाई, के दो अतिरिक्त पहलू हैं जिन्हें मैं ख़ासतौर से ध्यान देने लायक मानता हूं—इसमें अमरीका और सोवियत संघ की अपनी-अपनी भूमिकाएं। इनका महत्त्व कभी कम नहीं होने होने वाला है, जबकि ज़ाहिर है, 1962 से अब तक संयुक्त राज्य अमरीका और सोवियत संघ, दोनों के ही रवैये में बहुत बड़े बदलाव आए हैं। हमें पाकिस्तान की छोटी-छोटी भूमिकाओं का भी जायज़ा लेना चाहिए। किस तरह इन देशों की स्थिति बदलने, बेहतर होने या बिगड़ने, के साथ इनकी चाल बदलती रही है, इस पर ग़ौर करना बड़ा ही दिलचस्प है। भारत और चीन; चीन और सोवियत संघ; विशालकाय सोवियत संघ और संयुक्त राज्य अमरीका; पारंपरिक कौटिल्य नीति के खिलाड़ी चीन और पाकिस्तान (आज़ादी की कीमत?); अमरीका और पाकिस्तान; और फिर इस जोड़ी में भारत को और जोड़ दीजिए। अगर इस बात पर ग़ौर करें कि किस तरह भारत को छोड़कर इन सभी दूसरे देशों ने तेज़ी से बदलते हालात में अपनी चाल बदलने में कहीं ज़्यादा लचीलेपन और होशियारी का परिचय दिया है, तो बहुत कुछ समझ में आता है। मुझसे यह टिप्पणी किए बिना नहीं रहा जाता, कि सब से बढ़कर, किसी भी स्थिति में राष्ट्रीय आवश्यक्ताओं और हितों की व्यावहारिक अनिवार्यता, और उसके विपरीत कठोर, न बदलने वाली नीतिगत स्थितियों; या अविश्वसनीय और झूठा आदर्शवाद, ज़्यादातर अंतरराष्ट्रीय परिस्थितियों में दो रास्ते होने की सच्चाई को स्वीकार करने को तैयार न होना जैसा तब था वैसा आज भी है। मैं मानता हूं कि भारत में इससे घरेलू और विदेश नीति के बीच विरोध पैदा हो सकता है, जिससे घरेलू नीति निचले स्तर पर लुढ़क सकती है। दुःखद सही, लेकिन 1962 इसका अच्छा उदाहरण था, जो कि नेहरू से मिली विरासत का प्रमुख हिस्सा बन गया। एक दूसरी बड़ी दिक्कत जो इनमें से दो देश झेल रहे थे, वह थी अंतरराष्ट्रीय संबंधों का प्रबंधन कैसे किया जाए, जनता की नज़र और मीडिया की तहकीकात दायरे में रहते हुए भी विदेश नीति से संबंधित समझौते कैसे किए जाएं और उन्हें लागू कैसे किया जाए। और यह उन देशों के हित में नहीं था जहां नीतियां गढ़ने और उन्हें लागू करने का काम लोगों से अलग-थलग रहते हुए एक ही स्रोत से होता है। एक और हिसाब से भी भारत एक जगह ग़लत था, विदेश नीति को समेटकर हमेशा एक सूत्र के रूप में गढ़

लेने की प्रवृत्ति। जबकि अंतरराष्ट्रीय संबंधों में, अफ़सोस, ऐसा कुछ भी नहीं होता जो एक सीधी रेखा सा हो।

सोवियत–चीन संदर्भ में, यह ध्यान देने वाली बात है कि बीजिंग के पास मॉस्को का वैसा सहयोग नहीं था, जैसा भारत ने माना हुआ था कि उसके पास है। यहां यह प्रासंगिक है, क्योंकि जब तक 1962 के दौर में इस क्षेत्र में तमाम ताकतों के आपसी तालमेल और संबंधों की स्पष्ट समझ न हो, तब तक आज के बदलते हालात को समझना मुश्किल होगा। 2 अक्तूबर 1962 को, ख्रुश्चेव ने भारत-चीन सीमा विवाद पर अपने विचार व्यक्त किए :

> मुझे स्वीकार करना होगा कि 1959 में जब चीन और भारत के बीच युद्ध की परिस्थितियां पैदा हुईं तो मैं पीकिंग जाते हुए उत्साहित नहीं था। मुझे पता था कि मेरा आाधिकारिक स्वागत तो रीति के अनुसार होगा, लेकिन मुझे वैसे भाईचारे की भावना के साथ स्वागत की उम्मीद नहीं थी जैसा मुझे अपनी पहली चीन यात्रा पर 1954 में मिला था।
>
> भारतीय इस बात पर डटे थे कि सीमा वही है जो मैकमहोन रेखा बनाती है और जो उन्हें ब्रिटिश शासकों से विरासत में मिली है। पीकिंग के मुताबिक मैकमहोन रेखा साम्राज्यवादी दौर की खुमारी भर है जिसे चीन की किसी भी केंद्रीय सरकार ने कभी मान्यता नहीं दी, लेकिन चाऊ एन लाई ने संकेत दिए कि चीन सच्चाई को स्वीकार करते हुए यथास्थिति बनाए रखने की बात स्वीकार करने को तैयार था। उनकी स्थिति को देखते हुए यह माना जा सकता था कि एक स्पष्ट सीमा रेखा खींचकर उसे आपसी समझौते के तहत व्यावहारिक रूप दिया जाना है, लेकिन इसके बारे में उन्होंने साफ़ तौर पर कुछ कहा नहीं। जहां तक नेहरू की भूमिका का सवाल है, लगता है उन्होंने यही बेहतर समझा कि शांत पड़ी सीमाओं को छेड़ा ही न जाए, शायद यह सोचकर कि अगर चाऊ इस मुद्दे पर ज़ोर नहीं दे रहे हैं, तो इसी बात को वैधानिक मानते हुए वह भी इस नतीजे पर पहुंच गए कि चीनी भारतीय सीमांकन को स्वीकार करते हैं।
>
> सीमा का मैकमहोन रेखा वाला हिस्सा संभवतः आसानी से निपट जाता, लेकिन चाऊ ने शायद पश्चिमी सेक्टर में दिक्कत का अंदाज़ा लगा लिया होगा जहां दोनों देशों के नक्शों में एक बड़े भूभाग पर हक़ को लेकर आपसी मतभेद नज़र आ रहा था। उस समय चीनी सिंक्यिांग से पश्चिमी तिब्बत के बीच सड़क बना रहे थे जिसका आधा काम हो चुका था, और इस सड़क का सौ किलोमीटर का हिस्सा अक्साई चिन में पड़ता था जिसपर भारतीयों की दावेदारी थी। चीनियों के लिए यह सड़क तिब्बत से संपर्क के लिए ज़रूरी थी, कुछ तो इसलिए क्योंकि सेचुआन के इलाके से पहाड़ों के बीच से होते हुए पूर्वी तिब्बत से संपर्क का रास्ता कठिन था क्योंकि खम्पा की बग़ावत की शुरुआती गड़गड़ाहट में इस बात का ख़तरा छुपा हुआ था कि यह रास्ता काटा भी जा सकता है।

अमरीका की नज़र में हिमालय

संयुक्त राज्य अमरीका की प्रतिक्रिया भी उतनी ही जटिल थी, ज़ाहिर है, उसका इस मामले में अपना अलग मकसद था। अमरीका और रूस, उस दौर की दोनों महाशक्तियां, अपने राष्ट्रीय हितों को ध्यान में रखते हुए इस इलाके में अपने मोहरे जमाने की कोशिश कर रही थीं। 1962 की लड़ाई में अमरीका तमाशबीन नहीं बना हुआ था; वह भी खेल में शामिल था, और वह भी बेहद दिलचस्पी लेने वाला खिलाड़ी। इस महत्त्वपूर्ण दौर में दिल्ली और अमरीका के होने वाले पत्र-व्यवहार के संभाल कर रखे गए दस्तावेज़ों में से मैं सिर्फ़ दो के कुछ हिस्सों का ज़िक्र यहां करना चाहूंगा। पहले ग़ौर कीजिए कि 3 नवंबर 1962 को राष्ट्रपति केनेडी के राष्ट्रीय सुरक्षा संबंधी मामलों के विशेष उप-सहायक काल केसन का क्या आकलन था : "नेफ़ा यानी *नॉर्थ ईस्ट फ्रंटियर एजेंसी* और लद्दाख में चीनियों के तेज़ी से आगे बढ़ने का भारतीय राजनीतिक सोच पर गहरा असर पड़ रहा था। भारतीय नेताओं पर ऐसी कई मान्यताओं को दोबारा जांचने-परखने के लिए दबाव बन रहा था जिनके चारों ओर भारतीय राजनीतिक जीवन और सोच चक्कर काटते थे। शांतिपूर्ण सहअस्तित्व की ज़ोरदार ढंग से बात करने वाले पर एक ऐसे देश ने हमला बोल दिया था जो खुद इसी नीति पर चलने का ज़बरदस्त समर्थक था। एक नीति के तौर पर गुट-निरपेक्ष होना कितना प्रभावशाली है इसपर भी सवाल उठे। चीनी कम्युनिस्टों की युद्ध में बीच-बचाव करने की न मानी जाने योग्य पेशकश पर सोवियत संघ की कार्रवाई ने भारतीयों को अपने इस विचार पर एक बार फिर से सोचने को मजबूर कर दिया कि वह कम्युनिस्ट चीनियों को रोकने और भारत को काफ़ी मात्रा में सैनिक साज-सामान भेजने के लिए सोवियत संघ पर भरोसा कर सकते हैं।"

दूसरे दस्तावेज़ को आधिकारिक शीर्षक दिया गया 'द टेलिग्राम फ्रॉम द एम्बैसी इन इंडिया टू द डिपार्टमेंट ऑफ़ स्टेट' जो नवंबर 17, 1962 को 7 बजे भेजा गया था। इसमें लिखा था :

- अगर चीनियों की आगे बढ़ने की महत्त्वाकांक्षा न भी हो और अगर वह बातचीत के जरिए समझौता करके मामले को निपटाना भी चाहें तो भी भारत सरकार इतनी जल्दी यह मानने को तैयार नहीं होगी कि उनकी मंशा शांतिपूर्ण है। इस मुद्दे पर अब जनता की राय की पकड़ ज़्यादा मज़बूत हो गई है। भारत में कोई भी सरकार हो, उसे अब 'नेफ़ा', सीमा से लगे देशों, उत्तर प्रदेश और कश्मीर में लंबे समय तक चलने वाली आगे बढ़ने की चीनी सैन्य नीति के साथ जुड़ी अनिश्चितता के लिए तैयार रहना होगा और उसे यह भी मानकर चलना होगा कि इसके साथ जुड़े होंगे इलाके के बारे में मौका ताड़कर किए गए चीनी दावे।

- चीकॉम (ChiComs) के आक्रमक इरादों के बारे में अपने पिछले व्याख्यान को ध्यान में रखते हुए, अब हम पीछे नहीं हट सकते और उनसे यह नहीं कह सकते कि अपनी तैयारियां सीमित कर दें क्योंकि अब हम भी अपनी मदद यह मानकर सीमित कर देंगे कि चीनी मूलतः मेमने हैं।
- ज़ाहिर है, अगले कुछ महीनों के लायक पांच प्रभागों के लिए साज-सामान होने के साथ भारतीयों की अपनी ज़मीन पर फिर कब्ज़ा करने या खुले इलाकों में मोर्चे संभालने के लिए हथियार हासिल करने, परिवहन के आधारभूत साधनों के साथ, परिवहन विमान, हथियार बनाने के कारख़ाने, पहले बताई गई चीज़ों के लिए कच्चा माल और हवाई शक्ति हासिल करने के लिए भी कोई नीति होनी चाहिए।
- इसमें मदद के लिए भी हमारी एक नीति होनी चाहिए क्योंकि वह पहले ही हमसे मदद मांग रहे हैं। इस मदद के बारे में जान-बूझ कर सोचने के बहुत सारे कारण हैं। लेकिन हम इस आधार पर इसे नकार नहीं सकते कि हम नहीं मानते कि चीनी भारत के लिए गंभीर ख़तरा हैं।
- भारतीयों के लिए यह मामला ऐसा है जिसे बिना ज़रा भी देर किए बिना हल किया जाना ज़रूरी है क्योंकि अब भारतीय बहुत बड़ी-बड़ी मांग लेकर आगे आ रहे हैं। इनमें से कुछ को मैंने इस आधार पर फ़िलहाल ठहरने के लिए समझाया है कि उनपर अभी ठीक से विचार नहीं किया गया है और उन चीज़ों को आगे रखना होगा जो पहले ज़रूरी हैं और सबसे पहली ज़रूरत है तोपखाने के तैयार उपकरण। लेकिन यह कोई नीति का विकल्प नहीं है।

अब मैं सिफ़ारिशों की ओर चलता हूं।

- भारतीय नागरिकों को साफ़-साफ़ समझना चाहिए, जो कि वह अब धुंधला सा समझने लगे हैं, कि अगले कुछ महीनों से ज़्यादा की युद्ध की तैयारी की ज़रूरत के लिए उनकी मदद के निर्णय का उच्चतम स्तर के राजनीतिक और वित्तीय मुद्दों से संबंध होता है। जितनी ज़्यादा मदद वह चाहते हैं वह मुहैया कराना हमारे लिए आसान नहीं होगा।
- इसका मतलब हुआ कि एक बहुत वरिष्ठ राजनयिक/मंत्री (minister) को राजनीतिक सहमति समेत तमाम इंतज़ाम के बारे में बातचीत से सब कुछ तय करने के लिए वॉशिंगटन (और लंदन) जाना चाहिए।
- हमारी मदद एक ऐसी रक्षा योजना से संबंधित होनी चाहिए जिसमें सैन्य वास्तविकताओं की झलक मिलती हो, जिससे भारतीय असंभव कामों को करने (मिसाल के तौर पर, पूरे के पूरे अक्साई चिन फिर से हासिल करने) में न लग जाएं, जिसमें हथियारों के प्रति यथार्थपरक दृष्टि हो और जो मदद करने की हमारी वास्तविक क्षमता से संबंधित हो, न कि हमारी काल्पनिक क्षमता से।

- यह बात साफ़ समझ में आनी चाहिए कि भारत (न कि अमरीका) को पाकिस्तान समस्या को संभालना है। पाकिस्तान को पहले अमरीकी समस्या के तौर पर देखा जाता था। अब वह एक गंभीर भारतीय मसला बन गया है। भारत की मदद करने की हमारी योग्यता घेरे में आ गई है, और तनाव जारी है। भारत के एक तरफ़ का हिस्सा खुल गया है और वह अपनी मदद करने में अक्षम है। हम पाकिस्तान की भूख पर क़ाबू करके मदद कर सकते हैं, लेकिन उपमहाद्वीप को सुरक्षित और एकीकृत रखने में नेतृत्व की ज़िम्मेदारी भारत के हिस्से में आती है।
- पहले से हमें चाहिए, मेरा मानना है, भारतीयों की ठोस पैमाने पर मदद ताकि वह अपनी पहले से चली आ रही रक्षा व्यवस्था की तैयारी कर लें और जहां तक हो सके सहारा देने वाले उद्यम स्थापित कर सकें जो कि अब तक मुझे साफ़ लगता है कि उनकी क्षमता में है। जैसे कि लंदन में लिये जा रहे फ़ैसलों से स्पष्ट होता जा रहा है, हमें उनके साथ धैर्य और समझदारी के साथ काम करने की ज़रूरत है। बड़ी ज़िम्मेदारियां उनके हाथ में ही रहनी चाहिए। लेकिन हर तरह की बेतुकी फ़िज़ूलख़र्ची रोकने के लिए सख़्ती हमें करनी पड़ेगी।
- हमें उतना सहनशील होना चाहिए जितनी हमारी राजनीतिक आबोहवा गुट-निरपेक्ष के प्रति सम्मान के भाव रखने दे। यह शायद अगले कुछ हफ़्तों या महीनों में ग़ायब हो जाए। अब भारतीय वास्तव में संयुक्त राज्य अमरीका के साथ अंतरंग और गोपनीय संबंध रखना चाहते हैं। बारीकी से समझने वाले अभी से इस बात की फ़िक्र कर रहे हैं कि क्या हम गुट-निरपेक्षता के लिए ज़ोर देंगे।
- यहां हम एक बहुत बड़े मौके के ठीक सिरे पर खड़े हैं—भारत और पाकिस्तान के साथ फिर से मेल-मिलाप, पूरे उप-महाद्वीप के लिए सुरक्षा, ऐसे इलाके से साम्यवाद की तयशुदा वापसी जहां उसके लिए सबसे ज़्यादा संभावनाएं हों। चीन से ख़तरे को वह कितना बड़ा समझते हैं, उनके अपने अंदाज़े के अनुसार भारतीयों को अपनी रक्षा खुद करने में अगर हमने मदद नहीं की तो हम यह मौका खो सकते हैं। बिना सोचे समझे मदद या फिर बनावटी हालात में जल्दबाज़ी करने से भी यह मौका हमारे हाथ से निकल सकता है। लेकिन धैर्य के साथ थोड़ा काम और किस्मत के पाकिस्तानियों के साथ काम में साथ देने और ज़रूरी बातों के लिए कड़क सौदेबाज़ी करके हम मौके का फ़ायदा उठा सकते हैं। जिन बातों पर अभी विचार किया गया है, हमें मालूम है कि नई दिल्ली स्थित ब्रिटिश हाई कमिशन में उन्हीं के बारे में सोचा जाता है, इसलिए हम ज़ोर देकर चाहते हैं कि लंदन में किए गए फ़ैसले, ख़ासतौर से जो ऐनेक्सचर ए में हैं, उन्हें अब भारतीय और पाकिस्तान सरकार से साझा न किया जाए। हमारे दिमाग में डंकन सैंडीज़ का दौरा भी है। इसके बावजूद हम ज़ोर देकर गुज़ारिश करते हैं कि यहां अभी जिनकी चर्चा की गई उनपर जल्दी से जल्दी ध्यान दिया जाए और परिणामस्वरूप मिलने वाले मार्गदर्शन के बारे में सोचा जाए।

पूरी तरह से, केवल आपकी जानकारी के लिए, सैंडीज़ के संदर्भ के लिए, पूर्ववर्ती अत्यंत अनौपचारिक रूप से ब्रिटिश डिप्टी हाई कमिश्नर को बताया गया।

(हस्ताक्षर)

जॉन केनेथ गॉलब्रैथ

(17 नवंबर 1962 को भेजे गए तार की विषयवस्तु यहां समाप्त होती है)

अत्यंत दुःखद है कि उसके बाद, और मेरा मानना है कि यह सचमुच दुःखद है, केनेडी को वे दो पत्र भेजा जाना, यह तब की बात है जब अमरीका और उसके राष्ट्रपति क्यूबा के मिसाइल संकंट में गहराई तक डूबे हुए थे। ये पत्र प्रधानमंत्री नेहरू ने भेजे थे। पहला वाला तार के रूप में भारत में राजदूतावास से विदेश मंत्रालय, नई दिल्ली को 19 नवंबर, 1962 को रात आठ बजे भेजा गया था। वैसे इसे तार 1891 के नाम से भी जाना जाता है। गॉलब्रैथ के दस्तख़त वाले इस पत्र पर लिखा था—सिर्फ़ राष्ट्रपति, सचिव और रक्षा सचिव की आंखों के लिए। शब्दशः इसकी विषयवस्तु इस तरह से शुरू होती थी—'निम्नलिखित सामग्री में आज की तारीख़ में भेजे गए उस संदेश के शब्द निहित हैं जो कि प्रधानमंत्री की ओर से राष्ट्रपति के लिए, बी. के. नेहरू द्वारा पहुचाने के लिए। एम. जे. देसाई द्वारा इसकी प्रति मुझे आज शाम दी गई।

तार संख्या 1891 के माध्यम से भेजा गया पत्र, उन दो पत्रों में से पहला था जो नेहरू ने केनेडी को 19 नवंबर की शाम को भेजे। दूसरा भी बी. के. नेहरू द्वारा 19 नवंबर की शाम को ही व्हाइट हाउस पहुंचाया गया, जो कि वॉशिंगटन में भारतीय राजदूत थे, और तात्कालिक प्रधानमंत्री के भतीजे थे। पत्र की विषयवस्तु नई दिल्ली स्थित राजदूतावास को, तार 2167 में, 19 नवंबर को ही प्रेक्षित की गई। इन पत्रों को गुप्त पत्रों की सूची से नहीं हटाया गया है, न ही अमरीकी प्रशासन द्वारा और न ही भारतीय सरकार द्वारा। जवाहरलाल नेहरू की अपनी लिखी जीवनी में एस. गोपाल ने इन पत्रों को इस तरह संक्षिप्त रूप में दिया गया है।

> ऐसा लगता है, कि नेहरू ने, सिर्फ़ विदेश सचिव, एम. जे. देसाई को छोड़, बिना अपने किसी कैबिनेट सहयोगी या किसी अधिकारी से सलाह किए केनेडी को दो पत्र लिखे थे, जिनमें हालात को 'सचमुच निराशाजनक' बताया था, और फ़ौरन सुपरसोनिक ऑल-वेदर फ़ाइटर के कम से कम 12 स्क्वाड्रन भेजने और राडार संचार व्यवस्था लगाने का अनुरोध किया था। यह लड़ाकू विमान और राडार संयंत्र अमरीकी कर्मियों को ही चलाने थे और भारतीय कर्मियों के प्रशिक्षित होने तक चीनी विमानों के हमलों से भारतीय शहरों की रक्षा की ज़िम्मेदारी भी उन्हीं की थी। अमरीका से यह भी उम्मीद की गई थी कि अगर मुमकिन हो तो वह अमरीकी कर्मियों द्वारा उड़ाए जाने वाले ऐसे जहाज भेजे जो भारतीय क्षेत्र में आकर युद्ध करने वाले चीनियों से लड़ें। जबकि भारतीय

विमानों से और कहीं हमले के लिए भारतीय वायु सेना ही जिम्मेदार होगी। नेहरू ने दो बी-47 बॉम्बर स्क्वाड्रन की भी मांग की थी जिससे कि भारत चीनी शहरों और वायु सेना के अड्डों पर हमले कर सके, लेकिन इन विमानों को उड़ाने के प्रशिक्षण के लिए भारतीय पायलटों और टेक्नीशियनों को फ़ौरन अमरीका भेजा जाना था। यह साफ़ था कि यह सारा सहयोग और साज-सामान सिर्फ़ चीन के ख़िलाफ़ इस्तेमाल होगा।[27]

अमरीका का जवाब शीघ्रता से आया, लेकिन दो किस्तों में। पहला उसी दिन देर शाम को प्राप्त हुआ। यह तार था डिपार्टमेंट ऑफ़ स्टेट की ओर से वॉशिंगटन के भारत स्थित राजदूतावास के लिए, जो 19 नवंबर, 1962 को रात्रि 11:06 पर अमरीकी विदेश सचिव डीन रस्क ने भेजा था, उसमें यह लिखा था। अनुच्छेद 1 और 2 प्रासंगिक न होने के कारण यहां नहीं दिए जा रहे हैं। लेकिन अनुच्छेद 3 से आगे तक का जवाब यहां दिया जा रहा है :

- हम असम क्षेत्र या लद्दाख में ज़रूरी सुरक्षाबलों और साज-सामान पहुंचाने में मदद के लिए 12 या उससे ज़्यादा सी-130 फ़ौरन भेजने को तैयार हैं। यह विमानों और चालक दल समेत अमरीकी कार्यवाही होगी। आपसे मशविरा चाहिए कि क्या भारतीय इस तरह की परिवहन व्यवस्था अभी इस्तेमाल करने के लिए तैयार हैं। साथ ही लोगों और माल ढोने के लिए ज़रूरी व्यवस्था का ब्यौरा दें। विमानों से परिवहन के लिए विशेष एयरलिफ़्ट टीम को तुरंत रवाना किया जा रहा है। इससे आपको भारतीयों को पाकिस्तान सीमा से सेना को भेजने का महत्त्व याद दिलाने का एक और मौका मिल रहा है। नाज़ुक हालात और वक़्त की अहमियत के बावजूद इस संबंध में भारतीय विमुखता से सामन्य से परे होने की बात रेखांकित होती है।
- विमान से लोगों और सामान को भेजने की भारत की क्षमता को लगातार बनाए रखने के लिए हम सी-119 के अतिरिक्त ज़रूरी पुर्ज़े भी भेज रहे हैं। सबसे अच्छा तरीका अपनाते हुए रखरखाव दल भेजे जा रहे हैं ताकि वह ज़रूरत और उसे पूरा करने के कारगर तरीकों का अंदाज़ा लगा सकें।
- जहां तक कि हमें नज़र आता है, जो तथ्य हमें यहां पता हैं, उन्हीं के आधार पर काम चल रहा है। भारतीयों की क्षमताओं की सही तस्वीर मौजूद न होते हुए भी बिना समय गंवाए जिन चीज़ों को भेजने की ज़रूरत है, उनमें देर नहीं लगेगी। यह संभावना भी देखनी है कि भारत के लिए विमान से सामान पहुंचाने की सामरिक आवश्यकताओं की संभावना है। एक और आवश्यकता हो सकती है। युनाइटेड किंगडम से बम भेजने के

लिए बात करनी होगी। लंदन से यह मांग करने के साथ उनकी उपलब्धता और उन्हें विमान से भेजने की ब्रिटिश क्षमता को भी देखना होगा।

(हस्ताक्षर)

रस्क

रस्क ने प्रधानमंत्री नेहरू के पत्रों के जवाब में अमरीका की प्रतिक्रिया पर अपनी राय संक्षेप में 19 नवंबर 1962 के अपने पत्र के ज़रिये गॉलब्रैथ को भेजी :

> अब हमारा मकसद बीते हुए समय को नया रूप देना नहीं, बल्कि वर्तमान हालात को उनके वास्तविक रूप में देखने की ज़रूरत है। अब हमारे सामने मुख्य प्रश्न यह है कि पीकिंग भारत पर सीधे-सीधे पूरे जी-जान से हमला बोलना चाहता है या फिर यह देखना चाहता है कि झूठे दावे करके वह कितना आगे पहुंच सकता है। नेहरू के ताज़ा संदेश से लगता है कि उनका मानना है कि चीनी विवादित क्षेत्र से बहुत आगे तक बढ़ जाना चाहते हैं और इस तरह वास्तव में यह भारत पर हमला ही है।
>
> अगर ऐसा है तो यह स्पष्ट है कि भारत के सामने इस बात की ज़रूरत है कि अपनी मदद के लिए हर संभव संसाधन को युद्ध के लिए तैयार रखे, और यह कि अन्य कोई भी सवाल उसकी अपनी रक्षा और राष्ट्र के अस्तित्व के बाद आए। इसलिए, ऐसा लगता है कि प्रधानमंत्री को अब निम्नलिखित को अपने दायरे में लेने के लिए जितना ज़्यादा हो सके राजनयिक, राजनीतिक और सैन्य प्रयासों पर ज़ोर देना चाहिए :
>
> 1. किसी भी कीमत पर पाकिस्तान का पूरा सहयोग हासिल करना, चाहे इसके लिए दोनों देशों के बीच, कश्मीर समेत, कम सवाल उठें। संयुक्त राज्य अमरीका भारत को ज़्यादा से ज़्यादा सैनिक सहायता नहीं मुहैया करा सकता, अगर भारत की ज़्यादातर फ़ौजें एक ऐसे मुद्दे को लेकर पाकिस्तान के साथ उलझी रहेंगी जिसमें लोगों के खुद अपने बारे में निर्णय लेने के सवाल में अमरीका की दिलचस्पी है, और जिसकी वजह से 1954 से हमारी सहानुभूति पाकिस्तान के दावों के साथ हुई है। अगर अत्यंत कठोर शब्दों में कहा जाए, तो भारत के सामने अब दो विकल्प होंगे जिनमें से एक को चुनना होगा, चाहे भारत अपनी रक्षा के लिए पाकिस्तान से मदद ले, या फिर कश्मीर के सवाल पर किसी तरह पाकिस्तान के फ़ायदे का ध्यान रखे।
> 2. अब तक हमें इस बात के बहुत कम सबूत मिले हैं कि भारत ने ब्रिटिश राष्ट्रमंडल की पारंपरिक प्रतिबद्धताओं का लाभ उठाने की कोशिश की हो। हमारा मानना है कि भारत की रक्षा व्यवस्था सबसे पहले तो राष्ट्रमंडल की समस्या है हालांकि दोनों के बीच राष्ट्रमंडल के दायरे

में इस संबंध मे कोई औपचारिक समझौता नहीं हुआ है। अगर भारत को लगता है कि उसे चीन के साथ युद्ध से जूझना पड़ रहा है, तो संयुक्त राज्य अमरीका के लिए ज़्यादा से ज़्यादा सहयोग देना मुश्किल होगा अगर कम से कम पुराने राष्ट्रमंडल की भागीदारी न हो, और पीकिंग के साथ कॉमनवेल्थ के साथ सामान्य संबंधों और कनाडा और ऑस्ट्रेलिया से लाल चीन के लिए बड़ी मात्रा में अनाज भेजने जैसी गड़बड़ियों को दूर नहीं किया जाता। हमारा मानना है कि भारत को चीन के साथ अपने संघर्ष में राष्ट्रमंडल का ज़्यादा से ज़्यादा सहयोग लेना चाहिए। ख़ासतौर पर हमसे किसी तरह के सहयोग की मांग करने के साथ वही मांग इंग्लैड से भी करनी चाहिए।

3. तीसरा कारक है संयुक्त राष्ट्रसंघ। हम समझ सकते हैं कि नेहरू चीनी आक्रमण के सवाल को संयुक्त राष्ट्रसंघ में उठाने से बचते रहे, लेकिन यह तब तक है जब तक कि रूस पीकिंग की मदद नहीं कर रहा है। दूसरी तरफ, लाल चीन के ख़िलाफ़ तमाम देशों की राय बनने से पीकिंग पर राजनीतिक, आर्थिक और मनोवैज्ञानिक दबाव बनेगा जिससे अपेक्षाकृत बेअसर साबित हो रहे भारतीय हथियारों की ताकत बढ़ेगी। किसी भी सूरत में, भारत के लिए अमरीका का पूरा सहयोग तब और आसान और अमरीकी जनता के लिए हज़म करने लायक हो जाएगा अगर संयुक्त राष्ट्रसंघ में लगभग आम राय बन जाए कि इस आक्रमण को सारे विश्व समुदाय ने अस्वीकार किया है, और भारत को जितना संभव हो सकता है अंतरराष्ट्रीय समर्थन मिलेगा।

4. इससे आगे, हमें इस बात के बहुत कम ही प्रमाण मिले हैं कि भारत ने दक्षिण और दक्षिण पूर्व एशिया के उन दूसरे देशों राष्ट्रों का राजनीतिक और व्यावहारिक सहयोग हासिल करने की कोशिश की हो जो लाल चीन की सीमा पर या उसके पास हैं, और लाल चीन के विस्तार का विरोध करना चाहते हैं। इस तरह भारत दक्षिणपूर्व एशिया में साम्यवादी घुसपैठ के ख़िलाफ़ बांकेपन का रवैया अपनाकर बेशक एशियाई एकता में रुकावट बने। लेकिन राजनयिक स्तर पर इन देशों के साथ सहयोग के बदले सहयोग के अधिकतम प्रयास किए जा सकते हैं।

5. प्रधानमंत्री ने अपने ताज़ा संदेश में प्रभावी रूप में न सिर्फ़ भारत और संयुक्त राज्य अमरीका के बीच सैनिक गठबंधन की पेशकश की है बल्कि युद्ध होने पर पूरी तरह उसमें हिस्सा लेने का वादा किया है। हम मानते हैं कि यह हताशा की स्थिति में एक सरकार की प्रतिक्रिया हो सकती है, लेकिन यह एक ऐसा प्रस्ताव है जिसका आगे कभी गुट-निरपेक्षता के किसी दिखावे के साथ कोई तालमेल नहीं बैठाया जा सकता। अगर नेहरू के मन में यह है, तो इससे पहले कि हम अपने

फ़ैसले के बारे में सोचें, उन्हें इस बात को ठीक से समझ लेना चाहिए। संयुक्त राष्ट्र अमरीका को इन हालात में भारत की मदद करते हुए सक्रिय और तीखी भूमिका क्यों नहीं निभानी चाहिए इसकी ठोस वजह हैं। इनमें से सबसे असरदार वजह यह है कि हमारी भूमिका मॉस्को को पीकिंग की सहायता के लिए आगे बढ़ने को मजबूर कर सकती है। हमें यहां यह भी विचार करना है कि हम मॉस्को से चीन के ग़ैर-ज़िम्मेदाराना और उकसाने वाली कार्रवाई के बारे में रचनात्मक तरीके से क्या कह सकते हैं, क्योंकि यह मानने के ठोस कारण हैं कि मॉस्को भी ख़तरनाक संभावना को लेकर काफ़ी चिंतित होगा। लेकिन मैं इस बात पर ज़ोर ज़रूर देना चाहूंगा कि भारत को अपने राजनयिक और राजनीतिक संसाधनों को तैयार रखना चाहिए, दुनिया भर से बड़ा से बड़ा सहयोग का आधार बनाकर, ख़ासतौर से राष्ट्रमंडल की सक्रिय दिलचस्पी जगाकर उसे शामिल करना चाहिए।

कृपया ऊपर की गई बातों पर, प्रधानमंत्री द्वारा राष्ट्रपति को लिखे गए हाल के पत्र का जवाब दें उससे पहले शीघ्रातिशीघ्र अपने विचार प्रेक्षित करें।

—रस्क

नई दिल्ली में संयुक्त राज्य अमरीका के दूतावास ने 20 नवंबर को C—130 विमानों की ज़रूरत की पुष्टि कर दी, और विदेश विभाग ने उसी दिन जवाब में यह सूचना दी कि रक्षा विभाग 12 सी—130 विमान भारत भेज रहा है।

अमरीका की स्थिति अमरीकी विदेश मंत्रालय से वॉशिंगटन स्थित भारतीय दूतावास को 20 नवंबर, 1962 को रात 12:50 पर भेजे गए इस तार से और खुलकर स्पष्ट हो जाती है जिसमें लिखा था :

मंत्री की ओर से केवल राजदूत के लिए।

हमने नेहरू का दूसरा पत्र आपको आज अग्रसारित कर दिया है जिसके आने की उम्मीद 1889 में है। जैसा कि हमने इस संदेश से जाना है, यह एक तरह से भारत पर चीनी आक्रमण से निपटने के लिए भारत और संयुक्त राज्य अमरीका के बीच सक्रिय और व्यावहारिक रूप से असीमित सैन्य भागीदारी का अनुरोध है। इसमें हमारे लिए बेहद दूरगामी राजनीतिक और सामरिक मामले छिपे हुए हैं, और हमें भारतीयों पर इस बात का बिलकुल भी भरोसा नहीं है कि वह एक जैसी शर्तों पर हर हालात का मुकाबला करने को तैयार होंगे। मुझे याद आता है कि मैंने पिछले दो सालों में एक से ज़्यादा बार विभिन्न भारतीय प्रतिनिधियों से अपनी यह चिंता साझा की है कि उनकी नीति ऐसी जगह ले जाएगी जहां वह अपनी और मुक्त विश्व की नीतियों पर चलकर रास्ता निकालने और प्रभावशाली ढंग से हालात बिगड़ने से बचाने की बजाय बहुत देर हो जाने के बाद मदद के लिए हमें बुला लेंगे।

अक्साई चिन के उन ऊंचे और वीरान पठारों पर गुट-निरपेक्षता का अंत होते देखने और उसे अंजाम तक पहुंचाने में अपनी भूमिका पर ही नहीं, इस बात पर भी दुःख होता है कि गुट-निरपेक्ष आंदोलन के महान समर्थक को ऐसी ज़लालत झेलनी पड़ी। यह 1962 की बात है। दुःखद यह भी है कि इस घटना से जो सदमा पहुंचा, उसने नेहरू की भी जान ले ली। मई 1964 में वह चले गए।

हिमालय से दुरूह युद्ध का बाकी का विवरण अभी पूरा नहीं हुआ है, क्योंकि वास्तविकता अभी जारी है, हालांकि उसका रूप बदल गया है। लेकिन समय के इन वृहद् स्पंदनों ने हमेशा अपनी राहदारी ली है। इससे भारत को जो भारी नुकसान हुआ है, उसके लिए कौन ज़िम्मेदार होगा? कौन खड़ा होकर खुद को गिनवाएगा?

संदर्भ

1. सबसे पहले आर्थर कोस्टलर ने यह टिप्पणी की।
2. ए.जी. नूरानी, *इंडिया-चाइना बाउंड्री प्रॉब्लम 1846-1947 हिस्ट्री एंड डिप्लोमेसी*, ऑक्सफोर्ड यूनिवर्सिटी प्रेस, 2011
3. अंबन, (मंचूः 'मंत्री') चीन के चिंग सम्राट के प्रतिनिधि जो कि एक राजवंश के अधीनस्थ एक अलग क्षेत्र में रहते थे। 1793 में चिंग सम्राट कियानलॉन्ग ने दलाई लामा को चुनने के तरीके में फेरबदल कर दिया और तिब्बतियों को 'अंबन' को विश्वास दिलाना पड़ा कि वे इस नये तरीके पर ही चल रहे हैं। 1904 में, जब ब्रिटिश तिब्बतियों पर एक व्यापार संधि पर हस्ताक्षर करने के लिए दबाव बना रहे थे, 'अंबन' ने कहा कि तिब्बतियों की ओर से कोई समझौता करने में वह सक्षम नहीं है, जिससे कि यह स्पष्ट होता है कि तिब्बत पर चीन का प्रभाव कितना हावी था। 'अंबन' की भूमिका और अधिकारों को लेकर चीनी सरकार और तिब्बत की आज़ादी की वकालत करने वालों के बीच बहस का विषय बना हुआ है, क्योंकि तिब्बत के दर्जे को लेकर दोनों पक्षों के परस्पर विरोधी दावों के आधार का एक हिस्सा है।
4. ज़ाओ इरफ़ेंग चिंग अधिकारी थे, जो कि शीचुआन-हूबेई रेलवे के महानिदेशक और शीचुआन प्रांत के कार्यकारी राजप्रतिनिधि भी रहे। उन्हें चीनी साम्राज्यवादी युग के अंतिम दौर के काफ़ी बदनाम चीनी सेनानायकों में गिना जाता है, जो पूर्वी तिब्बत के रास्ते अपने सैन्य अभियान के तहत आख़िरकार 1910 में ल्हासा तक पहुंचे और उन्हें ज़ाओ द बूचर यानी कसाई ज़ाओ के नाम से भी जाना गया।
5. चिंग राजवंश चीन के साम्राज्यवादी युग का अंतिम राजवंश था। इस राजवंश के शासनकाल में चीन की सीमा में, इससे पूर्ववर्ती मिंग राजवंश की तुलना में तीन गुना विस्तार हुआ, और चीन की जनसंख्या 15 करोड़ से 45 करोड़ हो गई। इसी काल में, चीन के ग़ैर चीनी अल्पसंख्यक समुदायों का चीनीकरण हुआ और देश में एकीकृत राष्ट्रीय अर्थव्यवस्था की स्थापना हुई।
6. *सिलेक्टिड वर्क्स ऑफ जवाहरलाल नेहरू : 1 नवंबर—31 दिसंबर 1958 एण्ड 1 जनवरी—28 फरवरी 29 सैकिंड सीरीज़;* वॉल्यूम 45 एंड 46
7. सुबीमल दत्त एक भारतीय राजनयिक थे जिन्होंने जवाहरलाल नेहरू के प्रधानमंत्री

पद पर रहते हुए भारत के कॉमनवेल्थ सेक्रेटरी यानी राष्ट्रमंडल सचिव और विदेश सचिव के रूप में सेवाएं दीं।

8. अक्साई चिन भारत और चीन के बीच विवादित सीमा क्षेत्रों में से एक है। दूसरा अरुणाचल प्रदेश है। अक्साई चिन का शाब्दिक अर्थ है सफ़ेद पत्थरों का मरुस्थल और यह इलाका वास्तव में नमक का विस्तृत रेगिस्तान है। इस समतल इलाके को सोडा प्लेन भी कहा जाता है। सारा इलाका लगभग निर्जन है। 1962 के भारत-चीन युद्ध की एक प्रमुख वजह यह थी कि भारत को पता चला कि चीन ने इस इलाके में सड़क बना ली है। यह सड़क जो कि तिब्बत को ज़िनजियांग से जोड़ती है, तियानशुईहाई की बस्ती से गुज़रती है जो कि इस इलाके की इकलौती शहर कहलाने लायक बस्ती है, जिसकी कुल आबादी 1600 है। अक्साई चिन फ़िलहाल चीनी कब्ज़े में है। भारत का दावा है कि यह इलाका जम्मू और कश्मीर के लद्दाख ज़िले का हिस्सा है।
9. वियतनाम की प्राचीन सभ्यता को 'चम्पा' नाम से जाना जाता था। इस सभ्यता के बारे में बहुत कम जानकारी मिलती है, लेकिन 400 ईस्वी तक सारी 'चम्पा' सभ्यता को उस दौर के महान शासक राजा भद्रवर्मन ने एकीकृत किया। लगभग 446 ईस्वी में इस सभ्यता की ओर से चीनी तटवर्ती इलाकों में होने वाले हमलों का बदला लेने के लिए चीनियों ने चम्पा पर हमला किया और भद्रवर्मन को हटाकर इस इलाके को चीनी शासन के नीचे ले लिया। कोई डेढ़ सौ साल बाद, लगभग 600 ईस्वी में एक नये चाम राजवंश का उदय हुआ, जिसने चीनी शासकों के प्रतिनिधियों को हटाकर फिर अपने इलाके में अपनी सत्ता स्थापित की। स्वतंत्रता के इस नये युग में सम्पन्नता के साथ कला और संस्कृति का भी खूब विकास हुआ। इसी दौरान चाम शासकों ने इस क्षेत्र की महाशक्ति माने जाने वाले कम्बोडिया के फूनान पर आक्रमण करके उनके साम्राज्य का ख़ात्मा कर दिया।
10. लेखक की टिप्पणी।
11. वही
12. ज्वाइंट सेक्रेटरी या संयुक्त सचिव (पूर्व) संभाग : विदेश मंत्रालय का एक संभाग।
13. अंडर सेक्रेटरी या अवर सचिव (नॉर्थ ईस्ट फ्रंटियर एजेंसी) : विदेश मंत्रालय का एक पद।
14. वही
15. लाइन ऑफ़ कंट्रोल यानी ठीक नियंत्रण रेखा पर स्थित थांगला रिज पर कब्ज़ा जमाए चीनी फ़ौज को पीछे खदेड़ने की योजना के तहत भारतीय थलसेना ने विशाल थांगला पर्वतपीठ के दक्षिणी सिरे पर ढोला नामक स्थान पर एक अग्रिम चौकी स्थापित की। इसके जवाब में चीनियों ने अगस्त में रिज के ऊपर ही बंकर बनाकर छुपे रहने की नीति अपनाई। 8 सितंबर को आठ सौ चीनी सैनिकों ने थांगला की ऊंचाइयों से उतरकर ढोला में बनी भारतीय चौकी को घेर लिया। बारह दिनों तक दोनों पक्षों में से किसी ने भी गोली नहीं चलाई। फिर भारतीय सेना को थांगला से चीनियों को जल्द से जल्द खदेड़ देने का आदेश मिला। इस आदेश का पालन करने की कार्रवाई के दौरान ढोला में 20 और 24 सितंबर को संघर्ष हुआ।
16. वही

17. वही
18. वही
19. वही
20. वही
21. वही
22. वही
23. वही
24. वही
25. वही
26. वही
27. सर्वपल्ली गोपाल, *जवाहरलाल नेहरू : ए बायोग्राफ़ी*, खण्ड 3, पृष्ठ 228-229।

4

1965 : एक अनिर्णायक लड़ाई

1965 का भारत-पाक युद्ध खत्म तो जल्दी हो गया, लेकिन इससे जो गतिरोध पैदा हुआ उसके परिणामस्वरूप आगे चलकर कई महत्त्वपूर्ण घटनाएं घटीं। यह जंग जो कि तीन हफ़्ते भी नहीं चली, इसके ज़्यादातर मोर्चे जम्मू-कश्मीर में खुले थे, और जंग छिड़ने से पहले पाकिस्तानी सेना के सैनिकों के साथ पाकिस्तान की तरफ़ से ऐसे हथियारबंद घुसपैठियों को कश्मीर घाटी में प्रवेश कराने की कोशिश की गई थी जो पाक सेना के स्थाई रूप से नहीं जुड़े थे। और दक्षिण की ओर, पंजाब में जब भारत की ओर से जवाबी कार्रवाई की गई तो उन्हीं मुठभेड़ों ने अंतरराष्ट्रीय घटना का रूप ले लिया, और बन गया अंतरराष्ट्रीय सीमा पर पहला भारत-पाक युद्ध।

पंजाब टैंकों के चंद संघर्षों का गवाह बना रहा, जिनमें दांव-पेंच कम और तोपखानों के बीच मिले-जुले द्वंद ही ज़्यादा थे। इनके अलावा नाम से ही तीखे डंक मारने वाले नैट और सिद्धांत रूप में उनसे कहीं बेहतर पाकिस्तानी वायु सेना को अमरीकी फ़ौजी मदद के तौर पर मिले एफ़-86 सेबर लड़ाकू विमानों के बीच ध्यानाकर्षक हवाई पैंतरेबाज़ी से भरी लड़ाइयां हुईं।

राजस्थान सेक्टर में मध्यम दर्जे के ज़ोर के साथ पाकिस्तान के थरपारकर ज़िले में छाछरो की ओर पीछे धकेल दिया गया था। इस चाल का सामरिक महत्त्व था।

लेकिन, जैसा कि स्वर्गीय के सुब्रह्मणियम ने कहा है, "...1965 का भारत-पाक युद्ध... उस ताशकंद समझौते का परिणाम था जिसके तहत दोनों पक्षों ने एक दूसरे के कब्ज़ा किए हुए इलाकों की अदला-बदली की गई।" इससे पूरे उपमहाद्वीप[1] में आगे की घटनाओं का रुख़ बदल गया।

यह वह विरोधाभासी लेकिन संभव पहलू है जिसे हमें जांच करनी है। तीन हफ़्ते से कम चला युद्ध, जिसकी परिणति, जिसे पाकिस्तानी टीकाकार अब भी 'एक गतिरोध' कहना पसंद करते हैं, आगे चलकर उसके नतीजे इतने अहम कैसे

हो सकते हैं? इसी युद्ध की वजह से पाकिस्तान में सरकार बदल गई, वक़्त से पहले फ़ील्ड मार्शल अयूब खां की हुकूमत ख़त्म हो गई, और बम्बई में जन्मे करिश्माई शख़्सियत वाले ज़ुल्फ़िकार अली भुट्टो अचानक तेज़ी से उभरे जिनकी बदौलत पाकिस्तान में दोबारा सैनिक तानाशाही आई, याहया खान की, और इसके अलावा पाकिस्तान और चीन के एक धुरी में आने से बाद और भी बहुत कुछ हुआ, जैसे पाकिस्तान का परमाणुवीकरण कार्यक्रम, और आख़िरकार 1971 में पाकिस्तान का टूटना और बांग्लादेश का जन्म। और यह सब हुआ सिर्फ़ छह बरस में।

सन् 1965 के भारत-पाक युद्ध के बाद जो कुछ हुआ उसे मिसाल के तौर पर लेते हुए यह समझा जा सकता है कि 'अनजाने नतीजे' एक ऐसा कारक होते हैं जिनके ज़रिये समझा जा सकता है कि कैसे छोटी शुरुआत तेज़ी पकड़ती है और आख़िरकार घटनाओं को पहाड़ से दरकती बर्फ़ के रेले-सा रोका जा सकने वाला सिलसिला चल निकलता है। युद्ध को न कोई रोकता और न ही रोक सकता है, युद्ध आख़िरकार हालात पर हावी हो जाता है अपने जन्म देने वाले, यानी इंसान की अदना कोशिशों पर अपनी पकड़ बना लेता है।

भारत के पहले प्रधानमंत्री जवाहरलाल नेहरू बहुत ही संवेदनशील, नर्मदिल और गहराई से सोचने-विचारने वाले व्यक्ति थे; लेकिन एक दृढ़ निर्णायक नेता नहीं थे जो देश को युद्ध में नेतृत्व दे सके। 1962 की जंग ने जवाहरलाल नेहरू को व्यक्तिगत रूप में गहरी चोट पहुंचाई। वहीं दुख की बात है कि इससे उनके प्रधानमंत्री के पद की गरिमा को भी ठेस पहुंची।

चीन के साथ 1962 की लड़ाई ने उन्हें मार डाला, और साथ में दुनिया की नज़रों में भारत की साख को भी नुकसान पहुंचाया। बड़े कैनवास पर देखा जाए, तो हम पाते हैं कि चीन को लेकर नेहरू के रवैये की वजह से भारत को वह सब देखना पड़ा जो कि सामरिक नज़रिये से किसी बुरे सपने से कम नहीं था—लगभग स्थाई रूप से सरहद पर दो तरफ़ स्थाई मोर्चे खुल गए, पूरब में चीन और पश्चिम में पाकिस्तान के साथ, गतिरोध पैदा हुआ जिससे अकसर भारत को दोनों तरफ़ से एक साथ नुकसान उठाना पड़ा। वह चुनौती भरी चोट और उसका सदमा झेलने के 51 साल, या यूं कहें कि आधी सदी बाद, बंटवारे और उसके नतीजों, और दोनों मोर्चों पर परमाणु हथियारों से लैस दुश्मनों के बीच खाइयां और चौड़ी तथा गहरी होती गईं।

तकलीफ़ इस बात की है कि उस वक़्त भारत के साथ, ख़ासकर चोट खाए नेहरू के साथ खड़ा होने वाला कोई नहीं था, सिवाय सोवियत संघ के, और उन्हें सुरक्षा परिषद् में निषेधाधिकार प्राप्त था। शुरुआत में, 1962 में पाकिस्तान उत्तर पूर्व और लद्दाख की गतिविधियों को बड़ी हैरत से देख रहा था, और जनरल अयूब ख़ान सोच में पड़ गए थे—"भारतीय सेना की हार कैसे मुमकिन है? क्या गड़बड़ हो गई है?" उनका ऐसा सोचना आख़िर किसी फ़ौजी के लिए असामान्य बात नहीं थी, ख़ासतौर से तब जब इसी सेना में सेवा करने के साथ वह एक ही वक़्त

में जनरल जे. एन. चौधरी के साथ सैंडहर्स्ट में कैडेट के तौर पर साथ रह चुके थे। उस वक्त अमरीका ने पाकिस्तान से इस बात का भरोसा दिलाने को कहा था कि वह 1962 की लड़ाई के दौरान कोई 'गड़बड़ी नहीं पैदा करेगा' और उसने इस बात को माना भी।

लेकिन उत्तर-पूर्व में युद्धविराम और चीनी सेना के पीछे हटने के साथ ही सारा परिदृश्य बदल गया। उसके बाद एक किस्म की बदले की भावना हावी हो गई और कुछ ज़्यादा ही ज़ोर इस बात पर हो गया कि कैसे 1962 में भारत की हार को पाकिस्तान के फ़ायदे के लिए इस्तेमाल किया जाए।

फ़ौजी टकराव में भारत की हार के बाद आया राजनीतिक अनिश्चय का दौर, क्योंकि मई 1964 में नेहरू की मृत्यु हो गई थी। प्रधानमंत्री के पद की दावेदारी, राजनीतिक नेतृत्व में बदलाव, जिसके साथ सेना में भी 1962 के बाद लगभग संपूर्ण बदलाव ने भारत सरकार से भारी कीमत वसूली। नवंबर 1962 से मई-जून 1965 के बीच इन अनिष्टकारी घटनाओं का सैलाब पाकिस्तान के लिए ख़ुदा की रहमत बन कर आया था, जिसका अगर पाकिस्तान फ़ायदा न उठाता तो यह उनकी फ़ितरत के ख़िलाफ़ होता।

झुका देने वाली परीक्षा

सैनिक शब्दावली में कहा जाए तो 'रेंजिंग राउंड' या 'फ़ाइटिंग पैट्रोल' की शुरुआत की शक्ल में 1965 में एक चुनौती सामने आई, लेकिन जम्मू-कश्मीर और पंजाब, दोनों से ही बहुत दूर। भारत के नये नेतृत्व की प्रतिक्रिया जानने और किसी चुनौती का सीना तान के सामना करने की इच्छाशक्ति को परखने के लिए दूरदराज़ की अनजानी सी जगह को चुना गया। यह 8 अप्रैल 1965 से 30 जून 1965 के बीच सोच समझ कर कच्छ में छेड़ी गई लड़ाई थी।

पाकिस्तान ने कच्छ के 'विवादित' क्षेत्र में अपनी सुरक्षा चौकियां स्थापित कर लीं। एक तनाव-भरा गतिरोध बन गया। "यह 8 अप्रैल 1965 की बात है जब भारतीय सुरक्षा बलों ने डिंग में एक पाकिस्तानी अग्रिम चौकी पर ऐसा ज़ोरदार हमला किया कि पाकिस्तानी सुरक्षा बलों को हरकत में आना पड़ा..., और फिर 19 अप्रैल 1965 को कच्छ के रण में साढ़े तीन महीने तक भारत की कार्रवाइयों को देखते रहने के बाद कहीं पाकिस्तानी सेना ने विवादित इलाके में प्रवेश किया..." [2]

फिर दोनों ओर से एक दूसरे पर बख़्तरबंद सेना की तैनाती के इल्ज़ाम लगाए गए। "हालांकि इस बात के पुख़्ता सबूत नहीं हैं, लेकिन भारत के इस दावे के पक्ष में रिपोर्ट आ रही थीं कि पाकिस्तान ने कच्छ क्षेत्र में बख़्तरबंद सेना भेज दी है जिसे युद्ध में लगाया जा सकता था।" कराची में अमरीकी दूतावास के मुताबिक जिन इकाइयों को तैनात किया गया था वह उन्हीं हथियारों से लैस थे जो पाकिस्तान को अमरीकी सैनिक सहायता कार्यक्रम के तहत मिले थे। दोनों ओर से लोगों के

हताहत होने की सूचनाएं थीं, और गश्ती दस्तों और सशक्त चौकियों के बीच गोलीबारी जारी थी, और लोगों के विचार, ख़ासकर भारत में, काफ़ी 'तेज़ी से भड़के' हुए थे।[3] 30 अप्रैल को "पाकिस्तान ने कच्छ के रण अपनी सेनाओं को एकतरफ़ा आदेश दिया कि ऐसा कुछ भी न किया जाए जिससे हालात और बिगड़ें।"[4] इसी की वजह से, वास्तव में, युद्ध विराम हो सका।

ऐसे माहौल में जब 1962 में चीनियों द्वारा फ़ौजी अपमान के बाद भारत में पाकिस्तान के बीजिंग के साथ रिश्तों में प्रगाढ़ता आने से लोगों में कड़ी नाराज़गी थी, तब 'मुसीबतों से घिरी हुई भारत सरकार' को किसी भी सूरत में पाकिस्तान के हाथों हारते देखना किसी से नहीं देखा जा रहा था। भारत के विदेश सचिव, एम. जे. देसाई ने अमरीकी राजदूतावास के उप-प्रमुख को बताया कि "देश कच्छ के रण में और हमले बर्दाश्त करने की स्थिति में नहीं है और भारत सरकार किसी दूसरी जगह इसके बदले की कार्रवाई करने को मजबूर हो सकती है, जहां भारतीय सेना के लिए स्थितियां सबसे अनुकूल हों।" कच्छ का विवाद "चीन के साथ लद्दाख में 1962 से पहले की स्थिति जैसे"[5] लग रहा था, जिससे भारत सरकार की घरेलू राजनीतिक दिक्कत बढ़ गई थीं, मिसाल के तौर पर, "भारतीय सेना के गश्ती दलों को देर से भारतीय दावेदारी वाले उपेक्षित पड़े इलाके में विदेशी चौकियां मिलना।"

कच्छ में यह विवाद भड़कने से पहले भी शास्त्री सरकार 'दुर्बलता और दुविधा' के आरोपों के चलते खुद को राजनीतिक रूप से असुरक्षित महसूस कर रही थी[6]। पाकिस्तान को अमरीका से सैनिक सहायता कार्यक्रम के तहत मिला साज-सामान इस्तेमाल करने की बात को लेकर उठे विवाद की वजह से भारत सरकार के लिए घरेलू हालात इसलिए और जटिल हो गए क्योंकि 'अमरीका और पाकिस्तान के 1950 के दशक के सुरक्षा समझौतों और अमेरिकी सैनिक साज-सामान के इस्तेमाल को लेकर 1962 में भारत पर लगाई गई कहीं ज़्यादा सख़्त पाबंदियों को मान लेने की बात के पारंपरिक विरोध का फ़ायदा उठाने वाले वामपंथ और दक्षिणपंथ दोनों के आलोचकों को और मौका मिल गया था।[7]

कच्छ विवाद जो कि उस इलाके में उठा था जहां पाकिस्तान की पकड़ बेहतर थी और पाकिस्तान के लिए कई मौके थे। कूटनीतिक रूप से कच्छ विवाद से पाकिस्तान के पास अमरीका के मिलिट्री असिस्टेंस प्रोग्राम (MAP) यानी सेना सहायता कार्यक्रम के तहत मिले साज-सामान को वहां इस्तेमाल करके जहां उनके इस्तेमाल के औचित्य को लेकर अस्पष्टता बनी हुई थी, भारत-अमरीकी संबंधों में और ज़्यादा तनाव बढ़ाने का मौका था। इसके अलावा कच्छ विवाद से पाकिस्तान को, 'बांडुंग द्वितीय'[8] के ठीक पहले 'अफ़्रीकी-एशियाई देशों की नज़रों में भारत को एक आक्रमणकारी के रूप में पेश करने का मौका था। इस मक़सद को और भी कारगर बनाया जा सकता था अगर कच्छ में पाकिस्तान की कार्रवाई से भड़क कर भारत जवाब में कहीं और मोर्चा खोलता।

आंतरिक रूप से, कच्छ विवाद से पाकिस्तान सरकार को "भारत के सैन्य मामलों में समग्र रूप से पाकिस्तान से बेहतर होते हुए भी, विशेषकर कश्मीर में और पूर्वी पाकिस्तान की सरहद पर, भारत से बढ़त हासिल करने का मौका मिला। आख़िरकार, पाकिस्तान ने अंदाज़ा लगा रखा था कि "कच्छ के हालात पर भारत की प्रतिक्रिया से पाकिस्तान के इस मूल दावे को मज़बूती मिलेगी कि अमरीकी सैन्य सहायता से अपनी स्थिति मज़बूत करने के बाद भारत अपनी शक्ति का इस्तेमाल साम्यवादी चीन से मुक़ाबला करने के बजाय पाकिस्तान को डराने और कश्मीर को लेकर अपनी कट्टर नीति पर अड़े रहने में करेगा।"

30 जून 1965 को भारत और पाकिस्तान ने कच्छ के रण में चल रही लड़ाई को बंद करने के लिए एक सौमझौते पर हस्ताक्षर किए। इंग्लैंड की मदद से हुए इस समझौते पर कराची और नई दिल्ली में अलग-अलग हस्ताक्षर किए गए। पाकिस्तान के राष्ट्रपति अयूब ख़ान ने 30 जून को एक बयान जारी किया जिसमें उन्होंने न सिर्फ़ कच्छ के रण से संबंधित समझौते का, बल्कि उस दूसरे समझौते का भी स्वागत किया जिसके तहत भारत और पाकिस्तान को सरहद के एक सिरे से दूसरे सिरे तक दोनों तरफ़ सेनाओं के जमावड़े को हटाने की बात की गई थी। अमरीकी प्रेसिडेंट जॉनसन ने ब्रिटिश प्रधानमंत्री विलसन को 30 जून 1965 को एक व्यक्तिगत संदेश भेजा जिसमें उन्होंने "टकराव को शांतिपूर्ण समाधान तक पहुंचाने में कामयाबी" [9] के लिए उन्हें बधाई दी थी।

उस समय सेना की पश्चिमी कमान के कमांडर रहे लेफ़्टिनेंट जनरल हरबक्श सिंह ने 1965 के हालात का मूल्यांकन करते हुए कहा है: "1956 से 1962 के बीच भारी अमरीकी मदद से पाक की संभावित शक्ति में बढ़ोतरी हुई जिससे दोनों देशों की ताकत का अंतर काफ़ी कम हो गया। इतना ही नहीं, तब तक इछोगिल नहर एक पूरी तरह से विकसित रुकावट का रूप ले चुकी थी, और उससे पाक को रावी और सतलज नदियों के बीच के अहम इलाके की अतिरिक्त सुरक्षा मिल जाती थी। इन दोनों सैन्य कारकों के मेल की बदौलत पाकिस्तान को आक्रामक कार्रवाई के लिए उम्मीद से ज़्यादा ताकत मिल गई। मज़बूती से डटे रहकर अब वह कश्मीर के लिए दाव लगाने की सोच सकता था—अगर संभव हो तो शांतिपूर्ण तरीके से, और ज़रूरी तो जंग के रास्ते से। इस मुकाम पर पाक ने अपने दांत दिखाने शुरू किए और अफ़रा-तफ़री में जंग की तैयारी का कार्यक्रम चला दिया। अमरीका से मिले जंगी साज-सामान का भारत के विरुद्ध प्रयोग करने पर लगी रोक को अपनी सहूलियत से दरकिनार कर दिया गया।" [10]

इस पड़ाव पर पाकिस्तान के उद्देश्य और उसकी योजनाओं का आकलन करना उचित लगता है।

1962 की हार के परिणामस्वरूप भारत में बनी राजनीतिक-सामरिक स्थिति, 1965 की इस लड़ाई की सामरिक पृष्ठभूमि बनाती है। उस समय भारत से जो संकेत जा रहे थे, ख़ासतौर से 1964 में नेहरू की मृत्यु के बाद, राजनीतिक उत्तराधिकार

को लेकर छिड़ी आपसी लड़ाइयों की वजह से जैसा माहौल बन गया था वह आश्वस्त करने वाला तो नहीं था।

पड़ताल के लिए कच्छ में की गई पाकिस्तान की कार्रवाई से इतना तो मकसद हल हुआ कि जून 1965 में युद्धविराम के बाद इस पूरे सवाल को अंतरराष्ट्रीय मध्यस्थता और फ़ैसले के लिए भेज दिया गया। भारत इसके लिए राज़ी हो गया, जिससे और सवाल उठने लगे कि भारत ने आख़िर ऐसे संदेहास्पद तरीके का सहारा लेने के लिए हामी कैसे भर दी? इसमें जो संदेश छुपा था, पाकिस्तान उसे ठीक से पढ़ नहीं पाया, या फिर उसका अर्थ समझने में चूक कर दी—पाकिस्तान ने शायद यह समझ लिया कि मौजूदा हालात में और ज़्यादा फ़ायदा उठाया जा सकता है। लेकिन इसके लिए कच्छ सही जगह नहीं थी, सही जगह निकली जम्मू और कश्मीर।

कच्छ में युद्धविराम का समझौता हुए महीना भर भी नहीं बीता था कि पाकिस्तान ने जम्मू और कश्मीर को निशाना बनाकर अपने घुसपैठिये दाग दिए। लेकिन किस्मत से, हैरत में डालने की उनकी उम्मीद पूरी न हो सकी, क्योंकि कश्मीरी बक्करवाल चरवाहों को उनका पता चल गया और उन्होंने वक़्त रहते घुसपैठ की ख़बर दे दी।

भारत पाक झगड़ों का एक व्यापक विश्लेषण

कच्छ की लड़ाई की चर्चा को ठहराव देते हुए हम यहां भारत-पाक संघर्षों के चंद मुख्य पहलुओं को मोटे तौर पर समझने के बाद, ख़ासतौर पर 1965 के इस युद्ध के दौरान हुई ग़लतियों और उनके नतीजों की विशेष रूप से पड़ताल करेंगे। भारत और पाकिस्तान दोनों को इसके दायरे में लाने की हमारी कोशिश रहेगी।

हालांकि 1965 की जंग में नहीं, लेकिन उसके बाद ज़रूर पश्चिमी सेक्टर में मोटे तौर पर जंग के तौर-तरीके ऐसे रहे कि पहले से उनका काफ़ी साफ़-साफ़ ख़ाका खींचा जा सकता था।

युद्ध की शुरुआत किसी भी सूरत में नियंत्रण रेखा यानी लाइन ऑफ़ कंट्रोल की मर्यादा के उल्लंघन से होती थी। वह किसी चुनी हुई जगह से सोच-विचार कर हमले करते हुए दाखिल होना हो या चोरी-छिपे घुसपैठ। इसके बाद शुरू होता स्थानीय रूप से हरकत में आना, जिसकी गुंजाइश ही ज़्यादा नहीं है और जो सिर्फ़ जम्मू और कश्मीर में होने वाली कार्रवाई तक सीमित है। इससे पाकिस्तान को एक साथ दो बातों को सच समझने का मौका मिला—एक तो यह, कि यह सोच लिया जाए कि घुसपैठ 'आज़ादी के लड़ाकों' की हैं, और जब कुछ और न समझ में आए तो मामला यू. एन. एम. ओ. जी. यानी युनाइटेड नेशंस मिलिट्री ऑब्ज़र्वर्स ग्रुप की तरफ़ सरका दो, 'उन्हें तहकीकात करने के लिए बुला लो, और उनके अपना काम करने तक युद्धविराम का पालन करो, जहां तक मैदान में अपनी जगह का सवाल है, 'जहां है जैसा है' वाला रवैया अपनाते यानी यथापूर्व स्थिति बनाए

रखते हुए जहां हो वहीं डटे रहो, इसके बाद नियंत्रण रेखा स्पष्ट खिंची न होने का फ़ायदा उठाकर धीरे-धीरे आगे बढ़ते हुए ज़मीन पर अपना कब्ज़ा बढ़ाते रहो।' लेकिन यह दांव इतनी बार खेला गया है कि अब यह बेअसर हो चुका है।

लेकिन अगर यही संघर्ष विस्तार के लिए होता और महज़ जम्मू और कश्मीर सेक्टर में न सिमटा रहता तो 1971 में बांग्लादेश के एक देश के रूप में अलग होने से पहले, मोटे तौर पर तीन अलग इलाके होते संघर्ष के—पहला पंजाब, जिसमें उत्तरी और दक्षिणी पंजाब सब-सेक्टर के तहत सियालकोट उत्तर से दक्षिण की ओर क्रमशः सियालकोट, मध्य में लाहौर-अमृतसर और दक्षिणी पंजाब के फ़ाज़िल्का-अबोहर की सीध में आने वाले और कुछ दूसरे इलाके आते हैं।

राजस्थान में, गंगानगर-बीकानेर-बहावलपुर की सीध में आने वाले इलाके ऐसे ही जहां गंभीर युद्ध की संभावना ही कम रहती है क्योंकि इस इलाके में नहरों का ऐसा विस्तृत जाल फैला हुआ है कि सेना की आवाजाही में बहुत कठिनाई आती है, इसीलिए इस इलाके में सिर्फ़ भूले-भटके ही मामूली से टकराव हुए।

लेकिन पश्चिम राजस्थान में, जैसलमेर-बाड़मेर-छाछरो या मुनाबाओ-रहीमयारखान की सीध में आने वाले इलाकों को 1965 और 1971, दोनों युद्धों में छुटपुट हमलों का निशाना बनाया गया, लेकिन इन इलाकों में गहरे घुसने की कोशिश ही नहीं की गई, फिर कामयाबी का सवाल ही पैदा नहीं होता। इस तरह यह सीमित संघर्ष का क्षेत्र बना रहा।

पूर्वी पाकिस्तान, यानी अब के बांग्लादेश में 1971 तक थल सेनाओं की ओर से कभी कोई गंभीर कार्रवाई नहीं की गई। 1971 में बांग्लादेश की कार्रवाई के दौरान कई इलाकों पर फ़ौजी कार्रवाई का साया पड़ा, जिसकी पड़ताल आगे एक अलग अध्याय में की जाएगी।

1965 तक वायुसेना और नौसेना की कार्रवाई का दायरा भी छोटा था और गुंजाइश भी कम थी। मिलिट्री असिस्टेंस प्रोग्राम के तहत पाक को मिली अमरीकी मदद के बावजूद भारत ने अपनी वायुसेना का दबदबा बरकरार रखा, हालांकि 1965 के युद्ध में यह उतना कारगर नहीं रहा क्योंकि तब पाकिस्तानी वायु सेना ने अमरीका से मिले 'सेबर' विमानों का बख़ूबी इस्तेमाल किया।

अगर हम इस तरह मोटे तौर पर विश्लेषण करते हैं तो यह कमी स्पष्ट रूप से उभर कर आती हैं—कमज़ोर, दुविधाग्रस्त और बेअसर राजनीतिक नेतृत्व, झिझकते हुए की गई सैन्य कार्रवाई, और सबसे ज़्यादा, महत्त्वपूर्ण गुप्तचर सेवाओं की नाकामी। इन सब के बारे में आगे ग़ौर करेंगे।

आइये वापस लौटते हैं अपनी दास्तान पर। लेफ़्टिनेंट जनरल हरबक्श सिंह ने सन् '65 की सैनिक कार्रवाइयों के बारे में अपनी पुस्तक में बड़े ही फ़ौजियों वाले साफ़-सहज ढंग से टिप्पणी की है। इसमें कम शब्दों में सारी बातों का निचोड़ सामने रखा गया है वह क़ाबिल-ए-तारीफ़ है।[11] इस रचना का शीर्षक है—*वॉर डिस्पैचेज़, इंडो-पाक कॉनफ़्लिक्ट 1965*

कुछ प्रासंगिक अंश प्रस्तुत हैं :

"पाकिस्तान ने 1965 के साल की शुरुआत युद्धविराम के समझौते का कई बार उल्लंघन करके की...

...अगस्त की 8 तारीख़ को पाकिस्तान की '8 ए के' यानी 'आठवीं आज़ाद कश्मीर' बटैलियन और '18 ए के' बटैलियन के दो अधिकारियों को पकड़ा गया। पूछताछ के दौरान इन अफ़सरों ने चौंकाने वाली बातों का खुलासा किया। उन्होंने बताया कि वह ताक़त के दम पर कश्मीर पर कब्ज़ा करने की पाक की एक महत्त्वाकांक्षी योजना के अहम हिस्से हैं। घुसपैठ की योजना बड़े ही बढ़िया ढंग से बनाई गई थी। हमलावरों को 1 अगस्त से 5 अगस्त के बीच छोटे-छोटे दल बनाकर घुसने के बाद कुछ चुनिंदा जगहों पर इकट्ठे होना था, और वहां से उन्हें घाटी में अलग-अलग दिशाओं में फैलना था। कुछ टुकड़ियों को, 25 इनफ़ैंट्री डिविज़न के कुछ बेहद ख़ास इलाकों, जैसे बेहरामगाला, थंडा मंडी, दरहाल, खंडी और बुद्धिल में पैर जमाने के लिए, एक साथ घुसना था।

व्याख्या में सुविधा को ध्यान में रखते हुए जम्मू और कश्मीर में संघर्षों के दूसरे दौर में, भारत के काउंटर इनफ़िल्ट्रेशन ऑपरेशन्स यानी घुसपैठ निरोधी अभियानों को इन दो हिस्सों में बांटा गया है : (क) हाजीपीर बल्ज (bulge) पर कब्ज़े के लिये कार्यवाही (ख) तिथवाल सेक्टर में दुश्मन को किशनगंगा नदी के पश्चिम तक पीछे खदेड़ने के लिए चलाए गए अभियान। ...पाक ने हाजीपीर बल्ज पर सीज़फ़ायर लाइन के इलाके की अजीबोग़रीब बनावट का घुसपैठ की अपनी मुहिम को अंजाम देने के लिए ख़ूब फ़ायदा उठाया।

अगस्त 1965 में, जैसे-जैसे जम्मू और कश्मीर में पाक की आक्रामक गतिविधियों में तेज़ी आती गई, वैसे-वैसे यह साफ़ होता गया कि जल्दी ही ऐसी कठिन स्थिति आएगी जब पंजाब की तरफ़ भी दुश्मनी निभाने वाली हरकतें ज़रूर बढ़ जाएंगी। छम्ब-जौरियां सेक्टर में दुश्मन की आक्रामक कार्रवाई के चलते वह मुश्किल हालात पैदा हो गए, और तब 3 सितंबर 1965 को सेना मुख्यालय ने हमारी अपनी तैयारियों को सामरिक गतिविधियों में बदलने के लिए 'आगे बढ़ो' का इशारा कर दिया।

(उधर पंजाब में) ग्यारहवीं कोर ने दुश्मन के इलाके में लगभग 140 वर्ग मील इलाके को अपने कब्ज़े में ले लिया और बदले में खेम करन इलाके में उसके मुकाबले में बहुत मामूली-सी ज़मीन की पट्टी छोड़ दी। इनकी सबसे बड़ी उपलब्धि ये रही कि इन्होंने दुश्मन की पहली बख़्तरबंद रेजिमेंट को कुछ करने लायक नहीं छोड़ा, जबकि उसे पाक सेना की व्यूह रचना का विशिष्ट हिस्सा माना जाता था, और इस तरह, पाक की हरिके और ब्यास की तरफ़ बख़्तरबंद सेना के तूफ़ानी हमले की महत्त्वाकांक्षी योजना को विफल कर दिया।

प्रथम कोर (1 Corps) ने पाक ज़मीन के 200 वर्ग मील इलाके पर कब्ज़ा कर लिया और दुश्मन की बख़्तरबंद गाड़ियों को भारी नुकसान पहुंचाया। ...लेकिन जब धूल बैठी और प्रथम कोर की उपलब्धियों को जोश के माहौल से निकलकर, सही परिप्रेक्ष्य में देखा गया, तो हर्षोल्लास की जगह निराशा छा गई...क्योंकि तब यह स्वीकार किया गया कि हमने दुश्मन को बेशक ज़ोरदार चोट पहुंचाई लेकिन ...वह उस करारी शिकस्त से बहुत कम थी जो हम दुश्मन को देने में सक्षम थे और तमाम हालात भी हमारा साथ दे रहे थे। इसका नतीजा यह था कि दुश्मन की बख़्तरबंद इकाइयों को सिर्फ़ हुलिया बिगाड़कर छोड़ देने के बजाय उन्हें हम इतना तहस-नहस कर सकते थे कि वह फिर कभी सही हालत में आने लायक न रहते—जो कि हमारा मूल उद्देश्य था।

उधर पंजाब के मंच के लिहाज से, आक्रमण को लेकर मेरी सामरिक सोच में पाक सेना को तबाह करने के साथ दुश्मन की ज़मीन के बड़े-बड़े हिस्सों को हासिल करने का दोहरा मकसद था, क्योंकि मेरा विचार था कि जैसा कि जंग ख़त्म होने के बाद हमेशा ही होता है, जब राजनेता सुलह के लिए बातचीत करेंगे, तो सौदेबाज़ी के लिए हमारे हाथ में एक बेशक़ीमती औज़ार होगा। पहले चरण में मैंने इछोगिल नहर को कब्ज़े में लेने के बारे में तय कर लिया था, जिसके कई कारण थे... वह विकट जलबाधा है। इस खाई ने पाक को अत्यंत महत्त्वपूर्ण लाहौर सेक्टर तक पहुंच बनाने से रोककर बहुत सुरक्षा दी है। मैं चाहता था कि किसी तरह पांसा पलटा जा सके और ये नहर हमारी अपनी रक्षा रेखा बन जाए। इसके साथ जो इलाका और कब्ज़े में आएगा, वह सारा बढ़िया इनाम जैसा होगा।

जम्मू और कश्मीर में बड़े पैमाने पर हथियारबंद पाकिस्तानियों की घुसपैठ के बाद किसी ख़तरे से निपटने के लिए एक हेलिकॉप्टर टास्क-फ़ोर्स गठित किया गया, जिसमें शुरुआत में दो स्क्वॉड्रन थे, और बाद में बढ़ाकर तीन कर दिए गए। इस टास्क-फ़ोर्स ने 20 अगस्त 1965 से युद्ध ख़त्म होने तक 79 आक्रामक उड़ानें भरीं।...घुसपैठियों की हिम्मत बुरी तरह पस्त कर देने में यह कारगर थे। हाजीपीर दर्रा, तंगधार, और गुरेज़, बड़गाम, मंडी और बुद्धिल के आसपास की पहाड़ियां उन कुछ इलाकों में से हैं जहां हेलिकॉप्टर बमबारी और हवाई हमले करते रहे।

14 सितंबर 1965 के बाद से, सुरक्षा कारणों से, जिनमें मुख्य था ज़रूरी ऐंटी-एयरक्राफ़्ट तोपखाने की कमी और फैलकर रहने की ज़रूरत के चलते, भारतीय वायु सेना को यह ज़रूरी लगा कि हर शाम आदमपुर, हलवाड़ा और पठानकोट में वायुसेना के अग्रिम अड्डों से हटकर सीमा से दूर के वायुसेना अड्डों पर लौट जाएं और अगली सुबह के मिशन पूरे करके अग्रिम अड्डों पर लौटें। नतीजतन, वायुसेना पूरी ताक़त से काम नहीं कर पाई।

पाकिस्तान की नज़र से

यहां यह साझा करना उचित होगा कि पाकिस्तान इस सब को कितना समझता है, कैसे मूल्यांकन करता है।[12]

"जनरल हेडक्वार्टर के ऑपरेशंस रूम में 7 सितंबर, 1965 की शाम को आम राय यह थी भारतीय बख़्तरबंद दस्ते लाहौर की तरफ़ कूच करने पर पीछे से मदद देने के लिए अमृतसर से आगे इकट्ठे हो रहे हैं।...यह निर्णय लिया गया कि हम अपनी बख़्तरबंद फ़ौज को मुख्य जवाबी हमले के लिए लाहौर के दक्षिण और पूर्व में खेमकरन इलाके में उतारें। ऐसी उम्मीद की गई थी कि इस हमले से, जिसमें आगे-आगे पहली आरमर्ड यानी बख़्तरबंद डिविज़न होगी और उनके पीछे मदद के लिए पैदल सेना की एक ब्रिगेड होगी। नीयत यह थी कि दुश्मन के इस अपेक्षाकृत हल्की प्रतिरक्षा वाले इलाके में घुसकर हरिके वाली सड़क पर आगे बढ़ते जाएं। इस तरह अमृतसर के लिए ख़तरा पैदा होगा, और अगर मुमकिन हुआ तो शहर को एक तरफ़ छोड़, लाहौर की सरहद पर बने ठिकानों पर पीछे से हमला करने के लिए आगे निकल जाएं। (पृष्ठ 29)[13]

"विचार दिलेरी वाला था, लेकिन तीन गंभीर कमज़ोरियों की वजह से नुकसान उठाना पड़ा। भारतीयों की मंशा क्या है इसकी साफ़-साफ़ तस्वीर नहीं मिल पा रही थी। उनके बख़्तरबंद दस्तों की स्थितियों का बिलकुल पता नहीं लग पा रहा था, और भारतीयों के अगले क़दम का पता लगे बिना अपने बख़्तरबंद दस्ते को कहीं लगा देना जोखिम भरा काम था। पैदल फ़ौज के एक डिविज़न जिसे इस बख़्तरबंद दस्ते की आगे बढ़ने में मदद करनी थी, उसे चंद दिन पहले छंब के इलाके में चल रही लड़ाई को संभालने के लिए भेज दिया गया, जिससे पाकिस्तान के प्रमुख आक्रामक बल को गंभीर रूप से कमज़ोर कर दिया। हमला बोलने के करीब चौबीस घंटे बाद तक कमांडरों के पास नक्शे नहीं थे, जो कि ज़मीनी जंग के लिए बेहद ज़रूरी होते हैं। ऐसी गंभीर कमियां, और ऊपर से शीर्ष नेतृत्व का लापरवाह होना इस आक्रमण की नाकामी का कारण बना, और अगले दिन, 8 सितंबर को, यह स्पष्ट हो गया कि बख़्तरबंद दस्ते का हमला नाकाम हो गया है। उस पर से यह ख़बर भी आ गई कि ज़्यादातर भारतीय बख़्तरबंद सेना सियालकोट के पार जम्मू के इलाके में इकट्ठी हो रही है।" (पृष्ठ 30)[14]

यह संभव था कि भारतीय...

"सियालकोट को एक तरफ छोड़ लाहौर की रक्षा व्यवस्था के लिए उत्तर की

ओर से या फिर पीछे से ख़तरा पैदा कर दें। 11 सितंबर को यह तय किया गया कि खेमकरन में तैनात अपनी बख़्तरबंद सेना में से जितनी हो सके, वहां से हटकर सियालकोट के लिए पैदा हुए भारतीय ख़तरे का सामना करने के लिए भेजी जाएगी। 12 तारीख को आरमर्ड डिविज़न के दो बख़्तरबंद ब्रिगेड खेमकरन से वज़ीराबाद भेजने के आदेश जारी कर दिए गए। इन्हें रेल या सड़क मार्ग से भेजा जाना था। यह काफ़ी बड़ा काम था, और क्योंकि इसे बिना देर किए पूरा करना था, इसलिए दिन में इसे अंजाम देना था। ऐसा माना जा रहा था कि रास्ते में इसे भारतीय हवाई हमलों का सामना करना पड़ सकता है। 13-14 सितंबर की रात को बख़्तरबंद गाड़ियों को रवाना किया गया और 15 की सुबह यह अपने नये ठिकाने पर पहुंचीं। सारे रास्ते वायु सेना ने बड़ी मुस्तैदी से नज़र रखी और हमारी बख़्तरबंद गाड़ियों की सुरक्षा के लिए लड़ने को तैयार रही। अच्छी बात है कि भारतीयों ने कोई प्रतिक्रिया नहीं की, शायद इसलिए क्योंकि उन्हें एक जगह से दूसरी जगह भेजे जाने का पता ही न चला हो।" (पृष्ठ 31) [15]

छम्ब-जौरियां सेक्टर में,

"काम सौंपा गया 12 डिविज़न के जनरल ऑफ़िसर कमांडिंग मेजर जनरल अख़्तर हुसैन मलिक को, जो कि कश्मीर की रक्षा के लिए ज़िम्मेदार थे। उन्होंने इसे अंजाम देने के लिए जो योजना बनाई उसमें उनका निडर होना और खुले दिमाग़ से सोचना साफ़ झलकता है। इस तरह ऑपरेशन 'जिब्रॉल्टर' का जन्म हुआ। (पृष्ठ 75) [16]

अलग से नज़र आने वाला हाजी पीर, पाकिस्तान को आज़ाद कश्मीर के उत्तरी और दक्षिणी इलाकों को जोड़ने वाली कड़ी जैसा कुदरती इलाका, इस सांचे में ठीक बैठता था। 24 अगस्त को भारतीयों ने इस इलाके में आज़ाद कश्मीर के ठिकानों पर ज़ोरदार हमला बोला...और 28 तक इतना इलाका उनके कब्ज़े में आ गया था जिससे कि वह आज़ाद कश्मीर की राजधानी मुज़फ़्फ़राबाद को आज़ाद कश्मीर के दक्षिणी इलाके में संपर्क के सबसे अहम ठिकाने कोटली के बीच आवाजाही रोक सकते थे। हाजी पीर पर हमला करके, सीज़फ़ायर लाइन को अट्ठारह साल में पहली बार नकारा गया था, जिसने इस युद्ध को एक नया मोड़ दिया। पाकिस्तान के पास इसका बदला लेने के लिए अब इसके सिवा और कोई रास्ता नहीं था कि ऐसे इलाके में हमले का बदला लेने की कार्रवाई करे जहां भारतीय कमज़ोर हों, और जहां अपेक्षाकृत कम प्रयास से ऐसे नतीजे मिल सकें जो निर्णायक हों। इसके लिए छंब-अखनूर इलाके को चुना गया क्योंकि वहां बख़्तरबंद सेना को काम में लाया जा सकता था, और उसे आधार बनाकर जम्मू-श्रीनगर को घाटी से जोड़ने वाले अहम

रास्ते के लिए ख़तरा पैदा किया जा सकता था। इस काम के लिए लाहौर के दक्षिण में स्थित सातवीं इनफ़ैंट्री डिविज़न को चुना गया और उसे छंब इलाके की तरफ़ कूच करने का हुक्म दे दिया गया। इस कार्रवाई को 2 तारीख़ की सुबह तक, बारहवीं डिविज़न के हमला बोलने के लगभग छत्तीस घंटे के अंदर अंजाम तक पहुंचाना था। उसी दिन, सातवीं डिविज़न के जनरल ऑफ़िसर कमांडिंग मेजर जनरल याहया ख़ान को इस सेक्टर की कमान सौंपी गई, और मेजर जनरल अख़्तर मलिक को और उत्तर में उनके पिछले ठिकाने पर वापस लौटने के आदेश दे दिए गए। इसका इस इलाके में सैनिक कार्रवाईयों और भारत के साथ युद्ध पर बड़ा गहरा असर पड़ा। अख़्तर मलिक ने ही छंब-अखनूर सेक्टर को अपने आप में समेटे, ज़िम्मेदारी भरे इस इलाके में कार्रवाई का ख़ाका तैयार किया था।'' (पृष्ठ 80) [17]

खेमकरन के युद्ध पर टिप्पणी करते हुए एयर मार्शल असग़र लिखते हैं : ''खेमकरन इलाके में हमारी बख़्तरबंद फ़ौज की तैनाती अयूब ख़ान के करियर का बड़ा अहम पड़ाव था। उन्होंने ऐसा करने के फ़ायदों को लेकर बड़ी-बड़ी उम्मीदें बांध ली थीं। उनका ऐसा मूल्यांकन सच्चाई से कितना दूर था, वक़्त भी गड़बड़ चुना गया था, और तैयारी इतनी भी नहीं थी, कि इस काम में कामयाबी मिलना लगभग असंभव था, इतना कह ही सकते हैं। बख़्तरबंद फ़ौज के इस आक्रमण की नाकामी से उनका सारा जोश ठंडा पड़ने लगा और जैसे ही सियालकोट-नारोवाल इलाके में चल रही लड़ाई में गतिरोध आया, उनका हौसला पस्त होने लगा। ज़ाहिर है, ऐसी स्थिति में फंसने के लिए वह ख़ुद को धिक्कारने लगे थे और सैनिक कार्रवाई में सफलता को लेकर उन्हें संदेह होने लगा था।'' (पृष्ठ 95) [18]

जहां तक पंजाब में हुई ज़मीनी लड़ाइयों के विस्तृत विवरण की बात है, आमतौर पर ऐसा नहीं होता, लेकिन भारत और पाकिस्तान की ओर से इस जंग में हिस्सा लेने वालों के लिखे तमाम विवरण मिलते हैं, जिनमें से कुछ उन सेनाध्यक्षों के हैं जो जंग में सेना की कमान संभाले थे। बेशक ऐसे ही विवरण कश्मीर के भी हैं, लेकिन तादाद में काफ़ी कम हैं।

पंजाब की प्रमुख लड़ाइयां हैं :

1. इछोगिल नहर की लड़ाई
2. डोगरई की लड़ाई
3. खेमकरन की लड़ाई
4. सियालकोट की लड़ाई, और इनके अलावा,
5. बाड़मेर और जैसलमेर सेक्टर की लड़ाइयां

1965 की लड़ाई एक गतिरोध पर आधारित जंग किस तरह बनी रही, इसे समझने के लिए इन युद्धों की एक संक्षिप्त व्याख्या ज़रूरी है। यह अंतरराष्ट्रीय सीमा पर पहला भारत-पाक युद्ध था, लेकिन इसका असर अगले पांच साल तक

बार-बार देखने को मिला। यह एक कोशिश है इनमें से हरेक लड़ाई का अध्ययन करने की, ख़ासतौर से इसलिए क्योंकि इनसे यह जाना और समझा जा सकता है कि कहां-कहां हमसे ग़लतियां हो गईं।

युद्ध की ज़मीनी सच्चाई का जायज़ा सेवानिवृत्त लेफ़्टिनेंट जनरल बी. एम. कौल [6] ने बड़ा ही सजीव वर्णन किया है : पहली सितंबर को पाकिस्तान की ओर से शुरू किए गए 'ग्रैंड स्लैम' ऑपरेशन के पीछे बदले की भावना थी, क्योंकि भारत ने हाजी पीर दर्रा और दूसरे इलाकों पर पहले ही कब्ज़ा कर लिया था, और पाकिस्तान को घुसपैठ की उसकी मुहिम के लिए भी करारा जवाब मिल चुका था।

जुलाई 1965 में, पश्चिमी पाकिस्तान से लौटकर संयुक्त राष्ट्रसंघ के एक अधिकारी ने टिप्पणी की थी कि 'पाकिस्तानी पंजाब में बड़े पैमाने पर फ़ौजी टैंक जुटा रहा है, और भारतीय सो रहे हैं।' हालांकि हमारे पास लोग भी कम थे और टैंक भी, लेकिन जब शाम के चार बजे चौंकाने वाली यह ख़बर आई कि हमारे फ़ौजियों को मुनव्वर तवी से पीछे खदेड़ दिया गया है, तो वायु सेना को काम पर लगाने के लिए सरकार से अनुमति मांगी गई। शाम छह बजे भारतीय वायु सेना के विमान उड़ान भर चुके थे। [19]

पहले ही झपट्टे में अखनूर शहर और चिनाब दरिया पर कब्ज़ा करके जम्मू से पुंछ के बीच हमारा सम्पर्क तोड़ने की पाकिस्तान की योजना थी। फिर उन्होंने जम्मू शहर को अपने अधिकार में लेने की योजना बनाई ताकि वहां से जम्मू-श्रीनगर राजमार्ग पर पहुंचा जा सके। फ़ौज को अखनूर की तरफ़ भी इसीलिए बढ़ाया गया था ताकि भारतीय तोपखाने को अपनी तरफ़ से हमला करने के लिए फुसलाया जा सके और भारत की कुल बख़्तरबंद फ़ौज की ताक़त को तोड़ा जा सके, और पाकिस्तान को भारत पर बढ़त मिल सके। 5 सितंबर को दुश्मन की फ़ौजों ने अखनूर के क़रीब जौरियां पर कब्ज़ा कर लिया, जहां हमारी एक नवगठित डिविज़न को तैयार करने के लिए जल्दी-जल्दी में सब कुछ जुटाया जा रहा था। 6 सितंबर को पाकिस्तान का बख़्तरबंद दस्ता अखनूर से छह मील दूर तक आ पहुंचा था। [20]

पाकिस्तान ने इस इलाके में बख़्तरबंद सेना की जिस टुकड़ी को भेजा वह छठी आरमर्ड डिविज़न का हिस्सा थी, जिसे सियालकोट की रक्षा के लिए अलग छोड़ दिया गया था। छठी आरमर्ड डिविज़न के अस्तित्व के बारे में अचानक पता लगने से हम भौंचक्के रह गए थे। जब भारतीय सेना ने 6 सितंबर की सुबह पंजाब सेक्टर में अंतरराष्ट्रीय सीमा को पार किया, तो दुश्मन ने फ़ौरन हरकत में आते हुए अखनूर की तरफ़ हमलों का सिलसिला रोक कर अपनी बख़्तरबंद सेना का बड़ा हिस्सा वहां से हटाकर सियालकोट सेक्टर के लिए भेज दिया। [21]

छम्ब सेक्टर में जब 1 सितंबर को पाकिस्तान ने हमारे ऊपर हमला कर दिया, तब यह बात साफ़ तौर पर समझ में आई कि अगर हम दुश्मन की सेना के हमलों से निबटना चाहते हैं तो हमें इस सेक्टर को बख़्तरबंद सेना से मज़बूत

बनाने के बजाय दुश्मन को हमले के और मौके देने के बजाय, एहतियात के तौर पर पंजाब में दुश्मन पर आक्रमण करना चाहिए। सेना को आगे बढ़ने की सरकारी अनुमति मिली, और 6 सितंबर को लाहौर सेक्टर में और 8 सितंबर को सियालकोट सेक्टर में, और राजस्थान के सरहद के पार हमले बोले गए, ताकि दुश्मन का ध्यान जम्मू और कश्मीर की तरफ़ से हटाया जा सके।[22]

इछोगिल नहर की लड़ाई

उत्तर से दक्षिण तक सत्तर मील लंबे इलाके में फैला इछोगिल सेक्टर, रावी और सतलज नदियों के बीच, जिसकी कंक्रीट की दीवारों और पूर्वी किनारों के मुक़ाबले कुछ ऊंचे पश्चिमी किनारों वाली, औसतन 90 से 120 फ़ीट, और 150 फ़ीट गहराई। इसे अपने दायरे में लेना कोर के सक्षम कमांडर लेफ़्टिनेंट जनरल जे. एस. ढिल्लों का मकसद था। इस मोर्चे पर कंक्रीट पिलबॉक्स, टैंक हाइड, गन इमप्लेसमेंट और बंकरों के अलावा बारह सीमेंट-कंक्रीट के पुल भी थे। हमारे बड़े पैमाने पर किए गए हमले के बावजूद भारतीय सेना को पाकिस्तान ने 6 सितंबर को वागाह तक पीछे हटने को मजबूर कर दिया।

इछोगिल के युद्ध के पहले चरण में, लेफ़्टिनेंट कर्नल हाइड के नेतृत्व में 3 जाट रेजिमेंट ने नहर पार की और लाहौर के बाहरी इलाके में, बाटानगर तक पहुंच गए। लेकिन डिविज़न के दूसरे तत्त्वों के साथ तालमेल न बन पाने के कारण उन्हें वहां से वापस लौटना पड़ा।

डोगरई की लड़ाई

''युद्धविराम की घोषणा से ठीक पहले 3 जाट रेजिमेंट और उसके कमांडिंग ऑफ़िसर लेफ़्टिनेंट कर्नल डेस्मंड हाइड ने कीर्ति का सेहरा अपने सिर बांध लिया। ग्रैंड ट्रंक रोड पर, इछोगिल नहर के हमारी तरफ़ वाले किनारे पर था डोगरई, और ग्रैंड ट्रंक रोड पर दुश्मन के 16 पंजाब, 3 बलूच, 8 पंजाब और 18 बलूच की कुल मिलाकर सभी की दो-दो कंपनियों की मिलीजुली सेना का कब्ज़ा था। नज़दीक ही दुश्मन की दो कंपनी सेना और मौजूद थी। उधर डोगरई गांव में खूब सुरंगें खुदी हुई थीं और ऊपर फैले थे कंक्रीट पिलबॉक्स। हमने 21-22 सितंबर की रात को दो चरणों में हमला किया।''[23]

''पहले चरण में 13 पंजाब रेजिमेंट ने तोपखाने की एक डिविज़न और टैंक के एक स्क्वॉड्रन की मदद से दुश्मन पर हमला किया, लेकिन उन्हें थोड़ी ही कामयाबी मिली। दूसरे चरण में जाट रेजिमेंट ने रात भर की थकाऊ पैदल बढ़त के बाद दुश्मन को घेरकर हैरत में डाल दिया। हालांकि पाकिस्तानियों ने ज़ोरदार मुकाबला किया, लेकिन हमारे सैनिकों ने दुश्मन से हाथों-हाथ जूझते हुए लड़कर 22 सितंबर

की रात क़रीब तीन बजे कब्ज़ा कर लिया। दुश्मन ने भी उसी दिन बड़े ही ख़तरनाक तरीके से पलटवार किया, लेकिन जाट फ़ौजियों ने उनके हमले को नाकाम कर दिया। उन्होंने करीब 330 पाकिस्तानियों को मार गिराया और करीब 100 को बंधक बना लिया, जिनमें 16 पंजाब रेजिमेंट के लेफ़्टिनेंट कर्नल भी शामिल थे, जो एक टैंक के नीचे छुप गए थे।

एक अधिकारी जो दूसरों के बीच अलग ही नज़र आया वह थे लेफ़्टिनेंट कर्नल हाइड। उन्हीं के दृढ़ और साहसिक नेतृत्व में जाट रेजिमेंट के लड़ाकों ने दुश्मन के कड़े विरोध के बावजूद प्रभावशाली जीत दर्ज की। इस लड़ाई के लिए उन्हें महावीर चक्र से सम्मानित किया गया। इमरजेंसी कमिशन पर जंग में शामिल एक और जांबाज़ अधिकारी को अलग नज़र आने वाली उनकी बहादुरी के लिए ऐसा ही सम्मान दिया गया, लेकिन इस लड़ाई के घावों की वजह से उनकी मौत हो गई।''[24]

खेमकरन की लड़ाई; डाल-डाल और पात-पात

''दुश्मन ने 8 सितंबर को हमारी ताक़त की टोह लेने के लिए शैफ़े और पैटन के दो स्क्वॉड्रन भेजे। 8 और 9 सितंबर की रात दुश्मन ने हमारे रक्षा इंतज़ाम की जानकारी के लिए एक और बख़्तरबंद टोही दल भेजा। 9 सितंबर को, थियागराज की कमान में, हमारी आरमर्ड ब्रिगेड को कॉर्प्स कमांडर ने गुरबक्श सिंह की डिविज़न में रख दिया। इस डिविज़न को घोड़े की नाल की बनावट में तैनात किया गया, जिसके ज़्यादा ख़तरे वाली तरफ़ सेंचूरियन्स को लगाया गया था। देर रात को दुश्मन ने सेना की पूरे डिविज़न की रक्षा घेरे में घिरे सेक्टर की रक्षा तैयारी की पड़ताल के लिए और टोही बख़्तरबंद दस्ते भेजे। उस रात हमारे तोपखाने ने कुछ बढ़िया गोलाबारी की।

दुश्मन की ज़ोरदार पहली आरमर्ड डिविज़न ने 10 सितंबर को अलस्सुबह ही हमारे ऊपर धावा बोल दिया, और यह हमला सितंबर 1965 की सबसे बड़ी और निर्णायक लड़ाई साबित हुई। इस जंग के अग्रिम लड़ाके उसी दिन ग्यारह बजे दिब्बीपुरा और महमूदपुरा के बाहरी हिस्सों तक जा पहुंचे।''

''इन कठिन हालात के बीच, 10 सितंबर को थलसेना प्रमुख जनरल चौधरी ने जनरल हरबक्श सिंह से पूछा कि अपने अग्रिम ठिकानों में फेरबदल करके उन्हें ब्यास के पीछे की तरफ़ क्यों न बनाया जाए क्योंकि यह जगह दुश्मन को पता चल सकती है। इस इलाके में मौजूद अपनी सेना को सरहद से चालीस किलोमीटर पीछे तक ख़ींच लेने का मतलब होता फ़िरोज़पुर, खेमकरन, तरनतारन, खालरा, वाघा, अमृतसर और डेरा बाबा नानक तक के महत्त्वपूर्ण इलाकों को ख़ाली करने जैसा था। ऐसा करना वक्त के उस मोड़ पर बिलकुल भी ज़रूरी नहीं था, क्योंकि तभी खेमकरन के क़रीब 'असल उत्तर' की लड़ाई अभी जारी थी, और किसी भी सूरत में उसमें हम हारे नहीं थे, और इसलिए घबराने की कोई वजह नहीं थी। जनरल

हरबक्श सिंह, जिन्होंने सेनाध्यक्ष के सलाहकार की बात नहीं मानी, जिससे भारत का बहुत बुरी स्थिति में फंसने से बचाव हो गया। इस कमांडर का 'असल उत्तर' में अपने रवैये पर डटे रहना सही साबित हुआ, क्योंकि 10 तारीख़ की शाम पाकिस्तानी सेना को बहुत नुकसान उठाना पड़ा।"

स्पष्ट है, पाकिस्तानियों को खुद पर कुछ ज़्यादा भरोसा था और वह मूलतः यह सोचकर आए थे कि उनके निर्णायक हमले के आगे भारतीय सेना के पास पीछे हटने के सिवा कोई चारा नहीं होगा। जबकि उन्होंने एक दिन पहले ही टोह ली थी, लेकिन उन्होंने उस ज़मीन को ठीक से नहीं देखा-समझा था जहां उन्हें बहुत होशियारी से आगे बढ़ना था, और न ही उन्होंने उन रास्तों से बारूदी सुरंगों का सफ़ाया ही किया जहां होकर उनके टैंकों को आगे बढ़ना था।

इतना ही नहीं, हमारी बमबारी के कारण उनकी पैदल सेना बख़्तरबंद गाड़ियों के ठीक पीछे, हमले में उनकी मदद के लिए नहीं चल सकी। उनके पैटन टैंक नौ फ़ुट ऊंचे गन्ने और कपास के खेतों में छुप गए, जहां उन्हें एक हजार गज़ या उससे कम दूरी तक ही दिखाई देता था, और यह दूरी हमारे टैंक की मारक रेंज में आ गई और दुश्मन अपनी अतिरिक्त ख़ूबियों का फ़ायदा नहीं उठा सके। इस तरह सोचने से उन्होंने खुद को ऐसे निशाने पर पहुंचा दिया जिसमें हमारे टैंक, झटका न मारने वाली गन और टैंक रोधी रॉकेट मारने वाली हल्की लंबी नाल की तोपों ने खूब फ़ायदा उठाया।

अगर वह बड़े इलाके में फैल जाते और अपने टैंकों की तोपों को ऐसे इलाके में इस्तेमाल करते जहां दूर तक साफ़ नज़र आता हो, तो उन्होंने हमारा बड़ा नुकसान किया होता। कई टैंक हमारे इलाके के नर्म गीली मिट्टी वाले निचले हिस्सों में धंस गए। कम ऊंचाई वाले पैटन टैंक, जिनका वज़न 45 टन होता है और जो 90 मिलीमीटर की 2,000 गज़ दूर तक मार करने वाली तोप, इनफ्रा रेड ड्राइविंग क्षमता जो रात को सौ गज़ तक देखते हुए 30 मील प्रति घंटे की गति से चल सकते थे, लेकिन वह ठीक तरह से काम नहीं कर पाए, क्योंकि पाकिस्तानी उन्हें ठीक से इस्तेमाल नहीं कर पाए। उन्हें पैंतरेबाज़ी के लिए ज़रूरी जगह नहीं मिल सकी, और पाकिस्तानी चालक अकसर अपने टैंकों के बारे में ज़्यादा कुछ जानते ही नहीं थे। ये टैंक बहुत कम चले थे। जब उन्हें ज़ब्त किया गया, तो कई टैंक बमुश्किल 300 किलोमीटर चले थे, जो कि फ़ौज की ट्रेनिंग के लिहाज से बिलकुल नाकाफ़ी था। टैंक चालकों को लंबे समय तक चलने वाले विस्तृत प्रशिक्षण की ज़रूरत होती है। इनमें से कुछ पैटन टैंकों को जब ज़ब्त किया गया, तो वह इतने नये थे कि उनपर लगे मूल अमरीकी निशान तक नहीं मिटे थे। ज़ाहिर है, वह रुई के फाहों के बीच रखे-से लग रहे थे।

पाकिस्तानी टैंक चलाने वालों की तोपखाने की समझ के बारे में पता करने से मालूम पड़ा कि उन्हें तोपखाने का बहुत कम प्रशिक्षण मिला था। पैटन की आयध प्रणाली एक कंप्यूटर के भरोसे टिकी होती है, जो बेहतर गोले दागने के

लिए तोप पर नियंत्रण रखती है। चलाने वाले अपने टैंक के कंप्यूटरों में सही जानकारी नहीं डालते थे, जिससे नतीजे बिगड़ जाते थे। इस तरह पैटन की इलेक्ट्रॉनिक प्रणाली एक काम की चीज़ होने के बजाय एक बोझ बन गई थी।

हमने इस इलाके में कामचलाऊ प्रतिरक्षा की व्यवस्था बना रखी थी। पाकिस्तानी हमें दूर से घेरकर पीछे से हमला कर सकते थे, लेकिन तितर-बितर होकर हमले के लिए आगे बढ़ने के बजाय वह इकट्ठे होकर हमला बोलते थे तो जहां हम प्रतिरक्षा के बारे में सोचते थे, वहां वह ख़ुद बेहतरीन निशाना बनकर सामने आते थे। इस तरह, हमसे बेहतर साज-सामान होते हुए भी पाकिस्तान को अपने लोगों के ठीक से प्रशिक्षित न होने की वजह से भारी क़ीमत चुकानी पड़ी, क्योंकि जब उनसे चीज़ें संभलती नहीं थीं तो उनका मनोबल गिर जाता था, हमारी तरफ़ से गोलीबारी होने पर वह घबरा जाते थे, और कई बार तो यह भी देखने में आया कि वह अपने जंग में काम आने लायक टैंक भी छोड़ कर भाग जाते थे। पाकिस्तानी जल्दबाज़ी में तैयार किए गए हमारे जाल में फंस जाते थे और हम कामयाबी के मज़े लिया करते थे। वह हमारे बिछाए जाल से बच भी सकते थे, लेकिन अपनी बेवकूफ़ियों के चलते औंधे मुंह हमारे जाल में आ गिरते थे।

जब पाकिस्तानी बख़्तरबंद डिविज़न के कमांडर मेजर जनरल नज़ीर अहमद ने पाया कि उनकी बख़्तरबंद तोपें कुछ ज़्यादा आगे नहीं बढ़ पा रही हैं, तो वह बेचैन हो गए और अपने तोपखाने के कमांडर ब्रिगेडियर शम्मी और बिग्रेडियर इकबाल के साथ अपने आदमियों की हौसला अफ़ज़ाई के लिए ख़ुद लड़ाई के अग्रिम मोर्चे पर आ गए। लेकिन हमारे तोपखाने को उनके अग्रिम मोर्चे पर आने की बात पहले से पता थी, क्योंकि हमारे लोगों ने उनके वायरलेस संदेश पकड़ लिए थे। इससे हमें उस जीप को सीधे अपने निशाने पर लेने का मौका मिल गया जिसमें दोनों ब्रिगेडियर अपनी फ़ौज के आगे-आगे चल रहे थे। शम्मी मारे गए और इकबाल की जांघ पर ज़ख्म हुआ। शम्मी की लाश हमारे हाथ लगी, लेकिन इकबाल बचकर भागने में कामयाब रहे। ऐसा माना जाता है कि बाद में नज़ीर को अपनी कमान से कार्यमुक्त कर दिया गया।

इस कार्रवाई में दो अग्रिम बटैलियन, 18 राजपूताना रायफ़ल्स और 4 ग्रेनेडियर्स का प्रदर्शन चर्चा के लायक है। हर हाल में यह मोर्चे पर हिम्मत से डटे रहे और अपने पक्के इरादे का परिचय देते हुए, इन्होंने बख़्तरबंद तोपों का मुंहतोड़ जवाब दिया। यहीं 4 ग्रेनेडियर्स के हवलदार अब्दुल हमीद को तीन पैटन टैंक उड़ाने के लिए परमवीर चक्र दिया गया, जिसे विक्टोरिया क्रॉस के बराबर माना जाता है। इस कोशिश में उन्होंने अपनी जान गंवाई।

10 सितंबर की रात को खेमकरन की लड़ाई ख़त्म हुई। यह बेहद जोखिम-भरी जंग थी जिसमें कब क्या हो जाए कुछ ठिकाना नहीं था। कुछ पाकिस्तानी बंदियों से जो काग़ज़ात हमारे हाथ लगे उनसे पता चलता है कि उनका मास्टर प्लान यह था कि खेमकरन से ताबड़तोड़ रास्ता बनाते हुए निकलेंगे, ब्यास को कब्ज़े में लेंगे

और जंडियाला गुरु के पास ग्रांड ट्रंक रोड पकड़ेंगे और दिल्ली तक 'टहलते हुए चले जाएंगे,' जैसे उन्होंने सोच लिया था कि हमारे पास इन इलाकों से आगे प्रतिरक्षा के लिए काम का कोई इंतज़ाम नहीं था। इस लड़ाई में हमने करीब तीस सही-सलामत पाकिस्तानी टैंक ज़ब्त किए, क़रीब पचास नष्ट कर दिए और क़रीब बीस को नुकसान पहुंचाया। हर स्तर के तमाम फ़ौजियों, ख़ासतौर से हमारे युवा अफ़सरों की कुरबानी को याद करने के साथ हमें ईश्वर को उसी मेहर के लिए और दुश्मन को उसकी ग़लतियों के लिए धन्यवाद देना चाहिए क्योंकि इस लड़ाई में इन्हीं की बदौलत हम और ज़्यादा बुरे हालात में फंसने से बच गए।

सियालकोट की लड़ाई

सियालकोट सेक्टर में प्रथम कोर (1 Corps), लेफ़्टिनेंट जनरल पी. ओ. डन के नेतृत्व में एक मज़बूत कोर थी। तुरंत तल्लीनता से काम करने और बड़े पैमाने पर बख़्तरबंद गाड़ियों का इस्तेमाल करने वाले इस बल ने जम्मू पर कब्ज़ा करने के सपने देख रहे पाकिस्तानियों को अचानक सामना होने से हैरत में डाल दिया। इस कोर में चार डिविज़न थीं–जिनमें से दो नई और छोटी थीं। इनमें से आरमर्ड यानी बख़्तरबंद डिविज़न मेजर जनरल राजिंदर सिंह 'स्पैरो' की कमान में थी। एक दूसरी डिविज़न मेजर जनरल एस. के. कोरला, तीसरी मेजर जनरल एम. एल. थापन, और, चौथी मेजर जनरल रंजीत सिंह की कमान में थी। इस कोर ने 8 सितंबर की सुबह पाकिस्तानी सेना के खिलाफ़ हमला बोला–मकसद था उन्हें लाहौर और सियालकोट सेक्टर के दो हिस्सों में बांट देना।

थापन के नेतृत्व वाली डिविज़न ने सुचेतगढ़ से दो मील आगे जाकर हमला किया और पाकिस्तान के इलाके में पैर जमाए, कुंदनपुर और ऊंचावैंस, सुचेतगढ़-सियालकोट मार्ग पर। राजिंदर सिंह के नेतृत्व वाली डिविज़न अपना मकसद पूरा करने में नाकाम रही। इस शक्तिशाली सैनिक इकाई से बहुत उम्मीदें थीं, लेकिन दिल्ली स्थित हाईकमान की दखलअंदाज़ी की बदौलत इस लड़ाई में उनकी शक्ति को अच्छी तरह इस्तेमाल ही नहीं किया जा सका, और इसीलिए किसी निर्णायक मोड़ तक पहुंचने के लिए ज़रूरी दुश्मन की प्रतिरक्षा में छेद करने के काम को ये डिविज़न अंजाम ही नहीं दे पाई।

रंजीत सिंह के नेतृत्व वाली डिविज़न को एक लड़ाकू इकाई की तरह लड़ने का ज़्यादा मौका ही नहीं मिला, क्योंकि इसकी अलग-अलग ब्रिगेड को दूसरे डिविज़न के साथ कामकाज के लिए जोड़ दिया गया था। हमारी किसी भी डिविज़न ने सियालकोट पर कब्ज़ा तो दूर उसका घेराव तक नहीं किया, जबकि हमने शांति के दिनों में इसके आसपास के इलाके में ही प्रशिक्षण दिया था ताकि पाकिस्तान की तरफ़ से अगर इस तरफ़ की सरहद पर हमला हो उससे निबटने के लिए हमारी तैयारी पक्की हो।

बाड़मेर-जैसलमेर सेक्टर की लड़ाइयां

बाड़मेर क्षेत्र में 8 सितंबर को डिविज़न का "आक्रमण" या हमारी पहल से कोई रास्ता नहीं खुला और न ही उसका मकसद पूरा हुआ। दरअसल, पाकिस्तान के सैनिकों ने राजस्थान में हमारी कुछ चौकियों पर कब्ज़ा कर लिया। उन्होंने 6 सितंबर को जामनगर हवाई अड्डे पर हमला किया। 7 सितंबर को पाकिस्तान की नौसेना ने द्वारका पर हमला किया तो हमें झपकी लेते पाया। फिर दुश्मन की वायु सेना ने अपना रुख़ जोधुपर की तरफ़ किया जहां हमारा वायु सेना का प्रशिक्षण केंद्र होते हुए भी ऐंटी एयरक्राफ़्ट गन यानी विमान-भेदी तोपों की कमी बेहद खली। पाकिस्तान एयर फ़ोर्स ने एक से ज़्यादा बार जोधपुर के चक्कर लगाए। वहां हमें भारी नुकसान नहीं उठाना पड़ा क्योंकि हमारी किस्मत अच्छी थी और बमबारी में दुश्मन के निशाने ठीक नहीं बैठे।

8 सितंबर को हमारी सेना ने सीमा पार गडरा रोड से गडरा शहर की ओर कूच किया। हमारी एक ब्रिगेड वहां मौजूद थी, जबकि उसे वहां से दो दिन पहले ही कूच कर जाना चाहिए था। इस देरी की वजह से हम दुश्मन को चौंकाने वाला काम नहीं कर पाए। यानी हमारा हमला पूरी तरह कामयाब नहीं रहा। हम गडरा रोड से पांच मील दूर तमलोट की तरफ़ बढ़ चले क्योंकि हमारा मक़सद खोकरापार पहुंचने का था। पाकिस्तानी सेना ने हमारा कड़क मुक़ाबला किया और साकरबू पर हमें आगे बढ़ने से रोक लगा दी। ऊपर बताई गई स्थिति कुछ इस तरह है :

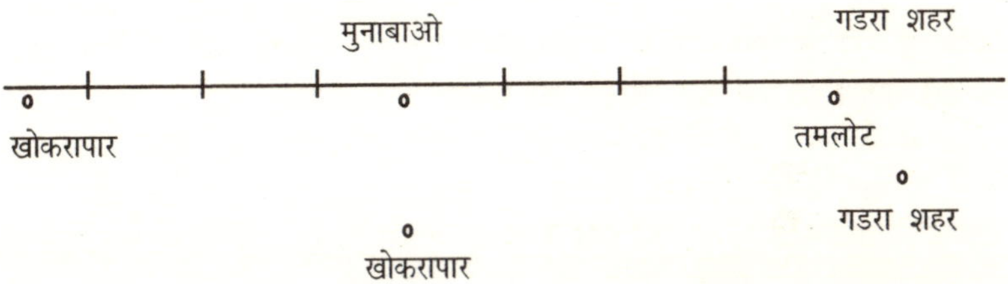

अपनी तरफ़ से आक्रमण करने में देरी करने से कोई फ़ायदा नहीं हुआ। जब हमने मुनाबाओ में दुश्मन की तरफ़ से बढ़े दबाव को कम करने के लिए एक कंपनी पैदल सेना भेजी, तो वह अपनी मंज़िल पर समय से नहीं पहुंच सकी। पाक सेना के साथ रास्ते में हुई झड़प में उसे नुकसान उठाना पड़ा और सकरबू वापस लौटना पड़ा। गडरा से दक्षिण पश्चिम में स्थित डाली में भी कामयाबी नहीं मिली। बाद में, पाकिस्तानियों ने डाली और जस्से के पार को छोड़ दिया।

बिना पहले से योजना बनाए ज़रूरत के मुताबिक इधर-उधर से सैनिक जुटाकर, बिना इलाके का अध्ययन किए और बिना गुप्त सूचनाएं जुटाए दुश्मन पर हमला करने के अपने नुकसान थे। हमारे आगे बढ़ते सैनिक अभी जल्दबाज़ी में जुटाए गए गैर-फ़ौजी वाहनों में गडरा रोड से गडरा शहर की तरफ दुश्मन के इलाके में

तीन मील दूर चले थे कि हमारी गाड़ियां रेत में फंस गईं।

9 सितंबर को पाकिस्तानी रेंजरों ने बुट्टेवाला में हमारी चौकी पर हमला किया। जब हमारी युद्ध सामग्री समाप्त हो गई, तो कॉन्सटेबल पूनम सिंह, जो कि खुद गंभीर रूप से घायल थे, दुश्मन के मरे हुए लोगों के पास रेंग-रेंग के गए और उनका साज-सामान इकट्ठा करके तब तक लड़ते रहे जब तक उनकी सांस में सांस रही। उसी दिन पाकिस्तान ने लोंगेवाला पर हमला किया लेकिन नाकाम रहे। अगले दिन, 10 सितंबर को पाकिस्तानी रेंजरों ने मुनाबाओ पर गोलीबारी शुरू कर दी। हमारी चौकी कुछ फ़र्लांग पीछे हटाई गई। तब पाकिस्तानियों ने, मुनाबाओ से 20 मील उत्तर में पांचला समेत हमारे हाथ से निकली कुछ चौकियों पर कब्ज़ा जमा लिया। उन्होंने बीकानेर में सांचू पर भी कब्ज़ा कर लिया। असू तार पर उन्होंने हमला किया लेकिन कामयाब नहीं हुए। युद्ध विराम के बाद डाली, जोगीबेरा और अकाली चौकियां हमारे हाथ से निकल गईं। पाकिस्तानियों ने पांचला पर 23 सितंबर के पहले और रोहड़ी पर उसके बाद कब्ज़ा किया।

हमने सुंदरा पर कब्ज़ा कर लिया, लेकिन दुश्मन ने पलटवार कर फिर उसे अपने कब्ज़े में ले लिया। उन्होंने मियाजलार पर कब्ज़ा किया जिसे बाद में हमने उनसे वापस ले लिया। 'गढ़वाल' के लेफ़्टिनेंट कर्नल पी. के. लाहिरी और कैप्टन जगत सिंह को यहां की लड़ाई के लिए वीर चक्र दिए गए।

"जैसलमेर में पाकिस्तानियों ने घोटारू पर कब्ज़ा कर लिया। यहां से उन्होंने रामगढ़ के उत्तर-पश्चिम में स्थित बाखरी टिब्बा पर हमले किए। बाद में हमारी सेना ने उन्हें घोटारू से तो बाहर खदेड़ दिया, लेकिन इस ठिकाने को फिर अपने कब्ज़े में नहीं ले पाए। उसके बजाय हमने शाहगढ़ हथिया लिया, लेकिन दुश्मन ने हमें वापस घोटारू तक लौटने को मजबूर कर दिया।

हमने अपनी कई चौकियां—आचरी टिब्बा, रायचंद वाला, गज्जेवाला, फट्टूवाला, सांचू, भुरासर, बल्लार, बाकरा, सियासर, गुल्लूवाला, खज्जूवाला, विशरोक, और गावरा दुश्मन के हाथों गंवाईं। कुछ की बाद में अदला-बदली भी हुई। लेकिन हमने पाकिस्तान के कई हमलों के बावजूद तनोट की अहम चौकी पर अपना कब्ज़ा बनाए रखा। हमने सादेवाला पर कब्ज़ा किया, लेकिन बाद में वह हमारे हाथों से निकल गई। सांचू चौकी भी एक से ज़्यादा बार हमारे कब्ज़े में आई और गई।"[25]

गतिरोध का शिकार हुए इस युद्ध को दिलचस्प अंदाज़ में बड़ी योग्यता के साथ बयां किया है के. सुब्रह्मणियम ने।[26] *1965 डिसाइडेड फ़ेट ऑफ़ द सबकॉन्टिनेंट* शीर्षक से अपने एक लेख में लिखा है, 'पाकिस्तान के नेतृत्व ने होशियारी से युद्ध की योजना बनाई। इसका उद्देश्य था, कश्मीर में पाकिस्तानी घुसपैठिये भेजकर बड़े पैमाने पर बग़ावत को अंजाम देना। इसके अलावा, गुप्त रूप से अपेक्षाकृत परिष्कृत पैटन टैंक की दूसरी बख़्तरबंद डिविज़न तैयार करने के पीछे पाकिस्तान का मकसद था कमज़ोर और पुरानी पड़ चुकी भारतीय बख़्तरबंद गाड़ियों से मुकाबला करके पंजाब में घुसना और जम्मू और कश्मीर को

भारत से अलग कर देना।'

नवंबर 1962 में भारतीय सेना की अरुणाचल प्रदेश के सेला-बोमदिला में शिकस्त के बाद फ़ील्ड मार्शल अयूब ख़ान यह भी दिखाना चाहते थे कि युद्ध कौशल में एक पाकिस्तानी दस भारतीयों के बराबर है।

उन्होंने पक्के तौर पर मान रखा था कि हिंदू पर अगर मौके और तैयारी से वार किया जाए तो वह फिर उठ कर खड़ा नहीं हो सकता। उनके हमराज़ अल्ताफ़ गौहर ने यह बात अयूब ख़ान की जीवनी में दर्ज की है।

पाकिस्तान के पास चीन का सहयोग था। जब इस्लामाबाद ने चीन से मदद की गुहार की, बीजिंग ने भारत को ढुलमुल-सा ही सही, लेकिन अल्टीमेटम देकर नई दिल्ली पर दबाव बनाने की कोशिश ज़रूर की।

अमरीकियों को कश्मीर में पाकिस्तानियों की घुसपैठ की संभावना और उसके बाद के हमलों के बारे में महीनों पहले पता था, जैसा कि उन दिनों सेंट्रल इनवेस्टिगेटिव एजेंसी यानी सी. आई. ए. की ओर से भारत में काम कर रहे डुएन क्लैरिज ने अपनी पुस्तक *अ स्पाई फ़ॉर ऑल सीज़न्स : माई लाइफ इन द सी. आई. ए.* में दर्ज किया है। अमरीकी सेना और राजनीतिक हलकों में यह बात मान ली गई थी कि अगर युद्ध होता है तो पाकिस्तान की जीत होगी।

पेंटागन और हार्वर्ड विश्वविद्यालय ने मार्च 1965 में, वॉशिंगटन, डी. सी., स्थित इंस्टिट्यूट ऑफ़ डिफ़ेंस एनालिसिस में एक छद्म युद्ध का आयोजन किया और उसके नतीजे सिडनी गिफ़िन लिखित पुस्तक *क्राइसिस गेम* के ज़रिये उसी साल बसंत में ही उपलब्ध करा दिए गए।

कश्मीर विद्रोह का पूरी तरह नाकाम होना, पंजाब के खेमकरन में पाकिस्तानी पैटन आरमर्ड डिविज़न की कुल तबाही और पाकिस्तान की सेना के पास गोला-बारूद ख़त्म हो जाना और संयुक्त राष्ट्रसंघ के युद्ध विराम की बदौलत इज़्ज़त मिट्टी में मिलने से बचना भारत-पाकिस्तान संबंधों के इतिहास में आने वाले अहम मोड़ हैं।

जंग छेड़ने और उसके नतीजे के तौर पर तबाही के मंज़र देखने के बाद जुल्फ़िकार अली भुट्टो अपने संरक्षक अयूब ख़ान के ख़िलाफ़ हो गए और ताशकंद समझौते का दोष उनके सिर मढ़ दिया। उन्होंने ज़ोरदार ढंग से यह बात फैलाने की पुरज़ोर कोशिश की कि समझौता करके अयूब ख़ान ने एक पक्की फ़ौजी जीत को उठाकर फेंक दिया।

'ऑपरेशन जिब्रॉल्टर' की नाकामी के बारे में पाकिस्तानी जनता को कुछ नहीं बताया गया—कश्मीर में घुसपैठ की कोशिश और उसके बाद 'ऑपरेशन ग्रैंड स्लैम' यानी जम्मू पर हमला। लाहौर सेक्टर में भारत की ओर से जवाबी कार्रवाई को भारत की ओर से आक्रमण बताकर पेश किया गया। हथियारों की कमी के बावजूद ज़्यादा सूझबूझ से काम लेकर भारत की बख़्तरबंद ब्रिगेड द्वारा पाकिस्तानी सेना की आरमर्ड डिविज़न के विनाश के बारे में भी पाकिस्तान के लोगों को नहीं बताया गया।

'लेकिन घबराहट पैदा करने वाली इन बातों से शेख़ मुजीबुर्रहमान जैसे नेता

को, जिन्हें बांग्लादेश के राष्ट्रपिता का दर्जा दिया जाता है, झांसा नहीं दिया जा सकता था। जब भारत से एक और युद्ध की संभावना के मद्देनज़र उस इलाके की सुरक्षा पर सवाल खड़े किए गए जिसे उस वक़्त पूर्वी भारत कहा जाता था, तो विदेश मंत्री के तौर पर भुट्टो ने अपने जवाबों में यह जताने की कोशिश की कि पाकिस्तान अपने देश के उस हिस्से की सुरक्षा के लिए चीन के सहारे है।

इसके चलते रहमान को इस्लामाबाद से ज़्यादा स्वायंत्तता मांगने और वह छह सूत्र गढ़ने की प्रेरणा मिली जो बाद में बांग्लादेश के पाकिस्तान से अलग होने का आधार बने।'

सन् 1965 के युद्ध की वजह से ही पाकिस्तान को अमरीका से हथियार मुहैया कराने पर रोक लगी। इस्लामाबाद का भारत के ख़िलाफ़ अमरीकी हथियार इस्तेमाल करना राष्ट्रपति ड्वाइट आइज़िनहाउवर के जवाहरलाल नेहरू को दिए आश्वासन के विपरीत था जिसके अंतर्गत यदि पाकिस्तान ने अमरीका के दिए हथियार भारत के ख़िलाफ़ इस्तेमाल किए तो अमरीका पाकिस्तान के खिलाफ ज़रूरी कार्रवाई करेगा।

हालांकि अमरीका के उच्चाधिकारी और पेंटागन, पाकिस्तान की जीत को नजरंदाज करने के लिए तैयार थे, लेकिन खेमकरन में पाकिस्तानी बख़्तरबंद फ़ौज की इतनी बुरी हार को नज़रंदाज़ करना अमरीका के लिए आसान नहीं था। इस हार के बाद पाकिस्तान ने अपनी फ़ौज को हथियारों और दूसरे साज-सामान से लैस करने के लिए चीन और फ्रांस की ओर रुख किया। 1965 के बाद चीन पाकिस्तान को हथियार मुहैया कराने वाला सबसे प्रमुख देश बन गया।

भुट्टो ने कालकोठरी में जो अपनी बात कहते हुए खुलासा किया था, उससे भी यह बात साफ़ हो जाती है कि पाकिस्तान ने 1965 के आसपास परमाणविक हथियारों की तकनीक हासिल करने के लिए चीन से बातचीत का सिलसिला शुरू किया था। भुट्टो ने कहा कि उनका ग्यारह साल चला बातचीत का सिलसिला 1976 में सफल हुआ। यह कहना ग़लत नहीं होगा कि चीन-पाकिस्तान की भारत को दबा कर रखने की रणनीति 1965 की जंग के बाद शुरू हुई।

पाकिस्तान ने ऑपरेशन जिब्रॉल्टर में मिली नाकामी से सही सबक सीखे जब कश्मीर घाटी में बड़े पैमाने पर पाकिस्तानी कमांडो की घुसपैठ होने पर कश्मीरी भारत के ख़िलाफ़ नहीं उठ खड़े हुए। वह अपने वक़्त का इंतज़ार करते रहे और 1980 के दशक के बाद वाले वर्षों में असंतुष्ट कश्मीरियों को प्रशिक्षण दिया जिसके बाद उन्होंने हथियारों से लैस होकर पाकिस्तान के कब्ज़े वाले कश्मीर में आवाजाही शुरू कर दी।

और यह रणनीति भी पूरी तरह कामयाब नहीं हुई जिसके पीछे अलग कहानी है, लेकिन इसी नीति की वजह से ही कश्मीर में भारत के खिल़ाफ माहौल बनना शुरू हुआ।

'पाकिस्तान को भी पता चल गया कि अमरीकी हथियार मिलने की शर्तों

को घुमा-फिरा कर नकारना मुश्किल नहीं है और न ही अमरीकी जांच दलों से चीज़ें छुपाना। 1965 में किसी को जानकारी हुए बिना वह एक दूसरा बख़्तरबंद डिविज़न खड़ा कर सके। बदकिस्मती से, इससे उन्हें पंजाब में वैसी जीत नहीं मिल सकी जैसी वह उम्मीद कर रहे थे। इस दूसरे बख़्तरबंद डिविज़न का हार से सामना हुआ खेमकरन में।

पाकिस्तान ने अमरीकी तौर-तरीकों के बीच से अपना रास्ता निकालने का तजुर्बा इस्तेमाल किया 1980 के दशक में, सोवियत सुरक्षा बलों से लोहा ले रहे अफ़ग़ानों के लिए आए अमरीकी हथियार तमाम जेहादी लड़ाकों को बांटने और काबुल में तालिबान की सरकार बनाने में।'

भारतीय पक्ष के लिए भी 1965 के युद्ध ने कुछ अहम नतीजों की राह दिखाई। भारतीय थल सेना को भारत और पाकिस्तान के इलाकों से जोड़ने वाली इछोगिल नहर के नीचे नालियां बनाने और पाकिस्तान के दूसरा बख़्तरबंद डिविज़न बनाने के बारे में गुप्त सूचनाएं हासिल करने में नाकामी हाथ लगी थी। इस तरह अंदर और बाहर गुप्त सूचनाएं इकट्ठी करना और उनकी जानकारी मुहैया कराना दो हिस्सों में बंटा था। ऐसे में, एक पूरी तरह से इसी काम के लिए समर्पित गुप्तचर एजेंसी, रिसर्च एंड एनालिसिस विंग की रचना की गई।

युद्ध से पहले जनरल जयंतो नाथ चौधरी की ओर से ज़ोरदार समर्थन प्राप्त भारतीय बख़्तरबंद सेना के पुनर्गठन को लेकर बिना गहराई से सोचे-विचारे रखा गया वह प्रस्ताव दरकिनार कर दिया गया, जिसमें हल्के बख़्तरबंद आयुध को बढ़ाने और मध्यम दर्जे के बख़्तरबंद को कम करने की पेशकश की गई थी। हथियारों की पूर्ति करने में भारत-सोवियत संबंधों में और मज़बूती आई और सोवियत संघ भारत को हथियार मुहैया कराने वाला इकलौता देश बन गया।

'हालांकि इस बारे में ज़्यादा कुछ नहीं लिखा गया है, लेकिन भारत ने शेख़ मुजीबुर्रहमान और उनकी अवामी लीग को, उनके इस्लामाबाद से आज़ादी की मांग हेतु और अधिक समर्थन देना शुरू किया।

1965 का युद्ध यह बताता है कि 1962 में हुई तबाही भारतीय सेना की नाकामी की तरफ इशारा नहीं, बल्कि शीर्ष पर बैठे चंद अनुभवहीन जनरलों की कमियों का नतीजा है। इससे यह भी साबित होता है कि भारतीय एकता बिलकुल ठोस है जबकि पाकिस्तान को बांटने वाली ताकतों से ख़तरा है। इससे पता चला कि शीत-युद्ध को लेकर अमरीका के जो अल्पकालिक आकलन थे उनसे प्रजातंत्र के प्रति वॉशिंगटन की प्रतिबद्धता का उल्लंघन होता है।

इससे यह बात भी उभर कर आई कि अमरीकी प्रशासन ने भारतीय नेतृत्व, भारतीय सेना और भारत देश को संघीय स्वरूप में पनपकर एक बड़ी शक्ति में विकसित होकर उभरने के बारे में बहुत ग़लत अंदाज़ा लगा रखा था।[27]

इछोगिल नहर के नीचे पानी के बहाव के लिए बने तमाम नालों से अचानक पाकिस्तानी बख़्तरबंद गाड़ियों के नज़र आने से भारतीय सेना चौंक गई। जबकि

नहर के नीचे पानी के नाले बनाने के बारे में सूचनाएं काफ़ी पहले से उपलब्ध थीं, क्योंकि नहर और नालों के निर्माण कार्य की पूरी योजना की जानकारी वर्ल्ड बैंक से लेकर, इंटेलिजेंस ब्यूरो ने सेना को उपलब्ध करा दी थी।

छह पर्वतीय डिविज़न खड़े करने के लिए अमरीकियों से सहायता लेने के बारे में सब कुछ तय कर लेने के बाद, हम इसके लिए तैयार थे कि अमरीकी नीति यह है कि सभी सहायता प्राप्त करने वालेदेशों को अमरीकी कीमतों में सिर्फ़ छह सप्ताह के लिए ज़रूर गोला-बारूद मुहैया कराया जाता है, लेकिन यह कीमत हमारे यहां से कम है। 2 सितंबर 1965 की रात उस समय हमारे वॉशिंगटन दूतावास में फ़र्स्ट सेक्रेटरी रहे, अपने कैडर के. एस. गुहान से, एक अत्यंत गोपनीय तार के ज़रिये, यह पता लगाने के लिए कहा कि वह इस बात का पता लगाएं कि पाकिस्तान को किस भाव से गोला-बारूद सप्लाई की जाती है।

कुछ ही दिनों में गुहान ने मेरे अनुमान को सही ठहराया और एक अत्यंत गोपनीय तार जनरल चौधरी को भी गया। उन्होंने मुझे इस जानकारी के लिए बधाई दी। क्यों न हो, जंग छिड़ने के चंद दिनों में ही गौहर अयूब ख़ां ने कहा था कि पाकिस्तान गोला-बारूद की कमी झेल रहा है। भारत के पास कोई नब्बे दिन के लायक गोला-बारूद था। युद्ध ख़त्म होने के बाद, यह पाया गया कि टैंक और बख़्तरबंद तोपों का सिर्फ़ आठ से दस फ़ीसदी गोला-बारूद ही ख़र्च हो पाया है। हमें दस लाख राउंड L-70 ऐंटी-एयरक्राफ़्ट गन के गोले का यूगोस्लाविया को दिया गया ऑर्डर रद्द करना पड़ा। यह ऑर्डर उन दिनों में जारी कर दिया गया था जब युद्ध जारी था।

अगर युद्ध एक सप्ताह और चलता तो पाकिस्तान को हथियार डालने के लिए मजबूर कर दिया जाता। बदकिस्मती से, जनरल चौधरी ने प्रधानमंत्री को संयुक्त राष्ट्रसंघ का युद्धविराम का प्रस्ताव स्वीकार करने की सलाह दे डाली थी, क्योंकि उन्हें लगता था कि दोनों ओर गोला-बारूद की कमी पड़ रही होगी। भारत के संदर्भ में तो कम से कम यह बात सच से बहुत दूर थी।

यहां मैं कुछ बड़ी गुप्त सूचनाओं से जुड़ी नाकामियों की चर्चा करना चाहूंगा, चाहे उनके बारे में उस समय किसी को पता हो या नहीं। अल्ताफ़ गौहर के लेख के मुताबिक, 1965 में, राष्ट्रपति के ऐसे करीबी दोस्त जिन्हें वह अपना ही हिस्सा समझते थे, 3 अक्तूबर 1999 के *नेशन* के मुताबिक, पाकिस्तानी इंटेलिजेंस ब्यूरो के निदेशक, ब्रिगेडियर अयूब अवान, 1965 की शुरुआत में सउदी अरब गए। उन्होंने जेद्दाह में शेख़ अब्दुल्ला से मुलाक़ात की और उन्हें ऑपरेशन जिब्रॉल्टर के बारे में बताया। लेकिन बाद में, राष्ट्रपति अयूब ने शेख़ अब्दुल्ला की मदद न लेने का फ़ैसला किया।

इस बात को उस वक़्त मद्रास (अब चेन्नई) में तैनात सी. आई. ए. का कामकाज देखने वाले डुआत क्लैरिज ने भी सही ठहराया है, जिन्हें शेख़ अब्दुल्ला से मिलने और उन्हें आने वाले युद्ध के बारे में बताने के लिए तैनात किया गया

था। युनाइटेड स्टेट्स के अधिकारियों को, इसका मतलब है, ऑपरेशन जिब्रॉल्टर और भारत के ख़िलाफ़ अमरीकी साज-सामान इस्तेमाल करने के बारे में मार्च 1965 में पता था, लेकिन उन्होंने भारत को आगाह न करना ही ठीक समझा।

यह जानकारी क्लैरिज की किताब *अ स्पाई फ़ॉर ऑल सीज़न्स* में मौजूद है। क्लैरिज सी. आई. ए. में ऊंचाई तक पहुंचे और डिप्टी डायरेक्टर बन गए। जब रीगन राष्ट्रपति थे, उस काल में उन्हें ईरान कॉन्ट्रा अफ़ेयर के लिए सज़ा सुनाई गई, लेकिन फिर माफ़ कर दिया गया। इस सब को देखते हुए पेंटागन में आई. डी. ए. यानी इन्स्टिट्यूट ऑफ़ डिफ़ेंस एनालिसिस ने हारवर्ड विश्वविद्यालय के साथ मिलकर एक राजनीतिक-सामरिक खेल का आयोजन किया। मार्च 1965 में खेले गए इस 'खेल' में भारत पाकिस्तान से युद्ध में हार जाता है, और उसे श्रीनगर से हाथ धोने के बाद कश्मीर के मामले में यूनाइटेड स्टेट्स की मध्यस्थता स्वीकार करनी पड़ती है। हालांकि खेल में शास्त्री को पलट के हमला करने की सलाह दी जाती है, लेकिन डरपोक होने की वजह से वह ऐसा करने से मना कर देते हैं। इस खेल को पूरे विस्तार से मार्च 1965 में डबलडे ने शब्दशः प्रकाशित भी किया और यह किताब अमरीकी पुस्तक विक्रेताओं के पास उपलब्ध भी है। किताब का शीर्षक है *क्राइसिस गेल* और सिडनी ग्रिफिन को इसका लेखक बताया गया है।

लेकिन हमारी गुप्तचर सेवाओं को, चाहे वह सैन्य हों या नागरिक, इस सब की कोई ख़बर नहीं थी। 1967 में, लंदन स्कूल ऑफ़ इकोनॉमिक्स के बाहर सड़क के किनारे किताबें बेचने वाले के पास से इस किताब की एक पुरानी कॉपी मेरे हाथ लगी। सोचने की बात है कि इस किताब ने राष्ट्रपति अयूब पर ऑपरेशन जिब्रॉल्टर चलाने के लिए कितना असर डाला होगा।

अजीब बात यह है कि इस किताब में पाकिस्तान भारत पर 1 सितंबर 1966 को हमला करता है। जबकि हकीकत में ये हमला 1 सितंबर 1965 को हुआ था।

आज भी थियागराज के नेतृत्व वाले आरमर्ड ब्रिगेड के जवान और अधिकारियों की बहादुरी और कुशलता, और जनरल चौधरी के आदेश न मानने में भूमिका निभाने वाले जनरल हरबक्श और जनरल ढिल्लों को उनके हिस्से का श्रेय नहीं मिला है।

एक अमरीकी विद्वान, जो कि केनेडी प्रशासन में एक सहायक सैक्रेटरी ऑफ स्टेट थे, जिन्होंने भारत को लड़ाई का साज-सामान मिलने से रोकने में अहम भूमिका निभाई थी, उन्होंने बड़े अफ़सोस के साथ मुझे बताया कि 1965 की जंग की पूर्व संध्या पर वह 'उपमहाद्वीप का भाग्य बदल देने वाली जंग' पर एक किताब लिखने की योजना बना रहे थे।

धन्य हैं वे लोग जिन्होंने पाकिस्तानी पैटन वाले 'असल उत्तर' में बहादुरी और युद्ध कौशल का परिचय दिया, जिनके बिना वह किताब कभी नहीं लिखी जा सकती थी।

एक मूल्यांकन

इसमें कोई शक नहीं कि यह एक ऐसा संघर्ष था जिसमें गतिरोध पैदा हो गया था, जैसा कि शेखर गुप्ता ने अपने 4 जून 2005 को प्रकाशित कॉलम 'नेशनल इंट्रेस्ट' में इसे 'वॉर ऑफ़ म्यूचुअल इनकॉम्पीटेंस' बताया है, वह बिलकुल ठीक है।

छम्ब-जैरियां सेक्टर के दो संभागों में 'आपरेशन जिब्राल्टर' के तहत आक्रमण करने के बाद लड़ाई के दौरान दोनों इलाकों में फ़ौज की कमान सँभाले अधिकारियों की अदला-बदली करने से पाकिस्तान की मुहिम का सारा ज़ोर ठंडा पड़ गया था—इस लड़ाई की शुरुआती चालें चलने वाले जनरल अख़्तर मलिक की जगह जनरल याहया खां को दे दी गई। शायद दोनों की वरीयता के अंतर को ध्यान में रखकर ऐसा निर्णय लिया गया था, लेकिन बीच लड़ाई में ऐसा करने से पाकिस्तान का भारी नुकसान हुआ।

पाकिस्तानी फ़ौज 6 सितंबर को अखनूर से बमुश्किल छह क़िलोमीटर दूर रह गई थी, और अखनूर पर पाकिस्तान का कब्ज़ा होने से भारत को बहुत नुकसान होता। इस संभावित नुकसान को टालने के लिए सरकार ने भारतीय वायु सेना को सक्रिय किया, जो कि दो घंटे के अंदर ही हरकत में आ गई।

इसके बाद, 6 और 8 सितंबर 1965 के बीच, भारतीय थलसेना लाहौर और सियालकोट सेक्टर के साथ राजस्थान सीमा पर भी सक्रिय हो गई। यह पहला मौक़ा था जब भारतीय और पाकिस्तानी फ़ौजें अंतरराष्ट्रीय सीमा पर एक दूसरे से संघर्ष कर रही थीं।

पाकिस्तान के शीर्षस्थ नेतृत्व का जब अचानक ऐसे हालात से साबका पड़ा, तो इसका असर यह हुआ कि जम्मू-कश्मीर में जो पाकिस्तान ने दबाव बना रखा था, वह ढीला पड़ गया। पाकिस्तान ने फ़ौरन अपने बख़्तरबंद डिविज़न को वहां से हटाकर उसे पंजाब में तैनात कर दिया। ऐसा करने से, और पाकिस्तान की बख़्तरबंद फ़ौज को 'असल उत्तर' की मुठभेड़ों में अपने टैंक गँवाने से जो नुकसान हुआ, ज़ाहिर है, वह बहुत बड़ा नुकसान था।

भारतीय सेना को भी अपने हिस्से की नाकामियों का स्वाद चखना पड़ा। मिसाल के तौर पर, इछोगिल पर हमले का सामना करना भारतीय सेना को भारी पड़ा, ख़ासतौर से तब जब '3 जाट' रेजिमेंट के लड़ाके बाटानगर के बाहरी हिस्से तक पहुंच गए थे। तत्कालीन सेनाध्यक्ष जनरल चौधरी का हिम्मत हारकर व्यास से पूर्व में लड़ रही सारी सेना के लिए पीछे हटने का आदेश जारी करना भी नेतृत्व की बड़ी नाकामी ही तो था। ऐसे में, सेना के दो कोर कमांडरों लेफ्टिनेंट जनरल हरबख़्श सिंह और जोगिंदर सिंह ढिल्लों ने ज़्यादा नुकसान होने से बचा लिया। उन्होंने सेनाध्यक्ष को ऐसा क़दम उठाने के ख़िलाफ़ अच्छी तरह समझाया।

ज़रूरी गुप्त जानकारियां हासिल करने के मोर्चे पर भी हमें भारी नाकामी हाथ लगी। हमें मालूम ही नहीं पड़ा कि पाकिस्तान ने कब दूसरा बख़्तरबंद डिविज़न खड़ा कर लिया है, न ही भारतीय अधिकारी यह जान पाए कि पाकिस्तान ने इछोगिल

नहर का पानी निकालने के लिए गुप्त नालियां बना रखी हैं, और, सबसे बढ़कर, यह भी समय पर पता नहीं लग सका कि पाकिस्तान के पास कुल एक सप्ताह तक लड़ने के लायक रसद बची है। फिर जनरल चौधरी ने बिना दूर की सोचे, सरकार को युद्धविराम की घोषणा के लिए सुझाया, जबकि अगर लड़ाई एक हफ़्ते और चलती तो पाकिस्तान के पास लड़ने के लिए गोला-बारूद ही नहीं बचता, और तब उनके पास हथियार डालने के सिवा कोई चारा न होता।

मुझे यह सोचकर तकलीफ़ होती है कि हमने—भारत और पाकिस्तान ने—अपने शीर्षस्थ नेताओं को ताशकंद जाकर सोवियत नेताओं की सलाह मानने का रास्ता चुना, जबकि उसके पीछे अमरीका और इंग्लैंड की मंशा काम कर रही थी। इस तरह, आज़ादी मिले अट्ठारह साल भी नहीं हुए थे, और हम दोनों देश पश्चिमी ताक़तों के कहे पर चलने लगे, या यूं कहें कि उनकी दख़लअंदाज़ी को स्वीकार करने लगे। यह कोई आगे को ले जाने वाला क़दम नहीं था।

पाकिस्तान पर भी इस सबका कम राजनीतिक असर नहीं पड़ा, ज़ाहिर है, वह भी इन फ़ैसलों के असर से बच नहीं सका। भारत में भी नेतृत्व परिवर्तन हुआ, लेकिन इसके पीछे वजह थी लाल बहादुर शास्त्री की ताशकंद में अचानक मृत्यु होना। इस युद्ध के कारण पाकिस्तान में दो मायनों में भारी बदलाव आए—एक तो पाकिस्तान और चीन एक दूसरे के ज़्यादा क़रीब आ गए, दूसरे भुट्टो की निगहबानी में पाकिस्तान का परमाणु कार्यक्रम शुरू हो गया।

हम 1965 के इस भारत-पाक संघर्ष के बारे में और क्या कहें जिसे टाला जा सकता था? और पाकिस्तान की भारी भूल जिसकी उस देश को मोटी क़ीमत चुकानी पड़ी।

युनाइटेड नेशंस की दखल से 23 सितंबर 1965 को हुए युद्धविराम के बाद यह पक्के तौर पर तय हो गया कि आगे से भारत ही नहीं, पाकिस्तान को भी अंतरराष्ट्रीय दखलंदाज़ी बरदाश्त करनी पड़ेगी, जबकि यह मसला महज़ भारत-पाक का है।

और ऐसा ही हुआ भी। अमरीका और ग्रेट ब्रिटेन की मौन सहमति से सोवियत प्रधानमंत्री कोसिगिन ने पहल करते हुए, भारत और पाकिस्तान को 8 दिसंबर को मध्य एशियाई गणराज्य उज़्बेकिस्तान के ताशकंद शहर आने का न्योता दिया।

इससे पहले कि समझौते की स्याही सूखती, दिल का दौरा पड़ने से ताशकंद में ही प्रधानमंत्री लालबहादुर शास्त्री का देहांत हो गया।

ताशकंद समझौते के तहत एक-दूसरे के कब्ज़े वाले इलाकों की वापसी हुई। भारत ने हाजी पीर दर्रा और राजस्थान के सिंध सेक्टर में कब्ज़े वाला इलाका और पाकिस्तान ने छम्ब और जौरियां के इलाके लौटाए। लेकिन इस समझौते की वजह से पाकिस्तान में भारी राजनीतिक उथल-पुथल मच गई, क्योंकि उस देश में लड़ाई में बड़ी जीत की बात फैलाई गई थी। इसके अलावा, अयूब खान के विदेश मंत्री ज़ुल्फ़िकार अली भुट्टो सार्वजनिक रूप से उनके ख़िलाफ़ चले गए, जिसकी वजह से उन्हें बर्खास्त करना पड़ा। इस समझौते की महत्त्वपूर्ण धाराएं ये थीं :

1. भारत के प्रधानमंत्री और पाकिस्तान के राष्ट्रपति भारत और पाकिस्तान के बीच अच्छे संबंध बनाने के लिए संयुक्तराष्ट्र अधिकार पत्र यानी युनाइटेड नेशंस चार्टर के अनुरूप सभी संभव प्रयास करने के लिए सहमत हैं। वह इस बात पर ज़ोर देते हैं कि आपसी विवादों को निपटाने के लिए शक्ति का प्रयोग करना छोड़ देंगे।
2. पाकिस्तान के राष्ट्रपति और भारतीय प्रधानमंत्री इस बात के लिए राज़ी होते हैं कि ज़्यादा से ज़्यादा 25 फ़रवरी 1966 से पहले सभी हथियारबंद सुरक्षा कर्मियों को 5 अगस्त 1964 वाली उनकी स्थिति तक हटा लिया जाएगा।
3. भारत और पाकिस्तान दोनों ही एक-दूसरे के मामलों में दखलंदाज़ी न करने के उसूल पर चलेंगे और एक-दूसरे के ख़िलाफ़ बढ़ा-चढ़ा कर प्रचार करने से बचेंगे।
4. दोनों देश सामान्य राजनयिक कार्यप्रणाली को वापस लागू करने और दोनों देशों के उच्चायुक्तों की पद पर वापसी के लिए भी रज़ामद हैं।
5. दोनों देशों के बीच आर्थिक और व्यापारिक संबंध, आपसी संवाद और सांस्कृतिक आदान-प्रदान की बहाली के प्रयास किए जाएंगे। पाकिस्तान और भारत के बीच मौजूदा समझौते लागू करने के प्रयास किए जाएंगे।
6. युद्धबंदियों की अदला-बदली की जाएगी।
7. शरणार्थियों और अवैध रूप से रह रहे लोगों की वापसी पर बातचीत जारी रखी जाएगी। दोनों ओर ऐसे हालात बनाएंगे जिससे लोगों को पलायन न करना पड़े।

1965 के युद्ध में जीत की पागलपन भरी ख़ुशी का जो माहौल बन गया था, उसके बाद ताशकंद के घोषणा-पत्र से लोगों को झटका लगा, क्योंकि वह कुछ अलग हटकर सोच रहे थे। बात तब और बिगड़ गई जब अयूब ख़ान ने इसपर टिप्पणी करने से इनकार कर दिया और समझौते पर दस्तख़त करने की वजह बताकर लोगों का भरोसा जीतने के बजाय उनसे अलग चले गए। देश में कई जगह प्रदर्शन और दंगे होने लगे। लोगों का गुस्सा और ग़लतफ़हमी दूर करने के बजाय अयूब ख़ान ने 14 जनवरी को राष्ट्र के नाम संदेश के ज़रिये इस मसले को लोगों के सामने रखने का फ़ैसला किया।

ताशकंद घोषणा को लेकर जो मतभेद थे, उन्हीं की वजह से आख़िरकार जुल्फ़िकार अली भुट्टो को अयूब की सरकार से हटाया गया, जिन्होंने बाद में अपनी अलग पार्टी बना ली, जिसे नाम दिया पाकिस्तान पीपुल्स पार्टी।

अयूब ख़ान ने लोगों के शक-शुबहे दूर कर दिए, इस सच्चाई के अलावा, यह भी सच है कि ताशकंद घोषणा ने अयूब ख़ान की छवि को बहुत नुकसान पहुंचाया, और उनके पतन के कई कारणों में से एक बनी।

संदर्भ

1. 6 सितंबर को rediff.com पर के. सुब्रह्मणियम का लेख।
2. (http://www.globalsecurity.org/military/world/war/rann-of-kutch.htm)
3. वही
4. वही
5. वही
6. वही
7. वही
8. बांडुंग सम्मेलन : अफ्रीकी और एशियाई देशों का सम्मेलन जिसे बांडुंग सम्मेलन के नाम से जाना जाता है क्योंकि इसका आयोजन इंडोनेशिया के बांडुंग शहर में हुआ था। सम्मेलन के दौरान अफ्रीका, एशिया और मध्यपूर्व के उनतीस 'गुटनिरपेक्ष' देशों के प्रतिनिधियों ने मिलकर साम्राज्यवाद और नस्लवाद का विरोध किया और अमरीका और सोवियत संघ के बीच गहराते शीतयुद्ध पर चिंता जताई।
9. http://www.globalsecurity.org/military/world/war/rann-of-kutch.htm
10. वीर चक्र प्राप्त लेफ़्टिनेंट जनरल हरबख़्श सिंह, (सेवानिवृत्त) की पुस्तक *वॉर डिसपैचेज़ इंडो-पाक कॉनफ़्लिक्ट, 1965,* लैंसर पब्लिशर्स, पृ. 8
11. वही
12. खान, एम.असग़र (एयर मार्शल) की पुस्तक *द फ़र्स्ट राउंड, इंडो-पाक वॉर 1965,* विकास पब्लिशिंग हाउस प्राइवेट लिमिटेड, 1979, पृ. 29, 30, 31,77 और 79
13. वही
14. वही
15. वही
16. वही
17. वही
18. वही
19. लेफ़्टिनेंट जनरल, बी.एम. कौल, *कन्फ्रंटेशन विद पाकिस्तान,* विकास पब्लिकेशंस, 1971
20. वही
21. वही
22. वही
23. वही
24. वही
25. वही
26. http://www.rediff.com/news/2005/sep/06war1.htm
27. http://www.indianexpress.com/oldstory/72455/

5

बांग्लादेश का जन्म

पृष्ठभूमि

पाकिस्तान की अपनी ही एक शाख़ का उससे अलग होने की ज़िद करना, यानी पूर्वी पाकिस्तान का अपने पश्चिमी हिस्से से आज़ादी के लिए बाग़ी हो जाना वास्तव में पाकिस्तान के एक के बाद एक आए तमाम नेताओं की लगातार भारी बेवक़ूफ़ी का नतीजा था।

घटनाक्रम के लगातार तेज़ी पकड़ने के साथ ही यह भी साफ़ होता गया कि पश्चिमी पाकिस्तान कुछ ऐसी नीतियों पर चल रहा है जिससे पता चलता है कि वह अपने पूर्वी अंश से जोड़ने वाली सारी कड़ियों को तोड़ देना चाहता हो। सब समझने के बाद इस निष्कर्ष पर पहुंचते हैं कि बांग्लादेश के उदय के पीछे अगर कोई एक कारण है तो वह है पाकिस्तान का नेतृत्व और, ज़ाहिर है, वह नीतियां जिन्हें उन्होंने अपनाया और फिर बिना सोचे-समझे उन्हीं पर चलते रहे।

अपने रंग-ढंग, अपनी नीतियों और पाकिस्तान के नागरिकों में, ख़ासकर पूर्वी हिस्से की जनता में उठ रही प्रजातंत्र की लहर जो पूर्वी हिस्से के लोगों में जोश के साथ उभरती जा रही थी, उसकी अनदेखी करने की प्रक्रिया में पाकिस्तान के दोनों हिस्सों में दूरियां बढ़ रही थीं, और इस सब को अंजाम देने वाले के तौर पर पाकिस्तान को सिर्फ़ अपने आप को ज़िम्मेदार मानना पड़ेगा।

उसके बाद, अंतरराष्ट्रीय नज़रिये से काफ़ी अलग-थलग पड़े, और अंदर ही अंदर अपाहिज बना देनेवाले विद्रोह से तार-तार हुए जा रहे पाकिस्तान से शरणार्थियों के रेले जिस तरह भारत में चले आ रहे थे, उसके बाद आपसी टकराव तो होना ही था। इसके बाद, शक्ति के मामले में वायु सेना की संपूर्ण श्रेष्ठता साबित होना, वास्तव में आकाश पर आधिपत्य, पूर्वी पाकिस्तान के सभी नौपत्तनों की नाकाबंदी और ग़ाज़ी [1] का डूबना; और पाकिस्तान के मुकाबले थल सेना की सिर्फ़ एक-चौथाई

बल के साथ, जिसमें मुक्तिबाहिनी शामिल नहीं है, भारत ने अपने लिए जो लक्ष्य तय किया था, उसे हासिल करना था।

बांग्लादेश के जन्म की दास्तान उन लोगों की दिल को छू लेने वाली कहानी है जिन्होंने जुल्म की ज़ंजीरें तोड़कर अपनी राजनीतिक, आर्थिक और सामाजिक नियति को अपने हाथों से नया रूप दिया। इसके लिए उन्होंने ख़ुद संघर्ष किया, इसलिए इसमें कामयाबी का श्रेय भी उन्हीं को मिलना चाहिए, किसी और को नहीं।

1971 : प्रजातंत्र, युद्ध और अलगाव

कम से कम शब्दों में पूरी बात कहनी हो, तो बांग्लादेश के जन्म की पूरी दास्तान यह तीन शब्द अपने आप में समेट लेते हैं–प्रजातंत्र, युद्ध और अलगाव। हालांकि यह बात सुनने में झूठ-सी लगती है, लेकिन सच यही है कि पाकिस्तान के राष्ट्रपति और सेना प्रमुख जनरल याहया ख़ान के मन में उठी प्रजातंत्र की हूक ही आख़िरकार भारी नुकसान पहुंचाने वाले युद्ध, और अंततः पाकिस्तान के टुकड़े होने का कारण बनी। लियो रोज़ और रिचर्ड सिसून ने इस विषय[2] पर अपने मौलिक शोधकार्य तीखे अंदाज़ में कहा है कि वर्ष "1971 दक्षिण एशिया के लिए राष्ट्रीय और अंतरराष्ट्रीय संकट का साल था।" साल 1971 की "शुरुआत दो ऐतिहासिक चुनावों के साथ हुई"–आम जनता के मताधिकार प्रयोग पर आधारित पाकिस्तान में पहली बार राष्ट्रीय चुनाव हुए,' और भारत में प्रधानमंत्री पद के लिए दोबारा इंदिरा गाँधी का भारी संसदीय बहुमत के साथ चुना जाना।

लेकिन 1971 के बीतते-बीतते, पाकिस्तान में दो जंग लड़ी जा चुकी थीं–एक अंदरूनी और दूसरी भारत के साथ। पहली का नतीजा यह था कि "लाखों शरणार्थियों ने राजनीतिक उथल-पुथल और आर्थिक रूप से कंगाल पूर्वी राज्यों, पश्चिम बंगाल, असम, और कुछ ने बिहार में भी शरण ली।[3] दूसरे, लगभग महीने भर चला एक छोटा-सा सैन्य अभियान जिसका नतीजा यह निकला कि ज़्यादातर शरणार्थी नये जन्मे प्रभसत्ता संपन्न राष्ट्र बांग्लादेश में अपने घरों को लौट सके। उस दौर के दक्षिण एशिया के नक्शों पर फिर एक बार नई रेखाएं खिंचीं, और वह भी पिछले बंटवारे के कुल 23 साल के अंदर-अंदर।

पाकिस्तान ने दोनों लड़ाइयां लड़ीं, भारत ने एक। पाकिस्तान के लिए पहली लड़ाई गृहयुद्ध थी जिसने उसके अपने ही पूर्वी प्रांत में "पाकिस्तान सरकार की वैधता" छीन ली, और दूसरी थी 'बांग्लादेश वार' जिसमें उसका टकराव भारत, और बांग्लादेश के 'मुक्तिबाहिनी' जैसे बांग्लादेश मुक्ति आंदोलनों के साथ हुआ, जिसका नतीजा 'पाकिस्तान के विखंडन' के रूप में सामने आया।[4]

कथित रूप से 'आमंत्रित' सैनिक तख़्तापलट के बाद 26 मार्च 1969 को जनरल आग़ा मोहम्मद यहिया ख़ान ने सत्ता हथियाने के बाद ऐलान किया कि पाकिस्तान को वयस्क मताधिकार[5] प्रयोग के आधार पर बिना किसी दबाव के

निष्पक्ष रूप से चुने गए जनप्रतिनिधियों की सरकार के रास्ते पर लौटना चाहिए।" जल्दी ही सामान्य दिशा-निर्देश तय किए गए और नवंबर 1969 में उनकी सार्वजनिक रूप से घोषणा कर दी गई। सत्ता-परिवर्तन की पहली वर्षगांठ के बाद जल्दी ही 1970 का एक लीगल फ्रेमवर्क ऑर्डर (एल. एफ़. ओ.) लागू किया गया। यह ऐलान किया गया कि उसी साल अक्तूबर के पहले पाकिस्तान में राष्ट्रीय और प्रांतीय, दोनों ही स्तर पर चुनाव होंगे। तब नवनिर्वाचित 'नेशनल असेंबली' की सभा बुलाई जाएगी जो 'संविधान सभा' की पहली बैठक के 120 दिनों के अंदर संविधान का मसौदा तैयार करेगी। इस तरह घोषित लीगल फ्रेमवर्क ऑर्डर यानी एल. एफ़. ओ. में ज़ाहिर है कि और भी मुद्‌दे होंगे जिनका कि नये संविधान में ध्यान रखना पड़ेगा।

दिसंबर 1970 में जो चुनाव हुए, उसमें शेख़ मुजीबुर्रहमान के नेतृत्व वाली अवामी लीग पार्टी को स्पष्ट बहुमत मिला लेकिन उसने जितनी भी सीटों पर जीत दर्ज की, वह सभी पूर्वी पाकिस्तान में थीं। पश्चिमी हिस्से में ज़ुल्फ़िकार अली भुट्टो की अगुआई में पाकिस्तान पीपुल्स पार्टी ने ज़्यादातर सीटों पर जीत दर्ज की, लेकिन पुनर्गठित पश्चिम पाकिस्तान प्रांत की सारी सीटें उन्हें मिलीं, और पूर्वी पाकिस्तान में एक भी नहीं। यह चुनाव देश को जोड़ने वाला नहीं था, क्योंकि अपने-अपने इलाके में वर्चस्व वाली दो क्षेत्रीय पार्टियां उभर आई थीं और दोनों ही राष्ट्रीय स्तर पर सत्ता हथियाने पर आमादा थीं। पहली बहुमत में होने की वजह से सत्ता पर अपना आधिपत्य जताती थी, और दूसरी के शासनकार्य में भागीदारी का हक जताने का आधार यह था कि वृहत्तर क्षेत्रीय प्रतिनिधित्व के आधार पर 'भागीदारी का वर्चस्व' पाकिस्तान की मिलजुल कर चलने की राजनीति में सरकार को जायज़ ठहराने के लिए ज़रूरी था।"[6]

'न्यायसम्मत रूपरेखा व्यवस्था में बनाए गए नियम' के तहत 'संवैधानिक सर्वसम्मति' हासिल नहीं हो सकी थी, इसलिए सत्ता का हस्तांतरण नहीं हो सकता था। सच्चाई यह है कि सत्ता के हस्तांतरण के नियम "सभी तीन मुख्य कर्ताओं" द्वारा तोड़े गए थे। लेकिन यहां एक दुःखद विडंबना भी थी। अवामी लीग और पीपुल्स पार्टी के बीच 'शुरुआती टकराव' अवामी लीग की (सबसे पहले 1966 में रखी गई) 'छह सूत्रीय मांगों' के निचोड़ को लेकर था, जिसमें सत्ता के ज़रूरत भर विकेंद्रीकरण और प्रांतीय स्वायत्तता का प्रावधान था।[7] यही पार्टी के चुनावी घोषणा पत्र में प्रमुख रूप से तय था, फिर भी, यह माना जाता है कि 'सैन्य समाधान' लागू[8] होने के दो दिन पहले 'इन बिंदुओं के संशोधित संस्करण' तक पहुंचा जा चुका था। यह 25 मार्च 1971 को पूर्वी पाकिस्तान में की गई सख़्त सैन्य कार्रवाई थी।

प्रजातांत्रिक तरीके से चुनी गई विजयी पार्टी के वैध तरीके से मार्शल लॉ अथॉरिटी से सत्ता की बागडोर अपने हाथ में लेने को लेकर अनिर्णय के मूल में उनका "अवामी लीग के नेतृत्व की वफ़ादारी और विश्वसनीयता पर शक" था। फ़ौजी अधिकारियों के एक गुट ने योजनानुसार सैनिक समाधान के बारे में सोचना

शुरू कर दिया। उधर अवामी लीग में कुछ गुटों के सशस्त्र प्रतिरोध की तैयारियों के बीच भुट्टो के 'ख़ैबर से कराची' तक इंक़िलाब की धमकी के साथ कि अगर उनकी पार्टी द्वारा परिभाषित पश्चिमी पाकिस्तान के हितों पर ध्यान नहीं दिया गया, तो एक ''हल'' थोप दिया जाएगा, जो कि थोप भी दिया गया। 25 मार्च को पूर्वी पाकिस्तान सख़्त सैनिक कार्रवाई का निशाना बन गया।

इस दमनकारी सैनिक कार्रवाई के शुरू होते ही, शेख़ मुजीबुर्रहमान को छोड़ कर जिन्हें बंदी बना लिया गया था, अवामी लीग के ज़्यादातर नेता या तो भूमिगत हो गए या भारत भाग गए। कलकत्ता के 7, थियेटर रोड पर 'मुजीबनगर' में बांग्लादेश की सरकार स्थापित की गई।

इसी तरह, बांग्लादेश का युद्ध, जो कि भारत और पाकिस्तान के बीच का तीसरा युद्ध था और 1971 के पतझड़ तक किसी भी अहम खिलाड़ी को न तो इसकी उम्मीद थी और न ही किसी ने इसे ज़रूरी माना था। इसका मतलब यह नहीं है कि यह युद्ध पूरी तरह से अप्रत्याशित था, या वास्तव में इसने हैरत में डाल दिया हो, क्योंकि भारत और पाकिस्तान ''दोनों की ही बहुत समय से अचानक युद्ध के लिए तैयारी की योजना थी, और जैसे ही 1971 की गर्मियों में संकट गहराया, दोनों ही राष्ट्रों के नेताओं[9] ने खुलकर युद्ध की संभावना की चर्चा करनी शुरू कर दी।'' दोनों पक्ष, जैसे भी हो, 'राष्ट्र हित' में काम करने का संतोष तलाशते रहे और जो कुछ हो रहा था उसे इस नज़रिये से देखते रहे जैसे वह युद्ध नहीं कुछ और है। इतना ही नहीं, एक जैसी दिलचस्पी और एक जैसे इरादों के दुर्लभ मेल के साथ, दोनों ही देशों के अंतरराष्ट्रीय ख़ैरख़्वा अपने-अपने 'यजमान' पर एक ही बात के लिए दबाव बना रहे थे कि वह संयम से काम लें, संकट को टालें और युद्ध से दूर रहें।[10] दूसरे देशों ने भी इसी तरह संयम से काम लेने पर ज़ोर दिया, भले ही उनकी सलाह में जोश और अपनापन कम रहा हो। चाहे वह भारत में निर्वासित जीवन जी रहे हों या बांग्लादेश में रह गए हों, इस बारे में अवामी लीग के नेताओं के नज़रिये में अंतर था कि दूसरे देशों के सुझाव और मुकाबले के चलते व्यावहारिक और उपयुक्त रणनीति क्या हो सकती है, लेकिन 1971 की सर्दियों से पहले तक। ''इसके बावजूद युद्ध लड़ा गया, एक राष्ट्र का बंटवारा हुआ, और एक का जन्म।''[11]

स्पष्ट है कि पाकिस्तान के लिए यह एक ऐसा संकट था जो उसने अपने लिए खुद ही पैदा कर लिया था। फिर भी वह युद्ध नहीं चाहता था, और शुरू में, न भारत ही चाहता था। पाकिस्तान के लिए, ''मान लिया जाए कि इतने गंभीर अंदरूनी टकराव की स्थिति में पूर्वी पाकिस्तान की प्रतिरक्षा समस्या थी, सवाल यह नहीं था कि तनाव को बढ़ावा देकर युद्ध के स्तर तक पहुंचा दिया जाए, बल्कि भारत को किस तरह ऐसा मौका न दिया जाए कि वह इसकी शुरुआत करे।''[12] पाकिस्तान के शासक वर्ग का आम नज़रिया यह भी था कि ''आक्रमण की ओर भारत के रुझान को रोकने के लिए अंतरराष्ट्रीय समुदाय ज़ोर देगा, और अगर लड़ाई

शुरू होने की स्थिति बनी, तो उन्हें किसी एक के जीत दर्ज करने से पहले रोक दिया जाएगा।''[13] प्रधानमंत्री इंदिरा गाँधी ने ''संकट के शुरुआती महीनों के दौरान अंतरराष्ट्रीय समुदाय पर यह जताने की कोशिश की कि पूर्वी पाकिस्तान से इतनी बड़ी तादाद में शरणार्थियों का आना देश के आंतरिक अमन-चैन के लिए ख़तरा है, और या राष्ट्रों को इस बात के लिए राज़ी करने की कोशिश की कि वह अपना प्रभाव इस्तेमाल करते हुए पाकिस्तान को अवामी लीग के साथ तालमेल बैठाने के लिए राज़ी करें ताकि पूर्वी पाकिस्तान में राजनीतिक स्थिरता और शरणार्थियों की वापसी हो सके।''

लेकिन न भारत और न ही पाकिस्तान ने 'सीधे-सीधे संवाद' की कोशिश की। आपसी बातचीत के नाम पर जो भी कुछ था वह या तो 'बिचौलियों के ज़रिये था या राष्ट्रीय मंचों के ज़रिये।'[14]

शुरुआत में भारत को इस बात की उम्मीद थी कि पाकिस्तानी नेता अपने देश की अंदरूनी समस्याओं के राजनीतिक हल ढूंढ़ लेंगे। और वह भी फिर से उस राजनीतिक मेल-मिलाप के साथ जिसकी उम्मीद थी, कि ''शरणार्थियों के रेले इसलिए आ रहे हैं क्योंकि ये लोग पूर्वी पाकिस्तान में शासन की ज़्यादतियों और सामाजिक हिंसा से बचने के लिए भारत चले आ रहे हैं और वापस अपने घर लौट जाएंगे, और इसमें भारत सरकार का सख़्त रवैया भी काम करेगा, जो कि बिना किसी लंबे-चौड़े विचार-विमर्श के, शुरू से ही यह तय कर चुकी थी कि किसी भी परिस्थिति में शरणार्थियों को भारत में बसने की इजाज़त नहीं दी जाएगी।''[15]

क्षेत्रीय टकराव और राजनीतिक सहायता का विखंडन

विषय से कुछ हटकर क्षेत्रीय दावों पर बात करना यहां ज़रूरी है।

''बांग्ला की देश की राजनीति में 'बेहतर पहचान और ज़्यादा भागीदारी' की दावेदारी की शुरुआत आज़ादी के ठीक बाद भाषा संबंधी मांगों को सबसे आगे रखने के साथ हुई थीं। आवाज़ यह उठ रही थी कि बांग्ला को भी उर्दू की तरह पाकिस्तान की राष्ट्रभाषा के रूप में स्वीकार किया जाए। संप्रदाय के आधार पर राष्ट्रीयता के मुक़ाबले 'भाषाई राष्ट्रीयता' पर कहीं ज़्यादा ज़ोर था। दरअसल इसीलिए, 1948 की शुरुआत में विभाजन और आज़ादी के चंद महीनों के भीतर ही, मोहम्मद अली जिन्ना के इस ऐलान पर कि 'पाकिस्तान में उर्दू ही एकमात्र राष्ट्रभाषा होगी,' पूर्वी बंगाल में विरोध के स्वर फूटने लगे, जिसके बाद, फ़रवरी 1952 में, देश के दूसरे प्रधानमंत्री ''ख़्वाजा नाज़िमुद्दीन, जो खुद एक बंगाली थे, उनके भी उर्दू के पक्ष में बयान देने पर भाषाई दंगे, पुलिस गोलीबारी, जान जाने, और किसी बंगाली आंदोलन के लिए शहीद कहलाने का सिलसिला शुरू हुआ।''[16]

लियो रोज़ और रिचर्ड सिसून के मुताबिक—''पूर्वी बंगाल और पश्चिम पाकिस्तान के प्रांतों, ख़ासकर उसके बहुसंख्यक प्रांत पंजाब के हित मूल रूप से

अलग थे। पश्चिमी पाकिस्तान को इस बात का डर था कि संघीय प्रणाली में एक अकेले प्रांत के प्रतिनिधित्व जिसकी बीस प्रतिशत आबादी हिंदू हो, उससे कहीं बंगाली हावी न हो जाए। (यह आंकड़े 1970 के दशक के हैं जो अब बढ़ गए हैं) इस चिंता से निजात पाने के लिए, पश्चिमी पकिस्तान वालों के गुट पूर्वी और पश्चिमी हिस्सों, दोनों के 'बराबरी' के प्रतिनिधित्व और अलग धर्मों की आबादी के लिए 'अलग निर्वाचन मंडल' पर ज़ोर देने लगे, जिसे बंगालियों ने उनके प्रतिनिधित्व और वैधानिक प्रभाव को कम करने के कुटिलता भरे तरीके के रूप में देखा।[17]

7 दिसंबर 1970 को हुए चुनाव से किस तरह एक युद्ध की शुरुआत हुई, एक देश के दो हिस्से अलग हुए, और दक्षिण एशिया के मानचित्र में सचमुच भारी फेरबदल हुई, यह अगले पृष्ठ पर दी गई तालिका से अच्छी तरह समझा जा सकता है। ऐसे नतीजे निकलेंगे, वह न तो जीतने वालों ने सोचा था, न हारने वालों ने, और न ही सरकारों ने।[18] इन चुनावों ने देश के राजनेताओं की संरचना को नाटकीय रूप से बदल कर रख दिया और ऐसे हालात पैदा किए जिनसे आने वाले समय के राजनीतिक घटनाक्रम में शामिल प्रमुख हस्तियों पर गहरा असर पड़ा।[19]

इन हालात में अपना मक़सद हल न होता देख जनरल याहया ख़ान ने जनवरी की शुरुआत में और 'ज़्यादा सीधी बातचीत का सिलसिला शुरू करने की सोची जो उन्हें ज़्यादा रचनात्मक भी लग रहा था।'[20] 10 जनवरी को ऐलान किया गया कि वह दो दिन बाद अवामी लीग से बातचीत करने ढाका जाएंगे। यह एक आश्चर्यजनक घोषणा थी। इससे महज़ एक हफ़्ता पहले सरकार ने कहा था कि राष्ट्रपति की जनवरी के मध्य में दक्षिण पूर्व एशिया के कई देशों की यात्रा पर जाने की योजना है। बातचीत के महत्त्व का पता इस घोषणा से भी चलता है कि शेख़ मुजीब ने पूर्वी पाकिस्तान के तटवर्ती इलाकों के अपने दौरे को बीच में ही रद्द कर दिया, जबकि इन इलाकों में 17 जनवरी से उपचुनाव होने वाले थे।[21]

याहया ख़ान की ढाका यात्रा के दौरान हुई इन दो बैठकों का नतीजा यह रहा, कि वापस लौटने से पहले याहया ने शेख़ मुजीबुर्रहमान को "पाकिस्तान के अगले प्रधानमंत्री के रूप में उल्लेख करते हुए कहा कि उनका काम अब ख़त्म हो चुका है और वह पद से हटने की तैयारी कर रहे हैं, और जल्द ही सत्ता के हस्तांतरण का काम पूरा किया जाएगा। दोनों ही नेताओं ने अलग-अलग बातचीत की सफलता और भविष्य के आशाजनक होने के संकेत दिए।"[22]

वास्तव में इस 'आम स्वीकारोक्ति' ने "बातचीत के बाद पैदा हुई तमाम ग़लतफ़हमी पर पर्दा डाल दिया। बैठकों में दो विषयों पर ग़ौर किया गया था : 1. छह सूत्रों का निचोड़ और उन्हें लागू करने को लेकर अवामी लीग की मंशा, और 2. घुमाकर कहा जाए तो नई असैनिक सरकार का स्वरूप।"[23] अपने आप में दिलचस्प बात यह है, कि पाकिस्तान की केंद्रीय सरकार को अब तक यह स्पष्ट

तालिका-1
7 दिसंबर को पाकिस्तान में हुए राष्ट्रीय चुनाव के परिणाम

	जीती गई सीटों की संख्या (मतों का %)				*कुल*	*मतदान प्रतिशत %*	*मान्य मतों की संख्या (मिलियन में)*
	अवामी लीग	*पाकिस्तान पीपुल्स पार्टी*	*अन्य दल*	*निर्दलीय*			
पूर्वी पाकिस्तान	160 (75%)	0 (0%)	1 (22%)	1 (3%)	162	56	16.5
पश्चिमी पाकिस्तान							
पंजाब	0 (0%)	62 (42%)	14 (45%)	5 (12%)	82	66	10.9
सिंध	0 (0%)	18 (45%)	6 (44%)	3 (11%)	27	58	3.1
नार्थ वेस्ट फ्रंटियर	0 (0%)	1 (14%)	17 (80%)	7 (6%)	25	47	1.4
बलूचिस्तान	0 (0%)	0 (2%)	4 (91%)	0 (7%)	4	39	0.4
संपूर्ण पश्चिमी पाकिस्तान	0	81	42	15	138		
कुल प्राप्त मत (मतदान का राष्ट्रव्यापी %)	160 (38%)	81 (20%)	43 (35%)	16 (7%)	300	59	32.3

स्रोत : क्रेग बैक्सटर, 'पाकिस्तान वोट्स-1970' एशियन सर्वे (मार्च 1971) : 197218; और जी. डब्ल्यू. चौधरी, *द लास्ट डेज़ ऑफ़ युनाइटेड पाकिस्तान* (ब्लूमिंगटन : इंडियाना यूनिवर्सिटी प्रेस, 1974), पृष्ठ 129

नोट : पूर्णांकन के कारण प्रतिशत का योग कुछ जगह सौ से ज़्यादा है।

नहीं था कि इन छह बिंदुओं का निचोड़ क्या है और "न ही उसने इन्हें लागू करने के परिणामों के बारे में कुछ सोचा था।" अपने आगमन के दिन राष्ट्रपति के साथ आए दल के सदस्यों ने पूर्वी पाकिस्तान सरकार से छह-सूत्रीय मांगों की प्रति मांगी, ताकि वह अगले दिन होने वाली बैठक की तैयारियां कर सके। इसके साथ उन्होंने मांग की थी कि उन छहों बिंदुओं की व्याख्या भी मुहैया की जाए। अवामी लीग

के नेताओं को उनके इस अनुरोध पर आश्चर्य भी हुआ और चिंता भी, लेकिन इस 'कार्यक्रम की व्यापक लोकप्रियता के मद्देनज़र' उन्होंने इस मांग को पूरा किया।[24] वैसे इन छह बिंदुओं के बारे में तो फ़ील्ड मार्शल अयूब ख़ान के ज़माने से लोगों को जानकारी थी। इसके अलावा, मुजीब ने "खुलेआम बल्कि बेचैनी जताते हुए सफ़ाई दी थी कि वे पूरी तौर पर चाहते हैं कि पश्चिमी प्रांतों के नेताओं का सहयोग भी उन्हें मिले।"[25] उन्होंने यह भी संकेत दिए कि इन 'छह बिंदुओं में भी लचीलापन' था, यह बताते हुए कि यह 'इंसान की बात है न कि ख़ुदा की।' लेकिन जो भी हो, उन्होंने इस बात पर ज़रूर ज़ोर दिया कि कम से कम यही बहुत है कि यह "विचार-विमर्श नेशनल असेंबली के मंच पर हुआ न कि किसी व्यक्तिगत या असंगठित सार्वजनिक मंच पर।"[26] उन्होंने दलील दी, कि यह भी 'नितांत आवश्यक' है कि "सदन की बैठक फ़ौरन बुलाई जाए।" मतदाताओं ने अकेली पार्टी को पूर्ण बहुमत देकर भेजा है, यानी शासन चलाने के लिए स्पष्ट जनादेश है। इसके अलावा, क्योंकि "नेशनल असेंबली की बैठक बुलाने की तारीख़ तय नहीं की गई थी, इसलिए तमाम बंगाली सरकार के ईमानदारी से अपने कहे का पालन करने की नीयत पर शक करने लगे थे।"[27]

ढाका से रवाना होने के तीन दिनों के अंदर, 17-18 जनवरी 1971 को याहया लरकाना में भुट्टो के मेहमान बने। दिखावटी तौर पर तो वह करीब की द्रिघ झील में बतख़ों के शिकार के लिए गए थे, लेकिन वास्तव में याहया गए थे राजनीतिक बातचीत का सिलसिला नये सिरे से शुरू करने और उनके साथ यह साझा करने के लिए कि उनके और मुजीब[28] के बीच क्या हुआ।" इस मुलाक़ात का कोई अंजाम नहीं निकला। घटनाक्रम लगातार हिंसात्मक परिणति की ओर अग्रसर था।

यहां एक और महत्त्वपूर्ण पहलू पर ग़ौर करने की ज़रूरत है। 1973 के चुनावों में अवामी लीग के शेख़ मुजीबुर्रहमान के भारी बहुमत से विजयी होने के बाद जो कुछ हुआ वैसा भारतीय उपमहाद्वीप में पहले कभी नहीं देखा गया था, यहां तक कि सत्रहवीं सदी में नादिर शाह ने जो विध्वंस मचाया था, वह भी इसके आगे फीका था। उस समय पूर्वी पाकिस्तान में जो कुछ हो रहा था वह वास्तव में नरसंहार ही था, जिसमें छात्रों, लेखकों, और राजनीतिज्ञों, विशेषकर अल्पसंख्यक हिंदुओं को निशाना बनाया जा रहा था। परिणामस्वरूप, लगभग एक करोड़ लोगों ने, जिनमें से अधिकांश हिंदू थे, भारत में शरण ली। ऐसी स्थिति में ढाका स्थित अमरीकी महावाणिज्यदूत ने एक अलग किस्म का तार भेजा जो बाद में 'ब्लड टेलिग्राम' के नाम से मशहूर हुआ। इस तार में महावाणिज्यदूत आर्चर केंट ब्लड और उनके कोई बीस सहयोगियों ने सम्मिलित रूप से तार के ज़रिये बांग्लादेश में आज़ादी की मांग को क्रूरता से दबाने और भविष्य में इसके गंभीर दुष्परिणामों के लिए चेतावनी देते हुए इस मुद्दे पर अमरीका ने जो नीति अपना रखी थी, उसकी कड़ी आलोचना की थी। लेकिन निक्सन और किसिंजर के नेतृत्व वाले अमरीकी प्रशासन ने ब्लड और उनके साथियों के इस 'राजनयिक विद्रोह' को कोई तरजीह नहीं दी।

भारत की कशमकश

पूर्वी पाकिस्तान के संबंध में पूर्वी पाकिस्तान के फ़ैसले कई परस्पर-विरोधी कारकों से प्रभावित थे। उदाहरण के लिए—शरणार्थियों का मुद्दा महत्त्वपूर्ण तो था, लेकिन क्या यह वह निर्णायक कारक था जिसकी वजह से सशस्त्र हस्तक्षेप किया गया? इसपर शक होता है। शायद "पूर्वी पाकिस्तान में संघर्ष का अस्थिरता पैदा करने वाला प्रभाव, लड़ाई की कड़ुवाहट से सराबोर पश्चिम बंगाल और असम समेत पूर्वोत्तर भारत के आदिवासी बहुल पर्वतीय राज्यों में भी था, जहां आम राजनीतिक नज़रिये में 'मूल निवासी' समुदायों में मुख्य रूप से 'बाहरी' बंगालियों के ख़िलाफ़ ज़ोर था। भारत के लिए समस्या सिर्फ़ शरणार्थियों के 'होने' की नहीं थी, बल्कि यह भी थी कि वह 'कहां' थे।[29]

जब पाकिस्तान में इस संकट ने सिर उठाया, भारत की कहीं से भी इन हालात का फ़ायदा उठाने की नीयत नहीं थी, बल्कि पूर्वी पाकिस्तान में चल रही उथल-पुथल के परिणामों पर काबू करने की थी, ताकि उन्हें छलक कर भारत में आने से रोका जा सके।

प्रमुख शक्तियां और यह संघर्ष

यहां हमारा सरोकार मुख्य रूप से अमरीका से; सोवियत संघ और चीनी जनवादी गणतंत्र से, और दक्षिण एशिया में बदलती स्थितियों पर उनके रवैये से है। ज़ाहिर है, शुरुआत से ही यह सभी नित नये मोड़ लेते घटनाक्रम पर खुलकर बयानबाज़ी करते थे।

यह सच है कि क्षेत्रीय घटनाक्रम में इन ताकतों की अहमियत को बेशक बढ़ा-चढ़ा कर आंका गया, लेकिन यह भी सहज ही मानना पड़ता है कि दक्षिण एशियाई देशों में निर्णय लेने की प्रक्रिया में इन शक्तियों का कितना अधिक प्रभाव है। और "1950 के दशक के मध्य तक इन तीनों प्रमुख बाहरी शक्तियों ने दक्षिण एशिया के प्रति काफ़ी हद तक स्पष्ट नीतियां बना ली थीं जिन्हें इस इलाके के देश आसानी से नज़रअंदाज़ नहीं कर सकते थे।"[30]

1965 के भारत-पाक युद्ध और फ़रवरी 1966 के ताशकंद सम्मेलन के बाद तीनों देशों—अमरीका, सोवियत संघ और चीन ने अपनी नीतियों में भारी फेरबदल भी की थी।

जिसे बांग्लादेश के नाम से पुकारा जाने लगा था, उसकी मुक्ति के लिए लड़े गए इस युद्ध का अध्ययन करते हुए उन नीतिगत बदलावों की बारीकियों में जाना अपने विषय से भटकना होगा।

सामान्य-सी शर्तों और बहुत कम समय के लिए अमरीका पाकिस्तान के नज़दीक आया। और, जहां तक सोवियत संघ का सवाल है, ताशकंद संधि के बाद

"सोवियत संघ ने लगातार मिलजुल कर पाकिस्तान के साथ आर्थिक, राजनीतिक और सुरक्षा के क्षेत्र में रिश्तों को बढ़ावा देने की कोशिश की, और साथ ही भारत के साथ नज़दीकी बनाने और दोस्ताना रिश्ते कायम रखने की उम्मीद की।"[31] श्रीमती गाँधी की सरकार का सोवियत संघ द्वारा पाकिस्तान को दी जा रही मदद बंद कर देने या कम कर देने की शर्त पर दोनों देशों के बीच संधि के उसके प्रस्ताव को स्वीकार कर लेना शायद सोवियत संघ के लिए बहुत अहमियत रखता था। मॉस्को की नज़र में ऐसी संधि यह साबित करने की दिशा में एक महत्त्वपूर्ण क़दम थी कि ब्रेज़नेव के जून 1969 के 'एशियन म्यूचुअल सिक्योरिटी प्रपोज़ल' को भारत का समर्थन प्राप्त है। यह प्रपोज़ल सोवियत संघ की 'चीन को काबू में रखने' की नीति का अहम हिस्सा था। मॉस्को में भारत के राजदूत डी. पी. धर के साथ इस प्रस्तावित भारत-सोवियत संधि के तमाम पहलुओं पर चर्चा के बाद 1969 के मध्य में, मोटे तौर पर यह तय हो गया कि अगर भारत में राजनीतिक हालात ठीक-ठाक रहे, तो यह संभव है इस संधि पर 1970 के पहले छह महीनों के अंदर हस्ताक्षर हो जाएंगे।[32] अपनी भूमिका निभाते हुए मॉस्को ने अप्रैल 1970 में नई दिल्ली को सूचित कर दिया कि पाकिस्तान को सोवियत सैन्य सहायता "स्थगित" की जा रही है, जबकि वास्तव में हथियारों की कुछ खेप 1970 से लेकर 1971 तक पाकिस्तान पहुंचती रहीं।

उधर पाकिस्तान भी चीन-सोवियत मतभेद[33] पर ज़ोरदार तरीके से चीन का पक्ष लेता रहा और साथ ही उसने यह जता दिया कि "ब्रेज़नेव की बीजिंग विरोधी नीतियों में सहयोग करने का उसका कोई इरादा नहीं है। इस तरह, 1970 के ख़त्म होने से पहले भारत के प्रति सोवियत "झुकाव" फिर से नज़र आने लगा था, इससे पहले कि वह स्थिति आती जिसने 1970 के तीसरे भारत-पाक युद्ध की ओर धकेलने के लिए ज़िम्मेदार राजनीतिक संकट को जन्म दिया हो लेकिन ऐसा नहीं है कि मॉस्को ने पाकिस्तान में भी अपनी भूमिका को और ज़्यादा प्रभावशाली बनाने की अपनी कोशिशों को बंद नहीं किया।"[34]

लेफ़्टिनेंट जनरल याहया ख़ान ने राष्ट्रपति पोदगोरनी की "पूर्वी पाकिस्तान की जनता के उत्पीड़न और रक्तपात को रोकने के लिए अविलंब क़दम उठाने और शांतिपूर्ण राजनीतिक तरीकों से निबटाने के तरीकों को अपनाने" की अपील को बिलकुल स्पष्ट रूप से ठुकरा दिया था।[35] उन्होंने याहया से "यह अपील करने के पीछे की उस मूल भावना को ठीक तरह से समझने की मांग की थी जिसकी वजह से हमें यह अपील करने की प्रेरणा मिली है, यानी कि, यूनिवर्सल डिकलेअरेशन ऑफ़ ह्यूमन राइट्स में दर्ज आमतौर पर मान्य मानवतावादी सिद्धांतों और पाकिस्तान की मित्रवत जनता के हितों के प्रति सरोकार।"[36]

प्रधानमंत्री इंदिरा गाँधी ने इसके बाद पश्चिमी यूरोप और संयुक्त राज्य अमरीका के व्यापक दौरे किए, लेकिन उस पहले सितंबर 1971 में मॉस्को की यात्रा।

चीन

यह समझ में आने वाली बात थी कि दक्षिण पूर्व एशिया के प्रति चीन के रवैये और नीति में उल्लेखनीय बदलाव आया था। अपनी नई नीति के तहत बीजिंग के प्रयोग में आने वाले मूल सिद्धांत ये थे : 1. दूसरे दक्षिण एशियाई देशों के साथ भारत के संबंध बिगाड़ने के लिए उन्हें नई दिल्ली के साथ उनके विवादों में उनका साथ देना और निबटारे के लिए भारत की शर्तें न मानने के लिए उन्हें उकसाना; 2. दक्षिण एशिया में सोवियत नीति को लेकर उलझन बढ़ाने के लिए दूसरे दक्षिण एशियाई देशों में मॉस्को की भारतीयों के यजमान जैसी छवि बनाना; और 3. सीमा के विवादित क्षेत्रों में समय-समय पर तनाव बढ़ाकर और भारत में चल रहे 'क्रांतिकारी' और 'अलगाववादी' आंदोलनों[37] का साथ देना।

लेकिन जहां भारत-विरोधी नीति अपनाने से चीन को भले ही कम सकारात्मक परिणाम मिले हों, लेकिन उसकी वजह से "भारतीय कुलीन और आम वर्ग चीन के सवाल पर शक और ख़ौफ़ से घिरे रहने लगे, और भारत को चीन से मिलने वाली चुनौतियों को वास्तविकता से ज़्यादा बढ़ा-चढ़ा कर देखने की प्रवृत्ति के चलते नई दिल्ली की क्षेत्रीय नीतियों के प्रभाव को कम कर दिया।"[38] लेकिन इससे इस क्षेत्र में चीन के दीर्घकालीन हित सधेंगे, इसमें भी संदेह है। इतना ज़रूर है कि इसका प्रमुख नतीजा यह निकला कि भारतीयों के लिए सोवियत संघ और अमरीका से 'संपर्क' की अहमियत कहीं ज़्यादा बढ़ गई, और यह तो कहीं से चीनी नीति के उद्देश्यों के अनुरूप नहीं लगता।

1965 आते-आते चीन को इसीलिए पाकिस्तान में "प्रमुख शक्तियों में देश का इकलौता भरोसेमंद दोस्त" के तौर पर देखा जाने लगा था।[39] बेशक, बीजिंग के ज़्यादा कुछ करने में नाकाम रहने, "1965 के भारत-पाक युद्ध के दौरान तेज़ आवाज़ में धमकी देने के सिवा, जब पाकिस्तानी चीन की सामर्थ्य और उसकी मदद करने के लिए तैयार रहने की ख़ूबी को बहुत बढ़-चढ़ा के बताते थे। इस बीच चीन भी पाकिस्तान का पुनर्मूल्यांकन करके चीन के नीतिगत उद्देश्यों के लिए उसकी उपयोगिता का आकलन करने लगा था, जैसा कि दक्षिण एशिया में 1971 के संकट के दौरान और उसके बाद भी ज़्यादा स्पष्ट हो गया।

ताशकंद सम्मेलन के बाद चीन की दक्षिण एशिया के प्रति नीतियों में अमरीका और सोवियत संघ के मुकाबले सतही तौर पर कम ही बदलाव आया था, लेकिन इस इलाके में बीजिंग की भूमिका में कुछ अंतर ज़रूर पड़ा था। 1965 के युद्ध से यह ज़रूर स्पष्ट हो गया कि "अगर चीन को सैनिक और आर्थिक सहयोग के बजाय पाकिस्तान की भारत के ख़िलाफ़ वास्तविक सैनिक दखल देनी पड़े तो चीन को इसकी ऊंची क़ीमत चुकानी पड़ सकती है।"[40] चीन पाकिस्तान के साथ अपने गहरे रिश्ते को बनाए रखने, बल्कि और ज़्यादा फैलाने की कोशिश कर रहा था, लेकिन उसने चुपचाप रावलपिंडी की सुरक्षा संबंधी निश्चित वचनबद्धता की

मांग को ठुकरा दिया था जिससे कि चीन को अगले भारत-पाक सशस्त्र संघर्ष में दखल देने के लिए उतरना पड़ता।" [41]

जब यह साबित हो गया कि भारत के साथ संघर्ष अब और नहीं टल सकता, तो "पाकिस्तान सरकार ने बीजिंग को एक बार फिर सहायता के लिए आग्रह करने का फ़ैसला किया—ताकि उसकी अप्रैल वाली नीतिगत स्थिति को उलटी दिशा में चलाया जा सके—और भुट्टो, एयर मार्शल रहीम ख़ान, जनरल गुल हसन को 7 नवंबर को बीजिंग भेजा गया। चाऊ एन लाई के साथ बैठक में रहीम ख़ान ने आकस्मिक आधार पर तीस लड़ाकू विमान और दूसरे तमाम सैन्य साज-सामान की मांग की जबकि भुट्टो ने चीनी प्रधानमंत्री से इस मुद्दे पर बातचीत छेड़ी कि अगर भारत के साथ जंग छिड़ती है तो क्या चीन पाकिस्तान की मदद के लिए आगे आने की सोचेगा। चाऊ का जवाब था कि युद्ध के आसार तो कम ही हैं, लेकिन अगर युद्ध छिड़ा तो चीनी सैन्य बल सीधे तौर पर तो पाकिस्तान की मदद के लिए दखल नहीं देंगे, लेकिन यह बात और है कि चीन पाकिस्तान को राजनीतिक सहयोग के साथ ज़रूरी सामग्री उपलब्ध कराने में भी मदद करेगा।" [42]

यह हतोत्साहित करने वाला जवाब तो था, लेकिन आश्चर्यजनक नहीं था। जिस बात से उनके साथी सचमुच हैरत में पड़ गए वह था उनके पाकिस्तान लौटने पर "भुट्टो का यह आम बयान कि चीन ने उन्हें भरोसा दिलाया है कि भारत की ओर से हमला होने पर वह पाकिस्तान की ज़रूर मदद करेगा।" [43] इससे 1971 के युद्ध पर प्रकाशित होने वाली सामग्री में अटकलें लगाई जाने लगीं कि पाकिस्तान सरकार, ख़ासकर याहया ख़ान बीजिंग की नीतियों को ठीक से समझ नहीं पा रहे थे। जबकि ऐसा था नहीं, क्योंकि राष्ट्रपति को "चाऊ एन लाई के रवैये के बारे में बख़ूबी पूरी और सही जानकारी दे दी गई थी।" [44] पाकिस्तान सरकार ने क्या उम्मीद की थी कि पूर्वी पाकिस्तान में भारत के दख़ल देने पर चीन के रवैये के बारे में नई दिल्ली में अनिश्चय की स्थिति पैदा करना? नवंबर की पहली तारीख़ को, पाकिस्तानी प्रतिनिधिमंडल के चीन भेजे जाने से भी पहले, रेडियो पाकिस्तान ने याहया ख़ान के हवाले से कहा था कि उन्होंने चीन में सी. बी. एस. के संवाददाता से कहा था कि पाकिस्तान पर भारतीय हमला होने पर चीन हस्तक्षेप करेगा।" [45] चीन से लौटने के बाद भुट्टो का यह बयान शायद इस कोशिश का हिस्सा था कि अगले भारत-पाक युद्ध में बाज़ी पाकिस्तान के हाथ लगने की उम्मीदें बढ़ सकें। पाकिस्तानी सूत्रों के मुताबिक "भुट्टो के इस बयान से चीनी खुश नहीं थे, लेकिन उन्होंने इसका खंडन भी नहीं किया, क्योंकि बीजिंग भी यही चाहता था कि ऐसा डर पैदा कर दिया जाए कि भारत सैनिक कार्रवाई न करे।" [46]

"इससे नई दिल्ली पर कोई असर नहीं पड़ा, वह इसी बात पर डटी रही कि चीन हस्तक्षेप नहीं करेगा, और न कर सकता है।" [47] ज़्यादा से ज़्यादा, अगर आगे युद्ध हुआ तो वह उसके विरोध में थोड़ी बयानबाज़ी भले ही कर सकता है। दरअसल, चाहने पर भी प्रभावशाली ढंग से चीन के हस्तक्षेप करने की क्षमता पर भारत को शक था।

'तिब्बत में तैनात चीनी सेना को तो सुदृढ़ किया गया था और न ही उन्हें रसद की वैसी आपूर्ति थी जिसकी सरहद पर मामूली झड़पों से ज़रा भी ज़्यादा होने पर ज़रूरत होती।'[48] नई दिल्ली के हिसाब से इससे भी ज़्यादा महत्त्वपूर्ण बात थी माओ के मनोनीत उत्तराधिकारी लिन बाओ का 1971 का सत्ता-परिवर्तन का प्रयास, जिसमें चीनी वायु सेना और थल सेना के कुछ तत्व भी सहयोगी थे।[49]

इसकी वजह से चीनी जनवादी गणराज्य की वायु सेना की उड़ानों पर कुछ समय के लिए रोक लग गई, और "1971 के आख़िर तक चीनी सेना के अंदर गंभीर तनाव रहे।"[50] इस सब के आधार पर नई दिल्ली ने यह अंदाज़ा लगाया कि चीन वही करेगा, जो उसने किया—सार्वजनिक बयानों में भारत की ज़ोरदार निंदा करना लेकिन पूर्वी पाकिस्तान के मामले में ख़ुद को उलझाने से बचाए रखना, यहां तक कि सीमा पर छोटी-मोटी झड़पों से भी बचने की होशियारी बरतता रहा।

युद्ध के दौरान भारत-चीन सीमा पर कोई भी वाकया नहीं हुआ। "चीन ने 1971 के युद्ध के आख़िरी दिनों में ज़रूर 1965 के भारत-पाक युद्ध में चली गई अपनी पुरानी चाल दोहराने की कोशिश की तो 10 दिसंबर को सिक्किम-तिब्बत सीमा पर भारतीय फ़ौज की घुसपैठ का दावा करते हुए 15 दिसंबर को बीजिंग ने उसपर विरोध जताया।"[51]

अमरीका

सार्वजनिक रूप से वॉशिंगटन का नज़रिया 25 मार्च से वर्ष 1971 के अंत तक यही था कि पूर्वी पाकिस्तान का संघर्ष अंदरूनी मामला है जिसमें विदेशी ताक़तों को सीधी दखल से बचना चाहिए।

"अमरीका के घोषित उद्‍देश्य थे : (1) एक बार फिर भारत-पाक युद्ध होने से रोकना; (2) पूर्वी पाकिस्तान में आवश्यक मानवीय सहायता उपलब्ध कराना; और (3) पाकिस्तान के गृह-युद्ध का राजनीतिक समाधान ढूंढने में मदद करना, जिसमें ऊपर से ही सही एकीकृत पाकिस्तान का चेहरा नज़र आए तो अच्छा हो। अगर यह सब संभव नहीं हो, तो संयुक्त राज्य अमरीका शांतिपूर्वक देश को दो संप्रभुता संपन्न राष्ट्रों में बंटने में मदद करना चाहता था।[52]

किसी भी हाल में अमरीका के सार्वजनिक रूप से उठाए गए क़दम और रावलपिंडी से संबंधित निज़ी तौर पर सलाह का असर न के बराबर था। "सवाल यही था कि सख़्त कार्रवाई पर जनता में हर तरफ़ हो रही थू-थू से सबक लेकर याहया पूर्वी पाकिस्तान में अपनी दमनकारी नीति में कुछ नर्मी लाते। ज़्यादातर आम लोगों, यहां तक कि सरकार में शामिल आलोचकों का भी यही मानना है कि शायद ऐसा न होता।"[53] 1971 में पाकिस्तान को प्रस्तावित अमरीकी सैन्य और आर्थिक सहायता इतनी ज़्यादा नहीं थी कि "वॉशिंगटन उसके हाथ से निकल

जाने का डर दिखाकर रावलपिंडी पर पूर्वी पाकिस्तान में अपना रवैया बदलने के लिए दबाव बना पाता।" [54] जिसे पाकिस्तानी 1965 के युद्ध में वॉशिंगटन की भारत का पक्ष लेने की नीति के रूप में देख रहे थे, उससे भी संयुक्त राज्य अमरीका की पाकिस्तानी सुरक्षा की 'ज़मानती' वाली छवि को काफ़ी बुरी तरह नुकसान पहुंचा था। "1971 तक वॉशिंग्टन की रावलपिंडी पर कोई ख़ास पकड़ नहीं थी, ख़ासतौर से ऐसे मुद्दों पर जिन्हें पश्चिमी पाकिस्तान में उनके राष्ट्रीय अस्तित्व से जोड़कर देखा जाता था।" [55] अमरीकी सरकार में शामिल अमरीकी नीतियों के आलोचकों की दलील थी कि "याहया शासन की आलोचना न करना अनैतिक है और उसे सार्वजनिक रूप से ग़लत ठहराने से भी किसी ख़ास अमरीकी हित पर बुरा असर नहीं पड़ता।" [56] लेकिन उन्हें इस बात की भी बहुत कम उम्मीद थी कि इससे पाकिस्तान सरकार की दमनकारी नीतियों पर कोई ख़ास असर पड़ता। इससे उलट, किसिंगर का मानना था कि नैतिक रूप से दोषी ठहराने पर अगर दूसरी सरकार के व्यवहार पर कोई असर नहीं पड़ता तो इसे ग़ैर-ज़िम्मेदाराना मानना चाहिए चाहे भावनात्मक रूप से यह भले ही संतोषजनक हो। [57]

लेकिन पाकिस्तान की मध्य पूर्व के CENTO यानी सेंट्रल ईस्टर्न ट्रीटी ऑर्गनाइज़ेशन की सदस्यता और उस इलाके में 1967 और 1973 के बीच चली अरब-इज़्रायली लड़ाइयों के दौरान अमरीका की काफ़ी ख़राब स्थिति के मद्देनज़र पश्चिमी पाकिस्तान की राष्ट्रीय एकता और राजनीतिक व्यावहारिकता संयुक्त राज्य अमरीका के लिए ज़रूरी मानी जाती थी। [58] बकौल किसिंगर, "पूर्वी पाकिस्तान को अलग होने से बचाने का कोई सवाल ही नहीं था। महीनों से निक्सन और मैं, हम दोनों ही जान चुके थे कि इसकी आज़ादी तय है, और उसे हासिल करने के लिए युद्ध ज़रूरी नहीं है। हमने पश्चिमी पाकिस्तान को एक स्वतंत्र राष्ट्र के रूप में बचाए रखने की कोशिश की, क्योंकि हमने समझ लिया था कि उसे घेरकर तोड़ देना भारत का असली मक़सद था।" [59]

लेकिन भले ही अमरीकी सरकार में पूर्वी पाकिस्तान को लेकर कोई गंभीर बहस न छिड़ी हो, लेकिन अमरीकी सरकार के अंदरूनी दायरे और उसके गुप्तचर समुदाय में पश्चिम पाकिस्तान में भारत के लक्ष्यों को लेकर एक कटुता भरा विवाद ज़रूर था।

इस विषय में बातचीत ने, नई दिल्ली में, ख़ासतौर से सी. आई. ए. की एक गुप्त रिपोर्ट आने के बाद ज़ोर पकड़ा, जिसमें भारत सरकार के एक उच्चाधिकारी के हवाले से बताया गया था कि श्रीमती गाँधी का 'पश्चिमी पाकिस्तान में पाकिस्तानी बख़्तरबंद सेना को तबाह करने और पाकिस्तान के कब्ज़े वाले कुछ हिस्से छीनने की नीयत से बड़े पैमाने पर आक्रमण करना चाहती हैं।' [60] इस रिपोर्ट को सबसे पहले "नेशनल सिक्योरिटी कांउसिल की एक मीटिंग में 6 दिसंबर को, और उसके बाद 8 दिसंबर [61] को वॉशिंगटन स्पेशल ऐक्शन ग्रुप की बैठक में पेश किया गया था।" गुप्तचर समुदाय के ज़्यादातर सदस्य इस रिपोर्ट से असहमत थे, और बाद

में सी. आई. ए. के दिल्ली कार्यालय ने भी इसपर तूल देना बंद कर दिया, लेकिन ऐसा लगता है कि यह बात नेशनल सिक्योरिटी काउंसिल को स्पष्ट नहीं की गई थी, जिसने आख़िर में इस रिपोर्ट के 'स्वीकृत' होने की टिप्पणी की। जैसा कि विदेश विभाग के एक उच्च पदस्थ अधिकारी ने बाद में टिप्पणी की कि जहां सी. आई. ए. की इस विवादास्पद रिपोर्ट की सच्चाई को लेकर संदेह हैं, वहीं इसे ग़लत ठहराने का भी कोई आधार नहीं है, और इसीलिए सरकार ने इस सोच पर कार्यवाही करने की बाध्यता महसूस की कि 'बुरे से बुरा सोचकर चलें' तो रिपोर्ट में भारत की मंशा के बारे मे जो कुछ कहा गया है वह सच भी हो सकता है। परम आदरणीय भारतीय राजदूत एल. के. झा से पश्चिमी पाकिस्तान में भारत के लक्ष्यों के बारे में 'सुस्पष्ट आश्वासन' देने को कहा गया, लेकिन कोई संतोषजनक प्रतिक्रिया नहीं दी गई। इस विषय पर प्रधानमंत्री समेत, भारतीय अधिकारियों के सार्वजनिक वक्तव्य आमतौर पर आश्वस्त करने वाले, लेकिन गोलमोल होते थे। युद्ध के माहौल में इससे ज़्यादा की उम्मीद भी नहीं की जा सकती थी।

शायद 1971 के युद्ध के दौरान निक्सन प्रशासन ने जो सबसे ज़्यादा विवादास्पद कार्रवाई की वह थी युद्धपोत 'एंटरप्राइज़' को हिंद महासागर में भेजना। टास्क फ़ोर्स 74 या, नकारात्मक सोचने वालों के मुताबिक ''ओह कलकत्ता।'' 10 दिसंबर को एंटरप्राइज़ और उसके साथ चलने वाले चार दूसरे जहाज़ों के बेड़े को सिंगापुर के पास स्थित टोंकिन की खाड़ी से सिंगापुर की तरफ़ बढ़ने का आदेश दिया गया। 12 दिसंबर को सिंगापुर के तट से कुछ दूर से एक और नौसैनिक इकाई उन्हें मिली और उनके साथ हो ली, और 14 दिसंबर को, दो दिनों तक न जाने क्यों देर लगने के बाद दिन की रोशनी में मलक्का जलडमरूमध्य से होते हुए बंगाल की खाड़ी के धुर उत्तरी इलाके की ओर बढ़ने लगे। यह टास्क फ़ोर्स 74 फिर दक्षिण की ओर मुड़ा, और 16 दिसंबर को पश्चिमी सीमा पर युद्धविराम के बाद ढाका में आत्मसमर्पण के समय यह श्रीलंका के दक्षिण पूर्व हिंद महासागर में सक्रिय था। यह बेड़ा सात जनवरी तक उसी इलाके में रहा, और फिर वियतनाम के तट के पास सातवें नौसैनिक बेड़े से मिल गया।

'टास्क फ़ोर्स 74' के इरादों को लेकर कई तरह के दोष लगाए जाते हैं और सफ़ाई दी जाती है, जिनमें से कोई भी दमदार नहीं लगता। लेकिन जिसपर उस समय सबसे ज़्यादा ध्यान गया, ख़ासतौर से भारत में, वह यह ख़बर थी कि एंटरप्राइज़ ढाका में फंसे अमरीकियों को सुरक्षित बाहर निकालने के लिए इस्तेमाल किया जाएगा। लेकिन क्योंकि 'जो अमरीकी ढाका छोड़कर जाना चाहते थे, उन्हें टास्क फ़ोर्स के पहुंचने से दो दिन पहले, 12 दिसंबर को ही विमान से ढाका से ले जाया गया था, इसलिए 'रेस्क्यू मिशन' वाली बात गले नहीं उतरती, और न ही टास्क फ़ोर्स को जारी किए गए आदेश में इसके कोई संकेत थे।'[62] वास्तव में, एंटरप्राइज़ को जारी आदेश में कुछ भी स्पष्ट नहीं था लेकिन ऐसा लगता था जैसे उसमें सब कुछ समाया हुआ हो। जैसे, उसके उद्देश्यों में लिखा था, ''हिंद

महासागर क्षेत्र में अमरीकी हितपूर्ति के लिए उच्चाधिकारियों के दिशा-निर्देश में 'नौसैनिक, वायुसैनिक और ज़मीनी कार्रवाईयों में हिस्सा लेना' [63] लेकिन ख़ासतौर पर सिर्फ़ बंगाल की खाड़ी में ही नहीं।

किसिंगर और निक्सन ने मोटे तौर पर एंटरप्राइज़ के वाकये की 'वृहत्तर भौगोलिक-राजनीतिक तौर पर' व्याख्या करके उसे सही ठहराने की कोशिश की। 'अपने चीन के "साथी" पाकिस्तान का साथ देने की यह प्रतीकात्मक मुद्रा' ठीक तब देखने को मिली जब अमरीका चीनी जनवादी गणतंत्र के साथ रिश्ते सामान्य करने का सिलसिला शुरू कर रहा था।' [64]

अमरीकी सरकार के पास दूसरी अहम वजह थी हिंद महासागर में सोवियत नौसेना की मौजूदगी। जब युद्ध छिड़ा, तब सोवियत संघ की छोटी सी फौज तैनात थी, दो डिस्ट्रॉयर, दो माइनस्वीपर और एक ऑयलर। लेकिन 6 दिसंबर को सोवियत नौसेना के तीन युद्धपोत, जिनमें एक मिसाइल क्रूज़र भी था, व्लादीवोस्तक से रवाना हुए, और 13 दिसंबर को एक दूसरा टास्क-फ़ोर्स व्लादीवोस्तक से हिंद महासागर के लिए चल पड़ा, ज़ाहिर है, अमरीका की टोही नज़रों के समने। इस दूसरे बेड़े में एक मिसाइल क्रूज़र और एक मिसाइल डिस्ट्रॉयर समेत चार जहाज़ थे। पहला टास्क फ़ोर्स 18 दिसंबर को हिंद महासागर पहुंचा और दूसरा 24 दिसंबर को, और इन दोनों सोवियत नौसैनिक बेड़ों के वहां पहुंचने से पहले युद्ध ख़त्म हो चुका था, इसलिए 'इन दोनों ने, युद्ध के दौरान महज़ कुछ दिन युद्धक्षेत्र में मौजूद रहे एंटरप्राइज़ को किसी तरह धमकाकर दूर भगाने का काम नहीं किया।' [65] इससे कुछ अमरीकी सूत्रों के उन डराने वाले विवरणों पर भी सवाल खड़े होते हैं जिनमें यह जताने की कोशिश की गई है कि इस युद्ध के दौरान 'अमरीका और सोवियत संघ नौसैनिक मुठभेड़ के लिहाज से एक दूसरे के कितना नज़दीक आ गए थे।' [66] एंटरप्राइज़ टास्क फ़ोर्स की उपयोगिता पर शक होता है। लेकिन यह मानने में कोई हर्ज नहीं है क़ि यह मूल अमरीकी नीति का हिस्सा था कि हिंद महासागर में कोई सैन्य कार्रवाई होती है जिसमें सोवियत संघ का नौसैनिक बेड़ा पास में मौजूद रहता है, (1973 में अरब-इज़राइली युद्ध के दौरान फिर ऐसा ही हुआ) तो अमरीकी नौसेना का एक हिस्सा भी वहां भेजा जाएगा, चाहे वहां पहुंचकर उसे किसी निश्चित काम को अंजाम न भी देना हो।

तमाम बातों पर ग़ौर करने पर हम पाते हैं कि अमरीका बांग्लादेश की लड़ाई से जितनी सफ़ाई से बच निकला, उतना उसे 'सोचने का भी हक़ नहीं बनता।' [67] बांग्लादेश पर अमरीकी नीति का इन बेहद अहम रिश्तों से कोई सकारात्मक प्रभाव पड़ा या नहीं, यह नहीं कहा जा सकता। शायद नहीं पड़ा; लेकिन स्पष्ट रूप से "पाकिस्तान विरोधी रवैया, जिसकी विदेश विभाग के कुछ लोगों ने वक़ालत की थी, एक बाधा ज़रूर बन जाता।" [68] इसके लिए 'पाकिस्तान की कृतज्ञता बस कुछ देर की थी, जैसे कि इस तरह की बातों के साथ देशों के आपसी रिश्तों में होता है।' [69] और जल्दी ही पाकिस्तान का संभ्रांत वर्ग दोस्त देश की 1971 और

1965 में मदद के लिए खड़े न होने की वजह से अमरीका को "ग़ैरभरोसेमंद" करार देते हुए फिर से उसकी बुराई करने में जुट गया।"[70]

'द लाइटनिंग कैम्पेन'

पूर्वी पाकिस्तान में भारतीय सेना की 1971 की कार्रवाई को यह नाम दिया गया : 'द लाइटनिंग कैम्पेन'—और यह पूरी तरह से उचित भी है। यह एक जटिल सैन्य अभियान था, जिसके लिए बहुत उच्च स्तर की प्रशासनिक तैयारी की ज़रूरत थी। जिस इलाके में यह कार्रवाई होनी थी, वह गंगा, पद्मा, मेघना और महान ब्रह्मपुत्र के जैसी बड़ी नदियों और उनकी सहायक नदियों के बहाव का जलोढ़ मैदानी इलाका था। छोटी-छोटी नदियों के घने जाल के बीच से सेना को आगे बढ़ने में दिक्कत का सामना करना पड़ रहा था। और इस कठिन दौर में वक़्त की बड़ी अहमियत थी, क्योंकि जैसा कि अंदाज़ा लगाया गया था, यह तय था कि इस कार्रवाई को कुल तीन हफ़्तों में पूरा कर लेना था? वरना युनाइटेड नेशंस युद्ध-विराम के लिए मजबूर कर देता और सारी सशस्त्र भारतीय सेना की वापसी की मांग की जाती। ऐसे हालात में एक सैन्य अभियान को कामयाबी के साथ अंजाम देना और अपना मक़सद (जिसके बारे में आगे जल्दी ही चर्चा करेंगे) हासिल करना एक चुनौती भरा काम था।

समझने वाली बात है, सरकार ने इसीलिए यह कार्रवाई अप्रैल 1971 के बाद जल्दी ही करने पर ज़ोर दिया। इससे यह साफ़ हो गया कि सेना को लगातार राजनीतिक दबाव का सामना करना पड़ता है, जिसका फ़ायदा उठाते हुए सेना इस बात पर अड़ गई कि फ़ौजी फ़ैसले हालात को फ़ौजी नज़रिये से देखने के बाद सिर्फ़ सेना को ही लेने चाहिए। सेना 1962 को दोहराना नहीं चाहती थी।

फिर भी, यह मानना ज़रूरी है कि पिछले अनुभवों के बावजूद युद्ध की नई ऊंचाइयों के लिए ज़रूरी तंत्र नहीं था। एयर चीफ़ मार्शल पी. सी. लाल ने अपनी पुस्तक *माई ईयर्स विद आई. ए. एफ़.* में लिखा है, यहां मैं एक शंका दूर करना चाहूंगा जो मेरे मन में और दूसरों के मन में रही है कि 1971 के युद्ध के लक्ष्य क्या थे। जैसा कि सेना के तीनों अंगों के प्रमुखों और हरेक सेनाध्यक्ष ने लिखा है, इसका मक़सद पूर्व में अपनी पकड़ जितनी हो सके मज़बूत करना था, ताकि वहां मौजूद पाकिस्तानी सेना की ताक़त को इस हद तक बेअसर करके छावनी बना सकें जो कि संभावित बांग्लादेश राष्ट्र के लिए हो। पूर्वी पाकिस्तान में पाकिस्तानी सेना के पूरी तरह ढह जाने की संभावना, जो बाद में सच हो गई, और ढाका पर कब्ज़ा और सारा कुछ पूर्वी पाकिस्तान के स्वतंत्रता आंदोलन के नेताओं की पहुंच में होने को पहले एक संभावना के तौर पर नहीं देखा जा रहा था। होशियारी इसी में थी कि जो लोग पूर्व में कमान संभाले हैं, उन्हें सीमित उद्देश्यों को ध्यान में रखकर काम करना चाहिए, लेकिन जितनी जल्दी हो सके उन्हें पूरा करना चाहिए।

डर यह था कि दो या तीन हफ़्ते की भी देरी होने से युनाइटेड नेशन्स सिक्योरिटी काउंसिल बीच में कूद पड़ेगी और कश्मीर की तरह, दोनों पक्षों पर किसी तरह के युद्ध विराम का समझौता करने के लिए दबाव बनाएगी। सेना के तीनों अंगों, थलसेना, नौसेना और वायु सेना के प्रमुखों को कम से कम इस आधारभूत आपसी समझदारी के साथ अपनी गतिविधियों को, जैसा उन्होंने ठीक समझा, वैसा करने के लिए छोड़ दिया गया।[71]

जहां तक सेना की पूर्वी कमान के अधिकार क्षेत्र में आने वाले पैदल बल का सवाल था, उसमें तीन कोर के सैनिक थे–उत्तरी बंगाल में तेंतीसवी कोर लेफ़्टिनेंट जनरल थापर की कमान में, त्रिपुरा क्षेत्र में, लेफ़्टिनेंट जनरल सगत सिंह के कमान मे चौथी कोर, और तीसरे, लेफ़्टिनेंट जनरल रैना की कमान में दूसरी कोर। 101 कम्युनिकेशन ज़ोन के कमांडर थे मेजर जनरल गुरबक्श सिंह गिल। सेना नायक थे लेफ़्टिनेंट जनरल जगजीत सिंह अरोड़ा, जो बाद में संसद में भी पहुंचे, अकाली दल की ओर से राज्यसभा में मनोनीत सदस्य के रूप में, जिनके बारे में पूर्वी कमान के तत्कालीन चीफ़ ऑफ़ स्टाफ़ लेफ़्टिनेंट जनरल जेकब ने तीखी टिप्पणी की थी कि "अरोड़ा को वेटर से ट्रे लेकर डी. पी. धर और मानेकशॉ को 'ड्रिंक्स' पेश करते देख मेरा मुंह खुला का खुला रह गया!"

सैनिक अभियानों की योजना बनाने के स्तर पर, अभियान को अंजाम देने के लिए ज़िम्मेदार पूर्वी कमान और सेना मुख्यालय के बीच मतभेद थे, जिसके बारे में लेफ़्टिनेंट जनरल जेकब ने लिखा है, सेना मुख्यालय से जारी सामरिक निर्देशों में रणनीति और लक्ष्यों के तहत जो कुछ लिखा था उसे लेकर मानेकशॉ से हमारी सोच बिलकुल नहीं मिलती थी। उनके साथ मैंने कुछ ही लक्ष्यों के बारे में चर्चा की और लक्ष्य के तौर पर ढाका को छोड़ दिया। गिल (मेजर जनरल, ऐक्टिंग डायरेक्टर, मिलिटरी ऑपरेशंस) इस बात पर मुझसे इत्तिफ़ाक़ रखते थे कि मूल और अंतिम लक्ष्य ढाका ही है। मैंने उनसे इस मामले में मानेकशॉ से बात करने को कहा, तो उन्होंने मुझे बताया कि वह उन्हें समझाने में नाकाम हो चुके हैं, और यह भी कि मानेकशॉ ने उनसे सामरिक निर्देशों का अध्ययन करने और यह समझने के लिए कहा है कि वह यह भी जानने की कोशिश करें कि ऐसा दस्तावेज़ कैसे लिखा जाना चाहिए। मानेकशॉ ने गिल को कार्यवाहक डायरेक्टर ऑफ़ मिलिटरी ऑपरेशंस बनाया, और उन्हें युद्ध के ख़त्म होने के बाद तक डी. एम. ओ. का पद नहीं दिया। गिल, जो कि स्टाफ़ कॉलिज में मेरे साथी इंस्ट्रक्टर थे जबकि मानेकशॉ कमान्डेंट थे, मानेकशॉ के ऐसा करने से भौंचक्के से रह गए थे। उन्होंने मुझे बताया कि इस मुद्‌दे को धक्का देकर और आगे बढ़ाने से कोई फ़ायदा नहीं है क्योंकि मानेकशॉ यही मान बैठे थे कि खुलना और चटगांव को हासिल करना मुख्य लक्ष्य है, और वह ढाका पर कब्ज़े की तैयारी के बारे में मेरे साथ बाद में बात करेंगे। मैंने उन्हें बताया कि मानेकशॉ ने ढाका के लिए सैनिक नहीं दिए हैं, और मैं चीन के साथ अपनी उत्तरी सीमा पर तैनात फ़ौज में से तीन ब्रिगेड बुला लूंगा। इंदर गिल राज़ी तो हो गए, लेकिन मुझसे

कह दिया कि यह सब मानेकशॉ को न बताऊं, जिन्हें लगता था कि चीनी हमारे ऊपर हमला करेंगे। मैंने गिल को बताया कि हमने तिब्बत के पठार पर ज़रा भी हलचल नहीं देखी है और न ही चीनी रेडियो को जो हम किसी तरह सुनते हैं, उसमें ही ऐसे कोई संकेत मिले हैं। लेकिन मानेकशॉ को लगता था कि चीनी हमला करेंगे, और वह ठीक 8 दिसंबर 1971 तक ऐसा ही सोचते रहे।[72]

शुरू में ही उनके मुकाबले बेहतर होना ही नहीं, बल्कि आकाश पर पूरी तरह अपना वर्चस्व कायम करने के साथ भारतीय वायु सेना आकाश में किसी भी तरह की सामरिक गतिविधियों के लिए आज़ाद थे। बंगाल की खाड़ी में भारतीय नौसेना के ठीक से काम करने में पाकिस्तानी पनडुब्बी ग़ाज़ी की मौजूदगी एक अकेली अड़चन बनी हुई थी। इस पनडुब्बी का भी जल्दी ही अंत हो गया, लेकिन यह स्पष्ट नहीं हो पाया कि वह कैसे डूबी।

जेकब लिखते हैं, "और पहले, 3 दिसंबर की सुबह, हमारे ईस्टर्न नेवल कमांड के फ़्लैग ऑफ़िसर कमांडिंग इन चीफ़ वाइस एडमिरल कृष्णन ने मुझे यह बताने के लिए टेलिफ़ोन किया कि कुछ मछुआरों को विशाखापत्तनम बंदरगाह की ओर जाने वाले समुद्री मार्ग में एक पाकिस्तानी पनडुब्बी का मलबा मिला है। हमने उन्हें वायरलेस पर सुने ग़ाज़ी की गतिविधियों से संबंधित संदेशों के बारे में बता रखा था। एडमिरल कृष्णन ने कहा कि ग़ाज़ी 1 या 2 दिसंबर को सुरंगें बिछाते समय उड़ चुका है, और वह एक कुदरत का खेल था। फिर मैंने उनसे कहा कि अब क्योंकि ग़ाज़ी नहीं है, इसलिए अब उनके पास खुलकर कार्रवाई करने की आज़ादी होनी चाहिए। अगले दिन उन्होंने फिर फ़ोन किया और मुझसे पूछा कि क्या हमने ग़ाज़ी के डूबने की ख़बर दी है। जब मैंने यह ख़बर देने की बात कही और कहा कि मैंने सोचा कि उन्होंने ही इसकी ख़बर दी होगी। इससे जैसे उन्हें राहत सी मिली, उन्होंने मुझे धन्यवाद दिया और मुझसे कहा कि हमारे बीच हुई पिछली बातचीत को मैं भूल जाऊं। कई दिनों के बाद, 9 दिसंबर को ईस्टर्न नेवल कमांड ने एक विज्ञप्ति जारी की जिसमें बताया गया था कि भारतीय नौसेना ने 4 दिसंबर को ग़ाज़ी को डुबो दिया है। ग़ाज़ी के 'डूबने' में भूमिका निभाने वाले अफ़सरों को पदक भी दिए गए। कृष्णन ने मुझे बाद में बताया कि गोताखोरों को ग़ाज़ी की 'लॉग बुक' मिल गई थी, जिसमें आख़िरी एंट्री 27 नवंबर को की गई थी। बाद में जिन गोताखोरों को ग़ाज़ी के मलबे का मुआयना करने के लिए भेजा गया, उन सबका यही मानना थां कि उसमें हुआ एक आंतरिक विस्फ़ोट ग़ाज़ी के डूबने की वजह था। नौसेना ने 'कहानी' के तमाम पहलुओं का मिलान करने के बाद ही ग़ाज़ी के डूबने का ऐलान किया।"[73]

युद्ध शुरू हुआ

जेकब के आगे के विवरण से पता चलता है, "3 दिसंबर की शाम को जब युद्ध

का आधिकारिक ऐलान हुआ, हम आक्रमण के लिए ठीक से तैयार थे। क्योंकि सरकार ने हमें पाकिस्तानी तोपों को 'शांत' करने के लिए पूर्वी पाकिस्तान में दस मील अंदर तक घुसने की भी मंजूरी दे दी थी, हमारे व्यूह नवंबर में ही जा पहुंचे ताकि हमला बोलने के लिए सही जगह बना लें। पश्चिमी सेक्टर में दूसरी कोर भी कई मील अंदर तक जा चुकी थी और भोरब नदी पर पुल भी बना लिया था। 24 नवंबर को पाकिस्तानी वायु सेना ने हमारी फ़ौज पर हमला कर दिया। हमने अपने नैट लड़ाकू विमान दमदम पर पहुंचा दिए थे। कमान मुख्यालय से हम उस ब्रिगेड से संपर्क बनाए हुए थे, जिसपर हमला हुआ था और वहीं से अपने विमानों को हमलावरों को बीच में ही रोकने के आदेश दे रहे थे। तीन विमान मार गिराए गए थे, जिनमें से दो वायु सेना ने और एक को विमान-भेदी तोपों ने धराशायी किया था। जिन इलाकों में हमारी सेना अंदर घुस चुकी थी, वहां मैं फ़ौजियों से मिलने गया, तो पता चला कि पाकिस्तानी टैंक हमारी तरफ़ बढ़ रहे हैं। टैंक-रोधी अभियान में मेरा पहले का अनुभव वहां काम आया। जवाबी हमले के लिए मैंने अपने टैंक और पीछे की ओर झटका न मारने वाली रीकॉयललेस तोपों को मौके की जगह देखकर तैनात किया। तभी अपनी बाइनॉक्युलर/ दूरबीन से मैंने देखा एक अफ़सर, जो नियाज़ी सा लग रहा था, चैफ़ी टैंकों के एक दस्ते को पंक्तियों में लगवा रहे थे। मैं देखता रहा और टैकों ने, लॉर्ड कार्डिगन लाइट ब्रिगेड की परंपरा निभाते हुए खुले मैदानी इलाके में धड़धड़ाते हुए हमले के लिए आगे बढ़ना शुरू किया। उनके पीछे-पीछे पैदल सेना की टुकड़ी थी। हमने उन्हें अपनी तरफ़, 500 गज़ की दूरी तक आगे बढ़ने दिया, फिर मैंने गोलाबारी का आदेश दिया और हमने उन्हें उड़ा दिया। उस दस्ते के सभी 14 टैंक नेस्तनाबूद कर दिए गए, और काफ़ी तादाद में पैदल सैनिक मारे गए। मैं अरोड़ा के ए. डी. सी., कैप्टन मोहिंदर सिंह को आंखों देखा हाल बयान करता रहा जो कि उस वक़्त अरोड़ा के साथ ही थे।

"11 दिसंबर को तंगाईल में विमान से युद्ध सामग्री गिराने का काम, जिसकी योजना हमने अक्तूबर में बनाई थी, पूरी तरह सफल रहा। उत्तर की ओर से युद्ध में शामिल होने के लिए आए फ़ौजियों से हमारा संपर्क, योजना के मुताबिक, 12 दिसंबर को हुआ। और हमारे सैनिक 13 दिसंबर को ढाका के बाहरी इलाके तक पहुंच गए।"[74]

ढाका का पतन : आत्मसमर्पण

ढाका के पतन का विवरण और जनरल नियाज़ी और पाकिस्तानी सैनिकों के आत्मसमर्पण के बारे में, इसके प्रमुख कर्ताधर्ता, अकेले दम पर इस आत्मसमर्पण को अंजाम देने में अहम भूमिका निभाने वाले जनरल जेकब ने अपनी लेखनी से इस वाकये की बड़ी सजीव तस्वीर पेश की है जिसे मैं उनकी इजाज़त के साथ, उन्हीं के शब्दों में, ज्यों का त्यों, यहां पेश कर रहा हूं :

"13 दिसंबर को सुरक्षा परिषद में अमरीका का एक प्रस्ताव पारित हुआ जिसमें फ़ौरन वापसी की मांग की गई थी, जिसे सोवियत संघ ने वीटो कर दिया। और फिर हमें सूचित किया कि अब और प्रस्तावों पर निषेधाधिकार नहीं लागू किया जाएगा। फिर मानेकशॉ ने हमारे लिए यह आदेश जारी किया कि हम जिन शहरों को छोड़कर आगे बढ़ते गए हैं, उन सब पर भी कब्ज़ा कर लें। और, उन्होंने इनका उल्लेख भी किया। लेकिन आदेश में ढाका का ज़िक्र भी नहीं था, जबकि हम उसके बाहरी हिस्से में मौजूद थे। उन्होंने इस आदेश की प्रतियां हमारे कोर कमांडरों को भी भेजीं। अगर हम इस आदेश का पालन करते, तो हमें अपने सैनिकों को पीछे हटने के लिए कहना पड़ता। इसलिए, हम पूर्वी कमान वालों ने इस आदेश को नज़रअंदाज़ करके ढाका पर आक्रमण करने का फ़ैसला किया! मुझे इसके समानान्तर कुछ और याद आता है, 1801 में कोपेनहैगन के युद्ध से ठीक पहले, जब नेल्सन को वापस लौटने का आदेश दिया गया था, तो उन्होंने दूरबीन को अपनी उस आंख पर लगाया जिससे दिखाई नहीं देता था, और बोले, "मुझे वापस लौटने का कोई आदेश नज़र नहीं आता, हमला करो!!"

मुझे छोटे शहरों को छोड़कर सीधे ढाका पहुंचने की रणनीति और योजना के लिए दोषी ठहराया जा रहा था। अरोड़ा ने मुझसे कहा कि 'मेरा सिर अलग कर दिया जाएगा।' मैंने 13 दिसंबर की रात वायरलेस के ज़रिये नियाज़ी से संपर्क किया, और आत्मसमर्पण के बदले लुभावने प्रस्ताव रखे। यह भी समझाया कि हम अलग पृष्ठभूमि वाले अल्पसंख्यकों का ध्यान रखेंगे, और हथियार डालने वाले फ़ौजियों को वह सम्मान ज़रूर दिया जाएगा जो जिनेवा सम्मेलन के उसूलों के मुताबिक एक फ़ौजी को मिलना ही चाहिए। मैंने उनसे 14, 15, और 16 दिसंबर की सुबह भी बात की।

किस्मत से, 14 दिसंबर की सुबह हमें बढ़िया मौका मिला, संचार व्यवस्था में सेंध लगाकर मिला यह संदेश हाथ लगा कि दिन में बारह बजे गवर्नमेंट हाउस में एक बैठक है। हमने वायु सेना से बातचीत करके वहां बम गिराने का इंतज़ाम किया। हमला कारगर रहा, और गवर्नर डॉक्टर अब्दुल मुतालिब मलिक ने इस्तीफ़ा दे दिया और इंटरकॉन्टिनेन्टल होटल चले गए। इस तरह पूर्वी पाकिस्तान की आख़िरी सरकार का अंत हुआ। उसी शाम नियाज़ी और फ़रमान अली ने युद्ध विराम का प्रस्ताव-पत्र अमरीकी महावाणिज्य दूत स्पिवौक के हाथों सौंपा, जिसमें इन बातों का स्पष्ट उल्लेख था :

(1) युद्ध-विराम, और बैर की भावना से की गई कार्रवाइयों पर रोक लगे
(2) प्रशासन व्यवस्था सुंयुक्त राष्ट्रसंघ को सौंपा जाए
(3) और, संयुक्त राष्ट्रसंघ यह भरोसा दिलाए कि :
    (क) पश्चिमी पाकिस्तान वापसी तक सभी सशस्त्र और अर्द्ध-सैनिक बलों की सुरक्षा की जाएगी।

(ख) पश्चिमी पाकिस्तान के सभी नागरिकों की सुरक्षा;

(ग) 1947 से बसे प्रवासियों की सुरक्षा;

(घ) बदले की किसी भी कार्रवाई पर रोक।

प्रस्ताव में भारत का कहीं ज़िक्र भी नहीं था।

यह संदेश, सुरक्षा परिषद की बैठक में हिस्सा लेने न्यूयॉर्क गए भुट्टो को 15 दिसंबर को पहुंचा दिया गया। भुट्टो ने युद्ध-विराम के प्रस्ताव को सीधे-सीधे खारिज कर दिया। उस रात सुरक्षा परिषद में युद्ध-विराम और फ़ौजों की वापसी से संबंधित एक पोलिश प्रस्ताव (सोवियत ब्लॉक) पर चर्चा हो रही थी। भुट्टो ने प्रस्ताव पत्र को फाड़ दिया क्योंकि दूसरे प्रस्तावों में भारत को आक्रमणकारी बताया गया था, लेकिन उसमें नहीं। भुट्टो ने मीटिंग में चिल्लाकर कहा कि वह आत्मसमर्पण नहीं करेंगे, बल्कि अंत तक लड़ाई जारी रखेंगे, चाहे जो हो।

16 दिसंबर की सुबह मानेकशॉ ने मुझे फ़ोन किया और कहा, "जेक, जाओ और आत्मसमर्पण करवाओ।" मैंने पूछा कि क्या मुझे आत्मसमर्पण पर बातचीत उसी मसौदे के आधार पर करनी चाहिए जो कुछ दिनों पहले उनके पास भेजा गया था। इस पर वह बोले, "तुम सब जानते हो क्या करना है, बस जाओ।" फिर मैंने इस बात का उल्लेख किया कि नियाज़ी ने मुझे दोपहर के खाने पर बुलाया था, और अरोड़ा को भी सूचित कर दिया। दफ़्तर के बाहर ही मुझे श्रीमती भांति अरोड़ा मिलीं, और उन्होंने बताया कि वह ढाका जा रही हैं क्योंकि उनकी जगह अपने पति के बगल में ही है। मैं अरोड़ा के पास लौटा और उनसे पूछा कि क्या वह अपनी पत्नी को भी साथ ले जा रहे हैं। उन्होंने हां में जवाब दिया। मैंने कहा कि उन्हें वहां ले जाना ख़तरनाक है, जिसपर उन्होंने जवाब दिया कि उनकी सुरक्षा का ध्यान रखना मेरी ज़िम्मेदारी होगी!

एक स्टाफ़ ऑफ़िसर को लेकर मैं ढाका के लिए रवाना हो गया। मैंने आत्मसमर्पण के दस्तावेज़ का मसौदा लिया जिसकी अभी सेना मुख्यालय से पुष्टि भी करानी थी। ईंधन भरने में लगने वाला समय बचाने के लिए मैंने जैसोर में हेलिकॉप्टर बदला। एक अधिकारी दौड़ता हुआ मेरे पास आया और सेना मुख्यालय का सांकेतिक संदेश मुझे थमाया। मुझे उम्मीद थी कि संदेश उस मसौदे की पुष्टि के लिए होगा जो मैं लेकर जा रहा था। उसमें लिखा थाः 'भारत सरकार ने जनरल जेकब का जनरल नियाज़ी के साथ दोपहर का भोज मंज़ूर कर लिया है।' मैं ढाका की तरफ़ बढ़ चला।

ढाका में उतरने के बाद संयुक्त राष्ट्रसंघ के प्रतिनिधि मार्क हेनरी, केली, और अन्य लोग मिले। उन्होंने कहा कि वह सरकार के हस्तांतरण और पाकिस्तान की सेना, अर्द्धसैनिक बलों और नागरिकों की वापसी का इंतज़ाम करने के लिए मेरे साथ चलेंगे। मैंने उन्हें धन्यवाद दिया लेकिन उनके साथ चलने की बात नहीं मानी। ढाका में मुक्तिबाहिनी और पाकिस्तान की सेना

के बीच घमासान मची थी।

पाकिस्तानियों ने मेरे लिए स्टाफ़ कार भेजी थी। पाकिस्तान के ईस्टर्न कमांड के चीफ़ ऑफ़ स्टाफ़ कार में मेरे साथ थे। अभी हमने कुछ सौ गज़ की दूरी ही तय की थी कि आज़ादी के लिए लड़ रहे कुछ लड़ाकों ने रास्ता रोक लिया और हमारी कार पर गोली चलाई। मैं 'भारतीय सेना' कहता हुआ बाहर निकल पड़ा।

मेरी जैतूनी हरी भारतीय सेना की वर्दी देखकर उन्होंने गोलीबारी बंद कर दी लेकिन वह पाकिस्तानी चीफ़ ऑफ़ स्टाफ़ को मार डालना चाहते थे। मैंने उन्हें समझाया, और हमें आगे जाने देने के लिए राज़ी कर लिया। बड़ी मुश्किल से वह राज़ी हुए। इस बीच ख़बरनवीसों से हमें घेर लिया। *टाइम* मैगज़ीन के संवाददाता ने ख़बर में लिखा कि मैंने उन लोगों को गोली से उड़ाने की धमकी देते हुए उन्हें 'शूट यू फ़ेलोज़' कहा। मेरे पास कोई हथियार नहीं था! चंद मिनट बाद हमें वहां से जाने दिया गया। मैं नियाज़ी के दफ़्तर में घुसा। वहां पाकिस्तानी थल सेना, नौसेना और वायु सेना के वरिष्ठतम अधिकारी और कुछ दूसरे अधिकारी मौजूद थे। मेजर जनरल नागरा को सोफ़े पर जनरल नियाज़ी के साथ उनके गले में बाहें डालकर बैठे देखकर मैं चौंक गया। वह पंजाबी में चुटकुले सुना रहे थे। सिद्दक सालिक ने अपनी किताब *विटनेस टू सरेंडर* (1977) में लिखा है कि वहां जैसे चुटकुले सुनाए जा रहे थे, उन्हें छापा नहीं जा सकता!

हमने नागरा को कुछ ही दिन पहले मेजर जनरल गुरबक्श सिंह की जगह लेने के लिए भेजा था, जो ढाका पर कब्ज़ा करने के लिए बढ़ रही फ़ौज की कमान संभाले थे, लेकिन घायल हो गए थे। नागरा नियाज़ी को तब से जानते थे जब वह इस्लामाबाद में हमारे हाई कमिशन में सैन्य सलाहकार के पद पर तैनात थे। युद्ध-विराम 15 दिसंबर को शाम के पांच बजे से लागू हुआ। 16 दिसंबर की सुबह, नागरा ढाका से तीस मील दूर 95 माउंटेन ब्रिगेड और 2 पैरा ब्रिगेड के साथ थे। युद्ध-विराम लागू होने के इतनी देर बाद नागरा ने नियाज़ी को संदेश भेजा कि वह अपने प्रतिनिधि को उनके पास भेजें। नियाज़ी को यह संदेश मिला तो उन्हें कुछ समझ में नहीं आया क्योंकि वह मेरे आने की उम्मीद कर रहे थे। नागरा, जिनकी गाड़ी पर सफ़ेद झंडा लगा था, उन्हें दूसरी गाड़ियों के पहरे में नियाज़ी के सेना मुख्यालय तक ले जाया गया। सफ़ेद झंडे वाली तीन जीप मैंने बाहर खड़ी देखीं।

मैंने नागरा को बाहर बुलाया और ऐसे शर्मनाक व्यवहार के लिए उन्हें ज़ोरदार फटकार लगाई जो उनके जैसे ऊंचे ओहदे के फ़ौजी अफ़सर पर बिलकुल नहीं जंचता। मैंने उनसे कुछ सैनिक ढाका भेजने के लिए कहा, कुछ हवाई पट्टी पर और कुछ इंटरकॉन्टिनेंटल होटल पर, वहां ठहरे अधिकारियों की

हिफ़ाज़त के लिए। मैंने उनसे एक मेज़ और दो कुर्सियां रेसकोर्स में पहुंचवाने को भी कहा जहां आत्मसमर्पण के दस्तावेज़ पर दस्तख़त होने थे। इनके अलावा संयुक्त सलामी गारद के लिए सैनिकों की एक टुकड़ी भी मुहैया कराने को कहा। मैंने उनसे अपनी जीप मेरे लिए छोड़कर जाने के लिए भी कहा। नागरा ने आगे जो किया वह तो और भी आपत्तिजनक था। उन्होंने मेजर जनरल राव फ़रमान अली की नई मर्सिडीज़ हथिया ली और उसे चलाकर असम में अपने पुराने मुख्यालय चले गए। उन्हें गाड़ी कमांड मुख्यालय के हवाले करने का हुक्म मिला, जहां उसे अपनी ज़िम्मेदारी में लेकर सेना मुख्यालय की ओर से रजिस्ट्रेशन नम्बर दिया गया। इस जनरल पर और भी आरोप थे। अरोड़ा ने उन्हें किसी पदक या सम्मान के लिए सिफ़ारिश करने से इनकार कर दिया, बल्कि वह उनपर विभागीय अनुशासनात्मक कार्रवाई करना चाहते थे। लेकिन उन्होंने मामले पर पुनर्विचार किया और ऐसा न करने का फ़ैसला किया।

मैं फिर से उस इमारत में घुस गया। आत्मसमर्पण के दस्तावेज़ का मसौदा पढ़ा जा रहा था। नियाज़ी, गालों पर आंसुओं की बहती धारा के साथ बोले, "कौन कहता है मैं आत्मसमर्पण कर रहा हूं? आप लोग तो बस युद्ध-विराम और वापसी को लेकर जो मेरी पेशकश है उसपर चर्चा करने आए हैं।" मौजूद सेना प्रमुखों को भी ऐतराज़ था, उन्होंने अपनी बात सामने रखी। राव फ़रमान अली ने 'संयुक्त कमान' के आगे आत्मसमर्पण का विरोध किया। समय निकला जा रहा था, इसलिए मैंने नियाज़ी को एक तरफ़ बुलाया। मैंने उन्हें बताया कि अगर वह आत्मसमर्पण नहीं करते तो मैं उनके परिवारों और जातिगत अल्पसंख्यकों की सुरक्षा का ज़िम्मा नहीं ले सकता, लेकिन अगर वह आत्मसमर्पण करते हैं तो मैं उनकी सुरक्षा सुनिश्चित करूंगा। मैंने उनसे फिर से सोचने को कहा, और उन्हें फिर याद दिलाया कि अगर वह आत्मसमर्पण नहीं करते हैं तो मैं उनके परिवारों की सुरक्षा के लिए ज़िम्मेदार नहीं हो सकता। मैंने उसमें इस बार इतना और जोड़ दिया कि मैं उन्हें सोचने के लिए तीस मिनट का समय दूंगा, और अगर वह आत्मसमर्पण नहीं करते तो मैं सेना को युद्ध जारी रखने और ढाका पर बमबारी के आदेश दे दूंगा। फिर मैं वहां से उठा और प्रेस से बात करने के लिए वहां से निकल गया। मुझे बहुत ज़्यादा फ़िक्र हो रही थी। ढाका में नियाज़ी के 26,400 सैनिक थे, और हमारे कुल 3,000 वह भी कोई तीस मील दूर। मैं इस उलझन में था कि अगर नियाज़ी ने इनकार कर दिया तब क्या करेंगे। अरोड़ा और उनका अमला एक-दो घंटे में पहुंचने वाले थे, और उसके बाद जल्दी ही युद्ध-विराम का समय ख़त्म होने वाला था। मेरे हाथ में कुछ नहीं था। पाकिस्तान की जांच आयोग की रिपोर्ट में बाद में लिखा गया कि 'वहां जनरल जेकब बाहर इधर-उधर टहल रहे, शांति के साथ अपने पाइप से कश लेते हुए।' जबकि सच यह है कि मैं बहुत बेचैन था, तनाव में था। मैंने पाकिस्तानी संतरी से बातचीत का सिलसिला

छेड़ते हुए उसके परिवार के बारे में पूछा। उसके आंसू निकल पड़े। कहने लगा कि हिंदुस्तानी अफ़सर होते हुए भी मैं उससे यह पूछ रहा हूं जबकि उसके अपने अफ़सर नहीं पूछते। तीस मिनट बाद मैं फिर दफ़्तर के अंदर गया जहां मौत का सा सन्नाटा छाया हुआ था, और मेरा आत्मसमर्पण दस्तावेज़ का मसौदा मेज़ पर पड़ा था। मैंने नियाज़ी से पूछा कि क्या उन्हें ये दस्तावेज़ मंजूर है, जिसका उन्होंने कोई जवाब नहीं दिया। मैंने अपना सवाल तीन बार दोहराया। उन्होंने तब भी कोई जवाब नहीं दिया। तब मैंने दस्तावेज़ को उठा लिया और उसे ऊंचा उठाते हुए कहा, 'मैं मान लेता हूं कि यह आपको मंजूर है।' नियाज़ी के गालों पर आंसुओं की धारा बह चली, और वहां मौजूद सारे लोग मुझे घूरने लगे। मैं नियाज़ी को एक तरफ़ ले गया और तब उन्हें बताया कि मैंने दस्तावेज़ पर दस्तखत के लिए रेस कोर्स में जनता के बीच इंतज़ाम करवाया है। उन्होंने इसका ज़ोरदार विरोध किया। फिर मैंने उनसे कहा कि उन्हें अपनी तलवार हमारे हवाले करनी होगी। उन्होंने कहा कि उनके पास तलवार नहीं है, लेकिन वह अपनी रिवॉल्वर हमारे हवाले कर देंगे। मैंने तब उनसे कहा कि उन्हें सलामी गारद का इंतज़ाम करना होगा। मुझे 1945 के जापानियों के आत्मसमर्पण के ठीक बाद वाले दिन याद आ रहे थे। जब मैं सुमात्रा पहुंचा तो जापानियों ने मुझे सलामी दी थी। नियाज़ी ने कहा कि सलामी गारद को कमांड करने के लिए कोई नहीं है। मैंने उनके ए. डी. सी. की तरफ़ इशारा करते हुए कहा कि इन्हें यह काम करना चाहिए। मैंने उन्हें अपने हथियार अपनी हिफ़ाज़त के लिए अपने पास रखने की इजाज़त दे दी जब तक कि हम उन्हें नहीं लेते।

फिर मैंने उनके चीफ़ ऑफ़ स्टाफ़ से तमाम साज-सामान और सैनिकों के समर्पण के तरीके के बारे में बातचीत की। मैंने वायरलेस पर अरोड़ा से भी बात करने की कोशिश की, लेकिन उनसे संपर्क नहीं हो पाया। लग रहा था कि वह जनरल सगत सिंह को लेने अगरतला चले गए होंगे। फिर हम खाने के लिए मेस में चले गए। *ऑब्ज़रवर* के गैविन यंग बाहर खड़े थे, और उन्होंने हमसे पूछा कि क्या वह भी हमारे साथ खा सकते हैं। हम डाइनिंग रूम में चले गए। मेज़ बिलकुल ठीक से लगी हुई थी और उसपर चांदी की ट्रॉफ़ी सजी थीं। मेरा खाने का मन नहीं हुआ, और मैं एक तरफ़ हो गया। गैविन यंग के *ऑब्ज़रवर* अख़बार के दो पेज में 'द सरेंडर लंच' छपा। करीब चार बजे मैंने नियाज़ी से मेरे साथ हवाई अड्डे तक चलने को कहा। क्योंकि नागरा मेरे लिए जीप नहीं छोड़ गए थे, इसलिए मैं नियाज़ी के साथ उनकी स्टाफ़ कार में बैठा। रास्ते में मुक्तिबाहिनी के कार्यकर्ता कार पर कूद पड़े और हम मुश्किल से हवाई अड्डे पहुंचे। संयोग से हमें रास्ते में अपने दो पैराट्रूपर, जो शहर देखने निकले थे, एक जीप में घूमते मिल गए थे। मैंने उनसे हमारे पीछे-पीछे आने के लिए कह दिया।

नागरा ने हवाई अड्डे पर किसी फ़ौजी को नहीं भेजा था। मैंने अपने स्टाफ़ ऑफ़िसर को यह देखने के लिए कि क्या वह कुछ सैनिकों को लाने का इंतज़ाम कर सकता है, क्योंकि अब तक तो कुछ सैनिकों को शहर के अंदर आना चाहिए था। कुछ ही देर में मुक्ति बाहिनी के हथियारबंद लोगों से भरा एक ट्रक हवाई अड्डे पर आ गया। हमारी जैतूनी हरी वर्दी पहने और मेजर जनरल के रैंक के बैज लगाए एक शख़्स हमारी तरफ़ आया, जिसके पीछे-पीछे दो हथियारबंद आदमी थे। मैंने उसे पहचान लिया। वह 'टाइगर' सिद्दीकी था। मुझे लगा कि कुछ गड़बड़ होने वाली है। सिद्दीकी के पास 20,000 आदमी थे, लेकिन उसने तंगइल से होकर पीछे हट रहे पाकिस्तानियों को रोकने के लिए एक गोली तक नहीं चलाई, और न ही वह हमारे साथ ढाका आया। मैंने महसूस किया कि वह नियाज़ी को मारने के लिए आया है। अब मुझे देखना था कि आत्मसमर्पण के दस्तावेज़ पर दस्तख़त करने के लिए नियाज़ी जिंदा रहें। इसलिए मैंने दोनों पैराट्रूपर से कहा कि वह नियाज़ी को अपनी आड़ में रखें और सिद्दीकी को अपनी बंदूकों की नोक पर।

मैंने सिद्दीकी से सलीके से कहा कि वह हवाई अड्डे से चला जाए। मैंने दोबारा गुज़ारिश की। उसने फिर भी नहीं सुनी। तब मैं उसपर चीख़ पड़ा और उससे ट्रक में भरे अपने आदमियों को वहां से हटाने के लिए कहा। उनके जाने के बाद मैंने राहत की सांस ली। कुछ दिन बाद सिद्दीकी ने तमाम देशों के संवाददाताओं को अपने कैमरे वालों के साथ उन लोगों को जनता के सामने संगीनों से बेधते हुए दिखाने के लिए बुलाया जिन्हें उसने देशद्रोही करार दिया था। बाद में ये तस्वीरें अख़बारों में ख़ूब छपीं।

शाम साढ़े चार बजे के आसपास अरोड़ा और उनका अमला पांच M-14 और चार एलुएट्ट हेलिकॉप्टरों के बेड़े में सवार होकर आए। अरोड़ा के साथ उनकी पत्नी, नौसेना और वायु सेना प्रमुख थे। लेफ़्टिनेंट जनरल सगत सिंह और कुछ दूसरे डिविज़नल कमांडर भी उतरे। विंग कमांडर खोंडकर भी थे। उसमानी, बदकिस्मती से वहां नहीं मौजूद थे। जिस हेलिकॉप्टर में वह सवार थे, उसपर हमला हुआ और उसे नुकसान पहुंचा था। मैंने सोचा था कि मैं आख़िरी कार में अरोड़ा और नियाज़ी के साथ जाऊंगा, लेकिन अरोड़ा ने अपनी पत्नी के लिए जगह बनाने को कहा और मेरे बजाय वह अपने पति के साथ बैठीं। वह ए. डी. सी. जो दस्तखत के लिए काग़ज़ लिए हुए था, उसे और मुझे एक ट्रक पर सवार होकर रेस कोर्स तक जाना पड़ा। हालांकि किसी भी तरह की तैयारी के लिए बहुत कम समय था, आत्मसमर्पण की रस्म काफ़ी अच्छी तरह से पूरी हुई। सलामी गारद का निरीक्षण करने के बाद अरोड़ा और नियाज़ी मेज़ पर बैठे और आत्मसमर्पण के दस्तावेज़ पर दस्तख़त किए गए। मैंने काग़ज़ात पर नज़र डाली जिसपर लिखा था, 'इंस्ट्रुमेंट ऑफ़ सरेंडर—टू बी साइंड ऐट 16:31 आई. एस. टी. (इंडियन स्टैंडर्ड टाइम) यानी आत्मसमर्पण

का दस्तावेज़—भारतीय समयानुसार 16:31 (साढ़े चार बजे) पर हस्ताक्षर होने के लिए। मैंने अपनी घड़ी पर नज़र डाली और देखा कि 16:55 बज रहे थे। जो दस्तावेज़ दस्तख़त के लिए वहां लाए गए थे, लगभग दो सप्ताह बाद उन्हीं पर कलकत्ता में दोबारा दोनों के दस्तख़त होने थे!

नियाज़ी ने अपने एपॉलेट हटाए, रिवॉल्वर निकाली और अरोड़ा के हवाले कर दी। उनके गालों पर आंसू बहने लगे। अंधेरा होने लगा था। रेस कोर्स में मौजूद भीड़ ने चिल्लाना शुरू कर दिया। लोग नियाज़ी को मार डालना चाहते थे। पाकिस्तान विरोधी नारेबाज़ी और गाली-गलौंज गूंजने लगा। फिर लोग नियाज़ी की तरफ़ बढ़ने लगे। जो बड़े अधिकारी वहां मौजूद थे, उन्होंने नियाज़ी के चारों तरफ़ घेरा बनाया और उन्हें हमारी एक जीप में बैठाकर फटाफट वहां से ले गए।

मैंने लेफ़्टिनेंट जनरल सगत सिंह से पाकिस्तानियों के हथियार ज़ब्त करने और दूसरे कामकाज के बारे में बात की। फिर हम वापस हवाई अड्डे पर आ गए। रियर एडमिरल शरीफ़, जिन्हें मैंने अपनी नौसेना के कमांडर से मिलने की इजाज़त दी हुई थी, वह वाइस एडमिरल कृष्णन से मिले। कृष्णन ने शरीफ़ से अपनी पिस्तौल उनके हवाले करने को कहा, और उन्होंने ऐसा ही किया। फिर हमने अगरतला के लिए उड़ान भरी और वहां से कलकत्ता चले गए।

मैं सोचता रहा कि आत्मसमर्पण के दस्तावेज़ पर दस्तख़त के लिए 16:31 यानी शाम के चार बजकर इकत्तीस मिनट का समय क्यों पड़ा था। उन दिनों संसद का सत्र चल रहा था, तो हो सकता है मानेकशॉ ने इंदिरा गाँधी से कहा होगा कि इसपर दस्तखत का समय यह होगा। उन दिनों बंगाल के मुख्यमंत्री रहे सिद्धार्थ शंकर रे जो उस वक़्त संसद में मौजूद थे, उनके मुताबिक, संसद सदस्य बातचीत आगे बढ़ने के बारे में बेचैन थे। रक्षामंत्री बार-बार बस यही कहते थे कि जनरल जेकब लंच कर रहे हैं। अजीब बात यह है कि जेकब का सारा दिन भारी उथल-पुथल वाले माहौल में बीता, लेकिन आने वाली पीढ़ियां जेकब के बारे में यह याद रखेंगी कि वह इत्मिनान से देर तक दोपहर का खाना खा रहे थे! कुछ समय बाद, जब मैंने उस रिवॉल्वर का मुआयना किया जो नियाज़ी ने आत्मसमर्पण के वक़्त सौंपी थी, तब मुझे समझ में आया कि वह नियाज़ी की नहीं हो सकती। उसका बैरल यानी नली में कचरा जमा था, यानी उसे काफ़ी समय से साफ़ नहीं किया गया था, और उसकी लैनयर्ड यानी बट से बंधी डोरी गंदी और घिसी हुई थी। स्पष्ट है कि वह किसी सेना के जनरल का निजी अस्लहा नहीं हो सकता। मुमकिन है, नियाज़ी ने मिलिट्री पुलिस के किसी सिपाही से ले ले ली होगी, और आत्मसमर्पण के समय अपनी बताकर सौंप दी। मैं यह सोचे बिना न रह सका कि किसी न किसी तरह, नियाज़ी की जैसे नीयत थी, कुछ वैसा ही उन्हें मिला भी।

इस सैन्य अभियान का 'लाइटनिंग कैम्पेन' कहकर वर्णन किया गया, और कई देशों के सैन्य संस्थानों में इसका अध्ययन किया जाता है। इस जंग के बाद नेशनल डिफ़ेंस कॉलेज ऑफ़ पाकिस्तान के एक जंगी दस्तावेज़ में इसके बारे में कुछ इस तरह लिखा है :

> हिंदुस्तानियों ने पूर्वी पाकिस्तान के ख़िलाफ़ हमले का ख़ाका तैयार करने और उसे अंजाम देने में बिलकुल ऐसे पक्के ढंग से बनाया गया था जैसे किताबों में होता है। यह जंग सोच-समझ कर की गई तैयारी, बारीकी से बैठाए गए आपसी तालमेल और उसे दिलेरी से अंजाम देने की बेहतरीन मिसाल है। इंडियन ईस्टर्न कमांड में जनरल जेकब की होशियारी से की गई तैयारी और उनके कोर कमांडरों का उसपर अमल इस कार्रवाई की कामयाबी की वजह है।

नियाज़ी ने प्रस्ताव रखा था कि युद्ध-विराम संयुक्त राष्ट्रसंघ की देखरेख में हो, फ़ौज की वापसी संयुक्त राष्ट्रसंघ की देखरेख में हो, और सरकार का हस्तांतरण संयुक्त राष्ट्रसंघ को हो, और बदले की भावना से कोई कार्रवाई न की जाए। उनके युद्ध-विराम के प्रस्ताव पत्र में भारत का कहीं नाम भी नहीं था। 16 दिसंबर को उनके 26,400 सैनिक ढाका में थे, और हमारे कोई 3000 शहर के बाहरी इलाके में। संयुक्त राष्ट्रसंघ सुरक्षा परिषद की बैठक चल रही थी जिसमें एक पोलिश प्रस्ताव पर बहस हो रही थी। जनरल नियाज़ी चाहते तो कम से कम दो हफ़्ते और लड़ सकते थे। और वह अगर एक भी दिन और लड़ाई जारी रखते तो संयुक्त राष्ट्रसंघ की सुरक्षा परिषद सेना की वापसी के आदेश कर देती। कुछ पाकिस्तानी कहते हैं कि नियाज़ी घबराहट का शिकार हो गए, और मैंने उन्हें बरगलाकर उनसे आत्मसमर्पण करवा लिया। और यह भी कि आत्मसमर्पण की सारी बातचीत मेरे तैयार किए आत्मसमर्पण प्रपत्र के उस अप्रमाणित मसौदे के आधार पर हुई जो मैंने दिल्ली भेजा था। शायद यहां पाकिस्तान सरकार के हमूदुर रहमान कमिशन की जांच रिपोर्ट का यह अंश उद्धृत करना प्रासंगिक होगा :

> "जनरल नियाज़ी, जब आपके पास ढाका में ही 26,400 सैनिक थे, और भारतीयों के पास सिर्फ़ कुछ हज़ार, और वह भी शहर के बाहर, तो आप कम से कम दो हफ़्ते तो और लड़ सकते थे। संयुक्त राष्ट्रसंघ की सुरक्षा परिषद की बैठक चल रही थी, ऐसे में अगर आप एक दिन भी अपनी लड़ाई जारी रखते, तो भारतीयों को वापस लौटना पड़ता। फिर आप शर्मनाक ढंग से बिना किसी शर्त के खुलेआम आत्मसमर्पण के लिए क्यों राज़ी हुए और उन्हें सलामी देने के लिए अपने ए. डी. सी. को सलामी गारद की कमान क्यों सौंपी?"

नियाज़ी : “मुझे ऐसा करने के लिए जेकब ने मजबूर किया
और उसीं ने आत्मसमर्पण के लिए भी ब्लैकमेल किया... ”

यह बात उन्होंने 1988 में प्रकाशित अपनी किताब *बिट्रेअल ऑफ़ ईस्ट पाकिस्तान* में भी दोहराई है।

मान लीजिए मैं ढाका में अपनी तरह के अकेले सार्वजनिक आत्मसमर्पण को अंजाम देने में नाकाम होता और नियाज़ी की मर्जी के मुताबिक संयुक्त राष्ट्रसंघ की देखरेख में युद्ध-विराम होता, तो हमें दूसरे ही दिन वापस लौटना पड़ता। मैं नाकाम नहीं हुआ जिससे भारत एक क्षेत्रीय ताक़त बनकर उभरा। इसमें कोई शक नहीं कि इस मुहिम में 'बहुत थोड़े से अंतर' से जीतने वाली बात थी। हम बहुत भाग्यशाली रहे। हालाकि इस मुहिम के बारे में दूसरे देशों की सेना में अध्ययन किया जाता है, लेकिन भारत में इसे कोई ख़ास गहराई में जाकर जानने की कोशिश नहीं की जाती, न ही हम इससे सबक लेते हैं, ख़ासतौर से गतिशीलता और सैन्य संचालन को उतनी अहमियत नहीं देते जितनी देनी चाहिए।

यही कोई चार घंटे के समय में युद्ध-विराम को आत्मसमर्पण में बदलकर काग़ज़ों पर दस्तख़त भी ले लिये गए। इस मौके पर सबकुछ बड़े मामूली तौर-तरीके से बहुत कम संसाधनों में हुआ। ड्यूक ऑफ़ वेलिंगटन के कहे शब्दों को दोहराएं, तो कहेंगे, 'इट वाज़ अ वेरी क्लोज़ रन थिंग!' यानी 'बहुत थोड़े से अंतर से बात बन गई!'

पाकिस्तानियों को यहूदियों से कोई मुहब्बत नहीं है। पाकिस्तानी बख़ूबी जानते हैं कि मैं यहूदी हूं। इसलिए यह हैरानी की बात है कि पाकिस्तान नेशनल डिफ़ेंस कॉलेज में 1971 के युद्ध के अध्ययन में वह भारत की जीत का श्रेय 'मेजर जनरल जेकब' को देते हैं। जबकि भारत में इस 'किताबी' आत्मसमर्पण की मुहिम को अंजाम तक पहुंचाने और इतिहास में अपने किस्म के अकेले, युद्ध-विराम को बिनाा किसी शर्त के सार्वजनिक आत्मसमर्पण में बदलने में मेरे योगदान को ज़्यादा लोग जानते भी नहीं। मैं यहां यह बात फिर दोहराना चाहूंगा कि जब 1997 में मेरी किताब *सरेंडर ऐट ढाका : बर्थ ऑफ़ ए नेशन* प्रकाशित हुई, तो मैंने खुद अपने हाथों से मानेकशॉ और अरोड़ा को उसकी प्रतियां दीं। तब वह बिलकुल ठीक-ठाक और चुस्त-दुरुस्त थे। दोनों में से किसी ने किताब में लिखी किसी भी बात पर कोई प्रतिक्रिया नहीं की। इस किताब का चीनी, थाई, फ़ारसी, अरबी, बांग्ला और हीब्रू में अनुवाद हो चुका है।

पश्चिमी क्षेत्र

ढाका के पतन और पूर्वी हिस्से में पाकिस्तानी सेना के आत्मसमर्पण के बाद जहां पूरब में स्थिति सामान्य हो रही थी, वहीं पश्चिमी क्षेत्र में पहले जैसी हलचल मची हुई थी।

राजस्थान में पाकिस्तान की लोंगेवाल पर सीमा का उल्लंघन करके जैसलमेर की तरफ़ बढ़ने की कोशिश में लगे पाकिस्तानी टैंकों को भारतीय वायु सेना के हंटर विमानों ने हवाई हमलों में चुन-चुन कर निशाना बनाया और उन्हें किसी काम का नहीं छोड़ा। यह युद्ध अपनी किस्म का एक अलग ही उदाहरण बन गया। लोंगेवाल की लड़ाई के बाद राजस्थान क्षेत्र में टकराव ख़त्म हुआ।

पंजाब क्षेत्र में जो मुख्य कार्रवाई हुई वह शकरगढ़ के आसपास केंद्रित रही। यहां बसंतर की लड़ाई सबसे ज़्यादा अहम थी।

इस लड़ाई में जब पाकिस्तानी टैंकों को इतना नुकसान पहुंचा कि वह चलने लायक नहीं रहे, और सियालकोट तक का रास्ता साफ़ हो गया, तब, 17 दिसंबर, 1971 को प्रधानमंत्री इंदिरा गाँधी ने एकतरफ़ा युद्ध-विराम की घोषणा की, जिसे राष्ट्रपति याहया ख़ान ने स्वीकार कर लिया।

शिमला सम्मेलन–2 जुलाई 1972

इससे पहले कि हम शिमला सम्मेलन की जटिलताओं की पड़ताल करें, इस बात की ज़रूरत है कि कुछ समय भारतीय प्रधानमंत्री की निर्णय लेने की प्रणाली को समझने में कुछ समय लगाएं। इसके लिए मैं उनके सचिव रहे पी. एन. धर की लिखी *"इंदिरा गाँधी, द 'इमरजेंसी' एंड इंडियन डेमोक्रेसी"*[75] के भरोसे हूं। वह बताते हैं कि

> भारत जिस तरह के संकट का सामना कर रहा था उसके लिए विलक्षण किस्म के नेतृत्व की दरकार थी। ठंडे दिमाग़ से काम करने वाले ऐसे दृढ़ संकल्पी और प्रेरणाप्रद नेता की ज़रूरत थी, जो राष्ट्र के लक्ष्य को स्पष्ट कर सके और उसे हासिल करने के लिए राष्ट्रीय स्तर पर प्रयासों को केंद्रित कर सके। इंदिरा गाँधी में प्रयोजन और व्यक्तित्व का उपयुक्त मेल था। उन्होंने इस संकट से निपटने की सीधी ज़िम्मेदारी अपने ऊपर ले ली। उस समय इसपर राजनेताओं और अधिकारियों के कुछ वर्गों में प्रतिकूल टिप्पणी की गई। इस बात के लिए उनकी आलोचना की गई कि वह संकट से निपटने के लिए कुछ ज़्यादा ही सख़्ती से काम ले रही हैं, और वह भी अधिकारियों के सिर्फ़ एक छोटे से अमले को मदद के लिए साथ लेकर। इस ग्रुप को कश्मीरी माफ़िया का नाम दे दिया गया था। वास्तविकता यह थी कि यह ग्रुप कुछ और नहीं बल्कि एक किस्म की तदर्थ कमेटी थी जो कि भारतीय प्रशासनिक ढांचे में अकसर विशेष समस्याओं को हल करने के लिए गठित कर ली जाती है। इस ग्रुप को मिले विशेषण के लिए इसमें शामिल प्रधानमंत्री के सचिव पी. एन. हक्सर, जिनकी जगह बाद में मैंने ली, विशेष सचिव आर. एन. काव, जिनके पास बाह्य गुप्तचर सेवाओं का प्रभार था, और विदेश सचिव टी. एन. कौल ज़िम्मेदार थे, लेकिन

इनके अलावा इसमें कैबिनेट सचिव टी. स्वामिनाथन और रक्षा सचिव के. बी. लाल भी शमिल थे। इन अधिकारियों के अपने कार्यालयों के आसपास होने की वजह से इसके सदस्यों को आपस में अनौपचारिक रूप से या फिर अचानक मुलाकात करने में आसानी रहती थी। प्रधानमंत्री हालांकि इन सभी से अपने सचिव के ज़रिये सीधे संपर्क बनाकर रखती थीं, लेकिन पूरी तरह सूचित रहने के लिए वह कभी-कभी इसके सदस्यों से अलग-अलग भी मिलती थीं। इस 'कोर ग्रुप' के सदस्य जो खुद को 'पंचायत' कहते थे, गृह सचिव गोविंद नारायण, आर्थिक मामलों के सचिव और, बाद में फ़ील्ड मार्शल बने, सेनाध्यक्ष जनरल एस. एच. एफ़. जे. मानेकशॉ के संपर्क में भी रहते थे।

लेकिन, यह कहना भी बात को बढ़ा-चढ़ा कर कहना ही होगा कि इस ग्रुप के सदस्य आपस में बिना क़िसी तनाव या नोक-झोंक के काम करते थे, क्योंकि सबके नज़रिये और तरीके में फ़र्क था। अहम आपस में टकराता था और स्वभाव के अंतर की समस्या भी थी ही। कौल को फ़ौरन जवाब चाहिए होता था, सोचने-समझने की बुद्धिमानी दिखाने से वो बेचैन हो जाते थे। वह तुरन्त कार्रवाई चाहते थे और फ़ौरन नतीजे। हक्सर होशियारी से सोचने और सलाह देने वाले थे, और इस बात का भी ध्यान रखते थे कि सुझाए गए तरीके का नतीजा कैसा होगा। नीतियों को वह दूरगामी परिणामों के लिहाज से देखते थे, लेकिन मठाधीशों वाले अंदाज़ में बातें करते थे। काव को यही फ़िक्र रहती थी कि वह जो गुप्त जानकारी मुहैया कराते हैं, उसे समझने में कल्पना का इस्तेमाल न किया जाए। वह अपनी संस्था की साख बेहतर होने को लेकर बेहद समर्पित थे जिसे 1962 के चीनी हमले में बहुत नुकसान पहुंचा था। के. बी. लाल ज़्यादातर समय यही दिखाने की कोशिश में लगे रहते थे कि वह ग्रुप के सबसे बुद्धिमान सदस्य हैं, और इस कोशिश के लिए उन्हें मानेकशॉ झिड़क दिया करते थे, कभी-कभी तो बहुत रूखे ढंग से, क्योंकि मानेकशॉ मानते थे कि अक्लमंदी में वह अव्वल दर्जे के हैं। गोविंद नारायण, एक अनुभवी अधिकारी थे और गृह-मंत्रालय पर किसी भी तरह के आक्षेप का मुंहतोड़ जवाब देने के लिए तैयार रहते थे और अपने अधिकार क्षेत्र में किसी भी तरह की दखलंदाज़ी का ज़ोरदार विरोध करते थे। स्वामिनाथन बढ़िया अध्यक्ष थे, सब को अपनी बात रखने का मौका देते थे, लेकिन उनका ज़ोर इस बात पर रहता था कि अंत तक सब कुछ बिलकुल स्पष्ट हो जाना चाहिए। स्वभाव और तौर-तरीकों में अंतर होते हुए भी, जब अगस्त के आख़िर में मैं इसमें शामिल हुआ, तब तक इस ग्रुप की एक बहुत मंजी हुई टीम के तौर पर तैयारी हो चुकी थी।

दिसंबर 1971 में युद्ध ख़त्म होने के बाद जल्दी ही, श्रीमती इंदिरा गाँधी ने संयुक्त राष्ट्रसंघ के महासचिव को यह बताते हुए पत्र लिखा कि दोनों देशों के बीच हमेशा के लिए शांति कायम हो सके, इसके लिए भारत, पहले से

कोई शर्त रखे बिना किसी भी समय, किसी भी जगह पाकिस्तान के साथ द्विपक्षीय बातचीत करने के लिए तैयार है। इस पत्र की प्रतिलिपि स्विस दूतावास के माध्यम से पाकिस्तान भी भेज दी गई। इस पहल के बाद पाकिस्तान को दूत-स्तर की बातचीत के लिए आमंत्रित किया ताकि शिखर वार्ता के लिए ज़मीन तैयार की जा सके। इसीलिए, दोनों सरकारों की तरफ़ से दूत नियुक्त किए गए, अज़ीज़ अहमद और डी. पी. धर अप्रैल 1972 के आख़िरी हफ़्ते में पाकिस्तान के मरी में मिले। तीन दिन तक कड़ी सौदेबाज़ी के बाद दूतों ने दो दस्तावेज़ तैयार किए—एक, शिखर सम्मेलन में जो बातचीत होनी है उसकी कार्यसूची, और दूसरे, उन सिद्धांतों का ख़ाका जिनके आधार पर भारत में, जून के आख़िरी हफ़्ते में, शिमला में होने वाले इस शिखर सम्मेलन में समझौते के लिए बातचीत होनी है।

इन सिद्धांतों का उद्देश्य था कि प्रधानमंत्री इंदिरा गाँधी और राष्ट्रपति ज़ुल्फ़िकार अली भुट्टो के बीच शिखर सम्मेलन के लिए उपयुक्त आचार-व्यवहार का माहौल बने। ऐसी 'शांति स्थापित करने की जो लंबे समय तक बनी रहे,' 'सैनिक संघर्ष का अंत,' और 'संसाधनों को विकास के कामों में लगाए जाने' की ज़रूरत के मद्देनज़र सिद्धांत रूप से ज़रूरत थी 'नई सोच के साथ पुरानी नीतियों की बेड़ियों को उतार फेंकने की।' इन्हीं को पूरा करने के लिए भारतीय पक्ष ने पाकिस्तान के पारंपरिक नज़रिये को ध्यान में रखा कि लंबे समय के लिए शांति तब तक नहीं हो सकती जब तक कि कश्मीर समस्या हल नहीं होती। पहले तो पाकिस्तान ने इस विषय पर बात करने का विरोध किया—जैसा कि मरी में किया था जहां अज़ीज़ अहमद इस बात पर डटे रहे कि अभी दोनों देशों के बीच आधारभूत बातों पर चर्चा करने का सही समय नहीं है। लेकिन डी. पी. धर ने आख़िर भुट्टो को जम्मू और कश्मीर और जिस किसी विषय पर वह और इंदिरा गाँधी चर्चा करना चाहें, उसपर चर्चा करने के लिए राज़ी कर ही लिया। आख़िरकार जम्मू और कश्मीर पर औपचारिक रूप से चर्चा हुई—कुछ हिस्सा दोनों नेताओं के प्रमुख सहयोगियों ने आपसी बैठकों में निपटाया और ख़ुद नेताओं की मुलाकात के समय पूरी तरह से।

बांग्लादेश के एक स्वतंत्र राष्ट्र के रूप में उभरने के साथ पाकिस्तान की प्राथमिकताएं तय हुईं। भुट्टो को ख़ासतौर से भारत के साथ 1971 के युद्ध में हाथ से निकले इलाके और युद्ध-बंदियों को वापस हासिल करने की फ़िक्र थी। कश्मीर पर पाकिस्तान की बड़ी पक्की सोच थी कि पहले कोशिश करके ऐसे दूसरे कम भावोत्तेजक विवादों को एक-एक करके सुलझाया जाए, और बाद में कश्मीर का सवाल उठाया जाए। उनका मानना था कि इस तरीके से दोस्ताना माहौल बनेगा और इस समस्या के समाधान को, जिसमें समझौता ज़रूर करना पड़ेगा, स्वीकार करने के लिए जनता में भी अनुकूल राय बनेगी।

भारत के लिए सबसे महत्त्वपूर्ण था पाकिस्तान के साथ शत्रुता के रिश्तों

को ख़त्म करे, और एक ऐसा तरीका गढ़े जो उपमहाद्वीप में लंबे समय तक के लिए शांति का माहौल बनाने में मददगार हो सके। पाकिस्तान में भी ऐसे लोग थे जो कुछ ऐसी ही इच्छाएं व्यक्त करते थे। 1965 के युद्ध में पाकिस्तान की अगुआई करने वाले फ़ील्ड मार्शल अयूब ख़ान ने 23 मार्च को पाकिस्तान के अग्रणी समाचार पत्र *डॉन* में सीज़फ़ायर लाइन यानी युद्ध-विराम की रेखा के बारे में लिखा। 'क्या यह कोई तर्कसंगत रेखा है? इससे क्या पता चलता है? क्या इससे कोई सामरिक, आर्थिक या और कोई मकसद हल होते हैं?' उन्होंने इस बात पर ज़ोर दिया कि 'जम्मू और कश्मीर में सीज़फायर लाइन का कई बार अतिक्रमण हुआ है, उसे बदला गया है, उसकी मर्यादा भंग हुई है।' उनका विचार था कि पुरानी सीज़फ़ायर लाइन अब बची ही नहीं है। भारत कभी एक और कभी दूसरी सीज़फ़ायर लाइन को माने यह भी नहीं हो सकता। 'इसलिए हमें खुद को गुज़रे हुए वक़्त की बेड़ियों से आज़ाद करके दिलेरी के साथ नयी और खुली हुई सोच के साथ हल तलाशने चाहिए।' हालांकि भारत एक-दूसरे के क्षेत्र में कब्ज़े और युद्ध-बंदियों के मुद्‌दों पर बात करने को तैयार रहा है, लेकिन साथ में दूरगामी समस्याओं के हल भी चाहता रहा है, ख़ासतौर से कश्मीर। भारत धीरे-धीरे एक-एक क़दम बढ़ाने की वकालत करता रहा है, लेकिन इससे वह नतीजे नहीं निकले जिनकी उम्मीद थी। इस बार भारत का पक्का इरादा था कि शिमला सम्मेलन भी ताशकंद सम्मेलन की नकल न साबित हो जाए, जिसमें 1965 के युद्ध से पैदा हुई दिक्कतों की तो बात हुई थी, लेकिन उसके पीछे के मूल कारणों की अनदेखी कर दी गई। इस बंद गली से रास्ता निकालते हुए भुट्टो दूरगामी समस्याओं—उनकी सांकेतिक भाषा में कश्मीर—पर बात करने को राज़ी हो गए थे, बशर्ते, अगर बातचीत से किसी नतीजे पर पहुंचते हैं, तो उन्हें धीरे-धीरे, टुकड़ों-टुकड़ों में, भारत-पाक संबंधों में सुधार की चाल से चाल मिलाकर लागू किया जाएगा।

एक स्वतंत्र राष्ट्र के रूप में बांग्लादेश के उदय ने बिलकुल स्पष्ट कर दिया कि सिर्फ़ धर्म राष्ट्रीयता का आधार नहीं हो सकता। इसने 'दो क़ौमी नज़रिया' को भी झुठला दिया, और इससे पाकिस्तान के इस दावे को, प्रत्यक्ष या अप्रत्यक्ष रूप से, घातक चोट पहुंची, कि उसने उपमहाद्वीप के मुसलमानों के लिए आवाज़ उठाई। भुट्टो जिस संदर्भ में आए, इस मौलिक बदलाव को लेकर अत्यधिक सचेत थे, और इंदिरा गाँधी के साथ अपनी शुरुआती बातचीत में उन्होंने यह बात बेझिझक कही। इस विषय में उन्होंने अपनी ही कही बातों में नुक्ताचीनी की, जबकि वह इन बातों को लेकर पहले बेहद झगड़ने वाले अंदाज़ में बहुत कुछ बोल चुके थे। उपमहाद्वीप में मुस्लिम समुदाय के तीन शाखों में बंटवारे का भी उन्होंने दुखड़ा रोया, और उम्मीद जताई कि बदले हालात में मुस्लिम समुदाय इस क्षेत्र में शांति और स्थिरता के लिए एक बड़ी ताक़त बनेगा। इसके साथ ही, भुट्टो ने कहा कि 1971 के वाक्ये के बाद

उन्होंने यह मान लिया है कि सैन्य हस्तक्षेप के ज़रिये पाकिस्तान कश्मीर को नहीं हासिल कर सका। मार्च 1972 में, मरी में दूतों की बैठक से महीने भर पहले उन्होंने भारतीय पत्रकारों को बताया कि कश्मीर मुद्दे का हल 'लाइन ऑफ़ पीस' यानी 'शांति की रेखा' और अपने बारे में खुद फ़ैसला करने के अधिकार के आधार पर ही निकलेगा, जिसे, उनके विचार में, कहीं बाहर से निर्यात करके वहां नहीं पहुंचाया जा सकता। 'कश्मीर' मुझे बहुत परेशान करता है,' भुट्टो ने कहा था। वह नहीं चाहते थे कि उसके काले साये भारत-पाक रिश्तों पर मंडराते रहें। वह चाहते थे कि उनके देशवासी उनके देश के पूर्वी खंड के अलग देश के रूप में उभरने के सदमे से जितनी जल्दी हो सके उबरे, और पहले से छोटे ही सही, पाकिस्तान को एक खुशहाल देश बनाने पर ध्यान लगाएं। उन्होंने 1 जुलाई को इंदिरा गाँधी के साथ मुलाक़ात में उन्हें बताया भी था, 'मैं पाकिस्तान में यही कह रहा हूं—हम कश्मीरियों के अधिकारों के लिए कैसे लड़ सकते हैं? मैंने आगे के तमाम दिनों के लिए जनमत तैयार किया है। लेकिन हम ज़बरदस्ती ऐसा नहीं कर सकते।' व्यक्तिगत रूप से भुट्टो यथास्थिति को कश्मीर समस्या के स्थाई हल के रूप में स्वीकार करने को तैयार थे। लेकिन इस संदर्भ में उनके सामने कई मजबूरियां थीं जिनके बारे में उन्होंने इस तरह बताया है :

(क) उनके देश में उनके राजनीतिक दुश्मन, ख़ासकर सेना के बड़े अधिकारी, पाकिस्तान में जिसे बहुत लोग अपना अत्यावश्यक राष्ट्रीय सरोकार मानते हैं, उसे छोड़ देने पर उन्हें चैन से जीने नहीं देंगे। इससे चौदह साल के सैनिक शासन के बाद उभरी लोकतांत्रिक व्यवस्था ख़तरे में पड़ जाएगी। इस संदर्भ में, भुट्टो हमेशा लाहौर लॉबी को लेकर अपने डर की बात किया करते थे, जबकि उन्होंने कभी साफ़-साफ़ नहीं समझाया कि वह है क्या।

(ख) शिमला में समझौते का जो रूप उभरकर सामने आया उसकी ख़ातिर वह पाकिस्तान के सभी राजनीतिक तत्वों को साथ लेकर चलना चाहते थे। उन्होंने सम्मेलन के शुरू में ही अपने साथ कुछ ज़्यादा ही बड़ा प्रतिनिधिमंडल लाने के लिए माफ़ी मांगी। 48 लोगों के इस प्रतिनिधिमंडल में पाकिस्तान के पूरे राजनीतिक दायरे का प्रतिनिधित्व सुनिश्चित किया गया था। वह चाहते थे कि प्रतिनिधिमंडल के सभी सदस्य सम्मेलन से जो भी हल निकले उसे मानें और उसके परिणाम के प्रति प्रतिबद्ध रहें। उन्होंने कहा था कि जब वह शिमला से रवाना हों तो उनके प्रतिनिधिमंडल में ऐसा कोई नहीं होना चाहिए जो दूसरों की बात से इत्तेफ़ाक नहीं रखता

हो। शायद वह 1966 के ताशकंद समझौते के बाद अयूब ख़ान के समानांतर खुद को रखकर अपने नकारात्मक बिंदुओं के बारे में सोच रहे थे।

भुट्टो ने पाकिस्तान के बातचीत करने वाले दल के प्रमुख अज़ीज़ अहमद से सहयोग की बहुत उम्मीद लगा रखी थी। अहमद पाकिस्तान के सबसे वरिष्ठ सरकारी अधिकारी थे और नौकरशाही में उनकी बात को बहुत वज़न दिया जाता था। उनकी छवि सख़्त रवैया अपनाने वाले एक कट्टरपंथी की भी थी। अहमद के साथ देने का मतलब था पाकिस्तान के तमाम अधिकारियों का सहयोग, और सरकारी अधिकारी देश के बेहद ताक़तवर राजनीतिक लोगों के उच्च वर्ग का अहम हिस्सा थे।

अज़ीज़ अहमद नहीं चाहते थे कि सम्मेलन के मकसद को और फैलाकर उसमें कश्मीर को भी जोड़ लिया जाए, लेकिन जब भारतीय पक्ष ने समझाया कि उन पर अभी औपचारिक रूप से वस्तुस्थिति को स्वीकार करने के लिए नहीं कहा जा रहा है, तब उन्होंने बात पर ग़ौर किया वरना उन्हें ऐसा लग रहा था जैसे युद्ध में जीतने वाला उनपर अपनी शर्तें लाद रहा है। डी. पी. धर के अचानक बीमार पड़ जाने के बाद भारतीय दल का नेतृत्व हक्सर ने संभाल लिया था। उन्होंने महसूस किया कि पाकिस्तान पर ज़्यादा दबाव बनाने से वह भी हमारे कब्ज़े में आए उसके इलाके को छोड़ने को दबाव बनाने का रवैया अपना सकता है। इसलिए उन्होंने अपने दल के दूसरे सदस्यों को वर्साय की संधि के नतीजे की याद दिलाते हुए उनसे ऐसा कुछ भी न करने के लिए राज़ी किया जो एक और युद्ध का कारण बन सकता हो। इसलिए, भारतीय पक्ष ने अपना प्रस्ताव बड़े संयत भाव से रखा, और अप्रत्यक्ष रूप से यह सुझाया कि भारत और पाकिस्तान की वर्तमान सीमा रेखा का नाम 'सीज़फ़ायर लाइन' से बदलकर अब 'लाइन ऑफ़ कंट्रोल कर देना चाहिए। अज़ीज़ अहमद ने इसका विरोध किया। उन्होंने इस बात पर ध्यान आकृष्ट कि शब्दावली बदलने से सीमा रेखा का दर्जा भी बदल जाएगा, और यह बात सही भी थी। उन्होंने ज़ोरदार तरीके से अपना नज़रिया सामने रखा और कहा कि वह पारिभाषिक शब्दावली के इस प्रस्तावित बदलाव को स्वीकार करने के लिए तैयार नहीं हैं।

2 जुलाई की दोपहर की बैठक, जिसमें भारत की तरफ़ से तैयार तीसरे और आख़िरी समझौते के मसौदे पर चर्चा होनी थी, उसमें अज़ीज़ अहमद ने कहा : "यह हमारी आख़िरी बैठक है...पाकिस्तान यह मंज़ूर नहीं कर सकता कि सीज़फ़ायर लाइन का वजूद ही ख़त्म हो गया है।" यही अहम वजह है जो हम हिंदुस्तानी मसौदे को मंज़ूर नहीं कर रहे हैं।" "भारतीय पक्ष के लिए यह पिछले दिन, अधिकारियों की मौजूदगी में, इंदिरा गाँधी के साथ हुई बैठक में भुट्टो जो बयान दिया था उससे पीछे हटने वाली बात थी। अज़ीज़ अहमद की इस टिप्पणी, "हमें बाकी सब कुछ मंज़ूर है, सिवाय कश्मीर के," के बाद,

भुट्टो ने बीच में पड़कर कहा, "मैं, एक तरह से, इसके लिए तैयार हूं कि कश्मीर का हल शांतिपूर्ण तरीके से निकालें।"...जहां तक कश्मीर विवाद का प्रश्न है, निकट भविष्य में एक सहमति ज़रूर उभरकर आएगी। वही हल में बदल जाएगी। शांति की एक रेखा बनी रहे, और लोग उसपर से आते-जाते रहें, लेकिन उसे लेकर लड़ें नहीं।"

'सीज़फायर लाइन' का 'लाइन ऑफ़ कंट्रोल' में बदलना कश्मीर समस्या के भारतीय हल के केंद्र में था। वास्तविक 'लाइन ऑफ़ कंट्रोल' यानी नियंत्रण रेखा ही आगे चलकर कानूनी रूप से मान्य सीमा रेखा बन जाती। क्योंकि इस बिंदु तक कोई सहमति बन नहीं पाई, समझौते के लिए चल रही बातचीत वहीं ख़त्म कर दी गई और इस तरह पांच दिनों तक गहमागहमी के बीच चली बातचीत, जिसके शुरू होने से सारे उपमहाद्वीप में बड़ी उम्मीदें जागी थीं, उसका पटाक्षेप हो गया। वह 2 जुलाई की दोपहर थी। पाकिस्तानी प्रतिनिधिमंडल वापस लौटने की तैयारी में था।

तभी यह बात फैल गई कि शिखर वार्ता असफल हो गई है। मीडिया के लोग नाकामी की इस ख़बर को फैलाने के लिए हरकत में आ गए। नाउम्मीदी भरे इस माहौल में भुट्टो ने कहा कि वह श्रीमती गाँधी से मिलना चाहते हैं। शाम छह बजे 'रिट्रीट' में मिलने का वक्त तय हुआ जहां वह ठहरी हुई थीं। जब भुट्टो श्रीमती गाँधी से मिलने आए, तो पहले वह कुछ देर पी. एन. हक्सर और मेरे साथ बैठे, और बोले, "आप अफ़सर लोग बड़ी जल्दी हार मान जाते हैं।" फिर श्रीमती गाँधी के साथ उनकी बैठक एक घंटे चली, और इस बीच हक्सर और मैं बगल वाले कमरे में बैठे रहे। भुट्टो श्रीमती गाँधी से अकेले में बातचीत के बाद बाहर निकले तो वह ख़ुश नज़र आ रहे थे। वह बोले, "हमने मामले को शांत कर दिया है और तय किया है कि आपको रात के खाने से पहले करने के लिए कुछ काम दिया जाए।" जब भुट्टो चले गए, तब श्रीमती गाँधी ने भुट्टो के साथ अपनी बातचीत के बारे में हमें संक्षेप में बताया।

बैठक में श्रीमती गाँधी ने भुट्टो को बताया कि वह उनकी चिंताओं को समझती हैं, और वह बिलकुल भी नहीं चाहेंगी कि कहीं ऐसा लगे कि वह एक हारे हुए विरोधी पर अपनी शर्तें थोप रही हैं। समग्र रूप में समझौते का मान रखते हुए वह कब्ज़ा किए गए इलाकों से सेना की जल्द से जल्द वापसी के लिए भी तैयार हो गईं। इस सवाल पर भारत को बांग्लादेश की सहमति की ज़रूरत नहीं थी, जैसा कि भारत-बांग्लादेश की संयुक्त कमान में हथियार डालने वाले युद्ध-बंदियों की वापसी के सवाल पर किया गया था। इसके साथ ही श्रीमती गाँधी ने यह बात फिर दोहराई कि भारत उपमहाद्वीप में लंबे समय तक बनी रहने वाली शांति और स्थिरता चाहता है। उनका मानना था कि इसके बिना आर्थिक और सामाजिक विकास और ग़रीबी उन्मूलन नहीं हो

सकता, जबकि यह दोनों ही देशों के घोषित उद्देश्यों में है। अपने देश में भुट्टो जब कभी भाषण देते थे, ये बातें उसका ज़रूरी हिस्सा होती थीं। श्रीमती गाँधी का तर्क था कि अगर भारत और पाकिस्तान आपसी रिश्तों में कड़ुवाहट ख़त्म करके भारत के सुझाए तरीके से कश्मीर समस्या को सुलझाने पर राज़ी हो जाएं तो जैसा हम चाहते हैं वह सब कुछ हो सकता है।

श्रीमती गाँधी ने कश्मीर समस्या के प्रस्तावित भारतीय हल की ख़ूबियों को विस्तार से कुछ इस तरह बताया, यही एक सहज-संभव हल था। इस प्रस्ताव की एक महत्त्वपूर्ण ख़ूबी यह थी कि युद्ध की वजह से दोनों में से किसी भी देश को इलाके के लिहाज से न तो फ़ायदा होना था, और न नुकसान। इसमें आबादी को एक तरफ़ से दूसरी तरफ भेजने जैसी कोई बात भी नहीं थी। एक विशिष्ट समुदाय के रूप में कश्मीरियों को बिना बंटे भारत की ओर रहने दिया जाए। इस तरह नियंत्रण रेखा मुख्य रूप से भाषा और संस्कृति के आधार पर खिंची सीमा थी। दरअसल, 1947 में विभाजन के समय, वह बंटवारा एक सैद्धांतिक विभाजन भी था जिसमें शेख़ मोहम्मद अब्दुल्ला और उनकी नेशनल कॉन्फ्रेंस पार्टी का राजनीतिक प्रभाव क्षेत्र की सीमा थी। यह सच है कि इसमें कुछ विसंगतियां थीं, लेकिन श्रीमती गाँधी ने इंगित किया, कि उन्हें आपसी सहमति से दूर किया जा सकता था।

भुट्टो ने जज़्बाती होकर पूरी ईमानदारी का एहसास कराते हुए जवाब दिया। काफ़ी लंबे समय तक सोचने के बाद वह इस नतीजे पर पहुंचे थे कि भारत का प्रस्ताव ही सिर्फ़ ऐसा है जिसे लागू किया जा सकता है। लेकिन वह इस बात पर राज़ी नहीं हो सके कि वे इस प्रस्ताव को समझौते में शामिल नहीं कर सकते थे, और इसकी वजह वह पहले ही बता चुके थे। उन्होंने यह ज़रूर कहा कि वह समय के साथ इसे लागू करवाने की कोशिश करते रहेंगे। श्रीमती गाँधी भी इस बात को लेकर परेशान थीं कि पाक-अधिकृत कश्मीर पर से भारत की दावेदारी औपचारिक रूप से वापस ले लेने से उनके लिए राजनीतिक दिक्कत खड़ी हो सकती थी। वह इस बात के लिए तो सहमत हो गईं कि भुट्टो के बताए कारणों से समस्या का हल समझौते में दर्ज न किया जाए, लेकिन उसे, उनके सुझाव के अनुसार धीरे-धीरे लागू ज़रूर किया जाना चाहिए।

यह भी तय हुआ कि आपसी समझ की यह बात लिखित में नहीं होगी। समझौते में गुप्त धाराएं डालने को स्थाई रूप से शांति स्थापित करने के विरुद्ध माना जा रहा था। जैसे भी हो, यह तय हुआ कि समझौते को इस तरह शब्दों में बांधा जाएगा कि उसे लागू करने में पाकिस्तान को दिक्कतों का सामना न करना पड़े। इसका नतीजा यह निकला कि पाकिस्तान के राष्ट्रपति द्वारा जिस शाम वह अपने देश को रवाना होने वाले थे, उसी शाम दिए गए प्रीतिभोज के दौरान चलते-चलते कुछ न कुछ तोल-मोल जारी रहा। इस तरह, कुछ धाराएं

जो सहमति पत्र के मसौदे में थीं, उन्हें भुट्टो की बात रखने के लिए हटाना पड़ा।

समझौते का सबसे महत्त्वपूर्ण हिस्सा था, उप-धारा 4(ii), जिसमें कहा गया था, "जम्मू और कश्मीर में, 17 दिसंबर 1971 के युद्ध-विराम के फलस्वरूप नियंत्रण रेखा की जो स्थिति थी, उसे दोनों पक्ष अपनी-अपनी ओर बन रही स्थिति के अनुसार बिना किसी पक्षपात के मानेंगे। दोनों में से कोई भी पक्ष आपसी असहमति और वैधानिक व्याख्या में अंतर के बावजूद उसे एकतरफ़ा बदलने की कोशिश नहीं करेगा। आगे दोनों पक्ष इस बात के लिए भी वचनबद्ध होंगे कि नियंत्रण रेखा के अतिक्रमण के लिए धमकी देने या बल प्रयोग करने से परहेज़ करेंगे।' इसमें वाक्यांश, 'अपनी-अपनी ओर बन रही स्थिति के अनुसार बिना किसी पक्षपात के' की वजह से भुट्टो का उनके अपने देश में उनके आलोचकों से बचाव हो गया। दूसरे और तीसरे वाक्यों को यह सोचकर रखा गया था कि उनकी वजह से इस छूट का दुरुपयोग करने से बचाव हो जाएगा और भविष्य में कश्मीर समस्या के समाधान की नींव रखी जा सकेगी।

जिन पर्यवेक्षकों ने शिखर सम्मेलन में समझौते के लिए की गई बातचीत पर करीब से नज़र रखी, उन्होंने इसे इस तरह समझा। लंदन के *द टाइम्स* के संवाददाता पीटर हेज़ेलहर्स्ट ने 'कंसेशंस ऐट शिमला समिट ब्रिंग होप फ़ॉर डील ऑन कश्मीर,' शीर्षक से अपनी रिपोर्ट में समझौते को पिछले 25 वर्षों से एक दूसरे से रंजिशन दूरी बनाए रखने वाले दो एशियाई पड़ोसियों के बीच लंबे प्रयासों के बाद मतभेद दूर करने के ऐतिहासिक निष्कर्ष के रूप में वर्णित किया है। ऊपर दी गई उप-धारा 4(ii) की व्याख्या करते हुए उन्होंने लिखा है, जैसा कि नज़र आता है, उससे यह अर्थ निकलता है पाकिस्तान ने कश्मीर समस्या का भारत के साथ द्विपक्षीय हल निकलने पर सहमति बना ली है, और अगर पाकिस्तान के राष्ट्रपति भुट्टो इस समझौते की भावना से विचलित नहीं हुए तो वह इस विवाद को अब संयुक्त राष्ट्रसंघ में नहीं उठाएंगे। उम्मीद की जाती है कि इससे भारतीय प्रधानमंत्री श्रीमती गाँधी को, जिन्होंने पाकिस्तान के साथ कश्मीर समस्या और दूसरे विवाद सुलझाने में द्विपक्षीय हिस्सेदारी की वकालत की है, काफ़ी राहत मिलेगी। सहमति पत्र में दोनों पक्षों के बीच इस अनुबंध का भी उल्लेख किया गया है कि कश्मीर में दिसंबर में जहां युद्ध का अंत हुआ, दोनों पक्ष उस सीज़फ़ायर लाइन को मान्यता देने के लिए और उसे शांति की रेखा के रूप में बदलने को राज़ी हुए हैं।

भुट्टो को भी यह पता था कि भारत सरकार ने शेख़ अब्दुल्ला के साथ बातचीत का सिलसिला शुरू किया है। उन्हें इस बात का एहसास था कि वास्तव में भारत अलगाववादी कश्मीरियों की यह मांग पूरी कर रहा है कि कश्मीर पर भारत-पाक के बीच वार्ता में उनका प्रतिनिधित्व हो और जब शेख़ अब्दुल्ला से बात की जाए तभी इस मामले में उनसे भी, लेकिन अलग से

बात की जाए। अपने सूत्रों और भारतीय समाचार पत्रों में प्रकाशित ख़बरों के ज़रिये वह शेख़ के भारतीय राजनीति में उतरने की संभावना के बारे में जानते थे। उन्हें मालूम था कि शेख़ के कश्मीर में प्रवेश पर लगी रोक हटने वाली है। और शिमला सम्मेलन के तीन हफ़्ते बाद जब यह रोक हटी, तो शेख़ ने श्रीनगर में अपने श्रोताओं को बताया कि बांग्लादेश के दुःखद घटनाक्रम से यह साबित हो गया है कि कश्मीरियों ने मज़हब के नाम पर सरकार चलाने वाले पाकिस्तान के साथ मेल करने से इनकार करके कितना अच्छा किया। शेख़ के कश्मीरियों के अपना भविष्य तय करने के लिए जनमत संग्रह कराने की मांग वापस लेने से भुट्टों को अपने देश में लोगों की आलोचना झेलने में मदद मिली।

भुट्टो न सिर्फ़ 'सीज़फ़ायर लाइन' को 'लाइन ऑफ़ कंट्रोल में बदलने को सहमत हुए, जिसे वह पहले ही 'लाइन ऑफ़ पीस' कह चुके थे, बल्कि वह इस बात के लिए भी राज़ी थे कि इसी लाइन ऑफ़ कंट्रोल को धीरे-धीरे 'अंतरराष्ट्रीय सीमा का दर्जा' (उन्हीं के शब्दों में) दे दिया जाएगा। यह बदलाव कुछ इस तरह से होगा, भारत और पाकिस्तान के बीच अंतरराष्ट्रीय सीमा पर आवाजाही के फिर से ज़ोर पकड़ लेने के बाद लाइन ऑफ़ कंट्रोल पर कुछ चुने हुए बिंदुओं पर ही आवाजाही की इजाज़त दी जाएगी। इन एंट्री प्वाइंट्स पर इमिग्रेशन कंट्रोल और कस्टम्स क्लियरेंस ऑफ़िस बनाए जाएंगे। इतना ही नहीं, पाकिस्तान अधिकृत कश्मीर को भी पाकिस्तान में शामिल कर लिया जाएगा। भुट्टो की पार्टी वहां अपनी शाखाएं खोलेगी और बाद में वह इलाका प्रशासन अपने अधिकार में ले लेगा। क्योंकि विरोध किया जाना चाहिए, इसलिए भारत इसका विरोध करेगा, लेकिन बहुत धीमी आवाज़ में।

निष्कर्ष : बांग्लादेश-भारत संबंध

संघर्ष कब का ख़त्म हो चुका है। मुक्तिबाहिनी के सभी 'स्वतंत्रता सेनानी' अब परिपक्व अधेड़ हो चुके हैं। कोई भारतीय सैनिक वहां नहीं है। बांग्लादेश भी उसी कोख से जनमा है, विभाजन की कोख से। अब उस दौर से काफ़ी आगे निकल चुका है जहां आपसी संबंधों में भारत के प्रति कृतज्ञता का भाव रहा करता था। अब भारत का यह चाहना कि बांग्लादेश 'धर्मनिरपेक्ष और आभारी' रहे, पूरी तरह संभावना से परे है; ऐसा होना इतिहास के प्रवाह के विपरीत है।

क्योंकि विविध तत्त्वों से मिल-जुलकर बनी भारतीय संस्कृति का प्रभाव सारे दक्षिण एशिया पर इतना गहरा छाया हुआ है, कि इसे लेकर भारत के पड़ोसियों में एक गहरी प्रतिक्रियात्मक प्रवृत्ति पैदा हो गई है जिसके चलते वह अपनी पहचान को बढ़ा-चढ़ाकर और अप्राकृतिक रूप से अलग जताने की कोशिश करते हैं। यह प्रवृत्ति अकसर वैचारिक अंतर प्रदर्शित करने वाले मंचों को अपनाकर भारत से दूरी

दर्शाने, और सार्वजनिक रूप से ऊंची आवाज़ में आपसी मुद्दों को सुलझाने से इनकार के रूप में सामने आती है, चाहे शर्तें बिलकुल उचित और उस देश के राष्ट्रहित में ही क्यों न हों। इसीलिए बांग्लादेश 'धर्मनिरपेक्षता' और 'इस्लाम' के दो ध्रुवों, और बंगाली और बांग्लादेशी, और 1971 की शक्तियों और 1947 के भारत हितैषी और विरोधी के बीच झूलता रहता है।

बांग्लादेश की 'मुक्ति' के मुद्दे को लेकर लोगों के नज़रियों में अंतर रहा है। भारत के लिए यह 'कृतघ्नता' है, बांग्लादेश का इस बात से इनकार करना कि उनकी आज़ादी में भारत की कोई भूमिका है, जबकि बांग्लादेश को लगता है कि उनकी आज़ादी की जंग से उलटे भारत को यह फ़ायदा हुआ कि एक तरह से उसकी सुरक्षा की ज़रूरत कम हो गई, और क्या यह काफ़ी नहीं है, फिर स्थायी रूप से कृतज्ञता की उम्मीद की भी कैसे जा सकती है। "कुछ अच्छा किया हो, तो याद न दिलाना; भला हो जो तुम्हारे साथ तो भूलना नहीं," इस बात के ज़रिये उनकी ज़िंदगी रह-रह के याद आती है।

भारत का यह मानना कि आतंकवादी गुट, खासतौर से वह जो भारत को निशाना बनाते हैं, उन्हें बांग्लादेश में मदद मिलती है, और बांग्लादेश सरकार ने उनपर काबू करने के लिए जितनी कोशिश की जानी चाहिए थी, उससे बहुत कम की थी। और उसने भी इसे गंभीरता से नहीं लिया था, और बांग्लादेश के नेता प्रतिक्रिया में बस उन्हीं बातों को घुमा-फिरा कर कह दिया करते थे, बस थोड़ी सी ऊंची आवाज़ में।

दक्षिण एशियाई देशों की घरेलू और विदेश नीति में अकसर घालमेल रहता है। नेपाल के साथ व्यापार और बांग्लादेश के साथ तीस्ता के पानी के बंटवारे को लेकर नई शुरुआत हो, सब राजनीतिक मुद्दे बन चुके हैं। भारत की दूसरी राजनीतिक सच्चाई है यहां धीरे-धीरे केंद्र से ध्यान हटाकर राज्यों में लगाना और राज्यों के हितों के लिए काम करना। इसकी अहमियत और बढ़ जाती है जब सीमा पर स्थिति पड़ोसी देशों के साथ अंतरराष्ट्रीय स्तर पर निर्णय लेने होते हैं। इससे विदेश के मामले, हर हाल में, स्थानीय बनकर रह जाते हैं, जो ठीक नहीं है। इसीलिए तीस्ता के पानी का बंटवारा ऐसा ही एक मुद्दा बना हुआ है, जिसकी वजह लगभग पूरी तरह नज़रिये का फ़र्क है। घरेलू राजनीति और विदेशी मामलों का एक जगह आकर मिलना आजकल तकरीबन रोज़ ही दक्षिण एशिया में देखा जा रहा है, यहां तक कि, मिसाल के तौर पर जमीनी सीमा के पक्के निपटारे में भी।

एक पहलू जिसका बांग्लादेश ने बुरा माना है, वह है भारत के साथ उसके व्यापार में घाटा। भारत के छठा सबसे बड़ा ग्राहक होने के नाते, बांग्लादेश को सीमा पार चलने वाले अवैध व्यापार पर ग़ौर करना चाहिए। यह अवैध रूप से सीमा पार करनेवालों के इसलिए भारत के साथ व्यापार का मुद्दा बांग्लादेश में इतनी राजनीतिक अहमियत बना ली गई है जिसमें मुख्य राजनीतिक दल एक दूसरे पर भारतीय अर्थव्यवस्था के हाथों बिके होने का इल्जाम लगाते रहते हैं।

संदर्भ

1. पाकिस्तान ने 1964 में अमरीका से यू.एस.एस. डिऐब्लो (USS Diablo) को लीज़ पर प्राप्त किया और उसे नया नाम दिया पी.एन.एस. ग़ाज़ी। 'टेंच क्लास' की यह पनडुब्बी 11 अगस्त 1944 को पोर्टस्मथ नेवी यार्ड में बननी शुरू हुई और उसे उसी साल दिसंबर 1944 को पानी में उतारा गया। 31 मार्च 1945 को इस पनडुब्बी यू.एस.एस. डायब्लो, एस.एस.-479 को अमरीकी नौसेना से सेवा से हटा कर अमरीकी नेवल रजिस्टर से इसका नाम काट दिया गया। इसे सिक्योरिटी असिस्टेंट प्रोग्राम के तहत 1 जून 1964 को पाकिस्तान को पट्टे पर दे दिया जहां इसे नया नाम मिला पी.एन.एस. ग़ाज़ी। 4 दिसंबर 1971 को यह पनडुब्बी इस पर काम करनेवाले तमाम नाविकों के साथ समुद्र में लापता हो गई।
2. *वॉर एंड सिसेशन पाकिस्तान, इंडिया एंड क्रिएशन ऑफ़ बांग्लादेश,* सिसोन, रिचर्ड एंड रोज़, लियो ई., विस्टार पब्लिकेशन, नई दिल्ली।
3. वही
4. वही
5. वही
6. वही
7. वही
8. वही
9. वही
10. वही
11. वही
12. वही
13. वही
14. वही
15. वही
16. वही
17. वही
18. वही
19. वही
20. वही
21. वही
22. वही
23. वही
24. वही
25. वही
26. वही
27. वही

28. वही
29. वही
30. वही
31. वही
32. वही
33. 2 मार्च 1969 को चीन-सोवियत सीमा विवाद ने कुछ ज़्यादा ही हिंसक मोड़ ले लिया जब चीनी सेना ने सोवियत सीमा सुरक्षा में लगे सैनिकों पर गोलियां चलाईं जिसमें कोई पचास फ़ौजी हताहत हुए। हालांकि विदेश विभाग की शुरुआती रिपोर्ट में इस बारे में कुछ भी जानने से इनकार किया गया है कि किसने युद्ध छेड़ा। लगता है यह मुठभेड़ चीनियों ने सोवियत संघ की पहले की भड़काने वाली हरकतों के जवाब में की।
34. *वॉर एंड सिसेशन : पाकिस्तान, इंडिया एंड क्रिएशन ऑफ़ बांग्लादेश,* सिसोन, रिचर्ड एंड रोज़, लियो ई., विस्तार पब्लिकेशन, नई दिल्ली।
35. वही
36. वही
37. वही
38. वही
39. वही
40. वही
41. वही
42. वही
43. वही
44. वही
45. वही
46. वही
47. वही
48. वही
49. वही
50. वही
51. वही
52. वही
53. वही
54. वही
55. वही
56. वही
57. वही
58. वही
59. वही

60. वही
61. वही
62. वही
63. वही
64. वही
65. वही
66. वही
67. वही
68. वही
69. वही
70. वही
71. एयर चीफ़ मार्शल पी.सी. लाल *माई ईयर्स विद द आई.ए.एफ.* लांसर पब्लिशर्स, नई दिल्ली
72. ले. जनरल जे. एफ. आर. जेक़ब, *एन ओडिसी इन वार एंड पीस, एन ऑटोबायोग्राफी* द लोट्स कलैक्शन, एन इम्प्रिंट ऑफ रोली बुक्स प्रा.लि., 2011
73. वही
74. वही
75. पी.एन. धर, *इंदिरा गांधी द 'इमरजेंसी' एंड इंडियन डेमोक्रेसी,* ऑक्सफोर्ड यूनिवर्सिटी प्रेस, नई दिल्ली

6

बर्बादी के दशक

बांग्लादेश की लड़ाई के बाद, आमतौर पर शांत रहने वाले दक्षिण एशियाई उपमहाद्वीप में एक नये राष्ट्र के जन्म के साथ इस इलाके में शांति और सुकून का राज हो जाना चाहिए था। लेकिन न जाने इन बदलावों के साथ ही भारत में हालात इतने बिगड़ने लगे कि उन्हें थामना मुश्किल हो गया। एक साधारण सी तालिका में वह घटनाएं दी गई हैं जिनसे भारत के राजनीतिक विकास का सिलसिला आगे बढ़ा। लेकिन इस विवरण क्रम में हम भारत के आंतरिक बदलावों जैसे 1975 में कपटपूर्वक आपातकाल की घोषणा, या उसके बाद 1977 में सारे राष्ट्र का इस 'इमरजेंसी' को नकारते हुए श्रीमती गाँधी को सत्ता से हटाने का जनादेश, जिसके बाद जनता पार्टी की सरकार का 1977 से 1980 के बीच धीरे-धीरे अपनी मर्ज़ी से ढहते चले जाना।

लेकिन 1980 के बाद के दशक में, जनता पार्टी के सत्ता से हटने और फिर कांग्रेस के शासन में जो कुछ घटा, यहां उसपर हम अपना ध्यान केंद्रित रखना चाहते हैं, ख़ासतौर से 1980 में कांग्रेस की सत्ता में वापसी के बाद किस तरह बर्बादी के मंज़र एक के बाद एक सामने आते गए, जिनमें से कुछ पर किसी का बस नहीं था, लेकिन कुछ को जानबूझ कर अपने सिर लिया गया।

यह बेहद दुर्भाग्यपूर्ण थ कि प्रधानमंत्री के लिए नुकसान का सिलसिला एक भयावह व्यक्तिगत त्रासदी से शुरू हुआ। 23 जून, 1980 को, उस दुर्भाग्यपूर्ण साल, श्रीमती गाँधी ने अपना छोटा बेटा खोया—संजय गाँधी, जो कि उस वक़्त तक उनके दायें हाथ और राजनीतिक उत्तराधिकारी थे, विमान दुर्घटना में मारे गए। इस नुकसान ने उन्हें ऐसा गहरा घाव दिया, कि इस हादसे के बाद जैसे उनके अंदर से फूटने वाला वह आवेग, वह अंदरूनी आश्वस्तता जो पहले उनके हर काम में झलकती थी, उसे किसी ने छीन लिया हो।

इसलिए हमें ऐसे उदाहरण ढूंढने के लिए बहुत दूर नहीं जाना पड़ता जिनमें

अपार सफलता के बाद कुछ ही समय में ऐसे फ़ैसलों का एक सिलसिला हो जिसके प्रतिकूल परिणाम निकले और जिनपर सवाल उठाए जा सकते हैं। ऐसा क्या हुआ? वह इकलौता कारण जिसमें इसका उत्तर छुपा है, वह यह विचार है कि जब लोक कार्य में 'विवेक' का परित्याग कर दिया जाता है, तो जैसा कि स्वयंसिद्ध सूत्रों में कहा गया है, 'अविवेक' और मूर्खता ही उसकी जगह लेते हैं। और अविवेक के साथ आपदा तो आती ही है।

ढाका में पाकिस्तानी सेना के आत्मसमर्पण के बाद का जो घटनाक्रम हुआ, वह इसका पक्का उदाहरण है। बांग्लादेश विजय उपलब्धि का ऐसा स्पष्ट संकेत थी कि उसके आंतरिक प्रभाव से, श्रीमती गाँधी और कांग्रेस पार्टी बड़े आराम से कई बरसों तक सत्ता में बनी रह सकती थीं, जिससे देश चलाने के कामकाज का बंदोबस्त बड़े आराम से कर सकती थीं। लेकिन जैसे ही एक के बाद एक घटनाएं घटती गईं, एक बिलकुल अलग ही सच उभरकर सामने आया, और आगे के घटनाक्रम ने ऐसा मोड़ लिया कि प्रतिकूल परिणाम सामने आने लगे। मैं यहां उस सारे घटनाक्रम को तालिका के रूप में दे रहा हूं जिससे इस बात का सजीव चित्रण हो जाता है।

1971-72	16 दिसंबर 1971 : जनरल नियाज़ी का आत्मसमर्पण और बांग्लादेश का जन्म।
	2 जुलाई 1972 : प्रधानमंत्री इंदिरा गाँधी और राष्ट्रपति ज़ुल्फ़िकार अली भुट्टो ने शिमला समझौते पर हस्ताक्षर किए
1974	10 जनवरी : गुजरात नवनिर्माण युवा समिति (यूथ ऑर्गेनाइज़ेशन फ़ॉर रीजेनरेशन)
	18 मार्च : बिहार में छात्र आंदोलन
1975	जून, 1975 गुजरात में चुनाव, कांग्रेस की हार
1975	26 जून 1975 : आपातकाल की घोषणा
1977	16 से 20 मार्च : छठी लोकसभा के लिए आम चुनाव। जनता पार्टी विजयी, उत्तर भारत में कांग्रेस का सफ़ाया
1977	21 मार्च : आपातकाल हटाया गया
1980	सातवीं लोकसभा के लिए चुनाव : जनता पार्टी में फूट
1982	प्रवासियों के मुद्दे पर असम में आंदोलन, 19 मार्च 1982 से 27 फ़रवरी 1983 तक राष्ट्रपति शासन
1983	जम्मू और कश्मीर विधानसभा चुनाव
1984	3 जून 1984 : दरबार साहिब में सेना का प्रवेश
	31 अक्तूबर, 1984 : इंदिरा गाँधी की हत्या, सिख विरोधी दंगे
	3 नवंबर : भोपाल गैस त्रासदी
1984	आठवीं लोकसभा के लिए चुनाव, कांग्रेस की रिकॉर्ड 404 सीटों के साथ वापसी
1987	29 जुलाई : श्रीलंका में आई. पी. के. एफ. की तैनाती
1989	आम चुनाव : कांग्रेस की हार

	8 दिसंबर : रूबिया सईद का अपहरण
1990	13 अगस्त : मंडल आयोग की सिफारिश पर पिछड़ी जातियों के लिए 27% आरक्षण की घोषणा
1991	19 मई : श्रीपेरम्बुदूर में राजीव गाँधी की हत्या

बांग्लादेश विजय के बाद 15 मार्च, 1971 को हुए चुनाव ने श्रीमती गाँधी के हाथों को राजनीतिक ताकत दी। देश उनका साथ देने के लिए उनके और उनकी कांग्रेस पार्टी के पीछे डटकर खड़ा हो गया। लेकिन तभी घटनाक्रम बदलने लगा, क्षितिज पर पहली बार एक छोटा सा बादल का टुकड़ा उभरा, जो कि बमुश्किल एक बच्चे की मुट्ठी जितना रहा होगा, लेकिन यह अपशकुन सूचक बादल हैरत में डालने वाली तेज़ी से आकार में फैलता गया। गुजरात के छात्रों ने अनाज, खाने वाला तेल और ऐसी ही दूसरी ज़रूरी चीज़ों के दामों में बेतहाशा बढ़ोतरी पर अपनी नाराज़गी जताई, जिसने राज्य के शहरों और कस्बों में एक आंदोलन का रूप ले लिया, जिसमें जल्दी ही विपक्षी राजनीतिक दल भी शामिल हो गए। आंदोलन और हड़ताल के चलते दस सप्ताह से ज़्यादा समय तक राज्य में सब कुछ ठप्प रहा। विधायकों को पद से इस्तीफ़ा देने को मजबूर करने के लिए लगातार कोशिशें होती रहीं। 1974 की फरवरी तक, केंद्र सरकार को मजबूर होकर राज्य सरकार को, जो कि कांग्रेस की ही थी, इस्तीफ़ा देने को कहना पड़ा, विधान सभा को भंग करना पड़ा, और राज्य में राष्ट्रपति शासन लागू करने की सिफ़ारिश करनी पड़ी। इस गुजरात के नाटक का अंतिम अंश खेला गया मार्च 1975 में, जब लगातार जारी आंदोलन और लोकसभा में मोराजी देसाई के आमरण अनशन का सामना करते हुए इंदिरा गाँधी ने संसद भंग करके जून 1975[1] तक फिर से चुनाव कराने की घोषणा कर दी।

गुजरात आंदोलन के नक्श-ए-क़दम पर चलते हुए, उसकी सफलता से प्रेरित होकर छात्रों ने मार्च 1974 में बिहार में भी वैसा ही एक आंदोलन छेड़ दिया था। छात्रों ने इसकी शुरुआत की 18 मार्च को विधान सभा के घेराव से और वे बार-बार पुलिस से संघर्ष करते रहे, जिसमें एक हफ़्ते में 27 लोग मारे गए। बिहार का आंदोलन अपनी एक नई पहचान की वजह से भी उल्लेखनीय है। जयप्रकाश नारायण जो सक्रिय राजनीति से संन्यास ले चुके थे, उन्होंने एक बार फिर लोगों का नेतृत्व संभाला, और 'संपूर्ण क्रांति' के लिए आह्वान किया। बिहार में कांग्रेस की सरकार से इस्तीफ़े और विधानसभा के विलय की मांग करते हुए उन्होंने छात्रों और दूसरे लोगों से विधायकों पर इस्तीफ़े देने के लिए दबाव बनाने, सरकार को पंगु बना देने, विधानसभा और सरकारी कार्यालयों के घेराव करने, राज्य भर में समानान्तर सरकार स्थापित करने, और कोई टैक्स न देने के लिए कहा।

जे. पी. ने बिहार के बाहर भी अपने आंदोलन को फैलाने का निर्णय लिया। उन्होंने हर तरफ़ फैले भ्रष्टाचार के विरोध में और कांग्रेस और इंदिरा गाँधी को सत्ता से हटाने के लिए देशव्यापी आंदोलन छेड़ा। फिर वह देश भर में घूमने निकल

पड़े और जहां गए वहां भारी भीड़ जुटी। जे. पी. के इस आंदोलन को लोगों का भारी समर्थन मिला।

जे. पी. द्वारा एक राष्ट्रीय समन्वय समिति के गठन के बाद ऐसा लगा जैसे भारत की जनता पर किसे शासन करने का अधिकार है, यह मतदान की लोकतांत्रिक प्रक्रिया से ही तय किया जा सकता है।

लेकिन ऐसा नहीं हुआ। राज नारायण की एक चुनाव याचिका पर इलाहाबाद उच्च न्यायालय के जस्टिस जगमोहन सिन्हा के फ़ैसले से भारतीय राजनीति में एकाएक पेंच आया। 12 जून 1975 को जब उन्होंने श्रीमती गाँधी को चुनाव में भ्रष्ट तौर-तरीकों के इस्तेमाल के लिए दोषी करार देते हुए उनके निर्वाचन को अवैध ठहराया। इस फ़ैसले का मतलब यह भी था कि वह अगले छह सालों तक न तो चुनाव में हिस्सा लेकर संसद पहुंच सकती थीं, और न ही किसी पद पर रह सकती थीं, यानी कि उन्हें प्रधानमंत्री के पद से इस्तीफ़ा भी देना पड़ता।

इसी के साथ, श्रीमती गाँधी को एक और राजनीतिक धक्का लगा जब 13 जून को गुजरात विधान सभा के नतीजे आए। विपक्ष में रहे जनता फ्रंट ने 87 सीटों पर जीत दर्ज़ की थी, जबकि 182 सीट की विधानसभा में कांग्रेस को कुल 75 सीटें ही मिली थीं।

घटनाक्रम में अब तेज़ी आ रही थी। 25 जून, 1975 को दिल्ली में एक रैली को संबोधित करते हुए जे. पी. ने 29 जुलाई से एक सप्ताह तक लोगों को अपने साथ जोड़ कर सक्रिय बनाने और सविनय अवज्ञा का देशव्यापी अभियान चलाने की घोषणा की ताकि श्रीमती इंदिरा गाँधी को इस्तीफ़ा देने के लिए मजबूर किया जा सके। यह अभियान हज़ारों कार्यकर्ताओं द्वारा प्रधानमंत्री आवास के घेराव के साथ ख़त्म होना था। रैली में लोगों को संबोधित करते हुए जे. पी. ने जनता से अपील की कि सरकार के लिए अपना कामकाज चलाना असंभव बना दें, और एक बार फिर सशस्त्र सेनाओं, पुलिस और सरकारी कर्मचारियों से ऐसे किसी भी आदेश को मानने से इनकार करने की अपील की जो उन्हें 'अवैध' या असंवैधानिक' लगे।

इसपर श्रीमती गाँधी की प्रतिक्रिया तर्कसंगत नहीं थी, उनसे गंभीर राजनीतिक चूक हो गई थी। हालात के दबाव में, ग़लत राय-मशविरा लेकर उन्होंने 26 जून 1975 को 'आपातकाल' लागू कर दिया। इससे भी बुरा आगे होने वाला था, सारे के सारे विपक्ष को गिरफ़्तार कर लिया गया। इस चालाकी भरी चाल से सब सन्न रह गए, जड़वत स्थिर।

लेकिन दुःखद है कि तब, देश तानाशाही जैसी निरंकुशता के रास्ते पर चल पड़ा था और इस झूठे आपातकाल के दौरान बहुत ज़्यादतियां हुईं। लेकिन 1977 में देश भर में हुए चुनाव ज़्यादती में नहीं आते। इन चुनावों में कांग्रेस की भारी हार हुई, यहां तक कि ख़ुद श्रीमती इंदिरा गाँधी की भी। तब भारत में पहली ग़ैर कांग्रेसी सरकार को पद और गोपनीयता की शपथ दिलाई गई।

जनता पार्टी की सरकार की उम्र ज़्यादा लंबी नहीं थी, उसमें अंदर ही अंदर

1947 : पाकिस्तान के रास्ते में (स्रोत : गेट्टी इमेजिज़)

1947 : पाकिस्तान जाने वाली रेलगाड़ियों में भरे हुए शरणार्थी (स्रोत : गेट्टी इमेजिज़

1947 : बंटवारे की त्रासदी (स्रोत : गेट्टी इमेजिज़

1962 : आसाम राइफल्स के सैनिकों के परिवार (स्रोत : गेट्टी इमेजिज़)

1965 : राजस्थान सशस्त्र पुलिस बल जैसलमेर में ऊंटों पर गश्त करते हुए (स्रोत : गेट्टी इमेजिज़)

1965 : रक्षा मुख्यालय में जनरल जे. एन. चौधरी और एयर मार्शल अर्जन सिंह (स्रोत : गेट्टी इमेजिज़)

1971 : जनरल मानेक शॉ सैनिक टुकड़ी के साथ (स्रोत : हिन्दुस्तान टाइम्स)

1971 : डोगरा रेजिमेंट द्वारा ज़ब्त हथियार (स्रोत : हिन्दुस्तान टाइम्स)

1971 : मुक्तिबाहिनी – सच्चे मुक्तिदाता (स्रोत : गेट्टी इमेजिज़)

1971 : परेड की प्रतीक्षा में (स्रोत : हिन्दुस्तान टाइम्स)

1999 : कारगिल क्षेत्र में भारतीय सैनिक (स्रोत : गेट्टी इमेजिज़)

1999 : कारगिल युद्ध में बोफोर्स तोपों का खूब प्रयोग हुआ (स्रोत : गेट्टी इमेजिज़)

1999 : कारगिल – युद्ध का धुआं और धुंध (स्रोत : हिन्दुस्तान टाइम्स)

आपसी अंतरविरोध जो था। नतीजतन, जब 1980 में अगले चुनाव करवाए गए, तब पार्टी हार गई। कांग्रेस और श्रीमती गाँधी फिर सत्ता में आ गए। यहां से हम आगे उभरने वाले मुद्दों की पड़ताल करेंगे।

अनेक विद्रोहों की भूमि

इस बात पर ज़ोर देकर कहा जा सकता है कि अस्सी के इस दशक की पहचान यह थी कि इसमें भारत में अबतक सोये पड़े कई विद्रोह इस दौरान उभरकर सामने आए—असम, पंजाब, जम्मू और कश्मीर, और दूर दक्षिण में श्रीलंका में एल. टी. टी. ई. लिट्टे—लिबरेशन टाइगर्स ऑफ़ तमिल ईलम। खेद की बात है कि श्रीमती गाँधी ने इनमें से किसी को भी ठीक से नहीं संभाला। ज़ाहिर है, इसकी उन्हें क़ीमत चुकानी पड़ी, लेकिन ज़्यादा गंभीर बात यह है कि इसकी कीमत का बोझ भारत को झेलना पड़ा।

पड़ोसी बांग्लादेश से बेरोकटोक आने वाले अवैध प्रवासियों की भीड़ के आगे असमिया पहचान बनाए रखने के असम में छात्र आंदोलन (1980-1983) को बेरहमी से दबा दिया गया। इसने उल्फ़ा, यानी युनाइटेड लिबरेशन फ्रंट ऑफ़ असम, और बोडो जैसे कुछ दूसरे छोटे गुटों के रूप में अलगाववाद के ज़्यादा उग्र रूप को जन्म दिया। इनसे मुक़ाबला करने के लिए सेना को तैनात करना पड़ा।

जब असम को सुन्न करके शांति बहाल की जा रही थी, उधर पंजाब में 1983 में उबलते हुए विद्रोह में उफान आ गया। स्वर्ण मंदिर पर सशस्त्र हमला, ऑपरेशन ब्लू स्टार, अगले ही साल हुआ। 1984 में श्रीमती गाँधी खुद घृणित घात की शिकार हो गईं, पहली भारतीय प्रधानमंत्री जिसकी इस तरह जान गई। तकरीबन उसी दौर में कश्मीर घाटी में बाग़ी तेवर का मौसम फिर आ गया, जो कि जम्मू और कश्मीर में विधान सभा के चुनाव होने पर, काफ़ी हद तक ख़त्म हुआ।

कांग्रेस की सत्ता में वापसी के इस दौर में कई ऐसे वाकये हुए जिन्होंने भारत की घरेलू राजनीति पर ज़बरदस्त असर डाला। हमारा प्रयास उन सब की विस्तृत व्याख्या करने का नहीं है। यहां हमारा काम अंतरराष्ट्रीय हलचलों पर टिप्पणी करने का भी नहीं है : जैसे अफ़ग़ानिस्तान में सॉव्र क्रांति और उस देश पर सोवियत फ़ौज की चढ़ाई, एक ऐसी घटना जिसने हमारे राष्ट्रीय हितों पर कई दशक तक असर डाला, बल्कि सच तो यह है कि यह असर अब भी है।

मेरा ध्यान मुख्य रूप से तीन क्षेत्रों में हुए बदलावों पर है : असम में अवैध प्रवासियों के विरोध में आंदोलन, पंजाब में सेना की कार्रवाई और श्रीलंका में आई. पी. के. एफ़. भेजने का दुर्भाग्यपूर्ण जोखिम। इनमें से हरेक ने शासन व्यवस्था चलाने के हमारे तौर-तरीकों को चुनौती दी, और तमाम मुश्किलों पर हमारी प्रतिक्रिया और ठोस समझदारी के साथ, वृहतर राष्ट्रीय हितों पर आंच न आने देते हुए, उनसे निपटने में सरकार की कुशलता को आंकने में मदद की।

इसी दौर में एक और घटना घटी जिसके दूरगामी परिणाम सामने आते रहे हैं, और वह था जम्मू और कश्मीर में 1983 का चुनाव। यहां हम इसका ज़िक्र तो करेंगे, पर गहराई में जाकर उसका विश्लेषण नहीं करेंगे।

असम और हमारा पूर्वोत्तर क्षेत्र

यहां सबसे महत्त्वपूर्ण सामाजिक-राजनीतिक मुद्दा रहा है अवैध प्रवासियों की समस्या। इसकी शुरुआत ब्रिटिश शासन के दौरान चाय उद्योग में जनजातीय श्रमिकों को काम पर लगाने से हुई थी, जो आज तक जारी है। ज़रा जानिये कि फ़ील्ड मार्शल वेवेल ने इस विषय पर 22 दिसंबर 1943 को क्या कहा था : ''मुख्य राजनीतिक समस्या है मुस्लिम मंत्रियों की यह इच्छा कि ये प्रवासी 'अधिक अन्न पैदा करो' योजना के तहत ऐसी सरकारी ज़मीन पर काम करने के लिए आते रहें, जिसपर हल नहीं चला है। लेकिन इसके पीछे वास्तव में उनकी जो मंशा होती है, वह है : 'अधिक मुस्लिम पैदा करो।' [2]

1947 में भारत का विभाजन, बांग्लादेश का युद्ध और उसके पहले के बरसों से चली आ रही समस्याओं ने एक साथ मिलकर इस ''मूक आक्रमण'' में योगदान दिया है। जिस चिंगारी से इस मुद्दे में आग लगी वह वैसे तो असम के मंगलदोई संसदीय निर्वाचन क्षेत्र में 1979 के उप-चुनाव जैसी मामूली बात थी। निर्वाचन सूचियों में अनियमितताओं की जांच की गई तो ग़ैरकानूनी रूप से जुड़े 40,000 नाम निकले, जिन्हें अवैध रूप से आकर रह रहे प्रवासियों के नाम माना जा रहा था। अचानक, असम और उत्तर पूर्व के हमारे 'भूले-बिसरे सरहदी इलाके' चर्चा के केंद्र में आकर सबसे बड़ी फ़िक्र का मुद्दा बन गए। तब ये इस बात की बढ़िया मिसाल बने हुए हैं कि हमने एक राष्ट्र के तौर पर इस संदर्भ में राष्ट्रीयवाद और 'राष्ट्रीयता' के चुनौतीपूर्ण काम को कैसे अंजाम दिया। अगर देखा जाए तो, मूलतः सभी राजनीतिक विचार क्या किसी न किसी रूप में संघर्ष के संदर्भ में ही नहीं होते? यानी कि, सिर्फ़ इसी संदर्भ में उनका बोध होना उपयुक्त है।

अब हम ज़रा पल भर के लिए ठहरकर यह विचार करें कि किस तरह इस क्षेत्र को प्रभावित करने वाले तमाम तत्वों का प्रवाह इस क्षेत्र में हुआ। इनके साथ और ज़्यादा लोग आए, लेकिन पहले सामान्यतः, वह विकसित होते समाज के ताप में सारे के सारे पिघलकर एक सांचे में ढलते गए। लेकिन यह रूपांतरण केवल एक हद तक हुआ, इतिहास के उस बिंदु तक, जिसे परिभाषित भी किया जा सकता है। फिर बाहर से आने वाले इन प्रवासियों का आपस में मिलकर एक हो जाना थम गया, जिससे समाज विकास क्रम में आगे बढ़ने के बजाय विखंडित होने लगा और जीवन का अस्तित्व टुकड़ों-टुकड़ों में बंट गया। इस पहलू पर अकसर टिप्पणियां की जाती हैं। यह एक ऐसी समस्या है जो सारे उत्तर-पूर्वी क्षेत्र में व्याप्त है। ''भूमिक्षेत्र का व्यापक फैलाव और अपेक्षाकृत विरल जनसंख्या के चलते इस क्षेत्र में प्राकृतिक

जनसंख्या वृद्धि का स्वाभाविक सामंजस्य बैठना कठिन नहीं था, बशर्ते बाहर से लोग बेरोकटोक आकर यहां बसते न रहते।''[3] जैसा कि नोबेल पुरस्कार विजेता अर्थशास्त्री प्रोफ़ेसर विलियम आर्थर लुइस ने कहा है–''प्रवास से पैदा होने वाली राजनीतिक कठिनाइयां वास्तव में आसानी से हल नहीं होतीं, अगर प्रवासी उस देश-समाज में समाहित न होने की ठान लें, या फिर जिस देश से उन्होंने प्रवास किया है, वे उन स्वायत्त देशों के घरेलू मामलों में दखलअंदाज़ी करते रहें जहां उसके लोग जा बसे हैं।''[4]

जोरहाट के कृषि विश्वविद्यालय के डॉक्टर पी. सी. गोस्वामी ने इसे और भी विस्तार से समझाने के लिए यह कहा है, 'यह स्पष्ट है कि शिकायत की बात वास्तव में है...ख़ासतौर से तब जब प्रवासियों को बांग्लादेश जैसे देश से संरक्षण मिलता हो, और उसके पीछे असम के राजनीतिक और सांस्कृतिक स्वरूप पर अपना प्रभाव जमाने की नीयत हो।'[5]

यह समस्या कितनी बड़ी है इसे समझने के लिए भारत सरकार के जनसंख्या निदेशालय से जारी जानकारी पर आधारित सिर्फ़ यह तालिका ही काफ़ी है। इसमें 1901 से 1971 के बीच, यानी सत्तर साल के दौरान कुछ राज्यों की जनसंख्या की वृद्धि दर दिखाई गई है।

संपूर्ण भारत	130%
असम	345%
मेघालय	197%
मिज़ोरम	303%
नागालैंड	238%
मणिपर	277%
त्रिपुरा	798%

(*सूचना स्रोत* : सेंसस ऑफ़ इंडिया रिपोर्ट्स)

संभवतः इसमें जनजातियों की जनसंख्या वृद्धि की बाकी जनसंख्या से तुलना भी करनी चाहिए क्योंकि त्रिपुरा में इसका सीधा संबंध वहां के लोगों की 'पहचान' से जुड़ा है। त्रिपुरा में मूलतः 71 प्रतिशत जनजातीय जनसंख्या थी, लेकिन पिछले 70 वर्षों में राज्य की जनसंख्या में 800 प्रतिशत की बढ़ोतरी हुई और इस प्रक्रिया में मूल जनजातियों की आबादी इतनी कम रह गई कि अब लगभग इतनी कम हो गई है जिसकी गिनती अब महत्त्वहीन हो गई है। इसमें कोई संदेह नहीं कि यह स्थिति प्रवासियों के लगातार यहां आकर बसने से हुई है। आइये, असम में 1901 से 1971 के बीच हुई जनगणना के नतीजों पर एक नज़र डालते हैं :

	जनसंख्या (लाख में)		दस वर्षीय अंतर अनुपात	
	असम	भारत	असम	भारत
1901	33	23.83		
1911	38	25.20	17.0	5.8
1921	46	23.12	20.5	0.3
1931	56	27.89	19.9	11.0
1941	67	31.35	20.4	14.2
1951	80	36.10	19.9	13.3
1961	108	43.91	35.0	21.6
1971	146	54.71	35.0	24.8

(*सूचना स्रोत* : सेंसस रिपोर्ट् ऑफ़ इंडिया)

ऊंची विकास दर की वजह से समूचे उत्तर पूर्व में बहुत जटिल समस्याएं पैदा हो गई हैं, और जोरहाट कृषि विश्वविद्यालय के डॉक्टर पी. डी. सैकिया ने उन्हें सारगर्भित रूप में पेश किया है। सबसे पहली समस्या है, स्थानीय लोगों के सामाजिक और सांस्कृतिक पहचान के क्षय का ख़तरा, जो कि स्वाभाविक भी है। ऐसा विकास आख़िरकार अर्थव्यवस्था को प्रभावित करता है; ख़ासतौर पर पहाड़ी इलाकों में, जहां भूमि के लोगों का भार सहने की शक्ति जल्दी चुक जाती है; व्यापार-वाणिज्य में प्रतिस्पर्धा बराबरी की नहीं रहती, जिससे भूमि विखंडन होता जाता है और काफ़ी किसान भूमिहीनता पर या उसके आसेपास पहुंच जाते हैं, जिससे ग़रीबी बढ़ती है, क्योंकि बाहर से आकर बसने वाला प्रवासी लगभग हमेशा ही ज़्यादा मेहनतकश होता है। नतीजतन, वह मेहनत करके बेहतर आर्थिक स्थिति में जल्दी पहुंच जाता है, जबकि मूल निवासी को भूमिहीनों की श्रेणी में धकेल दिया जाता है।

समूचे उत्तर पूर्व में अर्थव्यवस्था की कसौटी सबसे पहले ज़मीन ही है, नौकरी और उद्योग उसके बाद ही आते हैं। असम में आज किसान के पास औसत ज़मीन बाकी देश के किसानों के मुकाबले में सबसे कम रह गई है। 'आशंका है कि अकेले असम में ही पचास लाख ग्रामीण भूमिहीन हो सकते हैं।'[6] इस संदर्भ में हमें यह समझना चाहिए कि सारे देश भर में, हमारी सामाजिक व्यवस्था में भूमि के स्वामित्व की आर्थिक श्रेणी ही नहीं है, बल्कि ज़मीन होने से सामाजिक स्तर पर भी फ़र्क पड़ता है। हमारे सामाजिक ढांचे में ज़मीन के मालिक का दर्जा ज़्यादा ऊंचा होता है, चाहे ज़मीन कितनी भी छोटी क्यों न हो। आर्थिक और सामाजिक पहचान का यही मेल है जिसकी वजह से नागरिकों की पहचान बनाए रखने में भूमि इतनी महत्त्वपूर्ण है। इस क्षेत्र में एक-जगह से दूसरी जगह की दूरियां, सड़क,

रेल, और ऐसी ही दूसरी ज़रूरी चीज़ें भी उत्तर पूर्व के सवाल से बहुत क़रीब से जुड़ी हैं, जिन्हें हम आमतौर पर इतनी गंभीरता से नहीं लेते।

तीन और बातें हैं जिनका ज़िक्र करना ज़रूरी है। वह है, 'विभंजन यानी अलगाव का भाव,' 'छोटापन', और शायद इन सबसे ज़्यादा ज़रूरी 'युवा, शिक्षा और बेरोज़गारी।' विभंजन से यहां तात्पर्य है सारे उत्तर पूर्व को आज़ादी के बाद से ही लगातार एक संपूर्ण क्षेत्र में से छोटी-छोटी इकाइयां पैदा होने का सिलसिला चला आ रहा है।

दूसरी बातों के अलावा, 'दूरी' से क्या फ़र्क पड़ता है इसे समझने के लिए सबसे अच्छा उदाहरण है मिज़ोरम। प्रशासनिक अधिकारी वर्ग के परवाह न करने वाले रवैये के साथ दूरी ही दरअसल वह कारक है जिसकी वजह से मिज़ोरम के लोगों में अलग-थलग होने की भावना घर कर गई है। हमने 1960 के दशक के आवर्ती अकाल के समय जो कुछ किया वह शायद उस इलाके में सेना की तैनाती की ज़रूरत पैदा होने के पीछे का अकेला सबसे बड़ा कारण था। जिस उदाहरण को उस समय अपनाया गया था, वह मलेशिया का था, जिसे सोचकर भी उलझन होती है। क्योंकि उससे कोई हल नहीं निकल सका। इसके तहत पहले तो हर किसी को अपनी जगह छोड़ कहीं और जाने की मनाही थी, और बाद में लोगों को आघात लगा जब गांव के गांव एक जगह से दूसरी जगह ले जाकर बसाए गए, और इस प्रक्रिया को 'शांति' समझकर बड़ी भूल की गई। राष्ट्र निर्माण में आने वाली चुनौतियों से निपटने के तरीकों की हमारे पास इतनी कमी है, कि इस मामले में हमारी ग़रीबी का असर उस इलाके पर भी ख़ूब पड़ा, और वही विनाशकारी सिलसिला आज भी चला आ रहा है।

संसद में इस सारे इलाके से 25 से भी कम सदस्य आते हैं। संसदीय गणित के तर्क के अनुसार यह तथ्य उत्तर पूर्व को हमसे दूरी बनाने को प्रेरित करता है जिससे यह इलाका 'भूले-बिसरे सीमांत क्षेत्र' का रूप लेता जा रहा है। और जब हम इन्हीं कारणों से पैदा होने वाली चुनौतियों का सामना करते हैं, तो उनसे निपटने के लिए हम ''आंतरिक उपनिवेश'' वाला रवैया अपना लेते हैं। हम सेना को वहां तैनात कर देते हैं, अनुच्छेद 356 का सहारा लेते हैं, हम दिल्ली की 'इच्छा' को लागू करने के लिए 'भरोसेमंद' अधिकारियों को वहां भेजते हैं। और, इसके बाद हम 'राष्ट्रीय एकता' की उम्मीद करते हैं, जबकि हम ख़ुद मूलभूत सत्यनिष्ठा का भी परिचय नहीं दे पाते। हम बात करते हैं राष्ट्र के जनजीवन की 'मुख्यधारा' में शामिल होने की, जबकि वह 'धारा' महज़ राजनीतिक अवसरवाद के गंदे, प्रदूषित और लगभग थमे हुए नाले में तब्दील हो चुकी है।

इस समूचे क्षेत्र के लिए यह ज़रूरी है कि उत्तर पूर्व के अलग-अलग इलाकों को एक सूत्र में पिरोने में ब्रह्मपुत्र घाटी की भूमिका के महत्त्व को समझा जाए। संकीर्ण दलगत लाभ के लिए हमने पहले तो उत्तर पूर्व के कलेजे में आग लगा दी और फिर उसे बुझाने के लिए किसी को रास न आने वाले मनमाने तरीके

अपनाते हैं। मुझ पर अकसर यह मानने के लिए दबाव बनने लगता है कि, भारतीय संदर्भ में, मौजूदा राजनीतिक व्यवस्था की मौजूदगी में किसी राजनीतिक माध्यम के बिना राष्ट्रीय एकता का लक्ष्य हासिल करना ही राष्ट्रवाद और राष्ट्रीयता की समस्या है। एक-दूसरे से टकराते राजनीतिक दायित्वों और व्यक्तिगत स्वतंत्रता के भाव के बीच तालमेल बैठाते हुए इस क्षेत्र में दिखाई देने वाली जनजातीय पहचान को स्वीकारने की ज़रूरत है। आख़िरकार, लोकतंत्र भी एक तरह से विशेषाधिकार का ही तो विस्तार है। यह वह प्रक्रिया है जिसके तहत 'विशेषाधिकार' सभी हिस्सेदारों में बंट जाता है, अगर पूरी तरह बराबरी से न सही, तो कम से कम 'आवश्यक न्याय' की सोच के साथ। क्या हम यह सब कर सकते हैं?

(टिप्पणी : 1982-83 का असम आंदोलन, 'असम समझौता' या ऑल असम स्टूडेंट्स यूनियन की सरकार, और उसके बाद बार-बार कांग्रेस का शासन, इन पर जानबूझ कर टिप्पणी नहीं की गई है, क्योंकि यह मूलभूत चुनौतियों के सकारात्मक हल न होकर ऐसे विकल्प मात्र है जिन्हें लोगों ने कुछ और बेहतर न होने की वजह से स्वीकार किया हुआ है।)

पंजाब : अग्नि परीक्षा

असम और पूर्वोत्तर के राज्यों की तरह, पंजाब में भी कई बड़े सफल चुनाव हुए। आज भी वहां एक स्थिर और लोकप्रिय सरकार है। यहां जिन बातों को साझा करना है, वह हैं पंजाब की पीड़ा से जुड़ी यादें, और उसकी अग्नि परीक्षा, ताकि हम फिर कभी ऐसी ग़लती न दोहराएं।

1980 के दशक में, एक कार्यक्रम में, एक संगोष्ठी के समापन के समय बोलते हुए, लोकसेवा का वर्षों का अनुभव रखने वाले पी. एन. हक्सर ने यह बातें इन शब्दों में कही—"इसमें कोई शक नहीं कि हमने आज़ादी की लड़ाई के दौरान अपनी साफ़ नज़र आने वाली विभिन्नताओं के बीच भी एकता और आपसी मेल-मिलाप की समझ को बनाकर रखने में कामयाबी हासिल की। इस उपलब्धि की वजह से यह भ्रम भी पैदा हुआ, यह भ्रम कि अब हम अपने चप्पू चलाना बंद कर सकते हैं। पहले असम, और अब पंजाब की घटनाएं हमारा मज़ाक उड़ाती हैं। हम बार-बार 'अनेकता में एकता' के विषय में अकसर बात करते रहे हैं और इसे कितने नीरस तरीके से दोहराते रहे हैं कि उसके मायने और अहमियत कहीं खो चुके हैं।"

उन्होंने आगे कहा, "ऐसी घटनाएं घटीं जिनमें ख़ून बहा, लेकिन समस्या फिर भी बनी रही। आज असम बंटा और भटका हुआ है। वहां जो शांति छाई है, उसमें बेचैनी है। विवेक, न्याय और कानून के आधार पर हल निकालने की अब भी ज़रूरत है।"[7] और पंजाब का क्या? अचानक मेरे मन में आया कि अगर 1983 को असम के वर्ष के रूप में याद किया जाता है तो 1984 को ज़रूर पंजाब के वर्ष के तौर पर याद किया जाना चाहिए। सच तो यह है, कि पंजाब में, 1984

में हालात बदतर से भी ज़्यादा बेकार हो गए थे।

उस दौरान मुसीबत से घिरे पंजाब राज्य में, अस्सी के दशक के शुरुआती दौर में घटनाओं ने जिस तरह मोड़ लिया उसे सिर्फ़ 'सामूहिक अविवेक का हमला' कहा जा सकता है। इसका बीज तब बोया गया था जब एकजरनैल सिंह भिंडरांवाले को अकालियों के विरोध में खड़ा करने के लिए अपना लिया गया था। कुछ का कहना है ज्ञानी ज़ैल सिंह और कांग्रेस ने मिलकर अपनाया था भिंडरांवाले को। तबाही के रास्ते पर तेज़ी से चलते हुए इस स्वयंभू संत ने 'धर्म-युद्ध मोर्चा' खोल दिया। इसी 'धर्म-युद्ध मोर्चे' के पहले चरण में ही संत प्रख्यात हो गए। उनके बारे में उन दिनों कांग्रेस के महासचिव रहे राजीव गाँधी ने यह कहकर समझदारी दिखाई थी कि यह संत वास्तव में "राजनीतिक नेता नहीं है," बल्कि वह "धार्मिक" किस्म के हैं।[8] इस विवाद को फिर से मुर्दे से ज़िंदा करना बेकार है, सिवाय यह साबित करने के कि हमारी सरकार ने पंजाब के लोगों की समस्याओं की तरफ़ से आंखें मूंदकर कितना ग़ैर-ज़िम्मेदाराना रवैया अपना रखा था।

संतजरनैल सिंह भिंडरांवाले को, बम्बई और राजधानी दिल्ली समेत देश के विभिन्न हिस्सों में जाने की इजाज़त दी गई। दिल्ली में जहां उनके अनुयायियों और एक निरंकारी संत के मानने वालों के बीच हथियारबंद झड़पें हो रही थीं, और उनकी गिरफ़्तारी के लिए वॉरंट भी कटा हुआ था। जोश से भरे, वह अपने हथियारबंद सुरक्षा कर्मियों के साथ दिल्ली आए, जैसे कोई मध्ययुगीन जागीरदार अपनी शर्तों पर राजधानी आकर एहसान कर रहे हैं। बड़ी-बड़ी डींग हांकते हुए घोषणाएं की गईं और फिर उन्हें आकाशवाणी और दूरदर्शन के ज़रिये जन-जन तक पहुंचाया गया कि भारत सरकार ने उनकी गिरफ़्तारी के आदेश जारी कर दिए हैं। हम तब यही सोचते थे–'यह ख़बर कैसे आई?' और दिल्ली आने के बाद संत भिंडरांवाले उस समय की हरियाणा सरकार की मिलीभगत से बिना किसी छेड़छाड़ के अमृतसर के मेहता चौक में अपनी मांद में जा पहुंचे और फिर हर किसी की पहुंच से परे, बिना गिरफ़्तारी के वहीं रहे जब तक कि उन्होंने वास्तव में अपनी गिरफ़्तारी की शर्तों पर बातचीत करके सबकुछ तय नहीं कर लिया।

जब यह सब हो रहा था, देश में यह धारणा बन रही थी कि पंजाब में जो हुक्मनामा चलता है वहजरनैल सिंह भिंडरांवाले का है, न कि पंजाब सरकार का, और ज़ाहिर है, भारत सरकार का तो बिलकुल भी नहीं। हरमंदर साहिब की चारदीवारी के अंदर पुलिस के एक डिप्टी इंस्पेक्टर जनरल ए. एस. अटवाल की जान गई थी, और उनका शव मंदिर के बाहर फेंक दिया गया, जहां वह घंटों पड़ा रहा और इस दौरान सरकार को यह सोचते हुए लकवा मार गया कि अब अगला क़दम क्या होना चाहिए। तब हमारे सरोकार मुख्य रूप से यह तय करने से जुड़े थे कि उस समय के पंजाब के मुख्यमंत्री दरबारा सिंह की कोशिशों को तब केंद्रीय मंत्रिमंडल में गृहमंत्री ज्ञानी ज़ैल सिंह ने नाकाम कर दिया था। अब जब पीछे मुड़कर देखते हैं, तो यह कितना बड़ा गुनाह लगता है। 'धर्म-युद्ध मोर्चे' के दौर से 1982 में

हुए एशियाड की नाकामी के बीच का दौर पहला चरण है।

क्या अब किसी को याद है कि 1982 में एशियाड के दौरान हम कितने बेकार ढंग से पेश आए थे? इस 'हम,' यानी द्वितीय पुरुष बहुवचन में हम सब शामिल हैं; ख़ासतौर से भारत सरकार और उस समय की हरियाणा सरकार। 'हम' इसलिए क्योंकि हममें से ज़्यादा लोगों ने विरोध नहीं किया था जब सिखों का अपमान किया जा रहा था, क्योंकि हम चाहते थे कि एशियाड का तमाशा बिना किसी रुकावट के जारी रहे। उस समय दिल्ली की ओर आने वाले सारे रास्तों पर उस शख़्स को आहत कर देने वाला अपमान सहना पड़ा था, जिसके दाढ़ी थी। अपने ज़माने में उत्कृष्ट काम करने वाले बुजुर्ग पूर्व सैनिक जिन्होंने देश को घटिया किस्म के, झूठमूठ में ही सिद्धांतवादी बनने वाले किसी भी नेता से कहीं ज़्यादा दिया है, उन्हें हरियाणा के रूखे चापलूस पुलिसवालों के हाथों असहनीय अपमान झेलना पड़ा। मैं खुद भौचक्का रह गया जब उस समय के रक्षामंत्री ने व्यंग्यात्मक लहजे में शेख़ी बघारते हुए सबको सूचित किया था कि उन्होंने उद्घाटन समारोह के समय वायुसेना के हेलिकॉप्टरों को स्टेडियम के ऊपर मंडराते रहने के आदेश दे दिए हैं। और वह उस एयर चीफ़ मार्शल से कितना खुश थे जो एक सिख जैसा व्यवहार नहीं कर रहा था, सिर्फ़ फ़ौज की नौकरी कर रहा था, और दोनों के फ़र्क को जो नहीं समझता, उसे समझाया भी नहीं जा सकता।

'एशियाड' से 'ब्लू स्टार' के बीच के दौर में, यह याद रखना ज़रूरी है कि पंजाब में सरदार दरबारा सिंह की कांग्रेसी सरकार को बरखास्त करके राष्ट्रपति शासन लागू कर दिया गया था। वजह थी–बस हत्याकांडों में से पहले में, 6 अक्तूबर, 1983 को बस से सफ़र कर रहे छह लोगों को मार दिया गया था। अब वह कार्रवाई कितनी करुणाजनक और अधूरी, और कितनी अनुचित लगती हैं। अगर छह लोगों की जान की कीमत सरदार दरबारा सिंह को इसी तरह चुकानी थी, तो उस वाकये के बाद मरने वाले कई हज़ारों लोगों की मौत के लिए किसने, और कैसे कीमत अदा की?

ऑपरेशन ब्लूस्टार एक ऐसी सरकार का काम था जिसे और कुछ सूझ ही नहीं रहा था, और जो हताशा में काम कर रही थी। मैंने तब भी इस भूमिका में सेना को लगाने का विरोध किया था। जहां जितना ज़्यादा ज़ोरदार तरीके से अपनी बात रखी जा सकती थी, मैंने रखी। मैंने सरकार और दूसरे राजनीतिक सहयोगियों को बिना सोचे-समझे इस तरह का क़दम उठाने के ख़िलाफ़ आगाह भी किया था। ऑपरेशन ब्लूस्टार के दो-तीन दिन बाद ही मैं व्यक्तिगत रूप से हरमंदिर साहिब में मत्था टेकने गया। तब उसके बारे में *इंडियन एक्सप्रेस* में मैंने लिखा भी। मैंने लिखा था–'एक ग़ैर पंजाबी, और ग़ैर सिख के लिए ऐसे समय में हरमंदिर साहिब की यात्रा करना एक किस्म से प्रायश्चित जैसा है। हमारे देश में कुछ बहुत बुरा हुआ है...'[9] तब भी मैंने गुज़ारिश की थी, 'अब वक़्त आ गया है कि इस सब पर पूरी तरह रोक लगाई जाए।' राष्ट्र के सिर्फ़ इसलिए टुकड़े-टुकड़े नहीं होने दिए

जा सकते क्योंकि हम अपने ठहरे हुए संकीर्ण विचारों और चुनावी लाभ के खोखले गणित की उलझन में फंसे हुए हैं।' इस अध्याय के परिशिष्ट 4 के रूप में मैं वह पूरा लेख दे रहा हूं।

मैं ये बातें दोहरा रहा हूं, इसलिए नहीं क्योंकि ऐसा करने से कोई संतुष्टि मिलती है, बल्कि इस बात पर ज़ोर देने, और बार-बार ज़ोर देने के लिए कि पंजाब को लेकर उस वक़्त हमारी सोच को क्या हो गया था। कितने विचारशून्य हो गए थे हम। और पंजाब जैसे नरक सा बन गया था, उसमें हम किस तरह धीरे-धीरे नीचे उतरते चले जा रहे थे, उसकी भी तस्वीर पेश करनी है। और यह भी कि यह 'ऑपरेशन ब्लूस्टार' के बाद 'ऑपरेशन वुडरोज़' होना ही चाहिए था, जिसपर बहुत कम टिप्पणी की गई हैं।

इस सब का दुःखद और डरावना नतीजा सामने आया 31 अक्तूबर, 1984 को जब विश्वासघात की घृणित करतूत को अंजाम देते हुए प्रधानमंत्री के दो सिख अंगरक्षक, जिन्हें उनकी रक्षा की ज़िम्मेदारी सौंपी गई थी, उन्होंने उन्हीं के घर में उनकी हत्या कर दी। विश्वासघात का यह कृत्य, जो गुरु नानक के अनुयायियों को शोभा नहीं देता, और न ही उन्हें जिन्हें गुरु ग्रंथ साहिब की ओर से कमज़ोर की रक्षा करने का आदेश था। यहां, इस मौके पर, जब जिस बात की सबसे ज़्यादा ज़रूरत थी वह था नेतृत्व, शासन कौशल, भड़के हुए गुस्से को क़ाबू में रखने, और समाज में घटिया दर्जे के तत्वों पर नियंत्रण रखने की, लेकिन सत्ताधारी दल की प्रतिक्रिया यह थी कि राजधानी और उत्तरी भारत के बड़े हिस्सों में बेहद क्रूर और सुनियोजित तरीके से दंगे होते रहे, जिसमें समाज के सिर्फ़ एक वर्ग को निशाना बनाया जाता रहा। इसका नतीजा सिर्फ़ कई हज़ार लोगों के जीवन की अक्षम्य हानि ही नहीं है, बल्कि ज़्यादा बड़ा नुकसान यह हुआ कि भारत की राजकीय व्यवस्था के नैतिक अधिकार पर पाला पड़ गया।

और उसके बाद आयोजित हुआ अब तक का सबसे ज़्यादा सांप्रदायिक चुनाव जिसमें अख़बारों में पूरे पन्ने के विज्ञापन छपे जिनके ज़रिये, अपने देश के लिए एक किस्म की आपराधिक लापरवाही से, लोगों के मन में घुसे डर से खेला गया। तब भी मैंने एक प्रेस को दिए एक बयान में कहा था, "भारत कोई खिलौना नहीं है जिसकी कीमत पर किसी नौसिखिया प्रधानमंत्री को अपना काम सीखने की इजाज़त दी जाए।"[10] इतना ही नहीं, स्थिति का और ज़्यादा फ़ायदा उठाने के लिए हमारे तब के प्रधानमंत्री लगातार अपने राजनीतिक विरोधियों को आनंदपुर साहिब संकल्प पर अपना रवैया स्पष्ट करने के लिए ललकारते रहे, और यह सब महज़ चुनावों में बढ़त हासिल करने के उद्देश्य से, जैसे कि वोटों के ज़रिये जीत से ही सबसे ज़्यादा फ़र्क पड़ता है, भारत के भविष्य में सही-सलामत रहने से नहीं। वह इससे भी आगे निकल गए और बिना कुछ सोचे-विचारे दिल्ली में बेरहमी से की गई हत्याओं की चर्चा करने लगे, "जब बड़ा पेड़ गिरता है तो धरती हिलती है।" यह सोचे बिना कि ऐसा नहीं होता है। पेड़ के गिरने से ज़मीन नहीं कांपती,

बल्कि पेड़ तब ज़रूर उखड़ जाते हैं जब धरती हिलती है। और हमारी धरती तब कष्ट में थी, इसीलिए हलचल हुई।

ये घटनाएं हमारे पिछले कुछ दशकों के इतिहास का हिस्सा हैं—इसलिए इनकी ज़्यादा गहराई में जाने की ज़रूरत नहीं है। लेकिन अहम मील के पत्थरों को दूर से चमकने वाले रंग से रंगने की ज़रूरत होती है ताकि वे आसानी से अलग नज़र आएं। जब 26 जनवरी 1987 तक पंजाब समझौते के विस्तार क्षेत्र का पालन नहीं हुआ तो पंजाब समझौता अपने आप ही रद्द हो गया। बाउंड्री कमिशन से चौबीस घंटे में अपनी रिपोर्ट पेश करने को कहना अपने आप में एक मज़ाक है, जिसके बारे में सोचने से कष्ट होता है।

श्रीलंका में इंडियन पीस कीपिंग फोर्स, 1987-1990

यह अस्सी के इस विनाशकारी दशक की तीसरी बड़ी ग़लती है। स्वाभाविक है, एल. टी. टी. ई., लिबरेशन टाइगर्स ऑफ़ तमिल ईलम यानी लिट्टे अब तक श्रीलंका की सेना से हार चुके हैं, और भारत एक फ़ालतू तमाशबीन से ज़्यादा कुछ नहीं रहा है। श्रीलंका के तमिल और उनके हितों को लगभग भुला दिया गया है। अब हमारे पास अगर कुछ बचा है तो वह है हमारी नीतियों का मलबा, जिसके ज़रिये हम चाहें तो जांच सकते हैं कि हमने अपनी नीतियों से कैसे काम लिया। हम इसमें श्रीलंका में द्विपक्षीय शांति कायम करने यानी पीस कीपिंग या पीस इनफ़ोर्सिंग का अध्ययन करेंगे।

नीति के दो मुख्य और बहुत पुराने सहायक तत्व हैं जो इस लायक हैं कि उनकी चर्चा एक बार फिर की जा सकती है। पहला, कि यह दो प्रभुसत्ता संपन्न राष्ट्रों, भारत और श्रीलंका के बीच सैन्य सहयोग था, इसके बावजूद दोनों ने इस मामले को आंतरिक व्यवस्था कायम करने से जोड़कर देखा। इसकी मूल वजह यह है कि इस सहयोग के पीछे कोई अतिमहत्त्वाकांक्षी या किसी क्षेत्र विशेष पर कब्ज़ा करने जैसे षड्यंत्र नहीं थे। और न इसके मूल में किसी क्षेत्र विशेष से जुड़े कारक ही थे। भारत की न तो कहीं चढ़ाई करने की नीयत थी, और न ही ऐसा कुछ किया ही गया। भले ही इंडियन पीस कीपिंग फ़ोर्स यानी आई. पी. के. एफ़. का अपना नाम ही सार्थक नहीं लगता था, लेकिन उसके उद्देश्यों में कुछ हद तक यह सुनिश्चित करना भी था कि श्रीलंका में जाति और भाषा को लेकर चल रहा टकराव कहीं छलक कर साथ लगे भारतीय राज्य तमिलनाडु में न आ जाए। इसी के लिए भारतीय सेना की शक्ति को एक हल के रूप में अपनाया गया। इसलिए, हम संक्षेप में श्रीलंका में इस समस्या के उद्भव, भारत द्वारा इसके आकलन, भारतीय सेना की तैनाती, उसकी भूमिका, ज़िम्मेदारियां और उसके प्रदर्शन पर ग़ौर करेंगे, और आख़िर में, इस बात पर भी कि यह भारतीय प्रयास नाकाम क्यों हुआ।

यह समझना कठिन है कि श्रीलंका के जाफ़ना शहर में भाषाई दंगों के बाद

1983 में श्रीमती गाँधी ने कैसे, और यहां तक कि किस तर्क के आधार पर, न सिर्फ़ खुल्लमखुल्ला तमिल मुद्दे को सहारा देना शुरू किया, बल्कि वास्तव में पीछे से चुपचाप भारत की लिट्टे को मदद करने और उसे बढ़ावा देने की नीति अपनाने का निर्णय लिया। लिट्टे को हथियारबंद करने, उन्हें आर्थिक सहयोग देने, उन्हें भारतीय भूमि पर विशेष शिविर लगाकर प्रशिक्षित करने में ही आई. पी. के. एफ़. के प्रयोगों की शुरुआत का राज़ छिपा है।

वह क्या था जिसका भारत को डर था? उस समय श्रीलंका में भारत के उच्चायुक्त और बाद में देश के विदेश सचिव रहे जे. एन. दीक्षित के पास इसके जवाब में कहने को कुछ है। और उनकी बात पर भरोसा करने के पीछे कारण यह है कि और कोई आधिकारिक विवरण है ही नहीं। ''श्रीलंका में भारत की दखल ...हस्तक्षेप करके दिक्कत में फंसना सिर्फ़ इसलिए अपरिहार्य नहीं था क्योंकि अपने तमिल नागरिकों के प्रति कोलंबो की भेदभावपूर्ण और दमनकारी नीति से पैदा हुई जटिलताओं के चलते ही नहीं, बल्कि इसके पीछे भारत के अपने राष्ट्रीय सुरक्षा से जुड़े सरोकार भी थे।[11]

और फिर वही दोहराना होगा कि आंतरिक व्यवस्था भी एक कारण थी।

''ऐसा समझा जा रहा था कि अगर भारत तमिल मुद्दे का समर्थन नहीं करेगा तो श्रीलंका में तमिल आतंकवाद के ज़ोर पकड़ने और इसे लेकर जयवर्धने की सरकार की गंभीर शंकाओं को, अमरीका और पाकिस्तान, श्रीलंका में, और सामरिक रूप से संवेदनशील प्रायद्वीपीय भारत के तटीय क्षेत्रों में भारत के ख़िलाफ़ जाकर उसपर दबाव बनाने के लिए उसकी दुखती रग़ के तौर पर इस्तेमाल करेंगे।[12]

आंतरिक व्यवस्था बनाए रखने के जितने कारण बताए गए, उससे ज़्यादा थे। ''ऐसा माना जा रहा था कि अगर भारत श्रीलंका में तमिल मुद्दे पर सहयोग नहीं करेगा, और अगर भारत सरकार ने तमिलनाडु की राजनीतिक और भावनाओं पर सवाल उठाने की कोशिश की, तो भारत में फिर तमिल अलगाववाद का ज्वार आ सकता है।[13]

यह किसी दुधारी तलवार से कम नहीं था, क्योंकि ''अगर भारत जातीय और धार्मिक आधार पर अलग राष्ट्र की मांग पर मुहर लगाता, जिससे बहुजातीय, बहुधर्मी और बहुभाषी पड़ोसी देश में विघटन हो सकता था, तो पंजाब और कश्मीर में अलगाववाद की चुनौती का सामना कर रहे भारत के लिए आपनी एकता और अखंडता को बचाए रखना मुश्किल हो जाता। भारत की मंशा सिर्फ़ यह थी कि श्रीलंका के तमिलों को इतना सहारा दिया जाए कि वह जयवर्धने सरकार पर ज़रूरी दबाव बना सकें कि वह तमिलों की इच्छाओं पर ध्यान दे ताकि श्रीलंका का विखंडन न हो। भारत और श्रीलंका के बीच 1980 से 1983 के बीच हुए राजनीतिक आदान-प्रदान इस आकलन को सही ठहराते हैं।[14]

इस आकलन का परिणाम था—तमिल आतंकवाद को तमिलनाडु और केंद्र सरकार दोनों से मदद सिर्फ़ इसलिए ही नहीं मिल रही थी क्योंकि श्रीलंका के

तमिलों को सख़्त सैनिक कार्रवाई का सामना करना पड़ता था, बल्कि जयवर्धने के चुपचाप अमरीका, इज़राइल और पाकिस्तान की सैन्य गुप्तचर एजेंसियों को साथ रखने पर प्रतिक्रिया के रूप में भी। आकलन के अनुसार ये अलगाववादियों को भारत में घुसने में मदद करके भारत के लिए सामरिक संकट पैदा कर सकते थे।[15]

भारतीय नीति के घोषित उद्देश्य, जो अब तक समझ में आए हैं, उन्हें अलग पहचाना जा सकता है—श्रीलंका में तमिल अल्पसंख्यकों की रक्षा के लिए उन्हें हथियार, धन, प्रशिक्षण, आदि मुहैया कराना, लेकिन अलग राष्ट्र की मांग को बढ़ावा न देना; श्रीलंका में अमरीकी, इज़्राइली और पाकिस्तानी मौजूदगी और उनके प्रभाव को बढ़ने से रोकने की कोशिश, क्योंकि ऐसा न करना भारत के राष्ट्रीय हितों के विपरीत था। इन उद्देश्यों की पूर्ति के लिए लिट्टे को बढ़ावा देने के लिए पूरी व्यवस्था बनाई गई।

क्या यह रवैया सही था, या फिर उचित ही था? हमें इसका जवाब मिला है। "नियमों और मानदण्डों की शब्दावली और अंतरराष्ट्रीय क़ानून और नैतिकता के सिद्धांतों की भाषा में कहा जाए तो हमें ज़ाहिर है, जवाब नकारात्मक ही मिलेगा। श्रीलंका को अपनी समस्याएं ख़ुद हल करने की छूट होनी चाहिए थी। भारत को किसी भी तरह उसके मामलों में दखल नहीं देनी चाहिए थी, चाहे श्रीलंका और उसकी सरकारी नीतियां भारत के हितों को ख़तरे में ही क्यों न डाल दें। भारत को अपनी समस्याएं देश के अंदर ही काबू में करनी चाहिए थीं।[16]

लेकिन यहां कोई मत-सिद्धांत की बात नहीं, सिर्फ़ एक किस्म की नैतिकता की ही बात की जा रही है। जो भी हो, हमारा पैमाना ही सिर्फ़ घोषित उद्देश्यों के खिलाफ़ फ़ैसला होगा।

> 1984 के आख़िर के दिनों में, श्रीमती इंदिरा गांधी की हत्या (और वास्तव में सिर्फ़ यही वजह है कि उन्हें प्रधानमंत्री बनाया गया) के बाद, उनके पुत्र प्रधानमंत्री की कुर्सी पर बैठे।
>
> उन्होंने भारतीय राजनीति की निरंतरता को बनाए रखा, लेकिन कुछ महत्त्वपूर्ण बदलाव के साथ। बदलाव इस बात के कि किस बात पर ज़ोर देना है, और किस की बारीकी में जाना है।
>
> उस समय विदेश सचिव के पद पर रहे रोमेश भंडारी ने इस बदलाव पर इस तरह बयान किया—"भारत चाहता है कि श्रीलंका के लिए भारतीय नीति हो न कि तमिलनाडु नीति।"[17]

नीतियों के भारतीयकरण का मतलब शायद किसी प्रतिक्रिया का 'सैन्यकरण' ही था। क्योंकि यही था जिस बात पर ज़ोर देना है उसकी तरफ़ सार्थक झुकाव। राजीव गाँधी जो बदलाव चाहते थे, उनकी सूची यहां दे रहे हैं :

(क) भारत को श्रीलंका सरकार के तमिलों के ख़िलाफ़ सैनिक कार्यवाही

का विरोध करना चाहिए।

(ख) जयवर्धने पर 1985 और 1986 में हुई बातचीत में तय हुए हस्तांतरण पैकेज लागू करने के लिए जयवर्धने पर और ज़्यादा और सीधा राजनीतिक दबाव बनाया जाए।

(ग) अगर भारत पहले दो उद्देश्यों की प्राप्ति में सफल हो जाता है तो फिर भारत को चाहिए कि वह तमिलों को बातचीत के लिए आने को राज़ी करे।

(घ) अगर इस बातचीत में कामयाबी मिलती है और परिणामस्वरूप कुछ हल सामने आते हैं, तो भारत को इन्हें किसी न किसी उपयुक्त समझौते के तहत लागू करवाने की सीधी ज़िम्मेदारी लेनी चाहिए।

(च) मध्यस्थ होने के साथ भारत को श्रीलंका के तमिलों को वास्तव में सुरक्षा का एहसास दिलाने के लिए समझौते का ज़मानती भी बनना चाहिए, और यह भी सुनिश्चित करना चाहिए कि कोलंबो समझौते में शामिल समाधान लागू किए जाएं।[18]

यह सिर्फ़ 'सार्थक झुकाव' नहीं थे, बल्कि लिट्टे को छुपकर मदद करने की पुरानी नीति से बिलकुल अलग दिशा में जा रहे थे। अब जो कुछ तैयारी थी वह वास्तव में मामले में दखल देते हुए श्रीलंका और लिट्टे दोनों ही पर अपनी बात मानने के लिए दबाव डालते हुए, भारत के अपनी ज़िम्मेदारी पर समाधान के सुझाव लागू करवाना, उसके लिए दबाव बनाना और यह सुनिश्चित करना कि उन्हें लागू किया जाता है, इस सब की ज़िम्मेदारी भारत पर थी।

अब सवाल यह उठता है कि राजीव गाँधी इतने बड़े फ़ैसले तक पहुंचे कैसे—इस तरह, ऐसे उद्देश्य के लिए एक राष्ट्र के रूप में भारत की शक्ति को इस्तेमाल करना? बेहतरी के लिए भारत की नीतियों का बदलना आंतरिक विचार-विमर्श के उस सिलसिले का परिणाम था, जो राजीव गाँधी अपने राजनीतिक और लोकसेवा क्षेत्र से जुड़े सलाहकारों के साथ चलता था।[19]

यहां इस तथ्य का उभरकर सामने आना बहुत तकलीफ़देह है कि भारत के इस मामले में जिस तरह पड़ने की रूपरेखा की अभी चर्चा की गई है, उसे लागू करने जैसे बड़े फ़ैसले के लिए महज़ 'आंतरिक विचार-विमर्श' को आधार बनाया गया। तय नीतिगत उद्देश्यों तक पहुंचने के बाद इन्हें श्रीलंका के साथ समझौते के लागू होने पर होने वाले फ़ायदे-नुकसान के आधार पर जांचा-परखा जाता है। प्रतिक्रिया आशाजनक थी। लेकिन क्या ऐसा इसलिए था क्योंकि हर कोई फ़ैसले के बारे में पहले से ही जानता था, और सिर्फ़ हां में हां मिला दी गई?

गुप्तचर एजेंसियां, सशस्त्र बल और विदेश मंत्रालय, जिसमें उच्चायुक्त के रूप में मैं भी शामिल था, सब ने उन्हें बताया कि समझौते पर हस्ताक्षर के लिए जो क़दम उठाए जा रहे हैं वह वैध और व्यावहारिक हैं। उन्हें मेरी (जे. एन. दीक्षित की) सलाह यही थी कि अगर लिट्टे अपनी बात पर यूं ही अड़ी रहती है, दूसरे

तमिल संगठनों से मदद लेती है और जयवर्धने सरकार के साथ अपने आप ही समझौता करती है तो इस समय उसे नज़रअंदाज़ करते हुए अपने रास्ते पर आगे बढ़ना ही ठीक है। रिसर्च एंड एनालिसिस विंग (RAW) के प्रतिनिधियों ने उन्हें बताया कि क्योंकि लिट्टे समेत सभी तमिल गुटों को समझौते की व्याख्या कर दी गई है, इसलिए समझौते पर हस्ताक्षर किए जा सकते हैं। मुझे और इंटेलिजेंस ब्यूरो के मेरे सहयोगियों को जहां कहीं लिट्टे के समझौते से मुकर जाने को लेकर संदेह था, उसके जवाब के तौर पर रिसर्च ऐंड एनालिसिस विंग के प्रतिनिधियों ने राजीव गाँधी को बता दिया कि उनका लिट्टे पर इतना प्रभाव तो है ही कि एक बार प्रभाकरन वादा कर दे फिर वह लिट्टे को अपने वादे से पीछे हटने से रोक सकते हैं। उनके बोल थे–''यह वही युवा हैं जिन्हें हम पहले भी संभाल चुके हैं, और जो नतीजा होगा हम देख लेंगे।'' कुछ इसी अंदाज़ में, जब भारतीय सशस्त्र सेनाओं के लिट्टे के साथ सीधे टकराव की संभावना को लेकर सवाल उठा, और सशस्त्र बलों के श्रीलंका में आतंकवाद विरोधी अभियान और छापामार युद्ध में कूदने की संभावना की बात उठी तो तत्कालीन थल सेना प्रमुख जनरल के. सुंदरजी ने राजीव गाँधी से कहा–''इस मामले को लेकर चिंता नहीं होनी चाहिए। भारतीय सशस्त्र बल एक पखवाड़े, या तीन हफ़्ते में लिट्टे को बेअसर कर सकते हैं।'' राजीव गाँधी इन आत्मविश्वास से भरे दावों के सहारे समझौते के लिए आगे बढ़े। पेशेवर सलाहकारों से मिली सलाह के ख़िलाफ़ वह नहीं गए। उन्हें जो सलाह मिली वह ग़लत थी और जिस राजनीतिक विवेक पर यह सलाह आधारित थी, वह भी ग़लत था, इस बात को स्वीकार करने के लिए अब हमारे पास पीछे मुड़कर पूरे घटनाक्रम को देखने-समझने का मौका है।[20]

27 जुलाई 1987 के भारत-श्रीलंका समझौते को अंतिम रूप देने में जो उलझी हुई, आमतौर पर जटिल और कभी-कभी ज़ोर-ज़बरदस्ती से की गई कोशिशों का खुलासा करना इतिहासकारों का काम है। भारत में इस समझौते पर प्रतिक्रिया आंशिक रूप से बढ़-चढ़ कर झूठी तारीफ़ करने जैसी थी जब, जाहिर है कांग्रेस पार्टी ने इसे खुद अपनी तारीफ़ करने के अपने रवैये के अनुरूप ऐतिहासिक, दूरदर्शिता से भरा, मौलिक, आदि बताया। कुछ लोगों को यह भारत की महिमा और शक्ति का विस्तार करता नज़र आया। लेकिन, ज़्यादातर लोगों के लिए सारा समझौता ही पेचीदा था, जिसका लहजा ही अविश्वास से भरा और समझ से परे था। इसके बाद सरकारी अमले की तरफ़ से पूरा दम लगाकर कोशिश की गई कि इसे ऐसे पेश किया जाए जैसे यह कोई उत्तम किस्म की शासन कला का नमूना हो। यह एक ऐसा क़दम था जिससे भारत (पढ़ें राजीव गाँधी) ने बड़ी कुशलता से इसक्षेत्र में तमाम अंतरराष्ट्रीय षड़यत्रों को बेअसर कर दिया था, उपमहाद्वीप में भारत की धाक बनाए रखी थी, और इस सब के साथ आहत तमिल संवेदनशीलता की आंतरिक चिंता का समाधान कर दिया था, और इस तरह अलगाववाद की संभावना को टाल दिया था।

लेकिन श्रीलंका में आसार अच्छे नहीं लग रहे थे। कोलंबो में भारतीय प्रधानमंत्री के समझौता वार्ता की शुरुआत में ही विरोध जताने का ऐसा तरीका देखने को मिला जैसा पहले कभी नहीं देखा गया था। सम्मान गारद का निरीक्षण करते समय भारतीय प्रधानमंत्री को सलामी देने वाली टुकड़ी में 'रक्षक' के रूप में मौजूद श्रीलंका के एक सैनिक ने हमला कर दिया। ऐसा पहले कभी नहीं हुआ था, व्यक्तिगत रूप से भी; और, राष्ट्र के लिए भी अपमानजनक, यह घटना एक संदेश थी जिसमें राजनीति और रणनीति का सबक छुपा था। इस तरह, जिसे भारत में एक अहम अंतरराष्ट्रीय उपलब्धि बता कर पेश किया जा रहा था, उसकी शुरुआत शुभ नहीं थी।

कुछ ही घंटों में पहले भारतीय सैनिक श्रीलंका की धरती पर उतरने लगे। इस तरह इंडियन पीस कीपिंग फ़ोर्स यानी भारतीय शांति सेना का जन्म हुआ। तकरीबन एक ब्रिगेड के बराबर के शुरुआती सशस्त्र बल से शुरू होकर, भारतीय शांति सेना ने जल्दी ही एक पूरे कोर से भी ज़्यादा बड़ा रूप ले लिया, जिसका अलग मुख्यालय और उसके साथ चलने वाला सैनिक तामझाम और अफ़सरशाही थी।

भारतीय शांति सेना का अग्रिम दल जाफ़ना के निकट पलाली हवाई अड्डे पर 27 जुलाई 1987 को ही पहुंच चुका था। लेकिन शायद यहां इस बात का ज़िक्र करना मीन-मेख निकालने या गई बीती-सी बात करने जैसा लग सकता है, लेकिन उन लोगों के पास ढंग के नक्शे तक नहीं थे, और न ही ज़रूरत भर थे, और भारतीय फ़ौजियों को न तो खुद तमिल पढ़नी आती थी, और न ही उनके पास तमिल दुभाषिये ही थे। शुरुआत में उन्हें श्रीलंका में मिलने वाले सड़कों के मानचित्रों से काम चलाना पड़ा। अग्रिम दल में 54 डिविज़न एडवांस यूनिट थीं, जिनमें मुख्य रूप से सैपर्स और सिग्नल्स के जवान, और कुछ पैदल सैनिक भी थे। फ़ौजियों का जमावड़ा 10 अक्तूबर 1987 को 'ऑपरेशन पवन' के शुरू होने तक लगातार बढ़ता रहा।

सेना के दूसरे हिस्सों से शांति सैनिकों का पहुंचना जारी रहा—पूरे चार इनफैंट्री यानी पैदल सेना के डिविज़िन के साथ एक स्वतंत्र ब्रिगेड ग्रुप और उनके काम आने वाले तमाम हथियार और दूसरे सहयोगी तत्त्व। कुल जितने भारतीय शांति सैनिकों की तैनाती हुई, वह गिनती में पांच डिविज़न से कुछ ज़्यादा थे, और उनके साथ काम करने नौसेना और वायु सेना के दस्ते अलग। भारत ने यह दुर्भाग्यपूर्ण जोखिम उठाने की भारी कीमत चुकाई—कुल मिलाकर तक़रीबन 1230 जानें गईं और करीब 8000 घायल हुए। इंडियन पीस कीपिंग फ़ोर्स के आख़िरी दल ने, जनरल कमांडिंग ऑफ़िसर समेत त्रिंकोमाली बंदरगाह छोड़ा 30 मार्च 1990 को। और, चेन्नई लौटने पर भारतीय शांति सेना का ठीक से स्वागत भी नहीं किया गया।

अब सवाल यह है कि भारतीय शांति सेना नाकाम क्यों रही? भारतीय शांति सेना के आला अफ़सरों से मिलकर समझ में आता है कि शांति सेना को उनके मिशन के उद्देश्यों के बारे में जो दिशा-निर्देश दिए गए थे, उनकी वजह से शांति सैनिकों के हाथ बंधे हुए थे। जैसे निर्देश मिलते थे, उन्हीं के अनुसार वह अनुशासित

ढंग से कार्रवाई को अंजाम देते थे। लेकिन मेरे मन में हमेशा एक ही सवाल उठता है कि ऐसा क्योंकि वह हमेशा ऐसी स्थिति में होते थे, कि वह तमिलों से लड़ रहे होते थे जबकि शुरुआत में उनका काम था तमिलों की रक्षा करना, और श्रीलंका के समझौते पर अमल करते हुए उन्हें तमिलों के हितों की रक्षा करनी थी। ऐसा लगता है कि अपने फ़ौजियों को तमाम पहलुओं को समझाते हुए विस्तार से उन्हें जो काम सौंपा गया था उसकी जटिलता के बारे में समझाने की ज़रूरत थी। इसीलिए उनकी सामरिक गतिविधियां उनकी कार्रवाई के उद्देश्यों के बारे में उन्हें मुहैया जानकारी, और उसपर उनके विश्वास पर आधारित नहीं होते थे।[21]

उच्चायुक्त की व्याख्या—"डिविज़न के कमांडरों ने जैसा बताया, मुझे उन तमाम समस्याओं की गहराई तक जानकारी नहीं है जिनका आई. पी. के. एफ़. ने सामना किया। इनमें से कुछ कमांडर ख़ुद भी श्रीलंका में आई. पी. के. एफ़. की मौजूदगी और उसकी कार्रवाइयों के पीछे के तर्क से सहमत नहीं थे। उनकी दूसरी शिकायत यह थी कि उन्हें अपने काम के लिए ज़रूरत-भर अधिकार भी नहीं दिए गए थे। युद्धक्षेत्र में अनचाही दखलअंदाज़ी बनी रहती है। इन अधिकारियों के मुताबिक, हुक्म देने के अधिकार और नियंत्रण बेहद केंद्रीकृत थे। इसके बावजूद आई. पी. के. एफ़. ने द्वीप के उत्तरी और पूर्वी हिस्सों में व्यवस्था और स्थायित्व क़ायम किया। मुख्य रूप से उन्हीं की वजह से श्रीलंका के तमिल बहुल इलाकों में चुनाव हो सके, और तमिल प्रांतीय सरकार बन सकी। वही श्रीलंका सरकार को 1988 और 1989 में राष्ट्रपति और संसदीय चुनाव करवाने में मदद करने वाले प्रमुख कारक थे। 1988 के आख़िर और 1989 के शुरू के दौर में आई. पी. के. एफ़. लिट्टे पर काबू करके उसे बेअसर करने के आख़िरी चरण में थे। यह मेरा आकलन है (हाई कमिशनर के रूप में) कि अगर आई. पी. के. एफ़. को श्रीलंका में कमोबेश छह महीने और रहने दिया जाता तो लिट्टे पर हिंसा का रास्ता छोड़कर राजनीति की मुख्यधारा में शामिल होने के लिए काफ़ी दबाव बन जाता।[22]

जहां आई. पी. के. एफ़. निस्संदेह भारत की सैन्य शक्ति तैयार करने और उसके निर्यात की कोशिश थी, लेकिन न तो इस शक्ति की ख़ूबियों को ही हम पूरी तरह समझ पाए, और न ही इसकी सीमाओं को। इसीलिए शुरुआत में आई. पी. के. एफ़. की भूमिका को लेकर स्पष्टता नहीं थी। आई. पी. के. एफ़. क्या थी? एक बल जो दो संघर्षरत गुटों के बीच अम्पायर की भूमिका निभा कर शांति बनाए रखे? या फिर आई. पी. के. एफ़. ख़ुद लड़ने वालों में से एक थी? और अगर वाकई में आई. पी. के. एफ़. भारत की नीतियों के विस्तार के रूप में लड़ने वालों में से एक थी, तो क्या उनका यह संघर्ष श्रीलंका के सुरक्षा बलों के ख़िलाफ़ था, वही श्रीलंका, जिसकी सरकार के साथ एक समझौता किया हुआ था। या फिर लिट्टे की शक्ल में, तमिल हितों की रक्षा के लिए (श्रीलंका और भारत दोनों में ही) ही इस सारे उपक्रम की शुरुआत की गई? यह शुरुआती भ्रम बदकिस्मती से आई. पी. के. एफ़. को लगातार कष्ट देता रहा—शुरू में, तमाम कार्रवाइयों के दौरान,

और अंत में, 1990 में वापसी तक। इस पूरे उपक्रम को लेकर आज की तारीख़ तक भी असमंजस की स्थिति बनी हुई है। सफ़ाई में अगर हम कुछ कह सकते हैं, तो सिर्फ यह—"यह आलोचना कि समझौता होने के बाद राजीव गाँधी को श्रीलंका में सैन्य दखल नहीं देनी चाहिए थी, इसके साथ जुड़ा सवाल यह है कि यह सैन्य सहायता थी, या फिर समझौते पर हस्ताक्षर होने के बाद देश में बदलते हालात से निपटने के लिए श्रीलंका की सरकार की ओर से औपचारिक अनुरोध पर दी गई सैन्य सहायता।"[23]

शांति कायम करने की कार्रवाइयों और शांति सेनाओं के कुछ आधारभूत तत्वों को रेखांकित करने की ज़रूरत है। ज़ाहिर है, इस भूमिका की स्पष्ट परिभाषा होनी चाहिए—शांति बनाए रखने की कोशिश या संघर्षरत पक्षों को एक-दूसरे से दूर रखना, या फिर सैन्य शक्ति का इस्तेमाल करके उसे ज़बरदस्ती लाद देना? इस बारे में अस्पष्टता बिलकुल भी नहीं होनी चाहिए, जैसी कि आई. पी. के. एफ़. के मामले में अलग से नज़र आती थी। और फिर, ऐसे 'बल' को तभी भेजा जाना चाहिए जब उसके लिए स्थानीय आबादी में इतनी व्यापक स्वीकृति हो, कि संघर्ष कर रहे गुट भी उसका पालन करें। इसके लिए उसे पहले से उसका निश्चित समय के लिए होना चाहिए ताकि उसके लिए हालात बदलने पर वापसी का एक रास्ता बाकी बचा रहे। ऐसे बल को अपना सैन्य व्यक्तित्व बचा कर रखना चाहिए और कई ज़िम्मेदारियां एक साथ उठाने की, जैसे पुलिस का काम, प्रशासन या बचाव कार्य, जैसे कि आई. पी. के. एफ. के कंधों पर ज़िम्मेदारी के तौर पर डाल दिए जाते थे। आई. पी. के. एफ़. जैसे बल को स्थानीय बलों के साथ मिलकर काम करना चाहिए, एक ऐसे बल के तौर पर जो मदद के लिए मौजूद है, कब्ज़ा करने और नये रास्ते बनाने वाले बल के रूप में नहीं। क्या भारत को कामयाबी मिली; क्या आई. पी. के. एफ़. ने अपने उद्देश्यों की प्राप्ति की? इसके लिए किसी औपचारिक मूल्यांकन की प्रक्रिया की ज़रूरत नहीं है क्योंकि नतीजे ने खुद ही इस घटना पर अपना फ़ैसला सुना दिया है। उच्चायुक्त का कहना है कि "समालोचना में यह बताना बिलकुल मान्य है कि समझौते ने अपने उद्देश्य पूरे नहीं किए, और आई. पी. के. एफ़. को बिना उसके नियत काम पूरे हुए वापस बुलाया जाना विदेश नीति की नाकामी थी।"[24]

> और फिर :
>
> "यह कि समझौता इसलिए असफल रहा क्योंकि भारतीय नीतियों के परिचालन पक्ष और भारत सरकार की ओर से श्रीलंका संकट से संबंधित कामकाज संभाल रही विभिन्न एजेंसियों के बीच कोई जुड़ाव और सुव्यवस्थित समन्वय नहीं था। वास्तव में, ऐसे दौर भी थे जब भारतीय रक्षा प्रतिष्ठान, गुप्तचर एजेंसी और विदेश मंत्रालय एक-दूसरे के मकसद के विपरीत काम करते हुए पाए गए।

श्रीलंका की सामरिक कार्यवाही साफ़तौर पर 1970-71 के बांग्लादेश संकट से बिलकुल अलग नज़र आती है, क्योंकि भारतीय नीतियों में तालमेल, आपसी जुड़ाव और समन्वय का जो रूप बांग्लादेश संकट के समय देखने को मिला, वह श्रीलंका की कार्यवाही में कहीं नहीं था।"[25]

अब वह दोष का हिस्साबांट करते हैं—भारतीय नीतियों के परस्पर विरोधी चरित्र के लिए राजीव गाँधी को आंशिक रूप से दोषी ठहराया जा सकता है। हालांकि उन्हें सशस्त्र बलों को लिट्टे के आतंकवाद का सहारा लेने पर उनका मुक़ाबला करने के निर्देश देने थे, लेकिन शायद उनके मन में कहीं ऐसी भावात्मक और मनोवैज्ञानिक झिझक थी जो उन्हें लिट्टे के ख़िलाफ़ ज़्यादा सख़्त क़दम उठाने से रोकती थी। उनके मन में तमिलों के वैधानिक अधिकारों और आकांक्षाओं को लेकर एक सहज सहानुभूति थी। शायद इसी मानसिकता की वजह से उन्होंने हमारी गुप्तचर एजेंसियों से लिट्टे के साथ बातचीत का सिलसिला तब भी जारी रखने दिया, जब भारतीय सशस्त्र बल उनके ख़िलाफ़ सैनिक कार्रवाई में जुटे थे। इसका नतीजा यह निकला कि लिट्टे और श्रीलंका की सरकार ने एक-दूसरे के समानान्तर दौड़ती दोहरी नीतियों और उनके विरोधाभास का फ़ायदा उठाया, और इस तरह भारतीय शांति सेना की सामरिक गतिविधियों के असर को कम कर दिया।[26]

जहां तक प्रमुख योद्धाओं का सवाल है—"लिट्टे के समझौते पर हस्ताक्षर होने के पीछे भारतीय इरादों को लेकर भारत के अपने नज़रिये से अलग एक नज़रिया था। नेतृत्व संभालने के स्तर पर पहुंचने के शुरुआती दौर से ही प्रभाकरन के मन में कहीं यह बात थी कि भारत की वास्तविक मंशा श्रीलंका में एक अलग तमिल राज्य 'ईलम' बनाने की उसकी ख़ुद की आकांक्षा को बढ़ावा देने की है। उसे लगता था कि समझौते पर हस्ताक्षर करके सीधे उसकी जमानत ले लेने से भारत को श्रीलंका में राजनीतिक-सैनिक मौजूदगी का वैधानिक हक़ मिल जाएगा। उसका मानना था कि एक बार यह मौजूदगी का मामला जम जाए तो भारत श्रीलंका सरकार के ख़िलाफ़ उसके संघर्ष में पूरा साथ देगा जिससे उसका 'ईलम' का सपना साकार होगा। जब उसने यह पाया कि राजीव गाँधी के उद्देश्य वास्तव में वैसे ही सीधे-सच्चे निकले जैसे भारत-श्रीलंका समझौते में दर्ज थे, और अलग तमिल राज्य बनाने में उसकी चुपचाप मदद करने का भारत का कोई इरादा नहीं है, तो न सिर्फ़ वह निराश हुआ बल्कि उसके मन में कडुवाहट भी पैदा हुई। वह इस बात का इंतज़ार करने लगा कि कब उसे समझौते को दरकिनार कर हिंसा का सहारा लेने का पहला मौका मिले।[27]

लिट्टे के वास्तविक स्वरूप को समझने की इस कोशिश में हमें कुछ और ठहरकर विचार करने की ज़रूरत है। भारतीय प्रायद्वीप का सिरा आख़िर श्रीलंका के जाफ़ना बंदरगाह से सिर्फ़ 22 मील दूर है। वास्तव में, भारत और श्रीलंका के

तमिल आतंकवाद के संबंध 1970 के दशक से चले आ रहे हैं। तमिलनाडु सरकार और श्रीलंका के तमिल कार्यकर्ताओं के बीच संपर्क सबसे पहले 1972 में स्थापित हुए थे। तब से चला यह सिलसिला आगे बढ़ता गया। क्या यह भविष्य में भी यूं ही चलता रहेगा? यह ऐसा संबंध है जिसमें उतार-चढ़ाव आता ही रहेगा, लेकिन जो भी हो, यह रिश्ता क़ायम रहेगा। हालांकि यह सच है कि गाँधी-नेहरू कुल के आख़िरी राजनेता राजीव गाँधी को लिट्टे ने अपने गुस्से और हिंसा का शिकार बनाया, लेकिन तमिलनाडु के नेताओं और लोगों में एक ऐसा वर्ग ज़रूर रहेगा जो लिट्टे का साथ देगा। और यह बात लिट्टे के एक आतंकवादी संगठन के तौर पर सफ़ाया हो जाने के बाद भी अपनी जगह सही बैठती है।

अब समय है जांच-परखकर अपनी सूची बनाने की। आई. पी. के. एफ़. ने 1990 में, 27 जुलाई 1987 के भारत-श्रीलंका समझौते की मियाद ख़त्म होने पर श्रीलंका से वापस लौटने का फ़ैसला किया। लेकिन उसने अपने पीछे छोड़ा है ऐसी ही नाकाम कोशिशों के कचरे का फैलाव, जो कि स्वाभाविक ही है। बेशक, जिन उद्‌देश्यों की बार-बार लगातार रट लगाया करते थे वही हासिल नहीं हो सके; और संघर्ष भी जारी है। इस प्रक्रिया में श्रीलंका के तमिलों के हितों का भी ध्यान नहीं रखा जा रहा है, जिससे वहां के असंतोष के प्रायद्वीपीय भारतभूमि पर छलक आने की संभावना कम नहीं हुई हैं। ऊपर से, बेहतर आंतरिक व्यवस्था का जो सबसे पहला मकसद था, उसे भी हम हासिल नहीं कर सके हैं।

दूसरा मकसद, यानी भारत के सुरक्षा संबंधी सरोकार के लिए अहितकर विदेशी प्रभावों को फैलने से रोकने और उनके ख़िलाफ़ जवाबी कार्रवाई में भी कामयाबी नहीं मिली है। उलटे, इनमें बढ़ोतरी ही हुई है, क्योंकि भारत ने श्रीलंका समझौते और आई. पी. के. एफ़. से जिस भौगोलिक और राजनीतिक सुरक्षा की उम्मीद की थी, वह मिलने के बजाय नाकामी ही हाथ लगी है। इससे भारत और श्रीलंका दोनों ही की आंतरिक सुरक्षा कमज़ोर पड़ी है।

"कई मामलों में, विदेशी सैन्य शक्ति की मौजूदगी से लिट्टे का लड़ने का जोश बढ़ा है और श्रीलंका के सुरक्षा बलों की आतंकवाद रोधी क्षमता में कमी आई है। संगठन को विश्व की चौथी सबसे बड़ी सेना से लड़ते-लड़ते युद्ध की छापामार शैली में अच्छी-ख़ासी महारत हासिल हो गई है। हालांकि लिट्टे ने इस लड़ाई में भारी संख्या में अपने लोग खोए हैं, लेकिन उनकी भरपाई करके वियतकाँग और अफ़ग़ान मुजाहिदीन की बराबरी का आत्मविश्वास प्राप्त किया है। लिट्टे ने कई नये हथियार भी ईजाद किए, मुख्यतः प्रक्षेपास्त्र और बारूदी सुरंगें। अकेले प्रभाकरन की ईजाद की हुई मानवहंता 'जॉनी माइन' से ही कम से कम पांच हज़ार भारतीय और श्रीलंकाई फौजी मारे गए हैं।[28]

जे. एन. दीक्षित आगे कहते हैं : मध्यस्थता करने वाले और जोखिम-भरी गतिविधियों पर नियंत्रण रखने में सक्षम एक क्षेत्रीय शक्ति के तौर पर इस इलाके में और बाकी दुनिया में भारत की साख को बट्टा लगा है। श्रीलंका समझौते की

नाकामी के चलते तमिलनाडु के लोगों की नज़रों में केंद्र सरकार की विश्वसनीयता पर भी आंच आई है।[29]

क्या कमी रह गई? सामरिक प्रक्रिया में कहां चूक हो गई? भारत ने कहां ग़लती कर दी? समग्र रूप में नैतिकता की शब्दावली में श्रीलंका को लेकर हमारी नीतियों में यह कमियां हैं :

1. "जहां श्रीमती गाँधी का श्रीलंका के तमिलों की आकांक्षाओं को समर्थन देना उचित और तर्कसंगत था, तमिल आतंकी अलगाववादियों की मदद करने की उनकी नीति ग़लत थी। भारत के स्वार्थ और तमिलों के हित की जिन बातों ने उन्हें जयवर्धने पर दबाव बनाने के लिए प्रेरित किया, उनके पीछे लगे रहने के लिए तमिल उग्रवादियों को भौतिक मदद करने के बजाय राजनीतिक और राजनयिक ज़रिये भी हो सकते थे।"
2. "सिन्हाला और तमिलों को लेकर राजीव गाँधी का रवैया ज़्यादा निष्पक्ष था। उन्होंने तमिल उग्रवादियों को आर्थिक और भौतिक मदद देने से हाथ खींच लिए। उन्होंने, और उन्हें सलाह देने वाले हम सब, जो भी हो, इतने दूरदर्शी नहीं बन पाए कि सिन्हाला और श्रीलंका के तमिलों के बीच मनोवैज्ञानिक और भावनात्मक खाई की गहराई को आंक पाते, जिनकी पहुंच सामाजिक-आर्थिक और राजनीतिक कारकों से भी आगे तक थी।
3. "हम जयवर्धने सरकार की सोच में बदलाव की संभावना और तमिल आतंकवादी संगठनों और श्रीलंका के आम तमिलों के विवेक को लेकर कुछ ज़्यादा ही उत्साहित थे, जिससे प्रेरित होकर भारत-श्रीलंका समझौते पर भारत ने हस्ताक्षर किए। जयवर्धने और श्रीलंका के तमिलों ने होशियारी दिखाते हुए बिना किसी विरोध के समझौते के लिए हामी भर दी। हालांकि उनकी इस मंशा से वाकिफ़ होते हुए भी हमने उम्मीद की कि हमारी राजनीतिक इच्छाशक्ति को सैनिक शक्ति का संबल मिलेगा जिससे हम सिन्हाला और श्रीलंका के तमिलों की ईमानदारी और समझदारी की कमी का सामना कर पाएंगे। इस संदर्भ में हमारा अंदाज़ा ग़लत साबित हुआ और उम्मीदों पर पानी फिर गया।"
4. मध्यस्थता की भारत की कोशिशों की बदौलत भारत-श्रीलंका समझौते पर हस्ताक्षर हुए और आई.पी.के.एफ. को श्रीलंका रवाना किया गया। श्रीलंका के आंतरिक मामले में हमने जोशीले कार्यकर्ताओं जैसा रवैया अपनाया क्योंकि उसके पीछे हमारी अपनी घरेलू जातीय-राजनीतिक मजबूरियां और सामरिक सरोकार थे। इसके ऐसे नतीजे निकले जिनसे बचना मुश्किल था।

   शुरुआत में भारत में ताकत का पूरा ढांचा श्रीलंका के मामलों में उलझने से पूरी तरह बच नहीं पाया। इसपर भी, 1983 से 1990 के

> बीच श्रीलंका में चल रहे घटनाक्रम से जुड़े हम सब लोग भारत की जनता की मानसिकता और समेकित राजनीतिक सोच को समझ नहीं पाए जो कि मोटे तौर पर दूसरे देशों के साथ उनके अंतरिक मामलों में दखलअंदाज़ी वाले रवैये के विरुद्ध था, भले ही उससे हमारे राष्ट्रीय हित प्रभावित होते हों। एक राष्ट्र के रूप में भारत क्षेत्रीय शक्ति का दर्जा चाहते हुए भी राष्ट्रीय हितों की रक्षा को अहमियत देता था, और उसके पास इतनी ताकत नहीं थी कि विरोध के माहौल में विवादास्पद नीतियों को अपनाए रहे।[30]

न शायद कोई इच्छा, और न आकांक्षा।

आई. पी. के. एफ़. की परिकल्पना और उसके इस्तेमाल में कई ग़लतियां दोहराई गई हैं। पहली, जैसा कि पाया गया कि किसी राष्ट्र की शक्ति सिर्फ़ उसकी सेना नहीं होती, उसमें और भी तत्त्व शुमार हैं, जैसे—प्रेरित करने वाले, आर्थिक, विरोधी और कूटनीतिक। वर्तमान की बात करें तो भारत ने सिर्फ़ एक पर ज़ोर दिया, सेना पर। और दूसरी बातों पर उतना ध्यान नहीं दिया। क्योंकि निर्यात करने लायक की बात तो दूर हमारे पास और कुछ इफ़रात में नहीं था। ज़ाहिर है, विभिन्न एजेंसियों के बीच आपसी तालमेल नहीं था, लेकिन क्या गुप्त सूचनाओं पर आधारित आकलन पर्याप्त था? अगर हम रॉ और लिट्टे के रिश्तों की बात करें तो इस सवाल का जवाब होगा—नहीं। यहां तक कि लिट्टे के प्रमुख के व्यक्तिगत गुणों के आकलन में असफलता हाथ लगी थी, जिसके बारे में उच्चायुक्त जे. एन. दीक्षित, जिन्होंने उसके साथ वक्त बिताया, अपना फ़र्ज निभाते हुए ही सही, और उसे जाना-समझा। वह तमिल ईलम के प्रति उसका जुनून, जो कि सनक की हद तक था, उसकी दबंगई, स्थिर दिमाग, सामरिक मामलों में उसकी होशियारी, और बुरे वक़्त में उसके लचीलेपन का वर्णन करते हैं। लेकिन हम अपनी कहीं बड़ी नाकामी के लिए किसे ज़िम्मेदार ठहराएं—भारत की नीतियों के व्यावहारिक पहलू में दूसरी बातों से जुडाव की कमी और संकट से निपटने में भारत की तमाम एजेंसियों के बीच सुव्यवस्थित समन्वय? सिर्फ उस दौर के असमर्थ राजनीतिक नेतृत्व को।

संदर्भ

1. http://indiansaga.com/history/postindependence/gujarat_unrest.html
2. *वावेल : द वायसराय'ज़ जर्नल*, संपादक पेंड्रेल मून, ऑक्सफोर्ड यूनिवर्सिटी प्रेस, 1973, पृ. 41
3. *ऑडेसिटी ऑफ ओपीनियन, रिफ्लेक्शन्स, जर्नीज़, म्यूजिंग्स*, अमेरिलिस, पृ. 465
4. वही
5. वही
6. वही

7. वही, पृ. 487
8. वही, पृ. 125
9. *टेम्पल रीविज़िटिड, इंडियन एक्सप्रेस,* 3 जुलाई 1984
10. *ऑडेसिटी ऑफ ओपीनियन, रिफ्लेक्शन्स, जर्नीज़, म्यूज़िंग्स,* अमेरिलिस, 2012
11. जे.एन. दीक्षित, *एसाइनमेंट कोलम्बो,* दिल्ली, कोणार्क पब्लिशर्स लि., 1997, पृ. 327
12. वही, पृ. 328
13. वही, पृ. 328
14. वही, पृ. 329
15. वही, पृ. 329
16. वही, पृ. 330
17. वही, पृ. 331
18. वही, पृ. 332
19. वही, पृ. 332
20. वही, पृ. 338
21. वही, पृ. 341
22. वही, पृ. 342
23. वही, पृ. 338
24. वही, पृ. 338
25. वही, पृ. 339
26. वही, पृ. 339
27. वही, पृ. 340
28. वही, पृ. 22
29. जे.एन. दीक्षित, *एसाइनमेंट कोलम्बो,* दिल्ली, कोणार्क पब्लिशर्स लि., 1997, पृ. 343
30. वही, पृ. 350

7

इक्कीसवीं सदी : परमाणु शस्त्रों के प्रश्न

मोटे तौर पर, लगभग आज़ादी मिलने के वक़्त से 1990 के दशक तक, वे तीन मुद्दे जिनपर हमारी सुरक्षा के सिद्धांत, हमारी विदेश नीति और हमारी प्रतिक्रियाएं मुख्य रूप से आधारित रही हैं, वे हैं गुटनिरपेक्ष आंदोलन, पाकिस्तान और चीन। आमतौर पर इन्हीं के आसपास घूमने के अलावा और नतीजतन, उसकी कीमत अदा करते हुए, सेना के लगातार बढ़ते बोझ की, मुझे नहीं दिखाई देता कि हमने कारगिल के संघर्ष से पहले अपनी राष्ट्रीय सामरिक नीति पर कभी कोई अलग हटकर निर्णय लिया हो। कारगिल के बाद समीक्षा समिति का गठन, जिसके निष्कर्षों पर मंत्रियों के समूहों का विचार-विमर्श करने के बाद ऐसी सिफ़ारिशों की एक लंबी सूची जारी करना जिनका विस्तार और महत्त्व सामरिक हो।

अगर ऐसा न हो, तो ज़ाहिर है, राष्ट्रीय तैयारी, या, दूसरे शब्दों में, हर संभव स्थिति के लिए तैयारी को, जिसका स्तर आंकना मुश्किल है, लगातार शासन नीति के बारे में निर्णय लेने के एकमात्र आधार के रूप में प्रस्तुत किया जाता है। वैसे भी, सेना का जन बल और शक्ति इस 'तैयारी' का एक निर्णायक हिस्सा है लेकिन 'वास्तविक युद्ध को झेलने की क्षमता,' की कसौटी ही वह ज़रूरी घटक है जिसके आधार पर, विशुद्ध फ़ौजी बोलचाल में, हमें अपनी तैयारी का आकलन करना चाहिए, यह एक अधिक विस्तृत और व्यापक चीज़ है।

वास्तव में एक एकीकृत सामरिक नज़रिये की अनुपस्थिति की वजह से हमारी विदेश नीति, राजनयिक संबंधों के तौर तरीकों, और सेना के तीनों अंगों द्वारा समर्थित एक राष्ट्रीय रक्षा नीति के बीच तालमेल नहीं बैठता। इस आपसी दूरियों और तालमेल की कमी के चलते ही हमारी विदेश और रक्षा नीतियां दो अलग-अलग, दो दूरदराज़ के कामों की तरह एक-दूसरे से अलग, बिना एक-दूसरे से अलग गतिविधियों की तरह चलती हैं जैसे दोनों का कोई आपसी संबंध नहीं है। इसका परिणाम यह होता है कि हमारे रक्षा के प्रयास अप्रभावी हो जाते हैं, उनपर ज़रूरत से ज़्यादा

समय लगता है और लागत मूल लागत से कहीं ज़्यादा आती है, उनमें ग़ैर-ज़रूरी राजनीतिक दखलंदाजी होती है और सेना के तीनों अंगों के बीच चलने वाली होड़ से सेना के कामकाज पर प्रतिकूल प्रभाव पड़ता है।

राष्ट्रीय सुरक्षा कहीं ज़्यादा व्यापक अवधारणा है। यह तय करना कि युद्ध क्यों होते हैं और उनमें वास्तव में कौन लड़ता है यह अब सिर्फ़ सैन्य इतिहासकारों के मतलब की बात नहीं रह गई है। गिर कर फिर खड़े हो जाने की ख़ूबी और सैन्य परंपरावाद की प्रासंगिकता बनी रहने के बावजूद, अब बदलाव का यह अनुपात काफ़ी नहीं रह गया है। आज के युद्धों के अलग तरह होने की एक वजह यह भी है। वह पारंपरिक लड़ाइयां जिनमें सैनिक कठपुतलियों की तरह लड़ते थे, अब उनका नया बदला हुआ स्वरूप सामने आ चुका है जिसमें टेक्नोलॉजी भी आगे बढ़ने में उतनी ही भूमिका निभाती है जितना कि समाज के सैद्धांतिक उत्प्रेरक। क्योंकि 'युद्ध करने का जोश' सिर्फ़ सेना का काम नहीं है। तकनीकी और सामाजिक बदलाव उसका महत्त्वपूर्ण पहलू हैं, और कोई भी राष्ट्र अब सिर्फ़ अपने सशस्त्र बलों की ताक़त के आधार पर, चाहे उसके पास बम हो या न हो, 'युद्ध के लिए तैयार' होने का दावा नहीं कर सकता।

दिए गए आदेश को किसी भी हाल में पूरा करना—यह जज़्बा भारतीय सेना के जवान में 1980 के दशक तक देखने को मिलता था, जो अब क़रीब-क़रीब ख़त्म-सा हो गया है। पहले विश्व-युद्ध तक अकसर युद्ध या तो आपसी झगड़ों का निपटारा करने के लिए होते थे, और या फिर 'किसी भी तरह अपने लक्ष्य को पाने' के लिए। लेकिन पहले विश्व-युद्ध के बाद युद्ध का यह अर्थ और तर्क बदल गया। आज के युग में लड़ाई का रुख़ लड़ने वाली सेनाओं और उनके हथियारों से उतना नहीं तय होता जितना कि उस समाज से जिसका वह हिस्सा है। आख़िर में आम जनता ही हारती या जीतती है न कि केवल सशस्त्र सेनाएं। नाभिकीय युद्ध और 'टोटल वॉर' जैसी दूसरी बातों के चलते युद्ध का मतलब ही बदल चुका है : जिससे अब सारा निर्णय होता है वह युद्ध क्षेत्र नहीं, बल्कि समाज में व्याप्त लामबंदी है।

क्लाउज़ेवित्ज़ के सैन्य शास्त्र का अगर कोई ऐसा सवाल है जिसे नकारा नहीं जा सकता और जिसका हमें हर हाल में सामना करना ही पड़ेगा, वह है, "ये सब कुछ क्या है? किसलिए है?" और हमें इसी संदर्भ में 1970 और 1990 के दशकों के नाभिकीय परीक्षणों की जांच-पड़ताल करनी चाहिए।

सन् 1998 में मई की 11 और 13 तारीख को किए गए परीक्षण वास्तव में 'नाभिकीय रंगभेद' के खिलाफ़ किए गए थे। जहां शीत युद्ध के अंत ने यूरोप की राजनीतिक दृश्यावली की कायापलट करके रख दी थी, लेकिन इससे भारत के रक्षा सरोकारों पर कोई फर्क नहीं पड़ा। चीन की तरक्की और पाकिस्तान के साथ पहले से चले आ रहे तनाव ने 1980 और 1990 के दशकों को भारत के लिए बेहद तकलीफ़देह दौर बना दिया। वैश्विक स्तर पर, जिन राष्ट्रों के पास

नाभिकीय हथियार थे, उन्होंने पक्का इरादा करके दुनिया को नाभिकीय हथियारों से मुक्त करने की दिशा में क़दम उठाने का कोई संकेत नहीं दिखाया था। ऊपर से, नाभिकीय अप्रसार संधि यानी न्यूक्लियर नॉन प्रॉलिफ़रेशन ट्रीटी की मियाद को 1995 में, फिर 2005 में दोबारा, बिना किसी शर्त के अनिश्चित काल के लिए बढ़ा दिया गया, और इस तरह नाभिकीय हथियारों का अस्तित्व सिर्फ़ पांच देशों, 'एन फ़ाइव' के हाथों में सिमटकर रह गया। जो अपने-अपने नाभिकीय हथियारों के जखीरे को लगातार और उन्नत बनाने में लगे रहे। 1996 में जब वह 2,000 से ज़्यादा परीक्षण कर चुके तब ढाई साल की बातचीत के बाद जिसमें भारत भी शामिल था, कम्प्रिहेंसिव टेस्ट बैन ट्रीटी यानी व्यापक परमाणु परीक्षण प्रतिबंध संधि सी. टी. बी. टी. को हस्ताक्षर के लिए खोला गया। ज़ाहिर है, यह संधि न वास्तव में व्यापक थी और न ही इसका हथियारों की होड़ रोकने से संबंध था, इसका मकसद सिर्फ़ नाभिकीय हथियारों के मामले में वस्तुस्थिति को वैसा ही बनाए रखने से ज़्यादा कुछ नहीं था। इससे भारत के लिए संभावनाएं कम हुईं, जैसा कि होना लाज़मी था।

भारत को यह सुनिश्चित करना था कि उसकी नाभिकीय संभावनाएं जिन्हें दशकों से बड़ी होशियारी से पोसा गया था, वह खुद अपनाए गए संयम के चक्कर में कहीं धीरे-धीरे नष्ट न हो जाएं। ऐसे नुकसान से देश को ख़तरा हो सकता था। कठिन निर्णय लेते हुए, नई दिल्ली को एहसास हुआ कि उसकी अपनी कसौटी तो राष्ट्रीय सुरक्षा है। 11 और 13 मई 1998 को किए गए नाभिकीय परीक्षण, न सिर्फ ऐसे ज़रूरी हो गए थे कि उन्हें टाला नहीं जा सकता था, बल्कि वह आज़ादी के बाद के शुरुआती बरसों में अपनाई गई, तब से निरंतर चली आ रही नीतियों का परिणाम थे। भारत की नाभिकीय नीति इस मूल सूत्र पर टिकी थी कि विश्व में बढ़ती परमाणु हथियारों की होड़ के माहौल में देश की राष्ट्रीय सुरक्षा तब सुनिश्चित की जा सकती है जब नाभिकीय अप्रसार सार्वभौमिक और सर्वव्यापी हो, या फिर सबके लिए बराबरी और विधिसम्मत सुरक्षा का सिद्धांत लागू किया जाए।

मई 1998 के परीक्षण

1947 में जब भारत को विश्व में अपनी न्यायोचित जगह मिली तब तक नाभिकीय युग और शीत युद्ध दोनों का आगमन हो चुका था। दोनों में से किसी भी गुट में शामिल होने के बजाय भारत ने शीत युद्ध के खांचे में ढलना नामंज़ूर कर गुटनिरपेक्षता की ज़्यादा कठिन राह चुनी। इसीलिए, शुरुआत से ही भारत की विदेश नीति विश्व में ऐसा वैकल्पिक शक्ति-संतुलन प्राप्त करने की रही है, जो कि आवश्यक रूप से सार्वभौमिक और पक्षपात से परे निरस्त्रीकरण पर आधारित हो।

1990 का दशक आते-आते टेक्नोलॉजी की बदौलत सार्वभौमिक सुरक्षा का रूपांतर ही हो चुका था। तब कहीं सिद्धांतकारों को इस बात का बोध हुआ कि

नाभिकीय हथियार दरअसल हथियार नहीं, वास्तव में डराकर अपने प्रभाव में रखने और दबाव बनाकर कूटनीतिक मनमानी करने के साधन बन गए हैं। ऐसे में भारतीय नाभिकीय नीति इस तथ्य पर आधारित है कि नाभिकीय हथियारों से मुक्त विश्व में सिर्फ़ भारत की ही नहीं, सभी देशों की सुरक्षा बढ़ेगी। सभी देशों के यह नीति न अपनाने की दशा में भारत ऐसी व्यवस्था बिलकुल भी स्वीकार नहीं कर सकता जिसमें दुनिया को मनमाने ढंग से नाभिकीय हथियार युक्त और नाभिकीय हथियारविहीन देशों में बांटा गया हो। भारत का हमेशा इस बात पर ज़ोर रहा है कि सभी देशों की सुरक्षा संबंधी चिंताएं एक जैसी, और जायज़ हैं। शुरुआत से ही, इसीलिए, उसके उसूल इस बात के प्रति असहमति को बढ़ावा देते हैं कि संयुक्त राष्ट्र सुरक्षा परिषद पांच स्थाई सदस्यों की एक सीमित सभा हो जिसके सदस्य नाभिकीय शक्ति सम्पन्न वही 'पांच' हों।

1950 के दशक के दौरान नाभिकीय शस्त्रों का परीक्षण सामान्यतः ज़मीन के ऊपर किया जाता था, जिनसे बनने वाले कुकुरमुत्ते जैसे बादल 'मशरूम क्लाउड' उस ज़माने की पहचान बन गए थे। फिर भी, जब दुनिया कुछ दर्जन परीक्षणों की गवाह ही बनी थी, तब भारत ने आगे बढ़कर नाभिकीय हथियारों के वातावरण में परीक्षण करने पर रोक लगाने के लिए आवाज़ उठाई, लेकिन भारत के पहले प्रधानमंत्री जवाहरलाल नेहरू की अनसुनी हुई।

1960 के दशक में, भारत की सुरक्षा संबंधी चिंताएं बढ़ने लगीं। 1962 में चीन ने भारत की हिमालय वाली सरहद पर हमला कर दिया। लगभग इसी के आसपास, भारत के पड़ोस में नाभिकीय युग का सूत्रपात हुआ, जब चीन अक्तूबर 1964 में नाभिकीय शक्ति बन गया। तब से किसी भी समझदार भारतीय नेता ने उसी रास्ते पर चलने के विकल्प को खारिज नहीं किया।

सुरक्षा को लेकर दूसरे देशों से भरोसा या गारंटी न मिलने पर अकेले भारत का नाभिकीय शक्ति से परहेज़ कर पाना अव्यावहारिक लग रहा था। चीन के साथ 1962 की लड़ाई की बात उनके दिमाग से नहीं हटी थी, इसलिए प्रधानमंत्री लाल बहादुर शास्त्री ने अस्थायी इंतज़ाम के तौर पर भूमिगत नाभिकीय परीक्षण की संभावनाएं तलाशना शुरू कर दिया था।

1965 में, बिगड़ी को और बिगाड़ने के लिए भारत और पाकिस्तान के बीच लड़ाई छिड़ गई। शास्त्री जी की 1966 में मृत्यु हो गई और इंदिरा गाँधी ने उनकी जगह ली, जिन्होंने दूसरे देशों की ओर से भारत को नाभिकीय हमले की संभावनाओं से बचाने की गारंटी के लिए असफल तलाश जारी रखी। 1968 में भारत ने निरस्त्रीकरण के प्रति अपनी वचनबद्धता दोहराते हुए नॉन प्रॉलिफ़रेशन ट्रीटी यानी नाभिकीय अप्रसार संधि पर हस्ताक्षर न करने का फ़ैसला किया। 1974 में, भारत ने अपना पहला परमाणु परीक्षण 'पोखरण प्रथम' किया, लेकिन एक 'शांतिपूर्ण परमाणु विस्फ़ोट' के रूप में, जिसका नॉन प्रॉलिफ़रेशन ट्रीटी में प्रावधान था।

भारत की आज़ादी के पहले पचास वर्षों की विवेचना से पता चलता है कि

नैतिकता और नियंत्रण पर आधारित नाभिकीय नीति से देश को कोई विशेष लाभ नहीं हुआ। निरस्त्रीकरण की बात करना यथार्थ से दूर रहने की राजनीति जैसा लगने लगा। अगर उन पांच स्थायी सदस्यों के पास नााभिकीय शस्त्र होने से सुरक्षा बढ़ती है, तो भारत के पास इनके होने से उसमें कमी कैसे आ सकती थी? यह एक ऐसा सवाल था जिसका जवाब मिला ही नहीं। अगर 'पांच स्थायी सदस्य' शासन बल और शक्ति की अंतरराष्ट्रीय मुद्रा के रूप में नाभिकीय हथियारों की तैनाती जारी रखते हैं, तो फिर भारत जानबूझ कर शासन की शक्ति और राष्ट्रीय सुरक्षा का महत्त्व कम क्यों आंके? नाभिकीय शक्ति सम्पन्न राष्ट्रों के आंतरिक कामकाज की सूची और राजनीतिक बहस से प्रेरित भेदभावपूर्ण नाभिकीय अप्रसार के इस नए मुद्दे पर अगर भारत उनके पीछे-पीछे नहीं चलता तो अकेले उसे ही क्यों इस बात के लिए घेरा जाता है? अगर दबाव बनाकर रखने की नीति पश्चिम में काम करती है, और पश्चिमी देश नाभिकीय हथियारों को रखना चाहते हैं, तो फिर किस तर्क के आधार पर वही बात भारत पर लागू नहीं होती? जिन ताक़तों के पास नाभिकीय अस्त्र हैं, वह और हासिल करते जा रहे हैं, और साथ ही साथ, जिन देशों के पास नहीं हैं, उन्हें हथियारों में कमी करने की शिक्षा देते हैं। तर्क से परे ऐसी बातें थोपने वाले रवैये के जवाब में भारत ने सुझाया कि या तो बिना किसी भेद-भाव के निरस्त्रीकरण किया जाए या फिर सभी देशों के लिए एक जैसे सुरक्षा के इंतज़ाम हों।

भारत विश्व में अकेला देश है जिसने उपलब्ध नाभिकीय विकल्पों पर करीब चार दशक तक बहस करने के बाद परीक्षण किया। और किसी देश ने अपनी स्वायत्त सुरक्षा की ज़रूरतों और अंतरराष्ट्रीय स्तर पर निरस्त्रीकरण पर ज़ोर के बीच, नैतिकतावादी मार्ग और यथार्थवादी सोच के बीच, और गुप्त नाभिकीय नीति या उसके प्रत्यक्ष विकल्प में से एक को चुनने के लिए जान-बूझ कर इतनी सावधानी बरतते हुए, और कभी-कभी तो कष्ट झेलते हुए यह रास्ता तय किया है।

11 मई 1998 के दिन स्थिति बिलकुल बदल गई। भारत ने तीन भूमिगत नाभिकीय परीक्षण किए, और 13 मई को फिर दो और 'सब किलोटन' भूमिगत परीक्षण किए। यह पांच परीक्षण जिनमें 'सब किलोटन' और 'फ़िशन' से लेकर 'थर्मोन्यूक्लियर' किस्म के 'डिवाइस' थे जिनसे भारत की वैज्ञानिक, तकनीकी और व्यवस्थापन संबंधी उन क्षमताओं का बख़ूबी पता चल गया, जिन्हें लेकर तब तक क़यास ही लगाए जा रहे थे। एक पखवाड़े बाद, 28 और 30 मई को पड़ोसी पाकिस्तान ने भी, उम्मीद के मुताबिक, अफ़ग़ानिस्तान की सरहद के पास बलूचिस्तान की चगाई पहाड़ियों के वीरान फैलाव में अपने न्यूक्लियर टेस्ट किए। अचानक ही शीत युद्ध के बाद की दुनिया का सामरिक संतुलन चूर-चूर हो गया। नाभिकीय अप्रसार के सारे रंग-ढंग और निरस्त्रीकरण के भविष्य को दूसरे अंतरराष्ट्रीय मुद्दों से आगे लाया गया।

यहां यह जानना ज़रूरी है कि भारत 1954 में ही नाभिकीय परीक्षणों पर

रोक लगाने के पक्ष में था; फिर 1965 में भेदभाव रहित नाभिकीय अप्रसार संधि की बात रखी, 1978 में भारत ने नाभिकीय हथियारों को इस्तेमाल न करने के लिए भी संधि पर ज़ोर दिया, 1982 में 'न्यूक्लियर फ्रीज़' का समर्थन किया, और 1988 में तमाम नाभिकीय हथियारों को चरणबद्ध तरीके से पूरी तरह समाप्त करने की बात की। बदकिस्मती से, यह सारे प्रस्ताव उन देशों ने अस्वीकार कर दिए जिनके पास नाभिकीय हथियार हैं, और जो अब भी यही मानते हैं कि यह हथियार उनकी अपनी सुरक्षा के लिए ज़रूरी हैं। नतीजे में क्या निकल कर सामने आया—नाभिकीय अप्रसार संधि का भेदभावपूर्ण और दोषपूर्ण स्वरूप।

बरसों से भारत ने अपनी शंका दूसरे देशों से साझा की है, लेकिन इससे उसके अपने सुरक्षा के वातावरण में कोई सुधार नहीं आया है। दुर्भाग्य से, नाभिकीय हथियारों को लेकर बाकी दुनिया के रवैये और भारत की सोच के बीच चौड़ी खाई और तालमेल में कमी दुनिया की एक ऐसी सच्चाई है जिसे अनदेखा नहीं कर सकते। नाभिकीय हथियार अब भी सत्ता की शक्ति का मुख्य सूचक बने हुए हैं। क्योंकि यह 'नाभिकीय मुद्रा' दुनिया के ज़्यादातर हिस्सों में चलती है, इसलिए भारत के पास कोई और रास्ता नहीं बचा, सिवा इसके कि वह चौबीस साल पहले 1974 के नाभिकीय परीक्षण में जिस सामर्थ्य का प्रदर्शन कर चुका था, उसमें वर्तमान के अनुरूप बदलाव करे और उसे प्रामाणिक बनाए।

हालांकि भारत ने सी. टी. बी. टी. पर हस्ताक्षर नहीं किए हैं, लेकिन इस संधि में यह छूट है कि अगर किसी देश को लगता है कि इसे मानने से उसके सर्वोच्च राष्ट्रीय हित ख़तरे में पड़ जाते हैं, तो वह इससे हाथ खींच सकता है। इतना ही नहीं, अंतरराष्ट्रीय समुदाय पर बिना किसी शर्त के, अनिश्चित काल के लिए आगे बढ़ाने की बात थोपने से भी दक्षिण एशिया की स्थिति में क्रमिक बदलाव के लिए नाभिकीय अप्रसार संधि का वर्ष 1995 (और 2005) ऐतिहासिक रहा है। भारत के पास खुल्लमखुल्ला नाभिकीय हथियारों की दौड़ में शामिल होने के अलावा और कोई विकल्प ही नहीं बचा। चीन और पाकिस्तान के बीच नाभिकीय हथियारों को लेकर बैठा तालमेल—जो कि अपने आप में नाभिकीय अप्रसार संधि की खुली अवहेलना है—और इससे यह पता चलता है कि भारत के पड़ोस में नाभिकीय अप्रसार संधि ढह चुकी है। क्योंकि तब यह दलील दी गई थी कि नाभिकीय अप्रसार संधि में कोई फेरबदल नहीं किया जा सकता, इसलिए बिना शर्त इसकी मियाद अनिश्चित काल के लिए बढ़ाने के अंतर्गत सभी मौजूदा नाभिकीय हथियारों को वैध ठहराना शामिल है, और यह अपरिवर्तनीय है। दुनिया में जहां नााभिकीय हथियारों की वैधता औपचाारिक रूप से सुनिश्चित करने की कोई व्यवस्था नहीं हे, वहां खुल्लमखुल्ला नाभिकीय हथियारों से लैस हुए अपने नाभिकीय विकल्प से भारत का काम चल सकता था। लेकिन 1995 के बाद नाभिकीय हथियारों की वैधता सुनिश्चित होने के बाद वाले दौर में यह रास्ता व्यावहारिक नहीं रहा। दुर्भाग्य से, 1995 की नााभिकीय अप्रसार संधि के व्यापक

अर्थ और व्यावहारिकता पर भारत या विदेश में कहीं बहस नहीं हुई। नाभिकीय निरस्त्रीकरण और नाभिकीय हथियारों की वैधता को निरस्त करने की दिशा में प्रगति को लगे इस घातक आघात को ज़्यादातर शांति आंदोलनों ने बिना सोचे-समझे एक महत्त्वपूर्ण जीत के तौर पर लिया।

शीत युद्ध के अंत, बर्लिन की दीवार के गिरने और बीसवीं सदी के आख़िरी बड़े साम्राज्य–सोवियत संघ के विखंडन से 'इतिहास का अंत' नहीं हुआ। इनके बाद सुरक्षा के जो नये प्रतिमान उभरकर सामने आए उनमें गैर-शासकीय तत्त्वों का हिंसा, जनसंहार और आत्महत्या का सहारा लेना और इन्हें कानून का बंधन तोड़ने के तरीकों के रूप में इस्तेमाल करना शामिल है।

शीत युद्ध का अंत होने से मिली चुनौती के फलस्वरूप नाभिकीय परिकल्पनाओं के संशय से परे होने पर सवाल खड़े किए जाने लगे। इनमें से सबसे अलग और विशिष्ट है पिछले शीत युद्ध के महान योद्धाओं की संयुक्त अपील जो अब आंदोलन सरीखे 'ग्लोबल ज़ीरो' का रूप ले चुकी है। इसके पीछे का तर्क इसे स्वीकार करने के लिए मजबूर करता है।

परिशिष्ट 5 और 6 में दुनिया के विभिन्न देशों में मौजूद नाभिकीय हथियारों के जखीरे का विवरण सूचीबद्ध रूप में दिया गया, और साथ ही विश्व को नाभिकीय हथियार रहित बनाने के लिए एक अपील।

1998 में पहली बार प्रधानमंत्री अटल बिहारी वाजपेयी ने नाभिकीय मसले पर भारत का रुख़, या सिद्धांत को साफ़ शब्दों में कहा था। यह बातें उन्होंने नाभिकीय परीक्षणों के ठीक बाद 11 मई 1998 को प्रेस प्रतिनिधियों को संबोधित करते हुए कही थीं, जब उन्होंने बताया था कि 'नाभिकीय परीक्षणों का वर्तमान सिलसिला पूरा हो गया है।'

तभी प्रधानमंत्री वाजपेयी ने यह भी साफ़ किया था कि भारत की नाभिकीय नीति का लक्ष्य यह है कि कम से कम दूसरा देश हमला करने से कतराए, और परीक्षणों की ज़रूरत अपनी शक्ति के भरोसेमंद होने की परख करने के लिए है। उन्होंने यह बात सदन में इन शब्दों में कही–"मिनिमम डिटरेंट होना चाहिए। वह क्रेडिबल भी होना चाहिए।" अपने इसी वक्तव्य में उन्होंने नाभिकीय हथियारों के "पहले इस्तेमाल न करने, और नाभिकीय हथियार विहीन देशों के विरुद्ध इनका प्रयोग न करने" की जिस नीति की घोषणा की थी, उसपर अब भी अमल किया जा रहा है। हालांकि इस अवसर पर यह बात नहीं छेड़ी गई थी, लेकिन भारत ने नाभिकीय अस्त्रों के निर्माण में काम आने वाले पदार्थों पर भी रोक लगाने के प्रति अपनी प्रतिबद्धता व्यक्त की है, जो मूलतः फ़िसाइल मेटीरियल कंट्रोल ट्रीटी यानी नाभिकीय सामग्री नियंत्रण संधि के समर्थन की ओर इशारा करती है।

1998 के बाद से अब तक विश्व के हालात इतने बदल चुके हैं कि उन्हें पहचानना ही मुश्किल है। भारत अब वैसा नहीं है जैसा कि उसे अमरीका के एक पूर्व विदेशमंत्री ने 'कौम से निकाला हुआ' कह दिया था। आज भारत को अंतरराष्ट्रीय

सम्मेलनों में बुलाया जाता है, और, अनौपचारिक रूप से ही सही, भारत के साथ एक नाभिकीय शक्ति सम्पन्न राष्ट्र जैसा बरताव किया जाता है। और चाहे इसकी गिनती नाभिकीय शक्ति सम्पन्न देशों में हो या नहीं, वास्तव में, भारत, बाकी सभी मायनों में, एक नाभिकीय शक्ति सम्पन्न राष्ट्र है ही। राष्ट्रपति बुश का इस सच्चाई को मान्यता देना, भारत के साथ असैनिक मामलों में सहयोग की संधि, और इंटरनेशनल ऐटॉमिक एनर्जी एजेंसी में इस तथ्य की पुष्टि से भी इस बात के संकेत मिलते हैं कि दुनिया कहां से कहां पहुंच गई है।

लेकिन यहां कुछ विरोधाभास सामने आते हैं। इनमें सबसे प्रमुख है भारत का औपचारिक रूप से अपनाए हुए किसी 'नाभिकीय सिद्धांत' का न होना। कारगिल के संघर्ष की समीक्षा के बाद एक 'स्ट्रैटिजिक फ़ोर्सेज़ कमांड' का गठन ज़रूर किया गया, लेकिन प्रधानमंत्री वाजपेयी के पहली बार अपने भाषण में भारत की नाभिकीय नीति की अनौपचारिक घोषणा के बाद और किसी सिद्धांत का प्रतिपादन नहीं किया गया है। नेशनल सिक्योरिटी काउंसिल यानी राष्ट्रीय सुरक्षा परिषद ने अवश्य इस विषय पर विचार करके एक दस्तावेज़ तैयार किया है जिसे परिशिष्ट '7' के रूप में दिया जा रहा है, लेकिन इसपर सरकार द्वारा कभी औपचारिक चर्चा नहीं की गई है। इसलिए, इसपर अब तक किसी अधिकारी की मोहर नहीं लगी है, जिसके चलते यह दस्तावेज़ बहस के मुद्दे से ज़्यादा कुछ नहीं है।

'ऑपरेशन शक्ति' के कोई डेढ़ दशक बाद अब बदली हुई वैश्विक परिस्थितियों में जिन नाभिकीय मामलों में जो रुख़ अपनाया गया था, उसपर एक बार फिर से नज़र डालने की ज़रूरत है।

'ग्लोबल ज़ीरो' एक उत्कृष्ट और प्रेरणाप्रद उद्देश्य है जिसे प्राप्त करने की दिशा में सारी दुनिया को कोशिश करनी चाहिए। क्या भारत नाभिकीय अस्त्र रखने और उन्हें इस्तेमाल न करने की कसम खाने का एकतरफ़ा ऐलान कर सकता है? नहीं, ऐसा एकतरफ़ा ऐलान नहीं किया जा सकता, बिलकुल वैसे ही जैसे तब तक सी. टी. बी. टी. यानी कॉम्प्रिहेंसिव न्यूक्लियर टेस्ट बैन ट्रीटी पर तब तक हस्ताक्षर नहीं किए जा सकते, जब तक कि बिना किसी अपवाद के सभी स्वीकार करने को तैयार न हों। इतनी सुस्पष्ट नीतिगत स्थिति के बावजूद भारत को दुनिया को व्यापक पैमाने पर तबाही मचाने वाले हथियारों से छुटकारा दिलाने और तमाम देशों के बीच हथियारों की होड़ के ख़िलाफ़ आवाज़ उठाते रहना होगा।

जिन बातों पर अभी चर्चा की गई उनमें से जिनपर फिर से विचार करने और गहराई से पड़ताल करने की ज़रूरत है, वह हैं—नाभिकीय अस्त्रों के इस्तेमाल को रोकने के लिए पैदा किए गए डर की अवधारणा, और अस्त्रों के संदर्भ में 'कम से कम' निर्धारित करने का कोई पैमाना स्थापित करना। इसका आकलन अस्त्रों की संख्या के आधार पर होगा, या ख़तरा होने पर पलटकर धमकाने की क्षमता पर?

इसी तरह, 'डराकर रोकने वाले' या 'डराकर रोकने' की क्रिया को फिर से समझना होगा। जैसा कि इसे बयां किया गया, इस संकल्पना का संदर्भ एक 'राष्ट्र'

से है जिसे डराकर दूर रखना है ताकि वह हमला करने की हिम्मत न कर सके। और वहां से शुरू करके एक के बाद एक तर्कसंगत कदमों का एक पूरा सिलसिला आगे बढ़ता है—'डराकर रोकने वाले'—कारकों की संख्या का, उनकी ख़ूबियों का। संवाहक; धमकी को अपने लक्ष्य तक पहुंचाने वाले संवाहक, उन्हें पहुंचाने वाले—मिसाइल, उनकी क्षमता, और उसके बाद उनके निपटने के उपाय। और सिर्फ़ यह उन्हें ही नहीं करना है जिन्हें इसकी ज़िम्मेदारी सौंपी गई है, हमारे पूरे समाज को उसके आयामों और विस्तार से परिचित होना चाहिए। क्योंकि वास्तव में युद्ध, चाहे वह गैर-नाभिकीय, सामान्य या पारंपरिक किस्म का युद्ध हो—युद्ध का सारा दारोमदार बेकसूर इंसानों और इंसानी समाज पर ही तो टिका होता है।

डराकर या धमकाकर हमला करने से रोकने की क्रिया सिर्फ़ कुछ समय के लिए 'कुछ घटने' से रोकने की क्रिया है। आप उसे कैसे रोकेंगे जो ख़त्म होने के इरादे से आत्महत्या करने को आमादा हो, क्योंकि उसे तो खुद को ख़त्म कर लेने में ही मोक्ष या मुक्ति मिलती नज़र आती है? ऐसे में, और जहां कहीं किसी राष्ट्र को छोड़, किसी अन्य के हाथ किसी तरह सिर्फ़ कामचलाऊ या अधबने या बुरी नीयत से उपलब्ध कराए गए बम भी लग जाएं—बल्कि यहां बहुवचन में बात करने के बजाय हम यह भी कह सकते हैं कि एक भी बम मिल जाए तो भी उससे लैस किसी भी व्यक्ति को लेकर ऐसे सवाल उठने लगते हैं जिनके जवाब 'सिर्फ़ डराकर हमले का खतरा टालने' वाले सिद्धांतों में भी नहीं मिलते। ऐसी संभावनाओं से निपटने के लिए कोई सरल और भरोसेमंद नीति नहीं है जिससे काम चलाया जा सके। इतना ही तर्क से परे है सामरिक रूप से उपयोगी नाभिकीय अस्त्रों का विकास; क्योंकि उसमें भी अल्पविकसित समझ झलकती है, कम से कम दक्षिण एशियाई संदर्भ में।

भारत और पाकिस्तान के संदर्भ में देखा जाए तो नाभिकीकरण में 'घृणा के जादू' का सार रचा-बसा है। इससे ट्रोट्स्की की मनहूस चेतावनी—"हो सकता है कि युद्ध में आपकी दिलचस्पी न हो, लेकिन युद्ध की आप में दिलचस्पी हो।" की एक तरीके से पुष्टि होती है। नीति निर्धारकों के सामने यह सबसे बड़ी दुविधा होती है। इससे पार पाने के लिए बीते हुए युगों जैसी पिछड़ी प्रतिक्रियाओं की नहीं, बल्कि ऐसी शक्तिशाली दूरबीनों की ज़रूरत होती है जिनसे आने वाले कल से भी आगे देखा जा सके। मेरी समझ से, दक्षिण एशियाई मायनों में, यह हमारा सबसे महत्त्वपूर्ण मामला है। यह हम सब की ज़िम्मेदारी है कि हम यह कहें कि यह मामला सिद्धांतों पर चलने वालों से संबंधित है, जो या तो खुद को टेक्नोलॉजी (नाभिकीय शक्ति भी आख़िर वही तो है) के बहाव में बहने से न बचा पाने के कारण कुछ बहुत बुरा कर सकते हैं, या फिर ऐसी राजनीतिक कल्पनाओं में बहुत गहरे चले जाएंगे जिनकी रोकथाम का कोई उपाय न किया जाए, तो वह हमें एक दूसरे को तबाह करने की दिशा में बहुत आगे तक पहुंचा देंगी। एक दिल को छू लेने वाला उदाहरण है जिसमें पहला ऐटम बम बनाने वाले वैज्ञानिकों के पुनर्मिलन

के अवसर पर, 86 वर्षीय इसीडॉर राबी ने यह कहा, "तमाम राष्ट्र आज ऑस्वित्ज़ की भट्टियों के सामने हैं, और हम इन भट्टियों को और ज़्यादा असरदार बनाने की कोशिश में लगे हैं।" चाहे वह पारंपरिक, नाभिकीय या नवीनतम, 'रासायनिक युद्ध' की बात हो, भारत-पाक संदर्भों में हम ठीक ऐसी ही दुविधा भरी स्थिति से कितनी दूर हैं? इससे बस कुछ ही कम चिंताजनक हैं राजनीतिक बयानों की वह प्रतिध्वनियां जिनमें 'बचाव के लिए किए जाने वाले हमलों की वकालत' के लिए सम्मति और नाभिकीय रूप से सक्षम दक्षिण एशिया को स्वीकार करने के लिए तैयार होने जैसी बातें होती हैं। नाभिकीय हथियार सिर्फ़ युद्ध में इस्तेमाल होने वाले उपकरण नहीं हैं, वह पौरुष के प्रतीक बन गए हैं। नीति बनाने वालों को जहां पहले नाभिकीय सशस्त्रीकरण से घृणा होती थी, आज वे ही इसका शक्ति के प्रतीक के रूप में ज़ोरदार समर्थन कर रहे हैं। ऐसा करना न सिर्फ़ एक किस्म की संवेदनहीनता है, वह जो बड़े पैमाने पर 'मौत और तबाही के तांडव' का पक्ष लेने को तैयार है। साथ ही यह एक घटिया दर्जे के 'पलायनवाद' का एक रूप भी है, जिसका ऐसी नीतियां अपनाने पर ज़ोर है जिनके लिए शायद किसी को ज़िम्मेदार नहीं ठहराया जा सकता। ऐसे में, इस बात पर ताज्जुब नहीं होना चाहिए कि *बुलेटिन ऑफ़ ऐटॉमिक साइंटिस्ट्स* अपनी प्रलय की घड़ी की सुइयों को हर बार रात के बारह बजे वाली स्थिति की तरफ़ बढ़ाता जा रहा है। टेक्नोलॉजी के विकास के साथ अपनी सोच के आधार की परख करने में नाकामी हमें तबाही की ओर धकेल रही है। इस बहस को विशेषज्ञों के दायरे से निकालकर आम भारतीय जन के बीच लाने की ज़रूरत है, ताकि उन मुद्दों पर खुलकर बहस की जा सके जिनके बारे में विशेषज्ञों ने भी स्पष्टीकरण नहीं दिया है।

ऐसे माहौल में, भारतीय विदेश नीति और राष्ट्रीय कूटनीति आसान नहीं; और, सीधी और स्पष्ट तो बिलकुल भी नहीं है। नाभिकीय शक्ति के सवाल की जटिलता में आज के इस दौर की छवि देखने को मिलती है जिसमें हम जी रहे हैं, और इसका कोई हल निकालने के लिए हमें तमाम शर्तों में बंधकर शासन कला का सहारा लेना होगा। हम ऐसे दौर से गुज़र रहे हैं जब तमाम राष्ट्रों के अपने अंदरूनी मसले एक दूसरे से इतने जुड़े हैं जितने मानव इतिहास में पहले कभी नहीं थे। अब हम दूसरों से अलग होकर रहने की संभावना के बारे में भी नहीं सोच सकते। ऐसे में, हरेक राष्ट्र को इस बात का एहसास होना चाहिए कि वह जो कुछ भी करता है, उसकी जानकारी सार्वभौमिक हो जाती है, जिसके चलते वह अपने पड़ोसियों पर अपनी हर हरकत के प्रभाव के बारे में बिना सोचे-विचारे कोई निर्णय नहीं ले सकता। इस तरह, देखा जाए तो, हम एक ऐसे युग में हैं जो किसी भी फ़ैसले के पीछे हमारी एक-दूसरे पर निर्भरता का दौर है, और इस तरह यह दौर एक-दूसरे पर निर्भर ज़िम्मेदारियों का भी दौर है। ज़ाहिर है, कोई भी निर्णय लेते समय, चाहे वह राजनीतिक हो, आर्थिक हो, या सामरिक हो, भारत दूसरों का मुंह नहीं देख सकता, लेकिन एक क्षेत्रीय ताक़त होने के नाते हमें क्षेत्रीय

हितों के प्रति अपनी ज़िम्मेदारी का परिचय देने के साथ सार्वभौमिक लक्ष्यों के बारे में भी सोचना होगा। भारत के राष्ट्रीय हित और सुरक्षा संबंधी ज़रूरतें क्षेत्रीय ज़रूरतों, क्षेत्रीय आशंकाओं और मनोभावों को समझे बिना पूरी नहीं हो सकतीं। क्या हमें इस चुनौती का एहसास है? क्या हम इसका सामना कर सकते हैं? यह भी इक्कीसवीं सदी की नाभिकीय उलझनों का अहम हिस्सा है।

8

नई सहस्राब्दी की चुनौतियां

बीसवीं सदी का अंत नज़दीक आने के साथ दिल्ली में सरकार बदल गई। प्रधानमंत्री नरसिंह राव के नेतृत्व वाली कांग्रेस सरकार ने सफलतापूर्वक अपना कार्यकाल पूरा किया, और इसके बाद 27 अप्रैल से 7 मई 1996 के बीच तीन चरणों में चुनाव हुए। इनके परिणामस्वरूप जो सरकार बनी वह अल्पायु थी—16 मई से 1 जून 1996 के बीच चली, और फिर सरकार ने सदन में बहुमत के बिना वैध न होने के कारण इस्तीफ़ा दे दिया।

तीन अल्पजीवी सरकारों के बाद देश को फिर मतदान का रास्ता पकड़ना पड़ा। 1998 के चुनावों के बाद अगली सरकार बीजेपी ने बनाई। संसद में एक वोट से बहुमत खोने के फलस्वरूप फिर चुनावों का सहारा लेना पड़ा। बीजेपी एक बार फिर विजयी दल के रूप में उभरी, सितंबर 1999 में।

यह एक अहम टिप्पणी है कि जैसे 1996 से 1998 के बीच का समय राजनीतिक उथल-पुथल और अनिश्चितता का दौर था, वैसे ही मार्च 1999 से दिसंबर 2001 के अंत तक का समय स्पष्टता, निश्चितता और नई शासन व्यवस्था का दौर था।

यही वह समय था जिसमें 1998 के नाभिकीय परीक्षण संपन्न हुए और विश्व स्तर पर इसका असर देखने को मिला; मुख्य रूप से अमरीका के लगाए आर्थिक और राजनीतिक प्रतिबंधों का सामना करना था; देश की अर्थव्यवस्था ने किसी तरह काम चलाया और पाकिस्तान के साथ-साथ अमरीका से संबंध सुधारने की दिशा में नितांत अभिनव क़दम उठाए गए।

अगले पृष्ठ पर दी गई उस समय के घटनाक्रम की इस तालिका को सरसरी नज़र से देखने भर से पता चल जाता है कि वह समय कितना महत्त्वपूर्ण था :

घटनाएं	तारीख़, महीना और साल
लाहौर बस यात्रा	16 मार्च, 1999
कारगिल युद्ध	मई से जुलाई, 1999
कंधार विमान अपहरण (आई सी 814)	24 दिसंबर, 1999
आगरा शिखर वार्ता	14-16 जुलाई, 2001
जम्मू और कश्मीर विधानसभा पर हमला	1 अक्तूबर, 2001
संसद भवन पर हमला	13 दिसंबर, 2001

इन घटनाओं की विस्तृत व्याख्या और इन पर टिप्पणी व्यक्तिगत वर्णन का रूप ले सकती है। एक हद तक तो इससे बचा नहीं जा सकता, क्योंकि चीन और पाकिस्तान के साथ क्रमशः 1962 और 1965 की लड़ाइयों के विपरीत, ऊपर दी गई तालिका की घटनाओं में मुझे, मेरे ऊपर ज़्यादा सीधे उत्तरदायित्व की वजह से व्यक्तिगत रूप से कहीं ज़्यादा दखल देने की ज़रूरत पड़ी।

अमृतसर से लाहौर की बस

अमृतसर से लाहौर के लिए यह बस वास्तव में 1998 की गर्मियों में न्यूयॉर्क में हुई संयुक्त राष्ट्रसंघ असेम्बली से चली थी।

प्रधानमंत्री वाजपेयी ने मियां नवाज़ शरीफ़, जो कि उस वक़्त पाकिस्तान के प्रधानमंत्री थे, को दोस्ताना अंदाज़ में विचारों के आदान-प्रदान के लिए आने का न्योता दिया। इस लगभग अनौपचारिक-सी मुलाकात के दौरान प्रधानमंत्री वाजपेयी के पाकिस्तान जाने की बात उठी तो प्रधानमंत्री नवाज़ शरीफ़ ने उसका गर्मजोशी से स्वागत किया। मैंने उम्मीद जताई कि यह दौरा जब किया जाए तो वह एक ऐसे अनूठे अंदाज़ में होना चाहिए और उससे नई राह निकलनी चाहिए। तभी उस वक़्त मेरे बायें बैठे विवेक काटजू, जो उन दिनों पाकिस्तान डेस्क पर ज्वाइंट सेक्रेटरी थे, फुसफुसाकर बोले, "इन्हें सुझाइए कि अमृतसर से बस से सफ़र करें।" मैंने ऐसा ही किया। इस विचार ने आग पकड़ ली, और दोनों प्रधानमंत्रियों ने उसी वक़्त इसके लिए हामी भर दी। इस तरह लाहौर की बस यात्रा की एक सोच के रूप में शुरुआत हुई। इसका बीज पड़ गया, तो चुनौती यह थी कि दोनों देशों की अफ़सरशाही कहीं इस 'शांति बस' की हवा न निकाल दे।

लाहौर बस की योजना को पूरी तरह से सड़क तक लाने में कई महीने लग गए, जैसा कि उच्च-स्तरीय कूटनीतिक यात्राओं में होता ही है। मुख्य रूप से इसलिए, क्योंकि ब्रिटिश हमें जो अधिकारी तंत्र देकर गए थे, हमने उसे किसी बेहद मामूली सी चीज़ तक को और कहीं ज़्यादा पेचीदा बनाने की अपनी ज़बरदस्त काबलियत से बहुत ज़्यादा पेचीदा बना डाला। अक्तूबर 1998 में विदेश सचिव रघुनाथ की

इस्लामाबाद यात्रा के दौरान नवाज़ शरीफ़ ने विदेशमंत्री सरताज अज़ीज़ और विदेश सचिव शमशाद अहमद की मौजूदगी में लाहौर बस की बात को आगे बढ़ाने को लेकर सवाल किया। रघुनाथ हिचकिचाए, क्योंकि पाकिस्तान के अधिकारियों को यह विचार रास नहीं आया था। सरताज अज़ीज़ ने तब उन्हें बताया कि इस पर अभी काम चल रहा है। तब नवाज़ शरीफ़ ने अफ़सोस जताया कि दो प्रधानमंत्रियों ने मिलकर जो फ़ैसला लिया था, उस पर भी तेज़ी से अमल नहीं किया गया। उसके बाद तो हर तरफ़ पहले से कहीं ज़्यादा मुस्तैदी से काम होने लगा। जो एक साधारण-सा अधिकारी स्तर का फ़ैसला था, उसपर जब आदेश जारी हो गया, तो वही एक जटिल कई मंत्रालयों की तालमेल से होने वाला काम बन गया।

आख़िरकार, फरवरी 1999 में, लाहौर की बस रवाना होने के लिए तैयार थी। प्रधानमंत्री वाजपेयी को उसकी पहली यात्रा का उद्घाटन करना था। दूरी और समय को ध्यान में रखते हुए उन्हें सुझाया गया कि अमृतसर तक विमान से जाकर, वहां से वाघा तक का सफ़र बस से कर लें, और 20 फरवरी 1999 को हमने यही किया।

अमृतसर में स्वागत करने वालों की लंबी कतार थी; चेहरों पर फैली मुस्कराहट और जोश, और पीठ पर हाथ मारकर बात करने वाली पंजाबी अनौपचारिकता। हम एक के बाद एक भांगड़ा[1] नर्तकों की टोलियों को पीछे छोड़ते आगे बढ़ते गए। महिलाओं की टोलियां गिद्दा[2] कर रही थीं। फिर प्रधानमंत्री वाजपेयी बस में चढ़े। माहौल में ऐसा जोश था कि उसे काबू में रखना मुश्किल था। प्रधानमंत्री के साथ जो दल बस से जा रहा था, वह जीवंतता और भौगोलिक विविधता, सुंदरता और समझ के लिहाज से समूचे भारत का प्रतिनिधित्व कर रहा था। मिसाल के तौर पर, हमारे साथ थे, देव आनंद (आह! जो अब नहीं रहे...) पुराने अभिनेता, जो जवानी की दहलीज़ पर क़दम रखने के साथ पश्चिमी पंजाब में अपने घर से निकल पड़े थे, और थीं बेहद प्रतिभाशाली नृत्यांगना मल्लिका साराभाई। जैसे ही बस आगे बढ़ी, माहौल में जोश और ज़्यादा बढ़ता गया। अमृतसर से अटारी[3] के रास्ते में, सड़क के दोनों ओर, सारे रास्ते आदमी और औरतें, लड़के और लड़कियां लगातार हाथ हिला-हिला कर ऊंची आवाज़ में नारे लगाते हुए ख़ुशी का इज़हार कर रहे थे। वाघा तक का सफ़र चालीस मिनट में पूरा किया जाना तय था, लेकिन ऐसा लगा जैसे उसके एक छोटे-से हिस्से में ही पूरा हो गया। पाकिस्तान के समय के मुताबिक शाम के चार बजकर दस मिनट पर प्रधानमंत्री वाजपेयी अपने साथ भारतीय नागरिकों के बाईस प्रतिनिधियों के साथ सीमा की चेक-पोस्ट तक जा पहुंचे थे। वाघा में जब फाटक खोले गए, तो संवाददाताओं ने अपनी कलम की लगाम ढीली छोड़ दी—''प्रधानमंत्री अटल बिहारी वाजपेयी और नवाज़ शरीफ़, ने आज दोस्ती के दरवाज़े खोलकर नफ़रत की उस दीवार को गिरा दिया जो पिछले इक्यावन साल से भारत-पाक संबंधों की प्रतीक बन चुकी थी।'' सरहद पर सीमा चौकी के उस पार पहुंचे तो वहां नवाज़ शरीफ़ अपने भाई शाहबाज़ के साथ, जो उस समय पाकिस्तान के पंजाब प्रांत के गवर्नर थे, विदेश सचिव शमशाद अहमद और दूसरे लोगों के

साथ वहां खड़े मिले। हमारा वहां पहुंचना एक शिष्टाचार का हिस्सा था, इसलिए वहां बंदूकों और सेना की टुकड़ी की सलामी से स्वागत करने का इंतज़ाम था। रस्मी तौर पर शस्त्रों से सलामी दी गई और दोनों देशों के राष्ट्रीय गीत बजाए गए। यह सब कुछ ऐसा जाना-पहचाना सा, एक जैसा, लेकिन अलग-अलग लग रहा था। कम से कम मेरी आंखों को तो अटारी को वाघा से अलग करने वाले ये फाटक बिलकुल ग़ैर-ज़रूरी लग रहे थे।

'दक्षिण एशिया के इतिहास में यह पल एक नया मोड़ लाने वाले हैं और हम इस चुनौती का सामना करने में सक्षम होंगे,' भारतीय प्रधानमंत्री ने कहा, 'इक्कीस साल के अंतराल के बाद मैं ख़ुद को पाकिस्तान की ज़मीन पर पाकर बेहद ख़ुशी महसूस कर रहा हूं।' वह ठहरे, फिर भावनाओं में डूबकर आगे बोले–'मैं अपने साथ अपने साथी भारतीयों की शुभकामनाएं और उम्मीदें लेकर आया हूं जो चाहते हैं कि पाकिस्तान के साथ हमारे रिश्तों में स्थायी रूप से शांति और मेलजोल बना रहे। मैं प्रधानमंत्री शरीफ़ के साथ एक सार्थक कार्यक्रम के तहत बातचीत की उम्मीद कर रहा हूं।' बाद में जारी एक बयान में प्रधानमंत्री वाजपेयी ने कहा कि 'कश्मीर समेत सभी लंबित मुद्दों पर निरंतर बातचीत' का भारत स्वागत करता है। जटिल लंबित मुद्दों के हल सिर्फ़ पूर्वाग्रह रहित वातावरण में संतुलन, संयम और सच्चाई के रास्ते पर चलकर ही तलाशे जा सकते हैं। मुझे पक्का विश्वास है कि हमारे द्विपक्षीय संबंधों में कुछ भी ऐसा नहीं है जिसे कभी भी हिंसा के ज़रिए हल किया जा सके।' अपनी डायरी में मैंने उस दिन यह दर्ज किया :

> सेना का हेलिकॉप्टर–इसमें कोई शक नहीं कि स्पेशल फ़ोर्सेज़ का, क्योंकि जो कर्नल हमें उसमें उड़ाकर ले गया वह सिर पर पैराट्रूपर वाली लाल बेरेट पहने था–उसने आसानी से उड़ान भरी और बिलकुल आराम से हमें लाहौर पहुंचा दिया–और वहां सीधे पंजाब के गवर्नर के निवास के लॉन में ले जाकर हमें उतारा।
>
> वाघा से उड़ान भरने के बाद जब मैंने नीचे उपजाऊ ज़मीन, मिट्टी निकलने के बाद के गड्ढे और ईंटों के भट्टे देखे, तालाबों में भैंसों को देखा, तो उस ऊंचाई से भी बिलकुल वही फच-फच दिखाई दे रही थी, और, महसूस हो रही थी। फ़र्क क्या है?

खुले आसमान में रंग-बिरंगी छोटी-बड़ी पतंग [4] उड़ रही थीं। पहले मुझे लगा कि वह परिंदे हैं, लेकिन मैंने फिर से देखा, क्योंकि वह इधर-उधर से उड़कर निकल नहीं जा रही थीं, बल्कि हमारी उड़ान के रास्ते के इधर-उधर जैसे आराम से तैर सी रही थीं। और हमारे पायलट उनके बीच में से जगह बनाते, बिलकुल भी परेशान हुए बिना जा रहे थे। जब हम उतरने वाले थे, तब उन्होंने इंटरकॉम पर अपने सहयोगी हवलदार [5] से दरवाज़ा खोलकर हेलिकॉप्टर से बाहर झांककर यह देखने

को कहा कि लॉन के किनारों पर खड़े पेड़ों और हेलिकॉप्टर के बीच पर्याप्त जगह है या नहीं। और हवलदार ने वैसा ही किया। मैं दरवाज़े के साथ ही बैठा पायलट को पूरे विश्वास से उड़ान भरते देख रहा था, तभी मेरे बगल में बैठे पंजाब के गवर्नर ने मुझसे पूछा कि उड़ान भरने में मैं कैसा हूं, तो मैंने उनकी बात पर ज़्यादा ध्यान दिए बिना जवाब में कंधे उचका दिए, और उन्होंने कहा—'देखिए, मैं ज़्यादा नहीं सोचता, सब कुछ ख़ुदा के हाथ में छोड़ देता हूं।' तब मन ही मन मैंने उनकी बात का जवाब दिया—'वही तो हम कर रहे हैं, और नहीं तो क्या?'

गवर्नर के निवास से मैं नहाने और कपड़े बदलने आया। बातचीत को लेकर अग्रिम दल ने जिस तरह का रवैया अपनाया हुआ था, उससे मैं संतुष्ट नहीं था। मैं उनके साथ बैठकर इस सब पर उनसे बातचीत करना चाहता था। फिर हमारे उच्चायुक्त ने कानून और व्यवस्था की संभावित दिक्कतों के बारे में बात की, और हालांकि वह महज़ अपना फ़र्ज निभा रहे थे, लेकिन उनके इस तरह होशियारी बरतने से मुझे खीज हो रही थी, चाहे यह ग़लत ही सही। समय का ध्यान रखते हुए मैं गवर्नर के निवास पर वापस आ गया।

लेकिन देर लग रही थी, उच्चायुक्त आख़िर ठीक ही कह रहे थे, लेकिन यह कोई समझा नहीं पा रहा था, या शायद समझाना नहीं चाहता था कि क्यों। और, इस तरह हमने इंतज़ार किया, और इंतज़ार किया जब तक कि प्रधानमंत्री ने मुझे अपने सुईट में बुलाने के लिए किसी को भेज नहीं दिया। जमात-ए-इस्लामी ने हमारे दौरे के विरोध में कुछ जगह सड़कों पर प्रदर्शन किए थे। जमात की तरफ़ से जानबूझ कर कुछ तनाव भी फैलाया गया था।

आख़िर में, जब हम वापस लौटने के लिए चले, तो सड़कों पर माहौल शांत हो चुका था, लेकिन सिर्फ़ एक हद तक, क्योंकि जमात ने दुकानें अब भी जबरन बंद करवा रखी थीं। हालांकि तब रात के नौ बज चुके थे, और अंधेरा था, लेकिन जगह-जगह लोग छोटे-छोटे समूह बनाकर खड़े आपस में बातें करते दिखाई दे रहे थे, जो कि दक्षिण एशिया के किसी भी शहर में आम है। दुर्भाग्य से किले[6] में सारा इंतज़ाम उल्टा-पुल्टा हो गया था, इसलिए नहीं कि इंतज़ाम ठीक से किया नहीं गया था, बल्कि हर चीज़ की इफ़रात थी और फ़ौजी मुस्तैदी की भी कोई कमी नहीं थी, लेकिन दिक्कत यह थी कि मेहमान और मिलने-जुलने वाले भी कुछ ज़्यादा ही थे। व्यवस्था चरमराई जा रही थी। सारे दक्षिण एशिया में अकसर ऐसा ही होता है। लेकिन साज-सज्जा बेजोड़ थी। उस जगह खाने का इंतज़ाम, और रुलाने वाले पुरानी हिंदी फ़िल्मों के गीतों, सन् '50 और '60 के दौर की धुनें बजाते पुराने ज़माने के साज़िंदे, माहौल को कुछ ज़्यादा ही भावुक-सा बना रहे थे, लेकिन पंजाबी जोश में कहीं कोई कमी नहीं आई। इसके अलावा, बहुत ज़्यादा मेहमानों को बुलावा भेजा गया था, या फिर कुछ ज़्यादा ही लोग आ गए थे क्योंकि वह शालीमार बाग़[7] के पूरे लॉन पर फैल गए थे, जहां सत्रहवीं सदी की शुरुआत में शाहजहां[8] ख़ुद रहा करते थे। खाना पंजाबी था तो उसे परोसा भी उसी जोश

के साथ जा रहा था। माहौल में जोश छाया हुआ था, शायद ऐसा माहौल बनाने के लिए जो पहले से तैयारी की गई थी, उसकी वजह से, या उसके बावजूद। इससे अनूठी और इससे अच्छी शुरुआत और किसी तरह शायद ही हो सकती थी। रात के पौने दो बजे के बाद कहीं मैं सो सका।

अगली सुबह, 21 फरवरी 1999, सब कुछ पहले जैसा हो गया, जैसा कि अकसर होता है। बचे हुए मुद्दों पर भी द्विपक्षीय समझौते हो गए। हमने सारी बातों को समेटकर तीन दस्तावेज़ तैयार किए—द लाहौर डिक्लेयरेशन; दोनों प्रधानमंत्रियों का साझा ऐलान; और दोनों विदेश सचिवों के बीच *मेमोरैंडम ऑफ़ अंडरस्टैंडिंग*। उस वक्त तक माहौल बेहद उल्लास भरा हो चुका था। दोपहर में, बगीचे में एक पार्टी हुई जो एक पब्लिक मीटिंग भी थी, जिसमें वाजपेयी पहले से लिखी हुई सामग्री के बिना भावनात्मक जुड़ाव के साथ बोले। अपने बोलने के बेहतरीन अंदाज़ में, धारा-प्रवाह। उन्होंने शांति, सद्भाव और सहमति की बात की। "हम जंग नहीं होने देंगे। हमें फिर से ख़ून नहीं बहाना है।" उनके यह कहने पर लोगों ने ज़ोरदार तरीके से, रह-रह कर तालियां बजाते हुए उनकी बात का स्वागत किया, क्योंकि वहां मौजूद लोग भी यही चाहते थे कि इतने समय से चले आ रहे इस पागलपन, इस दुश्मनी का किसी तरह अंत हो। बहुत अच्छा एहसास हो रहा था, मुझे व्यक्तिगत रूप से भी, यह सोचकर कि हम भारत-पाक संबंधों को बेहतर बनाने की दिशा में कुछ योगदान दे पा रहे हैं, जिसका असर शायद हमेशा रहेगा। इसके बाद हुई प्रेस कॉन्फ्रेंस में उम्मीद से ज़्यादा भीड़ थी, भरने के बाद छलकने जैसा हुजूम। नवाज़ शरीफ़ ने सीधे-साफ़ शब्दों में यह कहा—'मैंने पाकिस्तान में ऐसी प्रेस कॉन्फ्रेंस पहले कभी नहीं देखी।'

कुछ बातें हैं जो मुझे लाहौर की उस ऐतिहासिक यात्रा के अपने इस आधे-अधूरे से लगने वाले विवरण में जोड़नी चाहिए, वह बातें जो मेरी डायरी में उस दौरान दर्ज हुई थीं। लाहौर और अमृतसर शायद ऐसे दो शहर हैं जहां के लोगों में आज भी विभाजन को लेकर दिल को छू लेने वाले भाव हैं। इन शहरों के बीच यही कोई बीस-पच्चीस किलोमीटर की दूरी है, और इसीलिए इन शहरों के बाशिंदे आज भी उन बीते दिनों को याद किया करते हैं जब वह दोनों शहरों के बीच अकसर तांगे[9] से आया-जाया करते थे। यही वजह है कि प्रधानमंत्री वाजपेयी की यात्रा ने इतने ज़्यादा लोगों का ध्यान खींचा। वाजपेयी से पहले जवाहरलाल नेहरू जो 1960 में *इंडस वॉटर्स ट्रीटी*[10] यानी सिंधु नदी के पानी के बंटवारे के संबंध में समझौते पर हस्ताक्षर करने के लिए गए थे, इस बीच और किसी भारतीय प्रधानमंत्री ने लाहौर की यात्रा नहीं की। राजीव गाँधी 1989 में पाकिस्तान गए थे, लेकिन वह इस्लामाबाद गए थे। प्रधानमंत्री वाजपेयी को इस बात का हमेशा श्रेय जाएगा कि उन्होंने अपनी कल्पना को अंजाम देते हुए अटारी और वाघा के फाटक, हमेशा के लिए न सही, लेकिन कम से कम प्रतीक रूप में तो खुलवा ही दिए। यह कम से कम गुज़रे ज़माने की याद में वाघा पर महज़ मोमबत्तियां जलाने से बेहतर

ही था। उन्होंने जो तरीका अपनाया, वह पहले की गई किसी भी कोशिश के मुकाबले शांति का कहीं ज़्यादा असरदार संदेश था। गवर्नर हाउस में दिए गए भोज में प्रधानमंत्री वाजपेयी ने कहा—'अब जब हम नई सहस्राब्दी की ओर बढ़ रहे हैं, भविष्य हमें अपनी तरफ़ बुलाने के लिए इशारा कर रहा है। वह हमारा ध्यान अपनी तरफ़ खींच रहा है, बल्कि हमसे मांग कर रहा है कि हम अपने बच्चों के बच्चों, और उनके बच्चों, और आने वाली नई पीढ़ियों की भलाई के बारे में सोचें।' और यही वह सोच थी, जिसपर उनके सारे काम आधारित थे।

हमें मालूम था कि इस क़दम का पाकिस्तान में, भारत की तरह, विरोध होना तय था। हमें मालूम था कि शांति के इस जोखिम भरे सफ़र में रुकावटें और मुश्किलें आएंगी, और हमें डग भरते हुए उन्हें लांघते जाना होगा। प्रधानमंत्री वाजपेयी ने जब इस यात्रा की चर्चा की, उनकी बातों में दूरदर्शिता और आने वाले वक़्त की समझ साफ़ नज़र आती थी। प्रधानमंत्री नवाज़ शरीफ़ ने भी इसी रास्ते पर सफ़र करने पर सहमति जताकर हिम्मत दिखाई। यही वजह थी कि लाहौर में, पाकिस्तान के पंजाब प्रांत के गवर्नर्स हाउस के शानदार लॉन में वाजपेयी ने यह कहा—'हम जिस बस से आए हैं, अगर यह बस सिर्फ़ बस होती, अगर बस सिर्फ़ लोहे और इस्पात से बनी एक गाड़ी होती, तो दोनों मुल्कों में, बल्कि दोनों मुल्कों में ही क्यों, सारी दुनिया में इतनी हलचल नहीं पैदा करती।' वाजपेयी ने इस दिल्ली-लाहौर बस को मनोभावों और जज़्बात की बस बताया। इस विचार पर उनका बेहद गर्मजोशी से तालियों की गड़गड़ाहट के साथ ज़ोरदार स्वागत किया। यही दरअसल भारत और पाकिस्तान के रिश्तों का सार है, क्योंकि इनके रिश्ते के सभी पहलू भावनाओं से इस कदर जुड़े हैं, जिसकी वजह से दोनों के बीच इतनी दुश्मनी हो सकती है, तो उतना ही भाईचारा भी हो सकता है, भारी उम्मीदें हो सकती हैं और डूबने जैसी निराशा। बहुत कुछ बुल्ले शाह के सूफ़ी कलाम की तरह, जिसमें उन्होंने एक जगह साथ-साथ हंसने और आंसू बहाने की बात की है, अपने उस बेजोड़ रूहानी कलाम में जिसमें सत्रहवीं सदी के इस सूफ़ी संत-कवि की ख़ुदा तक पहुंचने की ललक जगह-जगह झलकती है।

20 फरवरी को जब हम लाहौर की तरफ़ बढ़ रहे थे, हमारे पास ख़बर पहुंची कि आतंकवादियों ने जम्मू और कश्मीर के राजौरी ज़िले के बजराला गांव में एक बारात में शामिल सात लोगों को मार डाला है। एक और वारदात में, इसी जिले कालाकोट पुलिस थाना क्षेत्र के खुदबनी गांव में चार लोगों की हत्या कर दी गई। एक और, यानी कि तीसरी वारदात हुई ऊधमपुर ज़िले में जहां के बड़ियानी गांव में नौ लोगों को आतंकवादियों ने मौत के घाट उतार दिया। पता नहीं किस रास्ते पर चल रही ऑल पार्टी हुर्रियत कॉन्फ्रेंस ने प्रधानमंत्री अटल बिहारी वाजपेयी की लाहौर यात्रा के विरोध में हड़ताल का ऐलान किया। उधर लाहौर में, जैसा कि हमने देखा, कि जमात-ए-इस्लामी ने राजकीय भोज में रुकावटें पैदा करने की कोशिश कीं, जिससे भोज में देर हुई। यह सब इसलिए किया जा रहा था कि इस यात्रा

का मक़सद हल न हो, लेकिन इसमें उन्हें कामयाबी नहीं मिली, और दोनों देशों के प्रधानमंत्रियों ने लाहौर डिक्लेयरेशन पर दस्तख़त किए, जिसका मक़सद था दोनों देशों को, जम्मू और कश्मीर समेत सभी पुराने मुद्दे हल करने की दिशा में कोशिश तेज़ करना। प्रधानमंत्री के इस लाहौर दौरे को भारत और दुनिया के दूसरे मुल्कों में ख़ूब सराहा गया।

उसी साल अप्रैल में, न जाने कैसी अजीब बदकिस्मती से, वाजपेयी सरकार लोकसभा में सिर्फ़ एक वोट से हार गई। मुझे ख़ासतौर पर इसलिए दुःख हुआ क्योंकि यह निर्णायक वोट जम्मू और कश्मीर राज्य के एक सदस्य की थी जिसे सामान्य रूप से प्रधानमंत्री वाजपेयी की पहल से खुश होना चाहिए था, और उस सदस्य की पार्टी नेशनल कॉन्फ्रेंस सरकार के साथ थी। दूसरी वोट जिससे मुझे तकलीफ़ हुई वह तकनीकी रूप से तो ठीक थी, लेकिन नैतिक रूप से कतई ग़लत थी। यह वोट उड़ीसा के एक कांग्रेस पार्टी के सदस्य की थी, जिन्हें राज्य के मुख्यमंत्री पद की शपथ दिलाई जा चुकी थी, लेकिन छह महीने[11] के लिए संसद में भी उनकी सीट बरकरार थी। इस तरह तकनीकी रूप से तो वह वोट डाल सकते थे, लेकिन एक ऐसे सदस्य के लिए, जो एक राज्य के मुख्यमंत्री पद की शपथ ले चुका हो, संसद में अपनी वोट का इस्तेमाल करना नैतिक रूप से निंदनीय था। और यही वह दो वोट थे, जिनकी वजह से सरकार संसद में विश्वास मत प्रस्ताव हार गई। तब एक वरिष्ठ और काफ़ी लोकप्रिय संसद सदस्य ने यह टिप्पणी की थी–'अटल जी, आप संसद में भले ही एक वोट से हार गए हों, लेकिन आप भारत में बहुतेरी वोट से जीत चुके हैं, क्योंकि आपने भारत के लोगों के दिल जीत लिए हैं, और वह अब आपके हैं।'

भारत को अब इंतज़ार था मध्यावधि चुनावों का, जिनका 1999 की गर्मियों में होना तय हुआ।

कारगिल की चुनौती : मई 1999

शुरुआती शंकाएं

मई 1999 के आसपास जब कारगिल में सामान्य से ज़्यादा सैनिक सक्रियता और बमबारी शुरू हुई, उसे शुरुआत में सीमा-पार से आमतौर पर होने वाली बमबारी के तौर पर लिया गया। फिर एक चरवाहा लाइन ऑफ़ कंट्रोल के पूर्वी सिरे पर स्थित एक छोटे से गांव बटालिक के आसपास के इलाके में कुछ अज्ञात लोगों की आवाजाही की ख़बर लेकर आया।

एक सैनिक दल को उस इलाके में गश्त के लिए वहां भेजा गया, लेकिन भारी बर्फ़बारी के चलते वह उस इलाके में नहीं पहुंचा। एक दिन बाद एक और गश्ती दल को भेजा गया। इस तरह दुश्मन की तरफ़ जाने का मतलब था खुद को जाल में फंसाना क्योंकि अब दुश्मन को पता चल चुका था कि उसे देखा जा

चुका है। जैसा कि होना लाज़मी था, इस गश्ती दल पर घात लगाकर हमला किया गया, जिसमें चार जवान शहीद हुए और पांच घायल। कारगिल सेक्टर के लिए लद्दाख की लड़ाई[12] की पहली गोलियां चल चुकी थीं।

इस सेक्टर की सुरक्षा के लिए ज़िम्मेदार इनफ़ैंट्री ब्रिगेड ग्रुप ने, 7 मई 1999 को, इस संबंध में ज़रूरी जानकारी सेना मुख्यालय भेजी। 8 मई को पाकिस्तानी सेना के तत्कालीन सेना प्रमुख परवेज़ मुशर्रफ़ ने बिना किसी पूर्व सूचना के, कारगिल की सीध में पड़ने वाले पाकिस्तानी अग्रिम इलाके का दौरा किया। एक दिन बाद, दुश्मन ने गोलाबारी में कारगिल के एक युद्धक सामग्री भंडार को उड़ा दिया, जिसमें 5,000 टन गोला-बारूद नष्ट हो गया। हालांकि मुझे औपचारिक रूप से गंभीर हालात पैदा होने की कोई जानकारी नहीं थी, लेकिन मुझे अब चिंता होने लगी थी, और मैंने अपने स्तर पर व्यक्तिगत रूप से लोगों से जानकारी जुटानी शुरू कर दी थी। मैंने इस सेक्टर के हालात को सुरक्षा के लिए कैबिनेट कमिटी के सामने रखने की सिफ़रिश की। दो दिन बाद, भारतीय थलसेना की 70 इनफ़ैंट्री ब्रिगेड ने बटालिक सेक्टर में ऑपरेशन विजय के तहत कार्रवाई शुरू कर दी।

लद्दाख की लड़ाई के चंद शुरुआती दिनों के बारे में कुछ जानकारी मैंने यहां इसलिए दी है कि उस वक्त को दोबारा याद करते हुए उन दिनों के माहौल को ठीक से समझ सकें। सच तो यह है कि उस वक़्त मेरे मन में चिंता उतनी नहीं थी, बल्कि एक अनिश्चितता थी, और थी खीझ पैदा करने वाली स्पष्टता का अभाव, जिसकी वजह से रह-रह के मन में ऐसे सवाल उभरते थे–'आख़िर ये क्या हो रहा है?' कारगिल सेक्टर में इतनी एकाग्रता के साथ आक्रमण करके पाकिस्तान आख़िर क्या जताना चाहता है, ख़ासतौर से तब जब लाहौर बस यात्रा को अभी ज़्यादा समय भी नहीं हुआ है? मैं इस बात की गहराई को नहीं समझ पा रहा था कि लाहौर बस यात्रा से जो उम्मीदें जागी हैं, उन्हें इस तरह टूट जाने दिया जा सकता है? शांति और अमन के वादे का इतनी जल्दी क्यों दम घोंटा जा रहा है?

अगले कुछ दिनों तक मौके पर तैनात कमांडर सिर्फ़ स्थानीय स्थितियों के आधार पर कुछ कच्चे-पक्के से निर्णय लेकर कार्रवाई करते रहे। यह साफ़ था कि पीछे कुछ अजीब-सा चल रहा है। लेकिन अभी तक यही समझा जा रहा था कि यह घुसपैठ की एक वारदात भर है, और लगभग मई के मध्य तक सेना इसी मुगालते में रही। मैं सोच रहा था कि उनकी कार्रवाई इलाके में हमारे संपर्क मार्गों को नष्ट करने की दिशा में होगी, और मैं यह बात इस आधार पर सोच रहा था कि ऐसा करने से घुसपैठियों का हौसला बढ़ेगा, जो कि इस बार कुछ ज़्यादा ही अच्छी तरह प्रशिक्षित लग रहे थे। लेकिन शुरुआत में ही कुछ ख़ुफ़िया संदेशों को बीच में सुनने से यह पता चला कि इसमें पाकिस्तानी सेना की मिलीभगत है। 18 मई को 'डायरेक्टर जनरल ऑफ़ मिलिटरी ऑपरेशंस' ने प्रधानमंत्री को कारगिल[13] की वस्तुस्थिति से अवगत कराया।

फिर मैंने पता किया कि यह घुसपैठ किस किस्म की थी, जिसके जवाब

में सेना के उप प्रमुख ने मुझे बताया कि यह सारी कार्रवाई पाकिस्तानी सेना के लिए 'अस्थायी तौर पर काम करने वालों और आतंकवादियों' की थी। आगे, मेरे यह पड़ताल करने पर कि अपने इलाके से उन्हें बाहर खदेड़ने में कितना समय लगेगा, मुझे 'लगभग दो से तीन हफ़्ते के करीब' का अंदाज़ा दिया गया। जो भी हो, शुरुआत वाले ख़ुफ़िया संदेशों के अनुसार घुसपैठियों को पाकिस्तानी सेना के लोग, और फिर उनके 'अस्थायी और आतंकवादी' होने जैसी जुदा बातें मेरे गले से उतरने वाली नहीं थीं।

इस पड़ाव तक वायुसेना को राजनीतिक स्वीकृति नहीं मिली थी। यह मेरा विचार था कि उस समय वायुसेना को इस्तेमाल करना ठीक नहीं था। मेरे ऐसा सोचने के पीछे दो-तीन प्रमुख बातें थीं। अगर विरोधी का टकराव को और बढ़ाने का इरादा हुआ? जो कि अब तक की उसकी हरकतों से लग ही रहा था, तो हमें हवाई दुर्घटनाओं के लिए तैयार रहना चाहिए था। ज़मीन पर होने वाले जान-माल के नुकसान के मुक़ाबले हवाई हादसों के साथ मुख्य रूप से दिक्कत यह है कि हवाई हादसों की लोगों के ज़ेहेन में जो तस्वीर बनती है, वह लोगों पर ज़्यादा असर डालती है। जब लड़ाई का स्तर ज़्यादा व्यापक न हो, ख़ासतौर से तब वायुसेना के सक्रिय होने की तरफ़ लोगों का ध्यान जल्दी जाता है। ऐसे में एक भी विमान गिरता है तो उसकी तरफ़ लोगों का ध्यान पैदल सैनिकों की पूरी पलटन के ख़ात्मे के मुकाबले कहीं ज़्यादा तेज़ी से जाता है। एक और पहलू था जिसकी मुझे बहुत फ़िक्र थी–नियंत्रण रेखा के सीमित दायरे में रहते हुए वायुसेना को लड़ने के लिए भेजना उसे वास्तव में आत्मघाती कार्रवाई के आदेश देने जैसा था। और किसी भी हाल में राजनीतिक नेतृत्व की ओर से एल. ओ. सी. यानी नियंत्रण रेखा पार करने की इजाज़त नहीं मिलने वाली थी। मोटे तौर पर वायुसेना के लिए दो मार्ग थे उड़ान के लिए और दोनों बहुत ही पतली गलियों जैसे थे। हमले के लिए हमारे विमान इनमें से पूरब से पश्चिम की ओर या फिर उलटी दिशा में उड़ान भर सकते थे। इसके अलावा, नियंत्रण रेखा के ज़मीन पर नज़र आने वाली रेखा न होने से दिक्कत कई गुना बढ़ जाती थी। तेज़ गति से निचली उड़ान भरने वाले विमानों को तो क्या, पहाड़ी चोटियों को चूमते हुए चलने वाले हेलिकॉप्टरों के लिए नियंत्रण रेखा की ठीक स्थिति का पता रखना मुश्किल होता था। ऐसे में, चंद सेकेंड की एक बहुत छोटी-सी चूक में कई नॉटिकल मील के फ़ासले तय हो जाते हैं, और विमान के नियंत्रण रेखा पार करते ही दुश्मन की गोलाबारी की चपेट में आने का ख़तरा बढ़ जाता है। कुछ साल बाद, ठीक ऐसी ही एक चूक के कारण भारतीय वायुसेना के अपने एक होनहार अफ़सर [14] को पायलट की सीट से हाथ धोना पड़ा।

बिगड़ते हालात

अब तक, दिन पर दिन, यह लगातार स्पष्ट होता जा रहा था कि घुसपैठ करने वाले फ़ौजियों की क्या नीयत है। हालात पर ग़ौर करने के बाद मुझे जो समझ

में आया, मैंने रक्षा मामलों की कैबिनेट कमिटी में अपने सहयोगियों, रक्षामंत्री और सेनाध्यक्ष के साथ साझा किया। जिस भरोसे और साज-सामान और जिस ढंग से यह कार्रवाई चल रही थी, उससे साफ़ था कि यह घुसपैठियों का कोई ढीला-ढाला दल नहीं है जिसे एल. ओ. सी. के इस तरफ़ भेजा जा रहा था। यह पाकिस्तानी फ़ौज के पूर्णकालिक फ़ौजी थे। ज़ाहिर है, इस कार्रवाई के पीछे इनका मकसद था श्रीनगर, द्रास और कारगिल को सियाचिन सेक्टर से जोड़ने वाले संपर्क मार्गों को बंद करना।

यह साफ़ था कि कारगिल की ऊंचाइयों पर जिस किसी का कब्ज़ा होगा, वही उस सड़क पर होने वाली हर गतिविधि पर पूरी तरह नज़र रख सकेगा, जिस रास्ते वस्तुतः सारे लद्दाख़ में तैनात भारतीय फ़ौजों को खाना और जीने के लिए सारी ज़रूरी रसद पहुंचती है। सर्दी के महीनों में भी करीब सत्तर फ़ीसदी ज़रूरत की रसद इसी रास्ते से पहुंचाई जाती थी। हालांकि इस इलाके में सर्दियों के दस्तक देने से पहले, बर्फ़बारी से रास्ते बंद होने से काफ़ी पहले ही सारी ज़रूरत की चीज़ों का भंडारण कर लिया जाता है। क्योंकि उसके बाद, बसंत का मौसम आने तक सड़क मार्ग से कुछ भी पहुंचाना बहुत ज़्यादा मुश्किल हो जाता है। ऐसे में, हेलिकॉप्टर ही आवाजाही और माल पहुंचाने का ज़रिया बचता है।

ऐसी मनःस्थिति में मैं मध्य एशियाई देशों, रूस, और फ्रांस की अपनी राजकीय यात्राओं पर निकला। 23 मई को मैं पेरिस पहुंच चुका था। उस दिन, जॉर्ज फ़र्नान्डिस ने, जो उस समय रक्षामंत्री थे, मुझे यह बताने के लिए दिल्ली से फ़ोन किया कि कारगिल में घुसपैठ में बढ़ोतरी जारी है। इसके अलावा, थलसेना के बार-बार मांग करने पर वायुसेना को भी 'एयर मिशन' पर निकलने के लिए हरी झंडी दी जा रही है। ये उड़ानें एक दिन बाद शुरू हुईं, लेकिन यह मेरे सहयोगी का बड़प्पन था कि उन्होंने मुझसे सलाह ली। इतना सब कुछ घट रहा था, कि मुझे बस यह लग रहा था कि किसी तरह वापस भारत पहुंचूं। अब मई का तीसरा हफ़्ता था और सरहद पर मुठभेड़ बढ़ती जा रही थीं। और इससे यह भी ज़ाहिर हो चुका था कि जब दोनों प्रधानमंत्रियों, वाजपेयी और नवाज़ शरीफ़ लाहौर घोषणापत्र पर दस्तख़त कर रहे थे, तब कारगिल में पाकिस्तानी फ़ौज के घुसने की तैयारियां ज़रूर पूरे ज़ोर-शोर से चल रही होंगी। इस मौके पर प्रधानमंत्री वाजपेयी ने नवाज़ शरीफ़ से बात की, और उन्हें साफ़ शब्दों में समझा दिया कि, 'हमें मालूम है कि कारगिल में घुसपैठ में पाकिस्तान की सेना के फ़ौजियों को ही इस्तेमाल किया जा रहा है, जिसे कतई बरदाश्त नहीं किया जा सकता, और इससे भारत सभी ज़रूरी क़दम उठाने को मजबूर होगा।'

अब तक इस घुसपैठ को लेकर अंतरराष्ट्रीय स्तर पर भी, संयुक्त राष्ट्रसंघ के महासचिव समेत, चिंता बढ़ने लगी थी। इसपर अमरीका के भी बयान जारी हो चुके थे। कुछ ग़लत जानकारी के आधार पर ग़लती से, मीडिया को या कहीं और जारी बयानों के मद्देनज़र विदेश मंत्रालय ने कारगिल की स्थिति पर एक

विस्तृत वक्तव्य जारी किया। मंत्रालय की ओर से कारगिल को लेकर पहली प्रेस कॉन्फ्रेंस भी की गई। सुरक्षा परिषद की कुछ अनौपचारिक बैठकों से ठीक पहले, संयुक्त राष्ट्रसंघ में भारत के स्थायी प्रतिनिधि ने कई वक्तव्य जारी किए। हमारे दूतावास भी सक्रिय थे, ख़ासतौर से वॉशिंगटन स्थित, और वहां हमारे राजदूत ने इस मसले पर वहां के राजनीतिक हलकों और मीडिया को कई बार विस्तृत विवरण जारी किए।

इधर, 27 मई को कारगिल क्षेत्र में नियमित उड़ान पर निकले एक मिग-27 के इंजन में कुछ गड़बड़ी आ गई और वह दुर्घटनाग्रस्त हो गया। यह पहली चोट थी वायुसेना को। उसके साथ उड़ान भर रहा मिग-21 ज़मीन से हवा में मार करने वाली मिसाइल का निशाना बना, जो कि नियंत्रण रेखा के पार से पाकिस्तानी सेना ने दागी थी। इससे और साफ़ हो गया था कि कारगिल में घुसपैठ करने वाले और कोई नहीं, यह पाकिस्तानी फ़ौज का ही काम है। ऐसे में हालात को हाथ से निकलता देख, पाकिस्तान ने 'दोनों देशों के बीच सार्थक बातचीत' की रट लगानी शुरू की। मिसाइल की मार से गिरे मिग-21 के पायलट को पाकिस्तानी सैनिकों ने बंदी बना लिया। काफ़ी बाद में मुझे पता चला कि पायलट, स्क्वॉड्रन लीडर अजय आहूजा को बंदी बनाने के बाद यातनाएं देकर मार डाला गया। जिस दिन यह हादसा हुआ था, उसी दिन, 27 मई को मैं भारत पहुंचा। अगले ही दिन, एक एम आई-17 हेलिकॉप्टर को एक दूसरे क्षेत्र में मिसाइल से मार गिराया गया। अब वायु सेना को हुए नुकसान की तस्वीरें दिलोदिमाग़ पर हावी होने लगी थीं, और इन्हें लेकर देश-विदेश में चिंता बढ़ने लगी थी। प्रधानमंत्री नवाज़ शरीफ़ ने फिर प्रधानमंत्री वाजपेयी को फ़ोन किया, वही अपनी पुरानी रट लगाने के साथ उन्होंने 'मौजूदा हालात में तनाव कम करने के लिए और जम्मू और कश्मीर मुद्दे के शांतिपूर्ण हल के लिए ज़मीन तैयार करने' के लिए विदेशमंत्री सरताज अज़ीज़ को दिल्ली भेजने की पेशकश की। उनके इस अंदाज़ में कपट साफ़ झलक रही थी, जिससे व्यक्तिगत रूप से मुझे बहुत गुस्सा आया। इस संदेश में दूसरे को मजबूर होने का एहसास कराते हुए मेहरबानी करने का ढोंग करने के भाव, उसकी भाषा, और नियंत्रण रेखा के हथियारबंद उल्लंघन में शामिल होते हुए 'शांतिपूर्ण निपटारे' की पेशकश करना—यह अद्भुत था। जो भी हो, पाकिस्तान की सेना के किसी भी तरह शामिल होने से इनकार करते हुए, अगले ही दिन अपने विदेशमंत्री को भेजने की बात दोहराते हुए शरीफ़ ने अपनी तत्परता, या शायद बेचैनी का सुराग तो दिया! इसपर प्रधानमंत्री वाजपेयी ने शरीफ़ को 'सच्चाई से पूरी तरह मुंह न मोड़ने' का सुझाव देते हुए उस पाकिस्तानी सैनिक की लाश के बारे में बताया जिसकी तलाशी में सेना का पहचान पत्र और दूसरे दस्तावेज़ बरामद हुए थे।

अमरीकी विदेशमंत्री मैडिलीन ऑलब्राइट ने 30 मई को मुझसे बात करते हुए कारगिल में जो कुछ चल रहा था उसपर खेद जताते हुए नवाज़ शरीफ़ से इस सिलसिले में हुई बातचीत की तरफ़ इशारा करते हुए मुझे बताया कि 'संयुक्त

राज्य अमरीका को इस बारे में सब कुछ पता है कि इस घटनाक्रम की शुरुआत कैसे हुई थी।' उन्होंने 'युद्ध-विराम' की संभावना का संकेत देते हुए 'सैनिकों की वापसी की संभावना' की बात की थी। भारत इस 'युद्ध-विराम' वगैरह के रास्ते पर पहले भी कई बार चल चुका था, और पता चल चुका था कि ऐसे हालात में युद्ध-विराम को उस जगह पर अपना कब्ज़ा बनाए रखने के बहाने के तौर पर इस्तेमाल किया जाता है जितनी जगह पर अतिक्रमण कर लिया है, और युद्ध-विराम के बाद चलता है आमतौर पर निष्फल, अर्थहीन और अंतहीन आपसी संवाद का सिलसिला। मैंने प्रस्ताव रखा कि अगर पाकिस्तान सरकार पहले वाली स्थिति बहाल करने को तैयार हो तो ज़रूर हम युद्ध-विराम की संभावना पर विचार कर सकते हैं। इसपर उन्होंने अपनी आशंकाओं को शब्द देते हुए कहा कि फिर 'चीज़ें हाथ से निकल सकती हैं... और इसलिए बातचीत शुरू करना ज़रूरी है।' उनकी इस बात के जवाब में मैंने यही कहा कि हम कभी भी आपसी बातचीत के ख़िलाफ़ नहीं रहे हैं, और न ही आगे रहेंगे, लेकिन यह क़दम तब तक नहीं उठाया जा सकता जब तक हमलावर अब भी वही तेवर अपनाए हुए है, अब भी भारत को नुकसान पहुंचाने में लगा है और अब तक भारत की धरती पर मौजूद है।

मीडिया की अहमियत को मानते हुए, जो अब भारत-पाक 'मुकाबले' में तीसरे खिलाड़ी के तौर पर शामिल हो चुका था, और इस बात को समझते हुए कि कितना ज़रूरी है कि भारत अपने दृष्टिकोण से अपने लोगों और बाकी दुनिया को ठीक-ठीक, समय पर और प्रभावशाली ढंग से परिचित करा सके, इसके लिए मैंने यह निर्णय लिया कि अब से 'प्रेस' के साथ जानकारी साझा करने के लिए रक्षा मंत्रालय और विदेश मंत्रालय मिलकर बातचीत करेंगे। भारत के लिए यह पहला 'मीडिया युद्ध' बना। यह बेहद ज़रूरी था कि लड़ाई के दौरान ही हम इस नये 'उपकरण' को इस्तेमाल करने में महारत हासिल कर लें, और राष्ट्र हित में इस्तेमाल करें। इसलिए, इसके बाद, लड़ाई के दौरान, जब-जब मैं दिल्ली में मौजूद रहा, दोनों मंत्रालयों की संवाददाताओं सम्मेलनों को संबोधित करने वाली टीम आमतौर पर पहले मेरे पास आ जाती थीं, और हम पहले तय कर लेते थे कि कौन-सी बातें आगे रखनी हैं और किस तरह रखनी हैं, यहां तक कि किस तरह की शब्दावली इस्तेमाल करनी है।

इस बीच वायुसेना अपने काम में पक्की हो चुकी थी। भारतीय वायुसेना इस तरह के बेहद तंग और कठिन हालात में काम करने की अतिरिक्त दक्षता प्राप्त कर चुकी थी, यानी पहाड़ों के बीच ऐसे बहुत पतले गलियारों से होकर तेज़ गति से उड़ान भरना जहां दुश्मन को पता होता था कि हमारे विमान उड़ान भर सकते हैं, यानी वह पहले से तय कर सकते थे कि उन्हें पलट कर हमला कैसे करना है। ऐसे हालात में यह उड़ानें किसी आत्मघाती मिशन से कम नहीं होती थीं, जिन्हें भारतीय वायुसेना ने बड़े पक्के इरादे के साथ, और क़ाबिल-ए-तारीफ़ जोश और जुनून के साथ पूरा किया। मेरा मानना है कि दुनिया की किसी दूसरी वायु सेना ने शायद ही इससे पहले कभी ऐसा कुछ किया हो।

संयुक्त राष्ट्र अमरीका का रवैया साफ़ होने में ज़रा वक़्त लगा, जून के शुरू में कहीं जाकर उसकी राय पुख़्ता होने लगी थी। लेकिन जो बात मेरे लिए काफ़ी महत्त्व रखती थी, वह यह थी, कि इतिहास से विरासत में मिले जम्मू और कश्मीर के मुद्दे, और कारगिल क्षेत्र में किए गए इस खुल्लम-खुल्ला आक्रमण में, सार्वजनिक रूप से, कोई भेद नहीं किया जा रहा था। जून की शुरुआत तक हमें अमरीका की तरफ़ से कारगिल मुद्दे पर चिंता जताने वाले भाव देखने-सुनने को मिल रहे थे, लेकिन इस संबंध में निजी या सार्वजनिक तौर पर कोई सीधी-स्पष्ट स्वीकृति नहीं थी कि आक्रमणकारी कौन है, उनके लिए नियंत्रण रेखा के मायने क्या हैं, और ऐसे में आक्रमणकारी को लेकर अंतरराष्ट्रीय समुदाय के मूलभूत दायित्व क्या हैं। तभी अमरीका के असिस्टेंट सेक्रेट्री ऑफ स्टेट रिक इंडरफ़र्थ ने साफ़ और स्पष्ट शब्दों में कहा 'कि नियंत्रण रेखा का मान रखना चाहिए और घुसपैठियों को पहले उस जगह को छोड़ना चाहिए जहां उन्होंने कब्ज़ा[15] कर रखा है।' अमरीका की ओर से शायद तब तक का पहला बयान था जिसमें उसने नियंत्रण रेखा को लेकर अपना रवैया स्पष्ट किया था। कुछ साल बाद मुझे पता चला कि जब वॉशिंगटन में उस समय पाकिस्तान के राजदूत रियाज़ खोखर ने इंडरफ़र्थ के पास जाकर उन्हें यह समझाने की कोशिश की कि नियंत्रण रेखा यानी लाइन ऑफ़ कंट्रोल अपने आप में स्पष्ट नहीं है, तो पहली प्रतिक्रिया के रूप में, इंडरफ़र्थ ने भारत-पाक सीमा के अलग-अलग क्षेत्रों की तस्वीरें उनके सामने रख दीं जिनपर 11 दिसंबर 1972 को सुचेतगढ़ में पाकिस्तान की ओर से लेफ़्टिनेंट जनरल अब्दुल हमीद ख़ान ने और भारत की ओर से विक्टोरिया क्रॉस विजेता लेफ़्टिनेंट जनरल पी. एस. भगत ने हाथ से खिंची नियंत्रण रेखा के दोनों ओर दस्तख़त किए थे। फिर इंडरफ़र्थ ने खोखर से पूछा कि वह साफ़-साफ़ बताएं कि किस जगह पाकिस्तान को ऐसा लगता है कि नियंत्रण रेखा की स्थिति स्पष्ट[16] नहीं है। ज़ाहिर है, जो चाल पाकिस्तान चलना चाहता था, वह उसे भारी पड़ गई। कुछ ऐसा ही तब हुआ जब पाकिस्तान के विदेशमंत्री सरताज अज़ीज़ ने यह बयान दिया कि कारगिल में घुसपैठ करने वाले 'लड़ाके' अफ़ग़ान हो सकते हैं, जो स्थानीय मुजाहिदीन लड़ाकों का साथ देने के लिए नियंत्रण रेखा पार कर रहे होंगे!

ऐसे बयानों की पृष्ठभूमि में, सरताज अज़ीज़ का वही 'नियंत्रण रेखा के स्पष्ट न होने' वाली बात को दोहराना जो खोखर ने वॉशिंगटन में कह डाली थी, अब मुझे अच्छी तरह समझ में आ गया था कि पाकिस्तान बार-बार नियंत्रण रेखा का उल्लंघन करने के बाद युद्ध-विराम की मांग करते हुए बातचीत में उसी नियंत्रण रेखा के बारे में आख़िर क्यों चर्चा करना चाहता है जिसे वह लांघता है! जब तक ऐसा किया जाता रहा, तब तक पाकिस्तानी घुसपैठियों की स्थिति, ज़ाहिर है, वही रहेगी जैसी है, और वह सामरिक महत्त्व वाली सड़क, लद्दाख की जीवनरेखा, पर नज़र बनाए रखेंगे और हावी होने की कोशिश करते रहेंगे। यह राय सिर्फ़ बीते हुए समय पर नज़र डालकर नहीं बनाई गई है। बल्कि वास्तव में पाकिस्तान के

दुर्भाग्यपूर्ण कदम के चंद दिनों के अंदर ही, उनके उद्देश्यों का आकलन करके जाना है, और फिर इसपर विदेश मंत्रालय की प्रतिक्रिया इसी आधार पर तय की।

पर्वतों की ऊंचाइयों पर पराक्रम

अब घटनाक्रम ने रफ़्तार पकड़ ली थी। कारगिल सेक्टर में अब तक नये सिरे से सोचे-समझे ढंग से भारतीय सेना की तैनाती का काम पूरा हो चुका था। किसी भी टकराव के शुरुआती दौर में जिस तरह की सामरिक दिक्कत अनिवार्य रूप से आती हैं, वह कब की बीत चुकी थीं। तब तक मेरे दिमाग में भी यह बात बिलकुल साफ़ थी कि बस वक़्त की बात है तमाम पाकिस्तानी फ़ौजी आगे-पीछे पानी और तमाम रसद न मिलने से मुश्किल में फंस जाएंगे, घुटने टेकने को मजबूर हो जाएंगे, या फिर चोटियों पर कब्ज़ा करने में जुटे दुश्मन को धीरे-धीरे एक-एक चोटी से खदेड़ा जाएगा, तो उनके पास पीछे हटने के सिवा कोई चारा नहीं बचेगा। पहले विकल्प में सब कुछ बिलकुल साफ़ था और उसके लिए ज़रूरत इस बात की थी कि भारतीय थलसेना वायुसेना के साथ मिलकर इस तरह काम करे कि ऊंचाई तक पहुंच चुके पाकिस्तानी फ़ौजियों तक रसद पहुंचाने वाले तमाम रास्तों को बंद कर दिया जाए। दूसरा विकल्प था—पहाड़ी इलाके में युद्ध करना जो मेरी समझ में भारतीय सेना के लिए इतना बड़ा कार्य था, जो दुनिया की किसी भी सेना ने कभी भी, कहीं भी नहीं किया होगा। खाइयों से सुरक्षित दुश्मन को उन ऊंचाइयों से खदेड़कर निकालना, जहां पहुंचने के लिए सिर्फ़ पक्के इरादे और हौसले की ही ज़रूरत नहीं, बल्कि पर्वतारोहण में कुशलता की भी ज़रूरत थी, क्योंकि कई जगह लगभग सीधा चढ़ना होता, और वह भी तमाम साज-सामान और हथियार लेकर, और फिर उस ऊंचाई पर फंसे दुश्मन से लड़ना, और आख़िरकार उन्हें एक चोटी से दूसरी पर खदेड़ना, जबकि सभी चोटियां 5000 या 17,500 फ़ीट से ज़्यादा ऊंचाई की थीं। जांबाज़ पैदल सिपाहियों ने यह सब किया, दिन पर दिन, ख़ुद को होने वाले नुकसान को नज़रअंदाज़ करते हुए, कामयाबी का हाथ थामे, ज़रा-सा भी झुके बिना, दुश्मन के मुकाबले संख्या में कम होते हुए भी—एक-एक करके चोटी के बाद चोटी फ़तह करते हुए किसी और चीज़ की ताक़त न होते हुए भी, सिर्फ़ साहस के सहारे।

इस टकराव के ख़त्म होने के बाद जब दूसरे देशों से आने वाले सैन्य-शिल्प के छात्र कारगिल क्षेत्र का दौरा करते थे, तो उन्हें यह बात असंभव लगती थी कि एक साधारण भारतीय सैनिक, जो आमतौर पर बेहतरीन हथियारों से लैस नहीं होता, उसने इन ऊंचाइयों तक चढ़ाई की होगी, अकसर रात के अंधेरे में, ताकि दुश्मन के सीधे निशाने में आने से बचा जा सके—और एक के बाद दूसरी लड़ाई लड़ते हुए, हरेक में अपनी जीत दर्ज करते हुए, और हरेक चोटी को दुश्मन के कब्ज़े से छुड़ाकर अपना झंडा फहराते हुए। (ईश्वर जानता है, मुझे कितना गर्व है इसी परिवार का सदस्य होने पर!) भारतीय सैनिक की इस जांबाज़ी पर शक

करने वाले कम नहीं हैं। मिसाल के तौर पर, उन्हीं दिनों हेनरी किसिंगर, चीन के दौरे पर जाते हुए रास्ते में ठहरकर, मुझसे मिलने आए और गहरी समझदारी का परिचय देते हुए मुझसे सवाल किया—'क्या आप लोग उन्हें उन ऊंचाइयों से खदेड़ पाएंगे?' मुझे कुछ नहीं सूझा कि उन्हें क्या जवाब दूं। अगर मैं भारतीय सैनिक पर अपना भरोसा जताता, तो मेरे सांसारिक मामलों की बेहतरीन समझ रखने वाले अनुभवी मेहमान अंदर ही अंदर मेरी हँसी उड़ाते। और मैं किसी भी सूरत में, कैसे भी, यह नहीं कह सकता था कि हमारे सिपाही नाकाम हो सकते हैं, क्योंकि उनके लिए मेरे मन में एक ऐसा पक्का भरोसा है, एक ऐसा अटूट विश्वास है, और मेरी अंदर की आवाज़ ने मुझे आश्वासन दिया कि वह नाकाम नहीं हो सकते—मुझे हताश नहीं कर सकते, हम सब को हताश नहीं कर सकते, भारत को हताश नहीं कर सकते।

जब, 13 जून को 2 राजपूताना रायफ़ल्स[17] पलटन ने तोलोलिंग पर हमला किया और उसे अपने कब्ज़े में ले लिया, मैंने समझ लिया कि पाकिस्तान की घुसपैठ के अंत की शुरुआत की घंटी बज गई है, हालात करवट बदलने लगे हैं। मुझे तभी समझ में आ गया कि अब हम ज़्यादा से ज़्यादा तीन हफ़्ते के आसपास अपनी ज़मीन से पाकिस्तानी आक्रमणकारियों का सफ़ाया कर देंगे।

मैं पाकिस्तान के विदेशमंत्री को लेने दिल्ली के हवाई अड्डे पर गया, इसलिए नहीं क्योंकि यह शिष्टाचार के तहत ज़रूरी था, बल्कि इसलिए क्योंकि मेहमान नवाज़ी का तकाज़ा था, क्योंकि हम दोनों के देशों में पश्चिम की तरह ज़रा-सी ख़राबी आने पर पूरी तरह नकारने का चलन नहीं है, लेकिन जब मैं पालम हवाई अड्डे पहुंचा, मेरे अंदर बहुत गहरी निराशाएं भी भरी हुई थीं। बहुत गहरा गुस्सा मेरे अंदर था, जो मुख्य रूप से विश्वास टूटने से पैदा हुआ था, कारगिल पर हमला करने से टूटा विश्वास, वह भी लाहौर घोषणा पत्र की स्याही सूखने से पहले ही। मुझे समझ में नहीं आ रहा था कि धोखा खाने के भाव से ख़ुद को कैसे छुटकारा दिलाऊं। मेरे मुंह से तब यही निकला था कि—'सिर्फ़ लाइन ऑफ़ कंट्रोल यानी नियंत्रण रेखा का ही उल्लंघन नहीं हुआ था, आपसी भरोसे की ज़मीन की हद पार करने का जुर्म भी किया गया था।' इसके अलावा जिस दिन अज़ीज़ आए थे, उस शाम रक्षा मंत्रालय ने मुझे जानकारी दी कि जैसे-जैसे हमारी फ़ौजें आगे बढ़ रही हैं, उन्हें घुसपैठ में पाकिस्तानी सेना के स्थायी जवानों के शामिल होने और सेना का ही साज-सामान इस्तेमाल किए जाने के एक के बाद एक सबूत मिलते जा रहे हैं। लेकिन सबसे ज़्यादा परेशान करने वाली बात यह थी कि पाकिस्तान ने जब पहले ही बंदी बनाए गए हमारे छह जवानों की लाशें हमारे हवाले कीं, तो हमने पाया कि उन्हें कैद में यातनाएं देकर बेरहमी से उनकी हत्या की गई थी, जो कि सभ्य समाज के तमाम नियम-कायदों के ख़िलाफ़ था। लाशों को अंग-भंग करके विकृत और विरूपित कर दिया गया था, इतने हिंसात्मक तरीके से, कि मुझसे बयां भी नहीं किया जाता। फिर मेरे लिए यह बहुत मुश्किल हो गया कि मैं अपनी

भावनाओं पर काबू रख सकूं, अपने सैनिकों की छिन्न-भिन्न लाशों ने मुझे अंदर तक हिला कर रख दिया था।

अज़ीज़ के आने पर, 11 जून की शाम प्रेस कॉन्फ्रेंस में मैंने भारत सरकार का रुख़ मीडिया के सामने रखा। अच्छा यही होगा कि इस प्रेस कॉन्फ्रेंस की विषयवस्तु को अपने मूल रूप में यहां पूरी तरह साझा किया जाए। वहीं भारतीय सैनिकों के साथ हुए सलूक के बारे में एक सवाल के जवाब में मैं ख़ुद पर काबू नहीं रख सका–'मुझे लगता है जैसे व्यक्तिगत रूप से मेरा ही अपमान किया गया है, जैसे मेरे या मेरे किसी क़रीबी रिश्तेदार के शरीर की इस तरह नैसर्गिक पवित्रता भंग की गई है। क्रोध मेरी संपूर्ण प्रतिक्रिया नहीं है।' बाद में, बहुत बाद में प्रधानमंत्री वाजपेयी ने मुझे सही राह दिखाई, वह भी सिर्फ़ यह पूछकर कि–'तुम अपने गुस्से को काबू में नहीं रख पाए थे, है न?' मुझे फ़ौरन समझ में आ गया कि यह सवाल नहीं था, वह इस तरह अपने सहयोगी को अपने ढंग से डांटकर सचेत कर रहे थे।

जून, 1999 में दिल्ली में संवाददाता सम्मेलन में जारी बयान :

विदेशमंत्री सरताज़ अज़ीज़ कल दिल्ली की यात्रा पर आ रहे हैं। उनकी यात्रा पाकिस्तान की हथियारबंद घुसपैठ और जम्मू तथा कश्मीर के लद्दाख के कारगिल सेक्टर में आक्रमण के संदर्भ में है।

मीडिया जगत से जुड़े आप लोगों, देवियो और सज्जनो, मैं आपके साथ, और आपके ज़रिये अपने देश के सभी नागरिकों, और अंतरराष्ट्रीय समुदाय के साथ भी कारगिल सेक्टर में आक्रमण और हथियारबंद घुसपैठ के संबंध में कुछ सबूत साझा करना चाहता हूं, और मैं यहां दोहराना चाहूंगा, कि सिर्फ़ कुछ ऐसे सबूत साझा करना चाहता हूं जो इस हथियारबंद घुसपैठ और आक्रमण के कुछ पहलुओं के बारे में हमें मिले हैं, और जिन्हें नकारा नहीं जा सकता। इससे इस दुर्भाग्यपूर्ण घटना में पाकिस्तानी शासन व्यवस्था के शामिल होने को लेकर सारे शक दूर हो जाते हैं। इससे विदेशमंत्री सरताज अज़ीज़ 'तनाव ख़त्म करने' के उद्देश्य की जो बात कर रहे हैं, उस पर गहरा शक होता है। इन सबूतों से यह भी साबित होगा कि इस सारी कार्यवाही के कर्ताधर्ता वही हैं जिन्होंने इसे अंजाम दिया है। जो बात विदेशमंत्री अज़ीज़ कह रहे हैं उस पर और वास्तव में वह किसके इशारों पर काम कर रहे हैं, इसपर शक होता है।

इस मोड़ पर यह सबूत आम करने का मकसद यह है कि जिस हथियारबंद घुसपैठ और आक्रमण में पाकिस्तान के सैनिक हिस्सा ले रहे है, उसमें साथ देने और शामिल होने की मूल बात को छुपाने को लेकर पाकिस्तान ने जो भी खेल रचा रखा हो, वह सारी दुनिया के सामने उजागर हो जाए; नियंत्रण रेखा का मुद्दा जिसका पहले ही हल निकाला जा चुका है, उसे फिर से उछालने की जो ख़तरनाक कोशिश पाकिस्तान कर रहा है उसे इस मकसद में कामयाब

न होने देना; और सबसे बढ़कर, भारत की स्थिति और रवैये को ज़्यादा ज़ोर देकर आगे रखना। पाकिस्तान की इस दुर्भाग्यपूर्ण कोशिश का सिर्फ़ एक ही पहलू है जिस पर चर्चा की जा सकती है—पहले वाली स्थिति में जल्द से जल्द लौटना और यह मान लेना कि नियंत्रण रेखा का अतिक्रमण नहीं किया जा सकता। इस क्षेत्र में शांति और सुरक्षा बनाए रखने के लिए कम से कम इतना तो बेहद ज़रूरी है।

देवियो और सज्जनो, अब मैं चाहूंगा कि पाकिस्तान के चीफ़ ऑफ़ आर्मी स्टाफ़ और चीफ़ ऑफ़ द जनरल स्टाफ़ के बीच टेलिफ़ोन पर हुई बातचीत का रिकॉर्ड सुनाया जाए। पहली बातचीत 26 मई की है, और दूसरी 29 मई की। साथ में वार्तालाप प्रतिलिखित रूप में भी दिए जाएंगे।

पाकिस्तान के चीफ़ ऑफ़ जनरल स्टाफ़, लेफ़्टिनेंट जनरल मोहम्मद अज़ीज़ और चीफ़ ऑफ़ आर्मी स्टाफ़, जनरल परवेज़ मुशर्रफ़ के बीच टेलिफ़ोन पर हुई बातचीत की प्रतिलिप्यांतरित विषयवस्तु। इस बातचीत के समय अज़ीज़ पाकिस्तान में थे, और मुशर्रफ़ चीन की यात्रा पर थे।

पहली रिकॉर्डिंग–26 मई

अज़ीज़ : यात्रा कैसी चल रही है?

मुशर्रफ़ : हां, बिलकुल ठीक, ओके। और उधर की क्या ख़बर है?

अज़ीज़ : हमदुलुल्लाह। ज़मीनी हालात में कोई बदलाव नहीं है। उन्होंने रॉकेट से हमले करने के साथ हवाई हमले भी शुरू कर दिए हैं। लेकिन हालात कुछ सुधरे हैं। कल भी यही हुआ और आज भी। आज ज़्यादा ऊंचाई से भी बमबारी की गई है।

मुशर्रफ़ : उनकी तरफ़, उन्हीं जगहों पर?

अज़ीज़ : उन्हीं जगहों पर, लेकिन आज की बमबारी में करीब तीन बम लाइन ऑफ़ कंट्रोल के इसी तरफ़ गिरे। कोई नुकसान नहीं हुआ, सर!

मुशर्रफ़ : क्या इतना बहुत है?

अज़ीज़ : जनाब, करीब 12-13 बम गिराए गए थे, जिनमें से तीन हमारी तरफ़ गिरे, और ऐसा नहीं लगता कि किसी चूक की वजह से ऐसा हुआ। मेरी समझ से, इससे एक तरह से यह संदेश जाता है कि अगर ज़रूरत पड़ी तो हम दूसरी तरफ़ भी ऐसा कर सकते हैं। एक दूसरे के बीच काफी दूरी है। जहां बम गिराए गए हैं, उन्होंने अच्छी जगह से गिराने की कोशिश की है, और जहां वह मुश्किल में थे, वहां एल. ओ. सी. के उस पार से दागे हैं, लेकिन वह गिरे हमारी तरफ़ हैं। इसलिए मैंने विदेश सचिव से बात की है, और उनसे कहा है कि वह इस बारे में प्रेस में ज़रूरी शोर मचाएं।

मुशर्रफ़ : उन्हें (भारतीयों को) भी बताने की ज़रूरत है।

अज़ीज़ : यह हमने कहा है, विदेश सचिव भी कहेंगे, और राशिद भी कहेंगे। वह, जैसा कि मुझे लगता है, उस तरफ़ गिरने वाले दूसरे बमों के बारे में कोई ग़लती नहीं करेंगे, हमें इसी बात पर डटे रहना चाहिए कि यह सारे बम हमारी तरफ़ गिर रहे हैं। हम ऐसी स्थिति में नहीं आएंगे। उन्होंने जिस तरह से करने को कहा है, हमने भी इसी बात पर ज़ोर दिया है कि हमें यही कहना चाहिए कि यह जमावड़ा और हवाई हमलों का सहारा लेना, यह सब ..... की आड़ में[18] किया जा रहा है, दरअसल वह एल. ओ. सी. पर हमारी चौकियों और हमारे साज-सामान के भंडारों पर निशाना साध रहे हैं, और मुमकिन है ऐसा वह कार्रवाई (?) लाइन ऑफ़ कंट्रोल जताने की आड़ में कर रहे हैं, और इस बात पर ध्यान देने की ज़रूरत है, और हम इसका किसी तरह जवाब ज़रूर देंगे... यह हुआ है। यानी, हम इस सारे फैलाव को यही रंग देना चाहते हैं।

मुशर्रफ़ : बिलकुल ठीक है। हां, यही बेहतर है। इसके बाद, उनसे कोई बातचीत हुई है? कोई मीटिंग वग़ैरह?

अज़ीज़ : कल, दोबारा, शाम को।

मुशर्रफ़ : कौन-कौन था वहां?

अज़ीज़ : दरअसल, हमने ज़ोर दिया था कि मीटिंग होनी चाहिए, वरना हमारे वह दोस्त, जो मेरी पिछली कुर्सी पर हैं, हमने सोचा कि कहीं वह अपनी समझ से कुछ न बोलने लगें, इसलिए हमें ही वहां जाकर कुछ करना चाहिए।

मुशर्रफ़ : क्या वह कुछ परेशान-से लग रहे थे? मैंने सुना था कि सियालकोट में कुछ गड़बड़ी चल रही थी।

अज़ीज़ : हां, दास्का में एक जगह थी तो। इस मुद्दे पर दिक्कत थी। हां, उसे लेकर कुछ दिक्कत थी उन्हें लेकिन मैंने उन्हें समझाया कि ऐसी छोटी-छोटी बातें तो लगी ही रहती हैं, और हम इनका बेहतर तरीके से जवाब दे सकते हैं।

मुशर्रफ़ : बिलकुल।

अज़ीज़ : फ़िक्र की ऐसी कोई बात नहीं है।

मुशर्रफ़ : तो मियां साहब (नवाज़ शरीफ़) को जहां समझाया गया, वह वही जगह थी जहां हमने पहले समझाया था? वहीं, जमशेद के घर?

अज़ीज़ : नहीं, मियां साहब के दफ़्तर में।

मुशर्रफ़ : अच्छा। ठीक है। क्या कह रहे थे वह?

अज़ीज़ : हम यहां से गए थे—चौधरी ज़फ़र साहब, महमूद, मैं और तौक़ीर। क्योंकि जाने से पहले तौक़ीर ने अपने जोड़ीदार से बात की थी। वह टेप हम अपने साथ ले गए।

मुशर्रफ़ : तो वह (भारतीय जोड़ीदार) क्या कह रहा था?

अज़ीज़ : बड़ी दिलचस्प बात। जब आप आएंगे, तो मैं आपको सुनाऊंगा। उसमें पूरा ज़ोर इन घुसपैठियों पर था, जो यहां जमे हुए हैं। आपकी मदद और आपका तोपख़ाना उन्हें हासिल है, जिसके बिना वह जम्मू और कश्मीर में नहीं घुस सकते थे। यह कोई दोस्ताना निभाने वाला काम नहीं है और यह लाहौर डिक्लेयरेशन के मिज़ाज के ख़िलाफ़ है। फिर तौक़ीर ने उन्हें बताया कि अगर तुम्हारे बंदों ने लाइन ऑफ़ कंट्रोल पर चढ़ाई की और उसे पार करने की कोशिश की...और यह कि तुरतुक के पुल पर बम लगाए गए और इस सिलसिले में लाश मिली जिसे फ़ौजी शान के साथ वापस किया गया...और मैंने कहा, मुझे लगता था कि पहले मुझे नहीं लग रहा था कि आप ऐसा बेकार का जोखिम भरा काम नहीं करेंगे, और यह सारा फ़ौजी जमावड़ा जो आप कर रहे हैं—एक या ज़्यादा पलटन और पचास-साठ जहाज़ इकट्ठे करके। ये सब बहाने हैं फ़ौजी कार्रवाई के, और इस तरह मेरी बात के बाद वह बस अपना बचाव करते नज़र आए। फिर वह वही पुरानी कहानी दोहराने लगे। वही तीन बातें बार-बार दोहराने लगे कि उनकी (मिलिटेंट की) मदद नहीं करनी चाहिए, और आपकी मदद के बिना वह वहां पहुंच ही नहीं सकते थे और हमें उन्हें वहां से खदेड़ देंगे, उन्हें वहां नहीं रहने देंगे। और यह दोस्ताना कायम करने वाला काम नहीं है।

मुशर्रफ़ : तो, उन्होंने बाहर आकर कहीं बातचीत की पेशकश की?

अज़ीज़ : नहीं, उन्होंने बस यह कहा कि उनका (मिलिटेंट का) उचित ढंग से स्वागत किया जाएगा। उन्होंने ऐसे कहा। उन्होंने कहा कि उनका सफ़ाया कर दिया जाएगा, और जब-जब तौक़ीर ने यह कहा कि मेहरबानी करके हमें कुछ और तो बताइए उनके बारे में, जैसे कितने आपके इलाके में घुसे, और वहां क्या हो रहा है। तब मैं उन लोगों से बात करके आपको बता सकूंगा। तो जब-जब तौक़ीर ने ये बातें पूछीं, वह यही कहते, कि जब हम मिलेंगे तब इसके बारे में बात करेंगे, तब हम सब बताएंगे। इसका मतलब यह हुआ कि वह बातचीत का एक और दौर चाहते हैं जिसमें दोनों तरफ़ वाले मिल सकें। हो सकता है कि वह दोनों प्रधानमंत्रियों के बीच दूसरे दौर की बातचीत की उम्मीद कर रहे हों...

मुशर्रफ़ : तो, हम कई बार तो बातचीत कर चुके हैं, आपकी (प्रधानमंत्री की?) दुआएं ले चुके हैं, और कल भी मैंने उन्हें बताया कि बहस का, बातचीत का रास्ता खुला रखना चाहिए, और बाकी, ज़मीनी हालात में कोई बदलाव नहीं होगा।

अज़ीज़ : तो, कोई भी दिमाग़ी तौर पर बहुत परेशान नहीं था।

मुशर्रफ़ : आपकी कुर्सी वाले भी?

अज़ीज़ : हां, वह परेशान थे। और मलिक साहब भी उलझन में थे, जैसे कि यह लोग पहले भी रहा करते थे। इन दोनों का नज़रिया यह है कि जैसे हालात बने हुए हैं, और जनरल हसन की जगह, उसमें कोई बदलाव नहीं होना चाहिए। लेकिन वह यह भी कह रहे थे कि इसमें अगर और बढ़ोतरी हो तो वह सोच-समझ के की जानी चाहिए क्योंकि जंग का ख़तरा पैदा हो सकता है। उनकी इस दलील पर हमने उन्हें समझाया कि ऐसा कोई डर नहीं है क्योंकि उनकी (मिलिटेंट की) गरदन तो हमारे हाथ में है, जब आप चाहेंगे, हम संभाल लेंगे। चौधरी ज़फ़र साहब ने बड़ी अच्छी तरह सामना किया। उन्होंने हमारे नज़रिये को बड़ी अच्छी तरह से सामने रखा। उन्होंने कहा कि हमने प्रधानमंत्री को पहले ही बता दिया था और हम जो महसूस कर रहे थे वह भी उनके सामने रख चुके थे। इसके बाद हमने तौक़ीर को टेप सुनाया। फिर उन्होंने कहा कि हम जो देख रहे हैं, वह हमारा अपना अंदाज़ा है, और फ़ौजी हालात जैसे नज़र आ रहे हैं, उन पर क़ाबू रखने में हमें परेशानी नहीं होगी। बाकी, पॉलिटिकल और डिप्लोमैटिक पहलुओं को संभालने का काम आपकी रहनुमाई में होना था। हमने उनसे कहा कि इसमें चौंकने और घबराने जैसी कोई बात नहीं है। तब उन्होंने कहा कि सात दिन पहले जब मुझे पता चला, तब कोर कमांडरों को बताया गया। इस कार्रवाई की सारी कामयाबी की वजह ही यह है कि इसे पूरी तरह से पोशीदा रखा गया। हमारा तर्जुबा यह है कि हमारी पिछली तमाम कोशिश राज़ न रख पाने की वजह से नाकाम रहीं। इसलिए हमें अपने राज़ को राज़ रखने को सबसे ज़्यादा तरजीह देनी होगी, तभी हम कामयाब होंगे। हमें इस बात का ख़्याल रखना चाहिए और इससे हमें जो फ़ायदा पहुंचेगा उससे हालात हमारे क़ाबू में रहेंगे।

मुशर्रफ़ : बाक़ी, मियां साहब ठीक हैं?

अज़ीज़ : ठीक हैं। उन्हें तो पहले ही भरोसा था, बाकी दोनों को नहीं। शमशाद साथ दे रहे थे, हमेशा की तरह। आज, पिछले दो घंटे से बी. बी. सी. पर लगातार हिंदुस्तान के हवाई हमलों की ख़बरें आ रही हैं। हम इससे फ़ायदा उठाएंगे—उन्हें बम गिराने देते हैं। जहां तक सारी दुनिया को इसका पता चलने की बात है, इससे ज़्यादा तेज़ी से यह नहीं हो सकता था। आपने ख़बरों में देखा होगा कि युनाइटेड नेशंस के जनरल सेक्रेटरी कोफ़ी अन्नान ने दोनों देशों से बैठकर बातचीत करने की अपील की है।

दूसरी रिकॉर्डिंग–29 मई

अज़ीज़ : पाकिस्तान से बोल रहे हैं। हमें कमरा नंबर 83315 में दीजिए। हेलो!

मुशर्रफ़ : हेलो अज़ीज़!

अज़ीज़ : ज़मीनी हालात ठीक-ठाक हैं, कोई बदलाव नहीं है। इस इलाके में हमले से कोई नुकसान नहीं हुआ है। उनका एक एम आई-17 गिराया गया। आगे हालात यह हैं कि हमने अपनी जगह पहुंचने की कोशिश की, जो नीचे आ गई। बाकी सब ठीक है। और कुछ नहीं, बस एक बात है। आपने मियां साहब के अपने जोड़ीदार से बातचीत करने की कल की ख़बर सुनी? उन्होंने उन्हें बताया है कि लाहौर डिक्लेयरेशन के मिज़ाज को आपके लोगों ने ठेस पहुंचाई है और वही इस बाबत तमाम बातें फैला रहे हैं। इसके बाद उन्होंने ख़ासतौर से मुझसे बात करनी चाही। उन्होंने भारतीय प्रधानमंत्री को बताया कि उन्हें मुक़ाबले में एयर फ़ोर्स और दूसरे तमाम तरीके इस्तेमाल करने से पहले कुछ इंतज़ार करना चाहिए था। उन्होंने (नवाज़ शरीफ़) उनसे (भारतीय प्रधानमंत्री) से कहा कि उनका सुझाव है कि सरताज अज़ीज़ तनाव ख़त्म करने की संभावना का पता लगाने के लिए नई दिल्ली जा सकते हैं।

मुशर्रफ़ : ओके।

अज़ीज़ : मुमकिन है ऐसा हो, हो सकता है कल।

मुशर्रफ़ : ओके।

अज़ीज़ : शायद हमारे दूसरे दोस्त (आई. एस. आई. के डायरेक्टर जनरल लेफ़्टिनेंट जनरल ज़ियाउद्दीन या अमरीका हो सकते हैं) ने दबाव डाला हो। इसके लिए आज वो फ़ॉरेन ऑफ़िस में करीब साढ़े नौ बजे बातचीत करेंगे और ज़फ़र साहब (11 कॉर्प्स के जनरल ऑफ़िसर कमांडिंग और ऐक्टिंग आर्मी चीफ़ लेफ़्टिनेंट जनरल सईदुज़ ज़मन ज़फ़र) के शामिल होने की उम्मीद है।

मुशर्रफ़ : ओके।

अज़ीज़ : अज़ीज़ साहब (सरताज अज़ीज़) ने मेरे साथ मशविरा कर लिया है और मेरी सलाह यही है कि बातचीत का रास्ता हमेशा खुला रखना चाहिए। लेकिन उन्हें पहली मीटिंग में ज़मीनी हालात को लेकर कोई वादा या समझौता नहीं करना चाहिए।

मुशर्रफ़ : बिलकुल ठीक। आपको या महमूद को (जनरल ऑफ़िसर कमांडिंग, दसवीं कार्प्स, रावलपिंडी) ज़फ़र के साथ ज़रूर जाना चाहिए। क्योंकि उन्हें ज़मीनी हालात के बारे में नहीं मालूम।

अज़ीज़ : इस हफ़्ते, हम आठ बजे मिल रहे हैं, क्योंकि मीटिंग साढ़े नौ बजे है, तो ज़फ़र साहब उसमें विचार-विमर्श करेंगे। हम ज़फ़र को सलाह देना चाहेंगे कि वह इस बात पर अड़े रहें कि वह ज़मीनी हालात के बारे में बात ही नहीं करेंगे। जहां तक ज़मीनी हालात का सवाल है, जैसा आपने कहा है, वही सही है। इसके बाद डी. जी. एम. ओ. (डायरेक्टर जनरल ऑफ़ मिलिट्री ऑपरेशंस) आपस में बातचीत कर लेंगे और तय कर लेंगे कि कैसे-क्या करना है।

मुशर्रफ़ : एल. ओ. सी. के बारे में।

अज़ीज़ : हां, पता चला है, जैसा कि एल. ओ. सी. में कई ऐसी जगह हैं जहां एल. ओ. सी. की स्थिति को लेकर दोनों तरफ़ वाले एक दूसरे की बात को नहीं मानते। इसलिए तफ़सील से बातचीत करने की ज़रूरत है। डी. जी. एम. ओ. यह कर सकते हैं।

मुशर्रफ़ : बस, वह मान लें कि हम यहां लंबे अरसे से हैं। हमें वहां बैठे हुए बहुत वक्त हो चुका है। जैसा शुरू में था, वैसा ही अब भी है, किसी चौकी पर हमला नहीं किया गया, किसी चौकी पर कब्ज़ा नहीं किया गया। हालात यह हैं कि हम बचाव के लिए एल. ओ. सी. के अपनी तरफ़ हैं। अगर यह उनकी (सरताज अज़ीज़) जानकारी में नहीं हो उन्हें अच्छी तरह समझा देना। इस बात पर ज़ोर देना है कि हम बरसों से यहीं हैं।

मुशर्रफ़ : हां, इसी मुद्दे को उठाना है। हम एल. ओ. सी. पर उसी जगह बहुत वक़्त से बैठे हैं।

अज़ीज़ : यही तो उनकी कमज़ोरी है। युनाइटेड नेशंस ने जिस सरहदबंदी की तस्दीक की है, वह उसे नहीं मानते, जबकि हम मानते हैं। हम इसी का फ़ायदा उठाएंगे।

मुशर्रफ़ : शिमला समझौते में यह है कि हम युनाइटेड नेशंस से दखल देने को नहीं कह सकते।

अज़ीज़ : हमारे पड़ोसी को उनकी मौजूदगी या युनाइटेड मिलिट्री ऑब्ज़र्वर्स ग्रुप इन इंडिया ऐंड पाकिस्तान (UNMOGIP) के ज़रिये इलाके का सर्वे करवाना मंजूर नहीं होता। इसलिए, हम ऊपर से शुरू करेंगे, 9842 (एन जे 9842) से। इस लाइन पर हम उन्हें तर्क दे सकते हैं लेकिन संक्षेप में, सरताज अज़ीज़ साहब के लिए मैं यही सिफ़ारिश करूंगा कि फ़ौजी हालात को लेकर वह पहली मीटिंग में कोई भी वायदा न करें। और उन्हें सीज़फ़ायर की बात भी नहीं माननी चाहिए, क्योंकि अगर सीज़फ़ायर हो गई, तो गाड़ियां दौड़ने लगेंगी (द्रास कारगिल राजमार्ग पर)। इस मामले में उन्हें अपने तर्क से काम चलाना पड़ेगा। उन्हें जो भी दिक्कत आ रही हो, वह हमें

नहीं पता, लेकिन यह एल. ओ. सी. पर तनाव को सही ठहराने की कोई वजह नहीं है। कोई वजह नहीं है। हमें उनसे कुछ इस तरह अपनी बात रखनी होगी, ताकि वह किसी बात की गहराई में जाने की कोशिश न करें।

मुशर्रफ़ : ठीक है।

अज़ीज़ : इस बाबत हमें आपकी मंजूरी चाहिए। और आपका प्रोग्राम क्या है?

मुशर्रफ़ : मैं कल आऊंगा। हम बस घंटे भर के अंदर यहां से निकल जाएंगे। हम शेनज़ेन जा रहे हैं। वहां से, शाम तक हम हांगकांग में होंगे। हांगकांग से कल उड़ान होगी। तो, हम शाम तक लाहौर में होंगे, बैंकॉक से होकर आने वाली उड़ान से।

अज़ीज़ : इतवार की शाम को आप लाहौर में होंगे। हम ये भी इशारा कर देंगे कि अगर उसमें ज़्यादा दिक्कत वाली बात हो तो उसे (सरताज अज़ीज़ की यात्रा को) और एक या दो दिन आगे टाल दिया जाए। हम सोमवार को सलाह-मशविरा कर लेंगे फिर करेंगे।

मुशर्रफ़ : ये एम आई-17 हमारे इलाके में तो नहीं गिरा है?

अज़ीज़ : नहीं, जनाब। ये उन्हीं के इलाके में गिरा है। हमने उसे गिराने का दावा नहीं किया है। हमने मुजाहिदीन की तरफ़ से दावा करवाया है।

मुशर्रफ़ : बहुत ख़ूब।

अज़ीज़ : लेकिन हमारी तरफ से थोड़ी ही दूर पर। हमारी नज़रों के सामने क्रैश हुआ।

मुशर्रफ़ : बहुत अच्छे। क्या अब उन्हें उड़ाने में उनके सामने ज़्यादा दिक्कत आ रही है? अब वह डर रहे हैं या नहीं? यह भी ग़ौर करना चाहिए। क्या वह पहले के मुकाबले ज़्यादा दूर रहते हैं?

अज़ीज़ : हां। उनके ऊपर बहुत दबाव है। उन्हें हवाई हमलों से उम्मीद से ज़्यादा बढ़िया मुक़ाबले के बारे में बात करते सुना गया है। वह अब और एयरक्राफ़्ट गंवाना बरदाश्त नहीं कर सकते। उसके बाद से उनकी उड़ानें कम हो गई हैं।

मुशर्रफ़ : बहुत अच्छे, फ़र्स्ट क्लास। ज़मीन पर कहीं जमाव बढ़ रहा है?

अज़ीज़ : कुछ ख़ास नहीं, लेकिन अब उनकी तरफ़ हलचल काफ़ी कम हो गई है। तब से सिर्फ़ एक बार एक उड़ान का कॉल साइन रेडियो पर सुना गया जो अब तक घाटी तक नहीं पहुंचा। अब एयर वाले और ज़मीन वाले दोनों ही पीछे रहेंगे, और फिर हालात ठीक हो जाएंगे।

मुशर्रफ़ : तो शाम को मिलते हैं।

लेफ़्टिनेंट सौरभ कालिया और पांच जवानों के साथ .ज्यादती

कारगिल में चल रही लड़ाई में हमारे जिन जवानों को पाकिस्तान ने बंदी बना लिया था, उनके साथ हुए हैवानियत के बर्ताव से सारा राष्ट्र गहरे गुस्से में था। जनता के साथ सरकार भी नाराज़ थी इस बात से। पाकिस्तान की तरफ़ से दिए गए उन छहों शवों का तीन दिन पहले पोस्ट-मॉर्टम किया गया। पोस्ट-मॉर्टम में यह बात साफ़ हो गई थी कि जवानों को यातनाएं दी गई थीं, और फिर उन्हें बहुत पास से गोलियों का निशाना बनाया गया था। हम पाकिस्तान से मांग करेंगे कि ऐसा घिनौना जुर्म करने वालों को पहचान कर पकड़ा जाए और उनके साथ क़ानूनी कार्रवाई की जाए। यही मांग हमने स्क्वॉड्रन लीडर अजय आहूजा के मामले में भी की थी। ऐसी हरकतें न सिर्फ़ पहले से चले आ रहे तौर-तरीकों और अंतरराष्ट्रीय समझौतों के ख़िलाफ़ है, बल्कि यह सारी इंसानियत के साथ गुनाह है। ऐसा करना मध्य युग की बर्बर सामंती परंपराओं की ओर लौटने जैसा है।

सरताज अज़ीज़ से मुलाकात

सरताज अज़ीज़ एक छोटे विमान से आ रहे थे, जिसमें पाकिस्तानी वायु सेना के निशान नहीं थे। मैं वक़्त से पहले ही हवाई अड्डे पर पहुंच चुका था, और भारत में पाकिस्तान के उच्चायुक्त अशरफ़ जहांगीर क़ाज़ी भी वहां मौजूद थे। वह मेरा स्वागत करने के लिए उठे, लेकिन मेरा बदला हुआ रंग-ढंग देखकर वह रुक गए। मुझे भावनाओं में बह जाने के बजाय अपने आप पर क़ाबू रखना चाहिए था। अशरफ़ क़ाज़ी एक विशिष्ट, समर्थ और विद्वान अधिकारी हैं, जिन्होंने अपने मुल्क की बहुत मन लगाकर सेवा की है। मुझे बहुत अफ़सोस हुआ, क्योंकि मैं उन्हें और बेहतर ढंग से ज़रूर जानना चाहता। सरताज अज़ीज़ का जहाज़ उतरने के बाद जल्दी ही बाकी तमाम औपचारिकताओं के साथ उनका स्वागत किया गया। मैंने उन्हें बताया कि कुछ ही देर बाद हम हैदराबाद हाउस में मिलेंगे, जहां वह जो भी कुछ कहना चाहें, कह सकते हैं। इसके बाद वहीं मेरी तरफ़ से एक साधारण से दोपहर के खाने का इंतज़ाम था, जिसके बाद अगर वह चाहेंगे तो वहीं एक साझा प्रेस कॉन्फ्रेंस भी रख सकते हैं या फिर इसके लिए वह अपने वक़्त पर और अपनी पसंद की जगह पर अपनी सहूलियत से मीडिया से बात कर सकते हैं। उन्होंने मुझे बताया कि वह आज ही लौट रहे हैं, और मोटे तौर पर मैंने जो प्रोग्राम बनाया था, उसपर राज़ी हो गए।

एक दिन पहले, 11 जून को मैंने जनरल मुशर्रफ़ और उनके चीफ़ ऑफ़ स्टाफ़ जनरल अज़ीज़ के बीच हुई बातचीत के टेप की सामग्री को प्रतिलिप्यांतरित रूप में जारी कर दिया था। दौरे पर आए विदेशमंत्री को अच्छी तरह मालूम था कि उस टेप में क्या है, लेकिन उन्होंने ऐसे हाव-भाव बना रखे थे जैसे उन्हें कोई

फ़र्क ही नहीं पड़ता, उसमें मुझे उनकी अनौपचारिकता और लापरवाही झलक रही थी। स्थिति गंभीर थी, और उससे वैसी ही गंभीरता से निपटा जा सकता था। ज़ाहिर था कि जो कुछ चल रहा था, वह सब उनकी जानकारी में नहीं था, लेकिन यह तो उनकी ख़ुद की या फिर उनकी सरकार की ज़िम्मेदारी थी। खाने के लिए बैठने से पहले मैंने उन्हें सुझाया कि वह जो कहना चाहते हैं, वह बताएं। मेरे पूछने का ढंग तब वैसा नहीं था जैसा होना चाहिए था। 'हां, तो आप क्या कहना चाहेंगे?' जिसमें एक रूखापन-सा था, लेकिन और कैसे बातचीत का सिलसिला शुरू करूं यह सचमुच मेरी समझ में नहीं आ रहा था। ऐसे में, जब खाने के बाद उन्होंने युद्ध-विराम के लिए दोनों के राज़ी होने, नियंत्रण रेखा के पूरे मुद्दे को नये सिरे से खोलने और फिर इन सब के लिए एक समय सीमा तय करने और फिर एक के बाद एक कितनी ही बातें करनी शुरू कीं, तो मुझे वह सब इतनी बेमानी लगीं कि मैं बड़ी मुश्किल से अपनी बेसब्री छुपा पाया। बातचीत जल्दी ही ख़त्म हो गई, और हमने खाना खाने के लिए कामकाज रोका। उसके बाद अज़ीज़ अपने उच्चायोग चले गए। उसी शाम उन्हें रवाना भी होना था। मैंने प्रेस से मुलाक़ात की और जो कुछ हुआ, उसके बारे में जानकारी साझा की :

आज मैंने पाकिस्तान के माननीय विदेशमंत्री जनाब सरताज अज़ीज़ साहब से मुलाक़ात की। मूल रूप से मैंने दो बातें रखीं। पहली, कारगिल पर आक्रमण करने वालों को हटाने के बारे में, और दूसरे पाकिस्तानी हिरासत में भारतीय सैनिकों के साथ हुए अमानवीय व्यवहार के बारे में। मैंने इस बात पर ज़ोर दिया कि पाकिस्तान की तरफ़ से जो हथियारबंद घुसपैठ हुई है, वह सोच-समझ कर किए गए हमले से कम नहीं है, और उसे मंज़ूर नहीं किया जा सकता। उनके प्रवक्ता ने यह स्वीकार किया कि पाकिस्तानी सेना ने नियंत्रण रेखा का उल्लंघन किया है, और भारतीय क्षेत्र में कई जगह कब्ज़ा किए हुए हैं। विदेशमंत्री सरताज अज़ीज़ ने भी इस बात से इनकार नहीं किया। मैंने उनसे यह भी कहा कि नियंत्रण रेखा पर पहले वाली स्थिति को न बनाए रखने से ही सारा तनाव है। और इस तनाव को दूर करने के लिए पहले वाली स्थिति फिर से बहाल करना सबसे ज़रूरी है। नियंत्रण रेखा, जो शिमला समझौते का अभिन्न अंग है, और स्पष्ट खिंची हुई है, और सत्ताइस साल से उसे लेकर कोई सवाल नहीं उठा है। उसपर सवालिया निशान लगाना वास्तव में आक्रमण को सही ठहराने के लिए चली गई खोटी चाल है। इसे बरदाश्त नहीं किया जा सकता। नियंत्रण रेखा को अपनी खोई मान्यता और अहमियत वापस मिलनी चाहिए। मैंने ख़ासतौर से उन लोगों को इंसाफ़ के दायरे में लाने पर ज़ोर दिया जो बंदी बनाए गए भारतीय सैनिकों को यातनाएं देने जैसे बर्बर काम को अंजाम देने के लिए ज़िम्मेदार हैं। मैंने यह भी साफ़तौर पर कहा कि पहल करने के नाते भारत बातचीत की प्रक्रिया जारी रखने के लिए प्रतिबद्ध है, और इस बातचीत का मकसद हमलावरों की कब्ज़ा की हुई जगह को खाली करवाना भी है। और यह भी, कि हमारे पास इफ़रात में वक़्त नहीं है कि बातचीत पर बातचीत करते चले जाएं।

पांसा पलटा

इसके बाद कारगिल में जंग के लिहाज से पाकिस्तान का वक़्त तेज़ी से बिगड़ता चला गया। एक के बाद एक चोटियां उसके हाथ से निकलती चली गईं। ऐसा लगता था जैसे सारी हमलावर फ़ौज की मनोस्थिति पर हार और पीछे हटने की सोच हावी हो गई हो। मैं इस जंग में सिर्फ़ रोज़ के रोज़ होने वाली घटनाओं पर नज़र नहीं रखे था, बल्कि तब तक इससे कहीं ज़्यादा गहराई से जुड़ गया था। मुझे मालूम था कि पाकिस्तान के पास वक़्त, ज़िम्मेदारी और स्थानीय और अंतरराष्ट्रीय ताकतों की जैसी तालमेल ज़रूरी होती है वह नहीं है। इसलिए अगर उसने सही वक़्त पर मोर्चे छोड़ने का फ़ैसला नहीं किया, तो उसकी फ़ौजों को भारी नुकसान उठाना पड़ सकता है। 20 जून को अपनी डायरी में मैंने जो कुछ दर्ज किया, उसपर एक नज़र डालिए—

> 1 नागा [19] पलटन ने पिरामिड और थम्सअप पर कब्ज़ा किया, जबकि प्वाइंट 5140 [20] तक़रीबन हाथापाई वाली लड़ाई के बाद आख़िरकार 13 जम्मू और कश्मीर रायफ़ल्स [21] के हाथ लगा। पाकिस्तान के सशस्त्र घुसपैठिये फ़ौजियों की हार अब तय थी। अब तक अमरीका ने भी किसी की तरफ़दारी न करते हुए सख़्ती का रवैया अपना लिया था, जैसा कि उसने पहले कभी नहीं किया था।

पाकिस्तान की यह हरकत उसी को भारी पड़ी। उसकी फ़ौजों को 'तय वापसी' के तहत पीछे लौटना पड़ेगा। अगर ऐसा नहीं किया गया तो पाकिस्तान के फ़ौजियों को फिर भी पीछे हटना पड़ेगा, लेकिन इस सूरत में यह वापसी पूरी तरह से बेतरतीब होगी। कैसे पीछे हटना है, यह घुसपैठिये को तय करना था। जैसे भी हो, ये लड़ाई अब महीने भर से ज़्यादा पुरानी हो चुकी थी। इतनी ऊंचाई पर तैनात पाकिस्तानी सैनिकों को बिना किसी राहत और रसद, लगातार काम करते हुए को कम से कम दो महीने हो चुके थे। इन दो महीनों में उन्हें बिलकुल भी आराम नहीं मिला था, और हर चीज़ की कमी वाले हालात में उन्हें खाने-पानी की कमी के साथ, गर्मी का मौसम होने के बावजूद ज़्यादा ऊंचाई पर होने से जुड़ी दिक्कतों का सामना तो करना ही पड़ रहा था। इसके साथ ही, लगातार बढ़ रहा कूटनीतिक दबाव भी असर कर रहा था, ख़ासतौर से मेरी चीन और अमरीका यात्रा के बाद। प्रधानमंत्री के प्रधान सचिव ब्रजेश मिश्र भी अमरीका के राष्ट्रीय सुरक्षा सलाहकार सैंडी बर्जर से मुलाकात करने जिनेवा गए थे। दरअसल, अमरीका को भारत के नियंत्रण रेखा पार करने को लेकर कुछ चिंताएं थीं। मिसाल के तौर पर ब्रजेश मिश्र ने जब सैंडी बर्जर का ध्यान इस बिंदु की ओर खींचा कि अमरीका के साथ अपने रिश्तों का नाजायज़ फ़ायदा उठाते हुए पाकिस्तान उस मुक़ाम पर आ पहुंचा है जहां अब अमरीका को सार्वजनिक रूप से पाकिस्तान से पीछे हटने के लिए कहकर उसकी इस प्रवृत्ति को और बढ़ने से रोकने की ज़रूरत है। लेकिन इसपर प्रतिक्रिया में

बर्जर ने बड़ी होशियारी बरती। उन्होंने कहा कि वह मानते हैं कि हालात को और बिगड़ने से रोकने के लिए और लाहौर घोषणा पर अमल करने के लिए पाकिस्तान को अपनी इज़्ज़त बचाने का मौका मिलना चाहिए, ताकि उसकी भरोसेमंद होने की छवि भी बनी रहे और वह अपनी फ़ौज को भी हटा ले। तब अमरीका का ज़ोर साफ़ तौर पर किसी भी सूरत में नवाज़ शरीफ़ का बचाव करने पर था। लेकिन पाकिस्तान की तरफ़ से हुए हमले को गंभीरता से न लेने का सिलसिला आगे भी लगातार चल सकता है। इसके साथ ही, जैसा कि इंडरफ़र्थ ने सही पकड़ा है, किसी बात को न मानने के बारे में सार्वजनिक बयान देने और किसी मुद्दे को जानबूझ कर अंतरराष्ट्रीय स्तर पर तूल देने में फ़र्क है। अमरीका ऐसा नहीं करना चाहता था, और ज़ाहिर है, न ही भारत की ऐसी मंशा थी। अमरीका सार्वजनिक रूप से शरीफ़ को शर्मिंदा नहीं करना चाहता था, क्योंकि शरीफ़ इस बात पर ज़ोर देते थे कि उनके 'राष्ट्रपति क्लिंटन के साथ निजी संबंध हैं।' इस लिहाज से अमरीकी चाहते थे कि शरीफ़ को ऐसा न लगे कि उन्हें छोड़ दिया गया है। अमरीका का यह भी मानना था कि उन हालात में उनके और पाकिस्तान के लिए शरीफ़ से बेहतर कोई दूसरा विकल्प नहीं था। फिर भी?

इस बीच, राजदूत सेलेस्टि, जून के तीसरे सप्ताह में, मुझसे मिलने आए। अमरीका क्या चाहता है, इस बारे में उन्होंने अपनी बात मेरे सामने रखी। बातचीत का निचोड़ यह था कि अमरीका को भी लगता था इस समस्या का जल्दी से जल्दी हल निकालना ज़रूरी है, और भारत की मान्य नियंत्रण रेखा को स्वीकार करना ज़रूरी है। सेलेस्टि ने मुझे यह भी बताया कि अमरीका घुसपैठियों की वापसी की समय सीमा तय करने की दिशा में काम कर रहा है, जो कि 'चंद दिनों, न कि हफ़्तों' की बात है। वॉशिंगटन से हमें ख़बर मिली कि विदेश विभाग उप सहायक रक्षामंत्री गिब्सन लैनफ़र और जनरल एंटनी ज़िन्नी को, जो एक समय अमरीका के सेंट्रल कमांड, जिसके तहत पाकिस्तान आता है, के प्रमुख रह चुके हैं और जनरल मुशर्रफ़ को जानते हैं। राजदूत महोदय यह जानना चाहते थे कि अगर जनरल ज़िन्नी ख़ासतौर से हमें दिशा-निर्देश देने सीधे पाकिस्तान से आते हैं तो क्या भारत को उनका आना मंजूर होगा। मैंने ऐसा न करने की सलाह दी।[22] लेकिन मैं इस बात के लिए राज़ी था कि लैनफ़र इस्लामाबाद में हुई बातचीत से हमें अवगत कराने दिल्ली आ सकते हैं। तब तक अमरीका को इस बात का अंदाज़ा हो चुका था कि सैन्य शक्ति के रूप में भारत की स्थिति अच्छी है। इस बीच भारत ने युद्ध के मैदान में फ़ौज की तैनाती और बढ़त हासिल करके सुनियोजित सामरिक नीति का परिचय दिया, जिससे 'शक्ति संतुलन' काफ़ी हद तक भारत के पक्ष में था। अंतरराष्ट्रीय समुदाय को भी मोटे तौर पर पाकिस्तान के ज़िद पर अड़े रहने में कोई अच्छाई नज़र नहीं आ रही थी। इंटरनेशनल मॉनिटरी फ़ंड यानी अंतरराष्ट्रीय मुद्रा कोष के ज़रिये दबाव डालने की प्रक्रिया भी शुरू हो गई। भारत के अनुरोध पर कोष के तत्कालीन प्रबंध निदेशक माइकल कैमडेसस ने एक 'कड़ा

संदेश' जारी किया जिसके ज़रिये संकेत दिया गया था कि–'अंतरराष्ट्रीय मुद्रा कोष अब सख़्ती के साथ सदस्यता की शर्तों के अनुपालन और सदस्यों की पूर्ण विश्वसनीयता पर पैनी नज़र रखेगा, जो कि अंतरराष्ट्रीय मुद्रा कोष की व्यवस्था का अभिन्न अंग है।'

जून के अंत तक, पाकिस्तान हताशा की स्थिति में पहुंच गया था। जनरल ज़िन्नी तब तक इस्लामाबाद से जा चुके थे, और लैनफ़र, जो भारतीय अधिकारियों के साथ जानकारी साझा करने के लिए आए, उन्होंने बताया कि नवाज़ शरीफ़ 19 जून को ही 'भारत ने जो शर्तें रखी हैं, उन्हें मानने' के बारे में क्लिंटन को पत्र लिख चुके हैं। मैंने अंदाज़ा लगाया कि पाकिस्तान वालों को समझ में आने लगा है कि जनरल ज़िन्नी को जवाब में 'न' कहकर वॉशिंगटन नहीं भेजा जा सकता। जुलाई का महीना आया तो भारतीय सेना वापस नियंत्रण रेखा के काफ़ी क़रीब, और कई जगह अपनी पुरानी स्थिति तक पहुंच गई थी। फिर भी कुछ जगह पाकिस्तानी बचे थे, और इसी वजह से अमरीकी विदेश विभाग ने हमारे साथ यह जानकारी साझा की कि अब 'थोड़ा-थोड़ा करके दबाव बढ़ाने' का वक़्त आ गया है। कारगिल की ऊंचाइयों पर भारतीय सेना के तेज़ी से अपने ठिकानों पर फिर कब्ज़ा जमाने के साथ नवाज़ शरीफ़ पर बढ़ते दबाव का असर भी नज़र आने लगा था। उन्होंने वॉशिंगटन का दौरा करने की पेशकश की। जबकि ऐसा नहीं था कि राष्ट्रपति क्लिंटन ने कोई न्योता या सुझाव दिया हो, बल्कि, वास्तव में, उन्होंने पाकिस्तान के प्रधानमंत्री को यह हिदायत दी थी कि वह यह दौरा तभी करें जब वह यह मानने को तैयार हों कि पाकिस्तान ने कितनी बड़ी ग़लतियां की हैं, और उन्हें बिना समय गंवाए सुधारने[23] के लिए क़दम उठाने को तैयार हों। इसके बावजूद, क्लिंटन का स्पष्ट मत था कि बिना बुलाए वॉशिंगटन का दौरा, वह भी 4 जुलाई (अमरीकी स्वतंत्रता दिवस) को, करने के बाद भी नतीजा आख़िरकार 'हमेशा सा गड़बड़झाला' ही होगा।

इस बीच, कारगिल के युद्धक्षेत्र में भारतीय सेना के लगातार कार्रवाई में और भी ज़्यादा हासिल होने लगा था। नवाज़ शरीफ़ के वॉशिंगटन के लिए उड़ान भरने से पहले ही 18 ग्रेनेडियर्स[24] द्वारा जांबाज़ी का परिचय देते हुए टाइगर हिल पर कब्ज़ा करने के लिए लड़ी गई लड़ाई में जीत हासिल हो चुकी थी। इन चोटियों के नाम ही खुद भारतीय सैनिकों के अदम्य साहस की कहानी कहते हैं। चंद मिनट कुछ खोए इलाकों को फिर अपने कब्ज़े में लेने की चर्चा में लगाते हैं–20 जून को थम्स-अप पर कब्ज़ा हुआ, और शायद तेज़ी से बढ़ते चलने का शुभ संकेत था, क्योंकि उसके बाद, एक के बाद एक चोटियों पर भारतीय सैनिक फ़तेह करते चले गए। लोन हिल और सैडिल की चोटियों, प्वाइंट 4700 और जुबार की पहाड़ियां 4 जुलाई को कब्ज़े में आ गए। इस बीच 18 ग्रेनेडियर्स टाइगर हिल पर जीत का परचम फहरा चुके थे। टाइगर हिल को मीडिया ने भारतीय शूरवीरों की सफ़लता को एक ऐसे प्रतीक का रूप दे दिया था, जो कि सही भी था, क्योंकि उस ऊंचाई

पर फिर अपने पांव जमाने की क़ीमत, भारतीय जवानों का बहादुरी से नेतृत्व करते हुए लेफ़्टिनेंट कर्नल रामाकृष्णन विश्वनाथन ने अपनी जान देकर चुकाई थी। प्रतीक रूप में, यह पाकिस्तान की आख़िरी बाज़ी में हार थी, क्योंकि इसके बाद भारतीय सेना और भी तेज़ी से जीत पर जीत दर्ज करती चली गई। 9 जुलाई को पाकिस्तानी सेना के डायरेक्टर जनरल ऑफ़ मिलिट्री ऑपरेशंस ने अपने भारतीय समकक्ष को हॉटलाइन पर बताया कि पाकिस्तान अपनी फ़ौजों को पीछे हटाने का सिलसिला शुरू करना चाहता है। इसके लिए उन्होंने मिलकर बातचीत करने के लिए 11 जुलाई को वक़्त मांगा। जैसा कि उचित भी था, प्रधानमंत्री वाजपेयी ने एक दिन बाद भारतीय सेना के जनरलों को संबोधित किया, जिसके बाद अटारी की सीमा चौकी पर अंतरराष्ट्रीय सीमा के इस तरफ़, भारतीय इलाके में, पहले से तय कार्यक्रम के मुताबिक दोनों ओर के डायरेक्टर जनरल्स ऑफ़ मिलिट्री ऑपरेशंस की मीटिंग हुई। उस समय भारत के डायरेक्टर जनरल ऑफ़ मिलिट्री ऑपरेशंस रहे जनरल एन सी विज ने अपने पाकिस्तानी जोड़ीदार के सामने आगे की रूपरेखा रखी कि इस सिलसिले में पाकिस्तान से क्या उम्मीद थी। सेना को वापस हटाने का काम एक सप्ताह से कम समय में पूरा करना था।

एक सप्ताह पहले राष्ट्रपति क्लिंटन और प्रधानमंत्री नवाज़ शरीफ़ की ओर से एक संयुक्त बयान जारी किया गया। राष्ट्रपति क्लिंटन लगातार प्रधानमंत्री वाजपेयी को बताते रहते थे कि क्या चल रहा है, और एक मौक़े पर तो उन्होंने प्रधानमंत्री वाजपेयी को वॉशिंगटन आने का न्योता दे डाला जहां वह और प्रधानमंत्री नवाज़ शरीफ़ बातचीत कर रहे थे। जैसा कि लाज़मी था, इस निमंत्रण को ठुकरा दिया गया। पाकिस्तान के लिए अब आख़िरी बाज़ी भी ख़त्म होने को थी—घुसपैठिये हमलावरों को कब्ज़ा किए इलाके को खाली करके उलटे पांव लौटना था। जून 1999 में जब पाकिस्तान के विदेशमंत्री सरताज अज़ीज़ दिल्ली आए थे, तब जो कुछ मैंने उनके सामने रखा था, वह बिलकुल साफ़ था—

- आक्रमणकारियों से इलाके को तुरंत खाली करवाया जाए;
- नियंत्रण रेखा की वैधता को मानने का वादा किया जाए;
- सीमा पार से आतंकवाद को बढ़ावा देने वाले काम न हों;
- पाक-नियंत्रित कश्मीर में आतंकवाद फैलाने की व्यवस्था ख़त्म की जाए;
- शिमला समझौते और लाहौर घोषणा पर अमल करना तय हों;

इस तरह, भारत की ओर से सैन्य कार्रवाई से या कूटनीति के ज़रिये, हम जो कुछ चाहते थे, वह सब सार रूप में हासिल हो गया था। समझौते और सौदेबाज़ी में भारत की एक भी इंच ज़मीन हमें नहीं गंवानी पड़ी, जो कि पहले हुई सारी लड़ाइयों, 1948, 1962, 1965 या 1971 से बिलकुल अलग बात थी। खीज पैदा करने वाली जो बात अब भी दिक्कत देती है, वह है सीमापार से आतंकवाद को बढ़ावा दिया जाना और इसके लिए पाकिस्तान के अंदर मौजूद बुनियादी ढांचा। इस मुसीबत से निपटने के लिए भारत की लड़ाई जारी है।

युद्ध, कूटनीति और लाभ

पाकिस्तान को शर्मिंदा करने की हमारी नीयत कतई नहीं थी। उसने ग़लत सलाह पर चलते हुए यह भारी जोख़िम वाला क़दम इस तरह उठाया था जैसे कि यह कोई 'पांसा फेंकने' के खेल सा हो। बदकिस्मती से, पांसा ठीक नहीं पड़ा। शुरुआत में, पाकिस्तान को अपनी युद्ध की चाल से चौंकाने का मौका ज़रूर मिला, लेकिन बहुत कम समय के लिए। भारतीय गुप्तचर संगठनों से पाकिस्तान के संकेत पकड़ने में चूक हो गई, और पाकिस्तान ने गुपचुप तरीके से क़दम बढ़ाए। उसकी कौन-कौन सी बातें युद्ध के लिए काम की हैं, इसका तो उसने हिसाब लगा लिया था, लेकिन फ़ितरतन, दूसरे महत्त्वपूर्ण सामरिक पहलुओं का अंदाज़ा लगाने में चूक गया। स्पष्ट है, उसका इरादा यह था कि कारगिल की ऊंचाईयों पर कब्ज़ा जमाया जाए, फिर किसी तरह भारत को धकिया कर युद्ध-विराम की ओर ले जाए, ताकि घुसपैठ को एक किस्म की स्वीकृति मिल जाए, और इसके बाद नियंत्रण रेखा को लेकर नये सिरे से अपने फ़ायदे ध्यान में रखते हुए बातचीत कर सके। पाकिस्तान ने सोचा होगा कि इससे 'आतंकवादियों को कितना बढ़ावा मिलेगा।' हमारे आकलन के अनुसार किसी भी सूरत में पूरी तरह से युद्ध छिड़ने के कोई आसार नहीं थे। यह भी तब जब हमें पाकिस्तान के झेलम के पास स्थित तिल्ला की पहाड़ियों में कुछ हलचल मची थी जो इस बात का संकेत थी कि हो सकता है पाकिस्तान अपने नाभिकीय प्रक्षेपास्त्रों को इस्तेमाल के लिए तैयार कर रहा है। लेकिन भारत ने इसे महज़ हताशा में चली गई एक चाल के तौर पर लिया। इस जंग के नाभिकीय मोड़ लेने का सवाल ही नहीं था। लेकिन यह पहलू, जब क्लिंटन और शरीफ़ की वॉशिंगटन में मुलाक़ात हुई, तो एक बार फिर उभर कर आया। पाकिस्तान ने तो इस बात से साफ़ इनकार कर दिया कि वह नाभिक हथियारों के इस्तेमाल के बारे में सोच भी रहा था, लेकिन बाद में अमरीका ने ही इसकी पुष्टि की, जब वहां की नेशनल सिक्योरिटी काउंसिल के ब्रूस रायडेल ने अंतरराष्ट्रीय समुदाय के साथ यह बात साझा की कि पाकिस्तान सचमुच नाभिकीय 'ब्लैकमेल' [25] करने को तैयार था।

तकरीबन साठ दिन तक चले आज़माइश के इस दौर में प्रधानमंत्री वाजपेयी के सामने वास्तव में सबसे बड़ी चुनौती थी अपनी इस सोच पर टिके रहना कि दूसरा पक्ष कितना भी उकसाए, जंग नियंत्रण रेखा के आसपास ही रहे, उसके पार न फैले। ज़ाहिर है, इस बात पर टिके रहने की कीमत चुकाना हमारे लिए बहुत भारी पड़ा। वक़्त तो बहुत बर्बाद हुआ ही, कई लोगों को अपनी जान कुरबान करनी पड़ी, कई जांबाज़ अफ़सरों और सैनिकों को अपनी जान देनी पड़ी क्योंकि भारत ने खुद को बहुत सारी पाबंदियों में जकड़ रखा था। पाकिस्तान ने अनुमान लगाने में जो ग़लतियां की, शायद उनमें से एक यह भी है कि वह भारत को हड़बड़ी में संघर्ष का दायरा बढ़ाने के लिए उकसा सकता है। इस तरह संघर्ष का दायरा

बढ़ना सामरिक दृष्टि से भारत के लिए फ़ायदेमंद हो सकता था, लेकिन कूटनीतिक तौर पर यह इतनी बड़ी भूल होती जिसका अंदाज़ा लगाना मुश्किल है, मुख्यरूप से इसलिए क्योंकि भारत और पाकिस्तान दोनों की नाभिकीय हैसियत को लेकर सारी दुनिया चिंतित थी। हमने इस बात पर पहले ही बहुत होशियारी से अंदाज़ा लगा लिया था, और पहले ही स्पष्ट रूप से तय कर लिया था कि इस मुद्दे का अंतरराष्ट्रीयकरण नहीं होने देंगे। हम फिर से ताशकंद [26] वाले हालात में नहीं पड़ना चाहते थे। इसलिए हमने कूटनीति के चक्करदार कठिन रास्ते अपनाना बेहतर समझा ताकि यह सुनिश्चित किया जा सके कि मामला सुरक्षा परिषद तक भी न पहुंचे। नतीजा यह हुआ कि पहली बार इस उपमहाद्वीप पर हुए किसी संघर्ष में अमरीका ने पाकिस्तान को साफ़तौर पर ग़लत ठहराया। यह न 1948 में हुआ, न 1965 में, और न ही 1971 में ऐसा देखने को मिला था। इस क़दम से अमरीका और दुनिया के दूसरे देशों ने सीमापार आतंकवाद फैलाने की बुरी नीयत बात को तरजीह दी, जो कि एक बहुत बड़ी कूटनीतिक उपलब्धि रही।

यह मेरे सरोकार का हिस्सा नहीं है कि मैं यह फ़िक्र करूं कि नवाज़ शरीफ़ को यह मालूम था या नहीं कि यह एक फ़िज़ूल का जोखिम है। हम सब जो प्रधानमंत्री वाजपेयी के साथ लाहौर गए थे, हमारे लिए यह बहुत बड़ा विश्वासघात था। मुझे लगता है कि इस बात का कुछ औचित्य तो है कि कारगिल के युद्ध को पाकिस्तान हिसाब-किताब रखने के लिहाज से 1971, सियाचिन या किसी दूसरी भारतीय कार्रवाई, जैसे नीलम घाटी की कार्रवाई के बदले के तौर पर सही ठहराने की कोशिश कर सकता है, लेकिन अगर एक-दूसरे की हरेक ग़लती या ग़लत लगने वाली बातों के लिए इस तरह प्रतिकार किया जाए, बदला लिया जाए, तो इस किस्म की बातों का कोई अंत नहीं है। तो 'कारगिल की यादें' से अलग 'कारगिल के सबक' के तौर पर अगर कुछ बचता है तो वह है कि पाकिस्तान इस बात को समझे कि लगातार संघर्ष करने और एक-दूसरे के सामने तने रहने और ख़ून-ख़राबे से उसे दूर तक ऐसा कुछ हासिल नहीं होने वाला है जो चिरस्थायी हो। शासन द्वारा पोषित आतंकवाद के 'भस्मासुर' को पाल-पोस कर उसे सीमापार भेजने का कोई भविष्य नहीं है। जम्मू और कश्मीर में भी इंसान ही रहते हैं। यह एक ऐसा तथ्य है जिसे अकसर नज़रअंदाज़ किया गया है। 2005 के भूकंप के बाद पाक-नियंत्रित कश्मीर के बाशिंदे मुंह खोल कर मांग करने लगे कि इतनी भयावह त्रासदी के मद्देनज़र नियंत्रण रेखा को ख़त्म कर दिया जाना चाहिए ताकि वह इस कुदरती कहर का सामना कर सकें। लचीलेपन की कमी की वजह से जो मुमकिन नहीं हो पा रहा है, ईश्वरीय शक्ति और मानवीय पीड़ा ने लगभग उसकी कगार तक पहुंचा दिया। इससे कई सबक सीखे जा सकते हैं, बशर्ते हम इसमें छिपे तत्त्व को समझ सकें।

कारगिल की चढ़ाई की भेंट चढ़ने वालों की गिनती के घृणित काम में अकसर मुझे शामिल होना पड़ता है। लेकिन इस लड़ाई में पाकिस्तान ने जो कुछ गंवाया, उनमें सबसे बड़ी चीज़ है सार्वजनिक जीवन में सच्चाई और लोकतंत्र का चलन।

सही मायनों में, देखा जाए तो बेचारे नवाज़ शरीफ़ को अपने पद से जबरन हटाया गया था, और कैसी विडंबना है कि अब पांसा पलट चुका है।

भारत ने इस आक्रमण का मुक़ाबला एक ऐसी लोकतांत्रिक सरकार, विशुद्ध संसदीय भाषा में महज़ एक कामचलाऊ सरकार की देखरेख में किया, जो पूरे संघर्ष के दौरान चुनाव का इंतज़ार करते हुए एक कार्यवाहक सरकार के रूप में काम कर रही थी, क्योंकि चुनाव टल गए थे। सरकार में शामिल हम सब आचार-संहिता में बुरी तरह जकड़े हुए थे जो कि चुनावों की घोषणा के साथ ही लागू हो चुकी थी। ऐसे में, अपने फ़ौजियों की कामयाबी के बारे में समुचित सामग्री के प्रसारण में भी बेहद संयम बरतना पड़ता था कि कहीं उसे आचार-संहिता की अवमानना न मान लिया जाए। जंग के बाद जो चुनाव प्रधानमंत्री वाजपेयी ने लड़ा वह कोई 'ख़ाकी चुनाव' नहीं था। वह भी दूसरे भारतीय आम चुनावों की तरह विभिन्न रंगों और विविधताओं से भरे हुए थे। 13 अक्तूबर 1999 को, राष्ट्रपति भवन के प्रांगण में उन्हें भारत के प्रधानमंत्री पद की तीसरी बार शपथ दिलाई गई। मेरे पास एक फ़ोटो है जिसमें वह पल कैद है।

एक और फ़ोटो भी है मेरे पास, जिसपर 12 अक्तूबर 1999 की तारीख़ पड़ी है। इस तस्वीर में पाकिस्तान की सेना के जवान इस्लामाबाद में प्रधानमंत्री नवाज़ शरीफ़ के निवास में घुसने के लिए लोहे के फाटक पर चढ़े हुए हैं। यह वहां की सेना की ओर से सत्ता परिवर्तन की कोशिश थी, जिसके तहत फ़ौज के उन्हीं लोगों ने नवाज़ शरीफ़ को गिरफ़्तार करके जेल में डाल दिया जिनकी वफ़ादारी का वह दम भरते थे। किस्मत के खेल भी कितने ज़ोरदार होते हैं—फिर वह दिन भी आया जब जनरल मुशर्रफ़ पर मुकद्दमा चलाया गया, और नवाज़ शरीफ़ फिर से पाकिस्तान के प्रधानमंत्री बन गए।

भूमिका का उलट उपसंहार

स्ट्रोब टॉलबॉट ने मुझे 4 जनवरी 2000 को पत्र लिखा जिसमें उन्होंने बड़े सच्चे मन से मेरे साथ अपने कुछ विचार साझा किए।

> 'कारगिल के दौरान संकट के दौर में भारत ने उकसाने वाली हरकतों के बावजूद लगातार ऊंचे दर्जे के नैतिक स्तर पर डटे रहते हुए पलट कर वार करने वाले क़दम उठाने की चाहत पर क़ाबू रखा वरना उसे जो अभूतपूर्व अंतरराष्ट्रीय सहयोग मिला, उससे हाथ धोना पड़ता।'

यही नहीं, 27 जुलाई 2000 को बैंकॉक एशियन रीजनल फ़ोरम मीट में मैडलीन ऑलब्राइट फिर मिलीं। 1998 के विपरीत, वह बड़ी गर्मजोशी से मिलीं, और सीने से लगाने के साथ उन्होंने मेरे गाल को चूम लिया। पूरी शिष्टता और सम्मान से मिलीं, और बोलीं—'जसवंत, कारगिल संकट को बड़ी होशियारी से निपटाया। तुम्हारा एक भी क़दम ग़लत नहीं पड़ा।'

आई सी-814 की काठमांडू से कंधार की उड़ान

इस घटना के बारे में कोई भी बात करने से पहले, मैंने काफ़ी समय यह सोचने में लगाया कि मैं इसके बारे में कैसे बात करूंगा। मैं उस चुनौती की व्यापकता को कैसे व्यक्त करूंगा, जो हमने उस समय सिर्फ़ एक सरकार के तौर पर नहीं, एक राष्ट्र के रूप में झेली थी। हमने ऐसी चोट खाई, जैसी पहले कभी नहीं लगी थी, और उस सारे अनुभव ने मुझे बुरी तरह झकझोर कर रख दिया। लेकिन मेरे देशवासियों ने इस चुनौती का कैसे सामना किया? एक बहुत भारी त्रासदी के रूप में, या फिर राजनीतिक हलकों में इसे लेकर दूसरे के कष्ट में आनंद पाने, जिसे जर्मन भाषा में 'शॉडनफ्रॉयड' [27] कहते हैं, वैसी ही बात थी? मेरे पास अब भी इसका जवाब नहीं है। मैं इस पूरी घटना को आपके साथ कैसे साझा करूं, भावशून्य होकर, निष्पक्ष रहते हुए, रूखेपन के साथ और अपनी व्यक्तिगत सोच का समावेश किए बिना? इसके लिए मैं अपनी डायरी के पन्ने पलटकर देखता हूं कि उस दौर के बारे में मैंने क्या कुछ दर्ज कर रखा है। मैंने पाया कि 31 दिसंबर 1999 को मैंने उस समय डायरी लिखी थी जब मैं उस विमान में था जिससे हम कंधार जा रहे थे। मैंने उस वक़्त डायरी में जो कुछ लिखा, उसमें वाक्य विन्यास, व्याकरण आदि की ग़लतियों और अशुद्धियों तक को नहीं सुधारा है। बस, एक प्रार्थना, मन से निकली एक बात को छोड़ दिया है क्योंकि वह नितांत निजी होने के कारण दूसरों के लिए उसकी कोई प्रासंगिकता नहीं है। शायद इससे अच्छा मैं कुछ कर भी नहीं सकता था, क्योंकि इस विवरण में उस समय जो कुछ घट रहा था, उसका सजीव वर्णन मिलता है, जिसे यादों के आधार पर नहीं बयां किया जा सकता। इससे ठीक तरह से पता चलता है कि विमान अपहरण के कारण हम सब को किस तरह की चुनौतियों का सामना करना पड़ा। हम उनका सामना करने में कितने कामयाब रहे? यह एक ऐसा सवाल है जो हमें अपने आप से पूछना चाहिए, व्यक्तिगत रूप से और सामूहिक रूप से।

दिसंबर 31, 1999 : कंधार जाने वाले विशेष विमान में

इस विशेष उड़ान में बैठकर मन में आ रही बातों को न लिखना असंभव है। वास्तव में मुझे नहीं समझ में आ रहा है कि मैं किस काम के लिए जा रहा हूं–बचाव कार्य के लिए या बिगड़े हालात को शांत करने? यह उड़ान एक समझौते की तरफ़ ले जा रही है, या भविष्य की ओर?

पता नहीं कि यह एक संयोग है कि यह 1999 के दिसंबर माह का, बल्कि इस सदी का, या जैसा कि आमतौर पर लोग कह रहे हैं, दूसरी सहस्राब्दी का आख़िरी दिन जिसने मेरी यात्रा में एक विडंबना पैदा कर दी है, या फिर हमारी ज़िंदगी की इस बुराई पर पर्दा गिरने का संकेत है, जिसके बाद एक सुहानी और ख़ूबसूरत शुरुआत होगी, जनवरी 2000 की पहली तारीख़?

मेरी प्रार्थना में यही है, और मुझे इसकी उम्मीद भी है। जहां तक इस सफ़र का सवाल है, आगे बढ़ने के साथ, इसमें कोई शक नहीं बचता कि अपने आप में इससे नाटकीय और कुछ नहीं हो सकता, साथ ही यह अनोखा भी है।

विमान में मेरे साथ तीन टाडा[28] कैदियों के अलावा अपहृत विमान के लिए रख-रखाव से जुड़े कर्मचारी, इंजीनियर, सुरक्षाकर्मी, चालक दल के अतिरिक्त सदस्य और आपात स्थितियों के लिए डॉक्टर वग़ैरह थे। और इस उड़ान तक पहुंचाने वाली कहानी यह थी :

उस दिन, बड़े दिन यानी 24 दिसंबर की उस शाम, क़रीब 5.30 बजे मुझे सूचित किया गया कि इंडियन एयरलाइंस की एक उड़ान का अपहरण हो गया है। विमान अपहरण पहले भी हुए थे, लेकिन इसके बारे में कुछ 'अलग' सा एहसास हो रहा था, यहां तक कि इसकी घोषणा में भी कुछ अशुभ होने का एहसास हुआ। कम से कम मुझे, कुछ ऐसा महसूस हुआ कि इसके कुछ ज़्यादा गहरे मायने हैं।

कैसे वह विमान भारतीय क्षेत्र के ऊपर से उड़ान भरकर लाहौर पहुंचा और वहां उसे उतरने की इजाज़त नहीं दी गई, फिर इसका अमृतसर में उतरना और पौन घंटे बाद इसका अचानक उड़ान भरना, सुरक्षा पर कैबिनेट समिति की तुरत-फुरत में बैठक बुलाया जाना, लाहौर में उतरने की इजाज़त से दोबारा इनकार, अंधेरी हवाई पट्टी पर विमान चालक का ज़बरदस्ती विमान उतारना, पाकिस्तान के विदेशमंत्री अब्दुल सत्तार को मेरा 'अर्जेंट कॉल', पहले दुबई में उतरने की इजाज़त न मिलना, आखिरकार विमान का वहां उतरना, अपहरणकर्ता के साथ बातचीत, कोई 27 या 29 महिलाओं और बच्चों को विमान से उतरने देना, और फिर विमान का उड़ान भरना—कंधार की ओर। तब तक तारीख़ बदल चुकी थी—शनिवार, 25 दिसंबर, क्रिसमस डे, यानी बड़ा दिन। इस दिन, अफ़ग़ानिस्तान के समयानुसार, सुबह साढ़े नौ बजे के क़रीब उड़ान संख्या आई सी 814 पर निकला यह विमान पांच अपहरणकर्ताओं और सवारियों और चालक दल के सदस्यों समेत 161 लोगों (बाद में पता चला कि यह गिनती ग़लत थी।) के साथ अंततः कंधार में उतरा और खड़ा कर दिया गया।

उसके बाद मेरी ज़िंदगी का सबसे कठिन और मानसिक रूप से पस्त कर देने वाला समय शुरू हुआ।

24 दिसंबर को ही मानवेंद्र और चित्रा को बेटी हुई थी। शाम के 3:18 पर उसका जन्म हुआ था, और विमान का अपहरण उसके यही कोई घंटे भर बाद हुआ।

इसके अलावा, इसी दौरान मेरी प्यारी बेचारी मां को, जिनकी तबीयत पहले से ही ख़राब चल रही थी, ख़ून चढ़ाने की ज़रूरत पड़ गई, और वह भी मेरी ग़ैरमौजूदगी में, क्योंकि मैं दिल्ली नहीं छोड़ सकता था।

शुक्रवार, 24 तारीख़ की शाम से ही मैं मुसीबत में था। सही हल क्या है, कहां हैं, और उस तक कैसे पहुंचा जाए?

इस तरह यह तीन आतंकवादी इस हवाई जहाज़ पर सवारी बनकर चढ़े—क्योंकि बाकी सारी बातें पहले ही ख़ूब प्रकाशित-प्रसारित हो चुकी हैं कि उन्हें दोहराने की ज़रूरत नहीं है।

एक तो उन मिनट, घंटों और दिनों को फिर से जीने की (उनके बारे में लिखकर) बात आते ही मन निरी घृणा से भर जाता है, दूसरे अब मैं थकान से बुरी तरह चूर हो चुका हूं।

तीन आतंकवादियों के बदले में 161 पुरुष, महिलाएं और बच्चे। क्या यह सही है? ग़लत है? एक समझौता या मजबूरी है? क्या है?

नैतिक रूप से उचित दो बातों—मासूम लोगों की जान बचाने और आतंकवाद के ख़िलाफ़ लड़ने के बीच होती है यह खोखली खाली जगह—तय न कर पाने की। पहले तो मैं किसी भी तरह के समझौते के ख़िलाफ़ था, लेकिन धीरे-धीरे दिन बीतने के साथ मैं बदलने लगा।

जिसका नतीजा है यह उड़ान। मैं निकला हूं 'निष्कर्ष' पर पहुंचने, बल्कि अपहरणकर्ताओं से यात्रियों को छुड़ाकर वापस ले जाने के लिए।

और इसलिए, कंधार की ओर।

साथ में कल, यानी 1 जनवरी, 2000 की ओर।

नये साल का पहला दिन, जो अपहरणकर्ताओं के चंगुल से छूटे यात्रियों और उनके परिजनों के लिए ख़ुशी भरी शुरुआत होगी। कम से कम, मैं यह आशा करता हूं, और प्रार्थना भी।

मेरे लिए 1999 इस बिंदु पर विनम्र और गहरे आत्मचिंतन के साथ बीतेगा।

11 जनवरी 2000 को दिल्ली से लंदन की उड़ान में लिखी डायरी में से :

भारी कोहरे की वजह से पिछले कई दिनों से सभी उड़ानें देर से रवाना हो रही थीं। जिस उड़ान से मैं जा रहा था, वह आमतौर पर सुबह तीन बजे तक लंदन के लिए रवाना हो जाती थी, लेकिन दूसरी उड़ानों की तरह उसमें भी देरी हुई। वह आख़िरकार दिन के 2 बजे लंदन के लिए रवाना हुई। दरअसल मैं लंदन के रास्ते रोम जा रहा था, इटली के साथ द्विपक्षीय संबंधों के सिलसिले में।

मेरी पिछले साल की डायरी में आख़िरी बार, साल के आख़िरी दिन जब मैंने अपने मन की बातें दर्ज की थीं, तब भी मैं विमान में था, जो मुझे कंधार ले जा रहा था अपहृत विमान और उसके यात्रियों को छुड़ाने के लिए। वह दिन था 31 दिसंबर, 1999।

कंधार और वह अपहृत विमान—वहां की वह सूनी हवाई पट्टी, जो ऐसी लगती थी जैसे उसपर विमान उतरते ही न हों, उसके आसपास नष्ट हो चुके विमानों के ढांचे, और पुराने टूटे-फूटे जहाज़ों का कचरा, कई तरह की गाड़ियों में तरह-तरह की मुद्राओं में मटरगश्ती करते से लगते दबंग तालिबान। विमान से उतरते ही

मुझे मिले उनके 'विदेशमंत्री' मुत्तवकिल, जो मुझे अपनी गाड़ी में ले गए, जिसमें एक विशालकाय शख़्स थे जिन्होंने बताया कि वह नागरिक उड्डयन मंत्री हैं। और उस नयी टॉयोटा गाड़ी में, जिसकी सीट पर चढ़े प्लास्टिक के कवर तक नहीं हटाए गए थे, एक शर्मीले से स्त्रियोचित गुणों वाले साहब भी थे जिन्होंने बताया कि वह 'इंटरप्रेट' करते हैं। हमारी गाड़ी रनवे पर से हवाई अड्डे की मुख्य इमारत की ओर पहुंची, जहां अलग-अलग शक्ल-सूरत और क़द-काठी वाले कई और तालिबान मौजूद थे—बेपरवाही के साथ इधर-उधर घूम रहे थे, और सभी ने अपने कमर-कंधे पर किस्म-किस्म के असलहे सजा रखे थे। हवाई अड्डे से निकलकर, उसके आसपास की अच्छी सड़कों को पीछे छोड़ हमारी गाड़ी कुछ ही देर में कच्चे रास्ते पर जा पहुंची। उन विदेशमंत्री मुत्तवकिल महोदय ने रास्ते के ऊबड़-खाबड़ होने पर असुविधा को लेकर कोई टिप्पणी की तो मैंने जवाब में 'मूलतः गांव से होने' की बात कह दी, और फिर हम पहुंचे कंकरीट से बनी एक इमारत में—जो दक्षिण एशियाई सरकारी इमारतों जैसी थी—एक ही ढर्रे पर बनी एक बदसूरत इमारत। अंदर मेज़ पर कुछ डिब्बाबंद फलों के रस और कुछ किस्म के कोला, और बेतरतीब से रखे बिस्कुट और दूसरी कुछ चीज़ें थीं।

कुछ देर बेसिलसिलेवार, नकली सी लगने वाली, रटी-रटाई सी पाखंड भरी बातें होने लगीं। मैंने कुछ तारीफ़ की और उन्होंने जिस तरह साथ दिया (वैसे उन्होंने वाकई में एक हद तक अपहरणकर्ताओं के साथ बातचीत का सिलसिला आगे बढ़ाने में मदद की थी) उसके लिए उनका शुक्रगुज़ार होने की बात कही। हमने पत्रकारों से एक साथ बातचीत करने का फ़ैसला किया। अंधेरा हो रहा था। मुझे चिंता और बेचैनी महसूस होने लगी। यहां कंधार में सारी व्यवस्था ही अव्यवस्थित है, और अपहृत विमान, बंधक बने यात्री, उन्हें ले जाने के लिए आया दूसरा विमान, और अब वह जिसमें मैं आया था—इनमें से, मैं चाहता था कि पहले बंधक अपहरणकर्ताओं के चंगुल से छूटकर यहां से जाएं। और मेरा मन था कि उन सभी से एक बार फिर मिलूं—उन्हें ले जाने के लिए आए विमान में बैठने के बाद। सो हमने अजीब रस्म निभाने जैसी बातचीत का सिलसिला ज़बरदस्ती ख़त्म किया। और लौट पड़े हवाई पट्टी की ओर, जहां रास्ते में, मज़े-मज़े में नागरिक उड्डयन मंत्री महोदय ने मुझसे कहा कि वह मेरे आराम का ध्यान रखते हुए धीमे गाड़ी चला रहे हैं। मैंने उनसे कहा कि वह इसकी परवाह न करें! पहले हम बोइंग पर पहुंचे। बंधकों में राहत का भाव साफ़ नज़र आ रहा था, और वह सभी शुक्रगुज़ार थे, जो कि उनके हाव-भाव में ख़ूब झलक रहा था। फिर हम एयरबस में गए। वैसा ही नज़ारा। और, इसके बाद वापस बिल्डिंग में आए, जहां संवाददाता इकट्ठे थे, मुख्यतः पाकिस्तानी, और कुछ विदेशी। मैंने एक छोटा सा बयान दिया, और साथ ही यह ऐलान कर दिया कि कोई सवाल न पूछे जाएं। पत्रकारों को बयान देने के बाद हम वापस एयरबस पर आए। इस बीच, जब मैं प्रेस वालों के साथ था, और अंधेरा होने लगा था, रात गहराने लगी थी, तभी बोइंग भारी शोर के साथ, सारी जलती लाइट के साथ, बिना लाइट वाली रनवे

पर से भारत के लिए उड़ान भरता है। मुत्तवकिल और उनके 'नागरिक उड्डयन मंत्री' हमें एयरबस तक छोड़ने आए। एक 'कोर कमांडर' भी विदाई के समय कुछ देर के लिए शक्ल दिखाने आए।

जहाज़ ने जैसे ही उड़ान भरी अंदर तालियां बजने लगीं। उड़ान के दौरान लोगों के मन में भरी पीड़ा भी छलक पड़ी—कुछ रो पड़े, कुछ ने मुझे बुरा-भला कहा, अपशब्द कहे, जबकि कुछ तहेदिल से शुक्रगुज़ार थे।

जब हम पालम पर उतरे, यात्री जयजयकार करने लगे और विमान तालियों की गड़गड़ाहट से भर गया। उस वक़्त 31 दिसंबर 1999 की रात के 9.30 बजे थे।

मैंने यह सब डायरी में दर्ज किया। ऐसी घटना को पास से देखने-समझने का पहला मौका था, और मैं चाहता था कि इस तनावपूर्ण और झकझोर कर रख देने वाले समय की यादें बनी रहें—विमान अपहरण के साथ मेरा पहली बार साबका पड़ा था, और मैं दुआ करता हूं कि आगे कभी ऐसा वक़्त न देखना पड़े। वह सब अब भी मेरी यादों में बिलकुल ताज़ा है—ग्यारह दिन बाद भी—क्योंकि वह पल मेरी चेतना में बहुत गहरे छप गए हैं, जैसे किसी ने तेज़ाब से उकेर दिया हो। इस 1999 के क्रिसमस से 31 दिसंबर 1999 का दौर सबसे ज़्यादा गहरी उलझनों से भरा दौर था। पालम से जब मैं घर पहुंचा तब तक रात के साढ़े दस बजे हुए कुछ देर हो चुकी थी। मैंने विदेश मंत्रालय की टीम को एक-एक गिलास शैम्पेन पीने के लिए अपने घर बुलाया था। जब वह चले गए, तो हम खाना खाने बैठे। तभी फ़ोन की घंटी घनघनाई। अब क्या हुआ? मेरे दिमाग़ में यही चल रहा था।

यह विवेक काटजू का फ़ोन था—'सर, जिस विमान का अपहरण हुआ था वह काबुल से रवाना नहीं हो सकता, अब भी, बताइए मुझे क्या करना चाहिए?' क्या कोई विकल्प था? 'उन्हें वहां से उड़ान मत भरने दो...जब तक कि पूरी तरह से जांच न हो जाए,' मैंने ज़ोर दिया। मैं बैठ गया। फ़ोन की घंटी फिर घनघनाई। बेचैनी का आलम यह था, कि मैंने फ़ोन उठाया और बोला—'हां, क्या बात है?' 'जसवंत, मैं स्ट्रोब बोल रहा हूं, और...मैंने तुम्हें यह बताने के लिए फ़ोन किया है कि मैं और ब्रुक कितने ख़ुश हैं...तुमने बिलकुल ठीक किया—कोई और रास्ता ही नहीं था। बधाई हो! और नया साल बहुत-बहुत मुबारक हो।' ठीक आधी रात का वक़्त था वह। 2000 ईस्वी ने दस्तक दे दी थी। इस तरह, पहले सदमा, फिर समाधान और सुकून, और उम्मीद—इसी उम्मीद पर मेरी उम्मीदें टिकी हैं।

और इस तरह तब एक सदी का अंत हुआ और एक नयी सहस्राब्दी में सन् 2000 आया, और अपने आप आकर न जाने कब से परेशान कर रही उलझनों और दुविधाओं के साथ आकर खड़ा हो गया, कंधार की पृष्ठभूमि में।

शासन की प्रक्रिया में आप दो बराबरी की मान्यता वाले और प्रासंगिक 'नैतिक रूप से सही' में से एक को कैसे चुनेंगे? यहां मेरे सामने एक 'सही' काम 166 लोगों की जान बचाने का था, और दूसरी तरफ़, उनकी जान की परवाह न करते हुए आतंकवाद के ख़िलाफ़ खड़े होना भी क्या दूसरा 'सही' काम था? एक बार छोड़ने

पर जो हमेशा के लिए बुझ जाए—उस 'जीवन' को चुना, तो भी हर हाल में आतंकवाद के ख़िलाफ़ लड़ाई तो जारी रहनी ही थी, एक चुनौती से दूसरी चुनौती के बीच।

और दूसरी तरफ़, सार्वजनिक और निजी दायित्व निभाना—यहां काम की तरफ़ ध्यान देना या बीमार और अकेलेपन की शिकार मां की देखभाल, दोनों में से मैं किसे चुनूं?

तुलना की जाए तो यह पहले वाली चुनौती के मुक़ाबले आसान है।

और इस तरह, इस तरह के विचारों का सैलाब मन में लिये, इन तत्त्वों की पृष्ठभूमि में, मैं एक के बाद उड़ान के ज़रिये रोम, लंदन, तेल अवीव, यरूशलम, ओमान और दुबई के बीच की दूरियां तय करता रहा, इस एक ही यात्रा के पड़ावों के तौर पर, फिर स्ट्रोब के साथ बातचीत का दौर भी, 18-19 को, लंदन में। इतने सब के बीच उस अपहरण के घाव मेरे साथ सफ़र करते रहे।

लंदन में मैं जितने दिन रुका, मंत्री बनने के बाद से किसी एक जगह पर मैं इतने लंबे समय नहीं ठहरा था। लेकिन मैंने इंतज़ाम ही ऐसा किया था। कंधार ने मेरे अंदर से बहुत कुछ चूस लिया था, इसलिए दोतरफ़ा संबंधों पर वार्ताओं और दूसरे काम के बाद मैंने हफ़्ते के आख़िर में छुट्टी मनाने की कोशिश की। शुक्रवार 14 जनवरी से सोमवार 16 जनवरी के बीच। किसी तरह, इस अफ़रा-तफ़री में चिढ़ और गफ़लत की घुमेर में रोम जैसा महान और शाश्वत नगर पीछे छूट गया। रोम के साथ ऐसा व्यवहार करना बहुत बड़ा अपराध है।

लंदन, सर्द और बादलों की गिरफ़्त में, जहां कहीं चटक, साफ़ धूप कभी-कभी मिलती है। वहां के तमाम पार्क और गैलरी, जिनके बीच आते-जाते बीती बातों पर विचार और आत्मचिंतन के साथ जारी रही गुमनाम रहकर ख़ुद को तलाशने की कोशिश।

तलाश जारी रखते हुए, मेरी तमाम तरह की तलाश—आत्मा, मन, इच्छा और उद्देश्य, और इन सब के लिए वक़्त की तलाश—इस सब के बीच मैं 7 जनवरी का *टाइम्स लिटरेरी सप्लिमेंट* पढ़ रहा था। मेरी नज़र उसमें छपी सन्त ऑगस्टीन की कही कुछ बातों पर पड़ी—'वक़्त क्या है? मुझे अच्छी तरह मालूम है क्या है वह, लेकिन कोई मुझसे पूछे नहीं, क्योंकि अगर कोई मुझसे वक़्त के बारे में सवाल करता है, तो मेरी समझ में नहीं आता कि मैं क्या जवाब दूं। "वक्त या समय?" (सिर्फ़ भविष्य की ओर से हमारी तरफ़ आता है, और वर्तमान से होते हुए, भूतकाल में चला जाता है। दूसरे शब्दों में कहा जाए तो वक़्त "वहां से आता है जिसका ख़ुद का भी अभी अस्तित्व नहीं है, और उसमें से गुज़रता है जिसका अपना कोई कालांश नहीं है, और उसमें जाकर मिलता है जिसका अब अस्तित्व नहीं है।"...) और फिर वही बात जिसका सबसे ज़्यादा अफ़सोस हो सकता है—"हे ईश्वर! मुझे तो यह तक नहीं पता कि मुझे क्या-क्या नहीं पता।"

यह वचन हैं वेदांत के महान ज्ञाता सन्त ऑगस्टीन के।

लेकिन इससे पहले, जैसे ही मैं मंत्रालय से घर पहुंचा, मुझे सूचना मिली

कि अपहृत आई सी 814 अमृतसर में उतरा है। मैं सारा शिष्टाचार एक तरफ़ रख फ़ोन पर लगभग चिल्ला ही पड़ा—अंदर छिपा फ़ौजी बाहर आ गया, और ऐसी भाषा में जिसमें ग़लतफ़हमी के लिए कोई जगह नहीं—'कुछ भी करो, भगवान के लिए, उस जहाज़ को अमृतसर से न जाने दो!'

जिन लोगों को 24 दिसंबर से 31 दिसंबर की रात लगभग साढ़े नौ बजे तक—पूरे आठ दिन और सात रातें जहाज़ के अंदर बंदी बनकर रहना पड़ा, उनकी पीड़ा के बारे में पहले भी काफ़ी कुछ लिखा जा चुका है। उनकी पीड़ा को साझा कर पाना, यहां तक कि ठीक से समझ पाना भी नामुमकिन है। 170 लोगों का उस पतली सी, ट्यूब जैसी घुटन भरी जगह में कैद रहने की यातना, पहले ही बुरी तरह भर चुका एक ही शौचालय, बंद दरवाज़े और एयरकंडीशनिंग का जब-तब काम न करना, रात को ठंडक बेहद बढ़ जाना और जहाज़ की बाहरी बिजली व्यवस्था का अकसर काम न करना। अगर ज़मीन पर कहीं नरक था, तो बेशक वहीं था। उसमें यात्रियों का हर पल मैंने साझा किया, क्योंकि मुझे लगातार सारी जानकारी मिलती रहती थी। जहाज़ कंधार में था, इसलिए यात्रियों की रिहाई और तमाम दूसरी ज़िम्मेदारियां पूरी करना विदेश मंत्रालय के सिर था। इस काम को हम कैसे अंजाम दें? तालिबान के कब्ज़े वाले अफ़ग़ानिस्तान में हमारा कोई राजनयिक प्रतिनिधि नहीं था, तो ज़ाहिर है कंधार में हमारा काम देखने वाला कोई नहीं था। जबकि इस प्राचीन और ऐतिहासिक नगरी पर कई बार भारतीय सेनाओं ने जीत दर्ज की थी, जैसे पहले जोधपुर के महाराजा जसवंत सिंह प्रथम और उसके बाद उन्नीसवीं सदी में पंजाब के महाराजा रणजीत सिंह[29] की सेनाओं ने इसपर कब्ज़ा किया था। यह शहर पाकिस्तान के क्वेटा शहर से लगभग दो सौ किलोमीटर था, और अब उससे हर मौसम में खुले रहने वाले राजमार्ग से जुड़ा था। यह हमें शुरू में ही साफ़ हो गया था कि हवाई जहाज़ को इतनी जोड़-तोड़ करके जानबूझ कर कंधार में उतारा गया था, ताकि उसे भारत से दुश्मनी रखने वाली ताकतों के हाथों चलाया जाए, खासतौर पर आई. एस. आई., जो कि घटनाक्रम के आगे बढ़ने के साथ उजागर होता गया था।

विकल्पों को लेकर बातचीत कष्टकारी, लंबी और किसी परीक्षा से कम नहीं थी। बातचीत का बार-बार विपरीत दिशाओं की ओर रुख़ करना हम पर भारी पड़ रहा था। ख़तरा वास्तविक था, और उससे पल्ला नहीं झाड़ा जा सकता था। अगर जहाज़ को उड़ा दिया गया तो क्या होगा? मैं किसी भी सूरत में 31 दिसंबर की आधी रात को सहस्राब्दी के बदलते समय 166 मासूम स्त्री-पुरुषों और एक बच्चे को उड़ा दिए जाने की ज़िम्मेदारी अपने सिर नहीं ले सकता था। सचमुच ख़तरा बड़ा था, जिनमें से कुछ तो भारतीय भी नहीं थे, क्योंकि ऐसी जानकारी हमें ख़ुफ़िया सूत्रों से मिल रही थी, ठोस जानकारी जिस पर हम भरोसा कर सकते थे—'कि अगर कोई हल नहीं निकला तो अपहरणकर्ता ऐसा ही कर देंगे, आत्मघाती मिशन के तहत, उस वक़्त जब विमान उड़ान भर रहा होगा।' यह तरीका उन्होंने सोच

रखा था वर्ष 2000 ईस्वी का स्वागत करने के लिए। यह एक तरह से 9/11 के पूर्वाभ्यास जैसा था, जिसमें यात्री विमान को उसकी सवारियों के साथ, आतंकवादी कार्रवाई के हथियार के तौर पर इस्तेमाल किया जाने वाला था, जैसा तब तक न तो किसी ने देखा था और न ही अंदाज़ा लगाया था। मुझे भी ऐसा अंदाज़ा नहीं था, लेकिन मुझे यह अंदेशा तो पहले ही से हो चुका था कि यह कोई आम विमान अपहरण नहीं है। फिर भी, ऐसा भी नहीं लगा था कि आने वाले समय में न्यूयॉर्क में जो घटने वाला था, यह उसके पूर्वाभ्यास जैसा हो रहा था।

जहां तक हमारा सवाल था, हमारे पास कंधार में कोई ऐसा संपर्क सूत्र तक नहीं था जिससे हम टेलीफ़ोन पर बात कर सकें। कोई अधिकारी या कोई और जिससे हमें जो कुछ हो रहा हो उसकी आधिकारिक जानकारी मिल सके। सबसे पहले हमारा कंधार के एयर ट्रफ़िक कंट्रोल यानी ए. टी. सी. से संपर्क हुआ। यह एक विडंबना थी कि ए. टी. सी. और हवाई पट्टी का निर्माण अमरीका [30] ने करवाया था, लेकिन ऐसे तो तालिबान के जन्म में दाई की भूमिका भी तो अमरीका ने ही निभाई थी। लेकिन बीते समय की बातें करने से तो कोई फ़ायदा नहीं था, क्योंकि हमारे सामने तो 'अब' मुंह बाये खड़ा था, लेकिन इतना ज़रूर है कि 'तब' की यादें अब भी जब-तब हमें परेशान करती रहती हैं। ए. टी. सी. में तैनात लोग अंग्रेज़ी के बजाय दर्री [31] या फ़ारसी में बात कर रहे थे, पता नहीं उन्हें अंग्रेज़ी आती नहीं थी, या वह जानबूझ कर ऐसा कर रहे थे। मंत्रालय में हमारे पास भाषाओं के जानकार तो थे, लेकिन उनकी कमी थी, और दिल्ली और कंधार के बीच ए. टी. सी. के ज़रिये सारी बातचीत इसी जुबान में हो रही थी। जो भी हो, पहले दो दिन हमें बातचीत से कुछ भी हासिल नहीं हुआ। 27 दिसंबर को मुझे इस्लामाबाद में अपने दूतावास से एक अधिकारी को युनाइटेड नेशंस के एक विशेष विमान से कंधार भेजने में कामयाबी मिली। मेरा पूरा क्रिसमस का दिन, और उसका अगला दिन यानी 'बॉक्सिंग डे' [32] दुनिया भर में फ़ोन करते बीता। पश्चिमी देशों में मंत्रियों-राजनीतिज्ञों में से कई को तो तब तक विमान अपहरण के बारे में पता भी नहीं था, क्योंकि क्रिसमस की छुट्टियों के दिन चल रहे थे। एक और बात थी जिसकी वजह से हमें ज़्यादा दिक्कत का सामना करना पड़ रहा था—वह रमज़ान का महीना था। जब मैंने जानकारों से यह पता लगाने की कोशिश की कि रमज़ान में ऐसा बुरा काम क्यों किया गया तब उन्होंने मेरी नादानी का ख़ूब मज़ाक उड़ाया, और मुझे बताया कि इस्लाम में रमज़ान [33] में रोज़े रखने के दिन ही वास्तव में संघर्ष और बलिदान के दिन होते हैं।

किसी तरह मैं आख़िरकार मंत्रालय के कुछ निडर और क़ाबिल अफ़सरों से संपर्क साध सका जो मुझे कंधार से जानकारी देने के साथ यह बताते रहे कि क्या-कैसे करना चाहिए, मुझे जहाज़ के यात्रियों की जानकारी देते रहे, अपहरणकर्ताओं से हल्की-फुल्की लेकिन ज़रूरी बातचीत का सिलसिला बनाए रहे और अपहरण के संबंध में थोड़ा बहुत मशविरा देते रहे। उनके संपर्क में आने से पहले मैं एक तरह से गूंगा-बहरा था, पूरी तरह ऐसी बातों के भरोसे था जो पूरी तरह से मेरे क़ाबू

से बाहर थीं, और अपहृत विमान और उसमें सवार यात्रियों की रिहाई और उन्हें राहत पहुंचाने के लिए बातचीत के ज़रिये कोई रास्ता निकालने की कोशिश कर रहा था। जबकि जहाज़ हमारे हिसाब से, भारत के लिए, दुनिया की सबसे दुरूह जगह था। 'जब मैं इन बातों को सोचता हूं तो मेरा मन बेहद उदास हो जाता है। 'क्या मेरे देशवासियों ने जो दृढ़ विश्वास का परिचय दिया उससे मुझे हिम्मत मिली?' अब जब मैं याद करता हूं तो मुझे शर्म आती है कि शुरुआत में अपने आप ही, लेकिन बाद में सरकार को नीचा दिखाने की किसी साज़िश के तहत, राजनीतिक कार्यकर्ताओं के गुटों को सड़कों पर जाम लगाने, प्रेस कॉन्फ्रेंस में अड़चन पैदा करने के लिए प्रेरित किया गया था, मुझे सब याद आता है, वे किस तरह सड़कों पर बेशर्मी से घूमते थे जैसे उन्हें सामूहिक रूप से एक किस्म के पागलपन का दौरा पड़ा हो। मुझे अब तक समझ में नहीं आया है कि ऐसे ओछे व्यवहार से वह क्या जताना चाहते थे। लेकिन उनकी हरकतें सचमुच अंतरराष्ट्रीय समुदाय की निगाहों में भारत की इज़्ज़त उतारने में कामयाब रहीं। हम खुद अपना तमाशा बना रहे थे, और वह भी ऐसी कठिन घड़ी में।

जिस दिन अपहरणकर्ताओं ने फ़िरौती की रक़म के तौर पर 200 मिलियन डॉलर, कोई तीस प्रमाणित आतंकवादियों की रिहाई, दफ़नाने के बाद निकाली गई एक आतंकवादी की हड्डियों की मांग की बात मेरे सामने आई, मैंने ये बातें अपने कैबिनेट सहयोगियों के साथ साझा कीं और उनसे राय मांगी। मैं क्या करूं? पूरी कैबिनट की एक ही राय थी, एक आवाज़ थी—'उनकी मांगों को ठुकरा दिया जाए, और यह बात समुचित शब्दों में प्रेस को बता दी जाए।' बड़ा तनाव-भरा दिन था वह। बाहर प्रेस वाले इंतज़ार कर रहे थे, और मुझे उन्हें तमाम जानकारी देनी थी। इसलिए मैं कैबिनेट की बैठक के बाद प्रेस से मिलने बाहर गया, और अपहरणकर्ताओं की मांगों के बारे में बताने के बाद सिर्फ़ इतना और जोड़ा—'अब मैं अपने देश और विदेशों में बसे देशवासियों से गुज़ारिश करूंगा कि वह इन मांगों के बारे में सोचें।' वास्तव में और कुछ कहने के लिए था भी नहीं।

अंधेरी रात का वह सफ़र

कंधार जाने का फ़ैसला करना आसान नहीं था, लेकिन किसी को तो जाना ही था। विवेक काटजू, अजीत डुवाल और सी. डी. सहाय ने एकमत होकर यह नहीं कहा था कि—'सर, किसी को हमारे साथ कंधार जाने के लिए नियुक्त कीजिए क्योंकि जहां छत्तीस को छोड़ने की बात थी, वहां हमने तीन को रिहा करना मंजूर कर लिया है, लेकिन यह नहीं पता कि आख़िरी वक़्त कौन सी रुकावटें खड़ी हो जाएं। हम चाहते हैं कि कोई ऐसा हो जो वहीं उसी वक़्त निर्णय ले सके। वहां हरेक काम को दिल्ली से पूछ-पूछ कर करने का वक़्त नहीं होगा।' ज़ाहिर है, मुझे लग रहा था कि मुझे ही जाना चाहिए क्योंकि यह विदेश मंत्रालय की ज़िम्मेदारी

बनती थी। कंधार के लिए रवाना होने से ठीक पहले मैंने जैसलमेर में अपने छोटे बेटे को फ़ोन किया तो उसने फ़ौरन मेरे साथ चलने की इच्छा जताई, जैसा कि उसने उन कठिन दिनों के दौरान पहले भी किया था, और पूरी गंभीरता के साथ मुझसे कहा—'मुझे अपने साथ ले चलिए।' इससे पहले भी वह पूरी गंभीरता और ईमानदारी से मुझसे कह चुका था—'उन सब मासूमों की ख़ातिर, मुझे, यानी अपने बेटे को बंधक के तौर पर उनके हवाले कर दीजिए।' ज़ाहिर है, ऐसा मैं नहीं कर पाया, इसलिए नहीं क्योंकि मैं ऐसा कर नहीं सकता था। फ़ोन पर मैंने ऐसा करने की कोशिश ज़रूर की थी। तब तक हमने सैटेलाइट फ़ोन का इंतज़ाम कर लिया था। मैंने विवेक काटजू से मुत्तवकिल से पूछने के लिए कहा कि क्या मैं मुल्ला उमर से व्यक्तिगत तौर पर मिल सकता हूं। चंद मिनट में मुत्तवकिल का जवाब आ गया—'हां, क्यों नहीं? मैं उनसे बात करने की कोशिश करता हूं।' और कुछ ही देर में मिलने के बारे में उसका जवाब आ गया—'माफ़ कीजिए, आप उनसे नहीं मिल सकते, कंधार मत आइए।' जिनके इशारों पर मुत्तवकिल चलते थे, आई. एस. आई. के उन लोगों ने मुत्तवकिल को इस तरह मिलने जैसी मामूली सी बात मान लेने के लिए भी फटकार लगाई होगी।

अब भी कुछ और विडंबनाएं बाक़ी थीं।[34] मैंने पहले ही एक अतिरिक्त विमान भेजने का फ़ैसला कर लिया था, लेकिन उड़ान भरने के कुछ ही देर बाद उसमें कोई तकनीकी ख़राबी आ गई, और उसे वापस लौटना पड़ा। यह वही दिन था जब मैंने प्रेस के कुछ लोगों को इस पूरे मामले पर बातचीत करने के लिए आमंत्रित किया हुआ था। अब जब अतिरिक्त विमान वापस पालम की ओर लौट रहा था, तो मैं खिंसियानी हँसी हँसते हुए कुढ़ने के सिवा और क्या कर सकता था?

कंधार का हवाई अड्डा बस नाम का हवाई अड्डा था, जहां मूलभूत सुविधाओं के सिवा सिर्फ़ पुराने जहाज़ों का कबाड़ बिखरा पड़ा था, बिलकुल जैसा हाल मेरी डायरी में है। वहां चार से ज़्यादा जहाज़ों का आना-जाना मुश्किल था। हमारे विमान को रनवे के एक सिरे पर जाकर वहीं ठहरने के लिए कहा गया। कैसे-क्या किया जाना है, इस बारे में तालिबान अधिकारियों के साथ हमारा जो करार था, उसके मुताबिक सबसे पहले छोड़े जाने वाले टाडा आरोपियों की शिनाख़्त होनी थी। फिर यात्रियों को विमान से उतारना था और उसके बाद ही टाडा के तहत कैद तीनों आतंकवादियों को विमान अपहर्ताओं के हवाले किया जाना था। इसका उल्लंघन किया गया। अंतिम समय में, जिन बातों पर हम राज़ी थे, उन्हें नकार कर, सब कुछ उलट-पलट कर दिया गया। मैं विमान में इंतज़ार पर इंतज़ार करता रहा, लेकिन कहीं से कोई संदेश नहीं मिल रहा था, न तालिबान की तरफ़ से, और न ही अधिकारियों की तरफ़ से, जो कि और भी ज़्यादा चिंता की बात थी। तभी हमारा वॉकी-टॉकी खड़खड़ाया और विवेक काटजू की आवाज़ सुनाई दी, जिन्होंने परेशानी भरे अंदाज़ में पूछा—'सर, अब हमें तय करना है कि हमें क्या करना चाहिए? क्या हम बंदियों को पहले छोड़ दें?' ऐसे हालात में आप

क्या कर सकते हैं? छुरी अब सिर्फ़ मेरी गर्दन पर नहीं रखी थी, बल्कि अब एक बार फिर सभी 161 [35] की गर्दनों पर थी जो आई सी 814 में मौजूद थे। लेकिन तब तक उन्हें पता लग चुका था कि उन्हें लेने के लिए एक दूसरा जहाज़ आ गया है और उनकी रिहाई में बस कुछ ही मिनट का फेर है। इसलिए मैंने सोचने और तर्क-वितर्क में बिना समय लगाए हामी भर दी। वैसे भी मैं पूछता भी किससे? जैसे ही तीनों लोग सीढ़ियों से उतरे, उन्हें बाहों में भर लिया गया, और सारे ख़ुशी से चिल्ला उठे। मुझे व्याख्या करने की ज़रूरत नहीं है कि किसने उनका स्वागत किया होगा। इस बीच, रिहा किए गए टाडा बंदियों की शिनाख्त के मुद्दे में भी आई. एस. आई. का हाथ होने का संकेत था। यात्रियों के बदले रिहा करने के लिए लाए गए टाडा बंदी 'सही' हैं या नहीं, यह पक्का करने के लिए उनके दोस्तों-रिश्तेदारों को पाकिस्तान से कंधार लाया गया था, ताकि वह रिहा किए जाने वालों के 'सही' होने की तस्दीक कर सकें। तब कहीं अपहरणकर्ताओं को यह भरोसा हो सकता था कि लाए गए टाडा बंदी सही हैं, और चालाक भारतीयों ने उनके साथ कोई चाल नहीं चली है। मैं विमान से उतरने के लिए सीढ़ियां [36] लगने का इंतज़ार करता रहा, जिसे तीन बंदियों को उतारने के लिए लगाया गया था, और उनके उतरने के साथ ही हटा भी लिया गया था। और इस तरह मैं विमान के खुले द्वार पर खड़ा शाम के धुंधलके को गहराते और अंधेरे में बदलते और सर्दी को घेरा डालते देखता रहा। आख़िरकार, मुत्तवकिल आए। फिर वही सब हुआ जो डायरी में दर्ज है।

वापसी की उड़ान पर मैं अपने साथ कौन सी यादें लेकर लौट रहा था? राहत महसूस कर रहा था, क्योंकि इतना सारा दर्द और पीड़ा खुलकर सामने आ गए थे, जैसे बहुत समय टीसता नासूर बहने लगा हो। मेरे और मेरे अधिकारियों के लिए बैठने की जगह आगे की पंक्ति में थी, लेकिन मेरा बैठने का भी मन नहीं था। अपहरणकर्ताओं के चंगुल से छूटे कितने ही यात्रियों को देख कर ही समझ में आ रहा था कि इस सब से गुज़रने का उन्हें कितना सदमा लगा था—और किसी तरह तो मैं उनके लिए कुछ कर नहीं सकता था, सिवाय इसके कि हरेक से व्यक्तिगत रूप से मिलूं, उनका ख़ैर मक़दम करूं, और उनकी पीड़ा को, चाहे थोड़ा सा ही सही, कुछ कम करने के लिए, अपनी तरफ़ से बेहतर से बेहतर कर सकूं। मुझे याद आता है, वहां एक फ्रेंच युवक बैठा लगातार रोये जा रहा था, रोये जा रहा था, उसका रोना बंद होने का नाम ही नहीं ले रहा था। ज़ाहिर है, मुझे मालूम था उसके इस तरह रो-रो कर बेहाल होने की वजह क्या थी, लेकिन सिर्फ़ वही क्यों? उसकी गर्लफ्रेंड, जो कि उसके बगल में ही बैठी थी, बताने लगी कि—'जहाज़ में कैद के चौथे दिन से इसका यही हाल है।' और स्विट्ज़रलैंड के एक महाशय थे, देखने से ही स्वाभिमानी और धीर-गंभीर लगते थे। मुझे पता था कि उनका कामधाम अंतरराष्ट्रीय वित्तीय क्षेत्र से जुड़ा था। अब वह भी अपनी संगिनी के साथ सुरक्षित अपने घर लौटेंगे। यह वही जनाब थे जिन्होंने बाद में कहा भी कि उन्हें

'भारतीयों की हिम्मत और सहनशीलता देखकर आश्चर्य होता है, यह गुण सिर्फ़ उन्हीं के पास हैं, क्योंकि अगर जहाज़ इतालवियों से भरा होता तो कितनी अफ़रातफ़री मची होती! मैंने भारतीयों से कितना कुछ सीखा है!' वहां एक नेपाली युवती भी थी जिसके साथ सफ़र कर रहा व्यक्ति जर्मनी का था। उसने लोगों का मनोबल बढ़ाने की लगातार कोशिश की थी। वह मेरे पास आई और बड़े भावभीने अंदाज़ में मुझसे बोली—'धन्यवाद। अब मैं ढूंढ़ सकूंगी कि मेरे बच्चे कहां हैं। 24 तारीख को वह देहरादून से दिल्ली आने के लिए ट्रेन पर सवार हुए थे, और मैं काठमांडू से विमान से दिल्ली के लिए निकली थी। मुझे रेलवे स्टेशन जाकर उन्हें लेना था। क्या किसी को पता होगा कि वह अब कहां होंगे और उनका क्या हुआ होगा?' ज़ाहिर है, मुझे उनके बारे में कुछ भी पता नहीं था। फिर आई वह युवा मां जो कुछ ज़्यादा ही परेशान थी, अब तक गुस्से और अपने अंदर के डर को दबाकर रखने की वजह से कांप रही थी—विमान में वह अपनी जगह से उठकर मेरे पास आई और अपने छोटे-छोटे हाथों से, जो आठ दिन विमान में रहने से चीकट हो रहे थे, उसने मेरा गला पकड़ लिया और अपने पूरे ज़ोर से चीख़ते हुए बोली—'आप इतनी देर से क्यों आए? अब तक आप कहां थे? आपने हम सब को धोखा दिया है। मेरे बच्चे कहां हैं? मेरा परिवार कहां है?' इतना कहकर उसने अपना सिर मेरे सीने से टकराया और फूट-फूट कर रोने लगी। मैं दोनों ओर की सीटों के बीच के गलियारे में उसे पकड़े खड़ा रहा, और मेरे बगल में खड़े विवेक काटजू यह सब देखते रहे। हम और कर भी क्या सकते थे? रात को इस्तेमाल की जाने वाली एक बाइनॉक्युलर दूरबीन आज भी मेरी एक अलमारी में रखी उस रात की बुरी यादों को भूलने नहीं देती, याद दिलाती रहती है।[37]

अंतिम पहेली

जिस विमान का अपहरण हुआ था, उसे उस शाम कंधार से नहीं निकाला जा सका। मुझे सूचना मिली कि उसपर ऐसा कुछ लगा दिया गया है जिसमें आधी रात को विस्फ़ोट हो जाएगा। मैं उसके पिछले चालक दल के सदस्यों की ज़िंदग़ी को ख़तरे में नहीं डाल सकता था। इसके अलावा, उड़ान भरने से पहले उसकी तकनीकी जांच होनी भी ज़रूरी थी। वह विमान आठ दिन तक अपहर्ताओं के कब्ज़े में रहा था। और फिर 'लाल रंग का रहस्यमय बैग' भी था। यह लाल बैग क्या था? किसका था यह? अपहरणकर्ता उसे लेने के लिए वापस क्यों आए थे? इसका रहस्य तब खुला जब मुत्तवकिल को 2001 में तालिबान की हार के बाद अमरीका ने गिरफ़्तार किया। यह लाल बैग अपहरणकर्ताओं में से एक का था, उसमें विस्फ़ोटक थे, और शायद असली पासपोर्ट भी। जल्दबाज़ी में वह उसे सामान रखने के 'होल्ड' में ही छोड़ गए। जब वह उसे लेने आए, तब तक यात्री दूसरे जहाज़ से रवाना हो चुके थे। लेकिन मुत्तवकिल ने ग़ैरकानूनी काम करते हुए, हमारा भरोसा तोड़ते हुए, 'होल्ड'

को ज़बरदस्ती खुलवाया और उसमें से सारे लाल बैग निकलवा लिये। इस बारे में तमाम बातें ए. आर. घनश्याम, इस्लामाबाद से कंधार भेजे गए राजनयिक की रिपोर्ट में हैं। पेश है उसके एक हिस्से का सार :

कंधार से वापसी की तैयारी।

उड़ान आई सी 814 के अपहृत विमान में ईंधन भरवाने और वापसी की उड़ान का इंतज़ाम करने के लिए मैं कंधार में रुका रहा। एक फ़्लाइट इंजीनियर औरं दो पायलट, इंडियन एयरलाइन्स के डिप्टी जनरल मैनेजर कैप्टन राव, और कैप्टन सूरी समेत चौदह सदस्यीय चालक दल भी कंधार में रुका रहा। यात्री अपना 'हैंड बैगेज' यानी जो सामान वह अपने साथ कैबिन में लेकर सफ़र कर रहे थे, उसे तो वह अपहृत विमान से दूसरे विमान में ले गए, लेकिन अपहृत विमान के 'लगेज होल्ड' में रखा उनका सामान उसी में रहा। मैं शाम सात बजे विमान में घुसा, तो उसमें असहनीय बदबू आ रही थी। कॉकपिट के पैनल पर मुर्गे की हड्डियां, फलों के छिलके और दूसरी गंदगी बिखरी थी। शौचालय जाम थे, और उन्हें कतई इस्तेमाल नहीं किया जा सकता था।

मैं लाउंज में वापस आया और कुछ देर बैठा। वहीं मुझे रहमतउल्ला हाश्मी से मिलने का मौका मिला। हमने लाउंज के एक कोने में बैठकर साथ में चाय पी। उसी समय मैंने उनसे पूछा कि तालिबान विमान की सवारियों और अपहरणकर्ताओं के साथ वास्तव में क्या करना चाहते थे। उन्होंने बताया कि उनका इरादा था कि उन सब को एक वाहन में लेकर उन्हें दो हथियारबंद गाड़ियां, एक आगे और एक पीछे, पाकिस्तान की सरहद तक पहुंचाएंगी। उन्होंने यह भी बताया कि वह लोग सीमा पार करने के लिए सामान्य रास्ते के बजाय पाक-अफ़ग़ान सीमा पर स्थित उन गुप्त रास्तों में से एक इस्तेमाल करते जिनसे रूसी कब्ज़े वाले दौर में मुजाहिदीन आया-जाया करते थे। वहां सीमा पर होने वाली आव्रजन और सीमा-शुल्क जैसी औपचारिकताएं भी नहीं होतीं। जब मैंने उनसे पूछा कि तालिबान अधिकारियों को इस दौरान कभी इतनी बेचैनी नहीं हुई कि उन्होंने विमान पर धावा बोलकर उसे अपने काबू में लेने की सोची हो, तो उन्होंने कहा कि शुरुआत में ज़रूर ऐसा कुछ करने के बारे में सोचा जा रहा था, लेकिन जैसे ही मैं यहां पहुंचा और उन्हें पता चला कि अपहरणकर्ताओं से बातचीत के लिए भारत से एक दल भेजा जा रहा है, तो उन्होंने ऐसा सोचना छोड़ दिया। उन्होंने मुझे उनके वहां रहते क्वेटा आने की दावत भी दी।

रात के करीब 9 बजे, कैप्टन सूरी लाउन्ज में आए और मुझे बताया कि तालिबान आई सी 814 की उड़ान के लिए तैयार नहीं थे, और वह विमान में ईंधन भरवाने में देरी कर रहे थे। साथ ही, वह विमान में से एक बैग निकलवाना चाहते थे, जो अपहरणकताओं में से एक का था। मुत्तवकिल साहब अभी हवाई अड्डे पर ही थे और मैं कैप्टन सूरी के साथ सीधे उनके पास गया और उन्हें अपनी समस्या बताई, और उनसे गुज़ारिश की कि वह अधिकारियों से कहें कि विमान

को जल्दी रवाना करने में हमारी मदद करें। उसी वक़्त मुझे यह भी पता चला कि अपहरणकर्ताओं में से एक ने ज़िक्र किया था कि वह लोग 'विमान में भारत सरकार के लिए नयी सहस्राब्दी का तोहफ़ा' छोड़ कर जा रहे है। तब मैंने कैप्टन सूरी को सुझाया कि हमें विमान को खाली कर देना चाहिए, और लाउन्ज में लौट जाना चाहिए। लेकिन तालिबान आधिकारी अब भी लगेज होल्ड में अपहरणकर्ताओं का वह लाल सूटकेस ढूंढने की कोशिश कर रहे थे। मैंने इसकी जानकारी विदेश मंत्रालय में ईरान, पाकिस्तान और अफ़ग़ानिस्तान मामलों के विदेश सचिव और संयुक्त सचिव को दी जिन्होंने सलाह दी कि मुझे ध्यान रखना चाहिए कि दोनों कैप्टन समेत चालक दल का कोई सदस्य विमान के आसपास भी न जाएं, और मैं इस बात का भी ध्यान रखूं कि अगली सुबह तक सब एक जगह रहें और दूसरे राजनयिकों और युनाइटेड नेशंस के लोगों के साथ लाउंज में ही सोयें।

रात के लगभग 11 बजे, मैंने देखा कि कैप्टन राव अभी तक नहीं लौटे हैं। जब मैंने कैप्टन सूरी को ढूंढा और उनसे कैप्टन राव के बारे में पूछा तो उन्होंने बताया कि वह अब भी विमान हैं और वहां से आने से इनकार कर रहे हैं। मैं कैप्टन सूरी के साथ तेज़ी से विमान की ओर बढ़ा। वहां मैंने देखा कि वह लाल पजेरो गाड़ी, जो कंधार में मेरे रहते मुत्तवकिल इस्तेमाल क़र रहे थे, विमान के लगेज होल्ड के ठीक सामने खड़ी थी और उसकी हेडलाइट जल रही थीं। यह पता नहीं चल पा रहा था कि विमान में कौन-कौन है, क्योंकि उसके शीशे 'टिंटेड' थे। कैप्टन राव ने जेट स्टार्टर से इंजन चला रखा था और विमान के बाहर ऑक्ज़िलरी पावर यूनिट भी चालू थी। कुछ लोग अब भी होल्ड में कुछ कर रहे थे। तभी कैप्टन राव ने मुझे बताया कि उन्होंने देखा कि कुछ लोग होल्ड से हरेक लाल बैग को ले जाकर गाड़ी में बैठे व्यक्ति को दिखाने ले जाते थे, और फिर उसे वापस होल्ड में लौटा देते थे। इस सब से हम दोनों के यह समझ में आया कि ज़रूर एक या एक से ज़्यादा अपहरणकर्ता या उनका कोई क़रीबी तसल्ली से गाड़ी में बैठकर अपहरणकर्ताओं के छोड़े लाल बैग को पहचानने के लिए हरेक लाल बैग मंगवा कर देख रहा है।

कैप्टन सूरी को एक स्थानीय कर्मचारी से पता चला कि उन्हें अपना बैग मिल गया जिसमें पांच ग्रेनेड थे। इस बीच कंट्रोल टावर ने भी कैप्टन से कह दिया कि नागरिक उड्डयन मंत्री ने आधी रात से करीब पंद्रह मिनट पहले ही विमान को उड़ान भरने की इजाज़त दे दी थी, और कहा है कि वह चाहें तो रवाना हो सकते हैं। लेकिन विमान को जितने ईंधन की ज़रूरत थी, वह अभी तक नहीं भरा गया था। चौदह टन ईंधन जहाज़ में था, लेकिन सुरक्षित रहते हुए सफ़र शुरू करने के लिए सोलह से अट्ठारह टन ईंधन और चाहिए था। अंत में, मैं कैप्टन राव को वापस लाने में कामयाब रहा, और हमने लाउन्ज में एक साथ रात बिताई। अगली सुबह विमान में ईंधन भरा गया, इंजन की जांच हुई और विमान ने अफ़ग़ान

समय के अनुसार 9 बजकर 33 मिनट पर उड़ान भरी। उसी वक़्त विमान के रवाना होने की सूचना विदेश सचिव को दे दी गई।

1 जनवरी, 2000
तालिबान अफ़सरों की पूरी जमात न जाने कहां नदारद हो गई, और नये साल के पहले दिन हवाई अड्डे पर कोई नहीं आया। मैंने एयरपोर्ट मैनेजर के ज़रिये संदेश भिजवाया कि मैं नागरिक उड्डयन मंत्री या विदेशमंत्री में से किसी से भी मिलना चाहता हूं, ताकि मैं उन्हें धन्यवाद दे सकूं और अपहरणकर्ता का बैग उन्हें सौंप सकूं। एयरपोर्ट मैनेजर ने अपने बड़े अधिकारियों से मशविरा किया और मुझे आकर बता दिया कि किसी से भी संपर्क नहीं हो पा रहा है। फिर मैंने इस बात पर ज़ोर दिया कि अगर वह लोग यहां नहीं आ सकते तो मैं शहर जाकर उनसे मिल सकता हूं, जो एयरपोर्ट से करीब एक घंटे की दूरी पर है। इस बात का भी मुझे कोई संतोषजनक जवाब नहीं मिला। लगभग 10 बजे मुझे बताया गया कि सी. सी. के. और हाशमी मुझे रुख़सत करने के लिए आएंगे और तभी मैं उनसे मिल सकता हूं। मैं उनका इंतज़ार करता रहा, और यहां तक कि इस्लामाबाद जाने वाला यूनाइटेड नेशंस का पहला विमान, जिसने 10. 30 बजे उड़ान भरी, मैं उसे नहीं पकड़ पाया। हवाई अड्डे पर मेरे अलावा शायद ही कोई बचा हो, क्योंकि ज़्यादातर राजनयिक और यूनाइटेड नेशंस के लोग पहली उड़ान से चले गए थे। सी. सी. के. और हाशमी का इंतज़ार करते-करते जब 11 बजे के आसपास का वक़्त हो गया, तब एयर ट्रैफ़िक कंट्रोल टावर का एक युवा अफ़सर जो अंग्रेज़ी बोल लेता था, मेरे पास आया और कान में फुसफुसा कर बोला कि अब किसी का मुझसे मिलने के लिए आना मुश्किल ही है, और किसी को नहीं मालूम कि विमान से उतार कर शहर ले जाए जाने के बाद उस मशहूर बैग का क्या हुआ। एक पैकेट जिसमें थोड़े से बादाम और किशमिश, एक छोटा सा कंघा, एक नेल कटर, एक रुमाल और एक जोड़ी नायलॉन के मोज़े थे, मेरे हाथों में थमाते हुए उसने बताया कि यह नागरिक उड्डयन मंत्री ने तोहफ़े के तौर पर भेजे हैं, क्योंकि उन्हें पता था कि कंधार के हवाई अड्डे पर आने के बाद मुझे शहर जाने का वक़्त नहीं मिलेगा।

12 बजे मैंने यू. एन. का दूसरा जहाज़ पकड़ा, और 3 बजे के क़रीब इस्लामाबाद पहुंच गया।

भारत ने बार-बार अमरीका, अफ़ग़ानिस्तान पर जिसकी अकेले की हुकूमत चल रही है, से मांग की है कि मुत्तवकिल को मुकदमा चलाने के लिए हमारे हवाले करे। लेकिन अमरीका ने उस तक पूरी तरह से अपनी पहुंच बनाने का भी मौका नहीं दिया है। इस हद तक अमरीका का भारत के साथ अब तक सहयोग रहा है, 'आतंकवाद के ख़िलाफ़ मिलकर लड़ने' में।

आगरा की शिखर वार्ता

आगरा में 14 और 16 जुलाई 2001 के बीच भारत और पाकिस्तान के शीर्ष नेतृत्व का सम्मेलन दोनों देशों के बीच सद्भाव पैदा करने के लिए प्रधानमंत्री वाजपेयी और उनकी सरकार की पहल पर गढ़ा गया एक अवसर था। कारगिल, कंधार और पाकिस्तान की रची कितनी ही दूसरी आतंकी साज़िशों के अनुभवों के बावजूद दोनों देशों के बीच सद्भाव पैदा करने के लिए समझ-बूझ से की गई बेहद दुःसाहसिक राजनयिक पहल थी यह। ख़ासतौर से तब जब यह स्पष्ट हो चुका था कि पाकिस्तान में आतंकवाद के कई गुरुकुल चलते हैं, जहां आतंकवादियों को प्रायोजित, प्रशिक्षित और वित्तपोषित किया जाता है। इनमें तैयार आतंकियों को फिर नियंत्रण रेखा पार कराकर या तमाम दूसरे रास्तों से, बड़ी ही आसानी से भारत की खुली सरहदों में गुपचुप तरीके से दाखिल करा दिया जाता है। मिसाल के तौर पर, विमान अपहरण करके कंधार ले जाने वाले आतंकवादियों में से एक पुर्तगाल से वीज़ा लेकर भारत आया था। इस तमाम अड़चनों के बावजूद 'शांति के लिए प्रयास जारी रखने थे, क्योंकि 'शांति का कोई विकल्प नहीं,' यह बात दिल में संजो कर रखी थी।

'लाहौर 1999' और 'आगरा 2001' के बीच पाकिस्तान में राजनीतिक परिदृश्य पूरी तरह से बदल चुका था—नागरिक व्यवस्था की जगह सैनिक शासन ने ले ली थी। दुःख की बात यह है कि कारगिल में जान गंवाने वालों की लंबी सूची में बिना माई-बाप के पाकिस्तान का ऐसा प्रजातंत्र भी था जिसके अभी पंख भी नहीं निकले थे। अब हमारा वास्ता जनरल मुशर्रफ़ से था, वही शख़्स जो कारगिल के दौरान पाकिस्तान का सेना प्रमुख था और घुसपैठ को अंजाम देने के लिए ज़िम्मेदार। 23 मई को प्रधानमंत्री वाजपेयी, उप प्रधानमंत्री लालकृष्ण आडवाणी और मैंने दोपहर का खाना साथ खाया। खाने पर हुई इस बातचीत के दौरान कई मुद्दों पर बात हुई, लेकिन हमारा ज़्यादा ध्यान जम्मू और कश्मीर, पाकिस्तान और इसपर था कि हमें क्या करना चाहिए। उस दोपहर जो ढेर सारे फ़ैसले मिलकर लिये गए, उनमें से एक यह भी था कि जनरल मुशर्रफ़ को बातचीत के लिए भारत आने का न्यौता भेजा जाना चाहिए। नवंबर 2000 में, रमज़ान की पहली तारीख़ शुरू होने की पूर्व संध्या पर प्रधानमंत्री वाजपेयी ने जम्मू और कश्मीर में आतंकवादियों के ख़िलाफ़ 'अपनी तरफ़ से कोई मुहिम न छेड़ने' [38] के जिस छह महीने के दौर की घोषणा की थी, वह अब ख़त्म होने को था, और आतंकवादी संगठनों की ओर से इसके निराशाजनक परिणाम ही मिले थे।

इन निर्णयों की वजह से एक के बाद एक घटनाओं का एक सिलसिला चल पड़ा जो अंत में जनरल परवेज़ मुशर्रफ़ की भारत यात्रा तक चलता रहा, जिन्होंने तब तक खुद को पाकिस्तान के 'चीफ़ ऐक्ज़िक्यूटिव ऑफ़िसर' यानी मुख्य कार्यकारी अधिकारी का पद दे रखा था। लेकिन आगरा आने से पहले उन्होंने मौके का फ़ायदा उठाने के लिए खुद को हालात के मुताबिक ढाल लेने की ख़ूबी का परिचय देते

हुए खुद के राष्ट्रपति होने का ऐलान कर दिया था। उसी हिसाब से विदेश मंत्रालय ने प्रेस को समुचित वक्तव्य जारी किया।

आगे की कार्रवाई के तहत, उसी शाम सुरक्षा पर कैबिनेट कमिटी की बैठक बुलाई गई जिसमें मुशर्रफ़ को बुलाने के प्रस्ताव को औपचारिक रूप से मंजूर किया गया। दूसरे ही दिन निमंत्रण पत्र उन्हें भेज दिया गया। मुझसे इस सब के बारे में प्रेस को बयान देने के लिए कहा गया। भारत जिस इच्छा से जिस राह पर एक बार फिर क़दम बढ़ाने जा रहा था उसके बारे में तीन छोटे अनुच्छेदों में बताया गया :

'पाकिस्तान के साथ शांति कायम करने, बातचीत के ज़रिये आपसी सहयोग की और सहअस्तित्व की प्रतिबद्धता में कोई बदलाव नहीं आया है। 1999 की शुरुआत में प्रधानमंत्री वाजपेयी ने लाहौर की अपनी ऐतिहासिक यात्रा के ज़रिये लीक से हटकर शांति बहाल करने की प्रक्रिया शुरू की।

लाहौर घोषणा और शिमला समझौते के मुताबिक चलने के उद्देश्य से, प्रधानमंत्री वाजपेयी ने जनरल परवेज़ मुशर्रफ़ को, जो उस समय पाकिस्तान के मुख्य कार्यकारी अधिकारी थे, उन्हें जब जल्दी से जल्दी सहूलियत हो, भारत आमंत्रित करने का निर्णय लिया। उन्हें जल्दी ही एक औपचारिक निमंत्रण भेजने का फ़ैसला किया गया।

भारत एक बार फिर आपसी समझदारी, सहयोग और अमन का माहौल कायम करने की नीयत से पाकिस्तान की ओर दोस्ती का हाथ बढ़ा रहा था, इस उम्मीद के साथ कि इस अवसर का सकारात्मक रूप से अर्थपूर्ण ढंग से फ़ायदा उठाया जाएगा।

हमने आगरा शिखर वार्ता के लिए हर तरह से तैयारियां करनी शुरू कर दीं। जनरल मुशर्रफ़ की भारत यात्रा के बारे में 19 जून को हमने एक औपचारिक प्रेस वक्तव्य भी जारी किया, जो कि संक्षिप्त, लेकिन पूरी तरह प्रासंगिक था। उसमें दिल्ली पहुंचने पर उनके स्वागत से लेकर, आगरा में उनके ठहरने की जगह और ज़ियारत के लिए अजमेर शरीफ़ जाने जैसी सारी ज़रूरी जानकारी दी गई थी। इससे पहले उनकी यात्रा में दिल्ली को शामिल नहीं किया गया था। हमने प्रधानमंत्री के सामने प्रस्ताव रखा था कि उन्हें गोवा में ठहराना बेहतर होगा, जहां जुलाई में भले ही अकसर तेज़ बारिश होती है, फिर भी राजधानी दिल्ली के तेज़ रफ़्तार माहौल के मुकाबले वहां बातचीत के लिए ज़रूरी एकांत और शांत माहौल मिलेगा। मुशर्रफ को बुलाने के लिए बेहतर जगह का मुद्दा कुछ-कुछ फुटबाल जैसा हो गया जैसा कि हमेशा होता है, कई विकल्पों के बारे में चर्चा हुई। मैंने राजस्थान पर ज़्यादा ज़ोर नहीं दिया क्योंकि 2000 में राष्ट्रपति क्लिंटन वहां जा चुके थे। हालांकि राजस्थान बिलकुल उपयुक्त जगह थी, लेकिन उसपर ज़ोर देने से अपने राज्य को बढ़ावा देने का आरोप लगता। हमारा वाद-विवाद ज़्यादा लंबा नहीं खिंचने से पहले ही उसपर रोक लग गई, जब इस्लामाबाद से संदेश आया कि जनरल मुशर्रफ़ चाहते हैं कि वह पहले दिल्ली पहुंचें और वहीं उनका पहला पड़ाव हो। इसके बाद, ज़्यादा

बहस की गुंजाइश ही नहीं बची, क्योंकि मेहमान की मर्जी ही चलनी चाहिए।

मैंने प्रधानमंत्री वाजपेयी से चर्चा की कि जनरल मुशर्रफ़ के आने से पहले हमें पाकिस्तान के राष्ट्रपति के लिए सकारात्मक पहल के तौर पर अपनी तरफ़ से कुछ करना चाहिए। वह मेरी बात मान गए, और दोनों देशों के बीच सौहार्द बढ़ाने के उद्देश्य से कई फ़ैसले लिये गए। इनमें युवाओं, छात्रों, कलाओं और कलाकारों के हित की कई योजनाएं थीं। तकनीकी शिक्षा को भी नज़रअंदाज़ नहीं किया गया। भारत के तकनीकी शिक्षण संस्थानों में पढ़ने के लिए बीस पाकिस्तानी छात्रों को छात्रवृत्ति देने की घोषणा की गई। तय किया गया कि पाकिस्तानी कवियों, उच्च श्रेणी के शिक्षकों, लेखकों और कलाकारों को व्यक्तिगत या सामूहिक रूप से भारत सरकार के मेहमान के तौर पर महीने भर की यात्रा पर भारत बुलाया जाएगा। स्कूल से लेकर विश्वविद्यालय स्तर के पाकिस्तानी छात्रों, लड़के-लड़कियों दोनों के समूहों को भारत के शिक्षण संस्थानों के दौरे के सरकार की ओर से आमंत्रित करने की बात हुई। इसी तरह से, पाकिस्तानी मछुआरों के लिए, जिन्हें भारतीय समुद्री क्षेत्र में अनधिकृत प्रवेश के लिए जब-तब हिरासत में ले लिया जाता था, उन्हें आगे से होशियार रहने की हिदायत देकर वापस जाने देने का फ़ैसला किया गया। प्रधानमंत्री ने गृह मंत्रालय को निर्देश जारी किए कि भारत में जो पाकिस्तानी नागरिक कैद की सज़ा भुगत रहे हैं, उन सभी को ज़रूरी कानूनी कार्यवाही के बाद जल्दी से जल्दी रिहा करने के लिए तेज़ क़दम उठाए जाएं। दोनों देशों के बीच व्यापार और पाकिस्तान से आयात को बढ़ावा देने के लिए वाणिज्य और उद्योग मंत्रालय को पचास चीज़ों के आयात पर सीमा-शुल्क हटाने या कम करने के निर्देश जारी किए गए। इन घोषणाओं के ज़रिये दोनों देशों के लोगों के बीच आपसी संपर्क को बढ़ावा देने के साथ दोनों देशों के बीच यात्रा को भी आसान बनाने पर ज़ोर दिया गया। जम्मू और कश्मीर में नियंत्रण रेखा और ऐक्चुअल ग्राउंड पोज़ीशन लाइन से संबंधित कुछ फ़ैसलों की घोषणा हुई। लेकिन यह सारी घोषणाएं एकतरफ़ा थीं, भारत की ओर से, और विडम्बना यह है कि इनमें से कई पर अमल भी नहीं किया जा सका।

मुशर्रफ़ और मीडिया का अखाड़ा

यह कहना कठिन है कि ऐसा पूर्वनियोजित था या अनायास ही हो गया, या फिर यह भविष्य में जो कुछ होना था उसका संकेत था, लेकिन मुशर्रफ़ के दिल्ली पहुंचने के कुछ घंटे पहले नियंत्रण रेखा पर भारतीय और पाकिस्तानी सैनिकों के बीच गोलीबारी हुई। जो लोग ज्योतिष को मानते थे, उन्हें लगा कि इस घटना का होना शुभ लक्षण नहीं है। मैंने इसे फिर अपनी रोजमर्रा की हरकतों की ओर लौटने, पुरानी आदत से बाज़ न आने के तौर पर लिया। इस सब में मीडिया की दिलचस्पी धीरे-धीरे बढ़ने लगी थी, पहले जहां मीडिया में इसे लेकर क़यास लगाए जा रहे थे, वहीं अब उत्तेजना बढ़ने लगी थी। ऐसे में, सचमुच मुशर्रफ़ के दौरे के मीडिया की पकड़

में चले जाने का ख़तरा तो था ही, मेरे दिमाग में इस बात को लेकर गंभीर शंकाएं उठ रही थीं कि कहीं ऐसा न हो कि मीडिया ही इस मुलाक़ात का मसौदा तय करने और थोपने लगे, जिससे इसके परिणाम भी उसी ओर जा सकते थे। मुझे इसका अनुभव पहली बार कारगिल संघर्ष के दौरान हुआ था, जिसके बाद कई मौकों पर, चाहे वह कंधार का विमान अपहरण हो या राष्ट्रपति क्लिंटन की यात्रा, या फिर आतंकवादी हमले, चौबीसों घंटे ख़बर पर नज़र रखने की ज़रूरत पूरा करने के लिए टेलिविज़न चैनल, कम से कम, वास्तव में ख़बर की मांग करने लगते थे, हर घंटे, और हमेशा कुछ नया, कुछ अलग और सिर्फ़ 'एक्सक्लूसिव।' और जब उन्हें प्रसारित करने के लिए कोई नयी ख़बर नहीं मिलती था, जैसा कि अकसर होता था, तो अकसर तथ्यों की जगह मनगढ़ंत बातें भर दी जाती थीं।

पहले दिन, जिस दिन मुशर्रफ़ दिल्ली पहुंचे, उस दिन पत्रकारों के पास ख़बर के नाम पर ज़्यादा कुछ ठोस नहीं था रिपोर्ट करने के लिए, स्वागत की रस्म वग़ैरह के सिवा। इसलिए, टेलिविज़न पर समय पूरा करने के लिए और अख़बारों के कॉलम भरने के लिए उस दिन पत्रकारों ने 'बॉडी लैंग्वेज' यानी हाव-भाव को लेकर ख़ूब क़यास लगाए। किसी को हाव भाव में कभी 'गर्मजोशी' नज़र आ रही थी, तो किसी को उसकी कमी। साथ ही, यह भी क़यास लगाए जा रहे थे कि किन बातों पर चर्चा होगी, और किन्हें छूआ भी नहीं जाएगा। मीडिया का सारा समय जो कुछ घट रहा था उसमें तरह-तरह के प्रतीक तलाशने में बीत रहा था, क्योंकि तब तक कुछ ठोस तो था ही नहीं। उस दौरान मैंने अपनी डायरी में जो कुछ दर्ज किया और जो टिप्पणियां लिखीं, उन्हें अब जब पढ़ता हूं मुझे बड़ा मज़ा आता है, उस सब को फिर से पढ़ना जो उन दिनों अख़बारों में छप रहा था। वह सब पढ़कर अब भी बहुत कुछ सीखने को मिलता है। मिसाल के तौर पर, एक प्रतिष्ठित अख़बार ने अपने ज्ञान का परिचय देते हुए टिप्पणी की कि पहले दिन की मुलाकात और सलाह-मशविरा 'माहौल बनने में मददगार रहा।' दूसरे ने सूचित किया कि 'सफ़ल शिखर वार्ता की संभावनाएं बढ़ती नज़र आ रही है।' एक और दैनिक, जो ख़ुद को दूसरों से ज़्यादा चौकस और तेज़ नज़र रखने वाला साबित करने की कोशिश कर रहा था, उसने टिप्पणी की कि दोनों देशों की सरकारों के शीर्ष नेता 'पहली मुलाक़ात के समय, बिना नज़रें मिलाए हाथ मिलाते हुए तनाव में नज़र आ रहे थे।' लेकिन इस अख़बार ने अपने पाठकों को आश्वस्त किया कि 'दिन के भोजन के समय माहौल हल्का हो गया।' उसने आगे भविष्यवाणी भी की कि 'यही उत्साह अब शिखर वार्ता को आगे ले जाएगा।' और मैं क्या-क्या अख़बार की बात का हवाला दूं? और कितने उदाहरण देने की ज़रूरत है? एक और अग्रणी दैनिक दूसरों से कुछ अलग हटकर यह टिप्पणी कर रहा था कि जनरल मुशर्रफ़ 'जिस इलाके में आ गए हैं, उससे अनजान हैं, उनका मुस्कराना बंद है और उनके हाथ मिलाने में गर्मजोशी नज़र नही आती!' जैसा कि कहा जाता है, एक सांस में, यह अख़बार आगे लिखता है—'उनके (जनरल के) तेवर जलवे से जीत दर्ज करने निकले नेता

जैसे हैं।' कमाल की बात है! यानी उन्होंने पहले ही तय कर लिया था कि जनरल ने 'एक तरफ़ सिमटे रहने के बजाय अपने लिए अहम जगह बना ली है,' और यह कि वह एक 'पक्के इरादे वाले जनरल,' 'आत्मविश्वास से भरे मुख्य कार्यकारी,' 'छवि का ख़याल रखने वाले' राजनेता हैं जिन्हें मीठी बातों की आड़ में अपनी मुश्किल बातें मनवाना आता है!'

आगरा में जिस जगह शिखर वार्ता हो रही थी वहां सुरक्षा संबंधी कुछ समस्याएं सामने आ रही थीं, और उनसे संबंधित कुछ प्रशासनिक बारीकियां भी। ऐसे मौकों पर मेज़बान देश को ही हमेशा परेशानी का सामना करना पड़ता है। इस स्तर का भारत-पाक सम्मेलन तब एक अनूठा दक्षिण एशियाई रंग ले लेता है–भारी भीड़भाड़, अनियंत्रित, शोरगुल, कुल मिलाकर ऐसा माहौल जैसे बारात आ रही हो और उसकी हर तरह से ख़ातिरदारी की ज़िम्मेदारी हो! ज़ाहिर है, ज़रूरतों का पहले से अंदाज़ा लगाया जाना चाहिए न कि कहने पर पूरा किया जाए। पहले दिन, 14 जुलाई को लगभग सारा समय अपरिहार्य औपचारिकताएं पूरी करने में ही बीत गया–आते ही स्वागत की रस्म, परिचय के लिए एक छोटी सी भेंट, राजघाट और गाँधी स्मृति का दौरा। 14 जुलाई का दिन पुरानी यादों की गलियों के दौरे का दिन भी बन गया, जब जनरल ने पुरानी दिल्ली की नाहरवाली गली का दौरा किया जहां 1947 तक उनका परिवार रहा करता था। इसके बाद पाकिस्तान उच्चायोग में स्वागत समारोह, फ़ोटो खिंचवाने के दौर, और न जाने ऐसी कितनी और बातें, लेकिन उनमें से काम की कोई भी नहीं। इसलिए मैंने तय किया कि प्रधानमंत्री वाजपेयी को सुझाऊं कि 15 जुलाई को, जिस दिन वार्ता होनी है, उसी दिन सुबह, आगरा के लिए रवाना होने के बजाय हमें 14 को ही चले जाना चाहिए। अब मैं अपनी डायरी के उस दिन के पन्ने खोलकर सामने कर देता हूं :

> जुलाई 15, आगरा।
> बीती रात काफ़ी देर से मैं अटल जी के साथ उनके विशेष विमान से दिल्ली से यहां पहुंचा। राष्ट्रपति भवन में, जहां ख़ास मेहमान जनरल परवेज़ मुशर्रफ़ के सम्मान में राष्ट्रपति की ओर से भोज का आयोजन था, हम सीधे वहीं से हवाई अड्डे पहुंच गए। जनरल मुशर्रफ़ का यह दौरा 23 मई के निमंत्रण का नतीजा है। इस बीच ज़ाहिर है कितने ही हफ़्ते बीत गए, और कितनी ही छोटी-बड़ी घटनाएं घटती रहीं। जैसे, निमंत्रण भेजे और उसके स्वीकार किए जाने के बाद से अब तक हम सब के ऊपर जनरल मुशर्रफ़ के बयानों की झड़ी लगी हुई है।
>
> इस बीच मैं जानबूझ कर चुप्पी साधे रहा, कुल एक प्रेस कॉन्फ्रेंस की, अगर मुझे ग़लत याद नहीं है तो, 14 जून को, और उसके बाद से सिर्फ़ आधिकारिक प्रवक्ता ने मेरी देखरेख में सब कुछ संभाला है। उसके बाद, दोबारा 11 जुलाई 2001 को शिखर वार्ता से ठीक पहले वाली कॉनफ़्रेंस मैंने खुद की।

लेकिन 4, 6 और 9 जुलाई को हमें आगे जो क़दम उठाने हैं उनकी एकतरफ़ा घोषणा ज़रूर करते रहे जिसे पाकिस्तान के टीकाकार ने बेवजह 'डिफ़्लेक्टिव डिप्लोमेसी' यानी 'रुख़ बदलने की क्षमता रखने वाली कूटनीति' का नाम दे डाला। जबकि जो घोषणाएं की गईं उनमें ऐसा कुछ भी नहीं था जिसे 'डिफ़्लेक्टिव डिप्लोमेसी' कहा जाए, बल्कि जो कुछ ऐलान किया गया वह सभी विषयवस्तु पर केंद्रित, प्रासंगिक और ग़लतियों को सुधारने के लिए की जाने वाली पहल का हिस्सा था। फिर भी इससे हमारे होने वाले मेहमान भारी उलझन में पड़ गए थे, जिन्होंने जवाबी कार्रवाई के तौर पर 'हुर्रियत' की चाल चली जिसका वास्तव में हमसे ज़्यादा मीडिया ने बुरा माना।

14 तारीख की दोपहर को तूफ़ान आने जैसा मौसम बन रहा था। पहले बारिश से लदे काले बादल सिर के ऊपर घुमड़ते रहे। फिर बिजली कौंधने लगी और बादलों की गड़गड़ाहट गूंजने लगी और तेज़ हवा के थपेड़े वातावरण पर हावी हो गए, जिससे मैं ये सोचने को मजबूर हो गया कि ऐसे हालात में हम आगरा के लिए उड़ान भी भर पाएंगे या नहीं। आज के कार्यक्रमों में कुछ भी अलग हट कर नहीं था, लेकिन मीडिया, ख़बरों के बारे में बड़ी-बड़ी उम्मीदें लगाए टेलिविज़न और पत्र-पत्रिकाओं के संवाददाता पूरी तरह बौखलाहट के शिकार थे। इसका पहले से ही अंदाज़ा था, आख़िर मामला भारत-पाक का जो था।

हम आगरा बहुत देर से पहुंचे थे, इसलिए सोने का मौका रात के एक बजे के क़रीब मिला।

सारा दिन वैसा ही बीता जैसे भारत और पाकिस्तान की वार्ताओं के अधिकांश शुरुआती दिन होते हैं। अब शाम हो चुकी है। अब कहीं जाकर हम कुछ गंभीर बातों पर आए हैं, समझौते के मसौदे के शुरुआती ड्राफ़्ट पर आपस में चर्चा करते एक दूसरे से जूझते रहे। मुझे अफ़सोस है शुरुआती ड्राफ़्ट कामयाब होने वाला नहीं था। ऐसे में, हमेशा की तरह एक के बाद एक ड्राफ़्ट बनाने और उसके मुक़ाबले में एक और उछालने का वॉलीबॉल जैसा यह सिलसिला देर तक चलेगा। मुझे नहीं लगता कि मुझे उसके बारे में कोई फ़ैसला करने के लिए कल सुबह से पहले बुलाया जाएगा। साथ ही, मेरी नींद पूरी नहीं हुई थी, और फिलहाल मेरी ऐसी हालत नहीं रह गई थी कि मैं किसी भी चीज़ के बारे में कोई 'फ़ैसला' कर सकूं। और फिर अभी उत्तर प्रदेश के मुख्यमंत्री विष्णुकांत शास्त्री की ओर से भोज होना है जिसमें मुख्यमंत्री राजनाथ सिंह भी आने वाले हैं, इसलिए, बेहतर यही होगा कि इसे कल तक के लिए टाल दिया जाए।

16 जुलाई को पूरे दिन हम इसी पर काम करते रहे कि एक निर्णय तक कैसे पहुंचा जाए। खेद है, जिस बात की वजह से काम आगे नहीं बढ़ पा रहा

था, वह थी मुख्य मेहमान का हर किसी का ध्यान खींचने की कोशिश करते हुए बहुत धीरे-धीरे काम को आगे बढ़ाना। दूसरे, जिस किसी मौके पर भारत और पाकिस्तान साथ हों, उसकी तरफ़ सबका कुछ ज़्यादा ही ध्यान जाता है। चाहे कोई औचित्य या आधार हो या नहीं, हर मीडिया चैनल टोकरी भर कर वही शब्दावली इस्तेमाल करता है—'खुलासा,' 'भाईचारा,' 'भारत (या पाकिस्तान, यह निर्भर करता है कि पत्रकार किस देश के चैनल के लिए काम करता है) अपनी बात पर अडिग,' 'भारत और/या पाकिस्तान की ज़िद्द शांति कायम करने में बाधा।' हम 16 जुलाई की सुबह जल्दी मिले ताकि एक ऐसा मसौदा तैयार करने की कोशिश कर सकें जो दोनों पक्षों को मंज़ूर हो, और वह कुछ संशोधन के बाद आगरा में जारी होने वाले घोषणा-पत्र का रूप ले सके, लाहौर घोषणा-पत्र की अगली कड़ी बन सके।

16 जुलाई की सुबह संपादकों के साथ मुशर्रफ़ की बातचीत को मेहमानों ने रिकॉर्ड कर लिया और बाद में उसे एक भारतीय चैनल पर प्रसारित किया गया। जब इस बात की ओर ध्यान आकर्षित किया गया कि मेहमानों का इस तरह बातचीत को रिकॉर्ड करना तो अनलिखे उसूलों के ख़िलाफ़ है, तो यह कह दिया गया कि ग़लती चैनल की है। अपने कंधों से ज़िम्मेदारी उतार फेंकने का बेहद शोचनीय और थका हुआ सा प्रयास था। एक बार प्रसारित हो जाने के बाद वार्ता को लेकर सारे देश में नाराज़गी की लहर छा गई क्योंकि वीडियो में मुशर्रफ़ का रवैया हर वक़्त लड़ने को तैयार रहने वाले जैसा था। इसी वजह से बातचीत के मसौदे पर आपसी सहमति बन पाने में और भी ज़्यादा अड़चन आईं। हर किसी पर छा जाने और सबका ध्यान अपनी तरफ़ खींचने के इसी रवैये के चलते जनरल परवेज़ मुशर्रफ़ ने कुछ चुनिंदा संपादकों के सामने बिना कुछ सोचे-समझे न जाने कितनी फ़िज़ूल की बातें कर डालीं। मीडिया की मौजूदगी ने शायद उन्हें मंत्रमुग्ध कर दिया था। है ही यह ऐसी कुछ ज़्यादा जल्दी चढ़ने वाली शराब। उन्हें लग रहा था कि मीडिया को उनसे यही उम्मीद है, और उन्होंने सोचा कि वह वैसा ही करेंगे। इसे दरअसल गले से नीचे उतरने की ज़रूरत ही नहीं होती, यह सीधे सिर चढ़ कर फ़ौरन होश उड़ा देती है। इसलिए, जब ऐसी महफ़िल में मेहमान बने जनरल को सराहा जाने लगा, तो पहले से ही और ज़्यादा उम्मीदें बांधते हुए उन्होंने यह भी स्वीकार करने से इनकार कर दिया कि आतंकवाद भी एक मुद्दा है, और सिर्फ़ जम्मू और कश्मीर के इर्द-गिर्द बात करने पर ज़ोर देने लगे, उसी का राग अलापने लगे; लाहौर वार्ता को दरकिनार कर दिया, कारगिल की सच्चाई को, अपनी करनी को, स्वीकार करने से इनकार करने लगे; बल्कि शिमला समझौते को भी तकरीबन खारिज करते से नज़र आए।

इस सब का बोझ इतना ज़्यादा बढ़ता जा रहा था कि कोई भी सम्मेलन उसे सह नहीं सकता। ऐसा लग रहा था कि जनरल मुशर्रफ़ इस बात को पकड़ नहीं पा रहे हैं कि कारगिल ने माहौल को कितना कमज़ोर बना दिया था, और न ही उसके तत्त्व को आत्मसात कर पा रहे थे जो प्रधानमंत्री वाजपेयी ने उन्हें

पेश किया था—एक नयी शुरुआत का मौका। लेकिन इस सब को समझने के बजाय मुशर्रफ़ सबका ध्यान खींचने के खेल में उलझ गए। वह अपने साथ जीत का अहम ले जाना चाहते थे। वह चाहते थे कि सिर ऊंचा उठा कर कह सकें—'हम सीधे-सच्चे और खरे बिन लगाव-लिपटाव के बात करने वाले फ़ौजी बंदे हैं जो अपने मक़सद पूरे करने में यकीन करते हैं, हम फ़ालतू की बातें नहीं करते, वग़ैरह।' इस सब में एक हद तक बड़ी अलंकारिक भाषा ज़्यादा बड़े बोल मुंह से निकल जाते है, जिन्हें एक हद तक तो बिना ज़्यादा दिक्कत के नज़रअंदाज़ किया जा सकता है। लेकिन अगर एक अहम द्विपक्षीय वार्ता के लिए दौरा किया जा रहा हो और तब बड़बोलेपन से काम लिया जाए, तो उसकी वजह से मेज़बान को भारी शर्मिंदगी भी उठानी पड़ सकती है, और समझौते की प्रक्रिया में गड़बड़ी पैदा हो सकती है।

आगरा में, मेहमान जनरल की भारतीय संपादकों के साथ नाश्ते पर हुई बैठक सबसे संवेदनशील बिंदु बन गई। मुझे मालूम था कि एक बैठक इस तरह की होनी थी। मुशर्रफ़ और उनके दल को हाल ही में बनकर तैयार हुए शानदार होटल अमरविलास में ठहराया गया था, जिसके हरेक कमरे से ताजमहल नज़र आता था। लेकिन इससे भी मेहमान राष्ट्रपति के फ़ौजी जोश में कोई नर्मी नहीं आई। यह बात एक तरफ़, हमारे मेहमान आगरा की बैठक में किन बातों पर चर्चा होनी है, यह तय करने से लगातार इनकार करते रहे, जबकि उसकी अहमियत के बारे में दिल्ली में पाकिस्तान उच्चायोग को बार-बार ज़ोर देकर बताया जाता रहा था, और इस बात पर पाकिस्तान के विदेश विभाग को इस्लामाबाद में हमारे उच्चायुक्त बार-बार ज़ोर देते रहे थे। क्योंकि सब कुछ पूरी तरह मुशर्रफ़ के हाथों में चला गया था, किसी के पास कोई बात कुछ तय करके हमारे साथ साझा करने की कोई गुंजाइश नहीं रह गई थी। इसलिए शिखर वार्ता में होने वाली बातों के बारे में हमारे सभी प्रस्ताव धरे के धरे रह गए—'राष्ट्रपति की ओर से अभी कुछ भी फ़ैसला नहीं लिया गया है।' ऐसे में हम सारे आगरा में आ जुटे थे, लेकिन हमारे पास कामकाज के लिए कोई तय समय-सारणी नहीं थी।

प्रधानमंत्री वाजपेयी ने अपने सभी वरिष्ठ कैबिनेट सहयोगियों को साथ चलने के लिए कहा था। उनके साथ उप प्रधानमंत्री आडवाणी थे, वित्त एवं वाणिज्य मंत्री भी थे, और इस बैठक में मीडिया और विश्व भर की दिलचस्पी के चलते सूचना एवं प्रसारण मंत्री को भी साथ लिया गया था। पाकिस्तान से आए पत्रकारों के दल में ख़ूब भीड़भाड़ थी, सबकी मांगे भी ख़ूब थीं और सब के सब कामयाबी के चर्चे अपने पाठकों और दर्शकों तक पहुंचाना चाहते थे। मुझे शक है, कि मुशर्रफ़ को ऐसा करने का सुझाव उनके क़रीबी लोगों ने दिया होगा। क्योंकि कड़े तेवर अपनाने की ख़बरों से उन्हें पाकिस्तान से वफ़ादारी के एक किस्म के सूचकांक में ज़्यादा ऊंचा दर्जा मिल जाता। सच तो यह है कि वापस लौटने से पहले जो आख़िरी प्रेस कॉन्फ्रेंस हुई, उसमें मुशर्रफ़ ने पाकिस्तानी प्रेस को 'रिपोर्टिंग में

वतनपरस्ती' के लिए सराहा। ज़ाहिर है, इससे वह सब और ज़्यादा मुस्तैदी से ख़बरें जुटाने लगे। और फिर उनकी किसी एक घटना के लिए नहीं, हर तरह की ख़बरों के लिए वह उसी जोश से काम करते रहे। यहां मुझसे एक चूक हो गई, मैं अपने पुराने ढर्रे पर ही चलता रहा, और उस 'किसी बात' पर ज़्यादा ध्यान नहीं दिया जिसे यह चौबीसों घंटे चलने वाले चैनल ख़बरों के तौर पर परोसते रह सकें, जबकि ऐसी चीज़ों की मांग बहुत थी, चाहे वह ऐसी बातें ही क्यों न हों कि खाने में क्या परोसा जा रहा है और फ़र्नीचर किस किस्म का है। लगातार बनी रही इस मांग का ध्यान रखने के बजाय मैंने यह सोचकर काम किया कि जब मेरे पास कहने के लिए कुछ ऐसा होगा तो मैं सूचना और प्रसारण मंत्री से अनुरोध करूंगा उसे प्रेस के साथ साझा करने के लिए। जनरल और उनके साथ आए लोगों के बीच ऐसा नहीं था। उनके साथ आए मीडिया के लोग प्रेस असेंबली हॉल में बार-बार जाते थे और कुछ भी कह डालते थे, सच हो या मनगढ़ंत, सुनी-सुनाई बात हो या अफ़वाह। उनमें से कोई भी बैठकों में मौजूद नहीं रहता था—उन्हें तो सिर्फ़ लोगों की सोच और अटकलें साझा करनी होती थीं।

प्रारूप को लेकर पैंतरेबाज़ी

बैठक में प्रधानमंत्री वाजपेयी के साथ उनके सहयोगी, उप प्रधानमंत्री लालकृष्ण आडवाणी थे, और मैं था विदेशमंत्री के रूप में, और हमारे साथ थे प्रधान सचिव और विदेश मंत्रालय के कुछ और अधिकारी। पाकिस्तान से भी कुछ इसी तरह का दल था, लेकिन उनके साथ सेना के लोग कुछ ज़्यादा थे। मुझे यह याद करके हंसी सी आती है कि पाकिस्तान के राष्ट्रपति सेना और उसके आला अधिकारियों वाले अंदाज़ में कैसे यह सोचते हैं कि जम्मू और कश्मीर जैसी जटिल समस्या को चुटकियों में हल किया जा सकता है, और उनका यह कहना कि पाकिस्तान की ओर से कोई आतंकवादी गतिविधि नहीं होती है। जैसे कि होता है, ऐसी कूटनीतिक बातचीत में आमतौर पर फ़ौजी अंदाज़ अपनाने से कामयाबी नहीं मिल सकती, इसलिए घोषणा-पत्र का मसौदा तैयार करने का काम दोनों देशों के विदेशमंत्रियों को बाद में बैठकर तैयार करने के लिए छोड़ दिया गया।

इस तरह 'दोनों पक्षों की सहमति वाले घोषणा-पत्र' की बात उभर कर आई। मुशर्रफ़ किसी भी तरह, आपसी सहमति बनने को लेकर ज़रूर उतावले थे, बल्कि वह तो चाहते थे कि उसी दिन किसी निर्णय पर पहुंचा जा सके। वह अगले दिन सुबह या शाम तक, रास्ते में अजमेर में ठहरकर 'ग़रीब नवाज़' ख़्वाजा मोईनुद्दीन चिश्ती की दरगाह होते हुए वापस पाकिस्तान के लिए रवाना हो जाना चाहते थे। लेकिन नाश्ते की मेज़ पर भारतीय मीडिया के साथ हुई बातचीत का असर भारतीय जनमानस पर क्या हो सकता है, उन नतीजों के बारे में न तो उन्होंने ही कुछ सोचा और न ही उनके दल ने। इतना ही नहीं, वह यह भी नहीं समझ पा रहे

थे कि सामने वाले के रवैये में जो झिझक सी है उसकी वजह उनकी ख़ुद की तमाम दलीलें थीं। यह तो समझ में आता है कि उनका ऐसा रवैया फ़ौजी तौर-तरीकों से प्रेरित था, लेकिन सिर्फ़ फ़ौजी माहौल में ही उन्हें अमल में लाया जा सकता है।

पाकिस्तान के विदेश मंत्री अब्दुल सत्तार मेरे मुक़ाबले कहीं ज़्यादा अनुभवी थे, पाकिस्तान का विदेश मंत्रालय संभालते वह ज़्यादा पुराने हो चुके थे, जबकि विदेशमंत्री के रूप में उनके मुक़ाबले मुझे काफ़ी कम समय हुआ था। हम दोनों ने एक काग़ज़ पर कुछ लिखने की कोशिश की। जब सत्तार ने वह काग़ज़ मुझे दिखाया तो मैंने मज़ाकिया अंदाज़ में टिप्पणी की कि अच्छा हो हम अंग्रेज़ी में लिखें न कि पंजाबी अंग्रेज़ी में। उन्होंने इसका जवाब उसी काग़ज़ पर यह लिखकर दिया कि पाकिस्तान के पंजाब प्रांत से होने के नाते वह इसे मज़ाक में टाल सकते हैं, और जवाब में, मेरी बात पर अपनी रज़ामंदी जताते हुए वैसी ही अंग्रेज़ी में—'मोस्ट डेफिनिटली' लिख कर काग़ज़ मेरे पास पहुंचाया। मैंने काग़ज़ पर कुछ पेंसिल से लिखकर भेजा और उन्होंने उसे ठीक करके मेरे पास भेजा, फिर उन्होंने जो लिखा उसे मैंने ठीक किया, और काग़ज़ के इधर से उधर आने-जाने का सिलसिला कुछ देर चलता रहा। आख़िर में उन्होंने कहा कि सहमत या असहमत होने से पहले उन्हें अपने राष्ट्रपति से सलाह लेनी पड़ेगी। इस बीच दोनों देशों के शीर्ष नेता आराम करने अपने-अपने कमरों में जा चुके थे। जनरल मुशर्रफ़ अपने होटल चले गए थे, इसलिए अब्दुल सत्तार वहां गए, और लौटकर बताया कि कुछ फेरबदल की गई है उस काग़ज़ में, और मुझे देते हुए पूछा कि 'क्या मैं अब इसपर राज़ी हूं?' मैंने उनसे कहा कि मुझे भी अपने मंत्रिमंडल के सहयोगियों और प्रधानमंत्री की रज़ामंदी लेनी होगी। इतना कहने के बाद कुछ ठहरकर उन्होंने जो टिप्पणी की, उसमें उनके अनुभव से उपजी गहरी समझदारी झलकती थी। मुझे उनकी बात इसलिए और भी ज़्यादा गहरे तक छू गई, क्योंकि उस वक़्त मिज़ाज और माहौल तनाव मुक्त और सधा हुआ नहीं था, बल्कि जैसा कि भारत और पाकिस्तान के कहीं भी आमने-सामने होने पर हो जाता है, तनाव बढ़ने लगा था। पूरब की समझदारी और पाकिस्तान के विदेश मंत्रालय के अपने लंबे अनुभव के साथ सत्तार ने कहा—'जसवंत जी, मैं आपको कुछ बताना चाहता हूं। आप अपने देश की बहुत साल सेवा कर चुके हैं, और आगे भी कई साल करेंगे, जो कि आप बहुत अच्छी तरह करेंगे। लेकिन जिस काम पर आप और मैं आज लगे हैं, एक समझौते में बीच में पड़ने का या उस समझौते को अपने सिर पर ले जाने का, यह बहुत ही ख़तरनाक काम है। ऐसे कामों में, मेरा भरोसा कीजिए, संदेश पहुंचाने वाले को गोली खानी पड़ती है।' इतना कहकर वह ज़ोर से हँस पड़े। उनके शब्द मेरे कानों में तब गूंजने लगे जब जो बातें पाकिस्तान के मीडिया ने प्रसारित कीं और उसे भारतीय मीडिया ने भी उठा लिया, और ज़ाहिर है, हमारे प्रयासों को 'विदेश मंत्रालय का ढुलमुल रवैया' बताया गया।

'काग़ज़' के इस टुकड़े की राष्ट्रीय जनतांत्रिक गठबंधन के अंदर की आपसी

अनबन के सबूत के तौर, व्यक्तिगत रूप से मेरे नर्म रवैये, कुछ दूसरों के विरोध में, और कई किस्म की मनगढ़ंत और बेकार की बातों से जोड़कर जगह-जगह चर्चा की गई। जैसा कि दूसरे दो देशों के बीच राजनयिक वार्ताओं में होता है, वैसा ही इसमें हो रहा था। यह बिलकुल शुरुआती टिप्पणियों को परिष्कृत करने, इन्हें एक रूप देने, विस्तार देने या व्याख्या करने से शायद कुछ आगे को बढ़ा जा सकता था। यह वह बिंदु तलाशने की कोशिश थी जहां से आगे बढ़ा जा सके, यह कोई ऐसा दस्तावेज़ नहीं था जिसपर सहमति हो चुकी हो। इसके अलावा, एक 'ड्राफ़्ट' महज़ एक 'ड्राफ़्ट' ही होता है, उससे ज़्यादा कुछ नहीं, इसलिए इसे लेकर इतना हो-हल्ला क्यों?

मैंने यह काग़ज़ ले जाकर प्रधानमंत्री को दिखाया, जिसके बाद उन्होंने अपने मंत्रिमंडल के अन्य सहयोगियों को अपने सुईट में बुलवाया। वहां सबकी आम सहमति इसी बात पर थी कि आतंकवाद पर स्पष्ट रूप से पर्याप्त ज़ोर दिए बिना, और साफ़ तौर पर यह स्वीकार किए बिना कि आतंकवाद ख़त्म होना चाहिए, ऐसे मुद्दों को कैसे बढ़ावा दिया जा सकता है जिनसे सिर्फ़ पाकिस्तान को मतलब है या उसकी प्राथमिकता है? और ऐसे मुद्दों का कोई अता-पता ही न हो जो भारत की प्राथमिकताओं की सूची में ऊपर आते हों? हम शिमला और लाहौर (समझौतों) को कैसे दरकिनार कर सकते हैं? और कैसे कारगिल की वास्तविक्ता को झुठला सकते हैं? मैं लौटकर गया और सत्तार को बताया कि हमारा मसौदा नाकाम रहा। उन्होंने मेरी बात को ठीक से समझा, जैसा वह पहले से ही जानते हों कि यह दूर की कौड़ी है। उन्होंने मेरे मिलने पर जो शब्द कहे उनका भाव यही था कि 'मुझे ऐसा होने पर खेद है। जसवंत जी, मैं वास्तव में चाहता था कि हम लोग कुछ कर पाते, लेकिन भारत और पाकिस्तान के बीच बातचीत का अंजाम यही रहा है, और इस तरह तमाम उम्मीदों पर पानी फिर गया है।' मैं वापस लौटा, तो उसके कुछ देर बाद ही पाकिस्तान के उच्चायुक्त अशरफ़ जहांगीर क़ाज़ी मुझसे बात करने आ पहुंचे। उन्होंने सीधी बात की, 'क्या बात रखने की कोई उम्मीद बची है?' फिर से, मैं उन्हें तथ्यों के सिवा और कुछ नहीं बता पाया, (क़ाज़ी के साथ मेरी बातचीत पूरी तरह मेरी याददाश्त पर आधारित है) और इसलिए मैंने उनसे कहा, 'मैं माफ़ी चाहता हूं, मुझे इन हालात में तो कोई उम्मीद नज़र नहीं आती।' उन्होंने फिर ज़ोर देते हुए पूछा, 'क्यों मंत्रीजी, क्यों नहीं नज़र आती?' मैंने समझाया—'मैं कुछ नहीं कर सकता क्योंकि मेरे अन्य कैबिनेट सहयोगी, जो यहां मेरे साथ आगरा में हैं और जो सुरक्षा संबंधी कैबिनेट कमेटी के सदस्य हैं, कभी इस बात को नहीं मानेंगे।' यह बात उच्चायुक्त महोदय फ़ौरन मान गए, क्योंकि उन्हें मालूम था कि वाजपेयी सरकार में कैबिनेट का कामकाज कितने कारगर तरीके से चलता था। चलते-चलते किए जाने वाले कुछ काम अब भी किए जा रहे थे।

जनरल मुशर्रफ़ की विदाई टल गई थी, और उन्होंने प्रधानमंत्री वाजपेयी से

एक ख़ास मुलाकात का मौका मांगा था। मुझे लगा था कि उनकी ओर से कोई चूक हो गई है, लेकिन तब तक वह अटल बिहारी वाजपेयी को ठीक से जानते नहीं थे। यह मुलाकात उसी होटल में हुई जहां प्रधानमंत्री वाजपेयी ठहरे हुए थे। हाल ही में उनका घुटने का ऑपरेशन हुआ था। उन्हें चलने में अब भी दर्द होता था। ऐसे में, इस तरह बार-बार बैठकें बुलाना और उनमें शामिल होना अपने आप में शारीरिक सहनशीलता का काम था। मैं समझ गया कि हमारे मेहमान ग़लती कर रहे हैं, क्योंकि बाद में जब मैंने प्रधानमंत्री वाजपेयी से पूछा कि क्या हुआ, उन्होंने धीरे से जवाब दिया, 'कुछ नहीं।' उन्होंने कहा—'हमारे मेहमान जनरल साहब बोलते रहे और मैं सुनता रहा।' यह वह कला है जिसमें अटल बिहारी वाजपेयी को महारत हासिल है, और जिसकी वजह से अकसर उन लोगों को जो उन्हें ठीक से नहीं जानते, शर्मिंदगी भी महसूस हो सकती है।

उसी दिन दोपहर के पहले ही मुझसे संवाददाताओं को संबोधित करने के लिए कहा गया।[39] उसमें जो सवाल मुझसे पूछे गए, उनमें से दो मेरी याददश्त पर हमेशा के लिए अंकित हो गए, और यह एक ऐसा पहलू है जो मुझे परेशान करता रहता है। काबिल सूचना और प्रसारण मंत्री सुषमा स्वराज और विदेश मंत्रालय की पहली महिला प्रवक्ता निरुपमा राव को बिना किसी ग़लती के आलोचना का शिकार होना पड़ा, क्योंकि जो कुछ चल रहा था, उसके बारे में उन्हें समय से न बताने में मेरी तरफ़ से चूक हुई थी। मुझे उनके बचाव में आगे आना पड़ा। संवाददाता सम्मेलन के ठीक पहले मुझे बताया गया कि मीडिया वालों ने उन्हें बहुत परेशान किया। यह बेहद आपत्तिजनक था। यह सब मैंने सवालों के संदर्भ में ही कहा।

एक सवाल जो मेरे ज़ेहन में ठहर सा गया था, वह यह था कि क्या पाकिस्तान के साथ शांति स्थापित करने के हमारे प्रयास जारी रह पाएंगे। बिना एक पल भी बीते मेरे अंदर से ही इसका जवाब आया, और मैंने कहा—'हां, बिलकुल, ज़रूर जारी रहेंगे।' दूसरा सवाल, किसी और के मन में उठी एक शंका थी, जो जानना चाहता था कि हमने मुशर्रफ़ को 'ग़रीब नवाज़' ख़्वाजा मोईनुद्दीन चिश्ती की ज़ियारत के लिए क्यों नहीं जाने दिया। मैंने इसके जवाब में उस वक़्त यह कहा था कि यह बात सब ख़ूब जानते हैं कि उनके दर पर वही पहुंच पाते हैं जिन्हें 'ख़्वाजा' बुलाते हैं, और शायद अभी जनरल के लिए ग़रीब नवाज़ का बुलावा नहीं आया है। मेरा यह जवाब वहां मौजूद भारत और पाकिस्तान के तमाम मीडिया ने ऐसा सराहा कि कुछ पल तो मुझे ख़ुद ही विश्वास नहीं हुआ। मैं ख़ुद भौचक्का रह गया था। मैंने कोई ऐसी बुद्धिमानी की बात नहीं कह दी थी, बस वही कहा था जो मन से निकला था। जो मैंने कहा, उसी पर चलते हुए मैं सोचता रहा कि कहीं इस एक सवाल और इसके जवाब में ही भारत और पाकिस्तान के रिश्तों के सिलेसिले का सार तो नहीं छिपा है।

मीडिया के ज़रिये हमारी आपसी तकरार शिखर वार्ता के बाद के कई हफ़्तों तक जारी रही। जनरल अपनी बातों पर अड़े मोर्चा लेते रहे और मैं अपने शास्त्री

भवन के सादे से संवाददाता सम्मेलन कक्ष से। फिर एक विवाद उठा, जो बिलकुल अनावश्यक और अर्थहीन था, वह यह कि जिस मसौदे पर 'समझौता' हुआ है उसमें आख़िर था क्या। इसके बाद कुछ लोगों ने एक दिलचस्प बात यह सामने रखी कि अब आगे जब कभी भारत और पाकिस्तान के बीच वार्ता होगी, उसकी शुरुआत उसी काग़ज़ के टुकड़े से होगी जिसपर हमने, यानीअब्दुल सत्तार और मैंने, मिलकर काम किया था। आगरा में तब जो कुछ हुआ था, वह काग़ज़ उसका प्रामाणिक दस्तावेज़ कैसे हो सकता है, जबकि आगरा में कुछ ऐसा हुआ ही नहीं। हां, कुछ बातें ज़रूर हैं जिनपर आगरा में मिलने के बाद भारत और पाकिस्तान सहमत हैं, भले ही उन बातों की चर्चा नहीं हुई जिसमें सबसे प्रमुख थी कि किसी भी भारत-पाक वार्ता की शुरुआत बहुत बड़े पैमाने और शानोशौकत के माहौल में नहीं होनी चाहिए।

संदर्भ

1. भांगड़ा मूलतः पंजाब का एक मस्ती भरा लोकनृत्य है, जो पारंपरिक रूप से अच्छी पैदावार की खुशी मनाने के लिए फ़सल कटने के बाद किया जाता है। अब यह लोकनृत्य विवाह और नववर्ष जैसे ख़ुशी के दूसरे मौकों पर भी किया जाने लगा है।
2. पंजाब की महिलाओं का लोकनृत्य है गिद्दा जो किसी किसी मायने में भांगड़ा से कम जोश भरा नहीं है। इस नृत्य में, महिलाएं लोक काव्य पर आधारित जीवंत शैली में गाई जाने वाली 'बोलियां' गाते हुए नृत्य करती हैं, जिनमें ननद से नोक-झोंक से लेकर राजनीतिक कटाक्ष तक कोई भी विषय काव्य रूप में हो सकता है। ढोल के अलावा ख़ास लय में तालियां बजाना इस नृत्य की पहचान है।
3. अमृतसर से लाहौर जाने वाले सड़क मार्ग पर वाघा सीमा के पास स्थित एक गांव।
4. प्रधानमंत्री वाजपेयी ने लाहौर यात्रा वसंतोत्सव के आसपास की थी, जो कि लाहौर और उसके आसपास के इलाके में आज भी बड़े उल्लास से मनाया जाता है। भारत की तरह वसंतोत्सव पर पतंग उड़ाने का चलन पाकिस्तान में भी है।
5. सार्जेंट के समकक्ष 'नॉन-कमिशंड' सैनिक अधिकारी।
6. भोज का आयोजन लाहौर के किले के दीवान-ए-ख़ास में किया गया था।
7. शालीमार बाग, जिन्हें कुछ लोग शालामार बाग़ के नाम से भी पुकारते हैं, मुग़ल बादशाह शाहजहां ने लाहौर में बनवाए थे। इनका निर्माण 1641 ईस्वी या 1051 हिजरी में शुरू हुआ और यह अगले साल बनकर तैयार हो गए। यह काम शाहजहां के दरबार के ओहदेदार दरबारी ख़लीलउल्लाह ख़ान की देखरेख में, अली मरदान ख़ान और मुल्ला अलौल मौल्क तूनी के सहयोग से पूरा हुआ।
8. भारत में मुग़ल साम्राज्य के शासक शहाबुद्दीन मोहम्मद शाहजहां ने 1628 से 1666 ईस्वी के बीच राज किया। उन्हें अपनी दूसरी बेग़म मुमताज़ महल की याद में बनवाए गए उनके विश्वविख्यात मक़बरे ताजमहल के निर्माता के रूप में जाना जाता है। फ़ारसी मूल की मुमताज महल का असली नाम बेग़म अर्जुमंद बानो था और उनका शाहजहां के साथ निकाह 10 मई 1612 को बीस वर्ष की उम्र में हुआ था।

9. भारत में किसी समय लोकप्रिय रही दो पहियों वाली हल्की घोड़ागाड़ी।
10. अगस्त 1947 में भारत को आज़ादी मिलने के समय, भारत और पाकिस्तान दोनों नए बने देशों की सीमा रेखा सिंधु नदी को आधार बनाकर तय की थी जिसमें पाकिस्तान की सीमा निचले किनारे से शुरू होती थी। भारत में माधोपुर में रावी से और फ़िरोज़पुर में सतलज से नहरें निकली थीं, और पाकिस्तान के पंजाब प्रांत के बड़े इलाके सिंचाई के लिए पूरी तरह इन्हीं नहरों पर निर्भर थे। सिंचाई के लिए इन नदियों के पानी के बंटवारे को लेकर विवाद खड़ा हो गया, जिसे निपटाने के लिए वर्ल्ड बैंक की मध्यस्थता से बातचीत की गई, जिसके परिणामस्वरूप 1960 में इंडस वॉटर ट्रीट्री पर हस्ताक्षर किए गए। इस संधि के तहत नदियों के पानी के इस्तेमाल के संबंध में भारत और पाकिस्तान के अधिकार और उत्तरदायित्व तय किए गए। पूर्वी इलाके में बहने वाली तीन नदियों, सतलज, ब्यास और रावी के पानी पर पहला अधिकार भारत को और पश्चिमी इलाके में बहने वाली सिंधु, झेलम और चिनाब के पानी पर पहला अधिकार पाकिस्तान को दिया गया। इस संधि पर 19 सितंबर 1960 को पाकिस्तान के तत्कालीन राष्ट्रपति फ़ील्ड मार्शल मोहम्मद अयूब ख़ान, उस समय भारत के प्रधानमंत्री श्री जवाहरलाल नेहरू और वर्ल्ड बैंक की ओर से डब्ल्यू. ए. बी. लिफ़ ने हस्ताक्षर किए, लेकिन इस संधि को 1 अप्रैल, 1960 से ही प्रभावी माना गया।
11. संसद सदस्य किसी राज्य में मुख्यमंत्री पद की शपथ लेने के बावजूद छह महीने तक संसद का सदस्य बना रह सकता है, बशर्ते उसने इस बीच विधानसभा की सदस्यता न ली हो। ऐसे सदस्य के लिए छह माह के अंदर विधान सभा की सदस्यता लेना अनिवार्य होता है।
12. भारत को इस इलाके में तीन बार, 1948, 1965 और 1971 में पाकिस्तान से और एक बार चीन से (1962 में) लड़ना पड़ा।
13. श्रीलंका में 18-19 मार्च 1999 को सार्क (साउथ एशियन एसोसिएशन फ़ॉर रीजनल कोऑपरेशन) की मंत्री परिषद की बैठक हुई थी। इस बैठक के अलावा, वहां मैंने पाकिस्तान के विदेशमंत्री सरताज अज़ीज़ से अलग से मुलाक़ात भी की, और हमने संयुक्त रूप से एक वक्तव्य भी जारी किया जो कि मेरी जानकारी में अकेला ऐसा दस्तावेज़ है जिसपर भारत और पाकिस्तान की सहमति है। बैठक का कामकाज देख रहे कई अधिकारी उस दिन एक ही सवाल पूछ रहे थे—पाकिस्तान को यह क्या हो गया?
14. फरवरी 2002 में जम्मू और कश्मीर के कारगिल क्षेत्र में लाइन ऑफ़ कंट्रोल के क़रीब एं एन 32 मालवाहक विमान उड़ाते हुए अनजाने में गलती से पाकिस्तान की 'एयर स्पेस' का अतिक्रमण करते हुए बस थोड़ा-सा अंदर प्रवेश कर जाने और पाकिस्तानी तोपों की मार के दायरे में आने पर एयर मार्शल वी. के. (जिमी) भाटिया, भारतीय वायुसेना की पश्चिमी कमान के पूर्व एयर ऑफ़िसर कमांडिंग इन चीफ़ को इंस्पेक्टर जनरल (फ्लाइट सेफ्टी) बनाकर वायु सेना मुख्यालय तबादला कर दिया गया था। एयर मार्शल भाटिया को वायु सेना के बेहतरीन अफ़सरों में से एक माना जाता था।

15. स्रोत : एक गोपनीय अमेरिकी रिपोर्ट।
16. अमरीका के उप विदेशमंत्री रिक इंडरफ़र्थ ने पाकिस्तान के राजदूत रियाज़ खोखर से मुलाक़ात की। इसके बाद, 2 जून को इंडरफ़र्थ भारत के राजदूत नरेश चंद्रा से मिले। माना जाता है, जब खोखर इंडरफ़र्थ से मिलने पहुंचे, तो खोखर ने उनसे कहा कि लाइन ऑफ़ कंट्रोल स्पष्ट नहीं है। उनके ऐसा कहने के जवाब में इंडरफ़र्थ ने पूरे तैंतालिस पन्ने का एल. ओ. सी. एग्रीमेंट खोखर के सामने रखते हुए उनसे पूछा कि नियंत्रण रेखा का कौन-सा हिस्सा ऐसा है जो उन्हें लगता है कि स्पष्ट नहीं है। इससे साफ़ हो गया कि नियंत्रण रेखा पर सवालिया निशान लगाना पाकिस्तान को भारी पड़ने लगा था।
17. राजपूताना रायफ़ल्स की द्वितीय वाहिनी।
18. इस जगह जो कुछ कहा गया वह स्पष्ट रूप से सुनाई नहीं देता है।
19. नागा रेजिमेंट की प्रथम वाहिनी।
20. पिरामिड एंड थम्स अप—सैन्य गतिविधियों की योजनाओं में विशिष्ट भौगोलिक आकृतियों की पहचान को सरल बनाने के लिए ऐसे नाम दे दिए जाते हैं। प्वाइंट 5140—ऊंचाई मीटर में, जैसा कि भौगोलिक स्थलाकृतियां दर्शाने वाले मानचित्र में दर्शाया गया है।
21. जम्मू एंड कश्मीर रायफ़ल्स की तेरहवीं वाहिनी।
22. अमरीका ने विभिन्न क्षेत्रों और देशों की भौगोलिक सीमाएं तय करके उनकी ज़िम्मेदारी अमरीकी सेना के अलग-अलग कमांड को बांट रखी है। इस आधार पर पाकिस्तान जनरल ज़िन्नी की कमान वाले अमरीकी सेन्ट्रल कमांड में आता है, जबकि भारत अमरीकी पैसिफ़िक कमांड में आता है। इसी आधार पर जनरल ज़िन्नी अगर दिल्ली का दौरा करते हैं, तो वह अपने कमांड वाले क्षेत्र से बाहर हैं।
23. स्ट्रोब टॉलबॉट; *एंगेजिंग इंडिया : डिप्लोमेसी, डेमोक्रेसी एंड बॉम्ब*। ब्रूस राइडेल; अमेरिकन डिप्लोमेसी एंड द 1999 कारगिल समिट ऐट ब्लेयर हाउस; पॉलिसी पेपर्स सीरीज़; सेंटर फ़ॉर एडवांस स्टडीज़ ऑफ़ इंडिया।
24. ग्रेनेडियर्स रेजिमेंट की 18वीं वाहिनी।
25. पी 3-4 ब्रूस राइडेल; *अमेरिकन डिप्लोमेसी एंड द 1999 कारगिल समिट ऐट ब्लेयर हाउस;* पॉलिसी पेपर्स सीरीज़; सेंटर फ़ॉर एडवांस स्टडीज़ ऑफ़ इंडिया।
26. कृपया पहले अध्याय में संदर्भ 39 देखें।
27. शॉडनफ्रॉयड एक जर्मन शब्द है जिसका अर्थ है किसी दूसरे के दुर्भाग्य से आनंदित होना। बौद्ध दर्शन में 'मुदित' की संकल्पना जिसका अर्थ होता है 'दूसरे के आनंदित होने में आनंद की अनुभूति।' इसे अकसर 'शॉडनफ्रॉयड' के विलोम के उदाहरण के रूप में प्रस्तुत किया जाता है।
28. छोड़े गए आतंकवादी जिनपर आतंकवादी और विध्वंसक गतिविधि निरोधक कानून लागू था—मौलाना मसूद अज़हर : देवबंद से इस्लामी शिक्षा प्राप्त मसूद अज़हर ने 1994 में भारत आने से पहले अफ़ग़ानिस्तान में आतंकवाद का प्रशिक्षण प्राप्त किया था। माना जाता है कि वह वर्तमान में पाकिस्तान के मुज़फ़राबाद से अपनी गतिविधियां संचालित कर रहा है।

मुश्ताक अहमद ज़रगर : अल उमर मुजाहिदीन के प्रमुख रहे ज़रगर पर चालीस से ज़्यादा लोगों की जानें लेने के आरोप हैं। श्रीनगर में कितनी ही आतंकवादी गतिविधियों को अंजाम देने में प्रमुख भूमिका निभाने वाला ज़रगर कश्मीरी मूल का भारतीय नागरिक है, लेकिन पाकिस्तान में आतंकवाद को बढ़ावा देने वाले केंद्रों के माध्यम से सक्रिय रहा है। अमरीका के दबाव में जनरल परवेज़ मुशर्रफ़ ने जब पाकिस्तान में आतंकवादियों की धरपकड़ शुरू की तब ज़रगर उन आतंकियों में से था जिसे पकड़ा नहीं जा सका।

अहमद उमर उर्फ़ सैयद शेख़ : लंदन स्कूल ऑफ़ इकोनॉमिक्स का स्नातक उमर ब्रिटिश नागरिक है, जिसने मसूद अज़हर की रिहाई के लिए दिल्ली के पहाड़गंज इलाके से चार विदेशी पर्यटकों को अग़वा किया, जिन्हें बाद में सहारनपुर में एक कमांडो ऑपरेशन में छुड़ा लिया गया। लेकिन उमर ने उत्तर प्रदेश पुलिस के एक सब-इंस्पेक्टर को गोली मार दी।

29. विमान अपहरण का मामला निबटने के बाद जब मैं अपनी मां से मिलने जोधपुर गया तो वहां के स्थानीय अख़बारों में मज़ाक उड़ाने वाले अंदाज़ में मेरी हँसी उड़ाते हुए लिखा कि "जसवंत सिंह प्रथम ने कंधार पर फ़तेह हासिल की थी, और इस जसवंत सिंह ने क्या किया?" पंजाब के शासक और सिख साम्राज्य की स्थापना करने वाले महाराजा रणजीत सिंह (1780-1839) ने 'महाराजा' की उपाधि अपने नाम के साथ जोड़ने से पहले अमृतसर, लाहौर, मुलतान, कश्मीर और पेशावर को अपने राज में मिला लिया था।
30. हवाई पट्टी और वह इमारत जिसमें मेरी मुत्तवकिल से मुलाक़ात हुई, वह सोवियत संघ के कब्ज़े से पहले अमरीका ने 1960 दशक में बनवाई थीं।
31. ईरान के पूर्वी भाग और अफ़ग़ानिस्तान में पश्तो के अलावा बड़े पैमाने पर बोली जाने वाली दूसरी भाषा।
32. क्रिसमस यानी 'बड़े दिन' के बाद वाला दिन 26 दिसंबर, जिस दिन कई राष्ट्रमंडल देशों में अवकाश रहता है। कई यूरोपीय देशों में इसे सेंट स्टीफ़ेंस डे या सेकेंड डे ऑफ़ क्रिसमस के रूप में भी मनाया जाता है।
33. अमावस्या के बाद चांद दिखने से शुरू होने वाले रमज़ान के महीने में मुसलमान सारा दिन बिना कुछ भी खाये-पीये रोज़े रखते हैं। इसी माह में ख़ुदा की बात पवित्र कुरान की शक्ल में सामने आई थी। पूरे एक महीने के रोज़ों के बाद ईद का त्यौहार मनाया जाता है।
34. कमांडो कार्रवाई करने पर भी एक विकल्प के तौर पर ग़ौर किया गया था। इसमें दिक्कत यह थी कि किसी देश के ऊपर से उड़ान भरने के लिए विमान में मौजूद यात्रियों की सूची जारी करनी पड़ती है जिसमें पाकिस्तान, ईरान और तालिबान के कब्ज़े वाले अफ़ग़ानिस्तान तीनों ही के साथ कोई न कोई समस्या थी।
35. इंडियन एयरलाइन्स की उड़ान आई सी 814 में चालक दल के सदस्यों समेत कुल 189 लोग थे। 28 लोगों को अपहरणकर्ताओं ने दुबई में छोड़ दिया। इससे विमान में उस समय कुल 161 लोग बाक़ी बचे।
36. मुझे पता चला कि कंधार में ये एक या दो ही हैं।

37. अजीत डुवाल का बयान—'बाइनॉक्युर का प्रसंग : करीब पांच बजे शाम को छोड़े जाने वाले बंदियों को अपहरणकर्ताओं के हवाले करने से पहले, मैंने यह सुनिश्चित कर लेना चाहा कि अपहरणकर्ता विमान में ही हैं, और कोई और बदमाशी भरी चाल चलने की तैयारी तो नहीं कर रहे हैं। दिल्ली से लाए गए तीन बंदियों की वजह से हमारी रणनीति का दायरा बहुत सीमित रह गया था। मैं अपहरणकर्ताओं से मिलने के लिए विमान में गया जहां उनसे बात करने के बाद मुझे भरोसा हुआ कि उन्हें मालूम है कि हमारे और उनके बीच हुई बातचीत के मुताबिक सबकुछ कैसे करना है। मैंने विमान में बैठे यात्रियों से भी बातचीत की और उनका मनोबल बढ़ाने की कोशिश की। जब मैं वापस लौटने लगा, तो दो अपहरणकर्ताओं, बर्गर और सैंडी ने मुझे एक बाइनॉक्युलर दूरबीन दी जिससे वह, उन्हीं के मुताबिक, बाहर होने वाली गतिविधियों पर नज़र रख रहे थे। अपहृत विमान को छोड़ने के सबूत के तौर पर उन्होंने वह बाइनॉक्युलर यादगार के लिए मुझे दे दिए। बाद में, जब हम कंधार से वापस भारत लौट रहे थे, तब रास्ते में साथ सफ़र कर रहे तत्कालीन विदेशमंत्री को मैंने वह दिखाया। उन्हें लगा कि वह कंधार के कटु अनुभवों की याद दिलाती रहेगी, और निशानी के तौर पर अपने पास रख लिया।
38. यह तय किया गया था कि इस दौरान आतंकवादी रोधी बल आतंकवादियों के विरुद्ध अपनी तरफ़ से कोई कार्रवाई नहीं करेंगे, लेकिन आतंकवादियों की ओर से उकसाए जाने पर जवाबी कार्रवाई कर सकते हैं।
39. परिशिष्ट 8 देखें।

उपसंहार

शासन - घुसपैठ - आतंकवाद - अर्थव्यवस्था

अब जब हम अपनी इस खोजयात्रा के अंतिम चरण में आ पहुंचे हैं, मैं चाहता हूं कि 150 साल पहले उठाए गए उस ग़लत क़दम पर ग़ौर किया जाए जिसकी वजह से भारत की सुरक्षा के लिए ख़तरे ही पैदा होते चले गए हैं। यह क़दम था 'भारत का शस्त्र हरण।' यह एक ऐसी चोट है जो ऊपर से तो ठीक हो गई लगती है, लेकिन उसका दर्द जब-तब सालता रहता है।

यह चोट लगी थी 1857 के बाद के दौर में, जब उस भारत में, जिसपर ईस्ट इंडिया कंपनी की हुकूमत चलती थी, हमारे साथ कुछ ऐसा सुलूक हुआ जिसने हमें हमेशा के लिए कमज़ोर कर दिया। अंग्रेज़ों ने हमारे हथियार छीन लिए। भारतीय पुरुषों के हथियार लेकर चलने की परंपरा को ही जड़ से उखाड़ फेंका गया। यह 'शस्त्रहरण' सिर्फ़ भौतिक रूप से 'शस्त्रविहीन' करना भर नहीं था। इससे भारतीय पुरुषों पर जो मनोवैज्ञानिक घाव हुआ, जिसने उनकी नैतिक और चारित्रिक शक्ति छीन, भारतीय मानस को पंगु बनाकर छोड़ा, वैसा याददाश्त में पहले कभी नहीं हुआ था। 1858 में भारत में ब्रिटिश शासकों के पैर जमने से पहले सभी भारतीय मर्द हथियार लेकर चलते थे, जो कि तहज़ीब और चलन का ज़रूरी हिस्सा था, क्योंकि शस्त्र न सिर्फ़ पुरुष का श्रृंगार थे, बल्कि कई हालात में वह न सिर्फ़ वास्तव में कारगर साबित होते थे, बल्कि मनोवैज्ञानिक रूप से भी उनका बड़ा सहारा रहता था।

'आईन-ए-अक़बरी' में इस बात का ज़िक्र है कि सोलहवीं सदी में उत्तर भारत में पैंतालीस लाख हथियारबंद आदमी जंग लड़ने के लिए कभी भी तैयार किए जा सकते थे, और इसमें कोई दो राय नहीं कि इतनी ही तादाद में हथियारबंद मर्द विंध्य के दक्षिण में भी रहे होंगे, क्योंकि दक्षिण के विजयनगर साम्राज्य में भी किसी भी समय दस लाख सैनिकों की फ़ौज खड़ी की जा सकती थी। देखा जाए तो

सही मायनों में गुरु गोबिंद सिंह का सिखों को हर समय किरपान साथ रखने का आदेश उस समय की सामाजिक परंपराओं का हिस्सा ही था। उन्होंने पंथ के सभी अनुयायियों को इस नियम का अनिवार्य रूप से पालन करने के लिए किरपान को आस्था का प्रतीक घोषित कर दिया। इसके पीछे उनका मक़सद देश को मनौवैज्ञानिक रूप से हथियारबंद करके मज़बूत करना था, ताकि एक अदना-सा किसान भी सीना चौड़ा करके मज़बूती से खड़े होने की हिम्मत कर सके, किसी भी किस्म के ज़ुल्म का डटकर मुक़ाबला करने के लिए खड़ा हो सके। उनकी लड़ाई तलवार की नोक पर इस्लाम क़ुबूल करने के लिए मजबूर करने वाले आक्रांताओं से थी, लेकिन वक़्त और हालात से परे उसूल एक ही है। लेकिन राजे-रजवाड़े ब्रिटिश काल में हुए भारतीय पुरुष के शस्त्रहरण से बच गए, और एक तरह से ज़ोर-ज़बरदस्ती का शिकार नहीं हुए।

आज जो उत्तर प्रदेश, मध्य प्रदेश और बिहार है, उस इलाके की सारी ग्रामीण आबादी पहले हथियारबंद होती थी। रोज़ी-रोज़गार के ख़ूब मौके थे और होनहार 'उम्मीदवारों' के लिए फ़ौज में सैनिक के तौर पर भरती होना बिल्कुल मुश्किल नहीं था। रंगरूट बनने के लिए 'उम्मीदवार' भारतीय समाज के हर स्तर से आते थे, जात-पात से कोई मतलब नहीं था, ऐसा हमेशा से था, क्योंकि सैनिकों की भर्ती में जात-पात के आधार पर या फिर किसी तरह का भेदभाव नहीं किया जाता था। मराठा लाइट इनफ़ैन्ट्री और सिख लाइट इनफ़ैन्ट्री जैसे उदाहरण बहुत बाद में सामने आए, वाकई ये जातिवाद जैसे अलगाव पैदा करने वाले कारक ज़्यादा पुराने नहीं हैं। यह एक ऐतिहासिक तथ्य है कि चौदहवीं शताब्दी से अट्ठारहवीं शताब्दी के बीच हरेक सैनिक 'राजपूत' का दर्जा पाने का हक़दार हुआ करता था, और हिंदू सैनिकों की एक से ज़्यादा पहचान होती थीं, मिसाल के तौर पर उसके गांव में उसे एक नाम से जाना जाता था, युद्ध के मैदान में उसका दूसरा नाम होता था, जबकि यात्रा के दौरान उसकी एक अलग ही पहचान होती थी। इसीलिए इस बात को समझना ज़रूरी है कि सदियों से, बल्कि हमेशा से चली आ रही हथियार लेकर चलने की परंपरा को नकारते हुए एक बहुत बड़े इलाके के लोगों को जानबूझ कर शस्त्रविहीन करने जैसे नाटकीय बदलाव का असर भी गहरा होना स्वाभाविक था। ब्रिटिश हुकूमत के तहत आने वाला भारतीय उपमहाद्वीप का संपूर्ण विशाल उत्तरी भूभाग जिसमें आज के पाकिस्तान और बांग्लादेश भी आते हैं, आत्मरक्षा के लायक नहीं रहा। लेकिन ब्रिटिश साम्राज्य की सीमाओं से बाहर भारत का जो बचा हुआ हिस्सा था वह इससे बचा रहा। हम सब को बचपन से ही हथियार उठाना और उन्हें चलाना सिखाया जाता था और 1960 के दशक में भी, जब तक हमारे रजवाड़ों के इलाके में भी हथियार रखने के लिए लाइसेंस ज़रूरी नहीं हो गए, तब तक हथियार लेकर चलने का चलन रहा।

इसके बाद निहत्थे होने का दूसरा बड़ा दौर, दुःख की बात है, तब आया जब महात्मा गाँधी ने अपने 'शांतिवाद' और 'अहिंसा' की शिक्षा दी जो कि भारत के

स्वतंत्रता संग्राम के लिए ज़रूरी भी थी और वास्तव में उनकी इच्छा का मूर्त रूप भी यही लगता था, जबकि उनकी मंशा कतई यह नहीं थी कि देशवासी आत्मरक्षा के लायक न रहें। बाद में इसी 'शांति और अहिंसा' को लोगों के आचरण के एक नियम में बदल दिया गया। स्वैच्छिक रूप से देशसेवा का जज़्बा मन में लेकर निकलने वाले स्वयंसेवी इस शिक्षा के अनुयायी थे जिन्होंने भौतिक रूप से निःशस्त्र होना तो स्वीकार किया ही, खुद को मनोवैज्ञानिक रूप से भी 'शस्त्रविहीन' हो जाने दिया। जब ऐसा हुआ, तो यह विचारधारा कुछ धर्म-संप्रदायों के मूल-सिद्धांतों से मेल खाती नज़र आई जिससे इनका प्रभाव और बढ़ गया, और इस तरह भारत के पारंपरिक युद्धकौशल के लोकाचार का ह्रास होने के साथ आत्मरक्षा की सोच और रणकौशल में और गिरावट लाने में इसने अहम भूमिका निभाई। ऊपर से, 1947 के दौर के बाद सशस्त्र बलों की बागडोर सैन्य और रक्षा संबंधी समझदारी की दृष्टि से कच्चे-कोरे और सैन्य तौर-तरीकों पर भरोसा न करने वाले 'नागरिक' संचालन में चले जाने से दिक्कत और बढ़ गई। एक के बाद एक चले 'निःशस्त्रीकरण' के ये दौर कुल मिलाकर रक्षा के प्रति भारत पर भारी पड़े, बल्कि इस मामले में भारतीय सोच और नज़रिये को तबाह करने वाले साबित हुए। यह बात इस तथ्य से अलग है कि एक राष्ट्र और एक सभ्यता के रूप में हमें 'क्षेत्रबोध' की कोई समझ ही नहीं है। नतीजतन, भारतीय भूक्षेत्र को अक्षुण्ण रखने का दायित्वबोध भी ठीक से नहीं रहा।

यहां मैं जो बात जताना चाहता हूं उसका सीधा संबंध भारत की सामरिक सोच से है। दरअसल यह मानना कि सामरिक सोच का उपयोग केवल फ़ौज से जुड़े मामलों में होता है—एक ऐसी भूल है जो अक्सर लोग करते हैं। सामरिक सोच का जन्म केवल रण की भूमि में नहीं होता। यह सोच कई प्रभावों के मिश्रण का नतीजा है जिसमें शामिल है सभ्यता, संस्कृति, विकास-क्रम और 'सिविल-सोसाइटी' का कामकाज। यह एक राष्ट्र की राजनीतिक संस्कृति का परिणाम है; यह उस बात का नतीजा है कि किसी देश के लिए सत्ता-शक्ति का क्या अर्थ है और उसका वह कैसा प्रयोग करता है और कहां तक उसकी सीमाओं को समझता है। साथ ही, शक्ति का तात्पर्य सिर्फ़ सैन्य बल से ही नहीं, बल्कि वह राजनय और अर्थव्यवस्था संबंधी सोच और उसके व्यावहारिक रूप में भी निहित होती है, क्योंकि इन सभी रूपों में सत्ता की शक्ति का प्रयोग किया जा सकता है। लेकिन सबसे पहले सत्ता की शक्ति में राजनीतिक और सैन्य नेतृत्व की भूमिका को समझना ज़रूरी है। इतिहास, भूगोल और जाति-वर्ग से जुड़ी स्मृतियां सामरिक सोच और संस्कृति को प्रभावित करती हैं।

अब सवाल यह है, कि जब हम 'भारत की रक्षा' करने की बात करते हैं, तो क्या हम अपनी भौगोलिक सीमाओं में आने वाले क्षेत्र की सुरक्षा की बात कर रहे होते हैं, या फिर हमारा आशय इससे कहीं व्यापक, देश को उसकी पूरी संपूर्णता में—राष्ट्रीय अस्मिता, सत्ता, और उसकी तमाम संस्थाओं की रक्षा की बात कर रहे होते हैं? राष्ट्र को कोई नहीं जीत सकता, लेकिन उसकी सत्ता पर सिर्फ़ सैन्य शक्ति के ज़रिये ही नहीं, और भी तरीकों से कब्ज़ा किया जा सकता है। इसीलिए जब

हम भारत की रक्षा के बारे में बात करते हैं, तो हमारे सरोकारों का कैनवास बहुत व्यापक होता है।

आइए, अब हम हरेक पहलू के बारे में अलग-अलग बात करें। जहां तक दूसरे देशों की सेना से ख़तरों का सवाल है, आमतौर पर हमारा आकलन ऐसे पारंपरिक हथियारों पर ही आधारित होता है, जो उन्नत तकनीकों पर आधारित हैं, जो विश्व-स्तर पर हो चुकी प्रगति की दृष्टि से कुछ पिछड़े भी हो सकते हैं। साथ ही, हम जब ख़तरे का आकलन करते हैं तो वह इन हथियारों के इस्तेमाल से पैदा होने वाले ख़तरों पर आधारित होता है। लेकिन अब इस बात के मायने ही बदल चुके हैं। अब ऐसे ख़तरों के पीछे सिर्फ़ दुश्मनी निकालने वाले देश ही नहीं, राष्ट्र और सत्ता से इतर, विरोधी देशों की मदद से या उनके उकसाने पर हथियारों से हमले करने वाले दूसरे 'खिलाड़ी' भी हो सकते हैं। और इनकी ओर से पारंपरिक हथियारों या व्यापक विध्वंस की तकनीकों पर आधारित अस्त्रों से हमले के अलावा वह ख़तरा भी है जिससे कोई बचाव ही नहीं है–आत्मघाती हमले। ऐसे में हम क्या कर सकते हैं? यह वह सवाल हैं जो हमें अपने आप से पूछने चाहिए, क्योंकि यह इस दौर में सुरक्षा के सवाल पर उलझन में डाल देने वाली जटिल पहेली बन गए हैं।

आर्थिक ख़तरे अपेक्षाकृत कम घातक लगते हैं–ऊर्जा के आंतरिक स्रोतों या राष्ट्रीय अर्थव्यवस्था के किसी विशेष बिंदु पर ऐसे घात लगाना कि वैश्वीकरण या विश्व व्यापार संगठन की चुनौतियों का सामना करना मुश्किल हो जाए। पिछले क़रीब अस्सी सालों के दौरान विश्व में हाइड्रोकार्बन ईंधन यानी कोयले और खनिज तेल की फ़िज़ूलख़र्ची इतने बड़े पैमाने पर बढ़ी है कि ऊर्जा में निवेश और उसपर मिलने वाले लाभ में तीस गुने का अंतर आया है, जिसके चलते इतना कुछ बुरा हुआ है कि उसे ठीक नहीं किया जा सकता। इनमें से एक यह है कि ऊर्जा के स्रोत के रूप में खनिज तेल के कारोबार का एकाधिकार दूसरे देशों के शोषण का ज़रिया, और नतीजतन, आपसी टकराव का कारक बन गया है। इसमें कोई शक नहीं कि ऊर्जा के इस स्रोत ने औद्योगिक विकास को इतने ज़ोरदार तरीके से बढ़ावा दिया है, वहीं इसी स्रोत ने दोनों विश्वयुद्धों और कई दूसरी जंगों के लिए आग में घी का काम भी किया है। इसी संसाधन की वजह से वातावरण में सबसे ज़्यादा विष घुला और पृथ्वी का तापमान गरमाया। कुछ का तो यह दावा है कि यह हमारे प्राकृतिक वातावरण के विनाश की अपने आप में सबसे बड़ी वजह है। इसी की वजह से व्यापार-कारोबार में ख़ूब बढ़ोतरी हुई, लेकिन साथ ही साथ हमारे नैतिक और आध्यात्मिक मूल्यों का पतन भी हुआ। सस्ते तेल और उसके दोहन का वह दौर अब आख़िरकार अपने अंत की ओर अग्रसर है। अब आने वाले समय में हम खनिज तेल के उत्पादन में लगातार ऐसी गिरावट आते देखेंगे जिसमें फिर बढ़ोतरी की संभावना नहीं होगी, जबकि दुनिया भर में इसकी मांग बढ़ती जाएगी, जिससे ऊर्जा की कीमत में तेज़ी से उछाल आएगा, जिसे रोकना नामुमकिन होगा। ऐसे हालात से एक ही सूरत में राहत मिल सकती है–अगर ज़मीन के अंदर चट्टानों

में दबा खनिज तेल का अनजाना खज़ाना हाथ लग जाए।

यही वजह है कि आज हमारी प्रमुख चिंताओं में आतंकवाद के अलावा, ऊर्जा, पानी, खाद्यान्न भी है। अब इसमें इंसान के अपनी जगह छोड़कर कहीं और जाने की मजबूरी या बेहतर ज़िंदगी की तलाश में बिना किसी योजनाबद्ध तरीके के दूसरी जगह जा बसने से पैदा होने वाली दिक्कतों को और जोड़ा जाना है, क्योंकि इस तरह के प्रवास से ऊर्जा और भोजन-पानी जैसे संसाधनों की उपलब्धता पर और भी बुरा असर पड़ रहा है। यह असर भोजन की उपलब्धता की कृषि से जुड़ी खाद्य सुरक्षा की पारंपरिक धारणा या उत्पादन पर हो सकता है। इससे हमें आगे भी दूर तक पूंजी की मुक्त गतिशीलता के अपने अधिकार को मिलने वाली चुनौतियों का सामना करना पड़ सकता है। पड़ोसी के पर्यावरण का स्तर गिरने से भी राष्ट्रीय अर्थव्यवस्था को ख़तरा पैदा हो सकता है, चाहे ऐसा अनजाने में हुआ हो या जानबूझ कर नुकसान पहुंचाने की नीयत से किया गया हो। इसे समझने के लिए हम यह सोच सकते हैं कि अगर भारत की महान नदियों के बहाव में रुकावट पैदा कर दी जाए या उनके पानी को प्रदूषित कर दिया जाए या जानबूझ कर मौसम में बदलाव लाने वाले उपाय किए जाएं तो क्या होगा?

मैं बहुत पहले से मानता रहा हूं कि 'वृहत्तर हिमालय पर्वत श्रृंखला संकुल' मौसम के प्राकृतिक स्वरूप में बदलाव लाने में सक्षम कारकों में किसी तरह अमेज़न के वर्षा वनों से कम महत्त्वपूर्ण नहीं है। अमेज़न के जंगल और हिमालय अपने-अपने ढंग से सारी दुनिया के मौसम के रंग-ढंग को प्रभावित करते हैं। अगर अमेज़न के जंगलों के विस्तार या उनके घनत्व में कृत्रिम रूप से भारी फेरबदल की जाए, तो उसके परिणामस्वरूप आने वाली आपदा से महज़ दक्षिण अमरीका नहीं, सारी दुनिया प्रभावित होगी। ठीक इसी तरह हिमालय पर्वत शृंखला की पारिस्थितिकी भी सिर्फ़ भारत के लिए ही नहीं, सारी दुनिया के लिए बहुत महत्त्वपूर्ण है। इसीलिए यह राष्ट्रीय सुरक्षा का मुद्दा है, क्योंकि अंतरराष्ट्रीय सीमाओं के पार लोगों की बेरोकटोक आवाजाही से भी इसी तरह हमारी अर्थव्यवस्था, अखंडता, सामाजिक समेकता, सार्वजनिक और निर्वाचन संबंधी शुचिता प्रभावित होती है।

इसके अलावा कितने ही किस्म के अंदरूनी ख़तरे हैं—सैद्धांतिक, सांप्रदायिक, रूढ़िगत, राजनीतिक और सामाजिक, बढ़ती बेरोज़गारी पर आधारित, और वास्तविक और काल्पनिक अन्याय जनित, उदाहरण के लिए, माओवाद का एक तनाव जो सारे देश में एक दुखती रग की तरह तकलीफ़ दे रहा है। यही वजह है कि राष्ट्रीय सुरक्षा के विषय में कुछ भी सोचते समय सभी तरह के राष्ट्रीय ख़तरों पर ध्यान देना ज़रूरी है। देश के लिए किसी भी किस्म के ख़तरों के बारे में जानकारी जुटाने, सिलसिलेवार ढंग से उनमें मिलान करने और उनका विश्लेषण करने के काम के लिए जो ढांचा है, जो संगठन-संस्थाएं इस काम में लगी हैं, उन्हें किसी भी ख़तरे को टालने, या उसके असर को कम से कम करने के प्रयास करने चाहिए। इन संगठनों के काम करने की जो प्रक्रिया है—इनका हमेशा मिलजुल कर राष्ट्रहित

में काम करना, इनकी वरीयताओं का राजनीतिक नेतृत्व की ओर से पहले से तय होना, यही देश को सिर उठाने वाले तमाम ख़तरों से बचाने वाले कवच बनते हैं, हथियार बनते हैं। यह हमारे दायित्वों का संक्षिप्त से संक्षिप्त प्रारूप है।

आतंकवाद : आधुनिक युग का अभिशाप

आतंकवाद भारत के सामने चुनौती बनकर खड़ा रहेगा, भले ही 9/11 के बाद उसका अंदाज़ और पहचान बदल गई है। आतंकवाद की समस्या आसानी से हमारा पीछा नहीं छोड़ेगी, और न ही हम इससे बचकर भाग सकते हैं। हिंसा का प्रभाव इतना गहरा होता है कि हमारी संवेदनशीलता को मार ही देता है। हिंसा बार-बार परेशान करने वाली और न ठीक होने वाली बीमारी के रूप में हमें अपनी मौजूदगी का एहसास कराती रहेगी। सूचनाओं के प्रसारण के सबसे दमदार माध्यम के रूप में टेलिविज़न की ताक़त हमारे नागरिकों को उनके खुद के, व्यक्तिगत और सामूहिक, अस्तित्व के ख़तरे के साथ उनमें आक्रोश और गुस्सा पैदा करता है। हर बार आतंकवाद का प्रदर्शन अपनी मौजूदगी की याद दिलाता है और तस्वीरों के ज़रिये सदमा पहुंचाने वाले कटु अनुभवों की शक्ल में हर घटना के साथ अपनी विध्वंसकारी शक्ति का एहसास कराता है।

वर्तमान भारत में देखा जा रहा आतंकवाद एक विचारधारा जैसा रूप ले रहा है, जो ज़ोर-जबरदस्ती करने और अपनी बात मनवाने का एक नया साधन बनता जा रहा है जिसके चलते देश के आंतरिक और अंतरराष्ट्रीय स्तर पर होनेवाली गतिविधियां एक नए ढंग से परिभाषित हो रही है। अफ़सोस इस बात का है कि हमारे बीच ऐसे मुद्दे हैं जिन्हें न तो हमने ठीक से समझा है और न ही उन्हें निबटाने की कोशिश की है।

दरअसल, हमने जो कुछ किया भी है, वह औपचारिक है, तदर्थ है। और यह आख़िरकार नाकामी तक पहुंचने का अचूक नुस्ख़ा है, क्योंकि आतंकवाद ने धैर्य, सहनशीलता, हिंसा, टकराव, हत्या और यहां तक कि मौत की नए सिरे से व्याख्या की है। और इन तमाम तत्वों के पुनः परिभाषित होने में यह बात भी जुड़ी है कि इनके तौर-तरीकों में किसी तरह के नियम-संयम और रोक-रुकावट के लिए कोई जगह नहीं बची है। न कोई जिनेवा कनवेंशन, न रेड क्रॉस या क्रेज़ेंट का लिहाज़, न सामाजिक बाधाएं बाकी हैं, और मासूमों को निशाना न बनाने को लेकर कोई संकोच के भाव अस्तित्व में रह गए हैं। इसके विपरीत, आतंकवादी मुख्य रूप से मासूम और निर्दोषों को कमज़ोर और असुरक्षित को निशाना बनाकर आतंक फैला रहे हैं।

भारत ने युद्ध के मैदान देखे हैं, युद्धविराम और अमन को जाना है; भारत ने अघोषित युद्धों और शासन-पोषित आतंकवाद का सामना किया है; सीमापार से आतंकवाद को बढ़ावा देने और अपनी पहचान छिपाकर लड़ने वालों के साथ दूसरे

तमाम किस्म के आतंकवाद से अपना बचाव किया है। हम बहुत पहले से जानते हैं कि आतंकवाद भी युद्ध का ही दूसरा नाम है, एक ऐसा युद्ध जिसमें संधि या युद्धविराम के लिए कोई जगह नहीं होती। बहुत पहले से जिन कारणों से इंसान का इंसान से संघर्ष होता चला आ रहा है, चाहे वह सीमारेखा के अतिक्रमण के सवाल पर हों या इलाकों पर अधिकार को लेकर, शीत युद्ध की तरह वैचारिक मतभेद पर आधारित हों या देशों को जीतने की मुहिम और उपनिवेशवाद जिसके तहत अकसर दमन की भावना से दण्ड को तर्कसंगत माना जाता था, आज भी किसी न किसी रूप में मौजूद हैं। लेकिन अब इन्होंने रूप बदल लिया है, क्योंकि आतंकवाद किसी एक मानक को स्वीकार नहीं करता, बल्कि हर सीमा की अनदेखी करके राजनीति के भूगोल की मनमाने ढंग से और नए सिरे से व्याख्या करता है। यह अपने आप में एक अलग तरह की विचारधारा है, जो दिमाग़ पर जीत हासिल करके डर के ज़रिये उसे अपना उपनिवेश बना लेती है। इस तरह इसने विश्व के तमाम देशों की राजनीतिक सीमाओं को नए सिरे से खींचा है। वेस्टफ़ेलियन पद्धति (Westphalian system) और राष्ट्रीय प्रभुसत्ता की अवधारणा को नव-रूढ़िवादियों और आतंकवादियों दोनों ने ही प्रचलन से बाहर कर दिया है। आतंक के कृत्य नए नहीं हैं—सार्वजनिक जीवन जीने वालों की घात लगाकर हत्या की घटनाएं अभिलिखित इतिहास जितनी पुरानी हैं। अगर कोई फ़र्क है, तो वह उस माहौल में है जिसमें आतंकवाद की महज़ एक स्वीकार्य विचारधारा के रूप में नहीं, बल्कि अकसर इकलौती विचारधारा के रूप में वकालत की जाती है। आतंकवाद का मुख्य शिकार बनता है सभ्य समाज, क्योंकि एक शिष्ट नागरिक को कानून और व्यवस्था का बोध होता है, समाज में व्याप्त इस व्यवस्था के बोध की जगह आकस्मिक आतंक ले लेता है। इस तरह, जैसे-जैसे आतंक का शिकार होकर शांति का अस्तित्व मिटता है, लोकतंत्र का हाल ज़िंदा लाश-सा हो जाता है। आतंक के अगले शिकार होते हैं व्यक्तिगत स्वतंत्रता और सोचने की आज़ादी, क्योंकि आतंकवाद आज़ादी और लोकतंत्र की ताकत को बहुत बड़ी कमज़ोरी में बदल देता है। आतंकवाद पहले प्रौद्योगिकी का दोहन करता है, फिर संचार माध्यमों का, और जैसा कि मार्गरेट थैचर ने एक बार कहा था, 'ऑक्सीजन ऑफ़ पब्लिसिटी' यानी 'प्रचार की प्राणवायु' का फ़ायदा उठाकर पनप जाता है। इसलिए, आतंकवाद सिर्फ़ आक्रामकता के अस्त्र के रूप में ही प्रभावी हो पाता है, क्योंकि इसका वजूद ही डराकर अपना मक़सद हल करने से है, और जब इस 'डराने' का इस्तेमाल मुक्त सामाजिक व्यवस्था में, स्वतंत्र और निर्लिप्त जनसंचार माध्यमों के होते हुए किया जाता है, तब उनमें निहित अभिव्यक्ति का अधिकार, जिसके साथ कोई समझौता या ज़ोर-ज़बर नहीं की जा सकती, आतंकवादियों के पक्ष में काम करने लगता है। दूसरे, आतंकी अब भी हमारे आधुनिक वित्तीय और बैंक व्यवसाय की गोपनीयता का फ़ायदा उठा रहे हैं। तीसरे, पूंजी के निर्बाध प्रवाह, और बहुत हद तक, देश के अंदर और विदेशों में लोगों की बेरोकटोक आवाजाही के चलते आतंकवाद को फैलने में बढ़ावा मिलता

है। भले ही आतंकी हमलावरों की बुरी नज़र इनपर बनी रहती है, लेकिन स्वतंत्रता की इन्हीं चरित्रगत ख़ूबियों पर लोकतांत्रिक सामाजिक व्यवस्था का पूरा ढांचा टिका है। विडंबना यह है कि जिसे लोकतंत्र की सबसे ज़रूरी ताकत के तौर पर देखा जाता है, आतंकवाद उसी की कमज़ोर कड़ियों का फ़ायदा उठाता है।

सत्ता और शक्ति की हमारी मौजूदा संकल्पना और उसका प्रयोग—चाहे वह ज़बरदस्ती लागू किया जाने वाला 'सख़्त' तरीका हो या फिर समझाने-बुझाने वाला 'नर्म' ढंग हो, दोनों ही अब प्रासंगिक नहीं रह गए हैं, क्योंकि आतंकवाद दोनों को लेकर सवाल खड़े करता है। वास्तव में, आतंकवाद सत्ता की किसी भी स्थापित व्यवस्था को मानने से इनकार करता है। वह अंतरराष्ट्रीय व्यवस्था के सभी पारंपरिक आदर्शों को नकारता है, क्योंकि उसकी वैचारिक शब्दावली में 'शक्ति संतुलन,' 'प्रभाव क्षेत्र' और यहां तक कि 'शक्ति समन्वय' तक के लिए कोई स्थान नहीं होता। उसका उद्देश्य तो 'आतंक का आधिपत्य' स्थापित करना होता है। ज़ाहिर है, इसीलिए वह सभी स्थापित सीमाओं, संधियों, प्रतिबंधों और आदर्शों को नकारता है, चाहे वह भौगोलिक हों या नैतिक। अराजकता से उपजी इन विशेषताओं के बावजूद, आतंकवाद को शासकीय नीति का साधन भी बनाया जा सकता है, बल्कि बनाया भी जाता है। इस पद्धति को अपनाने में सबसे बड़े जोखिम यह हैं, कि कम से कम शुरुआती चरणों में, सुविधा के नाम पर इसे नज़रअंदाज़ कर दिया जाता है क्योंकि आतंकवाद का यह अस्त्र, अल्प समय के लिए ही सही, एक सस्ता विकल्प है।

हालांकि कोई व्यक्तिगत रूप से एक राष्ट्र के विरुद्ध युद्ध की घोषणा कर सकता है, मैंने बार-बार यह सवाल पूछा है कि एक राष्ट्र कैसे एक व्यक्ति के ख़िलाफ़ जंग का ऐलान कर सकता है? क्योंकि अगर सिर्फ़ तथ्यों पर आधारित बात की जाए तो सच्चाई यही है कि आतंकवादी संगठन कोशिकीय संरचना जैसे होते हैं, मधुमक्खी के छत्ते की तरह नहीं जिसके सारे सदस्य एक प्रभावशाली 'रानी मक्खी' के सहारे समान भाव से सक्रिय रहते हैं। आतंकवाद की तुलना तमाम सारी कोशिकाओं से बने किसी ऊतक से की जा सकती है, क्योंकि यह कुछ उसी तरह की 'व्यवस्था' यानी 'क़ायदा' है, जिसमें अगर आप समझने-समझाने के लिए कहना चाहें, तो कह सकते हैं कि उसकी सभी इकाइयां अपने आप में संपूर्ण होती हैं, और हूबहू अपने जैसी इकाइयों को जन्म देने में सक्षम होती हैं। और इस 'क़ायदे' को अराजकता से पोषण मिलता है, जो सिद्धांत रूप से कुछ समय के लिए बिना नेतृत्व के भी अस्तित्व में रह सकता है। यानी अगर हम सिर्फ़ नाम के आतंकवादी नेताओं को देखें, तो हम तथ्यों को ठीक से समझ नहीं पाएंगे, और फिर हमारे लिए इस अलग तरह की चुनौती का सामना करना मुश्किल हो जाएगा। मुख्य काम यह है कि इस बात का ध्यान रखा जाए कि आतंकवाद को ऐसी ज़मीन ही न मिले जिसमें उसकी जड़ें जम सकें, जिससे कि उसे पोषक तत्व मिलने बंद हो सकें और वह सुरक्षात्मक तंत्र ही न तैयार हो सके जो उसे फलने-फूलने में मददगार होता है। हम यहां किसी तर्कसंगत स्थिति को लेकर काम नहीं कर रहे

हैं जिसमें वर्तमान व्यवस्था के डांवाडोल होने का जोखिम दिखाकर विरोधी को रोका जा सके। यह आतंकवाद का प्रमुख उद्देश्य ही है–वर्तमान में जो कुछ जैसा है उसमें उलट-पलट कर देना। कोई भी आतंकी गतिविधि कोई सौदेबाज़ी का ज़रिया नहीं है, वह तो हिंसात्मक हमले के ज़रिये जारी किया जाने वाला एक बयान है, एक ऐलान है। आख़िरकार, कोई आतंकवादी, या आतंकी आवेग, राजनीति के उस भाव को नहीं समझता जिस भाव से उसे प्रजातंत्र में देखा जाता है, बल्कि वह तो ज़ोर-ज़बरदस्ती करके किसी भी तरह से, मौजूदा राजनीतिक परिदृश्य पर हावी होना चाहता है, और इस तरह राजनीति को भी अपने ढंग से परिभाषित करना चाहता है। आतंक अपने आप में एक उद्देश्य भी है, और उसे पाने का माध्यम भी। इसमें कोई मतभेद या दो अलग तरह की सोच का सवाल ही नहीं पैदा होता। इसके साथ एक और बात का उल्लेख करना ज़रूरी है, कि प्रतिनिधित्व विहीन छोटे गुट अपने आकार के अनुपात में कहीं ज़्यादा शक्तिशाली बन जाते हैं। लेकिन, क्योंकि वह छोटे ही रहते हैं, इसलिए उनका तबाही मचाने का माद्दा पारंपरिक तरीकों से बहुत कम ही प्रभावित होता है। यह भी एक वजह है, कि विकृत सोच के तहत, आतंकी गतिविधियां अकसर ग़रीबों और उपेक्षितों के तर्कसंगत अस्त्र होने का भ्रामक रूप धारण कर लेती हैं। इस सब को 'प्रचार की प्राणवायु' मिल जाने पर आतंकवाद और आतंकवादी का एक हद तक गुज़ारा हो जाता है, उसका काम चल जाता है। यही वजह है कि जब तक इसकी जड़ों को, इसके क़ायदे को जड़ों समेत उस ज़मीन से उखाड़ न फेंका जाए जहां उसे पहली बार पनपने दिया गया था, तो यह जानिए कि हम सांप को गुदगुदा भर रहे हैं, उसे कुचलने की कोशिश नहीं कर रहे हैं।

आतंकवाद की फ़ितरत ही ऐसी है जिससे निपटने के लिए तमाम देशों के लिए एक दूसरे पर निर्भर रहते हुए काम करना ज़रूरी है। इसके सिवा और कोई तरीका है क्या जिससे विश्वव्यापी आतंकवाद की अराजक हुंकार का असरदार ढंग से सामना किया जा सके? यही वजह है कि 9/11 के बाद विश्व भर में जो बदलाव महसूस किए गए, उनमें गहराई भी है और वह अहमियत भी रखते हैं। लगन, धैर्य, पक्के इरादे और इच्छाशक्ति को हमारी सबसे ठोस रणनीति का हिस्सा होना चाहिए, जिसके साथ ही विश्व के आज़ाद देशों की नैतिकता की संस्कृति में नए प्राण फूंकने और उस आतंकवाद के असली चेहरे को बेनक़ाब करने की ज़रूरत है जिसका सभ्य संसार को सामना करना पड़ रहा है। आख़िरकार, 'सभ्य' बने रहने के लिए नितांत आवश्यक है कि किसी भी क़ीमत पर आतंकवादियों से लड़ने के लिए खुद को आतंकवादी बनने से बचा लें, क्योंकि वह शिकारी के पिंजरे या जाल की तरह होते हैं। हमें इस बात का ध्यान रखना होगा कि आतंकवादियों के ख़िलाफ़ लड़ते-लड़ते कहीं हम उन्हीं के तौर-तरीकों से काम करने वाले उनके 'क्लोन' न बन जाएं; न हम कुछ देख पाएं और न ही हमें किसी की परवाह रहे, और हम अपनी सभ्यता और इंसानी 'क़ायदे' से अनजान न हो जाएं।

दरवाज़े पर दहशत

आगरा की शिखर वार्ता को पांच हफ़्ते भी नहीं हुए थे कि एक बड़ा हादसा हो गया, जो एक तरह से आने वाले समय में होने वाली घटनाओं के लिए चेतावनी जैसा था। आज़ादी के उस बहादुर सेनानी, इस्लाम और अफ़ग़ानिस्तान के निडर सिपाही को जिसने सोवियत सेनाओं के हमले का डटकर मुक़ाबला किया, और बाद में तालिबान की लूटमार और विध्वंस को रोकने की कोशिश की, अफ़ग़ानिस्तान में पंजशीर घाटी के ठीक बाहर, उत्तर में खोजा बहाउद्दीन में हमलावरों ने कत्ल कर दिया। अहमद शाह मसूद ने दो पत्रकारों को इंटरव्यू देना मंजूर कर लिया, उन्हें नहीं मालूम था कि जिन्हें वह पत्रकार समझ रहे थे वह रूप बदल कर आए हत्यारे थे। यह 9 सितंबर, 2001 की बात है। अगस्त में मसूद ने मेरे मेहमान के तौर पर भारत का दौरा किया था, और कई दिन भारत ठहरा था। एक सुबह हमने दो घंटे तक उन दिनों अफ़ग़ानिस्तान के हालात पर काफ़ी गहराई से विचार-विमर्श करते हुए बिताए। मुझे जब उनके मरने की ख़बर मिली, तो इस नुकसान से मुझे सदमा पहुंचा और उनके न रहने से हुए नुकसान पर बहुत अफ़सोस हुआ। उससे सिर्फ़ दो दिन बाद, 11 सितंबर को मैं विदेश मंत्रालय में अपना काम कर रहा था कि तभी टी. सी. ए. राघवन, जो उन दिनों मेरे काम में मेरी मदद किया करते थे, हड़बड़ाए हुए से मेरे पास आए और न्यूयॉर्क में उससे कुछ ही देर पहले हुई उस भयावह घटना के बारे में बताया। दो हवाई जहाज़ों ने ट्विन टावर का क्या हाल किया, पेंटागन में दूसरी क्या घटनाएं घटीं, और उस उड़ान के बारे में भी उन्होंने बताया जो व्हाइट हाउस की ओर बढ़ती नज़र आ रही थी, जब उसे पेन्सिलवेनिया की सॉमरसेट काउंटी में देहाती इलाके में एक खेत में गिरने के लिए मजबूर कर दिया गया। मैं यह सब जान कर बुरी तरह घबरा गया। आतंकवादियों का यह हमला उस पर था, जिसे अब तक अभेद्य किले जैसा समझा जाता था–संयुक्त राज्य अमरीका। अमरीका के ये महान प्रतीक–न्यूयॉर्क का वर्ल्ड ट्रेड टावर, अर्थव्यवस्था और वाणिज्य के केंद्र; सैनिक ताकत का प्रतीक पेंटागन; और शासन का केंद्र व्हाइट हाउस–सभी पर एक साथ हमले हुए, या हमले का ख़तरा पैदा हुआ।

मैंने फ़ौरन अमरीका के राजदूतावास फ़ोन किया, राजदूत रॉबर्ट ब्लैकविल से बात की और अपनी व्यक्तिगत सहानुभूति व्यक्त करने के साथ सरकार और देश की जनता की ओर से भी संवेदनाएं जताईं। मैंने यह भी कहा कि भारत उनकी जिस तरह से भी मदद कर सकता है, वह करने को तैयार है।

कुछ महीने बाद मैं शासकीय कामकाज से अमरीका गया, और अपने साथ भारत की सभी प्रमुख नदियों का पानी और सभी राज्यों की मिट्टी अलग-अलग जार में भरकर ले गया। जब मैं न्यूयॉर्क पहुंचा, तो आतंकवाद का मुकाबला करने में मैंने भारत की प्रतिबद्धता के प्रतीक के रूप में वह जार न्यूयॉर्क के मेयर रुडॉल्फ़ डब्ल्यू. जुलियानी को भेंट कर दिए, आतंकवाद के आगे घुटने न टेकने के भारत

के प्रतीक और इस हादसे के शिकार तमाम लोगों के साथ अपनेपन की भावना व्यक्त की।

मेरा अनुरोध था कि ये जार ट्विन टावर्स की जगह बनाए जाने वाले स्मारक की नींव में दबा दिए जाएं। मैं 1 अक्तूबर 2001 को वॉशिंगटन में था, जब सुबह करीब साढ़े सात बजे मेरे पास दिल्ली से फ़ोन आया कि प्रधानमंत्री मुझसे कुछ बहुत ज़रूरी बात करना चाहते हैं। मैंने दिल्ली के टेलिफ़ोन ऑपरेटर से पूछा कि आख़िर ऐसा क्या हुआ है। उसने मुझे बहुत ही संक्षेप में जम्मू और कश्मीर में हुई घटना के बारे में बताया, जिसके बाद मैंने उससे प्रधानमंत्री से बात करवाने के बजाय पहले उनके प्रमुख सचिव ब्रजेश मिश्र को फ़ोन लगाने के लिए कहा। वह लाइन पर आए और संक्षेप में मुझे उसी सवेरे श्रीनगर में जम्मू और कश्मीर विधानसभा भवन पर हुए आतंकवादी हमले के बारे में बताया जिसमें मुख्यमंत्री फ़ारुख़ अब्दुल्ला और उनके सहयोगी सिर्फ़ इसलिए बच गए क्योंकि वह कुछ ही पल पहले विधानसभा भवन से निकल गए थे। प्रधानमंत्री इस घटना से बहुत परेशान हो गए थे, और अमरीकी राष्ट्रपति को फ़ोन करके बताना चाहते थे कि वह इस घटना से कितने विक्षुब्ध हैं। इसमें कोई शक नहीं कि उनके मन में बहुत नाराज़ी होगी, और मैं यहां वॉशिंगटन में हूं, इसलिए वह चाहेंगे कि मैं अमरीकी राष्ट्रपति के साथ उनकी बातचीत के लिए ज़मीन तैयार करूं, लेकिन मुझे ऐसा न करने के लिए उन्हें सचेत कर देना चाहिए, क्योंकि किसी भी सूरत में आगे अमरीकी विदेशमंत्री और वहां के राष्ट्रीय सुरक्षा सलाहकार से मुलाक़ात करनी ही थी। तब ब्रजेश मिश्र ने कहा कि वह तो पहले ही कॉन्डोलीज़ा राइस से बात कर चुके हैं, जो उस समय अमरीका की राष्ट्रीय सुरक्षा सलाहकार थीं। 'प्रधानमंत्री आख़िर करना क्या चाहते हैं?' मैंने पूछा। वह चाहते थे कि राष्ट्रपति जॉर्ज डब्ल्यू. बुश से बात करें और उन्हें बताएं कि इस घटना से 'हमें कितनी ठेस पहुंची है,' और यह कि 'अब हमसे और धैर्य नहीं रखा जा रहा है।' मैंने उन्हें यह सब न करने की सलाह दी, और बताया कि मैं यहां वह सब कर लूंगा जो करना चाहिए, क्योंकि यह काम इसी तरह करना ज़्यादा उचित होगा, बजाय इसके कि प्रधानमंत्री ख़ुद अमरीकी राष्ट्रपति से बात करें।

उस दिन श्रीनगर में जो कुछ घटा, उसकी बारीकी में जाए बिना भी अगर उसका ब्योरा लिख दिया जाए, तो उसे पढ़ना भी बेहद ख़ौफ़नाक होगा। जम्मू और कश्मीर विधानसभा भवन के ठीक बाहर एक बम विस्फ़ोट हुआ था जिसमें कम से कम सत्ताइस लोग मारे गए थे। वह एक लोकतांत्रिक संस्था पर किया गया कायरतापूर्ण हमला था। जैश-ए-मोहम्मद नाम के एक आतंकवादी संगठन ने इसकी ज़िम्मेदारी ली। इस आतंकी संगठन ने इस घटना को अंजाम देने वाले का नाम वजाहत हुसैन बताया जो कि पाकिस्तान में पेशावर का रहने वाला था। यह दावा घटना के कुछ ही मिनट बाद पाकिस्तान से किया गया। जैश-ए-मोहम्मद का गठन हरकत-उल-मुजाहिदीन को सोच और स्वरूप देने वाले और इसके प्रमुख रहे मसूद

अज़हर ने उसी संगठन के पुराने लोगों को जोड़कर किया था। यह जगज़ाहिर था कि मसूद अज़हर पहले हरकत-उल-अंसार का जनरल सेक्रेटरी था, जिसका नाम बाद में बदलकर हरकत-उल-मुजाहिदीन रख लिया गया था, और इसी अज़हर ने ओसामा बिन लादेन के साथ मिलकर तमाम अमरीकियों, ईसाइयों और यहूदियों के ख़िलाफ़ धर्मयुद्ध की घोषणा की थी, जिसकी काफ़ी चर्चा भी हुई थी। इनकी इस जंग में भारत का नाम भी दुश्मनों में दर्ज था।

मैंने श्रीनगर के हमले की भयावहता के बारे में तत्कालीन अमरीकी विदेशमंत्री कॉलिन पॉवेल और कॉन्डोलीज़ा राइस दोनों को बताया। राइस के साथ मेरी मुलाक़ात के दौरान राष्ट्रपति भी हमारे बीच आ गए। बुश के राष्ट्रपति पद की शपथ लेने के बाद उनके और उनके मंत्रिमंडल के सहयोगियों के साथ यह मेरी दूसरी मुलाक़ात थी, और उनसे मिलने के बाद, जल्दी ही, मैं 2 अक्तूबर 2001 को दिल्ली लौट आया। अब आतंकवाद के उस राक्षस को अच्छी तरह पहचाना जाने लगा था, जिसके कारण भारत कई वर्षों से मुश्किलें झेल रहा था और उसके प्रति सचेत रहा था।

इसके कोई महीने-भर बाद ही संसद चलनी थी।

संसद पर आक्रमण

संसद की बैठक नवंबर के तीसरे सप्ताह में हुई। संसद भवन में तब मेरा दफ़्तर कमरा नम्बर 27 में था। संसद भवन के सभी प्रवेश द्वारों के अपने नंबर हैं जिनसे उन्हें पहचाना जाता है। उनमें से एक, गेट नम्बर 12 से मेरे दफ़्तर पहुंचने का रास्ता था।

13 दिसंबर को, संसद का कामकाज अगले दिन के लिए स्थगित होने के बाद मैं अपने दफ़्तर में बैठा काम कर रहा था। दोपहर हो रही थी। अचानक मुझे स्वचालित बंदूक से गोलियां चलने की आसानी से पहचानी जाने वाली आवाज़ सुनाई दी। मैं विचलित नहीं हुआ, क्योंकि मैंने सोचा कि किसी संतरी को जाड़ों की नर्म धूप में अपने स्टूल पर बैठे-बैठे नींद का झोंका आ गया होगा और अनजाने में ही उससे अपनी बंदूक का घोड़ा दब गया होगा। लेकिन गोलियों के बाद एक धमाका सुनाई दिया तो साफ़ पता चल गया कि यह ग्रेनेड फटने का धमाका था। मैंने सोचा—'लगता है कुछ हो ही गया!' यह मेरी पहली प्रतिक्रिया थी। इतने में हड़बड़ाए से राघवन मेरे पास आए। 'यह क्या है, सर? उन्होंने हैरानी के साथ पूछा। हल्कापन छोड़, अब मुझे भी फ़िक्र होने लगी थी—'राघवन, जिस बात का मुझे बहुत दिनों से अंदेशा था, आख़िर वही तो नहीं हो गया। हो न हो, यह आतंकवादी हमला है।' भारत की संसद, मेरे देश के लोकतंत्र की पीठ पर हमला हुआ था। सबसे पहले संसद के गेट नंबर 12 पर हमला हुआ, जो कि कमरा नंबर 27 से बमुश्किल बीस फ़ीट दूर होगा। पहरेदारी और देखभाल के लिए तैनात कर्मचारियों में से एक बहादुर ठीक गेट के बाहर मारा गया था, और दूसरे ने सूझबूझ से काम लेते हुए गेट नंबर 12 का दरवाज़ा अंदर से बंद कर लिया। यहां इस बात का उल्लेख करना भी ज़रूरी

लगता है कि संसद के 'वॉच एंड वार्ड स्टाफ़' ने भारत के संविधान सभा भवन की चारदीवारी के अंदर न कभी हथियार रखे हैं, और न ही वह कभी हथियार रखेंगे, क्योंकि यह संसदीय शिष्टाचार का अभिन्न अंग है।

मेरी डायरी के पन्ने पर उस दिन की बात :

और इस तरह, मैं आमतौर पर संक्षेप में बातें दर्ज करता रहा हूं : 13 दिसंबर। 11.40 के आसपास का समय होगा, कि सदन की बैठक कॉम्प्ट्रोलर एंड ऑडिटर जनरल यानी भारत के नियंत्रक एवं महालेखापरीक्षक की एक रिपोर्ट से संबंधित किसी मूर्खतापूर्ण बात को लेकर संसद का कामकाज ठप्प हो गया था, और संसद की कार्रवाई स्थगित हो चुकी थी। मैं कमरा नंबर 27 में था, और रोज़मर्रा के कामकाज निपटा रहा था कि तभी तड़तड़ चलती गोलियों की आवाज़ें आने लगीं। आखिर यह भी हो गया। फिर हथगोले फटने के धमाके गूंजने लगे, गोलियां चलने की आवाज़ें जारी रहीं। संसद के दरवाज़े बंद कर लिए गए। इस तरह, जाने क्या-क्या होता रहा। बाद में, जब मैं बाहर निकला, तो वहां लाशों के बीच, मैं एन. एस. जी. यानी राष्ट्रीय सुरक्षा गार्ड के कमांडेंट होशियार सिंह और उनके अफ़सरों से मिला। बाकी जो कुछ हुआ, सब इतिहास में दर्ज है। लेकिन इस घटना के बाद जो कुछ हुआ वही वर्तमान में सबसे बड़ी चुनौती है। पाकिस्तान के साथ रिश्तों में दरार गहराती जा रही है। इस्लामाबाद से अपने उच्चायुक्त को वापस बुला लेना महज़ पहला क़दम भर है।

यहां से अब आगे कहां?

सन् 2001 का सूरज डूबते देखा। कूटनीति की दृष्टि से पाकिस्तान पर शिकंजा कसा—अमरीका ने कई और क़दम उठाए—लोगों में आक्रोश व्याप्त रहा और कार्रवाई के लिए बेचैनी बनी रही। लेकिन क्या नीतियां ऐसे बनती हैं? क्या सड़क पर नीतियां तय करने का काम होता है? और ऐसे कठिन समय में मेरे लिए क्या करना ठीक होगा? इसके अलावा और जो कुछ हुआ उसकी कई बार चर्चा की जा चुकी है। जैसा कि आधिकारिक रूप से गृहमंत्री लालकृष्ण आडवानी ने संसद को बताया :

'हमारे लोकतंत्र के गढ़ पर किए गए इस आतंकवादी हमले का उद्‌देश्य स्पष्ट रूप से देश के शीर्ष नेतृत्व का सफ़ाया करना था। हमें अपने सुरक्षाकर्मियों का सम्मान करना चाहिए जिन्होंने मौका पड़ने पर मुस्तैदी का परिचय दिया और ऐसी स्थिति को होते-होते टालने में कामयाब रहे, जो राष्ट्रीय आपदा का रूप ले सकती थी। ऐसा करने के लिए उन्होंने अपना सबकुछ बलिदान कर दिया जिसके लिए देश उनका सदा आभारी रहेगा।'

अब यह बात साबित हो चुकी है कि संसद भवन पर आतंकवादी हमले को पाकिस्तान से संचालित होने वाले दो आतंकी संगठनों जैश-ए-मोहम्मद और

लश्कर-ए-तैयबा ने मिलकर अंजाम दिया। इन दोनों संगठनों को पाकिस्तान की ख़ुफ़िया एजेंसी आई. एस. आई., यानी इंटर स्टेट इंटेलिजेंस से सहायता और संरक्षण मिलता है। अब तक पुलिस ने जो जांच-पड़ताल की है, उससे पता चलता है कि जो पांच आतंकवादी इस हमले के फिदायीन दस्ते में शामिल हुए थे, वह पाकिस्तानी नागरिक थे। वह सभी मौके पर ही मारे गए थे और उसके बाद उनके भारतीय सहयोगियों को भी गिरफ्तार किया जा चुका है। जांच में यह बात सामने आई है कि पांच पाकिस्तानी आतंकवादियों ने सुबह के 11:40 बजे डीएल-3 सीजे 1527 नंबर की रजिस्ट्रशन प्लेट वाली ऐम्बैसडर कार में बैठकर प्रवेश किया था, जो संसद भवन के गेट नंबर 12 की तरफ़ बढ़ी तो उसका सामना भारत के उप-राष्ट्रपति के काफ़िले की गाड़ियों से हो गया जो गेट नंबर 11 पर खड़ी थीं। संसद भवन के वॉच ऐंड वार्ड स्टाफ़ के एक सदस्य श्री जगदीश प्रसाद यादव को इस कार की पहचान को लेकर शक हो गया और वह फ़ौरन उसके पीछे दौड़ पड़े। इससे वापस मुड़ना इस कार की मजबूरी बन गई, और इसी चक्कर में वह उप-राष्ट्रपति की कार से टकरा गई। जब वहां मौजूद सुरक्षाकर्मियों ने उन्हें ललकारा तो कार में सवार पांचों आतंकवादी कार से निकलकर अंधाधुंध गोलियां चलाने लगे। उप-राष्ट्रपति की सुरक्षा में तैनात दिल्ली पुलिस के जवानों और वहां मौजूद केंद्रीय रिज़र्व पुलिस बल और भारत-तिब्बत सीमा पुलिस के जवानों ने भी जवाब में गोलीबारी की। ख़तरे का साइरन बजा दिया गया। आतंकवादी पहले गेट नंबर 12 की तरफ़ भागे और फिर संसद भवन के गेट नंबर 1 की ओर भागे। गेट नंबर 1 पर मौजूद सुरक्षाकर्मियों ने एक आतंकवादी को मार गिराया, जिससे उसके शरीर पर लिपटे विस्फोटकों में धमाका हो गया। बाकी बचे चार आतंकवादी वापस लौटे और भवन के गेट नंबर 9 पर पहुंच गए। उनमें से तीन वहीं गोलियों का शिकार हो गए। पांचवां आतंकवादी गेट नंबर 5 की ओर भागा जहां उसे भी गोलियों से ढेर कर दिया गया।

इस हमले की जांच-पड़ताल में आरोपियों से यह पता चला कि इस हमले को अंजाम देने में तमाम तालमेल बैठाने का काम मुख्य रूप से अफ़ज़ल के हाथ में था, जिसे यह काम एक पाकिस्तानी नागरिक, जैश-ए-मोहम्मद के ग़ाज़ी बाबा ने सौंपा था। अफ़ज़ल ने पहले पाक-अधिकृत कश्मीर के मुज़फ़्फ़राबाद में पाकिस्तान की इंटरस्टेट इंटेलिजेंस द्वारा संचालित कैंप में प्रशिक्षण प्राप्त किया था।

इस घटना से एक बार फिर यह साबित हुआ कि भारत में आतंकवाद फैलाना उन आतंकवादी संगठनों का काम है जिनके अड्डे पाकिस्तान में हैं और जो सहायता और संपोषण के लिए पाक की आई. एस. आई. के भरोसे रहते हैं। IC 814 का अपहरण करके उसे कंधार ले जाना, लाल किले में आतंकवादियों का घुसना और उसी साल 1 अक्तूबर को जम्मू-कश्मीर विधान सभा भवन परिसर में हमले की सारी योजना बनाने से लेकर उन्हें अंजाम देने का काम आतंकवादी संगठनों ने आई. एस. आई. के इशारों पर ही किया। ख़ास तौर से लश्कर-ए-तैयबा और

जैश-ए-मोहम्मद हमारे देश में आतंकवादी गतिविधियों को अंजाम देने में आगे रहे हैं। भारत में पाकिस्तान के उच्चायुक्त को विदेश मंत्रालय में बुलाया गया और उनसे मौखिक रूप से नाराज़गी जताने के साथ मांग की गई कि इस्लामाबाद संसद भवन पर हमले में शामिल दोनों आतंकवादी संगठनों के ख़िलाफ़ कार्रवाई करे।

संसद भवन पर पिछले सप्ताह का हमला निर्विवाद रूप से सबसे दुःसाहसिक और भारत में पाकिस्तान द्वारा प्रायोजित आतंकवाद के दो दशक पुराने इतिहास का सबसे ख़ौफ़नाक और चौंकाने वाला हमला था। इस बार आतंकवादियों और सीमापार बैठे उनके आक़ाओं का मूर्खतापूर्ण दुःसाहस इतना बढ़ गया कि उन्होंने हमारी बहुदलीय संसद में प्रतिनिधित्व करने वाले भारत के सारे के सारे शीर्षस्थ नेतृत्व का सफ़ाया करने की सोच ली। स्वाभाविक है, अब समय आ गया है कि इस गरिमामय सदन में मौजूद हम सब, और साथ में हमारे बाकी देशवासी यह सोचें कि आतंकवादी और पीछे रहकर उनकी मदद करने वाले, इतने बड़े-बड़े दांव क्यों खेलने की कोशिश कर रहे हैं, ख़ासतौर से तब जब पाकिस्तान ख़ुद आतंकवाद के ख़िलाफ़ अंतरराष्ट्रीय स्तर पर आपस में सहयोग करने वाले देशों में शामिल होने का दावा कर रहा है।

13 दिसंबर 2001 ने भारत को बेहद नाराज़गी से भर दिया। सारा राष्ट्र तुरंत जवाबी कार्रवाई के लिए गुहार लगाने लगा। मैं निर्णय नहीं कर पा रहा था कि क्या यही हमारी प्रतिक्रिया होनी चाहिए। लेकिन मेरी तरह सोचने वाले बहुत कम थे। मैं अल्पसंख्यकों में था। बेशक, दुनिया के सभी हिस्सों से, सभी राजनीतिक दल अपने बयानों के ज़रिये नाराज़गी जता रहे थे, यहां तक कि राष्ट्रपति मुशर्रफ़ ने भी हमले की निंदा की। जहां तक आतंकवादियों का सवाल था, पांचों के पांचों मारे गए थे, और पांचों पाकिस्तान से आए थे। उनमें से एक के पास तो कराची का एक मोबाइल फ़ोन भी था, जिससे उसने संसद पर धावा बोलने से कुछ ही देर पहले वहां बात भी की थी। लोगों की इसी नाराज़गी का नतीजा था जो आख़िरकार 2002 की वह प्रतिक्रिया थी जिससे कई अंतरराष्ट्रीय हलकों में चिंता बढ़ गई और नाभिकीय युद्ध का डर सताने लगा, जो कि बिलकुल निराधार था, जैसा कि बाद की घटनाओं से साबित भी हो गया। लेकिन हमने सख़्त रवैया अपनाते हुए दबाव बनाने की कूटनीति अपनाई उसमें राजनयिक दबाव के साथ सामरिक कसाव भी था। रुकावटें पैदा करने की पाकिस्तान की तमाम जीतोड़ कोशिशों के बावजूद सितंबर-अक्तूबर 2002 में जम्मू और कश्मीर राज्य में तब तक के सबसे ज़्यादा प्रतिनिधित्व वाले चुनाव करवाए गए। लंबे समय तक नाराज़गी और विरोध का रवैया अपनाए रहने और इस बीच सीमा के दोनों ओर सेना के जमावड़े के बाद प्रधानमंत्री वाजपेयी ने अड़ियल रवैया छोड़ रिश्ते सुधारने की पहल की, यह बयान जारी करते हुए कि, 'हमने जिस मक़सद से यह क़दम उठाया था, उसमें हम कामयाब रहे हैं।'

9/11 का एक नतीजा यह निकला कि पाकिस्तान के सामने दो बड़े कठोर

विकल्प रख दिए गए, एक को चुन लो, काला या सफ़ेद—या तो खुलकर आतंकवाद के ख़िलाफ़ खड़े होने वालों में अपनी गिनती करवाओ, या फिर नतीजे के तौर पर अंतरराष्ट्रीय समुदाय के सामने अपनी प्रतिष्ठा गंवाओ। पाकिस्तान ने आतंकवाद के ख़िलाफ़ खड़े होने का फ़ैसला किया, और चंद महीनों में अफ़ग़ानिस्तान में तालिबान का सत्ता से सफ़ाया हो गया। राष्ट्रपति हामिद करज़ई को 22 दिसंबर को पद और गोपनीयता की शपथ दिलाई जानी थी, और उस समारोह में मुझे भारत का प्रतिनिधित्व करना था। यह मौका मैं किसी भी क़ीमत पर हाथ से नहीं जाने दे सकता था, इसलिए 22 दिसंबर की दोपहर बगराम के लिए विमान में सवार हुआ और उड़ान के दौरान अपनी डायरी में मैंने यह लिखा :

इस साल की दूसरी महत्त्वपूर्ण घटनाओं की तरह 22 दिसंबर के इस दिन की भी अलग से यादें रहेंगी, क्योंकि इस दिन नॉर्दर्न एलायंस की सरकार शपथ ले रही है, और शपथ-ग्रहण समारोह में हिस्सा लेने के लिए मैं आज सुबह तड़के काबुल आया, और समारोह के बाद अब वापस लौट रहा हूं। हल्की सी धुंध और सुखद सी ठंडक में सुबह सात बजे विमान ने उड़ान भरी। हमारे पीछे से सूरज निकल रहा था, और जब तक उसकी पहली किरणें अफ़ग़ानिस्तान के वृक्षविहीन पहाड़ों को छूतीं, इस घंटे भर के सफ़र में हम पाकिस्तान के कोहट शहर से आगे नंगे पहाड़ों वाले इलाके के ऊपर से उड़ रहे थे। ऊंची पहाड़ी ढलानों पर हल्का हिमपात हो चुका था, जैसे बर्फ़ बुरकी हुई हो। बगराम पर उतरे—बेतरतीब और बिखरी सी जंग की मारी जगह, हर तरफ़ बम के गड्ढे और मिग विमानों का मलबा हर तरफ़ बिखरा। तो यह है बगराम—इसी हवाई पट्टी के आसपास जब-तब तोपों के बीच जवाबी गोलाबारी होने लगती थी, और 7 अक्तूबर के बाद इसी इलाके में तस्वीरें खींचने के लिए फ़ोटोग्राफ़र जुटे थे। और इसके पश्चिम में स्थित पहाड़ियों को बी-52 विमानों ने गोलाबारूद से कूट डाला था। बगराम से काबुल हवाई अड्डे के सफ़र में कलेजा मुंह को आया जाता था, और जिस हेलिकॉप्टर से ले जाया गया, हमें बताया गया कि वह 'स्वर्गीय अहमद शाह का था।' इस जानकारी से मुझे कोई राहत नहीं मिली। दरअसल मेरे साथ सफ़र करने वाले हेलिकॉप्टर की अतिरिक्त ईंधन की टंकी के बगल में बैठकर दुनिया-जहान की फ़िक्र की परेशानियों से बेपरवाह अनवरत धूम्रपान किए जा रहे थे!

मुझसे पूछा गया, 'जनाब, पहले भी कभी अफ़ग़ानिस्तान आए हैं?' मैंने सवाल पूछने वाले की आंखों में आंखें डालकर कहा, 'आज से ठीक दो साल पहले।' तभी अचानक सबकुछ उसकी समझ में आ गया। 'ओह! कंधार...हाइजैक...1999।' उसके जवाब पर मैं बस मुस्करा दिया। ऊपर से मुस्कराया और अंदर ही अंदर सोचने लगा कि किस्मत के खेल निराले होते हैं, समझ से परे। कंधार से काबुल, दो साल में...व्यक्तिगत तौर पर यह एक महायात्रा थी, एक नीति का फल...अथाह ईश्वरी कृपा का परिणाम।

इस तरह काबुल, संक्षिप्त और सीमित-सा, कम समय में ही मुझे अपना

अह़सास करा गया। पश्चिमी राजपूताने और रूसी भारीपन का अजीब-सा मेल, और फ़्रेंच शैली में गली-कूचे और चौड़ी सड़कें बनाने की कोशिश। सड़कों और इमारतों की बनावट की तो आप नकल कर सकते हैं, लेकिन क्या लोगों के रंग-ढंग भी इस तरह एक जगह से दूसरी जगह पहुंचाए जा सकते हैं? उनका इतिहास, संस्कृति और जो कुछ उन्होंने विरासत में पाया है? या फिर किसी चीज़ को देखने का नज़रिया?

समारोह ऐसा था कि उसमें शामिल होने के लिए इतनी तकलीफ़ उठाना बिलकुल भी नहीं अखरा। समारोह उत्साह से भरा, विश्वसनीय, ऐसा रंगों से भरा था जैसा दुनिया के इसी हिस्से में मुमकिन है। नाटकीय और भावनात्मक, जोश, हंगामा, हुल्लड़ और अपनापन जिसके हिस्से थे। तय समय से कुल डेढ़ घंटे देर से शुरू हुआ समारोह, जो कि तमाम बातों को देखते हुए आप में बहुत बड़ी उपलब्धि थी, और हां, यह बता दूं कि झूठी तारीफ़ करने का मेरा कोई इरादा नहीं है! इस तरह फिर बगराम से भारतीय वायु सेना के तसल्लीबख़्श इंतज़ाम में वापस भारत की ओर लौट चला।

13 दिसंबर 2001 को संसद पर हुए आतंकी हमले के बाद भारतीय सुरक्षा बलों को लामबंद करने की मुहिम 'ऑपरेशन पराक्रम' के शुरुआती दिनों में राघवन ने मुझसे हमारे अपने लक्ष्यों के बारे में पूछा। मुझे उनका सवाल याद है, क्योंकि वह संकट की उस घड़ी के ठीक बाद ऐसे समय पर पूछा गया था जब मुझे कीनिया, तंज़ानिया और मॉरीशस के एक ऐसे दौरे को टालना पड़ा था जिसमें मनचाहे ढंग से फ़ुरसत के पल बिताने, और कुछ वन्य जीवों से भरे इलाकों में घूमने का बढ़िया मौका था।

लेकिन अपने लक्ष्यों की बात पर वापस लौटते हैं, जो मैंने काग़ज़ के टुकड़े पर लिख लिए थे–'सीमापार से घुसपैठ और आतंकवाद पर बिना किसी संघर्ष के विजय प्राप्त करना, 'पाक को सबक सिखाने' वाली जन भावनाओं पर काबू करना, और जंग छिड़ जाने पर पाकिस्तान की युद्ध लड़ने की ताकत ख़त्म कर देना या उसे कम करके छोड़ना।' इसमें मुझे दो, बल्कि तीन चुनौतियां नज़र आ रही थीं। सबसे बड़ी चुनौती अंदरूनी थी–अपने साथियों-सहयोगियों का अडिग भरोसा जीतना। इसमें ही मेरा अंदरूनी संकल्प और संसाधन चुक गए। इसके साथ यह बात जुड़ी हुई थी कि तीनों सेना प्रमुख मेरा साथ दें, मुझ पर भरोसा करते हों और संयम को संघर्ष से बचने में मददगार सामरिक महत्त्व का बहुमूल्य गुण मानते हों। यह भी आसान नहीं था। सेना के तीनों अंगों के शीर्षस्थ अधिकारी एक मौका चाहते थे, फ़ौजी 'अंदाज-ए-बयां' में 'कर के देखने' का, और मुझे न सिर्फ़ उनको समझा-बुझा कर उनकी सोच से दूर रखना था, बल्कि यह मनवाना था कि सोचने का मेरा तरीका बेहतर है।

इसके साथ ही एक बाहरी चुनौती भी थी। अपने मत के साथ मुझे अंतरराष्ट्रीय समुदाय की राय के अनुसार चलना था। साथ ही, भारत को यह करना था कि

पाकिस्तान को कूटनीतिक ढंग से रोक कर रखते हुए, ज़मीनी मुक़ाबले में आतंकवाद को हरा दिया जाए। तीसरी चुनौती थी देश में व्याप्त जनभावनाओं का ध्यान भी रखा जाए और उससे पैदा होने वाले टकराव को टाला जा सके, यानी बदला लेने और जवाबी कार्रवाई करने वाली सोच को ठेस पहुंचाने से बचते हुए ऐसा कुछ किया जाए कि लोगों को यह अहसास हो कि दुश्मन की कूटनीतिक हार हुई है।

पीछे मुड़कर देखता हूं तो पाता हूं कि सभी मोर्चों पर प्रत्यक्ष और स्पष्ट लाभ मिल रहे थे। जो उद्देश्य थे, पूरी तौर पर न सही, उनमें काफ़ी हद तक कामयाबी हाथ लगी थी। कुछ हद तक कामयाबी का मतलब था भारत की अमरीका के साथ मिलकर काम करने की योग्यता। यह अपने आप में एक अलग अध्याय की ओर इशारा करता है, लेकिन जब हम पलटकर देखते हैं कि क्या कुछ कर सके तो हमारा हौसला बढ़ता है।

लाहौर की बस यात्रा से प्रधानमंत्री वाजपेयी ने 1999 में जो सिलसिला शुरू किया वह आगे बढ़ता रहा, ज़ोर पकड़ता रहा और धीरे-धीरे करके उसे सब स्वीकार करने लगे। 'शांति' को आप किसी भी दृष्टिकोण से देखें, इसका कोई विकल्प नहीं है, यह बात आहिस्ता-आहिस्ता पाकिस्तान में भी मानी जाने लगी। इसमें कोई शक नहीं कि इस राह में मुश्किलें आईं, लेकिन हर मुश्किल ने पहले से ज़्यादा जोश के साथ आगे बढ़ने के लिए बेहतर कोशिश के लिए ऊर्जा से भर दिया। आगरा 2001 की वजह से ही 2004 के सार्क इस्लामाबाद के लिए ज़मीन तैयार हुई। पाकिस्तान पहले जिसे टेढ़े-मेढ़े रास्ते वाली कूटनीति मानता था, वही पाकिस्तान और भारत के रिश्तों में सुधार की दिशा में मील का पत्थर साबित हुई। कुछ घुसपैठ और सीमा-पार से आतंकवाद को बढ़ावा मिलना अब भी जारी है, लेकिन एल. ओ. सी. पर बंदूकें बरसों लगातार गड़गड़ाते रहने के बाद अब शांत हो गई हैं। पाकिस्तान बड़ी हिम्मत के साथ अब एक नया किरदार निभाने की कोशिश कर रहा है, एक नया लबादा ओढ़ने की कोशिश कर रहा है, जो कि एक ऐसा बदलाव है जिसपर मैं बड़ी उम्मीदों के साथ नज़र रखे हूं। एक बार फिर वह अमरीका का समर्पित साथ बन रहा है। क्या सचमुच यह नया सवेरा है?

नाभिकीय पहेली : फलती-फूलती उलझन

नाभिकीय अप्रसार के क्षेत्र में आज हम जिन समस्याओं का सामना कर रहे हैं, वह काफ़ी हद तक संयुक्त राष्ट्रसंघ की सुरक्षा परिषद के पांच स्थायी सदस्य देशों के संगठन पी-5 के कारण हैं। इससे कई सवाल खड़े होते हैं, जिनमें से सभी महत्त्वपूर्ण हैं।

इसी संदर्भ में हम पूछ सकते हैं–'नाभिकीय अप्रसार का रुख अब किधर है?' क्या इसे सिर्फ़ पी-5 की इच्छाओं और अभिलाषाओं के अनुरूप होना चाहिए? लेकिन यही हो रहा था सीटीबीटी के ज़माने में। इसी वजह से भारत को इससे अलग हटकर खड़े रहना पड़ा। लेकिन अब उसी बात को पकड़ कर बैठे रहने

के बजाय पीछे मुड़कर देखना चाहिए, गहराई से अपने अंदर झांक कर देखना चाहिए कि यह बहस किस दिशा में जा रही है। सारी दुनिया की नाभिकीय व्यवस्था बड़ी डांवाडोल स्थिति में है। लेकिन लगातार बदलती स्थितियों के इस दौर में भारत की क्या स्थिति है? यह नाभिकीय अप्रसार से जुड़ा वह सवाल है जिसका जवाब तलाशने पर भारत को ध्यान देना है।

अपनी-अपनी सरकारों की ओर यह ज़िम्मेदारी सौंपे जाने के बाद स्ट्रोब और मैं दोनों देशों के बीच अच्छे संबंधों के उस 'सपनों के गांव' का रास्ता ढूंढने निकले, जिसके बाद हमें नाभिकीय अप्रसार का रास्ता तलाशना था। वरीयता का यह क्रम मेरा था, जबकि स्ट्रोब का सोचना इससे उलट था। उनके लिए नाभिकीय अप्रसार पहले था। मैंने देखा कि इस रास्ते में तमाम संकेतक थे—हथियारों पर नियंत्रण, नाभिकीय अप्रसार, डब्ल्यू. एम. डी. यानी बड़े पैमाने पर तबाही फैलाने वाले 'वेपन्स ऑफ़ मास डिस्ट्रक्शन' वहां पहले से थे। मैं इस उलटे वरीयता क्रम के कारण उलझन में पड़ गया, कुछ भी समझ में नहीं आ रहा था। जबकि बातचीत के स्तर पर ऐसा नहीं था, वह अपने उद्‌देश्य से नहीं डिगी, दुनिया की दूसरी वरीयताओं की तरह। अब अगर सारी दुनिया की नाभिकीय व्यवस्था को सब कुछ उलटा-पुलटा करने और लगातार बदलने वाली स्थिति में डाल दिया जाए, तो हम मंज़िल तक पहुंचाने वाला वह रास्ता कैसे ढूंढेंगे? इस तलाश में, जो बड़े काम की है, और बेहद ज़रूरी है—दुनिया को एक ऐसे मुक़ाम पर पहुंचाना जहां बड़े पैमाने पर तबाही फैलाने वाले अस्त्र न हों, क्या महज़ एक कोरी कल्पना है? या फिर अब एक मुद्‌दे के तौर पर इसकी अहमियत को जानबूझकर निचले स्तर पर लाकर खड़ा कर दिया गया है? अगर ऐसा है, तो इसका असर यही होगा कि आतंकवाद और बड़े पैमाने पर तबाही फैलाने वाले नाभिकीय, जैविक और रासायनिक अस्त्रों के बीच तालमेल की अहमियत भी कम करके आंकी जाने लगेगी, लेकिन ऐसा होता है तो यह आत्महत्या करने जैसा है। इस तरह के कारणों से वरीयताओं के बार-बार बदलने से, स्थायी उद्‌देश्यों के न होने से हमारा काम कहीं ज़्यादा जटिल और कठिन होता जाता है। कुछ समय पहले तक जो अमरीकी नीति हावी रही, जिसके तीन तरीकों की तिकड़ी—शुरुआत से पहले ही रोकने के उपाय, रोकथाम और हुकूमत बदल देना- यह अब कारगर नहीं रह गए हैं। अब फिर बात आती है नाभिकीय अप्रसार की, लेकिन क्या परमाणु संयंत्रों को जबरन बंद करके आणविक पदार्थों पर नियंत्रण रखने पर ज़ोर देना किसी भी नाभिकीय पदार्थ के उत्पादन के ज़रिये को ही नकार देना नहीं है? मार्ग का यह संकेत बदला हुआ है। इसे अमल में लाया जा सकता है, लेकिन तब जब सभी को इसी दिशा में एक साथ चलना मंज़ूर हो। जिनके पास सबकुछ है, और जिनके पास कुछ भी नहीं, दोनों के लिए अलग-अलग, दो रास्ते नहीं हो सकते।

अमरीका और रूस के पास आज नाभिकीय हथियारों के भंडार में 1,700 से लेकर 2,200 के बीच ऐसे अस्त्र हैं जिन्हें युद्ध में कभी भी इस्तेमाल किया

जा सकता है। इनके युद्ध में कभी भी प्रयोग किए जाने की संभावना न के बराबर है, लेकिन इनके नाम और इनमें छुपी विध्वंस की संभावना के कारण भी कई तरह की चुनौतियां खड़ी हो जाती हैं, जिनमें से प्रमुख चुनौती है मौजूदा नाभिकीय सामग्री की सुरक्षा।

उन देशों के लिए जिन्होंने प्रौद्योगिकी की मदद से अपने अस्त्र भंडारों को लगातार उन्नत बनाना जारी रखा है, वर्तमान में परीक्षणों को नियंत्रण में रखने का दूसरा विकल्प यह है कि वह आणविक पदार्थों के उत्पादन पर नियंत्रण रखें। लेकिन इससे एक सवाल खड़ा होता है—अगर उत्पादन पर नियंत्रण रहेगा, जो कि रखा भी जाना चाहिए, तो फिर क्यों न वर्तमान में मौजूद नाभिकीय अस्त्रों को भी निष्क्रिय कर दिया जाए? क्यों न इनकी संख्या में कमी लाने की दिशा में भी काम किया जाए, जैसा कि एक बार अमरीका और सोवियत संघ पहले भी कर चुके हैं। और, क्यों न नाभिकीय ऊर्जा को मिल-बांट कर इस्तेमाल करने की सोची जाए? इनके अलावा, नाभिकीय हथियारों के साथ-साथ रासायनिक, जैविक और बड़े पैमाने पर तबाही फैलाने वाले दूसरे हथियारों की जांच-परख और उनके रखरखाव से संबंधित नियमों को लागू करने के लिए समय और प्रौद्योगिकी के अनुरूप तौर-तरीकों की भी ज़रूरत है।

अंत में, यह जान लेना ज़रूरी है कि हथियारों की होड़ की सचमुच रोकथाम करना तब तक आसान नहीं होगा जब तक कि छोटे और ग़ैर-नाभिकीय हथियारों की होड़ के मुद्दे पर चिंतन नहीं किया जाता। यह एक ऐसा पूर्णतः उपेक्षित विषय है जिसपर शायद ही कभी कहीं ग़ौर किया जाता हो, जबकि वह छोटे हथियार ही हैं जो आज के आतंकवादियों ने उठाए हुए हैं। ज़्यादातर मामलों में, आतंकवाद सोच पर असर करने वाली एक लाइलाज बीमारी की तरह है। फिर इस लाइलाज बीमारी से ग्रस्त दिमाग वालों के हाथों में हथियार देकर अपनी मुसीबतें क्यों बढ़ाई जाएं?

बाकी ईश्वर पर छोड़ दें

मुझे अब यहां रुक जाना चाहिए। शायद अब चुप रहने का समय आ गया है।

लेकिन यह ज़रूर कहना चाहूंगा कि आज के दौर में हम जिस प्रमुख चुनौती का सामना कर रहे हैं वह है सामयिक शासन व्यवस्था की नैतिक और नियम-संयम में गिरावट। यह गिरावट पूरी शासन व्यवस्था में देखने को मिलती है—वैधानिक, कार्यपालिका और न्यायपालिका में।

देश में ऐसे हालात का बेहद कमज़ोर कर देने वाला असर यह होता है कि शासन के विभिन्न अंगों की भूमिका, कार्य और अधिकारों में घालमेल हो जाता है। ऐसे में कहीं न्यायपालिका कार्यपालिका का किरदार निभाने लगती है; और 'कार्यपालिका'—जिसका काम ही काम को अंजाम तक पहुंचाना है, वह कुछ भी करना बंद कर देती है, और 'कुछ भी न करने' में महारत हासिल कर लेती है। ऐसे में 'शासन' का चक्का पूरी तरह ठहर जाए तो आश्चर्य किस बात का। नतीजतन,

सैद्धांतिक रूप से 'अंदरूनी कमज़ोरी का शिकार' होता चला जाता है, जिससे उसका 'प्रभाव' कम होता जाता है और ऊपरी तौर पर उसकी हर हरकत आमतौर पर एक मखौल बनकर रह जाती है। ऐसा सिर्फ़ सरकार के साथ ही नहीं, संसद के साथ, बल्कि शासन-प्रशासन से संबंधित हर उस संस्था और प्रशासन की सारी खोखली रस्मों का यही हश्र होता है। तब राजनीतिक दल ऐसे काम करने लगते हैं जैसे वह लोकतांत्रिक संस्थाएं न होकर तानाशाही या पारिवारिक कारोबार हों। इससे लोकतंत्र एक मज़ाक बन जाता है, धोखे का रूप ले लेता है, क्योंकि एक ही किस्म के विचारों को बढ़ावा मिलने का मतलब है, भारत जैसी बहुविध शक्तियों को विलुप्त होने की दिशा में धकेला जा रहा है।

इसीलिए इस सब के जो नतीजे हैं, वह सीधे-सीधे हमारी राष्ट्रीय सुरक्षा से संबंधित नीतियों के लिए बेहद नुकसानदेह साबित हो रहे हैं। हमारे सामने अंतरराष्ट्रीय स्तर पर जो चुनौतियां हैं वह तब तक ऐसी ही बनी रहेंगी जब तक हमारी सामरिक समझ में गहरी सोच और साहस का मेल नहीं होगा, तब कहीं हम कहीं थोड़ा दबाव डालकर और कहीं अपनी ओर खींचकर चुनौतियों की रूपरेखा को बदलने में कामयाब हो सकेंगे। और यह तब संभव होता है जब हमारा नेतृत्व करने वाले असफ़ल होने का जोखिम उठाने को तैयार हों, क्योंकि ज़रूरत से ज़्यादा सावधानी भी अकसर कारगर नीतियों की उतनी ही दुश्मन होती है जितनी लापरवाही। लेकिन अगर 'राह दिखाने वाले' कुछ निर्णय लेने को तैयार ही न हों, अगर निष्क्रियता ही नीति का मुखौटा लगा ले, तब?

तब इसका एक नतीजा यह होगा—और वह भी बहुत ज़्यादा नुकसानदेह होगा कि हम देश में जो भी आंतरिक चुनौतियों का सामना करते हैं, उनके लिए हमारे पास एक ही प्रभावी और निर्धारित नीति होगी। एक चुनौती 'माओवादियों' की है। उनके हमले 'आतंकवादियों' के हमलों की तरह आम होते जा रहे हैं। हमले चाहे दोनों में से किसी के भी हों, उनसे हमारे आंतरिक सुरक्षा प्रबंधन की खामियों का खुलासा होता है। इसके लिए पुलिस से संबंधित सुधार बेहद ज़रूरी है, जो 1979 से टलते चले आ रहे हैं। उसके बाद 2003 और 2010 में पुलिस संबंधी सुधारों के लिए की गई सिफ़ारिशें भी नहीं लागू हो सकी हैं। परिणामस्वरूप, हमारे यहां कई सुरक्षा संगठन हैं, जैसा कि मैं पहले भी कहता रहा हूं, 'हरेक अपराधी के लिए एक अलग सुरक्षा एजेंसी और हरेक अपराध के लिए एक अलग कानून।' शासन व्यवस्था के अभाव में ही यह सब होता है। हमें किसिंगर के इन विद्वत्तापूर्ण शब्दों को नहीं भूलना चाहिए जो उन्होंने सुरक्षा और शासन विरोधी शक्तियों के संबंध में कहे थे, ''पारंपरिक सेना अगर जीत हासिल न करे तो उसे हार जाती है, जबकि आतंकवादी, घुसपैठिया और गुरिल्ला ताकतों की अगर हार नहीं होती, तो वह जीत जाती हैं।''

जो चुनौती हमारे सामने है, वह इसी मोर्चे पर है जिसके कई पहलू हैं। हमारा काम एक ऐसी सुरक्षा एजेंसी से नहीं चल सकता जिसे एक साथ आंतरिक

आतंकवाद, विदेशी आतंकवाद, दो-दो सीमाएं जहां जब-तब जंग का माहौल बन जाता है, ज़्यादातर पड़ोसियों के साथ कड़वाहट भरे संबंध और शासन व्यवस्था की कमियों से निपटना पड़े। इससे न सिर्फ़ भारत बंधनों में बंध जाएगा, बल्कि अपाहिज हो जाएगा।

भारत में शासन-प्रशासन को कमज़ोर और अपाहिज बना देने वाले दो और पहलू हैं जो धर्मनिरपेक्षता का झूठा मुखौटा लगाकर सक्रिय रहते हैं। हमें यह मान लेना चाहिए कि किसी भी सरकार के लिए संभव नहीं है कि वह सेमेटिक यानी अरब, इज़राइल और अफ़्रीका के धर्मों को उनकी अपनी विचारधारा के अलावा दूसरी विचारधाराओं का पक्ष लेने के लिए अपने दबाव में ले सके। इसके साथ ही हमें यह भी स्वीकार करना चाहिए कि 'सनातन' विचारधारा पर चलने वाला किसी भी दशा में किसी विशेष, या सभी तरह की धार्मिक, जातिगत और सांस्कृतिक विभिन्नताओं वाली वैकल्पिक विचारधाराओं को स्वीकार करने के साथ उन्हें पूरी तरह उचित स्थान देने का पक्षधर न हो। इसीलिए 'रिलिजन एंड मॉडर्न स्टेट' में व्यक्त अंग्रेज़ कैथॉलिक बुद्धिजीवी क्रिस्टॉफ़र डॉवसन के विचारों का जिस तरह माइकल बरलेह ने *अर्थली पावर्स* में उल्लेख किया है, उसकी सरल ढंग से व्याख्या करके सचेत करना ज़रूरी है, ''आधुनिक साम्राज्यवादी सोच वाली शासन व्यवस्था लोगों के अस्तित्व के ज़्यादा से ज़्यादा पहलुओं को अपने कब्ज़े में लेना चाहती है जबकि 'पहले के शासक ऐसा करने की कोशिश वैसे ही नहीं करते जैसा कि मौसम को बदलने और सितारों की गति में परिर्वतन के लिए नहीं की जाती।' काश, भारत भी आस्था के मामले में साम्राज्यवादी सोच से काम लेने की कोशिश न करे।''

इसीलिए मैं फिर वही बात दोहराता हूं जो मैंने शुरू में कही थी, कि एक सीधा आपसी संबंध है, प्रभाव है, जिसके कारण हमारी विदेश नीति का प्रमुख लक्ष्य और उद्देश्य चार रेखाओं के बीच फंस कर रह गया है। ये चार रेखाएं हैं—ड्यूरैंड लाइन, मैकमहोन लाइन, लाइन ऑफ़ कंट्रोल, और, लाइन आफ़ ऐक्चुअल कंट्रोल। अपनी नीतियों पर निर्बाध रूप से चलने के लिए हमारे लिए पहले स्वायत्तता का लक्ष्य हासिल करना ज़रूरी है, जिसके लिए हमें इस कूटनीतिक बंधन से मुक्त होने का तरीका खोजना होगा।

क्योंकि हम जब तक इसी तरह बंधनों में रहेंगे, तब तक भारत सोच के स्तर पर स्थिर और निष्क्रिय बना रहेगा, और प्रतिक्रियाएं शारीरिक रूप से अक्षम लोगों जैसी होंगी, और हम राष्ट्रीय सुरक्षा में जो स्थायित्व चाहते हैं उसे मुक्त रूप से अमल में नहीं ला पाएंगे, और इससे राष्ट्रीय सुरक्षा हमारे लिए भारी आर्थिक बोझ बनी रहेगी।

परिशिष्ट

परिशिष्ट 1 : फ़ील्ड मार्शल सर सी.जे. आचिनलेक की टिप्पणी

एल/डब्ल्यू एस/ 1/1092 : एफ़ एफ़ 51-6
अति गोपनीय
सेना मुख्यालय, दिल्ली।
11 मई 1946

ब्रिटिश कॉमनवेल्थ या ब्रितानी राष्ट्रमंडल में पाकिस्तान को शामिल करने के कूटनीतिक निहितार्थ

पूर्वधारणाएं

1. मानकर चलते हैं :
   - (क) कि भारत दो स्वायत्तशासी राष्ट्रों—हिंदुस्तान और पाकिस्तान में बंट जाएगा।
   - (ख) कि संभवतः पाकिस्तान के दो भाग हों—एक पश्चिमी क्षेत्र और एक पूर्वी क्षेत्र, या फिर केवल पश्चिमी क्षेत्र, जिसमें सिंध, बलूचिस्तान, उत्तर-पश्चिमी सीमांत प्रांत और पश्चिमी पंजाब शामिल होंगे।
   - (ग) युनाइटेड किंगडम स्थित 'हिज़ मैजेस्टीज़ गवर्नमेंट' हिंदुस्तान को उसके अपने हाल पर छोड़ने का निर्णय लेती है, और तय करती है कि वह अब उसके अंदरूनी मामलों से कोई लेन-देन नहीं रखेगी और सिर्फ़ दो मित्र स्वायत्तशासी शक्तियों के बीच होने वाले सामान्य राजनयिक और व्यापारिक संबंधों के अलावा उसके साथ किसी तरह के गहरे संबंध नहीं रखेगी। 'हिज़ मैजेस्टीज़ गवर्नमेंट' की हिंदुस्तान की रक्षा के प्रति कोई ज़िम्मेदारी नहीं है।
   - (घ) दूसरी ओर, युनाइटेड किंगडम स्थित 'हिज़ मैजेस्टीज़ गवर्नमेंट' पाकिस्तान

को एक स्वायत्तशासी राष्ट्र के रूप में ब्रिटिश कॉमनवेल्थ में शामिल करने के लिए सहमत है, जिसका दर्जा कनाडा, ऑस्ट्रेलिया, आदि जैसा होगा, और पाकिस्तान के अनुरोध पर उसका प्रशासन और रक्षा का काम संभालने के लिए ब्रिटिश जल, थल और वायु सेना के कर्मचारी उपलब्ध कराने का फ़ैसला किया है।

हिंद महासागर क्षेत्र में राष्ट्र मंडल की सामरिक रुचि

2. हिंद महासागर क्षेत्र में राष्ट्रमंडल की दिलचस्पी मुख्य रूप से निम्न में है–
   (क) फ़ारस और इराक से तेल की आपूर्ति।
   (ख) हिंद महासागर के पश्चिमी प्रवेश द्वार लाल सागर का नियंत्रण।
   (ग) हिंद महासागर के पूर्वी प्रवेश द्वार सिंगापुर और मलाक्का जलडमरूमध्य का नियंत्रण।
   (घ) अरब, इराक, अरब सागर, भारत, बर्मा और मलाया के तमाम वायु मार्ग इस्तेमाल करने की क्षमता।
   (च) सीलोन पर नियंत्रण, जलपोतों के ठहरने के लिए बंदरगाह और नौसेना व वायुसेना के अड्डे बनाने के लिए।

अगर भारत मित्रभाव नहीं रखता, या फिर ब्रिटिश कॉमनवेल्थ का विरोध करने वाली किसी शक्ति, जैसे रूस, चीन और जापान के प्रभाव में आ जाता है, तो इससे हिंद महासागर में हमारी सामरिक स्थिति बिगड़ जाएगी और न्यूज़ीलैंड और ऑस्ट्रेलिया से संपर्क बनाए रखने में भारी दिक्कत का सामना करना पड़ सकता है।

3. ब्रिटिश कॉमनवेल्थ से बाहर रहकर हिंदुस्तान रूस की नीतियों पर चलते हुए पाकिस्तान पर चढ़ाई करके उसे अपने में मिलाकर फिर से भारत के पुराने संयुक्त रूप को बहाल करने के लालच में फंस सकता है। शक्ति की राजनीति का स्वाद रूस के मुंह लगा है, और उसे दबंगई के तौर-तरीके इस्तेमाल करने में कोई गुरेज़ नहीं, इसलिए इस बात की प्रबल संभावना है कि रूस हिंदुस्तान के ऐसे रुझान का पूरा फ़ायदा उठा सकता है। रूस से प्रभावित हिंदुस्तान ब्रिटिश कॉमनवेल्थ की सुरक्षा के लिए मुसीबत बन सकता है और समय से पहले उसके क्षय का कारण बन सकता है।

ब्रिटेन के नियंत्रण वाले पाकिस्तान का हिंदुस्तान पर प्रभाव

4. सिद्धांततः ऐसा लग सकता है कि अगर पाकिस्तान ब्रिटिश प्रभाव में रहता है तो वह आज़ाद हिंदुस्तान की प्रतिकूल सोच को क़ाबू में रखने का काम कर सकता है। अगर पाकिस्तान में भारत के उत्तर-पूर्व और उत्तर पश्चिम, दोनों ही क्षेत्र समाहित हों, जिसके अंजाम तक पहुंचने की संभावना बहुत ही कम है, क्योंकि ऐसा होने में कई तरह की दिक्कतें हैं। ऐसे में, इसमें

गहरा संदेह है कि पाकिस्तान के पास वह ज़रूरी कच्चा माल, औद्योगिक उत्पादन, श्रम शक्ति और सबसे बढ़कर, इस सब के लिए आवश्यक स्थान उपलब्ध होगा, कि वह रूस जैसी बैर भाव रखने वाली शक्ति के सहयोग और उसके द्वारा उपलब्ध कराए गए साज-सामान से लैस हिंदुस्तान के विरोध में युद्ध जैसी गतिविधियों के संचालन के लिए अड्डा बनने के क़ाबिल हो सके। अगर, जैसी कि बहुत प्रबल संभावना है, पाकिस्तान भारत के सिर्फ़ उत्तर-पश्चिमी हिस्से में सिमट कर रह जाए, तब वह किसी भी सूरत में बड़े पैमाने पर कार्रवाईयों के लिए अड्डे के तौर पर उपयुक्त नहीं होगा।

5. जैसे-जैसे नाभिकीय ऊर्जा का क्षेत्र विकसित होता जाएगा, वैसे-वैसे तरह-तरह के अस्त्र, चाहे वह समुद्र, ज़मीन या आकाश में इस्तेमाल के लिए हों, पहले से बेहतर होते जाएंगे। साथ ही, रक्षा क्षेत्र और गूढ़ होता जाएगा, और युद्ध में लगातार, औद्योगिक इकाइयों सहित आधारभूत प्रतिष्ठानों के फैलाव के लिए आवश्यक स्थान की ज़रूरत लगातार बढ़ती जाएगी।

6. इसलिए, चाहे उसके दो इलाके हों, या सिर्फ़ भारत के उत्तर-पश्चिम वाला हिस्सा, पाकिस्तान वह साधन नहीं मुहैया करा सकता जिससे ब्रिटिश कॉमनवेल्थ आज़ाद हिंदुस्तान को प्रभावित करने या दबाव बनाकर उसे विरोधी विदेशी शक्तियों के प्रभाव से मुक्त रख सके, ताकि हिंद महासागर क्षेत्र में हमारी आवाजाही की सुरक्षा सुनिश्चित की जा सके।

अगर हम इस बेहद ज़रूरी रास्ते में सुरक्षा सुनिश्चित नहीं कर सके, तो ब्रिटिश कॉमनवेल्थ तितर-बितर होने में ज़्यादा समय नहीं लगेगा।

पाकिस्तान की रक्षा की समस्या

7. (क) हिंद महासागर क्षेत्र में अपनी आवाजाही को सुरक्षित बनाने के सवाल के सिवा ब्रिटिश प्रभाव में बने रहने वाले पाकिस्तान के प्रति आज़ाद हिंदुस्तान के संभावित रवैये को ध्यान में रखते हुए उसे ब्रिटिश कॉमनवेल्थ में सम्मिलित किया जाना चाहिए।

(ख) हिंदुस्तान से पाकिस्तान के अलग होने से हिंदू और मुस्लिम के बीच का बुनियादी बैर कम होने के बजाय और भड़केगा। भारत के उत्तर-पश्चिम पाकिस्तान का एक हिस्सा बनाने की किसी भी कोशिश को अगर अंजाम तक पहुंचाना है तो, तो उसमें कलकत्ता और एक बहुत बड़ी हिंदू आबादी शामिल होनी चाहिए, जिसका हिंदुओं द्वारा ज़ोरदार तरीके से विरोध किया जाना निश्चित है।

(ग) अगर ऐसे क्षेत्र की स्थापना को लेकर किसी न किसी तरह से हिंदुओं को मना भी लिया जाए, तो यह लगभग तय है कि वह तुरंत ही उसके अस्तित्व को मिटाकर उसे फिर से हिंदुस्तान में मिलाने की योजना बनाने और इस दिशा में काम करने में जुट जाएंगे। एक ऐसा

हिंदुस्तान जिसमें कलकत्ता न हो, और बंगाल की खाड़ी पर नियंत्रण का प्रस्ताव व्यावहारिक नहीं है, और हिंदुओं ने ऐसा करने की कोशिश की, तो हिंदुस्तान और पाकिस्तान के बीच हर हाल में जंग छिड़ जाएगी। ऐसा होने पर, युनाइटेड किंगडम में 'हिज़ मैजेस्टीज़ गवर्नमेंट' इस इलाके को पाकिस्तान के कब्ज़े में बनाए रखने के लिए कटिबद्ध होगी, और अगर इस मामले को लेकर विश्व युद्ध छिड़ा तो वह उसमें भी शामिल हो सकती है।

8. (क) नितांत फ़ौजी नज़रिये से उत्तर-पूर्वी पाकिस्तान की वास्तविक सुरक्षा एक बहुत ही कठिन समस्या होगी, क्योंकि वह इलाका किसी भी तरह से, उसकी सुरक्षा करने लायक थल सेना या वायु सेना की आवश्यकताओं की पूर्ति नहीं कर सकता, और उन्हें अपनी ज़रूरतों के लिए समुद्री मार्ग पर निर्भर रहना होगा। समुद्री मार्ग से पहुंचने वाली रसद के रास्ते में हिंदुस्तान में मौजूद नौसेना और वायुसेना के हमलों का काफ़ी ख़तरा बना रहेगा। इससे बढ़कर, बर्मा के रवैये के बारे में पहले से कुछ नहीं कहा जा सकता, और, मान सकते हैं कि वह भी तब तक आज़ाद हो चुका होगा।

बर्मा, जो कि चीन से हमेशा ही प्रभावित रहेगा, वह भी ब्रिटिश कॉमनवेल्थ के विरोध में खड़ा हो सकता है, और, हिंदुस्तान और ब्रिटेन की आपसी लड़ाई का फ़ायदा उठाते हुए अपनी स्थिति सुधारने की संभावना तलाश सकता है। उत्तर-पूर्वी पाकिस्तान को, पश्चिम, पूर्व और दक्षिण दिशा से होने वाले हमलों से अपनी सुरक्षा करनी पड़े, इस संभावना से भी इनकार नहीं किया जा सकता, और ऐसा होने पर समस्या ऐसा रूप भी ले सकती है जिसे सुलझाना असंभव हो। इसमें कोई शक नहीं कि ऐसा होने पर 'हिज़ मैजेस्टीज़ गवर्नमेंट' के संसाधनों का रिस-रिस कर जैसा बुरा हाल होगा कि उसका हिसाब भी नहीं लगाया जा सकता।

(ख) अगर यह मान लिया जाए कि पाकिस्तान में सिर्फ़ उत्तर-पश्चिमी क्षेत्र ही होगा, तो भी उसकी सुरक्षा से जुड़ी तमाम ऐसी सामरिक समस्याएं होगी जिन्हें हल करना मुश्किल होगा। उत्तर-पश्चिमी पाकिस्तान का इलाका किसी भी लिहाज से आत्मनिर्भर नहीं है, संभवतः अनाज की पैदावार को छोड़कर, वहां कोई दूसरा कच्चा माल नहीं मिलता और न ही इस इलाके की अपनी कोई औद्योगिक क्षमता ही है, जिसके कारण इस इलाके में आने वाले तमाम वर्षों तक युद्ध के लिए ज़रूरी सारी सामग्री विदेशों से मुहैया करानी पड़ेगी। इस इलाके में सिर्फ़ एक बंदरगाह है—कराची—जहां भूतल या समुद्री मार्ग से पहुंचने के रास्ते भी तंग हैं और उनपर भी वायुसेना के विमानों की मार का भारी

ख़तरा मंडराता रहता है। आने वाले कई वर्षों तक पाकिस्तान अपनी रक्षा की ख़ातिर अपनी थल सेना और वायु सेना के लिए उपयुक्त स्तर के जवान आवश्यक संख्या में भले ही पैदा कर दे, लेकिन वह अपने इन बलों के लिए सही किस्म के अधिकारी और तकनीकी कर्मचारी तैयार करने की उम्मीद भी नहीं कर सकता।

(ग) दूसरे तमाम देशों की तरह, रक्षा के दृष्टिकोण से उत्तर-पूर्वी पाकिस्तान की अपनी कुछ ख़ूबियां हैं और कुछ दिक्कतें हैं। यह मानते हुए कि यह कश्मीर को अपने में मिला लेगा, या कम से कम उसपर हावी तो ज़रूर रहेगा, उत्तर-पश्चिमी पाकिस्तान को उत्तर की ओर से इसे कोई गंभीर ख़तरा नहीं हो सकता, क्योंकि उत्तर में हिमालय से इसे सुरक्षा मिलती है, हालांकि इसे शिंजियांग के वायु सेना अड्डों से हवाई हमलों का कुछ हद तक ख़तरा हो सकता है।

राजपूताना और सिंध के रेगिस्तान दक्षिण की ओर से बड़े पैमाने पर ज़मीनी हमलों को असंभव बना देते हैं, और यही बात पश्चिम में मकरान के बीहड़ों की ओर से इस ओर बढ़ने वालों पर भी लागू होती है, लेकिन इस इलाके में वायु सेना की मदद से रसद पाकर आक्रमण करने वाली आर्म्ड यानी बख़्तरबंद और मेकेनाइज़्ड यानी यांत्रिक सेना के हमलों की संभावना को नहीं नकारा जा सकता। लेकिन पाकिस्तान को उत्तर-पश्चिम और दक्षिण पूर्व दिशा से बड़े पैमाने पर ज़मीनी हमलों का ख़तरा है। जिस इलाके की रक्षा करनी हो, उस इलाके पर हमले का सामना करने के लिए आवाजाही के बढ़िया साधन-सुविधा होना ज़रूरी है, और उत्तर-पश्चिमी पाकिस्तान से देश की पूर्वी और पश्चिमी सरहदों तक काफ़ी अच्छे रेल और सड़क मार्ग और इनसे निकलने वाली काफ़ी शाखाएं होंगी। यह तथ्य, कि सिंधु और पंजाब की महान नदियां इसके रेल और सड़क मार्गों को समकोण पर काटती हैं, जिनपर पुल भी कम हैं, और जिन्हें हवाई हमलों का ख़तरा भी है—यह यातायात की दृष्टि से पाकिस्तान की कमज़ोरी होगी। प्रतिरक्षा रेखाओं के तौर पर नदियां जितनी कारगर हो सकती हैं, वहीं आधुनिक युद्ध में इनकी वजह से प्रतिकूल स्थिति पैदा हो सकती है। आजकल के दौर में कोई शक्ति किसी दूसरी ताक़त पर हमला करने से तब तक कतराती है जब तक कि उसे अपनी वायु सेना के दुश्मन की वायु सेना से बेहतर होने का पहले से ही भरोसा न हो।

(घ) आइए पहले हम उत्तर-पश्चिम की ओर से होने वाले ख़तरों पर ग़ौर करें। रूस एक आक्रमणकारी हो सकता है और फ़ारस और अफ़ग़ानिस्तान उसके संभावित सहयोगी, भले ही सोवियत ज़ोर-ज़बरदस्ती के दबाव में उसका साथ दें। भारत को रूसी हमले से बचाने की समस्या

दरअसल बड़ी पुरानी है, और इससे कैसे निपटा जाए, इस बारे में लगातार सोच-विचार होता रहा है, जो कि अब भी जारी है।

इन हालात के मद्देनज़र अब हम इस बात पर ग़ौर करते हैं कि यह समस्या एक नया रूप ले लेगी, क्योंकि अब हमारे सामने है पाकिस्तान जो कि अपनी तक़दीर ख़ुद तय करने वाला एक संप्रभुता सम्पन्न मुस्लिम राष्ट्र है, जबकि पहले वहां ब्रिटेन शासन करने वाली ताक़त था, जिसे ग़ैर-मुस्लिम होने के कारण अफ़ग़ानिस्तान, और फ़ारस भी, पसंद नहीं करते थे, बल्कि उसे शक की नज़रों से देखते थे, उससे डरते थे। रिश्तों में आए इस बदलाव के चलते पाकिस्तान की पश्चिमी सरहद की प्रतिरक्षा का काम काफ़ी हद तक आसान हो सकता है। लेकिन सोवियत रूस के पास घुसपैठ और धोखे की जो जगज़ाहिर क्षमता हैं, उसे ध्यान में रखते हुए इस तथ्य को रक्षा की समस्या के स्थाई समाधान के रूप में लेते हुए उसपर भरोसा करना समझदारी नहीं है।

यह सच है कि आने वाले समय में होने वाले किसी भी युद्ध के दौरान जो हालात सामने आ सकते हैं, उत्तर-पश्चिमी पाकिस्तान पर उत्तरी अफ़ग़ानिस्तान के रास्ते ख़ैबर और ख़ुर्रम जैसे हिंदुकुश के संकरे दर्रों के पार से बड़े पैमाने पर किसी ज़मीनी हमले के बारे में नहीं सोचा जा सकता। पश्चिम की ओर से अगर पाकिस्तान पर कोई आक्रमण होता है तो वह कंधार के रास्ते, बोलन दर्रे के ज़रिये किया जाएगा और उसका मक़सद होगा कराची को देश के भीतरी हिस्से से जोड़ने वाले रेल संपर्क को तोड़कर उसकी थल सेना और वायु सेना को युद्ध सामग्री पहुंचाने के इकलौते रास्ते में रुकावट पैदा की जा सके।

यह सच है कि रूस से कंधार और उससे आगे की ओर जाने वाले रास्ते अब तक अविकसित हैं, और उनके विकास में समय भी लगेगा और यह कोई ऐसा काम नहीं है जिसका पता न चले। फिर भी, पुख़्ता तैयारी की गई हो और वायु सेना से कुछ रसद मिलती रहे तो सेना के मेकेनाइज़्ड और आर्म्ड दस्तों के लिए इस इलाके में भी तेज़ी से आगे बढ़ना असंभव नहीं है, जैसा कि लीबिया में हाल में हुए युद्ध में देखने को मिला। क्वेटा बाक़ी के पाकिस्तान से रेल की सिर्फ़ एक लाइन से जुड़ा है जो एक संकरी घाटी से गुज़रती है, और न सिर्फ़ इसे हवाई हमलों से भारी ख़तरा है, बल्कि बाढ़ और भूकंप के कारण भी समय-समय पर इसके रास्ते में रुकावट पैदा होती रहती है। मोटे तौर पर पश्चिम से क्वेटा की ओर आने के रास्ते सीबी होते हुए पूर्व से क्वेटा पहुंचने के रास्ते सेना की तैनाती और आवाजाही के लिए कहीं ज़्यादा अच्छे हैं, जबकि क्वेटा के ठीक पूर्व में ख़्वाजा

अमरान पर्वत शृंखला से भी इस शहर का थोड़ा बचाव तो होता है, लेकिन इसकी कोई ज़्यादा अहमियत नहीं है। पाकिस्तान को अपनी जितनी सरहद पर नज़र रखनी पड़ती है और रक्षा के लिए तैयार रहना पड़ता है वह पेशावर से कलात के बीच करीब 500 मील की है। इसलिए यह मानकर चलना चाहिए कि ब्रिटिश सरकार को रूस की ओर से होने वाले किसी हमले से पाकिस्तान की पश्चिमी सीमा की रक्षा के लिए उसे पचास स्क्वाड्रन विमान और दस डिविज़न सैनिक मुहैया कराने होंगे, क्योंकि जो सुरक्षा बल पाकिस्तान खुद अपने सीमित संसाधनों से रख सकेगा वह चाहे कितने भी सक्षम हों, लेकिन बहुत कम होंगे।

यह सारे सुरक्षा बल, चाहे उनकी तमाम ज़रूरतें ब्रिटिश दे रहे हों या पाकिस्तानी, भले ही खाने को छोड़ दें, लेकिन रखरखाव की बाकी सारी ज़रूरत के लिए उन्हें कराची बंदरगाह पर निर्भर रहना होगा और युद्धक्षेत्र से वहां तक जाने वाली इकलौती रेलवे लाइन के भरोसे रहना होगा। जैसे कि पहले बताया जा चुका है, कराची और उसकी ओर जाने वाले रास्तों पर दक्षिण और उत्तर पश्चिम की ओर से हवाई हमलों का पूरा ख़तरा है और कराची के समुद्री मार्गों पर भी पनडुब्बी और फ़ारस की खाड़ी में स्थित जलपोतों से होने वाले हमलों का ख़तरा है, जिन्हें हमारे वर्तमान आकलन के अनुसार पक्के तौर पर रूस ही संचालित कर रहा होगा।

1940 से 1943 के दौरान जब जहाज़रानी को केप के रास्ते को इस्तेमाल करना पड़ता था, तब मध्य पूर्व में तैनात फ़ौजों को रसद मुहैया कराना काफ़ी मुश्किल काम था, लेकिन फिर भी यह पाकिस्तान की पश्चिमी सीमा पर किसी बड़े युद्ध के लिए थल सेना और वायु सेना को तैयार रखने से जुड़ी परेशानियों के मुक़ाबले कहीं आसान था।

(ङ) रक्षा की दृष्टि से हिंदुस्तान और उत्तर-पश्चिमी पाकिस्तान की सरहद केंद्रीय और पूर्वी पंजाब के मैदानी इलाकों और उत्तरी राजपूताने और दक्षिणी पंजाब के ऐसे रेगिस्तानी इलाकों से होकर कराची के ठीक दक्षिण में समुद्र तक खींची जानी चाहिए, जहां ज़मीन सीधी-सपाट हो। अगर यह सीमा पंजाब की नदियों जैसे रावी या सतलज में से एक के सहारे-सहारे होती है तो वह ऐसी सरहद होगी जिसपर रक्षा के लिए मोर्चे संभालना इतना आसान नहीं होगा। हिंदुस्तान की सीमा के अंदर यातायात की जो व्यवस्था है वह काफ़ी अच्छी है और उसके भरोसे दोनों देशों की सरहद के उत्तरी इलाके में काफ़ी बड़ी सेना को तैनात रखा जा सकता है। हालांकि यातायात की व्यवस्था पश्चिमी और राजपूताना सेक्टर के उन हिस्सों में उतनी अच्छी नहीं है जहां मीटर गेज वाली रेलवे

लाइन हैं, लेकिन उनके भरोसे भी दक्षिण-पश्चिमी पंजाब के ऐसे सम्पन्न इलाकों में हल्के आक्रमण करने लायक गतिशील बलों को लगाकर हमले किये जा सकते हैं जहां मक्का की पैदावार होती है। इसके अलावा, जालंधर से भटिंडा के बीच के करीब सौ मील के इलाके में पाकिस्तान पर भारी बलों से ज़ोरदार आक्रमण किए जा सकते हैं, जबकि भटिंडा से सिंधु नदी के किनारे कोटरी तक क़रीब पांच सौ मील दूर तक फैली सरहद पर हल्के बलों से अपेक्षाकृत कम शक्तिशाली हमले किए जा सकते हैं। क्योंकि हमला करना है और किस जगह करना है, यह फ़ैसला हमलावर के हाथ में होता है, इसलिए भले ही ज़मीनी फ़ौज का बड़ा हिस्सा देश के बीच कहीं 'रिज़र्व' में रखना मुमकिन हो, लेकिन इस पूरी सरहद पर निगाह रखना ज़रूरी होगा।

हिंदुस्तान ज़मीनी हमला करके जिस तरह का दबाव डाल सकता है वह इस बात पर निर्भर करता है कि उसने अपने उद्योगों, संसाधनों और कच्चे माल की उपलब्धता की दिशा में किस तरह विकास कार्य किए हैं, जो बेशक पाकिस्तान से बेहतर ही होंगे, और इस बात पर भी कि उसे सहायता के रूप में जनशक्ति, अस्त्र-शस्त्र और अन्य साज-सामान के रूप में अपने विदेशी सहयोगियों, ख़ासकर रूस से किस तरह की मदद मिली है। चाहे वह समुद्र में हों, ज़मीन पर हों, या वायु सेना को लेकर की गई हों, बड़े पैमाने पर युद्ध जैसी सामरिक गतिविधियों को अंजाम देने के लिए हिंदुस्तान किसी भी सूरत में हमेशा की तरह पाकिस्तान से कहीं ज़्यादा बेहतर होगा, क्योंकि उसके संपर्क मार्ग एक जगह होने के बजाय बिखरे हुए हैं, और इस तरह उन्हें दुश्मन के हवाई और समुद्री हमलों से अपेक्षाकृत कम ख़तरा है। ऐसे में, यह मानते हुए कि हिंदुस्तान तब तक हमला नहीं करेगा जब तक कि वह अपनी थल सेना और वायु सेना को पर्याप्त रूप से सुदृढ़ न कर ले, जो कि वह पाकिस्तान से ज़्यादा जल्दी भले ही न कर सके लेकिन उसके बराबर तेज़ी से तो कर ही लेगा, यह तय है कि अगर हिंदुस्तान ने रूस की प्रत्यक्ष मदद के बिना पाकिस्तान पर हमला किया तो ब्रिटेन को पाकिस्तान की अखंडता सुनिश्चित करने के लिए वायुसेना और थलसेना के लोगों को भारी संख्या में भेजना पड़ेगा।

यह सारी फ़ौजें अपने रखरखाव के लिए एक अकेले कराची के बंदरगाह और उससे आगे लाहौर और भटिंडा तक जाने वाली आठ सौ मील लंबी रेलवे लाइन पर निर्भर रहेंगी। इस रेलमार्ग के पूरे रास्ते काठियावाड़ और राजपूताने के हवाई अड्डों पर तैनात वायु सेना के हमलों का ख़तरा बना रहेगा।

(च) अगर पाकिस्तान पर उत्तर-पश्चिम की ओर से रूस और दक्षिण-पूर्व की ओर से हिंदुस्तान ने एक साथ हमला करने का सोचा, तो उसे अपनी रक्षा के लिए ब्रिटेन द्वारा जो थल सेना और वायु सेना मुहैया करानी होगी, वह वास्तव में काफ़ी बड़ी होगी, इस बात की संभावना न के बराबर है कि इतनी बड़ी फ़ौज की तमाम ज़रूरतों के लिए सिर्फ़ कराची का अकेला बंदरगाह काफ़ी होगा, और यह भी तब जब पिछले युद्ध की तरह हिंदुस्तान की फ़ौज से लोगों को लेने की सुविधा न रहने पर ब्रिटिश कॉमनवेल्थ से इतनी बड़ी फ़ौज पाकिस्तान को मुहैया कराना संभव हुआ।

निष्कर्ष

9. (क) ब्रिटिश राष्ट्रमंडल के राष्ट्रों में पाकिस्तान को शामिल करने और फलस्वरूप, ब्रिटेन या ब्रिटिश कॉमनवेल्थ द्वारा उसकी रक्षा की ज़िम्मेदारी की बात को निम्नलिखित बिंदुओं के आधार पर उचित ठहराया जा सकता है–

(1) कि इस आधार पर हम आज़ाद हिंदुस्तान पर हावी रहने की स्थिति में आ जाएंगे, जिससे हम उसे और उसके सहयोगी देशों को हिंद महासागर क्षेत्र में अपनी आवाजाही में कोई व्यवधान डालने से रोक सकेंगे।

(2) कि इसकी बदौलत हम मध्य पूर्व और उसके आसपास के इलाके के मुस्लिम देशों पर अपना प्रभाव बनाए रख सकेंगे, जिससे हमें रूस को हिंद महासागर और भूमध्य सागर की ओर बढ़ने से रोकने में मदद मिलेगी।

(ख) अगर इस दस्तावेज़ में दी गई दलीलें सही अनुमानों पर आधारित होंगी, तो यह बिलकुल स्पष्ट है कि यहां जिन लक्ष्यों की चर्चा की गई है उनमें से शुरू में बताए गए लक्ष्यों को प्राप्त करना नामुमकिन है, क्योंकि किसी बड़े युद्ध के छिड़ जाने पर ब्रिटिश कॉमनवेल्थ के पास जो संसाधन उपलब्ध होंगे उनकी तुलना में, अपने लक्ष्यों तक पहुंचने के लिए उसे बहुत बड़ी फ़ौज की ज़रूरत होगी।

अगर शुरू वाले लक्ष्यों को नहीं हासिल किया जा सकता तो फिर बाद के लक्ष्य को प्राप्त करना बेकार ही साबित होगा क्योंकि तब तक तमाम मुस्लिम देश जान चुके होंगे कि ब्रिटेन एशिया की एक अहम शक्ति नहीं रह गया है।

(ग) अगर हम हिंद महासागर क्षेत्र में समुद्र और वायु मार्ग के रास्ते स्वतंत्र विचरण चाहते हैं, जिसे मैं ब्रिटिश कॉमनवेल्थ को अस्तित्व में बने रहने के लिए ज़रूरी मानता हूं, तो हम सिर्फ़ ऐसा तभी कर सकते

हैं जब भारत एक ही बना रहे क्योंकि वही स्वेच्छा से कॉमनवेल्थ का सदस्य बना रहेगा और अपनी रक्षा के लिए अपने संसाधन हर हद तक हमारे साथ साझा करने को तैयार रहेगा।

परिशिष्ट 2 : जेनकिन्स की ओर से माउंटबैटन को

गोपनीय
गवर्नमेंट हाउस, लाहौर,
संख्या : 683, 15 जून, 1947

प्रिय लॉर्ड माउंटबैटन,

1. पखवाड़े का मुख्य कार्यक्रम था तीसरी जुलाई की घोषणा। उसपर लोगों की प्रतिक्रिया की सही तरह से समीक्षा करना अब संभव है।
2. बंटवारे की योजना को लेकर कहीं कोई उत्साह नहीं नज़र आ रहा है, इससे कोई ख़ुश नहीं है, और ऐसा लगता है कि कोई नहीं चाहता कि यह काम हो। योजना को लेकर साम्प्रदायिक संबंधों में कोई बदलाव नहीं नज़र आ रहा है, जो कि पहले जैसे ही हैं। न ही स्वतंत्र राज्य के दर्जे को लेकर कोई बेचैनी, या विरोध के कोई संकेत हैं।

   दूसरी तरफ़, यहां के राजनीतिक दलों ने योजना को बिना विरोध स्वीकार कर लिया है, और जैसा कि भारत में ऐसे मामलों में होता है, सब के अपने एक-दूसरे से जुदा कारण हैं। मुस्लिम लीग वाले मानते हैं कि ये जिन्ना की होशियारी का काम है, जिन्होंने पाकिस्तान को मान्यता दिलवाने में कामयाबी हासिल कर ली है, और वह एक दिन जो भी चाहिए दिलवा देंगे। कांग्रेस वालों का मानना है कि यह पटेल का पैंतरा है, जिन्होंने मुस्लिमों को एक कोने में (या दो कोनों में) धकेल दिया है। वह उन्हें जल्दी ही बर्बाद करवा देंगे। पटेल की निजी बातचीत के बारे में कहा जाता है कि वह परेशान करती है।

   बार्क जो कि कोलिशन सरकार में मिनिस्टर थे, उन्होंने मुझे बताया कि उन्होंने पटेल को यह कहते हुए सुना है कि अगर पाकिस्तान ठीक तरह से पेश नहीं आया, तो यहां के मुस्लिम बाशिंदों को जल्दी ही ख़त्म कर दिया जाएगा। हो सकता है यह बात झूठ हो, लेकिन इससे पटेल का वह रवैया सामने आया है जिसकी हिंदू उम्मीद करते हैं, और मुसलमान जिससे घबराते हैं।

   ऐसे समझदार लोग जो किसी राजनीतिक दल से नहीं जुड़े हैं, वह ख़ुश नहीं हैं। वह नहीं मानते कि बंटवारे से किसी बात का हल निकलेगा, और उससे होने वाली हलचल से अगर कुछ अच्छा होगा तो ज़्यादा से ज़्यादा उनकी तकलीफ़ बढ़ जाएंगी, और बुरा होता है तो ज्यादा से ज़्यादा यह कि वह

असुरक्षित महसूस करने लगेंगे। बताया जा रहा है कि कुछ कॉलोनियों में ज़मीन-जायदाद की कीमतें गिर रही हैं, और राजधानी के लाहौर से हटाने को लेकर कई कहानियां सुनी-सुनाई जा रही हैं।

माहौल ऐसा कि लोगों का सामान्य तौर पर सब कुछ किस्मत पर छोड़ना जारी हैं। शुरुआत से ही यह बात तय थी कि दोनों सम्प्रदायों के लोगों ने एक-दूसरे को कत्ल और लूटपाट की है। इसे कोई नहीं बदल सकता। मेलजोल एक किस्म का खंडहर है और बंटवारा दूसरा। इसे नहीं बदला जा सकता। अगर सब कुछ चकनाचूर होना ही है तो किसी भी सूरत में बंटवारा दूसरे रास्ते से ज़्यादा सरल रास्ता नज़र आता है जिसमें ख़ून-ख़राबा भी कम होगा।

3. बंटवारे के ऐलान का सुरक्षा बलों पर क्या असर पड़ा है, यह अभी साफ़ नहीं है। हमने सेक्रेटरी ऑफ़ स्टेट्स सर्विसेज़ के सभी ब्रिटिश और भारतीय सदस्यों से पूछा है कि क्या वह आगे भी काम करना चाहते हैं, और अगर करना चाहते हैं तो क्या उनकी रज़ामंदी युनाइटेड पंजाब, पश्चिमी पंजाब, पूर्वी पंजाब में हैं तो किसी भी या किन्हीं दो राज्यों के नाम बताएं। 25 जून तक जवाब आने हैं।

यह बात संदेहजनक लगती है कि बहुत सारे ब्रिटिश अफ़सर भारत में रुकना चाहेंगे। जहां तक ख़बर है, वह डोमीनियन का दर्जा दिए जाने की बात से खुश नहीं हैं, और न ही उन्हें केंद्रीय या प्रांतों के किसी राजनीतिज्ञ पर भरोसा है। एक औसत ब्रिटिश अधिकारी वास्तव में इस बात पर यकीन ही नहीं करता कि नई सरकारें ऐसी होंगी कि जिनके तहत काम किया जा सके। उसकी राय में यह सरकारें सांप्रदायिक और पक्षपातपूर्ण होंगी, उनके प्रशासनिक मानदण्ड निचले दर्जे के होंगे, और उनकी माली हालत पर ज़रूर सवाल किए जाएंगे। यह बात, जहां तक समझ में आता है, सिर्फ़ आई. ए. एस. और आई. पी. के ब्रिटिश सदस्यों तक ही सीमित नहीं, बल्कि ज़्यादातर डॉक्टर और इंजीनियरों पर भी लागू होती है। नॉर्थ-वेस्टर्न रेलवे के जनरल मैनेजर ने मुझे बताया है कि उनके साथ काम करने वाले ब्रिटिश लोगों के साथ भी यह बात सही बैठती है। मुझे आशा है कि लोग मौके का लिहाज करते हुए फ़िलहाल मैं जैसी उम्मीद कर रहा हूं, उससे बेहतर ढंग से हमारी प्रश्नावली के जवाब दें। लेकिन मुझे डर है कि राजनीतिक दलों को अपनी सरकारें चलाने के लिए ख़ास ब्रिटिश सहयोग नहीं मिल सकेगा, अगर वह चाहेंगे तो भी नहीं। सिंचाई विभाग शायद दूसरों से ज़्यादा नुकसान उठाएगा।

ऑल इंडिया सर्विसेज़ के भारतीय सदस्य चिंता कर रहे हैं। मुस्लिम भी फ़िक्र कर रहे हैं। मुझे समझ में आता है कि वह चाहते हैं कि पाकिस्तान मे ज़्यादा अच्छी नौकरियां उन्हें मिलें। वहीं ग़ैर मुस्लिम लोगों को यह नहीं लगता कि पश्चिमी पंजाब में वह सुरक्षित हैं, और वह चाहते हैं कि उन्हें

हिंदुस्तान में जगह मिले।

प्रॉविंश्यल सर्विसेज़, जिसमें चंद ऐंग्लो इंडियन लोगों को छोड़कर बाकी तकरीबन सारे पंजाबी हैं, का भी वही हाल है। ऐसे क़यास लगाये जा रहे हैं कि जो सांप्रदायिक दरार पड़ेगी उसके चलते मुस्लिम पश्चिम की ओर, और दूसरे पूरब की ओर, और मुझे इस बात पर ज़रा भी शक नहीं है कि तैनातियों के लिए अफ़रा-तफ़री जल्दी ही शुरू हो जाएगी।

सबऑर्डिनेट सर्विसेज़ के ज़्यादातर लोग, जिनमें प्रांतीय आधार पर नियुक्त पुलिस के एक इंस्पेक्टर, या ज़िले के स्तर पर नियुक्त एक कॉन्सटेबल या हरकारे से, मेरे ख़याल से, धीरे-धीरे तालमेल बैठाकर निपटा जा सकता है, लेकिन यह लोग भी उबाल की चपेट में आने से बच नहीं पाएंगे।

जहां तक फ़ौज का सवाल है, हम एक बहुत ही बुरे दौर से गुज़र रहे हैं, जब कुछ लोग भारत छोड़कर जाने को बेचैन हैं, दूसरे नये आकाओं को ख़ुश करने में लगे हैं, और कुछ परेशान और डरे हुए हैं। पुरानी प्रशासन व्यवस्था तेज़ी से ढहती जा रही है।

मैंने हुज़ूर (Your Excellency) को सूचित कर दिया है कि बंटवारे की प्रक्रिया को शुरू करने के लिए क्या-क्या किया है। राजनेताओं को इस बात का एहसास नहीं है कि वह यहां किस लिए हैं, और मेरे लिए यह मुश्किल होगी कि वह अपने काम को गंभीरता से लें और इसके लिए वास्तव में बहुत सख़्त मेहनत से काम करना होगा। ममडौट का आज तक कुल योगदान इतना ही है कि उन्होंने आधिकारिक समितियों का विरोध किया—मुझे बताया गया है कि वे और उनके साथी आगे होने वाले फ़ायदे की हिस्सा-बांट में इतने व्यस्त हैं कि उनके पास कुछ और करने के लिए समय ही नहीं है। वह 14 जून को दिल्ली से लौटे, और मुझे हुज़ूर (Your Excellency) के ज़रिये जानकारी मिली थी कि वह लौटने के बाद मुझसे मिलने मेरे पास आएंगे। उनके पास काम करने वालों में से एक ने 14 तारीख़ की दोपहर मेरे सचिव को फ़ोन करके बताया कि वह लौट आए हैं? लेकिन जब मेरे सचिव ने पूछा कि क्या वह मुझसे मिलना चाहते हैं, तो जवाब मिला—नहीं। मैंने उस बात को सप्ताहांत भर के लिए टाल दिया है, लेकिन अगले चंद दिनों में ममडौट समेत सारे नेताओं को झटका देना पड़ेगा।

आगे जो मुश्किलें मुझे अभी से नज़र आ रही हैं, वह तीन तरह की हैं। अव्वल तो यह कि यहां हमारे पास कोई ढंग का राजनीतिक नेता नहीं है, और पार्टीशन कमेटी के सदस्य हो न हो, ख़ुद को पूरी तरह तोहमत लगाने या बाल की खाल निकालने में लगा देंगे। पंजाब में सहनशीलता की बेहद कमी है। दूसरे, जितना समय है, उसमें सारी चीज़ें ढंग से पेश करने के लिए हमारे पास कर्मचारी नहीं हैं। इसका कोई आसान इलाज भी नहीं है, लेकिन आई. ए. एस. के एक वरिष्ठ सदस्य आस्कविद, जो कि सेवानिवृत्ति

से पहले कुछ तैयारियां करने के लिए छुट्टी पर चले गए थे, उन्होंने अब हमारी मदद के लिए किसी भी हैसियत से वापस आने की पेशकश की है। आस्कविद पंजाब की पृष्ठभूमि को अच्छी तरह जानते हैं, और क्योंकि उन्होंने 1940 के बाद से यहां काम नहीं किया है, इसलिए इन दिनों जब दो में से किसी न किसी की तरफ़दारी करने का इल्ज़ाम लगा ही दिया जाता है। वह फ़र्स्ट क्लास डिस्ट्रिक्ट मजिस्ट्रेट थे, और सचिवालय के कामकाज में बहुत अच्छे हैं। मुझे बताया गया है कि गृह मंत्री आस्कविद की वापसी से ख़ुश नहीं हैं, लेकिन उनकी पेशकश है ही इतनी ज़ोरदार कि उसे ठुकराया भी नहीं जा सकता। तीसरे, जब तक सीमा रेखा तय नहीं हो जाती, आख़िरी फ़ैसले नहीं हो सकते, मिसाल के तौर पर, आर्थिक समायोजन कैसे होंगे, और कमेटी उन्हें बाद में तय और लागू करने की बात करके आगे बढ़ने से इनकार कर सकती है।

मुझे विश्वास है कि अगर पार्टी सिर्फ़ दो अलग प्रांत और उन्हें चलाने वाली सरकारें स्थापित करने के लिए ज़रूरी बातों पर ध्यान दे, तो इस काम को काफ़ी तेज़ी से पूरा किया जा सकता है। लेकिन अगर पार्टियां दो अलग सरकार बनाने से पहले हर चीज़ के बंटवारे की मांग पर अड़ जाएंगी, जैसे सिंचाई और बिजली जैसे विभागों की परिसम्पत्तियों और इनके गोदामों में भरे सामान, और आने-पाई तक के सारे वित्तीय हिसाब-किताब पर अड़ जाएंगे, तो इस काम को पूरा करने में महीनों और यहां तक कि बरसों भी लग सकते हैं।

मुझे नहीं मालूम कि अगर 15 अगस्त तक पंजाब और/या बंगाल ऐसे ही अड़े रहे और किसी नतीजे पर पहुंचते नहीं दिखे, तो Your Excellency क्या रास्ता अपनाना चाहेंगे। यहां पंजाब में सीमा का मुद्दा बहुत अहम है, और जब तक उसका हल नहीं निकल आता, तब तक दो नये प्रांत और दो नये Dominions बनाना मुश्किल लगता है। या फिर पंजाब को no-man's land की तरह केंद्रीय नियंत्रण में रखा जाए।

5. मैं इस बात का ज़िक्र कर चुका हूं कि जून की तीसरी तारीख़ के ऐलान का साम्प्रदायिक संबंधों पर कोई ख़ास असर नहीं पड़ा है। लाहौर और अमृतसर दोनों पूरे पख़वाडे गंभीर गड़बड़ी का शिकार रहे। मुख्य रूप से छुरेबाज़ी, आगज़नी और बम फटने की घटनाएं हुई हैं। पिछले एक-दो दिन में लाहौर के हालात में थोड़ा-सा सुधार हुआ है, लेकिन अमृतसर लगातार दिक्कत दे रहा है, और वहां बीच-बीच में हालात में जो सुधार होता भी है, वह शायद ही कभी टिकता है।

गुड़गांव, जिसके बारे में मैंने Your Excellency से अलग से कुछ पत्र-व्यवहार किया था, कमोबेश क़ाबू से बाहर है। वहां हमारे पास वह चीज़ें कम हैं जिनकी हमें ज़रूरत है, और हमने इतनी सारी ज़िम्मेदारियां ले रखी हैं कि यह बिलकुल भी मुमकिन नहीं है कि वहां जो छोटी-मोटी जंग जैसे हालात

बन जाते हैं, उन्हें फटाफट दबाने के लिए जितनी संख्या में पुलिस और फ़ौजियों की ज़रूरत होती है वह मुहैया कराये जाएं। फिर भी, पिछले कुछ दिनों के दौरान वहां के हालात में सुधार आया है, और मुझे उम्मीद है कि इस बार इन्हें क़ायम रखा जाएगा। अगर मेरे पास यहां बंटवारे से संबंधित बहुत ज़्यादा काम नहीं हुआ तो मैं फिर विमान से गुड़गांव चला जाऊंगा। अंबाला के कमिश्नर Eustace गुड़गांव में ही हैं, और सेना के संपर्क में हैं। बाकी जगह, जिन ज़िलों में गड़बड़ी का अंदेशा था, मुझे लगता है कि उनमें फ़ौज की मौजूदगी के चलते, इस पखवाड़े काफ़ी शांति रही। गुजरांवाला में कुछ सांप्रदायिक छुरेबाज़ी, बम फटने और शक पैदा करने वाली आगजनी और कुछ दूसरी छिटपुट घटनाएं इतनी आम हैं कि डिस्ट्रिक्ट रिपोर्ट्र्स में उनपर ज़्यादा ध्यान भी नहीं जाता।

नॉर्दर्न कमांड के साथ हमारी अच्छी तालमेल है। Messervy ने लाहौर के गवर्नमेंट हाउस में 4 जून से यही कोई एक सप्ताह के लिए Tactical Headquarters बनाया है, जो कि एक बहुत ही काम का प्रयोग है जिसे ज़रूरत पड़ने पर दोहराया जा सकता है।

6. यह बात अब पक्की है कि रबी की गेहूं और चने की फ़सल सामान्य से ख़राब हुई थी। गेहूं की बुवाई के लिए नहर के पानी की कमी के चलते कॉलोनी वाले ज़िलों में, और उन्हीं में से कुछ ज़िलों में कीड़ों की मार से शायद गेहूं को नुकसान हुआ है। चने में हमेशा धोखा होने का अंदेशा रहता है क्योंकि उसमें हिसार जैसे कुछ कम बारिश वाले इलाकों के हालात पर कुल पैदावार का दार-ओ-मदार रहता है, और इस साल उसकी पैदावार अच्छी नहीं हुई है। गेहूं की ख़रीद का काम ठीक-ठीक ही चल रहा है, और केंद्रीय बीमा व्यवस्था न होने की वजह से हमें दंगों की वजह से कारोबारियों को हुए नुकसान की भरपाई करनी पड़ी। मैंने महसूस किया कि यह तो बड़ी मज़ेदार बात है कि केंद्रीय सरकार ने भुखमरी से निपटने के लिए बाज़ार में नयी फ़सल का गेहूं आने का वक़्त चुना और अपनी सालाना ख़रीद के लिए अगस्त तक इंतज़ार किया। ऐसा वह अनाज की कमी पड़ने के बाद से कर रहे हैं, और क्योंकि केंद्र सरकार के लोग बदल गए हैं, बल्कि 1942 के बाद एक से ज़्यादा बार बदल चुके हैं, इसलिए मैं तो बस सोच ही सकता हूं कि नई दिल्ली की हवा में ज़रूर कुछ ऐसा है जिसकी वजह से लोग ऐसा करते हैं। अगर आप चाहते हैं कि कोई आपको अभी कुछ बेच दे, तो अच्छे व्यापार के उसूल के मुताबिक आपको उसे यह कभी पता नहीं लगने देना चाहिए कि आपको चंद हफ़्तों में उस चीज़ की अचानक बहुत ज़्यादा ज़रूरत होगी।

आपका

ई.एम. जेनकिन्स

जेनकिन्स की ओर से माउंटबैटन को

गोपनीय
गवर्नमेंट हाउस, लाहौर,
संख्या : 684
16 जून, 1947

प्रिय लॉर्ड माउंटबैटन,

1. पंडित जवाहरलाल नेहरू के ऑल इंडिया कांग्रेस कमेटी को दिए गए 15 जून के भाषण पर छपी रिपोर्ट मैंने आज सुबह के ट्रिब्यून अख़बार में पढ़ी, जिससे मुझे काफ़ी हैरत हुई। मैं अख़बार की कतरन भेज रहा हूं जिससे उनके लहज़े के साथ यह भी पता लग जाएगा कि वह आखिर अपने भाषण के ज़रिये क्या जताना चाहते हैं।
2. पंडित जवाहरलाल नेहरू के मुख्य बिंदु थे :
   (i) कि यह समझ से बाहर है कि वही ब्रिटिश अफ़सर जिन्होंने पहले सविनय अवज्ञा आंदोलनों से बख़ूबी निपटा था, वह आजकल हो रही गड़बड़ी को क्यों काबू नहीं कर पा रहे हैं।
   (ii) कि जहां कांग्रेस के मंत्रालय काम कर रहे हैं, वहां गड़बड़ियों को काबू में ले आया गया, लेकिन जहां ब्रिटिश अपने अधिकार का इस्तेमाल कर रहे हैं, वहां बवाल मचा हुआ है।
   (iii) कि पंजाब में गड़बड़ी सबसे ज़्यादा चुभती है, भले ही वह सिर्फ़ उन्हीं इलाकों में सीमित न हो जहां ब्रिटिश अधिकारियों का नियंत्रण है।
   (iv) कि ब्रिटिश अफ़सर अब बड़ी बेरुख़ी से काम ले रहे हैं, और जब गड़बड़ी के वक़्त उनसे मदद के लिए कहा जाता है तो वह पीड़ित व्यक्ति से कहते हैं कि पंडित नेहरू या सरदार पटेल से दरख्वास्त करो।
3. पंडित जवाहरलाल नेहरू की जानकारी और समझदारी दोनों ही गड़बड़ है। बिंदु (i) का जवाब यह है कि जिस तरह की गड़बड़ियां अब हो रही हैं, वह पहले जैसी गड़बड़ियां होती रही हैं, उनसे अलग किस्म की हैं। और पंजाब में हमें जिन हालात से गुज़रना पड़ रहा है, वह किसी क्रांति से कम नहीं हैं।

   कांग्रेस के नेता आमतौर पर 1942 में हमारे कामकाज की तुलना 1946-47 में हमने जैसा किया, उससे करते हैं। लेकिन 1942 में प्रशासनिक अधिकारियों को बड़े पैमाने पर सम्प्रदायों के बीच आपसी मार-काट का सामना नहीं करना पड़ा था, बल्कि तब चुन-चुन कर सरकारी कर्मचारियों, सरकारी इमारतों और संस्थाओं पर ही हमले होते थे।

   बिंदु (ii) बॉम्बे, बिहार और उत्तर पश्चिमी सीमांत प्रांत में बहुत गंभीर

दंगे-फसाद हुए थे, जबकि इन सब जगह कांग्रेस सरकार का शासन है। बॉम्बे में और बिहार में, जहां तक मुझे नज़र आता है, गड़बड़ी की कोई ख़ास वजह भी नहीं थी, और बिहार में तो, हर नज़रिये से, जैसा बुरा कत्ल-ए-आम हुआ है वैसा और कहीं नहीं हुआ। सच्चाई यह है कि अब किसी भी प्रांत में ऐसी गड़बड़ी को टाला नहीं जा सकता, जिसमें कांग्रेस और मुस्लिम लीग के बीच टकराव जीता-जागता मुद्दा हो। बंगाल, पंजाब और उत्तर पश्चिमी सीमांत प्रांत सबसे ज़्यादा ख़तरे में हैं, और इन इलाकों में कानून और व्यवस्था को इन इलाकों की सरकार के रंग से जोड़कर समझना आसान नहीं है। यह इसलिए सही नहीं है।

(iii) क्योंकि पंजाब में गड़बड़ सिर्फ उन्हीं जगह हो रही है जहां सारे कर्मचारी ब्रिटिश हैं। मुल्तान और लाहौर, दोनों जगह भारतीय कमिश्नर हैं, और मुल्तान में डी. आई. जी. पुलिस भी भारतीय है। लाहौर, रावलपिंडी, मुल्तान और अमृतसर में हमेशा ब्रिटिश डिप्टी कमिश्नर और सुपरिंटेंडेंट ऑफ़ पुलिस तैनात करना हमारी रिवायत रही है, क्योंकि यह वह जगह हैं जहां साम्प्रदायिक गड़बड़ी होने का अंदेशा रहता है। लाहौर में सिर्फ़ एक बार भारतीय डिप्टी कमिश्नर ऑफ़ पुलिस रहा है और उसके दौर में भी वहां के हालात उससे पहले और बाद में वहां तैनात रहे ब्रिटिश डिप्टी कमिश्नरों के प्रशासन से कहीं बेहतर नहीं थे।

(iv) अगर पंडित जवाहरलाल नेहरू महज़ एक राजनीतिक पार्टी के नेता होते, उनके विचारों की कोई ख़ास अहमियत ही नहीं होती, लेकिन वह योर एक्सिलेंसी की कार्यकारी परिषद के उपाध्यक्ष भी हैं, और मुझे यह जानकर अच्छा लगेगा कि हिज़ मैजेस्टी'ज गवर्नमेंट और योर एक्सिलेंसी किस हद तक उनके विचारों को स्वीकार करते हैं। मुझे नहीं लगता कि हिज़ मैजेस्टी'ज गवर्नमेंट भारत में अपने ब्रिटिश कर्मचारियों से यह उम्मीद कर सकती है कि लोगों के इस किस्म के हमलों से उन्हें बचाने का कोई ठोस इंतज़ाम न होते हुए भी सत्ता दूसरे को सौंपे जाने तक अपनी कुर्सी पर बनी रहें।

आपका

इवान जेनकिन्स

जेनकिन्स की ओर से माउंटबैटन को तार

तुरंत, 8 अगस्त, 1947, सायं 5:15 बजे
गोपनीय
संख्या : 219-जी

1. अब स्थिति बहुत गंभीर है और मैंने पंजाब बाउंड्री फ़ोर्स के कमांडर और इंस्पेक्टर जनरल ऑफ़ पुलिस से आज ही सवेरे उसपर चर्चा की है।

2. अमृतसर, होशियारपुर और जलंधर के ग्रामीण इलाकों में पिछले कुछ दिनों से अचानक हमले भी हो रहे हैं और तैयारी के साथ धावे भी बोले जा रहे हैं, जिनमें सिख हमलावर हैं और मुस्लिम उनके शिकार। लाहौर, फ़िरोज़पुर और लुधियाना के ग्रामीण इलाकों से भी ऐसे ही उपद्रवों और संगठित हमलों की ख़बरें आ रही हैं, लेकिन इन इलाकों में अब तक ज़्यादा गड़बड़ी नहीं फैली है।

अमृतसर और लाहौर शहर अब भी दिक्कत दे रहे हैं। यही हाल गुजरांवाला का है, और लायलपुर में बम फटने की घटनाओं के साथ छुरेबाज़ी की घटनाओं में पंद्रह लोगों की जानें गई हैं। गुरदासपुर शहर और ज़िले के बाकी हिस्सों में कभी भी हिंसा फैल सकती है। इस तरह बारह में से नौ सीमावर्ती ज़िले गड़बड़ी की चपेट में हैं। रोज़ाना पचास से सौ लोग मारे जा रहे हैं।

3. हमारी घरेलू तस्वीर भी कोई अच्छी उत्साहजनक नहीं है। बंटवारे से संबंधित स्थानांतरण और नियुक्तियां चल रही हैं। घटनाओं के बारे में सूचनाएं मिलने का स्तर गिर गया है। पूर्वी पंजाब के पुलिसवाले गंभीर नहीं हैं, और अमृतसर के मुस्लिम पुलिसकर्मी 15 अगस्त को अपना काम छोड़कर पश्चिमी पंजाब चले जाने की सोच रहे हैं। यही हाल दूसरे ज़िलों में हो सकता है, क्योंकि नेताओं और प्रेस दोनों ने ही साम्प्रदायिक भावनाओं को ख़ूब हवा दी है। अब जब नई टीम काम पर आ रही हैं, तो अस्पष्ट सूचनाओं और डांवाडोल सेवाओं के चलते, ख़ासकर पूर्वी पंजाब में नई सरकार के अच्छी तरह कामकाज शुरू करने की संभावना कम है। जितनी अच्छी तरह हो सके, हम इस सब से निपटने की कोशिश में जुटे हैं, और पुलिस के इंस्पेक्टर जनरल आज अमृतसर पुलिस को सूचित करने वाले हैं कि पश्चिम पंजाब किसी भी हालत में भगोड़ों को अपने यहां नौकरी पर नहीं रखेगा।

4. पंजाब बाउंड्री फ़ोर्स के कमांडर ने मुझे बताया है कि उनके पांच ब्रिगेड दलों में कमोबेश 1,500 कारगर राइफ़ल होती हैं। इसका मतलब यह हुआ कि पुलिस के अलावा हमारे पास 7,500 कारगर राइफ़ल हैं जिनसे हमें 12 ज़िलों पर नियंत्रण रखना है, जिनकी कुल आबादी एक करोड़ बीस लाख से कम नहीं होगी। प्रशिक्षण केंद्रों और स्थायी सैनिक टुकड़ी (static troops) से 1,500 लोग और बढ़ जाएंगे, लेकिन यह संख्या भी ज़्यादा नहीं है। ग्रामीण इलाकों में जहां विरोधी संप्रदायों की जटिल रूप से मिली-जुली आबादी हैं, वहां हो रहे हमलों को रोकने के लिए बहुत बड़े पैमाने पर बल-प्रदर्शन और प्रयोग के बिना काम नहीं चल सकता। मुझे तसल्ली है कि संसाधनों को देखते हुए जितना कुछ किया जा सकता है, उतना किया भी जा रहा है, और पंजाब बाउंड्री फ़ोर्स के कमांडर को बता दिया गया है कि सभी रैंक के सुरक्षाकर्मियों को हर उचित कार्रवाई में पीछे से मदद के लिए और लोगों को तैयार रखा जाए, और पंजाब डिस्टर्ब्ड एरिया ऐक्ट की धारा 5 और उससे संबंधित केंद्रीय अध्यादेश के तहत ग़ैरकानूनी रूप से लोगों को एक जगह इकट्ठे न होने

दिया जाए। हमलावरों को आगे बढ़ने से रोकना और उन्हें तितर-बितर करना बेहद ज़रूरी है।

5. केंद्र की ओर से निम्नलिखित कार्यवाही में मदद मिलेगी : 1. पंजाब बाउंड्री फ़ोर्स का सुदृढ़ीकरण, अगर संभव हो तो। मैं गुड़गांव या पूर्वी पंजाब से फ़ौजी दस्तों की वापसी की सिफ़ारिश नहीं कर सकता जहां बदले की भावना भड़की हुई है। 2. पंजाब बाउंड्री फ़ोर्स का किसी टोही दस्ते के साथ सुनियोजित गठजोड़ या कम से कम टोही उड़ानों की व्यवस्था। यह सबसे ज़रूरी है। 3. दिल्ली प्रांत को मदद के तौर पर भेजे गए प्रांतीय अतिरिक्त पुलिस बल के 200 जवानों को फ़ौरन वापस बुलाया जाए, क्योंकि ऐसे समय में पूर्वी पंजाब के इन लोगों को कहीं और नहीं रहने दिया जा सकता। मुझे उम्मीद है कि इस सिलसिले में आधिकारिक कार्रवाई की शुरुआत हो गई होगी। 4. बांउड्री कमीशन के फ़ैसले की अग्रिम जानकारी जल्दी से जल्दी मिलनी चाहिए।

परिशिष्ट 3 : भारत के प्रधानमंत्री और पाकिस्तान के राष्ट्रपति द्वारा हस्ताक्षरित ताशकंद घोषणा पत्र, जनवरी 10, 1966

ताशकंद

भारत के प्रधानमंत्री और पाकिस्तान के राष्ट्रपति के ताशकंद में मिलने और भारत और पाकिस्तान के बीच मौजूदा रिश्तों पर चर्चा के बाद, अपने देशों के बीच फिर से सामान्य और शांतिपूर्ण संबंध बनाने के अपने संकल्प की घोषणा करते हैं। इनका मानना है कि भारत और पाकिस्तान के 60 करोड़ लोगों के हितों की प्राप्ति के लिए इन उद्देश्यों का अत्यधिक महत्त्व है।

I

भारत के प्रधानमंत्री और पाकिस्तान के राष्ट्रपति इस बात पर सहमत हुए हैं कि दोनों पक्ष संयुक्तराष्ट्र अधिकार पत्र यानी युनाइटेड नेशंस चार्टर के अनुरूप भारत और पाकिस्तान के बीच अच्छे पड़ोसियों जैसे संबंध बनाने के लिए सभी संभव प्रयास करेंगे। यू. एन. चार्टर के तहत अपने दायित्व की पुनः पुष्टि करते हैं कि अपने मतभेद शांतिपूर्ण ढंग से हल करेंगे और ताकत का सहारा नहीं लेंगे। इनका मानना है कि दोनों देशों के बीच तनाव जारी रहने से उनके क्षेत्र में शांति के हित, ख़ासकर भारत-पाक उपमहाद्वीप में, और ज़ाहिर है, भारत और पाकिस्तान के लोगों के हित नहीं सधते। इसी परिप्रेक्ष्य में जम्मू और कश्मीर पर चर्चा की गई, और दोनों ओर से अपनी-अपनी स्थिति का खुलासा किया गया।

II

भारत के प्रधानमंत्री और पाकिस्तान के राष्ट्रपति इस बात पर सहमत हुए हैं कि दोनों देशों के सभी सशस्त्र बलों की ज़्यादा से ज़्यादा 25 फ़रवरी 1966 तक उन्हीं ठिकानों पर वापसी हो जानी चाहिए जहां वह 5 अगस्त 1966 से पहले तैनात थे, और यह भी कि दोनों पक्ष सीज़-फ़ायर लाइन पर सीज़-फ़ायर यानी युद्धविराम की शर्तों का पालन करेंगे।

III

भारत के प्रधानमंत्री और पाकिस्तान के राष्ट्रपति इस बात पर सहमत हुए हैं कि भारत और पाकिस्तान के बीच रिश्ते एक-दूसरे के आंतरिक मामलों में दखलअंदाज़ी न करने के सिद्धांत पर आधारित होंगे।

IV

भारत के प्रधानमंत्री और पाकिस्तान के राष्ट्रपति इस बात पर सहमत हुए हैं कि दोनों पक्ष एक-दूसरे के ख़िलाफ़ किसी तरह का ऐसा प्रचार करने से बचेंगे, और ऐसे प्रचार को बढ़ावा देंगे जिनसे दोनों देशों के बीच दोस्ताना रिश्तों को बढ़ावा मिलता हो।

V

भारत के प्रधानमंत्री और पाकिस्तान के राष्ट्रपति इस बात पर सहमत हुए हैं कि पाकिस्तान में भारत के उच्चायुक्त और भारत में पाकिस्तान के उच्चायुक्त अपने-अपने पद पर वापस लौटेंगे और दोनों देशों के राजनयिक मिशन में सामान्य कामकाज को बहाल किया जाएगा। दोनों सरकारें आपस में राजनयिक आदान-प्रदान के लिए 1961 के वियेना सम्मेलन की सिफ़रिशों का पालन करेंगी।

VI

भारत के प्रधानमंत्री और पाकिस्तान के राष्ट्रपति भारत और पाकिस्तान के बीच संवाद, आर्थिक और व्यापारिक संबंधों के साथ सांस्कृतिक आदान-प्रदान को बहाल करने और भारत और पाकिस्तान के बीच मौजूदा समझौते लागू करने की दिशा में काम करने को भी सहमत हुए हैं।

VII

भारत के प्रधानमंत्री और पाकिस्तान के राष्ट्रपति अपने-अपने देशों के संबंधित प्राधिकरणों को युद्धबंदियों की अपने-अपने देश वापसी के काम को अंजाम

देने के आदेश करने को सहमत हुए हैं।

VIII

भारत के प्रधानमंत्री और पाकिस्तान के राष्ट्रपति इस बात पर सहमत हुए हैं कि दोनों पक्ष शरणार्थियों/निष्कासितों और अवैध रूप से रह रहे लोगों की समस्याओं से जुड़े सवालों पर बातचीत जारी रखेंगे। इस बात पर भी सहमति बनी है कि दोनों ओर से ऐसे हालात बनाए जाएंगे जिससे लोगों के पलायन को रोका जा सके। युद्ध के संबंध में जिन संपत्तियों पर दोनों में से किसी भी पक्ष ने कब्ज़ा किया है, उसकी वापसी के संबंध में बातचीत करने पर भी दोनों देश सहमत हुए हैं।

IX

भारत के प्रधानमंत्री और पाकिस्तान के राष्ट्रपति इस बात पर सहमत हुए हैं कि दोनों पक्ष एक-दूसरे देश को सीधे-सीधे प्रभावित करने वाले मुद्दों पर सर्वोच्च और अन्य स्तरों पर भी आपस में बैठकें करते रहेंगे। दोनों ही पक्षों ने भारतीय और पाकिस्तानी संस्थाओं के संयुक्त निकाय स्थापित करने की ज़रूरत को समझा है और वह अपनी-अपनी सरकार को ज़रूरी जानकारी उपलब्ध कराएंगे ताकि यह तय किया जा सके कि इस संबंध में आगे क्या क़दम उठाए जा सकते हैं।

भारत के प्रधानमंत्री और पाकिस्तान के राष्ट्रपति दोनों पक्षों को मान्य संतोषजनक परिणामों वाली इस बैठक को आयोजित करने में उनकी सकारात्मक, मैत्रीपूर्ण और उत्कृष्ट भूमिका के लिए सोवियत संघ के नेताओं, सोवियत सरकार और व्यक्तिगत रूप से सोवियत समाजवादी प्रजातंत्र संघ की मंत्रीपरिषद के अध्यक्ष के प्रति अपनी भावनाएं और आभार व्यक्त करते हैं।

वह उज़्बेकिस्तान के मित्रवत लोगों और उनकी सरकार के प्रति दिल खोलकर किए गए स्वागत-सत्कार के लिए अपनी हार्दिक कृतज्ञता व्यक्त करते हैं।

वह सोवियत समाजवादी प्रजातंत्र संघ की मंत्रिपरिषद के अध्यक्ष को इस घोषणा के साक्षी रहने के लिए आमंत्रित करते हैं।

अधोहस्ताक्षरी
लालबहादुर
भारत के प्रधानमंत्री

ताशकंद, 10 जनवरी 1966

अधोहस्ताक्षरी
एम. ए. ख़ान, एफ़. एम.
पाकिस्तान के राष्ट्रपति

परिशिष्ट 4 : वही तीर्थ

एक ग़ैर-पंजाबी जो सिख धर्म का अनुयायी भी न हो, उसके लिए अब हरमंदिर साहिब जाना एक तरह से प्रायश्चित्त करने जैसा है। हमारे देश में कुछ ऐसा घटा है जो बहुत बुरा है। पिछले गुरुवार मैं फिर अमृतसर गया। पहले भी वहां कई बार जा चुका हूं, और बार-बार मंदिर के हवादार और रौशन परिसर में उमड़ती श्रद्धालुओं की भीड़ के बीच मैंने शांति को तलाशा और पाया है। हर बार सरोवर के पार से आती गुरबानी की मन को छू लेने वाली सुमधुर स्वर लहरी मेरे अंदर के नास्तिक को झकझोर जाती है। गुरुवार की यात्रा के पीछे भी एक तलाश थी—कि कहीं शरण मिले और शांति मिले।

इस प्राचीन धर्मस्थल में आज सन्नाटा छाया देखकर मन बहुत विचलित हुआ। स्वर्ण मंदिर परिसर की कुछ इमारतों को नुकसान पहुंचना, कुछ का जल कर काला पड़ जाना, और ईंट-गारे से बने कुछ ध्वस्त हिस्से इस बात की मूक गवाही दे रहे थे कि जो कुछ हुआ वह दिल दहलाने वाला था। तभी किसी ने कहा—'ठीक है, आख़िरकार इस सारी टूट-फूट को मरम्मत करके ठीक किया जा सकता है। क्या वाकई में किया जा सकता है? मैं सोचने लगा, लेकिन खुद को उसी वक़्त जवाब दे पाने की स्थिति में नहीं पाया। इसी सोच में डूब गया कि क्या सिर्फ़ ईंट-गारे का ही सवाल है। क्या इमारतों की बनावट को ही चोट पहुंची है? ये इमारतों को टूट-फूट से जो नुकसान हुआ है वह कुल नुकसान का महज़ एक छोटा-सा हिस्सा है। लेकिन नैतिकता और आध्यात्मिकता के स्तर पर बहुत ज़्यादा नुकसान हुआ है। ज़ाहिर है, ये सब इसीलिए हुआ क्योंकि श्रद्धा और भक्ति की इस तीर्थस्थली को चंद अधर्मी और अवैधानिक लोगों ने अपना ठिकाना बना लिया था। लेकिन वह सारी अपवित्रता अब तमाम लोगों के ख़ून से धूल चुकी है, और उसके निशान फीके पड़कर पृष्ठभूमि में कहीं गुम होने लगे हैं। हरमंदिर साहिब के इर्द-गिर्द ख़ाली पड़े कमरों को सहमा-सा देख और कुछ नहीं सूझता था, सिवा इसके कि हम सब ने भारतीय होते हुए भी अपने बीच कितना कुछ हो जाने दिया। बस उसी की व्यापकता सालती थी।

संघर्ष का प्रतीक

दरबार साहिब, यानी स्वर्ण मंदिर का, सिख मानस में बिलकुल अलग ही स्थान है। यह भारतीय समाज के एक वर्ग का आत्मविश्वास और जोश-ओ-जुनून के साथ अपनी अलग पहचान क़ायम करने के संघर्ष का एक हिस्सा है। यह सिर्फ़ एक पूजास्थल नहीं, यह सिख इतिहास का प्रतीक है, और साथ में सिख धर्म की लौकिक सत्ता की चौकी है। इससे भी बढ़कर, यह हर तरह के जुल्म के ख़िलाफ़ संघर्ष की जीती-जागती निशानी है।

हम बाक़ी तमाम भारतीय इसे इसपर पड़ रही इतिहास की रौशनी में नहीं

देख पा रहे हैं, और इसे सिर्फ़ आतंकवाद के केंद्र के तौर पर देख रहे हैं, यह बात मुझे दुःख भी देती है और मेरे अंदर एक डर भी पैदा करती है। सिर्फ़ सिख कौम को ही क्यों दोष दें, हमें भारतीय होने के नाते इसे लेकर नापाक इरादे रखकर, आपत्तिजनक राजनीतिक षड्यंत्र रचकर और सामूहिक लोकहित के आगे व्यक्तिगत स्वार्थ को तरजीह देकर इसकी पवित्रता भंग करने वालों के विरुद्ध पहले ही आवाज़ उठानी चाहिए थी। हमारा ऐसा न करना हमारी सामूहिक असफलता है, न कि सिर्फ़ सिखों की। अब आगे क्या करना चाहिए, यह तय करते वक़्त भी अगर हम नहीं चेते, तो यह जानिए कि चंगा करने वाले स्पर्श की पहुंच में होते हुए भी हम बहकने को मजबूर होंगे।

क्या सिर्फ़ सिखों को चंगा होने की ज़रूरत है? स्वर्ण मंदिर में जो कुछ हुआ, उससे अगर हिंदुओं को सदमा नहीं पहुंचता और उनके होश नहीं उड़ जाते, तो इसका मतलब यह हुआ कि ज़रूर उनके साथ कहीं बहुत बड़ी गड़बड़ है। मुझे बहुत अंदर तक महसूस होता है कि यह शायद 'वैद्य पहले ख़ुद को चंगा कर ले', यानी दूसरे को सुधारने से पहले ख़ुद की कमियां दूर करने की बात का सबसे अच्छा उदाहरण है। अब हम ज़रा यहां ठहरें और छूकर चंगा करने के इस काम की बात करें। जो हाथ अब ख़ून से सन चुके हैं, वह अब ऐसा काम कैसे कर सकते हैं? और फिर, क्या यह स्पर्श से चंगा कर देने वाली बात अपने आप में नम्रता और झुक जाने का प्रतीक नहीं है? और यहां बात चल रही है स्वर्ण मंदिर के संदर्भ में, सिख जैसी स्वाभिमानी और आत्मनिर्भर कौम की?

पंजाब का मिज़ाज ठीक नहीं है। सेना राज्य भर में एक-एक जगह तलाशी ले रही है। शहर अमृतसर, लोगों से भरा-पूरा, बेतरतीब, उतना ही चकित कर देने वाला और उतना ही भारतीय जितना कि आप सोच सकते हैं। वही आज भुतहा, स्तब्ध और ख़ून-ख़राबे से बदहवास-सा पड़ा है। पंजाब की समस्या का हल तलाशने की प्रक्रिया में, हमने अपने तमाम सामान्य रूप से स्वीकार्य, परंपरागत नागरिक अधिकारों को एक तरफ़ कर दिया। जब सेना से यह काम करने को कहा गया जिसमें यश मिलने की कहीं कोई गुंजाइश न थी, तो यह ऐसी गड़बड़ी सुधारने जैसा था जो निस्संदेह भारी राजनीतिक अव्यवस्था का नतीजा थी। एक तरह से सेना से एक ऐसी मुहिम को अंजाम तक पहुंचाकर दिखाने को कहा जा रहा था जिसकी प्रासंगिकता और भौगोलिक औचित्य स्वतंत्र भारत के इतिहास में अपने आप में बिलकुल ही अलग था। जिन हालात में उससे यह लक्ष्य हासिल करने को कहा गया वह ऐसे थे जैसे एक हाथ पीठ पीछे बांध दिया गया हो। सेना ने इस काम को पूरी वीरता और राष्ट्र के प्रति समर्पण की ऐसी भावना का परिचय देते हुए किया, जिसकी उम्मीद सिर्फ़ सशस्त्र बलों से ही की जा सकती थी। फिर भी, यह सोचकर दुख होता है कि जो पहले भी बिलकुल स्पष्ट था, वह अब होने जा रहा था। राजनीतिक लड़ाई के मोर्चे पर सेना को ज़बरदस्ती भेजा जा रहा था।

यह एक बेहद तकलीफ़देह बात थी। ज़ाहिर है, जब कभी सेना को नागरिक

प्रशासन की मदद के लिए बुलाया जाता है, तो वह सिर्फ़ तात्कालिक ज़रूरतों के काम पूरे कर सकती है, बुनियादी काम नहीं। इस बात को सभी जानते-समझते थे। इसके बावजूद, अगर हम अब पंजाब में सेना की तैनाती की बात कर रहे थे, तो इसका मतलब यह हुआ कि एक-एक करके हमारे बाकी विकल्प ख़त्म हो चुके थे। सेना को इस्तेमाल करने की प्रक्रिया में हमने पंजाब की समस्या का 'समाधान' किया ही नहीं। इसके विपरीत, सुरक्षा बलों को राजनीतिक रंगत देकर हम राष्ट्र के पूरी तरह ठीक से काम करते गिनती के बचे-खुचे अंगों में से एक को गंभीर नुकसान पहुंचाने की दिशा में बढ़ रहे हैं।

अगर हम आज भी पंजाब को लेकर कशमकश में हैं, तो इसके लिए कोई विदेशी हाथ या बाहरी शक्ति नहीं, खुद हम ही ज़िम्मेदार हैं। जितना ज़्यादा समय सेना वहां रहेगी, इस जगह के लोगों की सोच को और सेना के मनोबल को उतना ही ज़्यादा नुकसान पहुंचेगा।

फिर भी हमने अपने देश को चलाने के काम में इतनी गड़बड़ी कर रखी है कि अगर अभी वहां से सेना को हटाना हो, तो उसकी जगह लेने के लिए हमारे पास कोई विकल्प है ही नहीं। अगर यह भी घृणित और संपूर्ण राजनीतिक नाकामी की तस्वीर पेश करने के लिए काफ़ी नहीं है तो मुझे नहीं लगता कि स्वतंत्र भारत के इतिहास में हमें इसका दूसरा उदाहरण मिलेगा।

जब सेना ने स्वर्ण मंदिर में प्रवेश किया, और जब उसके बाद बग़ावत और सेना से लोगों के भागने जैसे वाकये सामने आए, तब 'आतंकवाद' को लेकर ढेर सारी बिलकुल ग़ैर-ज़िम्मेदाराना बातें चर्चा में थीं। मैं सोचने को मजबूर हो जाता हूं कि जिस तरह शासन-नियंत्रित संचार माध्यमों ने इन घटनाओं को पेश किया, उससे तो ऐसा लगता है जैसे सरकार भी राष्ट्र स्तर पर उन्माद की स्थिति को बढ़ावा देने में शामिल थी।

पंजाब में हालात ऐसे थे कि वहां बेहद कठोर किस्म का कर्फ़्यू लगा था। पंजाब को व्यावहारिक रूप से देश के बाकी हिस्सों से अलग कर दिया गया था। पंजाब के साथ सारा संचार ठप्प था, नागरिक अधिकारों की अनदेखी की जा रही थी। लेकिन आपातकाल की घोषणा नहीं की गई थी। बेशक सैनिक शासन लागू नहीं था, लेकिन सब कुछ वैसा ही था। और तब भी पंजाब में, नागरिक प्रशासन इस बुरी तरह से नाकाम हुआ कि वह सेना ही थी जो उन हालात में प्रशासन का काम संभाल सकी। देश भर में, बाकी हम सब चुपचाप खड़े-खड़े यह सब देखते रहे, और यही मानते रहे कि जो हो रहा है इसे होने से टाला नहीं जा सकता। असंतोष के हर स्वर को 'देशद्रोही' करार दिया जाता है। हमारे राष्ट्र का जहाज़ अब बेहद अशांत समुद्र में है, और फिर भी, अगर हम कहते हैं कि मौसम ख़राब है, तो सरकार के इशारों पर चलने वाले समाचार माध्यम उसी का साथ देते हुए इसे राष्ट्र-विरोधी बताते हैं।

हैरानी और घबराहट

स्वर्ण मंदिर की यात्रा, जैसे कि मैंने पिछले हफ़्ते की, मन में उठ रहे आवेगों में ठहराव लाने वाला अनुभव होता है। धूप से तपती परिक्रमा पर चलते हुए, हरमंदिर साहिब से बाहर आने पर अपने साथ लाने वाले उस अलौकिक प्रभाव को महसूस करते हैं तो मन आदर से भर जाता है और हम समझ की सीमा से पार चले जाते हैं। ऐसे में कानों में पड़ते हैं, उदास से स्वरों में, गुरबानी के ये शब्द—कुदरत के सब बंदे, यानी हम सब एक ही विधाता की संतान हैं। इन शब्दों का अर्थ सिर्फ़ उतना ही नहीं जितना एक बार में समझ में आता है, उससे कहीं ज़्यादा है। फिर भी मैं सोचता हूं कि क्या हम भारतीय मानस की 'करम का लेखा' वाली सोच को अपने बचाव के लिए ढाल की तरह इस्तेमाल करें, या फिर हम पूरी आज़ादी से पुरुषार्थ से काम लेते हुए कुछ पल ठहरकर ख़ुद से यह पूछ सकते हैं—क्या पंजाब के साथ यह जो कुछ हुआ है, यह सिर्फ़ पंजाब तक सीमित है? क्या यह ऐसा रोग नहीं है जो आज हरेक भारतीय को यातना दे रहा है? इस मंदिर के अंदर आने का ऐसा असर पड़ा कि अगर ऐसा कोई ऐसा उपाय होता जिससे हम सब के पाप धुल जाते तो वह उपाय ख़ुशी-ख़ुशी करता।

आज पंजाब का संदर्भ सिर्फ चंगा कर देने वाले स्पर्श का ही नहीं है जो कि किसी दूसरे और अलग शख़्स पर लागू होता है। इसका संदर्भ अपना दर्द और अपनों का दर्द दूर करने का है। अब समय है कि हम विचार करें कि क्या राष्ट्र निर्माण का काम राजनीतिक दलों के होते हुए भी उनके भरोसे न रहते हुए करना है। जब तक हम इस त्रासदी को अपना नहीं समझेंगे, तब तक एक स्पर्श मात्र से चंगा होने, स्वैच्छिक कार सेवा, भाईचारे जैसी सारी बातें सिर्फ़ बातें ही बनी रहेंगी। यह बहुत बड़ी चुनौती है।

परिशिष्ट 6 :

नाभिकीय अस्त्र रहित विश्व

लेखक : जॉर्ज पी. शुल्त्ज़, विलियम जे. पेरी, हेनरी ए. किसिंजर और सैम नुन

नाभिकीय अ़स्त्र आज बहुत बड़ा ख़तरा बन गए हैं, वहीं इनमें यह ऐतिहासिक संभावना भी छुपी हुई है कि अमरीकी नेतृत्व विश्व को नाभिकीय अस्त्रों की होड़ के अगले चरण में पहुंचाने के लिए दुनिया के तमाम देशों के बीच नाभिकीय अस्त्रों का मोह छोड़ने के प्रति ठोस सर्वसम्मति बनाकर नाभिकीय हथियारों को ऐसे ख़तरनाक हाथों में पहुंचने से रोककर एक बेहद महत्त्वपूर्ण योगदान दे सकता है जहां वह दुनिया के लिए ख़तरे की वजह बन सकते हैं।

शीत युद्ध के दौरान नाभिकीय अस्त्र अंतरराष्ट्रीय सुरक्षा व्यवस्था बनाए रखने

परिशिष्ट 5

तालिका 7.1—विश्व में नाभिकीय अस्त्रों का ब्यौरा (2012)

	सामरिक		अन्य		नष्ट करने के लिए चिह्नित	कुल संख्या देश	क्षमता का परिमाण (किलो टन में)	कुल मारक क्षमता (किलो टन में)
	प्रयोग के लिए तैयार	अलग से रखे हुए	प्रयोग के लिए तैयार	अलग से रखे हुए				
अमरीका	1722[a]	2450[b]	200	300	3100	7772[c]	Sub-kt-455	535
रूस	1799[d]	700[e]	0[f]	-860	5500^	8859	Sub-kt-1000	773
				1040[f]		-9039	184-240	
चीन	200[h]	40	-	-	-	240	100-300	294
फ्रांस	300	-	-	-	-	300	100	55
यू. के.	160	65	-	-	-	225[l]	-	21
इज़्राइल	80	-	-	-	-	80*	15.200	1.6-
भारत	80-100	-	-	-	-	80-100	Sub-kt-50	1
पाकिस्तान	90-110	-	-	-	-	90-110[k]	Sub-kt-8	1.7
उत्तरी कोरिया	-	-	-	-	-	-i		0.05
कुल	**4431**	**3255**	**200**	1160-	**8600**	**17646**		**1682**
	-4471			1340		**-17866**		-
								1693

स्रोत : सभी आंकड़े एस. एन. काइल और अन्य की 'वर्ल्ड न्यूक्लिअर फ़ोर्सेज़,' ऑक्सफ़ोर्ड यूनिवर्सिटी प्रेस द्वारा प्रकाशित स्टॉकहोम इंटरनेशनल पीस रिसर्च इंस्टिट्यूट की वार्षिकी SIPRI Yearbook 2012 Armaments, Disarmament and International Security से लिए गए हैं। सभी आंकड़े अनुमानित हैं।

नोट : अधिक जानकारी के लिए ऑस्ट्रेलियन नेशनल यूनिवर्सिटी के क्रॉफ़र्ड स्कूल ऑफ़ पब्लिक पॉलिसी द्वारा संचालित सेंटर फ़ॉर न्यूक्लियर नॉन प्रॉलिफ़रेशन एंड डिसआर्मामेंट द्वारा प्रकाशित 'न्यूक्लिअर वेपन्स : द स्टेट ऑफ़ प्ले' देखें।

के लिए ज़रूरी थे क्योंकि उन्हें दोनों पक्ष एक-दूसरे को हमला करने की पहल करने से रोकने के लिए कर रहे थे। लेकिन शीत युद्ध ख़त्म होने के बाद सोवियत संघ और अमरीका का एक-दूसरे को धमका कर रखने का सिद्धांत ही बेमानी हो गया। हालांकि यह अब भी कई ऐसे राष्ट्रों के लिए एक सार्थक विकल्प बना हुआ है जिन्हें दूसरों से ख़तरा है। लेकिन इस कारण से भी नाभिकीय अस्त्र रखने का ख़तरा लगातार बढ़ता जा रहा है, और इनका असर पहले से कम होता जा रहा है।

उत्तरी कोरिया का हाल में किया गया नाभिकीय परीक्षण और ईरान का अस्त्रों के स्तर का परिष्कृत यूरेनियम तैयार करने के अपने कार्यक्रम को रोकने से इनकार इस तथ्य पर रोशनी डालते हैं कि दुनिया आज नए और घातक नाभिकीय युग खड़ी चट्टान के सिरे जैसी ख़तरनाक स्थिति में पहुंच चुकी है। सबसे बड़ा संकट इस बात का है कि नाभिकीय हथियारों के राष्ट्रों के अलावा आतंकवादियों के हाथों में पड़ने की आशंका बढ़ती जा रही है। आज आतंकवादियों ने जिस तरह विश्व व्यवस्था को निशाना बनाया हुआ है, अगर नाभिकीय अस्त्र उनके हाथ लग जाएं तो वह व्यापक पैमाने पर तबाही का बड़ा माध्यम बन सकते हैं। और अगर किसी आतंकवादी संगठन, जो कि राष्ट्र नहीं हैं, को नाभिकीय अस्त्र हासिल हो जाएं तो स्वाभाविक रूप से माना जा सकता है कि वह–कई देशों के दूसरे को धमका कर रखने के सिद्धांत के दायरे–से बाहर होंगे और सुरक्षा के लिए नई और कठिन चुनौतियां खड़ी कर देंगे।

आतंकवादी ख़तरे के अलावा, अगर बिना समय गंवाए नए क़दम नहीं उठाए गए, तो अमरीका जल्द ही एक नए नाभिकीय युग में प्रवेश करने को मजबूर होगा, जो और भी जोखिमभरा, बदहवासी को और बढ़ाने वाला, और खर्च के लिहाज से शीत युद्ध के धमका कर रखने वाले अंदाज़ से कहीं ज़्यादा महंगा भी होगा। इस बात पर कतई भरोसा नहीं किया जा सकता कि नाभिकीय हथियारों के वास्तव में इस्तेमाल होने की आशंका के बहुत ज़्यादा बढ़े बिना पहले के 'एक-दूसरे की तय तबाही' वाले सोवियत-अमरीकी तरीके को अमल में लाया जा सकेगा, क्योंकि दुनिया-भर में एक-दूसरे से दुश्मनी रखने वाले लगातार बढ़ रहे हैं जो नाभिकीय अस्त्र होने पर दुश्मन के ख़िलाफ़ उनका सचमुच इस्तेमाल कर सकते हैं। हाल में नाभिकीय ताक़त हासिल करने वाले राष्ट्रों के साथ शीत युद्ध के दौर जैसी व्यवस्था भी नहीं है जहां नाभिकीय ख़तरों की रोकथाम, निर्णय लेने की चूक और अनधिकृत प्रक्षेपण पर क़ाबू रखने के सुरक्षा उपाय धीरे-धीरे विकसित और लागू होते रहे। अमरीका और सोवियत संघ ने जिन ग़लतियों से सीखा वह घातक नहीं थीं। दोनों देश इतने होशियार रहे कि जानबूझ कर या ग़लती से भी किसी नाभिकीय अस्त्र का इस्तेमाल न हो जाए। क्या नाभिकीय शक्ति हासिल करने वाले नए राष्ट्रों समेत सारा विश्व अगले पचास सालों में सुरक्षा के मामले में इतने भाग्यशाली साबित होंगे जैसे हम शीत युद्ध के दौरान रहे?

नेताओं ने इस मुद्दे को पहले भी उठाया है। 1953 में संयुक्त राष्ट्रसंघ

को संबोधित करते हुए ड्वाइट डी. आइज़नहावर ने वादा किया था कि अमरीका ने "संकल्प लिया है कि वह पूरे दिलोदिमाग से परमाणु विभीषिका के भंवरजाल से निकलने का ऐसा रास्ता तलाशने में जुटे रहेंगे जिससे इनसान का यह अद्भुत आविष्कार मौत को समर्पित न होकर जीवन के हित में प्रतिष्ठापित हो।" नाभिकीय निरस्त्रीकरण की दिशा में आती रुकावटों को पार करने की कोशिश में जॉन एफ़ केनेडी ने कहा, "दुनिया एक ऐसा बंदीगृह बनने के लिए नहीं है जिसमें रहते हुए इनसान मौत की सज़ा का इंतज़ार करे।"

संयुक्त राष्ट्रसंघ की आम सभा को संबोधित करते हुए, 9 जून 1988 को राजीव गाँधी ने अपील की थी, "नाभिकीय युद्ध का मतलब दस करोड़ लोगों की मौत नहीं है। न ही सौ करोड़ की। इसका अर्थ होगा चार सौ करोड़ का विनाश, यानी पृथ्वी पर जीवन को हम जिस रूप में जानते हैं, उसका अंत। हम संयुक्त राष्ट्रसंघ में इसलिए आए हैं कि हमें आपका सहयोग मिल सके। हम इस पागलपन को रोकने में आपकी मदद चाहते हैं।"

रोनाल्ड रीगन ने "सारे नाभिकीय अस्त्रों" को समाप्त करने की मांग की, जिन्हें वह "पूरी तरह अविवेक, पूर्णतया अमानवीय, और जान लेने के सिवा किसी काम का नहीं मानते थे, जिसे पृथ्वी से जीवन और सभ्यता का नाश करने वाला" मानते थे। मिख़ाइल गोर्बाचेव का भी वही ख़्याल था जो पिछले अमरीकी राष्ट्रपतियों ने ज़ाहिर किया था।

हालांकि रीगन और गोर्बाचेव भले ही रेक्याविक में तमाम नाभिकीय अस्त्रों से छुटकारा पाने के लिए समझौता करने का मकसद हासिल करने में नाकाम रहे, लेकिन हथियारों की होड़ को एक मोड़ देने में उन्हें ज़रूर कामयाबी मिली। उन्होंने ऐसे क़दम उठाए जिनसे लंबी और मध्यम दूरी तक मार करने वाले नाभिकीय अस्त्रों की तैनाती में उल्लेखनीय कमी आई, और एक वर्ग विशेष की घातक मिसाइलें पूरी तरह से ख़त्म कर दी गईं।

रीगन और गोर्बाचेव की साझा दूरदर्शिता को फिर से रोशन करने के लिए क्या करना होगा? क्या नाभिकीय ख़तरे में प्रभावी कमी लाने के लिए ज़रूरी क़दम उठाने की दिशा में विश्वव्यापी सर्वसम्मति बनाई जा सकती है? इन दो प्रश्नों में छिपी चुनौती का सामना करने की तत्काल आवश्यकता है।

नाभिकीय अप्रसार संधि में सभी नाभिकीय अस्त्रों के अंत की सोच निहित है। इसमें यह प्रावधान है (क) कि जिन देशों के पास 1967 से पहले से नाभिकीय अस्त्र नहीं हैं, वे उन्हें हासिल करने का प्रयास न करने के लिए सहमत होंगे, और (ख) जिन देशों के पास नाभिकीय अस्त्र हैं वह इनसे समय के साथ छुटकारा पाने के लिए राज़ी होंगे। रिचर्ड निक्सन के बाद से दोनों दलों के प्रत्येक अध्यक्ष ने इस संधि की शर्तों को दोहराते हुए इसपर ज़ोर दिया है, लेकिन जिन देशों के पास नाभिकीय अस्त्र नहीं हैं, इस संधि के संदर्भ में नाभिकीय शक्तियों की ईमानदारी पर उनका शक लगातार गहराता गया है।

नाभिकीय अप्रसार की दिशा में ठोस कोशिशें जारी हैं। 'कोऑपरेटिव थ्रेट रिडक्शन प्रोग्राम,' 'ग्लोबल थ्रेट रिडक्शन इनीशिएटिव' और 'एडीशनल प्रोटोकॉल्स' ऐसी अभिनव और प्रभावशाली युक्तियां है जिनसे इस संधि का उल्लंघन करने और विश्व सुरक्षा को ख़तरे में डालने वाली गतिविधियों को पहचानने में मदद कर रही हैं। इन्हें पूरी तरह से लागू किया जाना चाहिए। उत्तरी कोरिया और ईरान द्वारा नाभिकीय हथियारों से लैस होने की कोशिशों पर बातचीत, जिसमें सुरक्षा परिषद के सभी स्थायी सदस्यों के अलावा जर्मनी और जापान भी शामिल हैं, बेहद महत्त्वपूर्ण है। बातचीत का यह सिलसिला पूरे जोश के साथ आगे बढ़ाया जाना चाहिए।

लेकिन अपने आप में, अकेले-अकेले इनमें से कोई भी क़दम नाभिकीय अस्त्रों का ख़तरा टालने के लिए काफ़ी नहीं है। बीस साल पहले रिक्याविक में रीगन, और महासचिव गोर्बाचेव अपनी मुलाकात से और ज़्यादा हासिल करने की उम्मीद कर रहे थे—नाभिकीय अस्त्रों का पूरी तरह ख़ात्मा। उनकी सोच से नाभिकीय ताक़त के सिद्धांत पर काम करने वाले विशेषज्ञों को झटका लगा था, लेकिन दुनिया भर में लोगों की उम्मीदें जगा दी थीं। नाभिकीय हथियारों के सबसे बड़े जखीरे रखने वाले दो देशों के नेताओं ने अपने सबसे शक्तिशाली हथियारों का जड़ से सफ़ाया करने पर चर्चा जो की थी।

अब आख़िर क्या करने की ज़रूरत है? क्या नाभिकीय अप्रसार संधि का वादा और रेक्याविक में सोची गई संभावनाओं को वास्तविकता में बदला जा सकता है? हमारा मानना है कि सकारात्मक हल तक पहुंचने के लिए मुख्य प्रयास ठोस और चरणबद्ध तरीके से अमरीका को शुरू करने चाहिए।

सबसे पहले सबसे ज़रूरी है नाभिकीय अस्त्रों से सम्पन्न देशों के नेताओं के साथ गहन काम ताकि नाभिकीय अस्त्र विहीन विश्व के उद्देश्य को एक साझा प्रयास का रूप दिया जा सके। इस तरह मिलजुल कर कोशिश करने से, नाभिकीय अस्त्र रखने वाले देशों के रुझान में बदलाव लाने से, उत्तरी कोरिया और ईरान के नाभिकीय अस्त्रों से लैस देशों के रूप में उभरने से रोकने की दिशा में किए जा रहे प्रयासों को अतिरिक्त बल मिलेगा।

वह कार्यक्रम जिस पर सहमति बनानी चाहिए, उसमें रज़ामंदी से तय ऐसे महत्त्वपूर्ण क़दमों की एक श्रृंखला होनी चाहिए जिनसे विश्व को नाभिकीय ख़तरे से मुक्ति दिलाने के लिए आधारभूत तैयारी की जा सके। इन क़दमों में शामिल होंगे :

शीत युद्ध के दौर वाले रुख़ में बदलाव लाते हुए, हमले के लिए तैनात नाभिकीय अस्त्रों के सक्रिय होने से पहले चेतावनी देने के बाद का समय देने से असावधानीवश या अनधिकृत व्यक्ति द्वारा इस्तेमाल किए जाने के ख़तरे को कम किया जा सकता है।

जिन देशों के पास नाभिकीय हथियार हैं, वह उन्हें इस्तेमाल के लिए तैनात लोगों की संख्या में लगातार कमी लाएं।

अग्रिम पंक्ति में तैनात किए जाने वाले कम दूरी के नाभिकीय हथियारों को पूरी तरह से हटाया जाए।

सेनेट में दोनों दलों के बीच एक ऐसी द्विपक्षीय प्रक्रिया शुरू की जाए जिससे आपसी विश्वास बढ़े और जिसके तहत, हाल के समय में हुई तकनीकी प्रगति का फ़ायदा उठाते हुए, समय-समय पर कॉम्प्रिहेंसिव टेस्ट बैन ट्रीटी के अनुसार चलने की समीक्षा होती रहे, और दूसरे राष्ट्रों से इसे मनवाने की दिशा में काम किया जाए।

हथियारों की हर खेप के लिए और हथियारों में इस्तेमाल होने लायक प्लूटोनियम और 'हायली एनरिच्ड' यानी अति समृद्ध यूरेनियम के लिए विश्व भर में सुरक्षा के सर्वोच्च मानक लागू किये जाएं।

यूरेनियम समृद्धिकरण की प्रक्रिया पर नियंत्रण के साथ यह सुनिश्चित करना कि नाभिकीय शक्ति से चलने वाले विद्युत संयंत्रों के लिए उचित दर पर यूरेनियम मिल सके, पहले 'न्यूक्लियर सप्लायर्स ग्रुप' से, और फिर इंटरनेशनल ऐटमिक एनर्जी एजेंसी' या अन्य नियंत्रित अंतरराष्ट्रीय संरक्षित स्रोत से। विद्युत उत्पादन करने वाले 'रिऐक्टर' यानी परमाणु भट्टियों में इस्तेमाल के बाद बचे परमाणु ईंधन से अस्त्रों में इस्तेमाल के लायक नाभिकीय पदार्थों के प्रसार से निपटना भी ज़रूरी होगा।

विश्व भर में नाभिकीय अस्त्रों में इस्तेमाल होने वाले पदार्थों के उत्पादन पर रोक लगाना; ग़ैर-फ़ौजी कारोबार में अति समृद्ध यूरेनियम के इस्तेमाल को चरणबद्ध तरीके से बंद करने और दुनिया भर के अनुसंधान संस्थानों से अस्त्रों में इस्तेमाल होने लायक यूरेनियम हटाने जैसी सारी सामग्री को सुरक्षित बनाना।

नई नाभिकीय शक्तियों को जन्म देने वाले क्षेत्रीय टकराव और संघर्षों के समाधान के लिए अपने प्रयासों को और ज़्यादा बढ़ाना।

नाभिकीय अस्त्रों से मुक्त विश्व का लक्ष्य प्राप्त करने के लिए किसी भी राष्ट्र या जनसमुदाय की सुरक्षा के लिए ख़तरा पैदा करने वाली किसी भी हरकत को रोकने या कड़ाई से निपटने के लिए प्रभावी उपायों की भी ज़रूरत होगी।

नाभिकीय अस्त्र विहीन विश्व के लक्ष्य पर ज़ोर देने और उसे प्राप्त करने के व्यावहारिक उपाय करना अमरीका की नैतिक विरासत के अनुरूप एक निर्भीक क़दम होगा और उसे इसी रूप में देखा जाएगा। इस प्रयास का भावी पीढ़ियों की सुरक्षा पर गहरा सकारात्मक प्रभाव पड़ेगा। अगर नज़रिये में निडरता नहीं होगी तो जो क़दम उठाया जाएगा उसे न्यायसंगत और अत्यावश्यक नहीं माना जाएगा। अगर कुछ किया नहीं जाएगा तो लक्ष्य को व्यावहारिक या प्राप्त करने योग्य नहीं माना जाएगा।

नाभिकीय अस्त्रों से मुक्त विश्व के लक्ष्य और इसे हासिल करने के लिए, ऊपर रेखांकित किए गए प्रयासों से शुरुआत करके, जो कुछ करने की ज़रूरत है हम जान लगाकर वह सब काम करने का समर्थन करते हैं।

श्री शुल्तज, स्टैनफ़ोर्ड के हूवर इंस्टिट्यूशन के 'डिस्टिंग्वुइश्ड फ़ेलो,' 1982

से 1989 के बीच अमरीका के विदेशमंत्री रहे हैं। श्री पेरी 1994 से 1997 के दौरान अमरीका के रक्षामंत्री रहे हैं। श्री किसिंजर, किसिंजर ऐसोसिएट्स के अध्यक्ष हैं, और 1973 से 1977 के बीच अमरीका के विदेशमंत्री रहे हैं। श्री नुन 'सिनेट आर्म्ड फ़ोर्सेज़ कमेटी' के पूर्व अध्यक्ष हैं।

परिशिष्ट 7 :

भारत की नाभिकीय नीति का मसौदा

17 अगस्त को भारत के राष्ट्रीय सुरक्षा सलाहकार ब्रजेश मिश्र ने भारतीय नाभिकीय नीति पर राष्ट्रीय सुरक्षा सलाहकार बोर्ड की ओर से भारत के परमाणु सिद्धांत की एक ड्राफ्ट रिपोर्ट जारी की। इसमें स्थूल शब्दावली में भारत की 'मिनिमम न्यूक्लियर डिटरेंट' यानी न्यूनतम नाभिकीय निवारक सिद्धांत से संबंधित औचित्य और अभिप्राय को रेखांकित किया गया है, लेकिन इसे प्रधानमंत्री अटल बिहारी वाजपेयी की कार्यवाहक सरकार द्वारा औपचारिक रूप से अनुमोदित नहीं किया गया था। इस सिद्धांत का पूरा मसौदा नीचे दिया गया है।

1. प्रस्तावना

1.1 व्यापक स्तर पर विध्वंस मचाने वाले अस्त्रों, ख़ासकर नाभिकीय अस्त्रों का प्रयोग मानवता और अंतरराष्ट्रीय व्यवस्था में शांति और स्थिरता के लिए सबसे गंभीर ख़तरों में से एक है। व्यापक पैमाने पर तबाही मचाने वाले दूसरी दोनों श्रेणियों के हथियारों, यानी जैविक और रासायनिक हथियार जिन्हें पहले ही अंतरराष्ट्रीय संधियों द्वारा अवैधानिक घोषित किया जा चुका है, उनके विपरीत नाभिकीय हथियार राष्ट्रीय और सामूहिक सुरक्षा के मुख्य साधन बने हुए हैं, जिन्हें मई 1995 की नाभिकीय अप्रसार संधि को स्थायी रूप से बढ़ा दिए जाने के बाद चयनात्मक आधार पर रखने को वैधानिक करार देने की मांग की जा रही है। नाभिकीय अस्त्रों से संपन्न राष्ट्रों का इस बात पर ज़ोर है कि वह नाभिकीय अस्त्रों पर निर्भर रहेंगे और इनमें से कुछ ग़ैर-नाभिकीय संदर्भ में भी इन्हें इस्तेमाल की नीतियां अपना रहे हैं। ऐसे हालात वास्तव में नाभिकीय अप्रसार के परित्याग के समान हैं। यह अंतरराष्ट्रीय समुदाय के व्यापक विध्वंस मचाने वाले अस्त्रों को ख़त्म करने की दिशा में गंभीर बाधा है।

1.2 भारत का मूल उद्देश्य है शांतिपूर्ण और लोकतांत्रिक ढांचे के दायरे में रहते हुए आर्थिक, राजनीतिक, सामाजिक, वैज्ञानिक और प्रौद्योगिक विकास। इसके लिए दीर्घकालीन शांति का माहौल और शांति और स्थायित्व के लिए ख़तरों से सुरक्षा की आवश्यकता है। भारत का यह प्रयास रहेगा कि वह वैश्विक लोकतांत्रिक धारा के साथ मिलकर इस न्यायसंगत, शांतिपूर्ण और समतामूलक समग्र उद्देश्य

की प्राप्ति की ओर अग्रसर रहे।

1.3 विकास की प्रक्रिया और सामरिक मामलों में निर्णय लेने की स्वायत्तता भारतीय जन का लोकतांत्रिक अधिकार है। ऐसे विश्व में जहां चंद देशों के लिए आने वाले अनिश्चित काल के लिए नाभिकीय अस्त्रों को वैधानिक करार देने की मांग हो रही है, जहां राजनैतिक उद्देश्यों के लिए शक्ति के प्रयोग की आवृत्ति और जटिलता बढ़ती जा रही है, भारत इस अहस्तांतरणीय अधिकार की पूरी शक्ति से रक्षा करेगा।

1.4 भारत की रक्षा उसकी विकासात्मक प्रक्रिया का अभिन्न अंग है। भारत निरंतर अपने आसपास शांति और स्थिरता के क्षेत्र में फैलाव को बढ़ावा देने की कोशिश में है ताकि बिना किसी रुकावट के विकासात्मक प्राथमिकताओं की प्राप्ति में जुटा रह सके।

1.5 इसके बावजूद नाभिकीय अस्त्रों के पहले प्रयोग की दुखदायी नीति के अस्तित्व और नाभिकीय अस्त्रों से लैस कुछ राष्ट्रों द्वारा, जिनके पास नाभिकीय हथियार नहीं हैं, ऐसे देशों के ख़िलाफ़ नाभिकीय हथियार प्रयोग करने को भी वैधानिक बताना राष्ट्रों की शांति, स्थिरता और संप्रभुता के लिए ख़तरा पैदा करता है।

1.6 यह दस्तावेज़ मोटे तौर पर भारत के नाभिकीय बलों के विकास, उनकी तैनाती और प्रयोग की नीतियों को भी रेखांकित करता है। नाभिकीय बलों की संरचना, उनकी तैनाती और प्रयोग से संबंधित सिद्धांत और रणनीति की बारीकियां इसके ख़ाके पर ही आधारित होंगी और उन्हें अलग से तैयार किया जाएगा और लगातार उनकी समीक्षा की जाती रहेगी।

2. उद्देश्य

2.1 विश्व स्तर पर नाभिकीय अस्त्रों को त्यागने की नीति तय न होने की दशा में दूसरे देशों को नाभिकीय अस्त्र इस्तेमाल करने से रोकने और उसके कारगर न होने की दशा में जवाबी कार्रवाई के लिए पर्याप्त प्रभावी, भरोसेमंद व्यवस्था भारत के सामरिक हित में होगी। यह संयुक्त राष्ट्रसंघ के चार्टर के अनुरूप है, जिसमें आत्मरक्षा के अधिकार को अनुमोदित किया गया है।

2.2 भारतीय नाभिकीय बलों की रूपरेखा तैयार करने और इसकी क्षमता को भरोसेमंद, प्रभावी, सुरक्षित, विश्वसनीय होने के साथ अधिकाधिक समय तक अस्तित्व में रहे, इसके लिए आक्रमण की संभावना को टालने के लिए ज़रूरी तैयारी की बात को सावधानी से सोचने-विचारने की ज़रूरत है।

2.3 भारत नाभिकीय आक्रमण को रोकने की तैयारी के तहत भरोसेमंद लेकिन कम से कम नाभिकीय शक्ति पर निर्भर रहने की नीति अपनाएगा। 'सिर्फ़ उकसाने पर जवाबी हमले' की इस नीति के लिए शस्त्रागार का सुरक्षित बचे रहना बहुत ज़रूरी है। यह एक सामरिक परिवेश, प्रौद्योगिक अनिवार्यताओं और राष्ट्रीय सुरक्षा की ज़रूरतों से जुड़ी शक्ति और सक्रियता संबंधी अवधारणा है। अपने वास्तविक

परिमाण में नाभिकीय बल के अंग और उनके परिनियोजन और प्रयोग से संबंधित निर्णय इन्हीं कारकों को ध्यान में रखकर लिये जाएंगे। शांति के समय में भारत का रुख़ किसी भी संभावित आक्रमणकारी को यह विश्वास दिलाने का होगा कि

(क) भारत के ख़िलाफ़ नाभिकीय अस्त्रों के प्रयोग की किसी भी धमकी के बदले में ख़तरे से निपटने के उपाय किए जाएंगे, और

(ख) भारत और उसके सुरक्षा बलों पर किसी भी नाभिकीय आक्रमण के जवाब में ऐसी दण्डात्मक जवाबी कार्रवाई की जाएगी जिसे आक्रमणकारी बरदाश्त न कर सके।

2.4 भारत के नाभिकीय हथियारों का मूल उद्‌देश्य किसी दूसरे राष्ट्र या किसी अन्य शक्ति द्वारा भारत और उसके सुरक्षा बलों के विरुद्ध नाभिकीय शक्ति का प्रयोग करने से रोकना है। भारत कभी भी नाभिकीय हथियारों से हमला करने की पहल नहीं करेगा लेकिन अगर किसी ने हमला करने पर जवाबी कार्रवाई की चेतावनी को नज़रअंदाज़ किया तो उसके ख़िलाफ़ दण्डात्मक कार्रवाई की जाएगी।

2.5 भारत किसी ऐसे राष्ट्र के विरुद्ध नाभिकीय अस्त्रों का प्रयोग करने की नहीं सोचेगा जिनके पास नाभिकीय अस्त्र नहीं हैं, या जो नाभिकीय शक्तिसंपन्न देशों से मिले हुए नहीं हैं।

2.6 जवाबी कार्रवाई के डर से हमला करने से रोकने के लिए ज़रूरी है कि भारत के पास– (क) पर्याप्त, किसी बाहरी हमले के बाद भी बचे रहने लायक और कभी भी हरकत में आने के लिए तैयार नाभिकीय बल, (ख) उनकी सुदृढ़ संचालन और नियंत्रण व्यवस्था, (ग) गुप्त सूचना संकलन और पहले से आगाह होने की कारगर क्षमता, (घ) रणनीति के अनुरूप कार्यवाही करने की समेकित योजना बनाने और प्रशिक्षण व्यवस्था, और (च) नाभिकीय बलों और अस्त्रों के प्रयोग की इच्छाशक्ति होनी चाहिए।

2.7 बेहद असरदार पारंपरिक सैनिक क्षमता बनाए रखी जाएगी। ताकि पारंपरिक सैन्य संघर्ष और नाभिकीय अस्त्रों के प्रयोग के ख़तरे को टालने के लिए ज़रूरी वातावरण बना रहे।

3. नाभिकीय बल

3.1 भारत के नाभिकीय शक्ति से लैस सुरक्षा बल बेहद प्रभावी, सहनशील, विविध् तापूर्ण, स्थितियों के अनुरूप ढलने और आक्रमण के ख़तरे को टालने के लिए आवश्यक व्यवस्था के अनुरूप जवाबी कार्रवाई करने लायक होना चाहिए। यह बल ऊपर बताए गए उद्‌देश्यों के अनुरूप विमानों, ज़मीन पर तैनात मिसाइल और समुद्र में स्थित परिसंपत्तियों पर आधारित होंगे। अनावश्यक तंत्र के संयोग, गतिशीलता, बड़े इलाके में फैलकर या धोखा देकर बच निकलने की क्षमता के कारण यह बल लंबे समय तक कारगर बने रह सकते हैं।

3.2 जितने कम समय में हो सके, शांतिकाल में तैनाती से पूरी तरह सक्रिय

बल में बदलने और दुश्मन के हमलों से काफ़ी नुकसान होने पर भी ज़ोरदार जवाबी कार्यवाही की क्षमता का इस सिद्धांत में प्रावधान है।

4. विश्वसनीयता और टिकाऊपन

भारत पर नाभिकीय आक्रमण को टालने की क्षमता के लिए निम्नलिखित सिद्धांत सबसे महत्वपूर्ण हैं :

4.1 विश्वसनीयता : किसी भी विरोधी को इस बात का एहसास होना चाहिए कि अगर भारत और उसकी सेनाओं के ख़िलाफ़ नाभिकीय अस्त्रों का प्रयोग किया गया तो भारत किसी भी आक्रमणकारी पर जवाबी कार्यवाही के तहत इतने नाभिकीय अस्त्रों से प्रहार करने में सक्षम भी है और करेगा भी कि हमलावर जवाबी प्रहार को झेल न सके।

4.2 प्रभावकारिता : नाभिकीय हमले की संभावना टालने के भारत के प्रभाव को अधिक से अधिक बढ़ाने के लिए आक्रमण के लिए ज़रूरी विश्वसनीयता, सामयिकता, ज़ोर और उसके अचूक होने के बीच बढ़िया तालमेल होगा।

4.3 टिकाऊपन :

(i) भारत के नाभिकीय बल और उनके संचालन और नियंत्रण की व्यवस्था इस तरह होगी कि अचानक हमला होने की दशा में तुरंत तीव्र गति से दंडात्मक प्रतिक्रिया की जा सके। उनका संयोजन और नियोजन इस तरह होगा कि अगर पहले हमला हो तो उससे किसी भी सूरत में बचाव हो सके और अगर उसके बाद और हमले हों तो उन्हें झेलने के साथ जवाबी कार्रवाई की ऐसी क्षमता बनी रहे कि आक्रमणकारी उसे झेल न सके।

(ii) नाभिकीय बल के संचालन और नियंत्रण की कार्यप्रणाली अपनाकर नाभिकीय अस्त्रों के प्रभावी प्रयोग की क्षमता को बनाए रखा जाएगा।

5. संचालन और नियंत्रण

5.1 नाभिकीय अस्त्रों पर कड़ा नियंत्रण रखा जाएगा और उनके प्रयोग की ज़िम्मेदारी सबसे ऊपर के राजनीतिक स्तर पर होगी। नाभिकीय अस्त्रों के प्रयोग का आदेश देने का अधिकार व्यक्तिगत रूप से भारत के प्रधानमंत्री या उनके द्वारा प्राधिकृत उत्तराधिकारी/ उत्तराधिकारियों के हाथों में होगा।

5.2 एक असरदार और हर परिस्थिति को झेल सकने लायक संचालन और नियंत्रण प्रणाली होगी जिसमें ज़रूरी लचीलापन और प्रतिक्रिया करने की क्षमता हो। सामरिक उद्देश्यों द्वारा निर्दिष्ट एकीकृत परिचालन योजना या फिर अनुक्रमिक उपायों की एक शृंखला और एक लक्षित नीति इस व्यवस्था का हिस्सा होगी।

5.3 नाभिकीय अस्त्रों के प्रभावशाली प्रयोग के लिए नाभिकीय बलों के संचालन और नियंत्रण के साथ उनके और ग़ैर-नाभिकीय दोनों ही तरह के हथियारों से प्रहार

करने लायक व्यवस्थाओं के बीच तालमेल होगा।

5.4 नाभिकीय अस्त्रों के भंडार, प्रभावी संचालन, नियंत्रण, संचार, संगणन, गुप्त सूचनाओं और अन्य जानकारी देने वाली प्रणालियों को सुरक्षित बचाए रखने का इंतज़ाम किया जाएगा।

5.5 भारतीय सुरक्षा बल इस स्थिति में होंगे कि नाभिकीय, जैविक और रासायनिक हथियारों के प्रयोग के बाद बनी स्थितियों में ज़्यादा प्रभावित हुए बिना सामरिक गतिविधियों को जारी रख सकें।

5.6 समय रहते चेतावनी देने, संचार व्यवस्था, क्षति और विस्फोट के आकलन के लिए अंतरिक्ष आधारित और अन्य व्यवस्थाएं बनाई जाएंगी।

6. सुरक्षा और बचाव

6.1 सुरक्षा : यह सुनिश्चित करने के लिए विशेष सावधानी बरती जाएगी कि नाभिकीय अस्त्रों, उनके निर्माण, परिवहन और भंडारण की प्रक्रिया में उन्हें पूरी तरह से किसी संभावित चोरी, नुकसान, तोड़फोड़ या किसी की भी अनधिकृत पहुंच या इस्तेमाल से बचाकर रखा जाए।

6.2 सुरक्षा हर दशा में आवश्यक है, और इसलिए अनधिकृत या लापरवाही अथवा चूक से नाभिकीय अस्त्रों को सक्रिय होने से बचाने और दुर्घटना के ख़तरों को टालने के लिए ऐसी प्रक्रियाओं और प्रणालियों को लागू किया जाएगा जिनके साथ कोई छेड़छाड़ भी न की जा सके।

6.3 आपदा नियंत्रण : भारत ऐसी समुचित आपदा नियंत्रण प्रणाली विकसित करेगा जो नाभिकीय अस्त्रों और नाभिकीय सामग्री को लेकर होने वाली संभावित दुर्घटनाओं की विशिष्ट आवश्यकताओं से निपट सके।

7. शोध और विकास

7.1 भारत को इस दिशा में शोध और विकास कार्य को बढ़ावा देने के प्रयास तेज़ कर देने चाहिए ताकि इस क्षेत्र में हो रही तकनीकी प्रगति के साथ आगे बढ़ा जा सके।

7.2 यद्यपि भारत न्यूनतम परिमाण में प्रामाणिक और विश्वसनीय नाभिकीय अस्त्र इसीलिए रखना चाहता है ताकि किसी दूसरी ताक़त को उसपर आक्रमण करने की हिम्मत न पड़े, लेकिन वह इस क्षेत्र में शोध और विकास की क्षमता बढ़ाने की दिशा में किसी रुकावट को बरदाश्त नहीं करेगा।

8. निःशस्त्रीकरण और अस्त्रों पर नियंत्रण

8.1 जिसे प्रमाणित किया जा सकता हो, वैश्विक स्तर पर और भेदभाव रहित नाभिकीय अप्रसार की नीति राष्ट्रीय सुरक्षा से जुड़ा उद्‌देश्य है। भारत विश्व को जल्द से जल्द नाभिकीय अस्त्रों से रहित बनाने के उद्‌देश्य की प्राप्ति के लिए अपने प्रयास जारी रखेगा।

8.2 क्योंकि भारत की प्रतिबद्धता मूलतः नाभिकीय अस्त्रों का पहले प्रयोग न करने की नीति के प्रति है, जिन अन्य राष्ट्रों के पास नाभिकीय अस्त्र हैं, उन्हें इनका पहले प्रयोग करने से रोकने के लिए एक अंतरराष्ट्रीय संधि का अंग बनने के लिए प्रेरित करने के सभी प्रयास किए जाएंगे।

8.3 बिना शर्त ऐसी प्रतिज्ञा लेने के बाद, भारत अंतरराष्ट्रीय स्तर पर नाभिकीय शक्ति संपन्न राष्ट्र को इस बात के लिए बाध्य करने की दिशा में काम करेगा कि वह नाभिकीय शक्ति विहीन राष्ट्रों को बिना शर्त सुरक्षा प्रदान करने का आश्वासन दें।

8.4 संभावित ख़तरों को कम करने और अपनी क्षमता और अपने प्रभावी होने के गुण को संरक्षित करने के लिए नाभिकीय अस्त्रों पर नियंत्रण के उपायों को राष्ट्रीय रक्षा नीति के अंग के रूप में स्वीकार किए जाने पर ज़ोर दिया जाएगा।

8.5 नाभिकीय अस्त्रों के अत्यधिक विनाशकारी होने की संभावना के मद्देनज़र नाभिकीय हथियारों का ख़तरा कम करने के लिए आपसी विश्वास जगाने के उचित उपाय खोजने, उनपर बातचीत करने और उन्हें लागू करने की दिशा में काम किया जाएगा।

परिशिष्ट 8 :

(अध्याय 8, संदर्भ 39)

विदेशमंत्री और रक्षामंत्री श्री जसवंत सिंह द्वारा 17 जुलाई, 2001 को आगरा में दिया गया बयान और शब्दशः प्रतिलेख।

प्रधानमंत्री श्री अटल बिहारी वाजपेयी के निमंत्रण पर 14 से 16 जुलाई 2001 के बीच पाकिस्तान के राष्ट्रपति महामहिम जनरल परवेज़ मुशर्रफ़ ने भारत का दौरा किया था।

भारत और पाकिस्तान के बीच अच्छे पड़ोसियों जैसे संबंध बनाने के स्थायी लक्ष्य को ध्यान में रखते हुए, प्रधानमंत्री ने राष्ट्रपति जनरल परवेज़ मुशर्रफ़ को शांति और फिर से मेलजोल बढ़ाने के कठिन सही पर ठीक रास्ते पर चलने के लिए आमंत्रित किया। इस श्रेष्ठ उद्देश्य के प्रति हमारी प्रतिबद्धता, जिसे हासिल करने में बड़ी संख्या में लोगों की भलाई छुपी हुई है, कोई क्षणिक चीज़ नहीं है। यह वह प्रतिबद्धता है जो शिमला में, लाहौर में, और हाल ही में राष्ट्रपति जनरल परवेज़ मुशर्रफ़ की यात्रा के दौरान देखने को मिली।

राष्ट्रपति मुशर्रफ़ की यात्रा से पहले आपसी विश्वास बढ़ाने के जिन तरीकों को अपनाने का ऐलान किया गया था, हमारी ओर से उनपर पूरी तरह अमल ज़रूर किया जाएगा। हमारा यह विश्वास है कि उनपर अमल किया गया तो उनका हमारे संबंधों में महत्त्वपूर्ण योगदान होगा।

अपनी यात्रा के दौरान पाकिस्तान के राष्ट्रपति की हमारे सभी नेताओं के साथ विस्तार से बातचीत हुई। इसमें अकेले प्रधानमंत्री के साथ व्यक्तिगत बातचीत के तीन दौर और कल रात वापस रवाना होने से पहले घंटे-भर चली विदाई वार्ता शामिल है।

प्रतिनिधिमंडल स्तर पर भी लंबी बातचीत के दौर चले। इन सारी बैठकों में आपसी अपनेपन की भावना के साथ खुलकर बातचीत हुई। इनके ज़रिये दोनों पक्षों को एक-दूसरे के दृष्टिकोण, चिंताओं और विवशताओं को समझने का अमूल्य अवसर मिला।

आपसी समझौते के साझा दस्तावेज़ के आपसी सहमति से तैयार मसौदे को लेकर भी गंभीरता से काम हुआ। आधिकारिक और राजनीतिक स्तर पर घंटों बातचीत हुई।

इस बातचीत में भारत किसी भी मुद्दे पर बातचीत करने से पीछे नहीं हटा। गोपनीयता का ध्यान रखते हुए, जो कि ऐसी वार्ताओं के लिए ज़रूरी है और जिसे बनाए रखना द्विपक्षीय संबंधों के भविष्य के लिए ज़रूरी है, इन बातों की बारीकियों में जाना उचित नहीं है। इसके बावजूद, यह बात ज़ोर देकर कहना ज़रूरी है कि समझौता वार्ता की प्रक्रिया में भारत ने सभी अंतरराष्ट्रीय आदर्शों का पूरा-पूरा ध्यान रखा। एक परिपक्व और ज़िम्मेदार लोकतंत्र होने के नाते, हमने अपने पड़ोसियों के साथ द्विपक्षीय संबंधों को सुधारने से जुड़े मामलों पर ज़ोर दिया, न कि जनसंपर्क और प्रचार-प्रसार पर।

ज़ाहिर है, इस बात से हमें निराशा हुई कि दोनों पक्ष समझौते के मसौदे पर आपसी सहमति नहीं बना सके। यह स्पष्ट करने से गोपनीयता भंग नहीं होती कि ऐसा इसलिए हुआ क्योंकि द्विपक्षीय संबंधों पर अपने आधारभूत दृष्टिकोण में तालमेल बैठाने में दिक्कत आई। पक्के तौर पर भारत का यही मानना है कि संकरी, टुकड़ों में बिखरी या एक के नज़रिये का ध्यान रखने से काम नहीं चलने वाला है।

अब, जब हम जम्मू और कश्मीर समेत सभी बकाया मुद्दों को शिमला और लाहौर के समझौतों को आधार बनाकर आगे बढ़ते हैं, हमारा ध्यान अपने संबंधों के समग्र स्वरूप पर केंद्रित रहना चाहिए, हमारी कोशिश आपसी भरोसा और विश्वास जीतने, और ऐसे रिश्ते बनाने पर होना चाहिए जो एक-दूसरे के लिए हितकारी हों।

यात्रा के दौरान पाकिस्तान पक्ष को यह भी भली तरह से स्पष्ट कर दिया गया है कि सीमापार से आतंकवाद को बढ़ावा देना और हिंसा हमें स्वीकार्य नहीं हैं और इन्हें ख़त्म होना चाहिए। इस संबंध में कोई भ्रम न रहें—ऐसी सभी चुनौतियों का सामना करने की इच्छाशक्ति और संकल्प भारत के पास है।

हम पाकिस्तान के राष्ट्रपति की यात्रा से टूटे हुए सिलसिले को आगे बढ़ाएंगे। हम पाकिस्तान के साथ शांति, मैत्री और आपसी सहयोग का रिश्ता कायम करने के अपने सपने को पूरा करने की लगातार कोशिश करते रहेंगे।

●●●

संदर्भ-सूची

अब्दुल्ला, शेख़ मोहम्मद, *'फ्लेम्स ऑफ दि चिनार : एन ऑटोबायोग्राफी,* अनु. खुशवंत सिंह, न्यूयार्क, वाइकिंग, 1993

धर, पी. एन. *इंदिरा गांधी, दि 'एमरजेंसी' एंड इंडियन डेमोक्रेसी,* न्यू दिल्ली, ऑक्सफोर्ड यूनिवर्सिटी प्रेस, 2000

दीक्षित, जे.एन. *एसाइनमेंट कोलम्बो,* दिल्ली, कोणार्क पब्लिशर्स लि., 1997

गोपाल, सर्वपल्ली *जवाहरलाल नेहरू : ए बायोग्राफी,* 3 वॉल्यूम, 1956-1964, कैम्ब्रिज, हार्वर्ड यूनिवर्सिटी प्रेस, 1984

गुंडेविया, वाई. डी., *आउटसाइड द आरकाइव्ज़,* हैदराबाद, संगम बुक्स, 1984

जेकब, जे.एफ.आर. (लेफ्टिनेंट जनरल), *एन ओडिसी इन वार एंड पीस : एन आटोबायोग्राफी,* रोली बुक्स प्रा. लि., 2011

के. सुब्रह्मण्यिम, '1965 डिसाइडिड फेट ऑफ द सबकॉन्टीनेंट', Rediff.com on 6 September 2005

कौल, बी.एम. (लेफ्टिनेंट जनरल), *कॉन्फ्रंटेशन विद पाकिस्तान,* दिल्ली, विकास पब्लिशिंग हाउस प्राइवेट लिमिटेड, 1971

खान, एम. अशगर (एयर मार्शल), *द फर्स्ट राउंड, इंडो-पाकिस्तान वार 1965,* दिल्ली, विकास पब्लिशिंग हाउस प्रा.लि. 1979

कील, एस.एन. 'वर्ल्ड न्यूक्लियर फोर्सेज़', SIPRI ईयरबुक 2012 : *आर्ममिंट्स, डिसआर्ममिंट एंड इंटरनेशनल सिक्योरिटी,* आक्सफोर्ड यूनिवर्सिटी प्रेस, 2012, पृ. 307-44

लाल, पी.सी. (एयर चीफ मार्शल), *माई ईयर्स विद द आईएएफ,* न्यू दिल्ली, लांसर पब्लिशर्स, 1986

मून, पेन्ड्रेल (सं.) *वॉवेल : द वायसराय'ज जर्नल,* लंदन, ऑक्सफोर्ड यूनिवर्सिटी प्रेस, 1973

नूरानी, ए.जी. *इंडिया-चाइना बाउंड्री प्रॉब्लम, 1846-1947 : हिस्ट्री एंड डिप्लोमेसी,* न्यू दिल्ली, ऑक्सफोर्ड यूनिवर्सिटी प्रेस, 2011

पालट, माधवन के. (सं.), *सेलेक्टीड वर्क्स ऑफ जवाहरलाल नेहरू (1 जनवरी–28 फरवरी 1958)*, सेकेंड सीरीज, वाल्यूम 46, न्यू दिल्ली ऑक्सफोर्ड यूनिवर्सिटी प्रेस, 2012

राघवन, श्रीनाथ, *वार एंड पीस इन मॉडर्न इंडिया : ए स्ट्रेटेजिक हिस्ट्री ऑफ नेहरू ईयर्स*, रानीखेत, परमानेंट ब्लैक, 2010

राइडेल, ब्रूस, 'अमेरिकन डिप्लोमेसी एंड द 1999 कारगिल समिट एट ब्लेयर हाउस', *पॉलिसी पेपर सीरीज़*, सेंटर फॉर एडवांस स्टडीज़ ऑफ इंडिया, फिल्डेल्फिया, यूनिवर्सिटी ऑफ पेन्सेलवेनिया, 2002

शूल्ज़, जॉर्ज पी., 'ए वर्ल्ड फ्री ऑफ न्यूक्लियर वेपन्स, *द वॉल स्ट्रीट जर्नल*, 4 जनवरी 2007

सिंह, हरबख्श (लेफ्टिनेंट जनरल), *वार डिस्पेचेस : इंडो-पाक कॉनफ्लिक्ट, 1965*, न्यू दिल्ली, लांसर पब्लिशर्स, 1991

सिंह, हरबंस, *महाराजा हरि सिंह : द ट्रबल्ड ईयर्स*, न्यू दिल्ली, बृहस्पति पब्लिकेशंस, 2011

सिंह, जसवंत, 'द टेम्पल रीविजिटिड', *द इंडियन एक्सप्रेस*, 3 जुलाई, 1984, *ऑडेसिटी ऑफ ऑपीनियन : रिफ्लेक्शंस, जर्नीज़, म्यूजिंग्स*, न्यू दिल्ली, अमेरिलिस, 2012

सीसन, रिचर्ड एंड लियो ई. रोज़, *वार एंड सेसेशन : पाकिस्तान, इंडिया एंड द क्रिएशन ऑफ बांग्लादेश*, न्यू दिल्ली, विस्तार पब्लिकेशंस, 1990

टालबोट, स्ट्रोब, *एनगेजिंग इंडिया : डिप्लोमेसी, डेमोक्रेसी एंड द बॉम्ब*, वांशिगटन, डी.सी., ब्रूकिंग्स इंस्टिट्यूशन प्रेस, 2006

वेबसाइट

http://www.rediff.com/news/2005/sep/06war1.htm

http://defenceforumindia.com/forum/politics-society/12985-1965-indo-pak-war-planned-usa.html

http://www.globalsecurity.org/military/world/war/rann-of-kutch.htm

http://www.indianexpress.com/oldStory/72455/

http://in.rediff.com/news/2005/sep/06war1.htm

http://www.globalsecurity.org/military/world/war/rann-of-kutch.htm

http://indiansaga.com/history/postindependence/gujarat_unrest.html

http://www.sikh-heritage.co.uk/postgurus/Sikh%20Wars/sikhwars.htm

http://www.kashmiralight.com/html/maharajas.html

http://media.sas.upenn.edu/casi/docs/research/papers/Riedel_2002.pdf

http://www.mea.gov.in/in-focus-article.htm?18916/Draft+Report+of+National+Security+Advisory+Board+on+Indian+Nuclear+Doctrine

http://cnnd.anu.edu.au/files/2013/state-of-play-report/Nuclear-Weapons-The-State-of-Play.pdf

अनुक्रमणिका

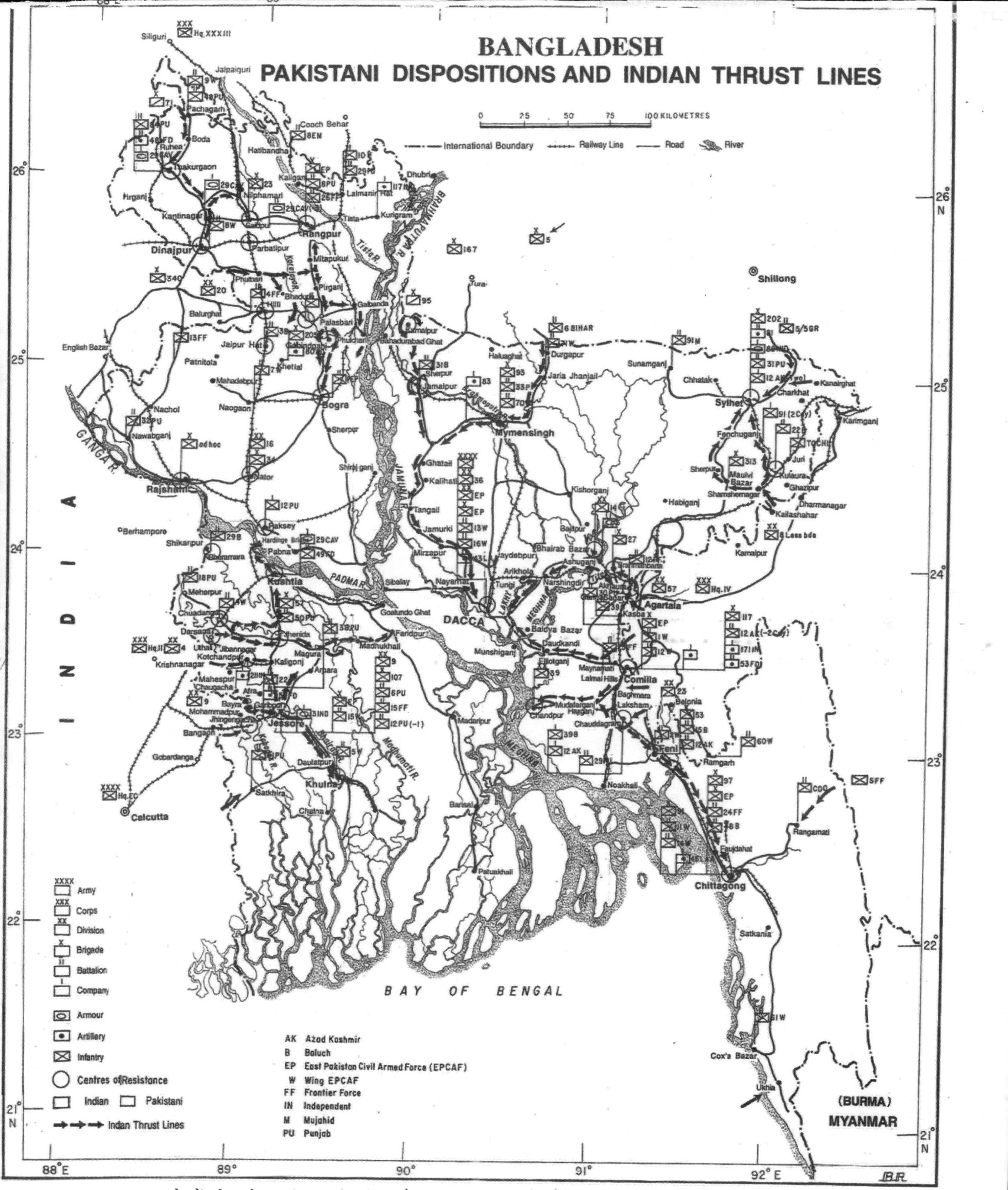

इस नक्शे में दी गईं बाहरी सरहदें सही और अधिकृत नहीं हैं

(स्रोत : लेफ्टिनेंट जे.एफ.आर.जेकब, *सरैंडर एट ढाका, बर्थ ऑफ ए नेशन*, 1977)